教育部人文社会科学重点研究基地重大项目"丝路古国文明研究"

（11JJD770024）最终成果

国家社会科学基金重大项目"希腊化文明与丝绸之路"

（15ZDB059）前期研究成果

世界文明史研究丛书 18

杨巨平 主编

古国文明与丝绸之路

Ancient Civilizations and the Silk Road

中国社会科学出版社

审图号：GS(2021)2703号

图书在版编目(CIP)数据

古国文明与丝绸之路／杨巨平主编．—北京：中国社会科学出版社，2021.6

ISBN 978-7-5203-8484-1

Ⅰ.①古… Ⅱ.①杨… Ⅲ.①古国—文化史—研究②丝绸之路—研究 Ⅳ.①K103②K928.6

中国版本图书馆CIP数据核字（2021）第089874号

出版人	赵剑英
责任编辑	张 湉
责任校对	姜志菊
责任印制	李寡寡

出　版	中国社会科学出版社
社　址	北京鼓楼西大街甲158号
邮　编	100720
网　址	http://www.csspw.cn
发行部	010-84083685
门市部	010-84029450
经　销	新华书店及其他书店
印　刷	北京明恒达印务有限公司
装　订	廊坊市广阳区广增装订厂
版　次	2021年6月第1版
印　次	2021年6月第1次印刷
开　本	710×1000 1/16
印　张	32.75
插　页	2
字　数	521千字
定　价	168.00元

凡购买中国社会科学出版社图书，如有质量问题请与本社营销中心联系调换
电话：010-84083683
版权所有　侵权必究

撰写分工

主　　编：杨巨平

执　　笔：

绪　论　杨巨平

第一章　庞霄骁（第一节）

　　　　高克冰（第二节）

第二章　王三三

第三章　庞霄骁

第四章　高克冰

第五章　李毅铭

　附录　哈米德礼萨·帕沙·扎努斯（Hamidreza Pasha Zanous）撰，李毅铭译

第六章　齐小艳

第七章　张龙海

后　记　杨巨平

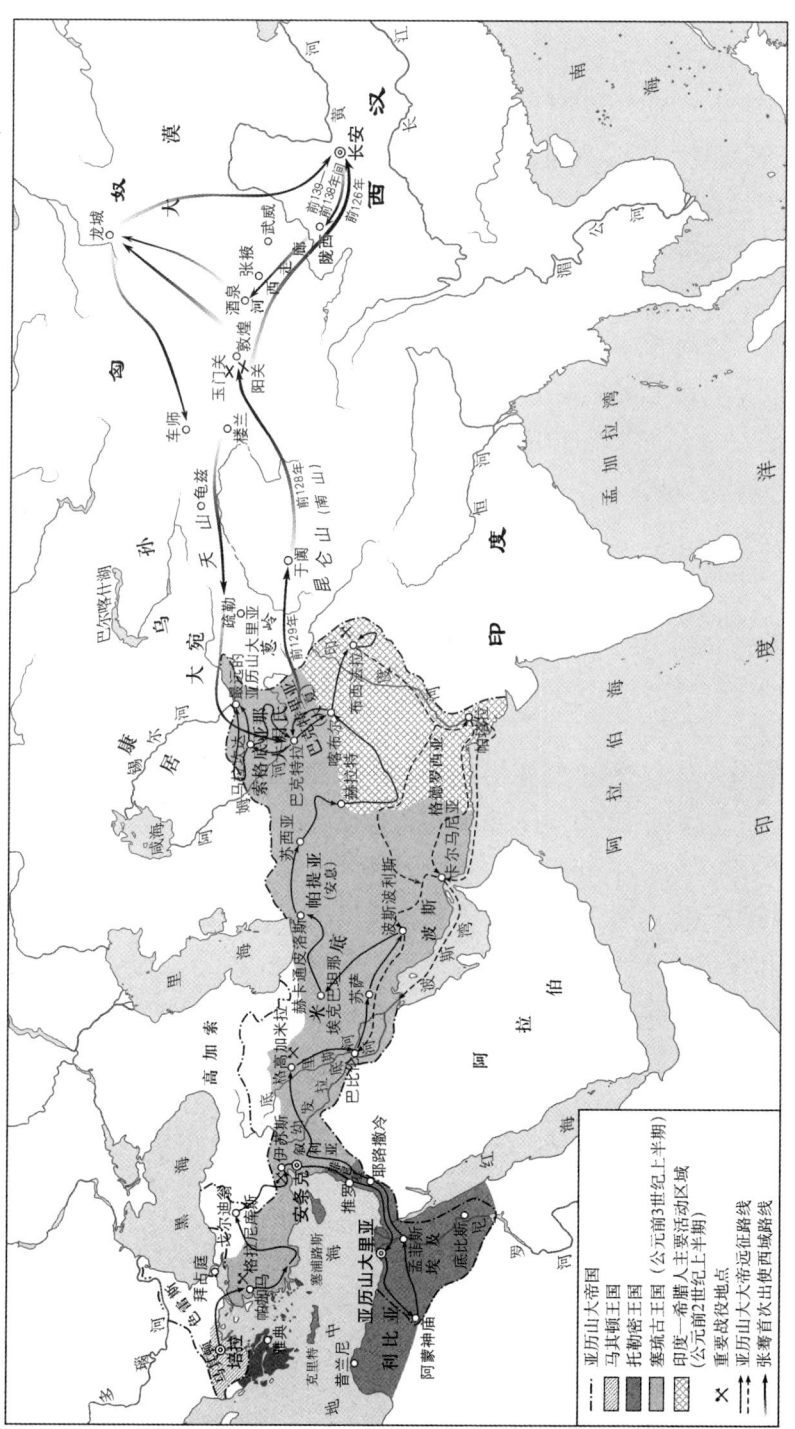

图一 希腊化世界和张骞首次出使西域路线

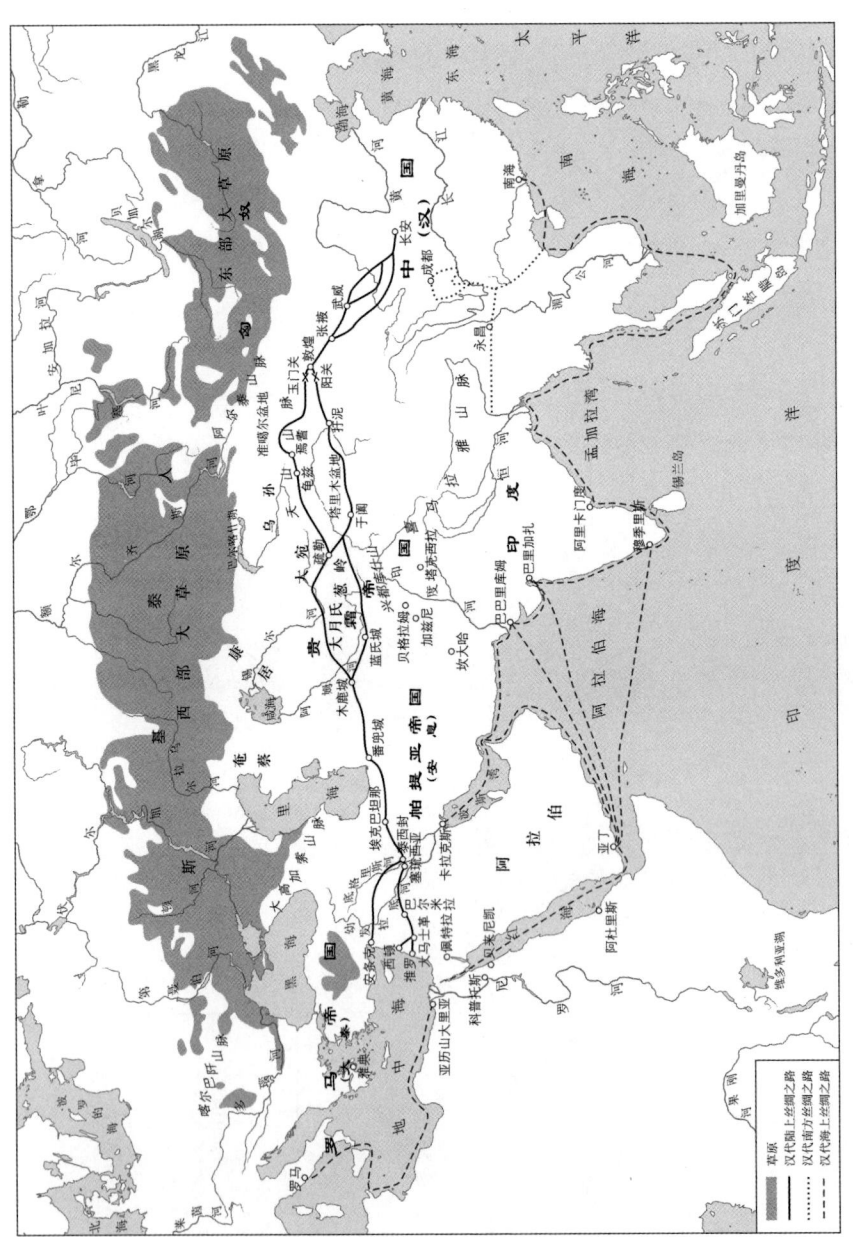

图二 两汉时期的丝绸之路及其沿线国家和地区

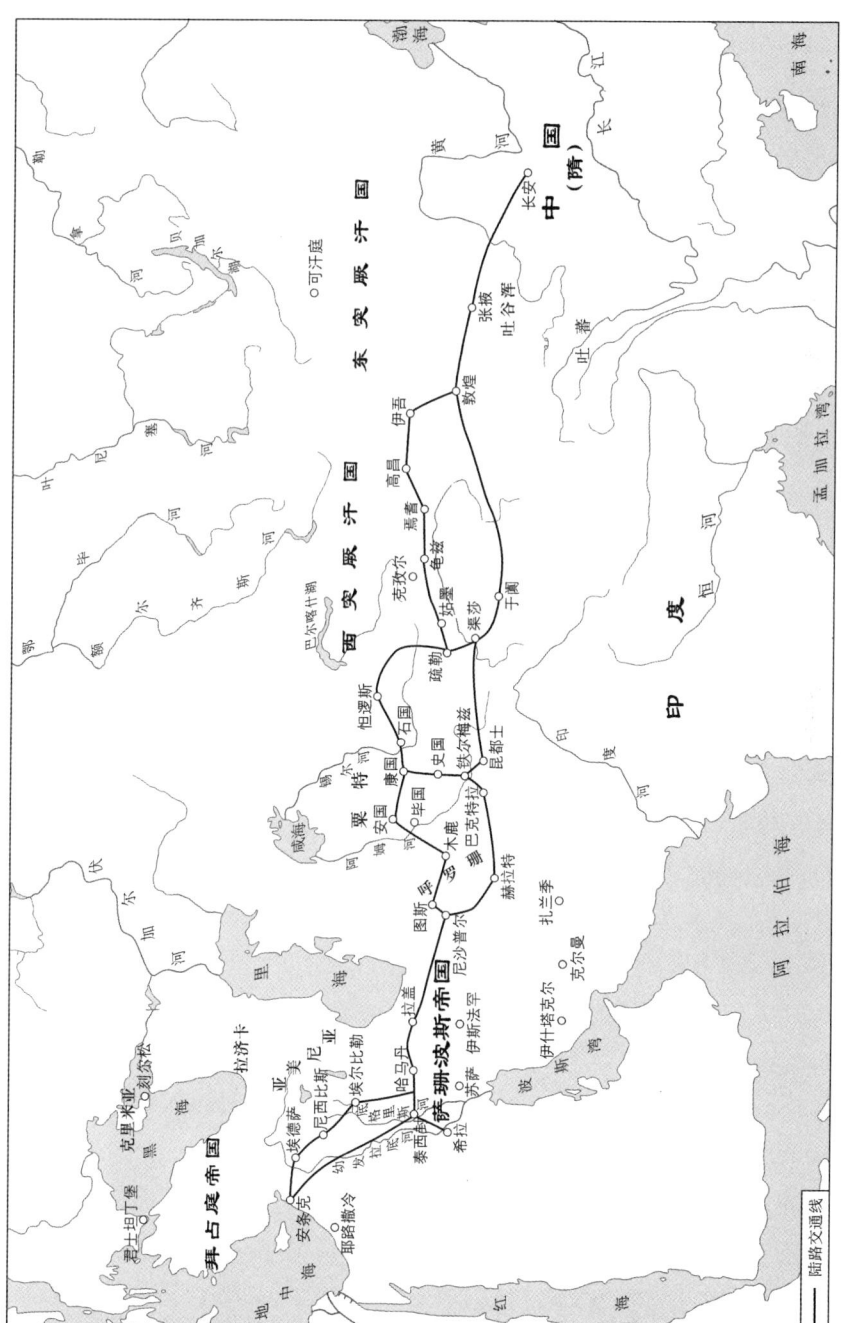

图三 4—7世纪的丝绸之路及其沿线国家和地区

目　　录

绪论 …………………………………………………………（1）

第一章　希腊化世界与丝绸之路 ……………………………（24）
　第一节　远东希腊人王国与丝绸之路 ………………………（24）
　第二节　托勒密、塞琉古王国与丝绸之路 …………………（47）
　小结 …………………………………………………………（59）

第二章　帕提亚帝国与丝绸之路 ……………………………（61）
　第一节　帕提亚与丝绸之路的拓通 …………………………（62）
　第二节　帕提亚与丝路贸易初兴 ……………………………（74）
　第三节　帕提亚与丝路文化交流 ……………………………（87）
　小结 …………………………………………………………（104）

第三章　贵霜帝国与丝绸之路 ………………………………（105）
　第一节　贵霜帝国与丝绸之路关系的确立 …………………（105）
　第二节　贵霜城市与丝路中南段的整合 ……………………（118）
　第三节　贵霜钱币与丝路文化的融合 ………………………（149）
　第四节　贵霜帝国与丝路文化的传播 ………………………（172）
　小结 …………………………………………………………（193）

第四章　罗马帝国与丝绸之路 （195）
第一节　罗马帝国的崛起与丝路的延伸与繁荣 （196）
第二节　罗马帝国与海上丝绸之路沿线各国的商贸与交往 （219）
第三节　罗马帝国与中国的交往 （256）
小结 （269）

第五章　萨珊波斯帝国与丝绸之路 （272）
第一节　萨珊波斯帝国对丝路控制权的争夺 （272）
第二节　萨珊波斯帝国在丝绸之路上的中介贸易 （288）
第三节　萨珊波斯帝国与中国的丝路文化交往 （305）
小结 （325）
附录　丝绸之路上的萨珊波斯人 （326）

第六章　粟特与丝绸之路 （356）
第一节　粟特与丝绸之路的发展 （357）
第二节　粟特人与丝路宗教文化的传播 （376）
小结 （385）

第七章　斯基泰人与草原丝绸之路 （386）
第一节　斯基泰人与草原丝路的开辟 （387）
第二节　斯基泰人与草原丝路上的物质文化交流 （398）
小结 （429）

译名表 （431）

参考文献 （450）

后记 （512）

绪　　论

　　本书是教育部人文社会科学重点研究基地重大项目《丝路古国文明研究》（11JJD770024）的结项成果。当时拟定的研究重点是古代，也即公元7世纪以前丝路沿线国家的历史和文化。这些国家有的地处丝路的核心地区和交汇中心，有的地处丝路的终点，有的则处于丝路的支线地区。它们的兴衰与丝绸之路的走向与发展直接相关，丝路贸易、丝路文化交流是这些国家或地区文明的重要组成部分。所以，我们最初的计划是把丝路古国文明作为主要研究的对象，以丝绸之路上的巴克特里亚—印度—贵霜文明、帕提亚—萨珊波斯文明、塞琉古—罗马文明为个案进行分析。2013年，国家提出"一带一路"的倡议，我们在深受鼓舞的同时，也得到新的启示，对原来的研究重点做了调整。"一带一路"覆盖的现代国家大多都是在原来丝路古国的基础上发展而来，这些古代国家都曾是丝绸之路的推动者与得益者，它们都是通过丝绸之路与古代中国建立了直接或间接、这样或那样的联系。自司马迁以来，中国古代史籍对它们的记载延续不绝就是最好的证明。研究它们与丝绸之路的关系，并进而梳理它们与古代中国的关系，对于"一带一路"宏伟蓝图的实施可能会更有现实意义。为此，我们及时调整了研究思路，将这些古国或古代文明区域与丝绸之路的关系作为重中之重。我们确定了一些与早期丝路的开通和拓展有密切关系的国家、地区和民族作为个案研究的对象，统称为丝路古国，它们分别是张骞通西域时还存在于中亚、印度和东地中海地区的各希腊化王国，处于丝路西段当道的帕提亚帝国，公元后崛起于中亚、印度西北部的贵霜帝国，东扩至两河流域一线的罗马帝国，取代帕提亚帝国的萨珊波斯帝国，以及地处丝绸之路十字路口的粟特地区。在欧亚大陆的北方，横亘着一望无际的大草原（Steppe），它

古国文明与丝绸之路

曾是无数游牧民族生存繁衍的地区，也是东西方文明的最早的交流孔道。早在绿洲丝路开通之前，中国的丝绸就已经通过游牧民族的接力传输到欧洲，后来它更是成为丝路北道的一个支线。所以，我们以公元前1000年纪中后期活跃于欧亚草原的斯基泰人为例，对他们在草原丝绸之路的开拓、开通以及在推动东西方经贸与文化往来方面所发挥的历史作用也做了梳理。

我们的研究证明，历史上凡是通过丝绸之路与中国中原王朝建立经贸和文化关系的国家、地区和民族，在为古代中西或东西方的文化交流做出贡献的同时，也促进了它们自身文明的发展。强大的汉唐帝国所输出的政治影响和散发的文明魅力曾经使数万里之外的远国都来归服，中国丝绸更是受到了远至罗马的丝路各国的欢迎和珍爱。与此同时，丝路各地的文明遗产也通过丝绸之路传到了中国境内，从而丰富了中华文明的内涵，有的经过改造吸收后，融入了中国文化传统的主流之中。最为典型的就是印度的佛教，竟然成为与儒、道并列的中国三教之一。这不能不说是中印两大文明交流史上的奇迹。既然这些早期国家和地区能够通过丝路与当时的中原王朝建立政治、经济和文化方面的联系与交流，中国能够以自己强大的帝国、悠久的历史和灿烂的文明对远至地中海的西域诸国产生不同程度的影响，与这些丝路沿线国家、地区和民族建立友好的关系，为什么在今天的全球化时代，我们不能重建现代丝绸之路，与世界各国，尤其是古代丝绸之路（不论是陆上还是海上丝路）的沿线国家和地区建立起新的经济纽带和文化交流关系呢？本课题的研究或许可以对此提供一些历史的借鉴和启示。

关于丝绸之路的研究，最早始于19世纪后期。1877年，德国地理学家李希霍芬在其著作《中国：亲历与研究》一书中正式提出了"丝绸之路"这一名称①，逐渐为学术界所接受。最早对我国境内丝路遗迹遗物产生

---

① 据赫尔曼，李希霍芬把自公元前114年至公元127年间连接中国与河中以及印度的丝绸贸易的西域道路称为"丝绸之路"（Seidenstrassen）（Richthofen, F. V., *China*: *Ergebnisse Eigener Reisen und darauf gegründeter Studien*, Bd. 1, Berlin: Reimer, 1877, 454 ff.）。但他认为应该把一名称的涵义扩展到遥远的叙利亚，因为当地从伊朗获得了中国的丝绸。见 A. Hermann, *Die alten Seidenstrassen zwischen China und Syrien*, Berlin, 1910, 10。关于丝绸之路概念的演进，详见 Daniel Waugh, "Richthofen's 'Silk Roads': Toward the Archaeology of a Concept", *The Silk Road*, 5/1（2007）：1－10；徐朗《"丝绸之路"概念的提出与拓展》，《西域研究》2020年第1期。最近也有学者提出李希霍芬并非德语"Seidenstrassen"丝绸之路一词的最早提出者，而是德国地理学家卡尔·李特尔（Carl Ritter, 1779—1859），但他也承认，真正赋予丝绸之路时间和空间概念，使其成为欧亚大陆东西方道路统称的第一人还是非李希霍芬莫属。Matthias Mertens, "Did Richthofen Really Coin 'the Silk Road'?", *The Silk Road*, Volume 17（2018）：pp. 1－9.

狂热兴趣的是一批来自欧洲、日本的所谓探险家们。对于他们的政治背景和文化动机国内近百年来已有公论，但毋庸置疑的一点就是，这些所谓的学者、汉学家、探险家在我国西北的考察、发掘和窃取文物活动却拉开了丝绸之路研究的序幕。与此同时，西方的一些学者也从19世纪开始，对近东、中亚、印度等古老文明之地的历史产生了浓厚的兴趣，古代埃及、两河、伊朗、中亚、印度的历史都进入了他们的视野之中，古老的中国自然也不例外。在这一股对古老的东方文明研究的热潮推动下，丝绸之路自然成为重点关注的研究对象之一，丝路沿线国家、地区和民族的历史也就纳入了他们的近东史、中亚史和印度史当中。我国学者20世纪20—30年代组织参与的中瑞西北合作考古考察活动，40年代国立敦煌艺术研究所的设立，都表明了当时国内各界认识到了丝路研究的重要性。向达先生的《唐代长安与西域文明》、张星烺先生编译的《中西交通史料汇编》、冯承钧先生的《西域南海史地考证译丛》（第一编）都是当时享誉一时，且影响至今的代表作。冯先生的译作介绍了国外丝绸之路研究的最新成果，是值得特别重视的。

20世纪50年代以来，国内对丝路的研究一直没有中断，近年来尤其推出了一大批专门研究和译介之作。余太山先生多年以中国古代正史中有关西域的记载为基础，致力于古代西域诸民族、国家的历史研究，他的系列专著，如《两汉魏晋南北朝与西域关系史研究》、《两汉魏晋南北朝正史西域传研究》、《两汉魏晋南北朝正史西域传要注》以及《塞种史研究》、《嚈哒史研究》等，受到国内外学术界的普遍重视。[①] 王治来先生的《中亚通史》，是国内学者出版的首部多卷本中亚通史。此书在20世纪80年代分别以《中亚史》、《中亚史纲》之名单册出版。[②] 赵汝清先生的《丝绸之路西段历史研究》[③]，将帕米尔高原以西到地中海方向的丝路划为西段，大致

---

① 余太山：《两汉魏晋南北朝与西域关系史研究》，中国社会科学出版社1995年版；余太山：《两汉魏晋南北朝正史西域传研究》，中华书局2003年版；余太山：《两汉魏晋南北朝正史西域传要注》，中华书局2005年版；余太山：《塞种史研究》，商务印书馆2012年版；余太山：《嚈哒史研究》，齐鲁书社1986年版。

② 王治来：《中亚史》（第一卷），中国社会科学出版社1980年版；《中亚史纲》，湖南教育出版社1986年版；《中亚通史》（第二版），新疆人民出版社2007年版。

③ 赵汝清主编：《丝绸之路西段历史研究——兼论沿途民族迁徙及国家关系》，甘肃文化出版社1999年版。

包括帕米尔高原、中亚、伊朗高原、两河流域、地中海东岸。该书认为：丝绸之路之前，东西方之间已有天青石贸易之路、雅利安人迁徙之路存在。即使是丝绸之路，也有草原路、绿洲路和海上路之分。该书的丝路西段就是绿洲之路。此书涉及对阿拉伯人到来之前的丝路沿线同时或先后出现的国家的历史，如塞琉古王国、帕提亚、贵霜、萨珊波斯、罗马、嚈哒等，重墨叙述中国与这些国家的关系以及它们之间的政治外交关系或文化传承关系，与本课题的研究范围比较吻合。这些年翻译过来的相关学术著作，不论就史料和观点上都给人耳目一新的感觉，尽管其中相当一部分采用的都是20世纪初期或中期的版本。这些著作以宏观性的地域研究为主，由联合国教科文组织出面组织编写的六卷本《中亚文明史》（*History of Civilizations of Central Asia*）可谓是代表之作。此书由国际中亚史的权威学者集体编写，而且他们大多是本土学者，就学术价值而言，自然属于最高水平，就史料价值而言，也是国内求之不得。其中第2卷《定居文明与游牧文明的发展：公元前700年至公元250年》[1] 与本课题的研究最为有关。

从目前资料来看，国外学者的研究成果仍然是我们的主要参考依据。就丝路古国的研究基础而言，清末民初国外汉学家的第一手考察资料和著述尤其值得重视。主要有：英国学者斯坦因（M. A. Stein）的《古代和田》（1907年）、《西域考古记》（1921年）、《亚洲腹地考古记》（1928年）[2]、德国夏德（F. Hirth）的《中国与罗马的东方》（1885年）[3]、美国学者劳费尔（B. Laufer）的《中国伊朗编》（1919年）[4]、日本白鸟库吉的《粟特国考》

---

[1] J. Harmatta (ed.), *History of Civilizations of Central Asia*, Vol. 2: *The Development of Sedentary and Nomadic Civilizations: 700 B. C. to A. D. 250*, Paris: UNESCO Publishing, 1994；［匈牙利］雅诺什·哈尔马塔主编：《中亚文明史》（第二卷），徐文堪、芮传明译，中国对外翻译出版公司、联合国教科文组织2002年版。

[2] Marc Aurel Stein, *Ancient Khotan: Detailed Report of Archaeological Explorations in Chinese Turkestan*, 2 vols. Oxford: Clarendon Press, 1907; *Serindia: Detailed Report of Explorations in Central Asia and westernmost China*, 5 vols., Oxford: Clarendon Press, 1921; *Innermost Asia: Detailed Report of Explorations in Central Asia, Kan-su and Eastern Iran*, 5 vols., Oxford: Clarendon Press, 1928.

[3] Friedrich Hirth, *China and the Roman Orient*, Leipzig & Munich: Georg Hirth, Shanghai & Hongkong: Kelly & Walsh, 1885. 中文译本有：［德］夏德：《大秦国全录》，朱杰勤译，商务印书馆1964年版。

[4] Berthold Laufer, *Sino-Iranica*, Chicago: Field Museum of Natural History, 1919. 中译本有：［美］劳费尔：《中国伊朗编》，林筠因译，商务印书馆1964年版。

(1924年)，《大宛国考》（1916年）、《月氏国的兴亡》（1904年）《罽宾国考》（1917年）、《塞民族考》（1917—1919年）、《大秦国及拂菻国考》（1904年）、《条支国考》（1926年）、《见于大秦传中的西域地理》（1931年）、《拂菻问题的新解释》（1931—1932年）等一系列关于西域各国的考证①，藤田丰八（1869—1929年）的《西域研究》②、《西北古地研究》③，桑原骘藏的《张骞的远征》（1916年）④，羽田亨的《西域文明史概论》（1931）和《中央亚细亚的文化》⑤等。这些著作虽然时过百年或大半个世纪，但由于立足于实地考察和通晓多种古代语言的基础之上，所以仍是我们今天研究的起点。

丝绸之路的整体研究素来被国外研究者所重视。全球化浪潮的兴起，使古老的丝绸之路再次得到国际学界的关注。日本学者长泽和俊的《丝绸之路史研究》⑥、法国学者阿里·马扎海里的《丝绸之路：中国—波斯文化交流史》⑦以及近年新出的英文专著，如弗兰克和布朗斯通（I. M. Franck & D. M. Brownstone）的《丝绸之路史》⑧、余英时的《汉代中国的贸易和扩张：汉胡关系结构研究》⑨、贝克威斯（C. I. Beckwith）的《丝路帝国：青

---

① 这些论文均收入《白鸟库吉全集》第6、7卷《西域史研究》（上、下），岩波书店1970年版。中文译本有傅勤家译：《康居粟特考》，商务印书馆1934年版；王古鲁译：《塞外史地论文译丛》（上、下），山西人民出版社2015年版。
② ［日］藤田丰八：《西域研究》，杨鍊译，商务印书馆1935年版。
③ ［日］藤田丰八等：《西北古地研究》，杨鍊译，商务印书馆1935年版。
④ 此书有杨鍊译本：《张骞西征考》，商务印书馆1934年版。
⑤ 这两部书均有多种中文译本，《西域文明史概论》有钱稻孙1931年（钱氏私人出版）、郑元芳1934年（商务印书馆）译本；《中央亚细亚的文化》先有张宏英1935年译本（商务印书馆），1947年，羽田亨将其修订再版，更名为《西域文化史》，中文译本有耿世民译《西域文化史》，新疆人民出版社1981年版。2006年，中华书局将二书合为一册出版，由耿世民翻译，名为《西域文明史概论（外一种）》。
⑥ ［日］长泽和俊：《丝绸之路史研究》，钟美珠译，天津古籍出版社1990年版。
⑦ ［法］阿里·玛扎海里：《丝绸之路中国—波斯文化交流史》，耿昇译，中华书局1993年版。2006年新疆人民出版社再版。
⑧ I. M. Franck & D. M. Brownstone, *The Silk Road: A History*, New York: Factson File, 1986.
⑨ Ying-shih Yü, *Trade and Expansion in Han China: A Study in the Structure of Sino-Barbarian Relations*, Berkeley: University of California Press, 1967；［美］余英时：《汉代贸易与扩张》，邬文玲等译，上海古籍出版社2005年版。译本另收有作者两篇与汉代有关的论文与一篇关于唐代财政的书评。

铜时代至今的中部欧亚大陆研究》①、刘欣如的《世界历史中的丝绸之路》②、韩森（V. Hansen）的《丝绸之路新史》③、弗兰克潘（P. Frankopan）的《丝绸之路：一部全新的世界史》④都从不同的角度对丝绸之路的实质和内涵做了深入的分析。余英时和刘欣如是华人，熟悉中国方面的史料，对国外的研究成果又能及时地吸收，他们的著作相对而言有较高的参考价值。贝克威斯的《丝路帝国》主要关注的是欧亚大陆中部各主要游牧民族与大国之间的关系，对以前通行的观点做了重新审视与修正。作者认为，丝路的兴衰与沿线帝国的命运息息相关，所以要把二者联系起来进行研究。韩森是耶鲁大学的教授，精通汉语，她的《丝绸之路新史》选取了从中国长安到中亚撒马尔罕（Samarkand）之间的7个丝路重镇（其中6个在中国境内）作为个案，利用最新的考古材料说明：丝路只是各段的连接，丝绸只是丝路转输的商品之一，甚至也是丝路货币之一；出产于中国的纸也是丝路的主要商品；早期罗马帝国并没有和中国发生直接的丝绸贸易。该书重点在中国西域，但其研究方法值得借鉴。彼得·弗兰克潘的《丝绸之路：一部全新的世界史》因其立意新颖、视野开阔，成为西方世界的畅销书。他将古代丝绸之路与现代历史现实结合起来，将丝绸之路演化为信仰之路、基督之路、变革之路、和睦之路、皮毛之路、奴隶之路、天堂之路、铁蹄之路、重生之路、黄金之路、白银之路、西欧之路、帝国之路、危机之路、战争之路、黑金之路、妥协之路、小麦之路、纳粹之路、冷战之路、美国之路、霸权之路、中东之路、伊战之路等24条不同的历史发展之路，似乎丝绸之路就是世界历史的源头，丝绸之路史就是一部世界史，而中亚——古老的丝绸之路的核心地段就是世界的心脏。这样的观点值得商榷，但就本课题的研究而言，该书在研究方法上的启示意义要

---

① Christopher I. Beckwith, *Empires of the Silk Road: A History of Central Eurasia from the Bronze Age to the Present*, Princeton University Press, 2009.

② Xinru Liu, *The Silk Road in World History*, New York: Oxford University Press, 2010.

③ Valerie Hansen, *The Silk Road: A New History*, New York: Oxford University Press, 2012. 此书已有中文译本：[美]芮乐伟·韩森：《丝绸之路新史》，张湛译，北京联合出版社2015年版。

④ Peter Frankopan, *The Silk Roads: A New History of the World*, London: Bloomsbury Publishing PLC, 2015；[美]彼得·弗兰克潘：《丝绸之路——一部全新的世界史》，邵旭东、孙芳译，浙江大学出版社2016年版。

大于它所提供的史料参考价值。

关于丝路古国的国别史研究，虽然近代学者大多未把它们与丝绸之路相联系，但对于本课题也很重要，因为它们提供了这些丝路古国的历史和文化概况。关于安息（帕提亚）、大夏（巴克特里亚）、萨珊波斯诸国，国外学者自19世纪末20世纪初就有专著问世，主要有乔治·罗林森的帕提亚—萨珊系列，如《古代史手册：从远古到萨珊波斯帝国的衰落》（1880）[1]、《东方第六大君主制国家或帕提亚的地理、历史和古物》（1873）[2]、《帕提亚》（1903）[3]；休·乔治·罗林森的《巴克特里亚：从远古到巴克特里亚——希腊人的统治在旁遮普的消失》（1909）[4]和《巴克特里亚：一个被遗忘的帝国》（1912）[5]。近年来，巴克特里亚希腊人王国再度受到学者的重视，除了两大代表人物塔恩的《巴克特里亚和印度的希腊人》（1938年第一版，1951，第二版）[6]和纳拉因的《印度—希腊人》（1957）[7]分别于1984、2003年先后再版之外，关于巴克特里亚的新著有H.西德基的《巴克特里亚王国：从亚历山大到欧克拉提德大帝》（2000）[8]和《希腊—巴克特里亚王国的兴衰》（2004）[9]。美国休斯敦大学的霍尔特教授是亚历山大和巴克特里亚希腊人王国研究的专家，近年来的一系列著作都是围绕巴克特里亚地区展开，与本课题有关的主要有：《亚历山大大帝与巴克特

---

[1] George Rawlinson, *A Manual of Ancient History*, *From the Earliest Times to the Fall of the Sassanian Empire*, Oxford: Clarendon Press, 1880.

[2] George Rawlinson, *The Sixth Great Oriental Monarchy*, *or*, *The Geography*, *History & Antiquities of Parthia*, London: Longmans, Green, and Co., 1873.

[3] George Rawlinson, *Parthia*, New York: G. P. Putnam's Sons, 1903.

[4] Hugh George Rawlinson, *Bactria*, *from the Earliest Times to the Extinction of Bactrio-Greek Rule in the Punjab*, Bombay: The "Times of India" office, 1909.

[5] Hugh George Rawlinson, *Bactria*: *the History of a Forgotten Empire*, London: Probsthain & Co., 1912.

[6] W. W. Tarn, *The Greeks in Bactria and India*, Cambridge University Press, 1938; The Second Edition, Cambridge University Press, 1951; The Third Edition, edited by Flank Lee Holt, Chicago: Ares Publishers Inc., 1984.

[7] A. K. Narain, *The Indo-Greeks*, Oxford: Clarendon Press, 1957; *The Indo-Greeks*: *Revisited and Supplemented*, New Delhi: B. R. Publishing Corporation, 2003.

[8] H. Sidky, *The Greek Kingdom of Bactria*: *from Alexander to Eurcratides the Great*, Lanham, Md.: University Press of America, 2000.

[9] H. Sidky, *The Rise and Fall of the Graeco-Bactrian Kingdom*, Jaipur: ABD Publishers, 2004.

古国文明与丝绸之路

里亚：中亚希腊人边界的形成》（1988）①，《发出雷电的宙斯：希腊化巴克特里亚的形成》（1999）。② 巴克特里亚希腊人王国（大夏）虽然在张骞到来之前已经臣服于大月氏，但它为后来贵霜帝国的兴起以及从中亚到印度河口丝路的开通奠定了基础。

关于贵霜的研究近年也有几部专著出版，如 B. N. 慕克吉的《贵霜世系与编年研究》第一卷《贵霜世系》（1967）③，S. J. 科祖马和 R. 莫里斯合著的《贵霜雕塑》（1985）④，B. R. 摩尼的《贵霜文明：城市发展与物质文化研究》（1987，2013）⑤，M. K. 塔库尔的《迦腻色伽时代的印度》（1998）⑥，P. L. 笈多与 S. 库拉士勒士塔合著的《贵霜钱币与历史》（1994）⑦ 等。贵霜研究中的重大问题，如贵霜前期国王的王系编年，尤其是迦腻色伽的在位时间，贵霜王朝与犍陀罗艺术起源的关系等都是长期困扰学界的历史悬案。

一些大型系列丛书和中亚史著作也包含了丝路古国的历史，如第二版的《剑桥古代史》第7卷及其以下各卷（对希腊化世界、帕提亚、萨珊、罗马帝国与东方均有涉及）、《剑桥伊朗史》第2卷⑧、费耐生（Richard N. Frye，一译理查德·N. 弗莱）的《古代伊朗史》⑨，拉普森的《剑桥印度史》第1卷⑩，

---

① F. L. Holt, *Alexander the Great and Bactria: The Formation of a Greek Frontier in Central Asia*, Leiden: Brill, 1988.
② F. L. Holt, *Thundering Zeus: The Making of Hellenistic Bactria*, Berkley: University of California Press, 1999.
③ Bratindra Nath Mukherjee, *Studies in Kushana Genealogy and Chronology: The Kushana Genealogy*, V. I, Calcutta Sanskrit College research series, Sanskrit College, 1967.
④ Stanislaw J. Czuma & Rekha Morris, *Kushan Sculpture: Images from Early India*, Cleveland Museum of Art in Cooperation with Indiana University Press, 1985.
⑤ Buddha Rashmi Mani, *The Kushan Civilization: Studies in Urban Development and Material Culture*, Delhi, New Delhi: B. R. Pub. Corp., 1987, 2nd ed. 2013.
⑥ Manoj K. Thakur, *India in the Age of Kanishka*, Published by Oriental Book Centre in Delhi, India, 1998.
⑦ Parmeshwari Lal Gupta & Sarojini Kulashreshtha, *Kushan Coins and History*, New Delhi: D. K. Printworld Ltd., 1994.
⑧ Ehsan Yarshater, edited, *The Cambridge History of Iran*, Volume 3 (2): *The Seleucid, Parthian and Sasanian Periods*, Cambridge University Press, 1983.
⑨ Richard N. Frye, *The History of Ancient Iran*, Munchen: Beck, 1984.
⑩ E. J. Rapson, *The Cambridge History of India. Vol. 1: Ancient India*, Cambridge University Press, 1922.

麦高文的《中亚古国史》①（1939年初版，中华书局2004年汉译重印），丹尼斯·西诺尔的《剑桥早期内亚史》②。这些丝路沿线国别史和地区史的研究成果对于分析它们的历史演变和文明因素构成极具参考价值。此外、丝路各国的钱币、艺术、宗教、音乐、民俗、社会经济诸方面也都有专门的资料汇编和论著问世。

　　以上只是对百年来丝路研究的简单回顾。面对浩如烟海、叹为观止的丝路研究资料和国内外各种语言文字的研究成果以及世界各地博物馆的收藏，凭我们的浅薄学力，根本无法全面构建丝路及沿线古国研究的学术史。但总的看来，现有的或我们所知的研究成果已经涉及到丝路的诸多方面，而且对丝路的历史作用认识也趋于一致，认为它不仅是东西方或中西之间的一条商贸之路，也是一条文化交流之路，甚至是一条共同发展之路。但目前国内的相关研究也有明显的不足：一是重点分散，以丝路遗物遗迹和文献考据为主，全线的系统研究不多；二是国内研究注重境内的考古发现，对国外丝路研究成果缺乏充分的吸收和利用，文献解读能力和研究基础还有待提高（如外语和必要的世界古代史知识与视野）；三是丝路沿线文明古国对于丝路文明的形成和东西方文明互动的贡献和作用的研究还有待深入。丝路研究是个跨学科研究，需要历史学、考古学、钱币学、碑铭学、古文字学，甚至古人类学、古生物学、民族学、艺术史、宗教学等诸多学科的参与。我们的团队是从世界古代史、中外古代文化交流史的角度来研究这些丝路古国文明史的，因此，我们力求在吸收、综合、分析其他学科研究成果的同时，确定自己的研究方向，调整自己的研究思路。这些丝路国家、地区、民族到底在丝绸之路上扮演了什么样的角色，发挥了什么样的作用，是我们研究的重点，也是贯穿于全书的主线。

　　如前所示，本课题的丝路古国是指公元前二世纪张骞西域凿空到公元七世纪阿拉伯帝国建立以前在丝绸之路沿线曾经存在过的国家、地区或文明。之所以以此为限，主要基于以下考虑：

---

① W. M. McGoven, *The Early Empires of Central Asia*, Chapel Hill: University of North Carolina Press, 1939.

② Denis Sinor, *The Cambridge History of Early Inner Asia*, Cambridge University Press, 1990.

根据现在学界的研究趋势，丝绸之路这一术语已经泛化，远远脱离了它最初的含义——中国通往地中海以丝绸为主要标志性转输品的陆路交通线。现在学术界公认的丝绸之路主干线有三条①：一条是绿洲丝绸之路（the Oasis Silk Road），就是张骞通西域之后连通中国中原地区与地中海世界这条东西方向的主干道。我们所说的丝路沿线国家、地区和民族主要就是围绕这条道路而言。一条是海上丝绸之路（the Maritime Silk Road），是将地中海的亚历山大里亚与中国南部城市联系起来的一条海上通道，途经红海、阿拉伯海、印度洋和南海。它在阿拉伯半岛、波斯湾、印度与陆上丝绸之路相连接。我们所说的丝路沿线国家多与海上丝绸之路有着这样或那样、直接或间接的关系。三是草原丝绸之路（the Steppe Silk Road）。由于草原游牧民族的流动性，这条道路时断时续，并没有成为丝绸之路的主要组成部分。更为重要的是，草原丝绸之路始于何时，学术界尚有不同说法。有的学者把丝绸之路看作是欧亚大陆民族迁徙之路，所以在中国新疆地区小河墓地欧罗巴人种特征的木乃伊出土之后，有学者就把丝绸之路的上限提到了公元前 2000 年代左右。② 有的学者仍然坚持寻求丝路的基本证据——丝绸的遗迹，来确定草原丝绸之路的大致走向和西传的时间。在德国公元前 6 世纪一个克尔特人（Celts）首领古墓中发现的丝绸织物是现今所知最早传至欧洲的丝绸。③ 在约公元前 5—前 3 世纪的阿尔泰（Altai）巴泽雷克（Pazyryk）古墓出土的丝绸刺绣、中国的山字纹铜镜证明草原丝绸之路先于绿洲丝绸之路的存在。④ 有人甚至设想，希腊古典时期人物雕塑

---

① 学界也有四条丝路之说，即将以成都平原（蜀地）为出发点，经我国西南地区连通东南亚、南亚和中亚的交通路线视为南方丝绸之路。

② 美国宾夕法尼亚大学的梅维恒教授是这种观点的代表。他主编的论文集《重构丝绸之路：古代东西方交流的新研究》主旨就是论证"丝绸之前的丝绸之路"（"the Silk Roads before Silk"）即所谓"草原丝绸之路"远远先于绿洲丝绸之路的存在。他认为，最近考古学上最令人振奋的启示表明，小麦、羊、马、车、青铜与铁的冶炼术和文明的其他基本方面都在公元前三千、二千和一千年纪沿着前丝绸之路和经丝绸之路（the pre- and epi-Silk Road）传过来了。Victor H. Mair, Jane Hickman, Colin Renfrew, edited, *Reconfiguring the Silk Road*: *New Research on East-West Exchange in Antiquity*, Philadelphia: University of Pennsylvania Press, 2014, p. 2.

③ Jorg Biel, "Treasure from a Celtic Tomb", *National Geographic*, Vol. 157, No. 3, 1980, pp. 429 – 438.

④ [苏联] С. И. 鲁金科：《论中国与阿尔泰部落的关系》，《考古学报》1957 年第 2 期。

所穿的细薄透明的衣服有可能来自中国的丝绸。① 无论如何，中原的丝绸在张骞通西域之前通过游牧民族传输至中亚、欧洲是不争的事实。即使在绿洲丝绸之路全线开通之后，这些流动于欧亚草原上的游牧民族也同样参与了丝路贸易和文化交流的活动。其中有些在丝路沿线建国的民族本来就是从游牧的"行国"转化为定居的王国或帝国，如：建立帕提亚—安息帝国的阿帕尼亚人（Aparnians, Aparni）或帕尼人（Parni）、贵霜帝国的大月氏人、印度—斯基泰人（Indo-Scythians）王国的萨迦人（Sakas），甚至粟特人的祖先康居也是逐水草而居的"行国"。公元1世纪在阿富汗"黄金之丘"（Tillya Tepe）发现的具有草原游牧文化与希腊化艺术、中国汉文化相结合特征的艺术品，就是这些游牧民族参与丝绸之路活动的证明。《厄立特里亚航海记》（*The Periplus Maris Erythraei*）中提到来自中国的毛皮，显然来自草原游牧民族。② 中国西汉王朝初期给匈奴馈赠大批的丝绸（絮缯），也有可能被转手输送给西方。因此，从这个意义上说，以绿洲丝路为基础的丝路古国与海上丝路和草原丝路都有着密不可分的联系。

然而，这种丝路格局在阿拉伯帝国兴起后有所改变，丝路沿线的主要国家相对单一，即先是阿拉伯帝国，后是蒙古帝国及其汗国，丝路文明的统一性大于多元性。中原王朝则一度被辽、金、元所取代。而且元明之际，海上丝路成为东西方交往的主要通道，大有取代陆路交往之势。这两大帝国的历史及其对于丝路的贡献前人研究比较详备，但七世纪以前的这些丝路沿线国家和地区的研究则相对薄弱。中西方史籍中常常提到的巴克特里亚（Bactria，大夏，后称Tukhara，吐火罗）、帕提亚（Parthia，安息）、萨珊波斯（Sassan Empire，波斯）、贵霜（Kushan，地跨印度、中亚）、粟特（Sogdiana，索格底亚那）、大秦（罗马帝国，Roman Empire，或罗马的东方，the Roman Orient）等这些古国与丝绸之路的关系，国内也鲜有系统的研究。而且，随着新的考古资料的出现，尤其是钱币、城市遗址、寺庙遗迹、墓葬、碑铭等实物

---

① 参见沈福伟《中西文化交流史》，上海人民出版社1985年版，第22—23页。最早提出这种观点的是美国大都会博物馆的Gisela M. A. Richter，详见其文："Silk in Greece"，*American Journal of Archaeology*, Vol. 33, No. 1, Jan. – Mar., 1929, pp. 27 – 33。

② Lionel Casson, *Periplus Maris Erythraei: Text with Introduction, Translation, and Commentary*, "Text and Translation", 39, New Jersy: Princeton University Press, 1989.

的大量出土，都使进一步的研究成为必要和可能。利用这些实物资料，对这些文献记载比较模糊或阙如的国家和地区的文明进行重建和复原，特别是力求解决一些悬而未决的历史疑案，这对于弥补我国中亚、西亚古代文明研究之不足，改变重本土、疏域外的研究现状，建立以本土资源为基础的全线式、多方位丝路研究体系应该说还是有一定学术价值的。

此外，这些国家分布于中亚、印度、西亚到地中海一线，是丝绸之路的必经之地或终端，对丝绸之路的开通、延伸和延续以及丝路上东西方文明的接触、交流、融合或多或少、直接或间接都发挥了重要的作用。它们不仅是东西方文明的传播者，而且本身就是丝路文明的创造者。当然，由于所处历史时期、地理位置和自身文明发展程度的差异，这些国家和地区在历史上所起的作用是不同的。这就需要在总体分析的基础上，对主要的国家和地区做深入的个案研究，尤其要关注它们和当时中国中原王朝的关系到底如何，在政治、经济、文化方面是否有实质性的交往。我们知道，汉唐之际正是中国和其他西域国家交往最为密切的时期。中外使者、商人、僧人不绝于道，传递的是友谊、文化和理解。中国输出的是丝绸、炼钢术、漆器、一些植物的栽种技术，但得到的却不仅仅是西域的奇珍异宝，或者葡萄、苜蓿，还包括佛教（Buddhism）、祆教（Zoroastrianism）、摩尼教（Manicheism）、景教（Nestorianism）、伊斯兰教（Islam）以及这些宗教所携带的艺术，这些异域文化因素都不同程度地融入了中华文化的系统之中。所以，本课题将阿拉伯帝国建立之前不同时期的沿线国家和地区对丝路文明互动的贡献作为研究的重中之重。

本课题之所以选择各希腊化王国、帕提亚、贵霜、罗马、萨珊波斯、粟特人和斯基泰人（Scythians）作为研究的个案，是由它们在丝绸之路上的重要历史地位决定的。

张骞大约自公元前 128 年起进入大宛、康居、大月氏、大夏等中亚腹地国家，事实上也就进入了希腊化世界，进入了远东希腊化文明圈[①]。当

[①] 关于远东希腊化文明圈，参见杨巨平《远东希腊化文明的文化遗产及其历史定位》，《历史研究》2016 年第 5 期。

时，巴克特里亚希腊人王国虽然已经被大月氏人征服，但它的王朝仍然残存于巴克特里亚东部的山区和兴都库什山（Hindu Kush）以南的印度西北部。那些作为印度—希腊人的小王国正在蓬勃发展，像米南德（Menader，约公元前165/155—前130年在位）王国甚至一度有可能扩张到了恒河流域。张骞所亲历的这几个国家，原来都是亚历山大帝国、塞琉古王国（the Seleucid Kingdom）和巴克特里亚王国的辖地。大夏西边的安息即西方史籍中的帕提亚帝国。它也是从塞琉古王国独立而来，是个典型的亲希腊国家。[①] 更西边的是以叙利亚为中心的塞琉古王国，它一直坚持到公元前64年被罗马征服。埃及的托勒密王国（Ptolemaic Kingdom）则直到公元前30年才灭亡于罗马之手。张骞抵达中亚之时，希腊化世界还存在于欧亚大陆，他所涉足的中亚地区也刚刚脱离希腊人的统治，希腊化文明的遗产随处可见可闻。而且更为重要的是，从印度、中亚到地中海，在波斯帝国时期就有比较完备的道路系统，亚历山大当年征服波斯帝国，利用的也是这套道路系统。希腊化时代初期，亚历山大帝国的亚洲遗产几乎都被塞琉古王国接受，这一道路继续保持畅通，即使在帕提亚人独立后，从地中海到中亚、印度的道路也没有出现完全中断的现象。阿育王（Asoka, Ashoka）派传教团到东地中海的希腊化国家，一位希腊人把德尔斐（Delphi）神庙的格言带到3000英里之外今日阿富汗的阿伊·哈努姆遗址（Ai Khanoum），都证明东西方道路的通达。所以，张骞一旦进入中亚，事实上就踏上了通往东地中海的道路。后来，其他的中国使者到达了更远的安息、身毒等国，事实上就等于与希腊化世界建立了联系。因此，此时仍然存在的希腊化王国：巴克特里亚—印度—希腊人王国、塞琉古王国、托勒密王国对丝绸之路的奠基作用也不应忽视。

帕提亚在中国史籍"前四史"关于西域的记载中，地位显著。张骞首次出使，只听到关于它的传闻。公元前119年，他二次出使西域，派副使前往，受到隆重欢迎。安息国王用两万骑兵把中国的使者从东界木鹿护送到都城番兜，然后又遣使回访中国，从而与汉王朝建立了正式的外交与商贸关系。这种和平友好关系一直维持到萨珊波斯时期。帕提亚地处丝路要

---

① 关于帕提亚与希腊化文化的密切关系，参见杨巨平《帕提亚王朝的"爱希腊"情结》，《中国社会科学》2013年第11期。

道，商贸十分发达。它有大小数百城，有车、船水陆商路（"临妫水，有市，民商贾用车及船，行旁国或数千里。"），有通用货币——希腊式银币（"以银为钱，钱如其王面，王死辄更钱，效王面焉。"），素有经商传统（"自大宛以西至安息……善市贾，争分铢。"）①，与大秦、天竺"交市于海中，利有十倍"。② 中国史书记载它阻隔大秦与中国的直接交往，大概也不是空穴来风。它的东部地区还是佛教在中亚的传播之地，所以会有东汉时期安息王子安世高放弃王位到中国翻译佛经的记载。

帕提亚的继任者萨珊波斯王朝与中国中原王朝的关系更为密切，不时遣使纳贡。波斯末代国王后人甚至到中国避难不归，③ 乾陵的胡人雕像中可能就有他们的身影。④ 拜火教（祆教）、摩尼教、景教就是在萨珊波斯时期或者通过萨珊波斯传入中原的。西安出土的《大秦景教流行中国碑》揭示了景教入华的经过。它的祭所被称为"波斯寺"就充分证明了它和波斯的关系，尽管它是基督教的一个分支和异端，是在拜占庭帝国遭受迫害东传而来。

贵霜帝国与大月氏的关系本来很简单。根据《史记·大宛列传》与《汉书·西域传》的记载，大月氏本居敦煌、祁连间，也是个游牧民族（行国）。后来，由于受到匈奴的攻击，被迫走上了逃亡之路，经大宛，"西击大夏而臣之"。张骞抵达时，大月氏据有阿姆河（Amu Darya，即 the Oxus）之北大夏之地，在此设立王庭，大夏仅保有阿姆河之南的巴克特里亚，成为大月氏的属国。大夏虽"无大君长"，但有自己的都城蓝市城，其余各城有小长，人口百余万。应该说还是一个大国。张骞历尽千辛万苦，不忘使命，辗转前来寻找大月氏，就是想向其国王传达汉武帝合击匈奴的愿望。但不料月氏王"既臣大夏而居，地肥饶，少寇，志安乐，又自以为远汉，殊无报胡之心"。张骞"从月氏到大夏，竟不能得月氏要领"，无奈之下，只好在"留岁余"

---

① （西汉）司马迁：《史记》卷一百二十三《大宛列传》，中华书局1982年版，第3162、3174页。
② （南朝·宋）范晔：《后汉书》卷八十八《西域传》，中华书局1965年版，第2919页。
③ 参见（北宋）欧阳修、宋祁撰《新唐书·西域下》，中华书局1975年版，第6258—6259页。
④ Hamidreza Pasha Zanous & Esmaeil Sangari：″The Last Sasanians in Chinese Literary Sources：Recently Identified Statue Head of a Sasanian Prince at the Qianling Mausoleum″, *Iranian Studies*, 2018, pp. 1 – 17. 中译见第五章后附录。

后返回。这就是公元前128年前后的大月氏和大夏。公元前119年，张骞二次出使西域，还派副使访问过大月氏和大夏，可见此时，二地仍然保持原状。但一个多世纪之后，也就是在班固的《汉书·西域传》中，大月氏和大夏的记载发生了变化。此时的大月氏，已非行国，而是一个有明确的都城（监市城），有四十万人口和十万兵力的定居大国，"土地风气，物类所有，民俗钱货，与安息同"。此时的大夏分属五翕侯，各有治所。其中一个翕侯是贵霜，治所在护澡。大夏作为一个属国已不复存在。大月氏将其地全部占有，分为五个翕侯管辖。这至少应该是公元前后大月氏的基本情况，因为班固的《汉书》的下限就是此时。当然《汉书》的成书是在公元一世纪后期，班固是否会从担任西域都护的弟弟班超那里获得大月氏当时的信息，不得而知。五翕侯分治是否发生在张骞和司马迁之后不久，还是很久，也不得而知。但根据《后汉书·西域传》，月氏西迁大夏后，分其国为五翕侯。"后百余岁，贵霜翕侯丘就却攻灭四翕侯，自立为王。国号贵霜王。……月氏自此之后，最为富盛，诸国称之皆曰贵霜王，汉本其故号，言大月氏云。"这一段话讲得很清楚，五翕侯分治发生在大月氏西迁大夏后不久，贵霜是大月氏五翕侯之一。贵霜帝国是从大月氏发展而来。

由于资料的有限，贵霜帝国的历史一直比较模糊。我们现在仅仅可以肯定的是，在第一任国王丘就却和其子阎膏珍时期（约公元一世纪中后期）[1]，贵

---

[1] 贵霜诸王的在位年代是个国际难题。1993年，著名的腊跋闼柯铭文（Rabatak Inscription）在阿富汗的出土为解决这一问题提供了可靠的依据。该铭文明确提到了迦腻色伽之前三位贵霜国王的名字：Kujula Kadphises、Vima Taktu (Takto)、Vima Kadphises。但这个王系序列如何与中国史料和其他资料互证还是问题。其一，据范晔《后汉书·西域传》，阎膏珍是丘就却之子，但他是腊跋闼柯铭文中的第二位王Wima Tactu，还是他实际是该铭文中的第三任国王Wima Kadphises，即他到底是丘就却之子还是其孙？其二，钱币中出现的"无名王"Soter Megas如何定位认同。他是贵霜王系的一位国王，还是只是一位僭位者？如果是前者，他应该与哪一位国王认同？或者这只是一种钱币类型，主要发行于Kujula Kadphises、Vima Taktu时期。其三，即使是早期的四位国王，在位起止年代也有多种说法。为方便论述，这里暂时搁置"阎膏珍"与"Soter Megas"的身份与认同之争，综合各家，将腊跋闼柯铭文中提到的前期诸王在位时间暂定为：Kujula Kadphises，即丘就却，约公元40—90年；Vima Taktu，（阎膏珍？）约公元90—113年（Soter Magas地位未定，或只是一种钱币类型）；Vima Kadphises，（阎膏珍？）约公元113—127年，迦腻色伽，约公元127—150年。关于贵霜帝国的中文史料，详见（南朝·宋）范晔《后汉书》卷八十八《西域传》，中华书局1965年版，第2921页。相关讨论参见：Cribb, J., "The Soter Megas Coins of the First and Second Kushan Kings, Kujula Kadphises and Wima Takto", *Gandhara Study*, Vol. 8, 2014, p. 110; Osmund Bopearachchi, "Some Observations on the Chronology of the Early Kushans", *Res Orientales*, Vol. XVII, 2007, p. 50; 杨巨平《"Soter Megas"考辨》，《历史研究》2009年第4期；余太山《新发现的腊跋闼柯铭文和〈后汉书·西域传〉有关阎膏珍的记载》，《新疆文物》2003年第3—4辑。

古国文明与丝绸之路

霜先后征服高附、濮达、罽宾、天竺，其地盘从阿姆河流域扩展到了印度河地区，建立了一个中亚—印度大帝国。该帝国在第四任国王迦腻色伽（Kanishka）在位时期达到全盛，此后逐渐衰微，到三世纪之后消失。贵霜作为一个处于丝绸之路十字路口的帝国，南北连接草原丝绸之路和海上丝绸之路，东西连接中国和西亚，它在丝绸之路上的枢纽作用不容低估。从现在的考古发掘来看，贵霜境内的城市在东西方文明交流中发挥了重要的作用。亚历山大、塞琉古王国、巴克特里亚—印度—希腊人在中亚、印度建立的城市几乎都在它的控制之下。现在的坎大哈（Kandahar）、贝格拉姆（Begram）、铁尔梅兹（Termez）、巴尔赫（Balkh）、塔克西拉（Taxila）、塔赫特·伊·桑金（Takht-i-Sangin），在贵霜时期都是著名的丝路城市。贵霜时期也是海上丝绸之路形成的时期，由于季风的发现，从埃及到印度的直航成为可能，北方草原的皮毛、印度的香料、中国的丝绸、漆器、地中海的葡萄酒、希腊—罗马式雕塑艺术品也都通过这条海路互通有无，希腊化的罗马艺术家也在此时通过海路来到印度贡献才艺。源于犍陀罗地区的佛教艺术就是在这一时期受到希腊—罗马艺术的第二波影响逐渐形成并发展起来的，佛教及其艺术也是在这一时期在中亚扎根并由此通过丝绸之路传入中国的。贵霜帝国由于与中国东汉政府管辖的塔里木盆地接壤，曾经派兵深入中国西域，干涉其内部事务，但遭到班超的全力阻击，失败而归。但月氏还是想保持与汉朝的关系，多次遣使同通好。公元一世纪之后，西域都护撤离，贵霜的势力和影响乘虚而入。佉卢文（Kharosthi）木牍文书、希腊式人物雕像、汉佉二体钱（Sino-Kharosthi Coin）在此地的流行和使用，都证明了贵霜文化的影响及其与中原文化在这一地区的汇合。

大秦是丝绸之路西端的一个大国，现在一般将其比对为罗马帝国，或罗马的东方或埃及。大秦之名首次出现于东汉时期。据《后汉书·西域传》，"大秦国，一名犁鞬，以在海西，亦云海西国。……其人民皆长大平正，有类中国，故谓之大秦。"① 关于大秦的记载《魏略·西戎传》更为详细。二书涉及内容大致相近，其中特别提到了它与天竺和安息"交市于海中"，事实上反映了海上丝绸之路的存在。至于它是否和当时的东汉帝国

---

① （南朝·宋）范晔：《后汉书》卷八十八《西域传》，中华书局1965年版，第2919页。

有直接的丝绸贸易，学界仍有争议，但在公元前后罗马人接触到丝绸则是有据可证的。"前三头"之一的凯撒（Caesar，公元前100—前44年）曾经用来自中国的丝绸在罗马的广场上搭起天蓬遮阳，以取悦观众。① 罗马作家普林尼（Pliny the elder，公元23—79年）曾经惊呼巨量的罗马金钱流入印度和赛里斯（Seres），② 这些金钱确实流出了罗马，但主要流入了印度，部分也流入了安息，至于丝绸之路东端的中国，并没有见到这些罗马的钱币。到现在为止，在中国境内所发现的罗马金币都是公元四世纪以后的拜占庭（东罗马）帝国皇帝发行的。反之，贵霜帝国在丘就却（Kujula Kadphises）时期就发行了仿奥古斯都（Augustus）型钱币，到第三任国王威玛·卡德菲塞斯（Vima Kadphises）之时，金币大量出现，这种情况一直延续到迦腻色伽时期。贵霜金币的突然出现说明罗马金币的输入，在《厄立特里亚航海记》中，我们甚至可以看到，罗马金币不仅是支付的手段，更是交易的商品。③ 双方的贸易主要还是通过实物交换来进行。至于《后汉书·西域传》记载的东汉"桓帝延熹九年，大秦王安敦遣使自日南徼外献象牙、犀角、玳瑁"之事④，显然是从印度而来的大秦商人冒充罗马安东尼王朝的使者，以抬高自己的身份，获取馈赠而已。但他们的到来标志着从埃及到中国的海上丝绸之路的全线贯通。这个事件具有划时代的意义。至于中国史书中对大秦的记载，显然是道听途说或杜撰的想象，是把一个遥远的国度理想化的结果，与真正的罗马帝国、罗马的东方、罗马的埃及都相去甚远。但其中还是透露了一些西方世界的信息，如关于它的海西位置（波斯湾还是地中海以西？），那些众多的城市、宫廷议事制度，那些琉璃、水晶、珊瑚、细布、香料等特产，那些关于与天竺、安息的海上贸易，那些关于金银之间1∶10的兑换比率，还是在一定程度上是有迹可寻的。大秦—罗马帝国的信息尽管很不准确，但它毕竟传到了中国。中

---

① Dio Cassius, *Roman History*, 43.24, with an English translation by Earnest Cary, Cambridge, Mass: Harvard University Press, 1993.

② Pliny, *Naturakl History*, 12.41, with an English translation by H. Rackham, Cambridge, Mass: Harvard University Press, 1999.

③ W. H. Schoff (tr. & ed.), *The Periplus of the Erythraean Sea: Travel and Trade in the Indian Ocean by a Merchant of the First Century*, No. 56, London, Bombay & Calcutta, 1912.

④ （南朝·宋）范晔：《后汉书》卷八十八《西域传》，中华书局1965年版，第2920页。

古国文明与丝绸之路

国——罗马,欧亚大陆东西端的两个大帝国,终于通过丝绸之路联系起来了,这是古代中外文化交流史上具有里程碑意义的一件大事。

至于中国与大秦的关系,向来是国际学界关注的话题。班超派遣甘英于公元97年出使大秦,"抵条支而历安息,临西海以望大秦"①,已经到达安息西界,与大秦隔海相望,但却被安息西界船人所恐吓,中途而返。安息人为了垄断丝路贸易,不愿中国这个产丝大国与大秦这个丝绸消费大国接触,以海上航行之危险阻挠中国使者前往,似乎言之成理。但即使甘英出使大秦成功,中国的丝绸要想直接到达罗马,还是要经过帕提亚的所辖之地。它要中途作梗,还是易如反掌。但事实上,罗马此时已经开通了直达印度的海上航线,安息、天竺和大秦交市于海中,就是这种海上丝路开通的真实写照。

粟特在历史上是作为一个地区出现的,粟特人是作为一个民族出现的。历史上并没有出现过一个统一的"粟特"国家,但粟特地区曾经存在过许多诸如大宛这样的多城之国("其属邑大小七十余城,众可数十万"②),大月氏、康居这样的行国,后来也存在过像"昭武九姓"这样的绿洲小国。粟特人地处中亚的河中(Transoxiana)地区,主要活动于以泽拉夫善河(Zerafshan River)流域为中心的地区,撒马尔罕(马拉坎大)、苦盏(Khujand,贵山城)、塔什干(Tashkent)、贰师城(故址在今吉尔吉斯斯坦西南部奥什市的马尔哈马特)、片治肯特(Panjikent)等应是粟特地区的中心城市。粟特(索格底亚那)曾是波斯帝国的一个行省,曾经派人参加过希腊波斯之间的战争。亚历山大征服中亚时,索格底亚那当地人曾经进行了顽强的抵抗,以至于亚历山大用三年时间才平定局面。他在此地和巴克特里亚(Bactria)建立了至少8座城市③,其中最有名的是建于锡尔河(Jaxartes, the Syr Darya)畔的"最远的亚历山大里亚"(Alexan-

---

① (南朝·宋)范晔:《后汉书》卷八十八《西域传》,中华书局1965年版,第2931页。
② (西汉)司马迁:《史记》卷一百二十三《大宛列传》,中华书局1982年版,第3160页。
③ 斯特拉波说他在巴克特里亚和索格底亚那建了8座 (Strabo, *Geography*, 11.11.4, with an English translation by Horace Leonard Jones, Cambridge, Mass: Harvard University Press, 1988);查士丁说他共建了13座。(Justin, *Epitome of the Philippic History of Pompeius Trogus*, 12.5.12 – 13, translated by J. C. Yardley. Atlanta: Scholars Press, 1994)

dria Eschate)、马尔基亚纳（Margiana）的木鹿城和铁尔梅兹（Termez，都密），还有一个称为奥克苏斯河畔的亚历山大里亚（Alexandria on the Oxus）①，至今地址不详。撒马尔罕古城遗址（Afrasiab）就发现了希腊—马其顿驻军的城堡。亚历山大时期，此地归巴克特里亚总督管辖。他死后，巴克特里亚和索格底亚那各设有专门的将军。②塞琉古王国时期，两地重归于一位总督之下。巴克特里亚独立后，索格底亚那地区成为一个新的总督区，推翻狄奥多托斯（Diodotus）王朝（约公元前250—前230年）的欧泰德姆斯（Euthydemus，约公元前230—前200年）有可能就是此地的总督。大月氏人西迁经过的大宛，就是希腊人所说的索格底亚那的一部分。③张骞出使西域经过的大宛、康居、大月氏之地就属于索格底亚那地区或者广义上的巴克特里亚地区或河中地区。贵霜帝国时期，其统治范围是否包括希萨尔山（Hissar）以北的索格底亚那地区，没有明确证据，但此地显然是它在北面的统治极限，它的重心在阿姆河流域与印度河流域。我们对贵霜帝国时期的粟特地区了解甚少，但它无疑是汉代丝路北道的必经之地。四世纪以后，粟特之名开始出现于中国史籍（《魏书·西域传》）。粟特人的形象也逐渐清晰起来。他们善于经商，这在张骞时代即已知晓："自大宛以西至安息，国虽颇异言，然大同俗，相知言。其人皆深目、多须髯，善贾市，争分铢"④。粟特人利用自己处于丝路中心地区这一优越的地理条件，为丝路文明的发展和东西方文明的交往做出了独特的贡献。他们从事转手贸易，是丝路贸易的第一批中介民族，他们先后受到多个外来民族的统治，因此他们的钱币多元特征极为明显，希腊化王国的、帕提亚的、萨珊波斯的、贵霜的、甚至中国的因素在他们的钱币上都有反映。笔

---

① Claudius Ptolemy, *The Geography*, 6.12, Translated and Edited by Edward Luther Stevenson, with an Introduction by Prof, Joseph Fischer, New York: Dover Publication, Inc., 1991, p.143.

② Justinus, *Epitome of the Philippic History of Pompeius Trogus*, 13.4.23, translated by J. C. Yardley, Atlanta: Scholars Press, 1994.

③ 根据古希腊地理学家斯特拉波的记载，索格底亚那位于锡尔河与阿姆河之间。锡尔河流经费尔干纳盆地，著名的"最远的亚历山大里亚城"就位于费尔干纳西部的锡尔河南岸。Strabo, *Geography*, 11.11.2, with an English translation by Horace Leonard Jones, Cambridge, Mass: Harvard University Press, 1988; Arrian, *Anabasis of Alexander*, 4.1.3–4, 4.4.1, with an English Translation by P. A. Brumt, Cambridge, Mass: Harvard University Press, 1983。

④ （西汉）司马迁：《史记》卷一百二十三《大宛列传》，中华书局1982年版，第3174页。

古国文明与丝绸之路

者在撒马尔罕的阿弗拉西亚卜（Afrasiab）的博物馆内，就看到了圆形方孔、有当地铭文的中国式钱币。粟特人信奉的是琐罗亚斯德教，并把它带到了中国，被称为拜火教或祆教。他们的商队就是一个小社会，商队首领萨保兼领世俗与教务管理之职。进入中国后，他们沿丝路定居，形成了一个个散布于丝路上的粟特人聚落。从北朝开始，中原王朝甚至设立萨保府，将这些粟特侨民纳入政府的管辖体系之中。近年来，在西安、太原等地出土了一些粟特人的墓葬，其中充满异域风情的石雕艺术大多反映的是祆教徒的生活和信仰。粟特地区作为一个东西方文化交流的通道，印度的佛教、波斯的祆教、摩尼教，阿拉伯的伊斯兰教、拜占庭帝国的聂斯托利教（景教）都通过此地传入中原。粟特人不仅是陆地上的商业民族，也是多元文化传播的使者。

至于帕米尔以东、敦煌以西的中国西域地区，是秦汉以来与中原王朝接触的前沿地区。据《汉书·西域传》记载，西域"本三十六国，其后稍分至五十余，皆在匈奴之西，乌孙之南。南北有大山，中央有河，东西六千余里，南北千余里。东则接汉，厄以玉门、阳关，西则限以葱岭。"可见，班固的西域大致相当于今日甘肃的西端和新疆的南疆地区。张骞通西域时，此地是匈奴的势力范围，与中原并不相通。张骞之后，沿塔里木盆地的北、南边缘形成了两条重要的丝路——南道与北道。出南道通过瓦罕峡谷可以进入巴克特里亚，也可通过南道经罽宾线进入印度；出北道通过费尔干纳进入索格底亚那的泽拉夫善河流域。两道在木鹿汇合，沿伊朗高原的北缘大道西去，直抵米索不达米亚与地中海。因此，中国西域可以说是绿洲丝绸之路的咽喉地区，也是域外文化和中原文化首先相会的地区。这里的文明呈现出明显的中西融合特征是必然的。

这些西域绿洲小国地处丝路要道，不仅要应付外来的干扰，还要应对由于沙丘移动和水源枯竭带来的自然侵害。在千年历史长河中，有的绿洲国家消失了，但新的绿洲国家又出现了。在这些诸多绿洲国家中，有三个地区的文明很有代表性，这就是出土文物最为集中的和田地区、佛教石窟群为中心的龟兹地区，和以古城遗址、阿斯塔那墓地、吐鲁番文书著名的高昌地区。

丝路南道是斯坦因当年重点考察的地区，他在大漠之中的尼雅遗址、约特干遗址和米兰、楼兰古城，挖走了大量的钱币、木版画、木牍、泥塑、木制构件。这些文物现在大多收藏于大英博物馆。近年来我国考古工作者在和田及其周围地区的遗址上还有新的发现，如山普拉具有希腊化特征的毛织品、和田出土的"五星出东方利中国"织锦等。它们与斯坦因那一代人的发现证明，古代以和田为中心的丝路南道地区（包括鄯善—楼兰）是最先与中原和印度、中亚文化相接触的地区。佉卢文字和汉佉二体钱的流行，木牍封泥上的雅典娜（Athena）等希腊神形象，米兰佛教壁画中的有翼爱神（Eros）以及各种犍陀罗式图案、佛教泥塑人物头像，都说明希腊化世界的遗产最先传播到此地，这显然是丝路有关。

龟兹石窟是佛教传入中国西域后出现的第一座大型石窟群。笔者2000年曾到此地考察。当时曾为德国人勒柯克盗走许多壁画以致许多洞窟千疮百孔而深感痛心。2014年2月有机会到柏林亚洲艺术馆参观，看到了当年失落的部分壁画，看到中德考古学家已经建立了良好的合作关系，在研究和复原这些壁画，也有一丝欣慰。2014年1月，我在巴黎的吉美博物馆目睹了来自中国新疆图木舒克的佛教雕塑。这些雕塑的犍陀罗艺术特征非常明显，给人印象最深的是佛头上方相向而飞的天人形象，与希腊化钱币上跃跃欲飞的胜利女神像极为相似。此地位于喀什和库车（龟兹）之间，该泥塑与阿富汗哈达（Hadda）地区的泥塑风格没有什么区别，保持了原汁原味的犍陀罗艺术特征。但在龟兹石窟看到的则是大量的裸体佛教人物。有学者认为这是受到西方古典艺术裸体风格的影响。[1] 龟兹对佛教东传的贡献还体现在一位名叫鸠摩罗什（Kumārajīva，公元344—413年）的僧人，他是龟兹人，曾到印度学佛，在西域名气很大，前秦将军吕光发兵龟兹，将他带到凉州。后来他进入长安，翻译佛经多达94部425卷，推动了佛教在中原的传播。

高昌即今日的吐鲁番地区，此地在北新道开通之后，成为进入丝路北道的门户。笔者2000、2013年先后到此地考察，主要参观了高昌古城、阿斯塔纳墓地和当地的博物馆。高昌对丝路文化的贡献主要在于它是多元文明汇聚之地，佛教、祆教、摩尼教、景教都在此地流行，拜占庭金币、萨

---

[1] 吴焯：《克孜尔石窟壁画裸体问题初探》，《中亚学刊》第一辑。

古国文明与丝绸之路

珊波斯的银币也都流入此地。粟特人同时由此把中原的钱币带到中亚,被当地人仿造。

　　这些中国西域的绿洲小国虽然并非本课题的研究重点,但它们是连接中原和帕米尔之外丝路国家的桥梁,实际上担当了中介、信使、向导和后勤提供者等多种角色。他们的历史作用同样不应忽视。此处特别提及,也是对正文没有专门为它们设立专章的一种补充。

　　在这些丝路文明区域的北面是绵延于多瑙河口到中国的蒙古高原之间的欧亚大草原。在这个游牧世界中,生活着各种各样的游牧部落。他们很少有自己的文字,关于他们的名称、部落分布、民族特性、宗教信仰、风俗习惯、繁衍流动、兴衰存亡大都是借助于农耕世界的记载而零散保存了下来。以希腊人熟知的斯基泰人为例,波斯铭文中出现的萨卡人,或者中国史籍中出现的塞人可能是对同一种族的不同称谓或者是指同一种族的不同部落或分支。汉代与中原王朝打过交道的匈奴人、大月氏人、乌孙人等都可能与斯基泰人有过接触或联系。他们就是草原丝绸之路的开拓者,来自中国的丝绸就是通过他们接力传递到欧洲的。如果把欧亚大陆之间印欧民族的迁徙和流散作为草原丝绸之路(就草原民族迁徙的路线而言)的开始,那"小河公主"① 这一批印欧人就应是最早的丝路开拓者了。但真正沟通欧亚大陆的游牧民族应该是公元前一千年代活跃于欧亚大草原的斯基泰人。尽管他们有部落、地域、语言、文化之别,但总体上看,属于那种逐水草而居的行国,是以畜牧为生的民族。他们的游牧特征决定了他们与农耕世界的相辅相成关系。表面上看,这些游牧民族是定居民族的天敌,他们需要掠夺粮食和其他生活资料,常常是定居民族严厉防范的对象,但另一方面,二者也有相互利用的一面,游牧民族需要用自己马匹、毛皮换取定居文明的粮食、衣帛、手工制品、艺术品、甚至金银钱币,反之亦然。丝绸作为最为轻便、又最为珍贵的物品自然受到游牧民族的青睐,成为他们之间交往的媒介之一,真正意义上的草原丝绸之路从而形成。但由于游牧民族的流动性,各个部落之间、区域之间的交往只能时断时续,因此,草原丝绸之路的兴衰存亡主要取决于这些游牧民族与定居文明世界的

---

①　一具女尸木乃伊,因发现于新疆罗布泊小河遗址而名,距今约3800年。

关系，而且这些草原丝绸之路事实上就是绿洲丝绸之路的支线和延续，并通过后者和海上丝路相联系。这一点在贵霜帝国时期尤为明显。本书增加这一章，就是要说明，尽管历史上没有留下多少明确的这一时期草原帝国或王国的记载，这不等于它们的不存在（著名的如匈奴帝国），他们至少是有类似于部落联盟的国家形态和文明形态，因此，探讨他们对丝路文明交流的贡献也是非常必要的。

万里丝路，千年沧桑，丝路国家的沉浮，丝路文明的兴衰，对于我们而言，神秘的面纱远未揭开。特别需要说明的是，我们课题组成员都是世界古代史的学习者或研究者，我们是从世界史的角度，以古代文明的对话与交流作为主线，对古国文明与丝绸之路的关系进行考察，我们所依据的材料，除了文献资料之外，主要是其他学科领域专家，尤其是考古学家的研究成果。因此，本书中错讹之处在所难免，还望方家不吝赐教。

杨巨平

2021 年 5 月改定于南开

第一章　希腊化世界与丝绸之路

公元前334年,马其顿国王、希腊联军统帅亚历山大挥师东征,揭开了古代东西方文明首次大碰撞、大交流、大融合的序幕。虽然,亚历山大英年早逝,其帝国也随之分裂,但他开创的希腊化世界却一直延续三个多世纪之久。这个世界东起地中海,西到印度河,事实上奠定了日后丝绸之路全线贯通、希腊化文明遗产在丝路传承、融合的基础。

第一节　远东希腊人王国与丝绸之路

远东希腊人王国是指从公元前3世纪中期以后,存在于中亚的希腊巴克特里亚王国和印度西北部的印度—希腊人诸王国。这些希腊人虽然孤悬远东,却仍然努力坚持自身的希腊文化传统,试图维系自身与东部希腊化世界的经济文化联系,但与此同时,他们也不得不接受当地文化的影响。正是在这样的历史背景之下,一个以希腊文化为主导,同时融合波斯、印度和北方草原游牧民族文化因素的多元文明——远东希腊化文明逐渐出现,一条维系地中海世界和远东希腊人王国的经济和文化通道逐渐形成[1]。张骞就是在这样的时刻,风尘仆仆地来到了中亚,从而宣告了这条东西方千年交流之路的开通。从这个意义上说,亚历山大东征与张骞通西域,对于丝绸之路的全线贯通发挥了同样重要的历史作用。

---

[1]　杨巨平:《远东希腊化文明的文化遗产及其历史定位》,《历史研究》2016年第5期。

一　亚历山大在远东的征服与塞琉古王国的东扩

（一）亚历山大之前希腊人对远东地区的朦胧认知

本文的远东地区特指中亚和印度，以区别于一般的东方或伊朗高原及其以东的所谓"上省"地区。由于中亚、印度是波斯帝国最东面的扩张之地，也是后来中国文明与希腊化文明的最先接触之地，以帕米尔为界的丝绸之路东西线连接之处。因此，简单回顾一下亚历山大之前希腊人对此地的了解对于探讨远东希腊人王国与丝绸之路的关系是必要的。

在所有的西方古典作家中，最早提及中亚和印度地区的是希腊探险家斯库拉克斯（Scylax），他曾在波斯国王大流士一世（Darius I）的派遣下，率领船队考察印度河口及印度洋沿岸的部分地区。[①] 在其记载中就有来自印度的名为 κυνάρα（具体不详）的物产和某一名为 τρωγλοδύται 的民族。[②] 另一位较早提到过印度地区的学者是米利都（Miletus）的赫卡泰欧斯（Hecateus）。他在《大地环游记》（*Perigesis*）中，对斯库拉克斯的记载进行了考证，不仅肯定其笔下的"κυνάρα"的确产自印度，还另外提到来自印度的犍陀罗人（"Γανδάραι"）。[③] 虽然，这些早期的零散记载语焉不详，但不可否认的是，它们是希腊与印度早期交往的重要证据。

希腊人有关中亚和印度的第一份详细记录出自希罗多德（Herodotus）。在《历史》（*The Histores*）一书中，他以斯库拉克斯和赫卡泰欧斯的记录为基础，详细梳理了前者的航线以及印度河地区的大致情况；[④] 同时，他还依据普洛孔涅苏斯岛人阿里斯铁阿斯（Aristeas of Proconnesus）的远东之游，对斯基泰人（Scythians）、伊塞顿人（Issedones）等不同民族

[①] 原文已散佚，残片见：F. Jaccoby, *Fragmente der Griechischen Historiker* I – II, No. 709, Weidmann, Berlin, 1923. 以下缩写为 FGrH。相关记载见 Herodotus, *The Histories*, 4.42；4.44, with an English translation by A. D. Godley, Cambridge, Mass：Harvard University Press, 1921；[古希腊] 希罗多德：《历史》，王以铸译，商务印书馆1997年版，第270—272页。

[②] *FGrH*, 709.

[③] *FGrH*, 294.

[④] Herodotus, *The Histories*, 4.42；4.44 with an English translation by A. D. Godley, Cambridge, Mass：Harvard University Press, 1921.

的风土人情和居住地概况做了介绍。① 虽然，对于希罗多德记载的真实性学界一直争论不休，但从考古发现上看，无论是苏美尔铭文上提到的来自印度的货物，还是出土于阿曼（Oman）沿海的印度圆柱形印章，或是出土于阿拉木图（Almaty）附近的斯基泰金人，都在一定程度上证明早期地中海地区与中亚、印度以及北方游牧部落间存在着一定的交往。②

在希腊人大规模东进之前，波斯人是东西方经贸和文化往来的主导者。公元前550年前后，波斯帝国崛起于伊朗高原。数十年间，小亚（Asia Minor）、两河流域（Mesopotamia）、埃及（Egypt）、中亚、印度西北部，甚至欧洲一部分也都纳入了它的版图。小亚的希腊人城邦与帝国东端的巴克特里亚和犍陀罗地区，都处于同一个帝国之下，双方的联系和了解进一步加深。

为了加强对庞大帝国的控制，阿黑门尼王朝在境内开辟了两条大道，一条是从王都之一的苏萨（Susa）到小亚以弗所（Ephesus），史称"御道"（Royal Road）③；另一条经伊朗（Iran）高原，直通巴克特里亚（Bactria）和印度西北部地区。④ 这两条道路沟通了从地中海到印度河之间的联系。原产于巴克特里亚和索格底亚那（Sogdiana）的天青石（Lapis lazuli）能够出现在近东地区；⑤ 远征希腊的波斯军队中能够出现来自印度的士兵，或许都与这条路有关。⑥ 这些道路未来将构成丝绸之路西段的主要干线。

希腊人也逐渐被印度人知晓。波斯语中，希腊人被称为"Yauna"，梵

---

① Herodotus, *The HIstories*, 4. 13 – 35, with an English translation by A. D. Godley, Cambridge, Mass: Harvard University Press, 1921.

② Klaus karttunen, *India in early Greek literature*, Helsinki: Finnish Oriental Society, 1989, pp. 11 – 15.

③ S. F. Starr, "The Persian Royal Road in Turkey", *Yearbook of the American Philosophical Society*, NewYork, 1962 (Philadelphia 1963), pp. 629 – 632.

④ Josef Wiesehofer, *Ancient Persia: From 550 B. C. to 650 A. D.*, translated by Azizeh Azodi, London: I. B. Tauris Publishers, 1996, pp. 76 – 77.

⑤ 天青石主要出产于今阿富汗的巴达赫尚地区。见 Frank L. Holt, *Alexander the Great and Bactria*, Leiden: E. J. Brill, 1989, p. 28。

⑥ Herodotus, *The Histories*, 7. 65, with an English translation by A. D. Godley, Cambridge, Mass: Harvard University Press, 1922.

语（Sanskrit）、巴利语（Pali）中表示希腊人的"Yavanas"、"Yona"等词语，很可能就是由此转写而来。① 同样的情况也出现在"赛里斯"（Seres）一词上。这个词汇最早出现于公元前5—前4世纪的希腊医生兼史家克泰夏斯（Ctesias）的著述中。虽然这一名称的具体所指，目前学界仍有争论，但包括斯特拉波、普林尼（Pliny）、托勒密（Claudius Ptolemy）在内的古典作家们都将其指向于一个遥远东方的产丝之国。②

此外，一些希腊人也开始长期定居中亚。希罗多德就曾提到，波斯帝国在征服北非巴尔卡（Barca）的希腊殖民地之后，将当地的希腊人送到巴克特里亚。③ 此外，还有一些希腊人自愿移入。比如斯特拉波（Strabo）提到的布兰开德族人（The Branchidae）。他们的家族本是米利都城邦狄德玛（Didyma）圣域阿波罗神庙的祭司，负责神庙的安全，但在希波战争中，他们背叛同胞，将神庙的财宝献给了波斯。波斯人战败后，他们害怕受到报复，请求薛西斯（Xerxes）将他们带走，最后定居在了索格底亚那地区。④

因此，当亚历山大进入中亚、印度之时，展现在他眼前的并非一个完全陌生的世界，也非一片蛮荒之地⑤，而是波斯帝国长期统治和经营的边地行省或是刚刚独立的地方王国，它们都具有鲜明的民族和文化特征。

---

① 参见杨巨平《希腊化还是印度化"Yavanas"考》，《历史研究》2011年第6期。
② ［英］H. 裕尔、［法］H. 考迪埃修订：《东域纪程录丛》，张绪山译，云南人民出版社2002年版，第21页；张星烺编注：《中西交通史料汇编》（第一册），朱杰勤校订，中华书局1977年版，第17页；戈岱司主编：《希腊拉丁作家远东文献辑录》，耿昇译，中华书局2001年版，第1页；相关研究亦可见：杨巨平：《亚历山大东征与丝绸之路开通》，《历史研究》2007年第4期。
③ Herodotus, *The Histories*, 6.9, with an English translation by A. D. Godley, Cambridge, Mass: Harvard University Press, 1922.
④ Quintus Curtius Rufus, *The History of Alexander*, 7.7.28 translated by John Yardley; with an introduction and notes by Waldemar Heckel, Penguin Books, 1999; Plutarch, *Moralia*, 557B, with an English translation by Frank Cole Babbitt, Cambridge, Mass: Harvard University Press, 1994; Strabo, *Geography*, 9.11.4. with an English translation by Horace Leonard Jones, Cambridge, Mass: Harvard University Press, 1988.
⑤ 蛮荒的说法很可能来自奥内斯克利图斯（Onesicritus）。其作品已散失，斯特拉波《地理志》中曾引用过他关于"巴克特里亚把老人或病人活活扔给狗吃"的记载，但他也说，亚历山大改变了这种习俗。见：Strabo, *Geograghy* 11.11.3, with an English translation by Horace Leonard Jones, Cambridge, Mass: Harvard University Press, 1988。

（二） 亚历山大在中亚和印度的征战

亚历山大在中亚、印度的征服对未来丝绸之路在此地的的发展产生了直接而深远的影响。其中，最为重要的当属于沿线新城市的建立。

公元前330年秋，为追击挟持大流士三世逃跑的贝苏斯（Bessus）和应对阿里亚地区（Ariana）的叛乱，亚历山大不得不改变直接进攻巴克特里亚的计划，南下阿里亚、阿拉科西亚，再北上越过兴都库什山，从东北方向进入巴克特里亚。为了保障后方安全和后勤补给，亚历山大在此次行军的途中，修建了一系列以自己名字命名的城市，其中，比较著名的是马尔基亚纳的亚历山大里亚（Alexandria in Margiana）、阿里亚的亚历山大里亚（Alexandria in Ariana）、阿拉科西亚的亚历山大里亚（Alexandria in Arachosia）以及高加索的亚历山大里亚（Alexandria of the Gaucasus）。① 此外，在进军阿姆河、锡尔河和印度河流域期间，亚历山大同样派人修建了阿姆河畔的亚历山大里亚（Alexandria Oxiana）、最远的亚历山大里亚（Alexandria Eschate）、印度河畔的尼卡亚（Nikea）、纪念其战马的布西发拉（Bucephala）等城市。②

虽然，亚历山大的建城活动起初是出于军事的考虑，甚至还有安置伤残老兵的意图，但是，伴随着这些城市或驻防地的建立，中亚和印度西北部的商路得到了一定程度的完善。

一方面，从里海沿岸到印度河流域的路线增多了。商旅们既可以选择从赫卡尼亚（Hyrcania）出发，先到马尔基亚纳的亚历山大里亚进行休整，然后直接东行巴克特里亚，翻越兴都库什山进入印度；也可以选择南下，绕行阿里亚的亚历山大里亚和阿拉科西亚的亚历山大里亚，然后再沿赫尔曼德河（Helmand）向东经波伦山口（Bolan Pass），或向东北经开伯尔山口（Khyber Pass）进入印度。从后世的历史来看，这条路线后来也成了丝

---

① 这些城市科恩都有详细的考证，见 G. Cohen, M., *The Hellenistic Settlements in the East from Armenia and Mesopotamia to Bactria and India*, Berkeley: University of California Press, 2013。

② Strabo, *Geograghy* 11.11.4, with an English translation by Horace Leonard Jones, Cambridge, Mass: Harvard University Press, 1988. Arrian, *Anabasis of Alexander*, 4.1.3–4; 5.19.4, with an English Translation by E. I. Robson, Cambridge, Mass: Harvard University Press, 1967; Claudius Ptolemy, *The Geography*, 6.12, translated and edited by Edward Luther Stevenson, with an introduction by Prof. Joseph Fischer, New York: Dover Publication, Inc., 1991 (p.143).

绸之路上重要的支线之一。《汉书·西域传》的有关记载对此路线有所反映："自玉门、阳关出南道，历鄯善而南行，至乌弋山离（可能就是 Alexandria in Arachosia，阿拉科西亚的亚历山大里亚——笔者注），南道极矣。转北而东得安息"。①

另一方面，希腊式城市在索格底亚那、费尔干纳（Ferghana）谷地和印度河流域的出现，为商路向这些地区的开辟提供了可能。在亚历山大东征之前，索格底亚那和费尔干纳地区的商贸实际上是由当地的游牧民族所主导，并不存在明确的贸易路线。波斯帝国在当地也只是建立一些据点，如远在锡尔河畔的居鲁波利斯（Cyropolis，居鲁士城）等②。至于对印度的认识，希腊人还比较模糊。亚历山大在征讨印度时，对希腊神赫拉克勒斯（Heracles）、狄奥尼苏斯（Dionysus）在此地的活动传说尤感兴趣，意欲超越他们走得更远。③ 得益于这些城市的建立，后来塞琉古王国和巴克特里亚王国的希腊人在此地有了立足之地。后来的张骞在中亚的行程是经大宛和康居（索格底亚那），到达大月氏、大夏（巴克特里亚）。④ 这条路线与前面提到的经阿里亚和阿拉科西亚，然后再到巴克特里亚的绕行线以及经木鹿绿洲直接到巴克特里亚的直行线一起，构成了后来丝绸之路在中亚和兴都库什山以南的基本走向，亚历山大所建立的这一系列城市大部分后来也成为了这些地区重要的政治和经济中心。

亚历山大东征也同时推动了希腊文化与其他文化的碰撞和融合。亚历山大对于他所降服的东方民族态度是宽容和友好的。除任用当地人为总督外，还鼓励他的将士与当地人联姻。他在中亚时与巴克特里亚一位贵族的女子罗克珊娜（Roxana）结婚，目的就是通过联姻笼络当地的统治者，使他们倾心归顺。

此外，他还招募当地的波斯青年人接收马其顿式的军事教育，后来还

---

① （东汉）班固：《汉书》卷九十六《西域传》，中华书局1962年版，第3889页。

② Igor V. P'yankov, "Cyropolis", *Encyclopaedia Iranica*, Http：//www.iranicaonline.org/articles/cyropolis-latin-form-of-gr.

③ Arrian. *Anabasis of Alexander*, 4.28.1–4, 5.2.5, with an English translation by P. A. Brunt, Cambridge, Mass：Harvard University Press, 1996.

④ （西汉）司马迁：《史记》卷一百二十三《大宛列传》，中华书局1959年版，第3160—3166页。

把他们编入了伙友骑兵,据说总数有 3 万人之多。① 虽然,亚历山大的这种东方化倾向激起了马其顿人的强烈不满,但从客观上看,这些做法一方面有助于拉近希腊人和当地人的距离;另一方面也在客观上有助于希腊文化在中亚和印度等地区的传播。

公元前 323 年 6 月,亚历山大病逝于巴比伦,其帝国很快分崩离析。然而,亚历山大在中亚和印度的遗产仍然继续发挥着作用。他的东征路线,大致上就是后来丝绸之路的主要干线;他在征战途中建立的城市,有的成了丝绸之路的重要枢纽;他在此地的统治被他的继业者继承延续,他所带来的希腊文化,通过塞琉古王国、巴克特里亚、印度的希腊人王国,在中亚、印度长期流传,成为此地多元文化中的重要组成部分。

(三) 塞琉古王国时期的中亚和印度

亚历山大去世后,他的帝国很快被部将瓜分完毕。塞琉古一世(Seleucus I)几乎继承了亚历山大在亚洲的全部遗产。公元前 305 年前后,他开始向巴克特里亚和印度进军。然而,塞琉古收复印度的计划最终未能如愿。他遇到了新兴的孔雀帝国(Maurya Empire)的强烈抵抗,他不得不和旃陀罗笈多(Candragupta)议和,以获得 500 头战象和双方联姻为条件,放弃了兴都库什山以南的大部分地区。

虽然,塞琉古收复印度的行动以失败而告终,但塞琉古王国积极修建城市,组织殖民,东西方的交往在这一时期得到了快速发展。

这一时期沟通中亚和印度的商路主要有北线、中线和南线三条,其中,北线证据相对较少,英国学者塔恩(W. W. Tarn)甚至认为其不存在。② 不过,这一说法显然有误,因为斯特拉波就曾提到,阿姆河航运比较便利,来自印度的商品可以沿河而下运送到赫卡尼亚并转运黑海地区。③ 中线主要由两条陆路和一条海路组成。其中,海路以斯库拉克斯探索印度河

---

① Arrian, *Anabasis of Alexander*, 5.18–20, 7.6.1, 7.12.1, with an English Translation by E. I. Robson, Cambridge, Mass: Harvard University Press, 1967.

② W. W. Tarn, *Hellenistic Civilization*, London: Edward Arnold Ltd., 1959, pp. 241–243.

③ Strabo, *Geography*, 11.7.3, with an English translation by Horace Leonard Jones, Cambridge, Mass: Harvard University Press, 1988.

的航线为基础,从印度河到波斯湾,然后经底格里斯河(Tigris)到底格里斯河畔的塞琉西亚城(Seleucia on the Tigris),最后至东地中海各地。陆路主要以波斯的道路体系和亚历山大的东征路线为基础,一条从印度出发,经高加索的亚历山大里亚城(后来的 Kapisa,中国史书中的迦毕试),先到阿富汗的巴克特拉(Bactra),然后由此向西到到达木鹿(Merv),然后经赫卡通皮洛斯(Hecatompylos,又名百门城)和埃克巴塔纳(Ecbatana),最后到达塞琉西亚。另一条路线从印度出发,绕道喀布尔(Kabul)、加兹尼(Ghazni)和坎大哈(Kandahar),接着再折北经赫拉特(Herat)到赫卡通皮洛斯,最后抵达塞琉西亚,最后至东地中海地区。或者从坎大哈西行,经卡尔马尼亚(Carmania)到波斯湾。这条路要经过沙漠地带,难以通行。除此之外,一条新的海上航线也在这一时期逐渐被人们所使用,其主要的走向也是印度河到阿拉伯海一线,但直接去往阿拉伯半岛南部,然后从纳巴泰(Nabatae)上岸,所运货物经纳巴泰人(Nabateans)或者阿拉伯人转手之后,到达大马士革(Damascus)或者是亚历山大里亚(Alexandria in Egypt)。[1]

为了巩固对中亚的控制,塞琉古王国对该地的部分希腊城市进行了重建。例如:马尔基亚纳的亚历山大里亚。按照普林尼和斯特拉波的记载,该城后来因周边游牧民族的侵扰而被毁,安条克一世(Antiochus I)将之重建,并更名为"马尔基亚纳的安条克城"(Antioch in Margiana)。[2] 同样得到重建的城市还有所谓"最远的亚历山大里亚",该城也曾一度因游牧民族的侵扰而被毁,后来也得到了重建,并更名为"斯基泰的安条克城"(Antioch in Scythia)。[3] 虽然,相对于叙利亚和两河流域而言,塞琉古王国在中亚建立的城市相对较少,但不可否认的是,这些零星的城市如同茫茫大海中

---

[1] W. W., Tarn, *Hellenistic Civilization*, London: Edward Arnold Ltd., 1959, pp. 243 – 245.

[2] Strabo, *Geograghy*, 11.10.2, with an English translation by Horace Leonard Jones, Cambridge, Mass: Harvard University Press, 1988; Pliny, *Nature History*, 6.46 – 47 with an English translation by H. Rackham, Cambridge, Mass: Harvard University Press, 1999; 参见 G. M. Cohen, *The Hellenistic Settlements in the East from Armenia and Mesopotamia to Bactria and India*, Berkeley: University of California Press, 2013, pp. 245 – 250。

[3] G. M. Cohen, *The Hellenistic Settlements in the East from Armenia and Mesopotamia to Bactria and India*, Berkeley: University of California Press, 2013, pp. 252 – 255.

的岛屿，分布于塞琉古王国治下广阔的中亚地区，为各地的交往提供了便利。

在众多城市中，最具代表性的莫过于阿伊·哈努姆遗址。该城位于阿姆河与科克查河（Kokcha）交界的河口上，是中亚地区遗址保存最为完整的一座希腊古城。部分学者认为其很可能就是亚历山大所建的"阿姆河畔的亚历山大里亚"。① 从布局上看，该城比传统的希腊城市更注重城市防御，四周有厚实的城墙和防御用的堡垒。城市内部以小山丘为界分为两个大区。山上的大区由卫城和一座露天神庙所组成，属于宗教与公共活动区；河畔区则主要是宫殿群、剧场、体育馆、主神庙、祭所、军械库等公共建筑以及大量的私人住宅。同时，该遗址中到处可见希腊柱廊式建筑遗迹以及科林斯式（为主）、爱奥尼亚式、多利亚式三种风格的柱头。浴室地板则铺设有由海豚、海马和海怪等海洋动物构成的马赛克图案，石砌喷泉的出口用希腊喜剧人物的面具进行装饰。② 这样的选址、布局和装饰显然是对希腊本土城市的模仿，但当地的因素也很明显。

在这座城市中，希腊化特征最重要的体现就是希腊式的体育馆和剧场。阿伊·哈努姆的体育馆与传统的希腊体育馆类似，主体是一座庭院，

---

① 有关"阿姆河的亚历山大里亚"（Alexandria Oxiana）的记述见：Claudius Ptolemy, The Geography, 6.12, translated and edited by Edward Luther Stevenson, with an introduction by Prof, Joseph Fischer, New York: Dover Publication, Inc., 1991。根据托勒密的划分，这座城市应该在索格底亚那境内，从其名称看，应在阿姆河畔。此城仅这一处提及，故学界争议较大。除了阿伊·哈努姆之外，还有铁尔梅兹的坎培尔·特佩（Kampyr Tepe）遗址和阿伊·哈努姆附近阿姆河对岸的塔赫特—伊·桑金（Takht-I Sangin）也是可选之地。

② 关于阿伊·哈努姆城市布局的最详细记录当属相关系列考古报告：P. Bernard, "Campagnes 1965, 1966, 1967, 1968", In Fouilles d'Ai Khanoum, Pairs, 1973 以及 C. Rapin, La Tresorerie du Palais Hellenistique d'Ai khanoum. L'apogee et La Chute du Royaumegrec de Bactriane, Fouilles d'Ai Khanoum, Vol. VIII, Paris, 1992。有关该城的介绍可见 P. Bernard, "Ai Khanoum on the Oxus: A Hellenistic City in Central Asia", Proceedings of the British Academy, Vol. 53, 1967, pp. 71-95, Plates I-XX; Bernard, P., "An Ancient Greek City in Central Asia", Scientific American, Vol. 246, Jan, 1982, pp. 148-159; P. Leriche, "Les Remparts et Les Monument Associés", Fouilles d'Ai Khanoum, Vol. V, Pairs, 1973; G. M. Cohen, The Hellenistic Settlements in the East from Armenia and Mesopotamia to Bactria and India, Berkeley: University of California Press, 2013, pp. 225-244; Rachel R. Mairs, Ethnic Identity in the Hellenistic Far East, Faculty of Classics University of Cambridge April 2006; J. Harmatta, ed., The History of Civilizations of Central Asia II: The Development of Sedentary and Nomadic Civilizations, Paris: UNESCO Publishing, 1994, pp. 107-113; 杨巨平《阿伊·哈努姆遗址与"希腊化"时期东西方诸文明的互动》，《西域研究》2007 年第 1 期。

由四周的房屋和柱廊围绕而成。阿伊·哈努姆的剧场建在卫城的内坡上，整体呈半圆形，比著名的埃庇道鲁斯剧场（Epidaurus）略小，半径为42米，高17米，一次性可容纳5000人之多。按照希腊的传统，体育馆和剧场是希腊人日常公共活动的中心。阿伊·哈努姆遗址的体育馆和剧场能有如此庞大的规模，证明该城希腊人口众多，希腊化文化占据着重要的地位。此外，希腊语的使用也是希腊化文化的重要体现。在建城者基涅阿斯（Kineas）的英雄祠（Heroon）中有一块石刻铭文，上面是来自希腊德尔斐神庙的格言，相传是亚里士多德学派的克利尔克斯（Clearchos）于公元前275年前后拜访此地时留下的。[1]

虽然，希腊人一直在尽力保持他们的希腊化文化生态，但从他们踏入这片土地伊始，他们就不得不面临周围东方文化的缓慢影响，这种影响在阿伊·哈努姆遗址的宫殿建筑上体现得最为明显。由于移居此地的大部分希腊人并没有建造王宫的经验，这就使得建筑师们只能采用波斯式或者巴比伦式的宫殿为蓝本，辅以希腊艺术风格的装饰。从结构上看，阿伊·哈努姆的宫殿主要分为办公区、居住区、库房三大部分。王宫正门是一座大庭院，四周是科林斯式柱廊。南面柱廊后是门厅，由18根科林斯式石柱所组成纵向列成三排。按照发掘主持人伯尔纳（Paul Bernard）的解释，这种布局很可能是对波斯式宫殿的模仿。[2]

除宫殿以外，神庙的建筑风格同样深受东方文化的影响。从结构上看，阿伊·哈努姆的神庙与传统希腊式的柱廊结构神庙有很大的不同。它们有较高的石基，整体呈一个"凹"字型，有露天的前厅和祭祀场所，结构更类似于两河流域或者波斯帝国的神庙。以位于皇宫不远的主干道的一座神庙为例，它建于有三个台阶的基面上，祭祀场所位于宽大的前厅之后，神像正对门口，两旁还有圣物室。[3] 卫城西南角的另一处神庙则是一

---

[1] 有关该格言的英译见：P. Bernard, "An Ancient Greek City in Central Asia", Scientific American, Vol. 246, 1982, Jan, pp. 149–159；中译见杨巨平《阿伊·哈努姆遗址与希腊化时期东西方诸文明的互动》，《西域研究》2007年第1期。

[2] P. Bernard, "Ai Khanoum on the Oxus: A Hellenistic City in Central Asia", Proceedings of the British Academy, Vol. 53, 1967, p. 82.

[3] P. Bernard, "An Ancient Greek City in Central Asia", Scientific American, Vol. 246, 1982, Jan, p. 159.

个露天的台阶型平台。按照伯尔纳的观点，这种建筑设计很可能来自于波斯，因为波斯人常常在露天的高台上祭拜各种神灵。① 在宗教人物形象的塑造上，希腊文化与东方文化的融合也越来越明显。在该地出土的一个饰板图案上，大母神库柏勒（Cybele）正乘着一辆由几头狮子拉的车，驭手则是希腊的胜利女神；而另外一位女神的雕像完全是东方式的，正面直立，从脸形到服饰与希腊式神像有一定差别。② 这些东方风格的神像在希腊人为主体的希腊式城市内出现，东方文化对希腊城市的影响显而易见。

巴克特里亚希腊人对印度的控制直到公元前 200 年之后才得以恢复。虽然分离时间很长，但印度西北部与希腊化王国的联系实际上并未中断。塞琉古王国和托勒密埃及的特使，如麦加斯梯尼（Megasthenes）和狄奥尼修斯（Dionysius）都曾到孔雀帝国访问。③ 同时，孔雀王朝还专门设立过一个部门，负责希腊人和波斯人的事务。除此之外，在阿育王的第 2 号法令（The Edicts of Asoka II）中，还提到了阿育王给边境之外的希腊人国王安条克及其相邻国王所统治的地区送去了草药。④ 在著名的 13 号诏令（The Edicts of Asoka XIII）中，阿育王就明确列举了其用佛法所"征服"的 5 位希腊人国王（事实上是派人传教），他们分别是 Amtiyoko（塞琉古国王安条克二世），Uramaye（埃及的托勒密二世），Amtikini（马其顿的安提柯·贡纳特），Maka（昔兰尼的马伽斯），Alikasudaro（伊庇鲁斯的亚历山大三世）。⑤ 不过，这很可能是一种出于宣传目的的夸大，目前没有明显的证据来证实早期佛教在这些地区有过传播，但是，相关希腊化国王名字

---

① P. Bernard, "Ai Khanoum On the Oxus: A Hellenisitc City in Central Asia", *Proceedings of the British Academy*, Vol. 53, 1967, pp. 77 – 78.

② P. Bernard, "An Ancient Greek City in Central Asia", *Scientific American*, Vol. 246, 1982, Jan, pp. 158 – 159；杨巨平：《阿伊·哈努姆遗址与"希腊化"时期东西方诸文明的互动》，《西域研究》2007 年第 1 期。

③ Pliny, *Nature History*, 6.21.58, with an English translation by H. Rackham, Cambridge, Mass: Harvard University Press, 1999.

④ N. A. Nikam and R. Mckeon, *The Edicts of Asoka*, Chicago: the Univercity of Chicago press, 1959, p. 29.

⑤ Ven. S. Dhammika, *The Edicts of King Ashoka*, Kandy Sri Lanka: Budhist publication Society, 1993, "the fourteen rock Edicts": No. 2, 5, 13.

能够在阿育王的诏令中出现，很显然是孔雀帝国和希腊化世界相互熟知的结果。在西方古典文献中也有类的记载，阿森纳乌斯（Athenaus）就曾提到孔雀帝国的国王宾头沙罗（Bindusra）曾向安条克一世索要一名哲学家和一些葡萄和无花果。① 虽然，这则故事亦有虚构的成分，但是，与阿育王诏令中所出现的希腊国王名字一样，印度国王名字能够在西方古典文献中出现，也说明双方有了一定程度的了解。

东西方贸易往来也在这一时期得到了飞速的发展。在塔克西拉的皮尔丘遗址（Bihr Mound），英国考古学家马歇尔（John Marshall）发现了一个孔雀帝国的钱币窖藏。其中混杂着三枚来自希腊化世界的钱币，两枚由亚历山大所发行，另一枚则是腓力三世（Philip Aridaeus，亚历山大的同父异母兄弟。他死后名义上的国王）发行。② 同时，皮尔丘还出土了许多带有东地中海元素的艺术品。其中，最有代表性的是雕版和印章，其中9—11号印章上主要雕刻了希腊的神灵和神话故事，包括雅典娜（Athena）、阿芙洛狄特（Aphrodite）、阿瑞斯（Ares）和小爱神厄洛斯（Eros）等，17—19号浮雕版上有一手捧飞鸟的女神，衣服却是埃及的风格。此外，同时出土的还有一副耳环，两边的装饰是海豚的形状，据马歇尔考证，属于公元前3世纪地中海一带的工艺风格。③ 这种带有东地中海艺术风格的钱币和工艺品能够在塔克西拉出现，证明孔雀王朝与地中海世界保持着贸易往来。

除此之外，希腊文化和印度文化之间的互动融合也依然在进行。希腊语在孔雀帝国境内的大量使用就是证据。在阿育王所发布的诏令中，有的诏令用单纯的希腊语，有的用阿拉米亚文（Aramaic）和希腊语双语。双语诏令的出现，不仅证实了希腊人在孔雀帝国境内的存在，也证明这些希腊人仍然保持着自己的文化传统和宗教信仰。因为，阿育王要把这些看似简单的佛理说教译成标准的希腊语，传播给当地的希腊人，势必需要找到通晓两种语言的译者，这样的人才恐怕只能从希腊人或者是通晓希腊语的印

---

① Athenaeus, *Deipnosophistae*, 14.652F, with an English translation by Charles Burton Gulick, Cambridge, Mass: Harvard University Press, 1942.
② John Marshall, *Taxila*, Vol. 1, Cambridge University Press, 1951, pp. 105–106.
③ Ibid., pp. 115–114.

度人中寻找。① 此外，在坎大哈还曾经出土过一份以个人身份镌刻的希腊语铭文，其上讲述了自己因为家道中落，不得不到各地去经商，最后致富荣归故里，立碑纪念祖先的经历。根据雷切尔·梅尔斯（Rachel Mairs）的研究，这份铭文使用了很多荷马史诗中出现过的词汇和表达方式，可见，作者受过非常良好的希腊语教育，但是，从作者名字上看，他和他父亲一样，似乎并不是希腊人。②

总的来说，在塞琉古王国治下，希腊式城市迅速恢复和发展，这为中亚和东地中海的交往提供了极大的便利，希腊化世界的主要贸易路线也在这一时期得以确立，并为日后丝绸之路的贯通做了必要的准备。同时，塞琉古王国还积极发展与孔雀帝国的关系，客观上维持了和平局面，推动了希腊文化和印度文化的交流。

二 中亚与印度西北部的希腊化王国

（一）巴克特里亚-印度希腊人王国的兴衰

公元前三世纪中期，巴克特里亚总督狄奥多托斯一世（Diodotus I）宣布从塞琉古王国独立，③ 但两国间一度名义上还维持着主从关系。公元前208 年，塞琉古王国安条克三世（Antiochos III）率军东征，在围困巴克特拉城近两年而不克的困境下，不得不与欧泰德姆斯一世（Ethydemus I）议和（前206 年），客观上承认了巴克特里亚王国的独立。塔恩还进一步推断，巴克特里亚王国很可能同时放弃了与帕提亚的同盟，转而发展和塞琉古王国的关系。因为，据波里比乌斯（Polybius）记载，欧泰德姆斯一世为了达成和安条克三世的和议，甚至还声称自己并没有从塞琉古王国独

---

① 杨巨平：《希腊化还是印度化——"Yavanas"考》，《历史研究》2011 年第6 期。

② Rachel Ruth Mairs, "Greek Settler Communities in Central and South Asia, 323 BC – AD 10", in Girish Daswani and Ato Quayson（eds.）, *A Companion to Diaspora and Transnationalism*, Oxford: Blackwell, 2013, pp. 43 – 63.

③ 巴克特里亚于何时独立，学界至今依然有一定的争议。目前主要流行"公元前256 年说"、"公元前250 年说"、"公元前241—240 年说"和"公元前246 年说"等诸多观点。其中，尤以塔恩的"公元前246 年说"和纳拉因的"公元前256 年说"较为学者所认同。详见 H. Sidky, *The Greek Kingdom of Bactria: from Alexander to Eucratides the Great*, New York, Oxford: University Press of America, 2000, pp. 140 – 152。

立,只是杀死了独立者的儿子而已。① 巴克特里亚王国的管理方式也基本仿照了塞琉古王国的模式,各地主要通过建立行省、任命总督的方式进行管理。

得益于当地肥沃的土地和丰富的水资源,巴克特里亚王国独立以来,经济继续发展,国力日渐雄厚。从疆域上看,以阿姆河为中心的巴克特里亚地区是帝国的核心。环绕着这个核心,北边是索格底亚那,西边是与帕提亚接壤的马尔基亚纳和阿里亚的部分地区。在东方,欧泰德姆斯一世和其子德米特里一世曾向赛里斯(Seres)和弗里尼(Phryni)等地扩张②,但是否进入中国的塔里木盆地,尚无定论。在南面,希腊人公元前200年以后先后在兴都库什山以南大规模扩张,主要有两次,一次在欧泰德姆斯和其儿子德米特里一世(Demetrius I)在位时期,一次在后来的印度—希腊人国王米南德时期。杨巨平曾对巴克特里亚希腊人向印度扩张的情况进行过梳理。③ 他认为德米特里一世对印度的征服路线主要是沿着亚历山大大帝的足迹,虽然远及旁遮普和印度河河口,但并未超出印度西北部的范畴,因为他本人要效仿亚历山大大帝,恢复希腊人在印度的遗产,在阿拉科西亚和印度河都有以其名字命名的城市就是最好的证据。至于其退兵的原因很可能是由于留守巴克特里亚的欧克拉提德一世(Eucratides I)发动叛乱,使其无暇继续南进。米南德一世对印度的征伐要比德米特里一世远,他是印度—希腊人中最有名的国王,其统治曾经覆盖到整个印度西北部地区。他尊崇佛教,对抗支持婆罗门教(Brahmanism)的巽加王朝(Sunga Dynasty)。除了重新控制西北印度以外,他还继续向东部进攻,甚至一度兵临华氏城(Pataliputta)下。他的钱币直到公元1世纪还在印度河口和巴里加扎(Barygaza)等地流通就是很好的证明。④

---

① Polybius, *The Histories*, 11.34.2, with an English translation by W. R. Paton, Cambridge, Mass: Harvard University Press, 1993;亦见 W. W. Tarn, *The Greeks in Bactria and India*, Cambridge: The Cambridge University Press, 1951, pp. 74 – 75。

② Strabo, *Geography*, 11.11.1, with an English translation by Horace Leonard Jones, Cambridge, Mass: Harvard University Press, 1988.

③ 杨巨平:《希腊化还是印度化——"Yavanas"考》,《历史研究》2011年第6期。

④ Lionel Casson, *Periplus Maris Erythraei*: Text with Introduction, Translation, and Commentary, "Text and Translation" 47. New Jersey: Princeton University Press, 1989.

虽然与安条克三世的成功议和在一定程度上给予了巴克特里亚王国喘息之机，在之后的几十年时间里，巴克特里亚王国一直维持着相对的繁荣和稳定，但外族入侵的危险却依旧存在。自欧克拉提德一世去世之后，巴克特里亚王国对属地的控制逐渐下降，北方的游牧部落也开始蠢蠢欲动。

有关外族入侵的历史更是零碎且充满推测。一般认为，较大规模的外族入侵大约有三次。分别是塞人（Sakas）、大月氏人和印度—帕提亚人（Indo-Parthians）的入侵。

公元前3世纪末，匈奴部落在蒙古高原上崛起，改变了当时"月氏势强而轻匈奴"的局面。从冒顿单于开始，匈奴人不断进攻大月氏部落，迫使大月氏人不得不向西迁徙。月氏人的这一次西迁大约发生在公元前177—前174年间，从河西迁至伊犁河、楚河等塞地。受此影响，居住在此地的塞人不得不放弃故土，经费尔干纳谷地到达索格底亚那，然后到达巴克特里亚。他们很可能就是斯特拉波所说的参与灭亡巴克特里亚王国四部落之一的Sacarauli人。① 不过，由于当时的巴克特里亚王国尚有一定实力，所以这批塞人并没有全部占领此地，也没有在此地久留。这可能与大月氏人的尾随而来有关。

塞人出走后不久，乌孙王昆莫联合匈奴向大月氏人发动进攻，迫使大月氏人继续向西迁移。《汉书·张骞李广利传》中的"大月氏复西走，徙大夏地"，说的应该是这一事件。② 他们赶跑了先期到达的塞人，大约在公元前145年左右，征服了巴克特里亚希腊人王国。塞人一部分"南越悬度"进入印度犍陀罗地区，一部分可能从巴克特里亚南下至阿富汗南部。③

除了塞人和大月氏人之外，第三股入侵巴克特里亚王国的是印度—帕提亚人。早在米特里达特一世（Mithridates I 或称米特拉达特一世，Mithra-

---

① Sacarauli 一般被比定为斯基泰人。见 Harry Falk, *Kushan Histories*: *Literary Sources and Selected Papers from a Symposium at Berlin*, *December 5 to 7*, 2013, Bremen: Hempen Verlag, 2015, pp. 59 – 60。

② （东汉）班固:《汉书》卷六十一《张骞李广利传》，中华书局1962年版，第2692页。

③ R. C. Senior, *Indo-Scythian Coins and History*, Vol. 1, Lancaster, PA: Classical Numismatic Group, 2001, p. 13, map 2.

dates I, 约公元前 171—前 138 年在位) 时期, 帕提亚人就控制了与巴克特里亚毗邻的马尔基亚纳和阿里亚地区, 嗣后, 借米特里达特二世 (Mithridates II, 约公元前 123—前 88 年在位) 反击塞人的军事行动, 帕提亚人将国土扩张到了阿姆河流域。① 公元前 2 世纪末, 印度—希腊人王国因米南德的死去而逐渐分裂, 这就给了外族入侵犍陀罗地区的机会。居住在塞斯坦的塞人首先经伯朗关 (Bolan Pass) 进入印度西北部, 他们与之前经悬度而来的塞人一起, 构成了所谓的"印度—斯基泰人"。② 嗣后部分帕提亚人 (他们也有斯基泰渊源) 也从伯朗关进入印度。他们先进入了信德地区, 然后由南向北向东逐步扩大自己的势力。③ 他们就是历史上的"印度—帕提亚人"(Indo-Parthians)。他们在此地的统治延续到公元 1 世纪末, 结束于贵霜帝国向兴都库什山以南扩张之时。

(二) 远东希腊化地区的经济文化交流

由于材料的缺乏, 有关巴克特里亚王国到贵霜帝国建立前的商贸与文化往来, 只能依靠城市考古和出土钱币。其中, 钱币方面的证据较为完整也较有说服力, 显示出这一时期东西方的交流仍在继续。

自狄奥多托斯一世独立后, 巴克特里亚王国的钱币就打上了自身的标记, 但仍然保持着希腊化钱币的基本特征。材质主要以银币为主, 币制按照雅典的阿提卡银币为标准, 一个德拉克马大约 4.4 克, 四德拉克马重约 17.5 克, 正面是国王的头像, 背面是国王的保护神和希腊语铭文。在狄奥多托斯一世发行的早期钱币上, 我们甚至还能发现安条克二世的名字。④ 虽然他这一做法实际上是个假象, 表明自己还是忠于塞琉古家族, 以此掩饰自己的独立, 但也在一定程度上证明了巴克特里亚王国钱币与塞琉古王

---

① Strabo, *Geography*, 11.9.2, with an English translation by Horace Leonard Jones, Cambridge, Mass: Harvard University Press, 1988, 以及 Justin, *Epitome of the Philippic History of Pompeius Trogus*, 42.2.2 - 5, translated by J. C. Yardley, Atlanta: Scholars Press, 1994。

② 关于印度—斯基泰人的来源和迁徙路线, 钱币学家西尼尔另有不同看法, 详见 R. C. Senior, *Indo-Scythian Coins and History*, Vol. 1, Lancaster, PA: Classical Numismatic Group, 2001, pp. 7 - 20。

③ Robert H. McDowell, "The Indo-Parthian Frontier", *The American Historical Review*, Vol. 44, No. 4, Jul., 1939, pp. 781 - 801.

④ A. K. Narain, *The Indo-Greeks*, Oxford: Clarendon Press, 1957, p. 15.

国钱币之间存在着一定的亲缘关系。

不过,随着巴克特里亚希腊人对印度西北部的征服,印度的元素逐渐在他们的钱币上出现。其中,国王头戴象头皮盔就是一个明显的例子。这种装饰与亚历山大有渊源关系。亚历山大生前就曾打造过雕刻着自己骑着战马和乘象的波鲁斯作战的纪念章以及带有大象形象的铜币。[①] 亚历山大死后,托勒密一世发行过一种亚历山大头戴象头皮盔的钱币,以纪念他对印度的征服。[②] 作为印度的新征服者,巴克特里亚国王德米特里一世也效仿了这种做法,钱币上的形象也是头戴类似的象头皮盔,[③] 似乎也在宣示自己对印度的征服。可以说,这一做法拉开了希腊式钱币和地方文化相融合的序幕。

自德米特里一世开始,印度宗教的元素开始出现在巴克特里亚王国的钱币之上。希腊人对印度神和宗教观念的认同大致可以分为两个阶段。第一阶段以阿伽托克勒斯(Agathokles)和潘塔莱昂(Pantaleon)为代表,他们逐渐将印度神或宗教引入其钱币和宗教崇拜之中。但涉及具体的印度宗教观念仍以图像暗喻的方式出现。如用狮子、菩提树、佛塔表示佛陀或佛教。第二阶段以印度—希腊人国王米南德为代表,除了继续使用单一隐喻性符号表示对印度神和宗教观念的接受外,他的钱币上开始出现了希印对应的隐喻符号,如象头/木棒型(表示佛陀与赫拉克勒斯)、公牛头/三脚架(表示湿婆 Siva 与阿波罗 Apollo)、法轮/棕榈枝(表示佛法与胜利、和平)。这就表明,这时的希腊人不仅接受了印度的神和宗教观念,而且还有意识地把他们与希腊的神和宗教观念相等同。[④]

当地文化对巴克特里亚希腊人影响的另一个重要体现就是双语币的出

---

① 具体分析参见 F. L. Holt, *Alexander the Great and the Mystery of the Elephant Medaillons*, Berkeley, 2003;参见杨巨平《希腊式钱币的变迁与古代东西方文化交融》,《北京师范大学学报》2007 年第 6 期。

② 此类钱币可参见:I. Carradice & M. Prince, *Coinage in the Greek World*, London: B. A. Seaby Ltd., 1988, p. 116;参见杨巨平《希腊式钱币的变迁与古代东西方文化交融》,《北京师范大学学报》2007 年第 6 期。

③ O. Bopearachchi, *Pre-Kushana Coins in Pakistan*, Karachi: IRM Associates Ltd., 1995, pp. 90 - 91。

④ 杨巨平:《希腊化还是印度化——"Yavanas"考》,《历史研究》2011 年第 6 期。

现。这种钱币最早由潘塔莱昂和阿伽托克勒斯所发行。最初的双语币一面是希腊文，一面是婆罗米字母（Brahmi），虽然语言不同，但内容一致，后者基本是前者的对译。以阿伽托克勒斯发行的双语币为例，该钱币为方形印度币，正面是婆罗米字母铭文"国王，阿伽托克勒斯"（Rajane Agathuklayasa），背面是希腊语的对译"ΒΑΣΙΛΕΩΣ ΑΓΑΘΟΚΛΕΟΥΣ"。[①] 与之相似，潘塔莱昂的双语币也是方形币，正面是婆罗米字母铭文"国王，潘塔莱昂"（Rajane Pamtalevasa），背面是希腊语的对译"ΒΑΣΙΛΕΩΣ ΠΑΝΤΑΛΕΟΝΤΟΣ"。[②] 后来，这种双语币被广泛仿制，只是婆罗米字母逐渐被佉卢文所取代。可以说，这种类型钱币的发行，既表示了希腊人对当地语言的认可，又宣示了自己统治的合法性，还方便了这种钱币在当地的流通。

到了印度—斯基泰人和印度—帕提亚人统治时期，双语币已成常态。从印度—斯基泰人的钱币上看，它们基本承袭了阿波罗多托斯二世（Apollodotus II）等印度—希腊人国王的货币体系，以德拉克马和四德拉克马作为标准，钱币的正面为希腊语，反面为佉卢文。从图像上看，正面依旧是国王头像或国王骑马像，背后大部分是希腊的神祇。以阿泽斯一世（Azes I）的部分钱币为例，该钱币的正面是国王（可能是宙斯神）手持长矛，背面是手持橄榄枝的胜利女神尼科（Nike）。在钱币的边缘，正面是希腊语的"王中王，伟大的阿泽斯"（ΒΑΣΙΛΕΩΣ ΒΑΣΙΛΕΩΝ ΜΕΓΑΛΟΥ/ΑΖΟΥ），背面是佉卢文的对译（Maharajasa Rajarajasa Mahatasa/Ayasa）。[③] 这很显然就是承袭印度—希腊人双语钱币的模式。不过，由于游牧民族并不完全熟悉希腊钱币的制作工艺，其银币的制作相对粗糙，重量也较之前有了一定的下降。以法国钱币学家波比拉赫奇提供的印度—斯基泰人国王毛厄斯（Maues）的银币为例，其发行的四德拉克马银币的重量已经降到了10克左右，而部分一德拉克马的银币甚至降至1.55克，[④] 印度—帕提亚人的钱

---

① O. Bopearachchi, *Pre-Kushana Coins in Pakistan*, Karachi: IRM Associates Ltd., 1995, pp. 94-95.

② Ibid., pp. 96-97.

③ Ibid., pp. 166-167.

④ Ibid., pp. 94-95.

币也同样采用双语。控制阿拉科西亚的贡多法勒斯（Gondophares）及其后继者们也发行过双语钱币。以贡多法勒斯的钱币为例，正面是其本人的头像，反面是胜利女神尼科，正面的希腊语铭文写着类似的"王中王，伟大的贡多法勒斯"（ΒΑΣΙΛΕΩΣ ΒΑΣΙΛΕΩΝ ΜΕΓΑΛΟΥ/ΓΝΔΟΦΕΡΡΟΥ），后面的则是佉卢文的对译（Maharajasa Gadanasa nisadasa hinasa vanidasa javati devavrata），[①] 这很显然也是对印度—希腊人钱币的一种模仿。不过，值得注意的是，相对于巴克特里亚希腊人和印度—希腊人钱币上的王衔，印度—斯基泰人和印度—帕提亚人钱币上的王衔要更丰富，其中常常会出现"王中王"，（希腊语 ΒΑΣΙΛΕΩΣ ΒΑΣΙΛΕΩΝ，佉卢文 Rajarajasa）的这样称谓。有关这一称谓，很可能最早来自亚述。据说亚述王图尔库蒂·尼努尔塔一世（Tukulti-Ninurta I）就曾经拥有这一头衔。[②] 后来，这一头衔被波斯人所接受，在著名的贝希斯敦（Behistun）铭文上，大流士一世就拥有这一头衔。[③] 帕提亚人从密特拉达特二世（Mithradates II）起，开始在钱币上使用这一头衔。这种双语币，日后也被贵霜人所吸收，成为贵霜钱币，甚至丝路钱币中最为普遍的一种类型。

除钱币之外，这一时期东西方交流的另一大证据来自城市考古。在中亚，伴随着巴克特里亚王国的扩张，城市也进入了新的发展时期。这一时期的巴克特里亚有"千城之地"的美名，[④] 除阿伊·哈努姆以外，一些新兴的城市在巴克特里亚王国时期也逐渐登上历史舞台。如阿姆河的渡口要塞坎培尔·特佩（Kampyr Tepe，属于铁尔梅兹古城遗址的一部分），后来成为贵霜帝国都城之一的高加索的亚历山大里亚，位于木鹿绿洲的马尔基亚纳的安条克城，阿拉科西亚的亚历山大里亚，索格底亚那地区的马拉坎大等。这些城市大部分都是以原来希腊人所建的军事据点为基础，或者在原来城市的基础上重建。

---

① O. Bopearachchi, *Pre-Kushana Coins in Pakistan*, Karachi: IRM Associates Ltd., 1995, pp. 170 – 171.

② Lowell K. Handy, *Among the Host of Heaven: the Syro-Palestinian Pantheon as Bureaucracy*, Winona Lake Indiana Eisenbrauns, 1994, p. 112.

③ 李铁匠：《贝希斯敦铭文介绍》，《江西大学学报》1987 年第 3 期。

④ Justinus, *Epitome of the Philippic History of Pompeius Trogus*, translated by J. C. Yardley, Atlanta: Scholars Press, 1994, p. 256.

第一章 希腊化世界与丝绸之路

以著名的铁尔梅兹遗址（Termez）为例，该城位于阿姆河北岸，由数座小型遗址所构成，法国学者勒里什（P. Leriche）猜想它可能就是亚历山大所建的阿姆河畔的亚历山大里亚（也有不少学者认为阿伊·哈努姆遗址才是阿姆河畔的亚历山大里亚）。希腊化时代的遗存主要集中于坎培尔·特佩遗址。其中，希腊化陶器层厚达两米，陶器的风格与阿伊·哈努姆遗址出土的陶器大致相同，显示二者当时保持着一定程度的联系。不过，由于该地原为希腊—马其顿人驻防的渡口所在地，也具有防御的功能，它当时距离阿姆河仅有20米（由于河流改道，现在已经相距甚远），该选址的目的很可能是为了更好地观察并控制阿姆河沿岸。[1]

中亚希腊化城市的发展势头，并未因之后的外族入侵而放缓。据张骞，大夏"有城屋，与大宛同俗。无大君长，往往城邑置小长。……大夏民多，可百余万，其都曰蓝市城"。[2] 可见，在大月氏人征服巴克特里亚之后，该地的城市并未因大月氏人的入侵而毁灭，相反，通过近代以来考古学者的努力，当时的一些新兴城市正逐渐被人们所熟知。例如卡尔恰扬（Khachayan）、达尔弗津·特佩（Dalvezin Tepe）、第伯尔金（Diberjin）、塔赫特-伊·桑金（Taht-i-sangin）等。它们为后来贵霜帝国中亚城市圈的形成奠定了基础。

希腊人是中亚希腊式城市中的居民主体。在阿伊·哈努姆遗址就曾经发现过一则公元前150年前后的希腊语铭文，它刻在一尊雕塑的石头底座上，雕塑本身已经毁坏，但铭文得以保存，其上写着"特利巴洛斯和斯特拉通诺斯，斯特拉托斯（之子），（献给）赫尔墨斯和赫拉克勒斯"（Τριβαλλὸς καὶ Στράτων Στράτωνος Ἑρμηῖ Ἡρακλεῖ）等字样。赫尔墨斯（Hermes）和赫拉克勒斯是希腊体育馆的保护神，可见当时的希腊人还在使用这个体育馆。[3]

当地人已经在巴克特里亚王国城市人口中占据了一定的比例。从考古发掘上看，在阿伊·哈努姆遗址曾发现过两份公元前2世纪的羊皮纸

---

[1] P. Leriche, "Bactria, Land of Thousand Cities", in Joe Cribb and Georgina Herrmann, eds., *After Alexander Central Asia before Islam*, Oxord University Press, 2007, pp. 186 - 187.

[2] （西汉）司马迁：《史记》卷一百二十三《大宛列传》，中华书局1959年版，第3164页。

[3] 参见 Rachel Ruth Mairs, *Ethnic Identity in the Hellenistic Far East*, Faculty of Classics University of Cambridge April, 2006, pp. 120 - 122。

货物单据。一份残缺严重，一份尚可阅读。较为清晰的那份单据上断断续续用希腊语写着"安提玛科斯 30 年……于 K. arelote 附近的安菲波里斯城生产……属于 40……雇佣兵……斯基泰人，100 德拉克马银币……以上所提及的……总计……"① 从内容上看，这份单据很可能是巴克特里亚王国国王赐予包括斯基泰人在内的外族雇佣军的赏赐。此外，阿伊·哈努姆遗址还保留了不少题铭，其中部分题铭者的名字具有伊朗文化的特征，如 Oumanes、Xatranos 等。② 这些类似伊朗人的名字清楚地表明，在巴克特里亚王国的城市中，希腊人和当地人混居的现象十分普遍。

城市的发展带来的是商贸的繁荣。在现代巴林和古代苏萨的遗址就曾出土过巴克特里亚王国国王欧泰德姆斯一世、欧克拉提德一世和赫利奥克勒斯（Heliocles）的钱币。③ 最有说服力的证据来自"黄金之丘"。该遗址位于阿富汗北部，由 7 座大型墓葬组成，由于遗址中找不到明显的城市的痕迹，所以学界认为其很可能是尚在游牧的大月氏人驻地或者是早期贵霜人的墓地。该墓地共出土大约两万件珍贵的黄金制品，包括刻有希腊雅典娜图案的戒指、巴克特里亚风格的阿弗洛狄特雕像、中国的铜镜和草原风格的双兽头手环等。④ 尤其是在"黄金之丘"的 3 号墓，学者们还发现了一枚帕提亚银币和一枚罗马的金币，⑤ 以及来自印度的 5 块象牙雕版残片、两个象牙骨灰盒和印度的带狮子图像的金币等。⑥ 这些证据说明，即使是在大月氏人到达中亚后，东西方的经济和文化交流也根本没有中断过。张骞提到的中国的邛竹杖和蜀布，经印度转手，最后出现在大夏

---

① Willy Clarysse and Dorothy J. Thompson, "Two Greek Texts on Skin from Hellenistic Bactria", *Zeitschrift für Papyrologie und Epigraphik*, Bd. 159, 2007, pp. 273 – 279.

② 参见 J. Harmatta ed., *The History of Civilizations of Central Asia II*：*The Development of Sedentary and Nomadic Civilizations*, Paris：UNESCO Publishing, 1994, pp. 122 – 124。

③ H. Serig, *Tresors Du Levant Anciens Et Nouveaux*, Paris, 1973；O. Morkholm, "A Greek Coin Hoad from Susiana", *Acta Archaeologica*, Vol. 36, Copenhagen, 1965, p. 124；J. Harmatta, eds. T*he History of Civilizations of Central Asia* II, "The Development of Sedentary and Nomadic Civilizations", Paris：UNESCO Publishing, 1994, pp. 325 – 326.

④ Victor Sarianidi, *The Golden Hoard of Bactria*：*From the Tillya-tepe Excavations in Northern Afghanistan*, New York：Abrams；Leningrad：Aurora Art Publishers, 1985, pp. 235, 254 – 256.

⑤ Ibid., pp. 241 – 242.

⑥ Ibid., pp. 243, 250, 258 – 259.

市场,《汉书·西域传》中说大夏人"善贾市,争分铢",① 显然都是有据可依。

兴都库什山以南的情况与中亚类似。从城市的布局上看,兴都库什山以南的希腊城市依旧保留着其原有的风格。以塔克西拉的斯尔卡普(Sirkap)遗址为例,该城的格局从巴克特里亚希腊人建城之后,就没有太大的改变,一直存在到贵霜时期。在塔克西拉遗址的诸多建筑物遗存中,最能代表这一时期艺术风格的莫过于斯尔卡普遗址附近的詹迪亚尔(Jandial)神庙。根据马歇尔的考证,该神庙是一所琐罗亚斯德教的神庙,但是建筑的风格属于典型的希腊风格。它分成前厅、圣堂和后门厅三大部分,这一布局与雅典的帕特农神庙(Parthenon)颇为类似。② 虽然,詹迪亚尔神庙用密封的围墙替代了希腊式的围柱,只在前门保留了两根爱奥尼亚风格的石柱。但是,该神庙的屋梁、雕塑和檐饰等装饰依旧保留着希腊的风格,这体现出了建造者对希腊建筑艺术的模仿。同样的模仿也出现在塔克西拉当地艺术品的风格上,在斯尔卡普遗址的印度—斯基泰人地层中,就曾经出土过一些石雕和石器,包括6个装饰人物、动物形象浮雕的化妆盘和一个女性小圆雕。按照马歇尔的说法,虽然这些雕塑属于希腊的风格,但是其制作工艺相对粗糙,很可能是犍陀罗当地的工匠们对希腊风格艺术品的模仿。③

不过,与中亚地区不同,兴都库什山以南的希腊化城市中有不少佛教建筑出现。以塔克西拉为例,它在阿育王时期就是一个重要的佛教中心,印度—斯基泰人和印度—帕提亚人将该地的佛教建筑基本保留了下来,并使之继续发挥其宗教功能。其中,比较有代表性的是位于斯尔卡普遗址的一处佛塔。④ 同时,相关的铭文也证明佛教活动在印度—斯基泰人和印度—帕提亚人统治时期的频繁。出土于塔克西拉的一块铜锭上就记载过当时修造释迦牟尼舍利塔和僧伽蓝以供诸佛的情况;⑤ 秣菟罗(Mathura)的

---

① (东汉)班固:《汉书·西域传》,第3896页。
② John Marshall, *Taxila*, Vol. 1, Cambridge University Press, 1951, pp. 222 – 225.
③ Ibid., pp. 133 – 135, Plate 144 – 145.
④ Ibid., pp. 164 – 166.
⑤ Ibid., pp. 327 – 328.

狮子柱铭文也提到过秣菟罗总督的妻子向当地的佛寺奉献礼品及安放佛陀舍利的情况。① 可见，在印度—斯基泰人和印度—帕提亚人统治时期，佛教实际上还在继续发展，这就为以后贵霜帝国时期佛教的繁荣和大乘佛教的出现奠定了基础。

  从出土文物上看，该地区与地中海世界的商路是畅通的。在塔克西拉的斯尔卡普遗址，马歇尔就发现了不少希腊或者地中海风格的产品。其中包括一个希腊风格的盘子，用失蜡法做成的油瓶，以及大量的玻璃珠子。② 这些文物显然不是出自印度工匠之手，很可能来源于与东地中海沿岸地区的贸易。此外，马歇尔曾对塔克西拉遗址出土的欧泰德姆斯和阿加托克勒斯钱币进行过分析，他认为，这些钱币中含有一定量的镍元素，巴克特里亚和印度并不产镍，所以他推断造币用的镍金属很可能是来自于中国。③ 到了公元前100年前后，随着印度洋季风规律的发现，从埃及或阿拉伯直航印度成为可能。斯特拉波曾经提到，当时的商人们从埃及经尼罗河和阿拉伯湾航行到印度，远至恒河流域。④ 在所有相关的文献中，成书于公元1世纪前后的《厄立特里亚航海记》特别值得关注。该书主要记录的是从红海到印度的主要航路以及沿线的港口及其进出口的货物。其中提到，从赫莱亚（Horaia）出发，经过一个不知名的有皇家宫殿的地方，就到了斯基泰人（即印度—斯基泰人）的海岸，该地的主要海港就是巴巴里库姆（Barbaricum），货物从这里上岸，然后被运到附近的都城 Minnagara。此外，该书还记录了大量用于贸易的货物，它们来源丰富，并非完全出自印度地区。其中，丝线、丝绸织品、皮革、玛瑙、水晶石、绿松石、天青石各种宝石，其产地应该是中国、中亚草原和阿富汗；苏合香、乳香等应该是来自阿拉伯半岛；葡萄酒可能来自意大利半岛和叙利亚地区的劳狄西亚（Laodicea，今拉塔基亚，Latakia）；

---

  ① J. Harmatta, ed., *The History of Civilizations of Central Asia* II, "The Development of Sedentary and Nomadic Civilizations", Paris：UNESCO Publishing, 1994, pp. 206–208.
  ② John Marshall, *Taxila*, Vol.1, Cambridge University Press, pp. 126–130.
  ③ Ibid., p. 128.
  ④ Strabo, *Geography*, 15.1.4, with an English translation by Horace Leonard Jones, Cambridge, Mass：Harvard University Press, 1988.

罗马钱币、粗玻璃、珊瑚、亚麻布等是从地中海地区、埃及等地运来。①这也在一个侧面证明了当时印度—斯基泰人和印度—帕提亚人统治期间海上贸易的繁荣。

综上所述，不难看出，无论是巴克特里亚地区还是印度西北部，都没有因为巴克特里亚的独立或游牧民族的入侵而衰落。相反，无论是巴克特里亚希腊人、印度—希腊人还是新入侵的游牧民族，他们都在积极发展经济与贸易，从而推动了东西方经济文化交流的发展。在南线，从埃及到印度的海上直航已经实现；在东方，张骞的两次出使和汉武帝的反击匈奴，从玉门关到河中地区的道路基本开通；在西部，帕提亚的米特里达特二世正励精图治，积极反击塞人；在中亚十字路口的巴克特里亚和西北印度，一个强有力的帝国即将出现，它就是与罗马帝国、帕提亚帝国和汉帝国并立的贵霜帝国。

第二节　托勒密、塞琉古王国与丝绸之路

托勒密王国和塞琉古王国，是诸希腊化王国中最为强大、存在时间最长的两个大国。由于其统治重心在东地中海地区，尤其是塞琉古王国在公元前二世纪后期彻底失去了对两河以东地区的控制，它们与丝绸之路的直接联系要晚于远东的希腊人王国，但它们出于自身利益的考虑，利用各自的区位优势，也以不同的方式和手段推动着东西方之间的交通和贸易。

托勒密王国与丝绸之路的关系主要表现在托勒密王国对红海、印度洋航路的探索上。公元前2世纪末，托勒密王国同印度建立了海上贸易往来，虽然这些交往的频率还很低，双方没有建立起常规的贸易交换，而且商品交换的种类我们也不得而知，但这些开拓性的尝试为后来罗马帝国与印度建立密切的贸易来往奠定了坚实的基础，也积极推动了公元1世纪由印度

---

① Lionel Casson, *Periplus Maris Erythraei*: *Text with Introduction, Translation, and Commentary*, "Text and Translation" 6, 7, 8, 10, 37, 39, 49, 56, 64, New Jersey: Princeton University Press, 1989. 参见杨巨平《两汉中印关系考——兼论丝绸之路南道的开通》，《西域研究》2013年第4期。

至埃及海上丝绸之路西段的贯通。

塞琉古王国与丝绸之路的关系主要体现在塞琉古王国在东西方陆路贸易中发挥的重要作用。塞琉古王国的疆域在将近半个世纪的时间内，覆盖了东西方商路的中亚至东地中海一段。公元前3世纪中期，虽然帕提亚帝国崛起，并在前2世纪中期占领了伊朗高原和美索不达米亚地区，但帕提亚人却担当了东西方贸易的中介角色，所以从印度、中亚到地中海东岸的商路并未中断。公元前2世纪末丝绸之路正式开通之前，塞琉古王国的国内贸易及其与东方的贸易均取得了发展，这有赖于塞琉古王国的道路系统及其统一的币制。公元前2世纪后期，张骞两次出使西域，从长安到中亚的路线正式连通，这也就意味着从中国到中亚、印度，再到地中海东岸的丝绸之路全线贯通，偏安一隅的叙利亚—塞琉古王国成为丝绸之路的西段终点及主要贸易市场，为丝绸之路的进一步发展提供了契机。

总之，丝绸之路正式开通前，托勒密王国已在积极探索通向印度的海上商路，塞琉古王国也在东西方陆路贸易中发挥着重要作用。丝绸之路正式开通之后，这两个王国的管辖地成为丝绸之路西段的终点。丝绸之路开通前后的东西方经济文化交流构成了塞琉古王国、托勒密王国历史的一部分。

一　托勒密王国与海上丝绸之路

（一）托勒密王国时期内陆-红海方向的交通发展

托勒密王国（公元前305—前30年）又称托勒密埃及，由亚历山大部将托勒密一世（Ptolemy I，公元前305—前282年在位）开创。托勒密王国建立了许多中心城市，由内陆城市通向红海的商路得到发展。[①] 除了尼罗河流域之外，托勒密王朝还占领了埃及的红海沿岸，这就使它与阿拉伯地区、波斯湾、印度进行海上贸易成为可能。托勒密二世（菲拉德尔弗斯）（Ptolemy II Philadelphus，公元前282—前246年在位）时代，首先在红海西岸科帕托（Kopato）东南的乌姆克塔夫（Umktarf）开发贝来尼凯港

---

① Walter Scheidel, Ian Morris and Richard Saller, eds, *The Cambridge Economic History of the Greco-Roman World*, Cambridge: Cambridge University Press, 2007, p.435.

(Berenice),在那里建立了造船厂,^① 并且修建了从贝来尼凯到尼罗河港科普托斯(Coptos)的道路。^② 此外,托勒密王国大力开展至瓜达富伊角(Cape Guardafui)的贸易。公元前275年,托勒密二世重新开通了红海和尼罗河间的运河,^③ 称为托勒密运河。通过海路进口的货物可以在红海沿岸卸载,然后转运至尼罗河港,最终到达亚历山大里亚。公元前247年,托勒密王国在贝来尼凯北建立密奥斯·荷耳摩斯港(Myos Hormos)。^④ 通过对贝来尼凯和密奥斯·荷耳摩斯的建设,以及运河的疏通、沙漠商路的建设,由上埃及经红海、东部埃及沙漠商路或运河,继而连接尼罗河至下埃及的交通网络形成,为托勒密王国进一步发展与阿拉伯地区、印度的贸易奠定了基础。托勒密二世当政时,正是印度孔雀王朝阿育王(Asoka,约公元前273—前232年在位)统治时期。他积极推动印度与西方的交往,曾派佛教使团访问埃及。托勒密二世也向孔雀王朝派出使者狄奥尼修斯(Dionysius)。^⑤

托勒密八世(欧尔杰提斯·费斯孔,Ptolemy VIII Euergetes Physcon,公元前146—前116年在位)时期,为了同埃塞俄比亚和阿拉伯地区进行贸易,大力发展红海航运。这一时期,托勒密王国的船队常年从密奥斯·荷耳摩斯和贝来尼凯出发,首先到达阿拉伯半岛西南地区,通过此地区的贸易港口奥凯里斯(Ocelis),进而和印度西海岸的港口建立间接的商贸联系。

几乎整个托勒密王国时期,红海、印度洋的交通多控制在帕提亚人和阿拉伯半岛的纳巴泰人、希木叶尔人(Homerites,Himyarites)手中。^⑥ 对于托勒密王国而言,对外贸易的环境并不乐观。首先,它与塞琉古王国存在领土争端,双方长期处于敌对状态,先后进行过六次叙利亚战争。它通

---

① Donald W. Prakken, "A Ptolemaic Graffito in New York", *TAPA* 76, 1945, pp. 108–115.
② 沈福伟:《丝绸之路——中国与非洲文化交流研究》,新疆人民出版社2010年版,第31页;S. E. Sidebotham, "Routes Through the Eastern Desert of Egypt", *Expedition*, 37, 1995, pp. 39–50。
③ 杨巨平:《亚历山大东征与丝绸之路开通》,《历史研究》2007年第4期。
④ 沈福伟:《丝绸之路——中国与非洲文化交流研究》,新疆人民出版社2010年版,第31页。
⑤ Pliny, *Natural History*, 6.21.58, with an English translation by H. Rackham, Cambridge, Mass.: Harvard University Press, 1999.
⑥ 张绪山:《罗马帝国沿海路向东方的探索》,《史学月刊》2001年第1期。

过塞琉古王国控制之地区与东方进行陆路交往有相当大的困难;第二,阿拉伯半岛北部地区的当地族群是独立的,而且相对野蛮,沙漠道路又充满艰辛,所以,托勒密王国试图通过阿拉伯北部地区与东方建立交往也很难实现;最后,红海和曼德海峡(Bab El-Mandeb)虽然长期处于阿拉伯人的控制之下,但由于托勒密王国占据了临靠红海的有利位置,又逐步发展港口、建造船只,所以,通过海路保持与东方的联系,是托勒密王国发展与东方贸易的无奈选择。

(二) 托勒密王国的海洋贸易和海路探索

托勒密王国时期的一个重要特征是对海路的探索。托勒密王国的繁荣在一定程度上依赖于其海上势力,不论是在地中海地区还是红海。托勒密王国时期,亚历山大里亚成为托勒密王国的都城,也是其贸易中心,在此聚集了大量的外国商人、仓库管理人和商船船主。[1] 亚历山大里亚位于尼罗河河口,有利于王国在地中海区域的发展。

地中海地区贸易对托勒密王国至关重要。托勒密一世时,控制了腓尼基(Phoenicia)海岸的港口,与塞浦路斯(Cyprus)签订协约,扩大了在地中海东部的势力。[2] 它与罗德岛(Rhodes)关系密切。罗德岛和托勒密王国存在紧密的商业往来。它位于埃及到腓尼基、叙利亚(Syria)、小亚及希腊的海路上,是这一地区的贸易中心之一,对托勒密王国意义重大。托勒密王国和罗德岛间(地中海东部贸易圈)的贸易组织形式有所创新,一种新的商业组织—商业合作社取代了以前小规模的商人组织。[3] 约公元前150年的一份纸草文献记载,亚历山大里亚的五位希腊人合伙,计划从红海到"香料之国"进行贸易。按照惯例,他们通过银行向一位希腊人借贷资金,另有五人担保。[4] 正是商业信用进步,贸易合作加强,才增强了

---

[1] M. Rostovtzeff, *The Social and Ecnomic History of the Hellenistic World*, Oxford University Press, 1941, p. 397.

[2] Kostas Buraselis, Mary Stefanou and Dorothy. J. Thompson, eds., *The Ptolemies, The Sea and The Nile: Studies in Waterborne Power*, Cambridge University Press, 2013, p. 4.

[3] Ibid., p. 14.

[4] Lionel Casson, *The Ancient Mariners: Seafarers and Sea Fighters of the Mediterranean In Ancient Times*, New Jersey: Princeton University Press, 1991, p. 157.

抵御风险的能力，商人们开始运输大批量的货物，分享市场和商品信息，这一点对于交通落后的古代社会尤为重要。爱琴海地区在近东、地中海贸易圈中占据主导地位，可为托勒密王国提供造船用的木材、金属、沥青等急需物资，还能提供船只和水手，① 也为从阿拉伯、印度等地进口的商品提供了广阔的市场。

这一时期，托勒密王国在红海地区的贸易和探索活动有了显著进步。托勒密王国对红海的探索，首要目的是为了获得更多的资源和供应。埃及的马匹、大象、金属、木材资源匮乏，② 决定了托勒密王国不得不通过进口得到这些重要的战略资源。托勒密王国海上势力的扩张，促进了人们地理知识的进步、刺激了人们对世界的好奇心，这反过来推动了托勒密王国在红海地区的探索活动。从公元前3世纪开始，托勒密二世开发红海西岸，重建红海港口，建造船只。③ 托勒密王国在琉克斯·里门（Leucos Limen）设有造船厂。④ 为了与埃塞俄比亚进行贸易，埃及的希腊商人首次尝试去阿拉伯半岛西南地区的商业航行。也正是由于这个原因，非洲角的索科特拉（Socotra）的作用凸显，成为托勒密王国到印度、阿拉伯贸易的主要中转地。

托勒密王国早期，埃及和印度的直航尚未开通。根据《厄立特里亚航海记》的记载，早期，印度和埃及的船只都仅航行至阿拉伯半岛的一个叫作尤岱蒙（Eudaimon）的港口，双方在此进行交换和贸易，不会再往前走。⑤ 这表明：大部分埃及船只最远到达亚丁湾的西南阿拉伯海岸，在此获得东方商人带来的货物。此外，来自印度的货物也可从阿拉伯半岛南部沿着西海岸的陆上商路，运至纳巴泰人（Nabataeans）的城市佩特拉

---

① Michael Grant, *From Alexander to Cleopatra: The Hellenistic World*, London: Weidenfeld and Nicolson, 1982, p. 40.

② M. Rostovtzeff, *The Social and Ecnomic History of the Hellenistic World*, Oxford University Press, 1941, p. 381.

③ Raoul Mclaughlin, *Rome and the Distant East*, Auckland: MPG Books Group Ltd., 2010, p. 24.

④ J. Innes Miller, *The Spice Trade of the Roman Empire: 29 B. C. to A. D. 641*, Oxford: Clarenden Press, 1969, p. 258.

⑤ Lionel Casson, *Periplus Maris Erythraei: Text with Introduction, Translation, and Commentary*, "Text and Translation" 26, New Jersey: Princeton University Press, 1989.

(Petra)，然后到达加沙（Gaza），之后经西奈半岛，到达埃及。尤其是托勒密二世控制了巴勒斯坦（Palestine）和腓尼基地区之后，这条经阿拉伯半岛西北部的商路更加畅通。巴勒斯坦和腓尼基的商业及港口城市对托勒密王国与阿拉伯的贸易发挥了重要的中转作用。对腓尼基港口的控制，对托勒密王国意义尤其重大，腓尼基人在历史上就以"海上商业民族"著名，他们所在的地区良港众多、造船业发达，托勒密埃及控制了腓尼基就等同于控制了公元前3世纪的大部分的欧亚贸易。① 此外，托勒密王国对到达巴勒斯坦和腓尼基地区的阿拉伯或印度的商品征收进口税，而且这些商品运至埃及本土时，托勒密王国还会对其征税，② 在一定程度上增加了托勒密王国的财富。

由于托勒密王国占据着红海西岸，红海贸易的规模扩大至阿拉伯半岛南部沿海和印度洋，托勒密王国和阿拉伯地区的部落产生利益冲突在所难免。当托勒密王国派出战船进攻阿拉伯的独桅船或者毁坏纳巴泰人的居住地时，阿拉伯人就会开始报复，袭击托勒密王国的船只。公元前2世纪末，希木叶尔人控制了赛伯邑王国，占据了也门和亚丁湾的港口，包括奥凯里斯港，使用武力阻止印度船只进入红海，亦阻止埃及船出红海，托勒密王国的商人很难逾越希木叶尔人的阻碍。

尽管如此，埃及的商人仍然通过海外贸易获得了一部分商品，它们以很低的价格卖给了王室。③ 托勒密王国将一部分进口商品供给神庙，其余部分提供给私人经销商。托勒密王国实行垄断贸易经营的政策，所以，个体经销商需要得到官方的特许，才能从事某些商品的贸易和经销。比如，进口香料的销售，需要得到官方的特许经营许可。④ 托勒密王室重视纺织品、香水制造、金属制品等行业，把这些行业的许可权授予专业的制造工

---

① Pirre Grimal, *Hellenism and the Rise of Rome*, London: Weidenfeld and Nicolson, 1970, p. 242.

② M. Rostovtzeff, *The Social and Ecnomic History of the Hellenistic World*, Oxford University Press, 1941, p. 389.

③ Raoul Mclaughlin, *Rome and the Distant East*, Auckland: MPG Books Group Ltd., 2010, p. 24.

④ M. Rostovtzeff, *The Social and Ecnomic History of the Hellenistic World*, Oxford University Press, 1941, p. 187.

第一章 希腊化世界与丝绸之路

人，没有许可，其他人不得进入相关行业的生产领域。[1] 托勒密王国的希腊官员阶层掌握了大量财富，通过行政特权，获得税收权和垄断的合同契约，[2] 还贷款给私商以盈利。

总的来说，托勒密王国实行的是严格控制贸易的垄断政策，有很多限制远航贸易的措施，所以，对于远航印度的托勒密王国的商人来说，自由贸易是奢望，利润也受到影响。另一方面，可以看到，由埃及到印度的航线也在逐渐发展，但总体规模仍然很小，在托勒密王国的最后几十年，远航印度的船只很少，斯特拉波记载道："在早期，只有20艘船只航行至亚丁湾外"。[3] 再加上罗马在地中海世界的扩张，这一地区的局势不稳定，使得托勒密王国到印度的贸易，在公元前1世纪中期衰落。[4]

托勒密王国之所以没有与印度建立起稳固的贸易往来，原因是多方面的。第一，托勒密王国统治者继承了法老时期的国家经济垄断制度，实行相对封闭的对外贸易政策。托勒密王国通过设置关税关卡，保护王室对国内经济的统制和垄断。比如，托勒密官方对从叙利亚进口的橄榄油，征收高额的进口税和商品税，证明托勒密王国对油资源实行垄断经营。同时，托勒密王国对国内生产的商品的税收似乎和进口的商品区别较大，税收要低很多，[5] 这实际上就是为国内居民购买外国商品设置价格障碍。托勒密王国对国内商人的监管较为严苛，垄断商品进出口，不利于商人群体的壮大和贸易相对自由地开展。第二，托勒密王国和塞琉古王国长期争夺黎凡特（Levant）地区，时常发生战争。托勒密王国中后期受到罗马的威胁，忙于战事，使其无暇也无力发展对外海洋贸易；第三，埃及商人面临阿拉伯人、印度人甚至塞琉古人、帕提亚人在海洋贸易上的激烈竞争，托勒密王国在经

---

[1] Michael Grant, *From Alexander to Cleopatra: The Hellenistic World*, London: Weidenfeld and Nicolson, 1982, p. 44.

[2] M. Rostovtzeff, *The Social and Ecnomic History of the Hellenistic World*, Oxford University Press, 1941, p. 411.

[3] Strabo, *Geography*, 17.1.13, with an English translation by Horace Leonard Jones, Cambridge, Mass: Harvard University Press, 1988.

[4] George F. Hourani, "Did Roman Commercial Competition Ruin South Arabia?", *Journal of Near Eastern Studies*, Vol. 11, No. 4, Oct., 1952, p. 291.

[5] M. Rostovtzeff, *The Social and Ecnomic History of the Hellenistic World*, Oxford University Press, 1941, pp. 385–386.

验、实力、物产、地理位置等方面均不占绝对优势,所以,它也始终没有成为红海、印度洋贸易的主导者,但是,它并没有放弃对印度洋海路的探索。

(三) 托勒密王国与印度间航运的连通对海上丝绸之路西段开通的意义

由于帕提亚人、阿拉伯人对红海、印度洋商路的严密控制,公元前2世纪末的希腊人欧多克斯(Eudoxus)直航印度虽然是个偶然事件,但意义重大。据斯特拉波记载,"托勒密八世时期,欧多克斯为了宣传其家乡基齐库斯(Cyzicus)举办的珀耳塞福涅(Persephone)庆典,作为使者来到埃及。此时,一个印度人被带到王室,他学习了希腊语,告知托勒密八世,他由于迷路而到了埃及,他的同伴由于饥饿而死。托勒密八世命令他作为向导,带领埃及人前往印度,其中包括欧多克斯。欧多克斯从印度返回时,带来了香水和宝石。"① 欧多克斯远航印度,在很大程度上改变了托勒密王国的海洋政策。托勒密王室意识到,由埃及航行至印度进行贸易,可以规避沿途各国陆上贸易的高税收和绕开时有海盗侵扰的阿拉伯海海岸。而且,托勒密王国船只并非全部航行至印度,希腊商人在中途的港口,也可与印度商人直接交换。这是托勒密王国时期有明确记载的首次远航至印度,时间不晚于公元前116年。② 但是,由于没有留下对欧多克斯航行印度具体路线的记载,所以,不能确定他是否利用了季风。《厄立特里亚航海记》记载的季风发现者是希帕鲁斯(Hippalos),他有可能是欧多克斯航行印度时的船员。③ 如果以上假设成立的话,那么,希帕鲁斯生活的时期是公元前2世纪末,学界的一种主要观点即认为希帕鲁斯的时期是公元前120年至前90年之间。④ 欧多克斯航行印度后,托勒密王国掌握了直航印度的第一手资料,促进了托勒密王国与印度间的海上贸易,为罗马

---

① Strabo, *Geography*, 2.3.4, with an English translation by Horace Leonard Jones, Cambridge, Mass: Harvard University Press, 1988.

② Kostas Buraselis, Mary Stefanou and Dorothy, J. Thompson, eds, *The Ptolemies, The Sea and The Nile: Studies in Waterborne Power*, Cambridge University Press, 2013, p.199.

③ Lionel Casson, *Periplus Maris Erythraei: Text with Introduction, Translation, and Commentary*, "Text and Translation" 57, New Jersey: Princeton University Press, 1989.

④ George F. Hourani, "Did Roman Commercial Competition Ruin South Arabia?", *Journal of Near Eastern Studies*, Vol.11, No.4, Oct., 1952, p.292.

帝国时期埃及与印度的大规模直航奠定了基础。

公元前2世纪末至前1世纪初，托勒密王国开始设置高级官员专门管理红海、印度洋的相关事务。证据之一是在科普托斯发现的铭文记载了相关的官员，其名字缺失，年份为"8年"。关于此年份所指学界有争议，有公元前110/前109年、公元前74/前73年和公元前45/前44年之说。① 证据之二，在埃及不同地区发现的五份铭文，均记载了一位名为卡里马库斯（Callimachus）的官员负责管理红海事务，五份铭文记载的时间分别为公元前79年、前75年、前62年（有两处铭文出自同一年）、前51年，② 虽然，部分铭文的年代尚有争议，但是可以确定，至少从公元前79年开始，托勒密王国就已经设立专人管理在红海、印度洋航行的埃及船只，征收关税等。

总之，由于地理位置的优越，对资源的需求等原因，托勒密王国在红海沿岸建设港口，探索商路，并实现了与印度第一次直航，为公元1世纪罗马帝国时期海上丝绸之路西段的正式开通提供了基本且极为重要的前提条件。公元前30年，罗马占领了埃及，托勒密王国灭亡。罗马帝国继承了托勒密王国的海洋遗产，继续对红海、印度洋商路进行积极探索，发展与阿拉伯地区、印度的海上贸易。

二 塞琉古王国与丝绸之路

塞琉古王国囊括了从叙利亚至中亚的广大地区，是版图最大的希腊化国家，也是后来丝绸之路主要经过的地区。

塞琉古王国时期，对外贸易获得长足发展，这首先得益于它实行的一些国家政策。塞琉古王国在很大程度上承袭了波斯人的行省制度，委任总督管理。③ 国王不仅决定国家进出口何种货物，而且对各总督进口货物的数量也严加管理。④ 塞琉古王国的税收体系中包括专门的贸易税，由各行

---

① Kostas Buraselis, Mary Stefanou and Dorothy. J. Thompson, eds., *The Ptolemies, The Sea and The Nile: Studies in Waterborne Power*, Cambridge University Press, 2013, pp. 203, 205.
② Ibid., p. 205.
③ Philip K. Hitti, *History of Syria*, London: Macmillan Co., Ltd., 1951, p. 267.
④ M. Rostovtzeff, *The Social and Economic History of the Hellenistic World*, Oxford: Oxford University Press, 1941, p. 443.

省的总督针对国内外贸易征收,包括了港口税、关税等税项。[①] 塞琉古王国早期,特别重视国内的交通建设,各个城市间都有道路系统相连。而且,塞琉古王国国内使用同一种货币,采用阿提卡标准,也促进了商品的流通和贸易的发展。

塞琉古王国的建立保持了陆路贸易的贯通,后来帕提亚帝国独立后,塞琉古王国和帕提亚对峙于幼发拉底河一线,地中海东岸的叙利亚地区仍然在塞琉古王国的控制之下,成为丝路西段的终点之一。

(一)塞琉古王国境内的城市与商贸网络

城市是贸易进行的载体,为商品交换提供了场所,商业城市间的道路则成了贸易通道。希腊化时期,塞琉古王国建城的速度和规模前所未有,为各王国之最。这些城市既是政治中心、文化中心,也是商业中心,加上波斯帝国遗留的城市,构成了四通八达、星罗棋布的商业网络。[②]

塞琉古王国在两河流域的城市中,以巴比伦尼亚地区(Babylonia)底格里斯河畔的塞琉西亚最为重要。斯特拉波特别提到塞琉西亚取代了巴比伦(Babylon)的地位,他记载道:"巴比伦现在成为一片废墟。后人没有完成修复它的任务,尤其是塞琉古一世在靠近巴比伦的位置建立底格里斯河畔的塞琉西亚城之后。因为塞琉古一世和他的后继者把统治重心转移到这座城市,从此塞琉西亚比巴比伦的规模还要大,巴比伦被废弃。"[③] 塞琉西亚是两河流域地区主要的商货集散地,由此过幼发拉底河可以西运至大马士革(Damascus)、安条克(Antioch),也可以向西南经沙漠商道过阿拉伯北部、巴勒斯坦到达埃及,由此可以东运至中亚、印度甚至中国,北通里海、黑海和高加索地区,连接草原丝绸之路,向南可通过波斯湾由海路

[①] M. Rostovtzeff, *The Social and Economic History of the Hellenistic World*, Oxford: Oxford University Press, 1941, p. 444.

[②] Walter Scheidel, Ian Morris and Richard Salle, eds, *The Cambridge Economic History of the Greco-Roman World*, Cambridge University Press, 2007, p. 433.

[③] Strabo, *Geography*, 16. 1. 5. with an English Translation by Horace Leonard Jones, A. M., Ph. D, Cambridge, Mass: Harvard University Press, 1988.

抵达阿拉伯、埃及、红海地区，与海上贸易通道连接。所以，塞琉西亚是亚洲陆路贸易的枢纽，汇集了四面八方而来的商货，支配了整个希腊化时期的亚洲贸易。① 帕提亚兴起后和塞琉古王国争夺两河流域，塞琉西亚无疑是必争之地。

在塞琉古王国兴建的诸多城市中，倾举国之力兴建的都城安条克城也有着极为重要的地位。斯特拉波记载道："安条克是叙利亚的都城，也是历代国家统治者建立都城之地。安条克城稍逊于底格里斯河畔的塞琉西亚城和埃及的亚历山大里亚城。"② 安条克是丝绸之路全线贯通后地中海东岸的陆路终点之一，东来的商品由此装船运至欧洲大陆，或再经陆路北运小亚、南运巴勒斯坦、阿拉伯与埃及地区。由地中海西运而来的商品也可在此登陆，通过东西贸易主干道运往东方。

（二）塞琉古王国时期丝绸之路西段贸易路线的走向

在不同的历史时期，塞琉古王国陆路贸易路线覆盖的范围不同。在帕提亚独立（公元前3世纪中期）之前，从塞琉古王国控制下的中亚地区到叙利亚的陆路主干线都属于塞琉古王国管辖。帕米尔高原以西的陆路主干线大致可以分为三段，第一段从葱岭至木鹿，可以经大宛、撒马尔罕、布哈拉（Bukhara）至木鹿，也可经巴克特拉（Bactra）至木鹿；第二段从木鹿至底格里斯河畔的塞琉西亚，可走伊朗北道，即沿着伊朗高原北缘向西前行，经百门城（Hecatompylos），穿过里海门，抵达埃克巴塔纳（Ecbatana），然后进入美索不达米亚（Mesopotamia），最终抵达塞琉西亚，这是陆路贸易的主干道。另外，这一段还有其他路线可以通行。如，伊朗南道是沿着伊朗高原南缘西行的商路，和中亚南部、印度西北部相连。更靠北的路线由埃克巴塔纳向西北行，可抵达小亚、黑海沿岸地区；③ 第三段从

---

① W. W. Tarn, *The Greeks in Bactria and India*, The Third Edition, edited By Flank Lee Holt, Chicago: Ares Publishers Inc., 1984, p.60.
② Strabo, *Geography*, 16.2.5. with an English Translation by Horace Leonard Jones, Ph.D, Cambridge, Mass: Harvard University Press, 1988.
③ [法]让·诺埃尔·罗伯特：《从罗马到中国——凯撒大帝时代的丝绸之路》，马军、宋敏生译，广西师范大学出版社2005年版，第140页。

塞琉西亚到安条克，一般情况下，从塞琉西亚沿着古波斯"御道"前行，在宙格玛（Zeugma）渡过幼发拉底河，西行抵达安条克。[①] 此路线是最常用路线。从塞琉西亚也可以向西南行，到波斯湾后，走海路绕过阿拉伯半岛抵达红海东岸的阿拉伯地区，然后向北至地中海东岸、叙利亚地区。塞琉古王国时期，由塞琉西亚向西，穿过叙利亚沙漠至大马士革的路线还很少采用，直到公元前1世纪末罗马帝国兴起后，这条路线才开始兴盛起来，巴尔米拉（Palmyra）城的繁荣就是标志之一。公元前2世纪中期以后，帕提亚与塞琉古王国争夺两河流域地区，塞琉古王国实际控制的陆路贸易路线只是幼发拉底河至安条克段，而且由于和帕提亚的战争不断发生，这一段路线事实上难以保持畅通无阻。

（三）塞琉古—帕提亚关系与丝绸之路西段的形成

塞琉古王国和帕提亚的关系好坏在一定程度上决定了陆路贸易的兴衰。公元前248/前247年，阿尔萨息一世（Arsaces I，公元前247—前211年在位）独立建国。此后到米特里达特二世时期，帕提亚同塞琉古王国战争不断，争夺的焦点是伊朗和两河流域地区。塞琉古三世（Seleucus III，公元前225—前223年在位）时期，曾东征帕提亚，占领了帕提亚的西都百门城，帕提亚顽强抵抗，最终，塞琉古三世和阿尔萨息一世达成和解。[②]

自米特里达特一世起，帕提亚开始了大规模地扩张。他占领了米底（Media），攻入美索不达米亚。至此，塞琉古王国的边境缩小至幼发拉底河以西。米特里达特二世即位后，迁都至底格里斯河畔的塞琉西亚。[③] 不久，他又向两河流域北部地区进发，征服了亚美尼亚地区（Armenia）。至此，塞琉古王国仅占有幼发拉底河—亚美尼亚一线以西以叙利亚为中心的

---

① ［英］G. F. 赫德逊：《欧洲与中国》，王遵仲、李申、张毅译，中华书局1995年版，第51页。
② ［伊朗］阿卜杜·侯赛因·扎林库伯：《波斯帝国史》，张鸿年译，复旦大学出版社2011年版，第273页。
③ E. T. Newell, *Mithradates of Parthia and Hyspaosines of Characene: A Numismatic Palimpsest*, New York: The American Numismatic Society, 1925, p. 12.

地区。

帕提亚控制了自里海门西去米底和美索不达米亚的黄金通道，也就控制了从中亚、印度到地中海东岸的商道主干线。这一时期恰逢张骞出使西域、到达中亚地区。《史记·大宛列传》记载："骞遣副使使大宛、康居、大月氏、大夏、安息、身毒、于寘及诸旁国。"[①] 此外，《史记·大宛列传》还记载："初，汉使至安息，安息王令将二万骑迎于东界。东界至王都数千里。行比至，过数十城，人民相属众多。汉使还，而后发使随汉使来观汉广大，以大鸟卵及黎轩善眩人献于汉。"[②] 可见，张骞向帕提亚派遣了副使，受到了帕提亚王的热烈欢迎，并且，帕提亚同样派遣了使节去往中国。由此，帕提亚同中国建立了直接交往，起自中国的丝绸之路得以经西亚向西延伸。两国的外交活动可以看作中国丝绸向外正式出口的标志。因为这些来自中国的使者"赍金币帛直数千巨万"，[③] 带来的丝绸或作为礼物，或作为交换，一定为数不少。这些丝绸或经帕提亚人的中介从陆路进入塞琉古王国或后来的罗马帝国是完全有可能的。

张骞出使西域标志着丝绸之路的正式开通。此时，正值帕提亚王米特里达特二世统治时期。帕提亚控制两河流域地区，对于丝路西段保持连续性起到了至关重要的作用。由于帕提亚的地理位置和它所奉行的东西并进战略，帕提亚逐渐成为丝绸之路上的最大受益方。但帕提亚只是在丝绸之路中亚至两河流域一段拥有实际控制权。塞琉古王国对丝绸之路实现东西全线贯通同样至关重要，它不仅控制着通往地中海的丝路西段，而且也是丝路贸易的积极参与者。塞琉古王国长期占据着两河流域以西地区，推动了东西陆路贸易延伸至叙利亚、地中海东岸地区。

小　结

希腊化世界与丝绸之路的开启有着千丝万缕的联系。早在波斯帝国时

[①] （西汉）司马迁：《史记》卷一百二十三《大宛列传》，中华书局1981年版，第3169页。
[②] 同上书，第3173页。
[③] 同上书，第3168页。

期，近东与中亚和印度西北部就已经有了一定程度的商贸与文化联系。亚历山大东征后，中亚和印度西北部都在一定程度上卷入了希腊化的进程之中。一方面，希腊文化与业已存在的波斯文化、印度文化以及后来随着游牧民族入侵而来的游牧文化一起，不断整合，逐渐形成了中亚与西北印度地区"一元主导，多元并存，融合发展"的文化特点；另一方面，如同雨后春笋般出现的希腊化城市加强了从东地中海到印度河流域商道的联系，基本奠定了日后这一地区丝绸之路的雏形，这就为贵霜帝国多元文化的出现以及丝绸之路走向的最终确立做了必要的准备。

托勒密王国濒临地中海和红海，有海上贸易之利，塞琉古王国一度占据了地中海东岸经美索不达米亚、伊朗至中亚的广大地区，有陆路贸易之便。它们都对海上和陆上丝绸之路的最终贯通做了重要的贡献。托勒密王国统治埃及部分地中海东岸地区三个世纪之久。由于地理位置的优越、对资源的需求等原因，托勒密王国在红海沿岸建设港口，探索红海商路，发展红海、地中海地区的贸易，并实现了与印度第一次直接通航，为罗马帝国时期海上丝绸之路西段的贯通奠定了基础。塞琉古王国建立之初，疆域包括西亚、中亚的广大领土，葱岭以西地区的东西贸易主干道几乎都在它的控制之下，为东西贸易提供了政治保障，为东西方交往创造了空前的机遇。帕提亚、巴克特里亚独立后，塞琉古王国对两河流域以西、叙利亚地区的统治和经营，保证了丝绸之路西段的延续。事实上，后来罗马帝国时期陆上丝绸之路的拓展可以看作是帕提亚和塞琉古王国经营丝绸之路的结果。

（执笔：第一节　庞霄骁　第二节　高克冰）

第二章 帕提亚帝国与丝绸之路

帕提亚是公元前3世纪中期从塞琉古王国独立出来的一个王国。创立者是活动于里海东南的一支游牧民族帕尔尼人的首领阿尔萨息（Arsaces）。张骞初到中亚，始闻该国，称其为安息。据近世学者考证，安息之名，来自"Arsak"之谐音，故中国古代史书中的安息，实则西方古典史料中的帕提亚王国。[①] 该王国在公元前2世纪中期迅速崛起，建立起了以伊朗高原为中心，东到巴克特里亚、西到两河流域的大帝国。公元以后，它与罗马帝国、贵霜帝国和汉帝国并立于欧亚大陆，成为这一时期欧亚大陆政治格局的主导者之一。由于伊朗高原地处欧亚内陆、丝路要冲，属于地中海文化圈、波斯文化圈、印度文化圈以及汉文化圈的相互交汇地带，是连接欧亚大陆东西两端的枢纽，所以，帕提亚与丝绸之路形成了某种特殊的互动关系。从整个丝绸之路的发展史来看，不论是在丝路的开通、延伸还是丝路贸易的开展，或是在丝路文化的交流等层面，帕提亚都曾扮演了极为特殊的历史角色，对丝路之路本身的发展也做出了重要的贡献。

学界一般将公元前247年和公元224年分别定为帕提亚的起止时间。由于帕提亚史研究资料奇缺，西方学术界往往依据帕提亚钱币所反映的信息和历史特点，将帕提亚历史划分为国家形成时期（公元前247—前

---

① 详见 F. Hirth, *China and the Roman Orient: Researches into Their Ancient and Medieval Relations as Represented in Old Chinese Records*, Leipsic & Munich: Georg Hirth; Shanghai & Hongkond: Kelly & Walsh, 1885, pp. 139 n.1, 140 n.2。

172年)、"爱希腊(Phil-Hellenistic)"时期(前171—公元10年)、"反希腊(Anti-Hellenistic)"时期(公元10—公元162年)和帝国衰落期(公元162—公元224年)等四个阶段。[①] 也有学者将公元以前的近两百年归为"爱希腊"时期,很大程度上是因为从米特里达提一世始,"爱希腊"的口号出现于其钱币上。从公元1世纪开始,帕提亚的统治者开始有意识地恢复波斯传统文化,虽然帝国的钱币还是保持希腊式钱币的形制和"爱希腊"的铭文,但国王的王冠波斯化了,希腊语铭文也变异极大,难以辨认,极个别钱币上开始出现阿拉米亚字母拼写的帕拉维文。这与希腊化王国此时不复存在有关,也与帕提亚的伊朗化有关。以公元前后作为帕提亚文化倾向变化的分界是有一定合理性的,但这一时期帕提亚到底是"去希腊化"还是"反希腊化",尚有待讨论。但帝国的兴衰与丝路整体,尤其是与丝路西段的发展密切相关,倒是一个公认的事实。

第一节　帕提亚与丝绸之路的拓通

一般认为,张骞西域凿空标志着丝绸之路的开通。事实上,在张骞西行之前,帕提亚人已经占据了从阿姆河到两河流域的广阔区域。汉帝国使者的到来,帕提亚人"随汉使来观汉",不仅使两大帝国之间首次建立了正式的官方关系,而且使丝绸之路东西两段顺利对接,从中国到地中海的丝绸之路全面开通。

一　帕提亚的东征与丝路的拓展

目前的研究表明,丝绸之路的西段,即帕米尔以西至地中海地区的道路早在波斯帝国时代即已开通,著名的青金石之路和经中亚通往印度的波斯帝国驿道体系就是证明。亚历山大帝国的建立和希腊化世界的形

[①] Roman Ghirshman, "History of Iran: II. The Hellenistic and Parthian Periods", *The New Encyclopedia Britannica*, Vol. 9, 15 th Edition, Encyclopedia Britannica, Inc., 1983, pp. 842 – 846.

成,更是促进了从中亚、印度到地中海地区道路系统的发展。① 但公元前 3 世纪中期以后,尽管孔雀帝国的兴起、帕提亚王国和巴克特里亚王国的独立使塞琉古王国失去了对东部地区(上省)的控制,但这些国家与东部希腊化世界的联系仍然是畅通的,塞琉古王国的使节往来于塞琉古王国与孔雀王国的都城之间,德尔斐神庙的格言能够被一位希腊哲人带到兴都库什山下的阿伊·哈努姆遗址,就说明了这一点。当然,帕提亚与巴克特里亚二者之间的领土争夺,中亚北部地区游牧民族的南迁,无疑会对西部,尤其是中亚一段的交通造成一定程度的阻碍。但总体上来看,公元前 2 世纪以后帕提亚帝国的崛起,还是对丝路西段,尤其是从中亚到两河一线丝路的发展还是起到了积极的推动作用。帕提亚的东征事实上就是对丝路的扩展。

帕提亚的东征主要是指米特里达特一世(约公元前 171—前 138 年)和米特里达特二世(约公元前 123—前 88 年)向巴克特里亚及南北方向的两次扩张。虽然帕提亚立国伊始,曾积极主动与希腊—巴克特里亚建立盟友关系,两国间相对无事。但米特里达特一世即位后,形势发生了变化。他趁巴克特里亚内忧外患之际,从当时的国王欧克拉提德的手中"夺走了阿斯皮奥努斯(Aspionus)省和图里瓦省(Turiva),而且,还占领了位于阿姆河和锡尔河之间的索格底亚那地区……"② 尽管学界目前在这两个地名的具体所指上有一定的分歧,但都认可帕提亚人在米特里达特一世时期占据了马尔基亚纳地区,甚至一度深入巴克特里亚和索格底亚那。

正是通过米特里达特一世向东的征服,帕提亚人便很快地将其势力推进至河中地区,从帕提亚的达拉(Dara)经木鹿以及撒马尔罕地区的交通线从此有效地处于帕提亚的管辖之下。同时在东南方向,由于对赫拉特和锡斯坦(Seistan)的有力控制,南去坎大哈和印度的交通也获得了进一步的保障。

---

① 参见杨巨平《亚历山大东征与丝绸之路开通》,《历史研究》2007 年第 4 期。
② Strabo, *Geography*, 11.11.2, with an English translation by Horace Leonard Jones, Cambridge, Mass: Harvard University Press, 1988.

图 2-1 米特里达特一世 4 德拉克马银币（重 15.00g），塞琉西亚造币场

正面为国王蓄须戴王带面右胸像，反面赫拉克勒斯持棒向左裸身站像。币文为"ΒΑΣΙΛΕΩΣ ΜΕΓΑΛΟΥ ΑΡΣΑΚΟΥ ΦΙΛΕΛΛΗΝΟΣ"（伟大的国王阿尔萨息，爱希腊者）。①

米特里达特一世统治的后期，河中地区乃至帕提亚的东北边境遭到新一轮游牧民入侵所带来的冲击，希腊巴克特里亚王国无力抵抗，趋于崩溃，帕提亚则在这股浪潮的冲击下也损失惨重。东部的赫拉特和木鹿一带皆为塞族（Saka）所占据，国王弗拉阿特斯二世（Phraates II，约公元前 138—前 127 年）与阿尔塔巴努斯一世（Artabanus I，约前 128/127—前 124 年）相继死于东征塞人的战场。②

这说明塞人对于帕提亚帝国威胁的严重程度，同时也意味着米特里达特一世昔日的努力又成泡影，这一困境便构成了米特里达特二世再次东征的历史背景。③

---

① http://www.parthia.com/mithradates1.htm#Type_13.

② Joan. Antioch. Fr. 66 (*FHG*, IV, 561); 转引自 N. C. Debevoise, *A Political History of Parthia*, Chicago: The University of Chicago Press, 1937, p. 37。

③ 关于这一时期塞人入侵帕提亚的情况，参见 E. J. Rapson (eds.), *The Cambridge History of India*, Vol. 1, Cambridge: At the University Press, 1922, p. 567; N. C. Debevoise, *A Political History of Parthia*, Chicago: The University of Chicago Press, 1937, pp. 36-43。在米特里达提一世去世以后，塞人很可能侵入了帕提亚，但可能是向米特里达提一世为他们设置的聚居点萨卡斯坦前进。公元前 155 年，米特里达提一世就安置了一部分塞人至赫尔曼德地区，这便是后来萨卡斯坦一名的由来。参见 W. W. Tarn, *The Greeks in Bactria and India*, Cambridge: The Cambridge University Press, 1951, pp. 222-223。公元前 130 年后，塞人中的一支可能再次南迁，但在喀布尔一带为希腊人所阻后才转而向东进入印度西北。参见 A. B. Nikitin, "Early Parthian Coins from Margiana", in V. Sarkosh-Curtis, R. Hillebrand, J. M. Rogers (eds.), *The Art. And Archaeology of Ancient Persia*, London & New York, 1998, pp. 14-19。

查士丁在《庞培·特洛古斯〈腓力史〉概要》中说：

> 米特里达特的成就使其赢得了"伟大的"这样一个称号。……他以极大的勇气进行了很多与其邻国的战争，征服了很多民族并将他们纳入帕提亚帝国。他还成功地发动了一系列对斯基泰人的战争，为他们给其先祖造成的伤害复了仇。（Justinus，42.2.3－5）

很显然，这则史料说明米特里达特二世曾成功地征讨了帝国东部的游牧入侵者。

部分钱币学证据补充了古典史料记载的不足。比如，在黄金之丘、马扎里沙里夫（Mazar-e Sharif）以及老铁尔梅兹（Old Termez）等地所发现的米特里达特二世的钱币便为确定这次东征提供了一定的依据。在米特里达特二世以后，这一区域成了帕提亚人长期的领地。[1] 因此，约公元前115年，当汉廷的副使到安息时，才出现了"其王令骑迎于东界木鹿城"的宏大场面。[2] 伊西多尔（Isidore）在《帕提亚驿程志》所提供的信息也说明，通过米特里达特二世及其后继者的努力，帕提亚人在阿里亚、锡斯坦（Seistan）以及阿拉科西亚等地区都普遍建立起了保障交通的驿站和据点，控制着从赫拉特南下德兰吉亚纳和阿拉科西亚的广大地区。[3]

综上所论，米特里达特一世虽将帕提亚人的势力最先扩展到了河中的撒马尔罕一带，但这种地区性一统局面又因为游牧民族的入侵很快终结，持续时间甚为短暂。米特里达特二世向巴克特里亚方向的拓展，确有收复失地的意图，但从整个中亚地区的历史进程看，他向东的拓展实则有利于丝绸之路的对接。约公元前120年以后，帕提亚不仅再次控制了从木鹿—布哈拉—撒马尔罕一线的交通，南下赫拉特—亚历山大里亚

---

[1] E. V. Rtveladze, "Pathian and Bactria", in Antonio Invernizzi (ed.), *In the Land of the Gryphons: Papers on Central Asian Archaeology in Antiquity*, Florence: Casa Editrice Le Lettere, 1995, pp. 181－190.

[2] （唐）杜佑：《通典·边防典》（八），"西戎四"，中华书局1988年版，第5239页。

[3] 虽然伊西多尔生活于奥古斯都时代，但有学者认为他写作《帕提亚驿程志》时，所依据的材料乃是米特里达提二世时期的。参见余太山《伊西多尔〈帕提亚驿程志〉译介》，《西域研究》2007年第4期。

波利斯（Alexanderpolis in Arachosia）到印度河地区的交通要道也获得了有力的保障。正是在这个时候，汉使者不远万里地来到了这个西域大国。

二 张骞"凿空"与帕提亚通汉

张骞西使，目的在于联合月氏以对付匈奴，从而消除汉王朝的心头之患，但张骞回国后的报告引起了武帝拓通西域的决心。因此，丝绸之路的开通，从表面看只是武帝对匈奴政策的副产品而已。

根据《史记·大宛列传》和《汉书·张骞传》，可推知张骞两次西使的经过。第一次于前139—前138年间出发，前126年返回长安，目的是要与大月氏夹击匈奴，但不得要领而归。其间往返都皆被匈奴扣留。他此行经过了大宛、康居、大月氏和大夏等国；第二次于前119年出发，前115年还，旨在召回乌孙，与其结昆弟之好，以断匈奴右臂，但亦未完全成功。当时他坐镇乌孙，遣副使分别至大宛、康居、大月氏、大夏外，还去了安息和身毒。[①] 归国不久，他就去世了。他所遣的副使和各国所派出的使节随后一同返回汉朝。作为外交使节，武帝两次给张骞的任务，都没有达到预期的目的，但是自张骞以后，西北诸国始通于汉，因此，司马迁将张骞之行称为西域"凿空"。

张骞西使，不论是从公元前2世纪中期欧亚内陆的政治环境、还是汉王朝与西域世界的关系，或者是从历史的纵深影响来说，都意义重大。概括说来，张骞西使虽未说动月氏，召回乌孙，但却带回了西域诸国的信息，亦与乌孙确立了盟友关系，给匈奴以重击，从而为汉与西域诸国间建立相互的外交关系奠定了基础。自此后，大宛、康居、大夏、大月氏、安息、身毒皆与汉互使往来，外交关系确立；张骞西使，西域文化渐渐波及

[①] 《史记·大宛列传》云张骞在乌孙时所遣副使分别至大宛、康居、大月氏和大夏外，还有安息和身毒两国，但《汉书·张骞传》却未提及后两国。日知认为，似以《汉书》记载近实。《汉书·西域传》云"武帝始遣使至安息"。孙毓棠和余太山等认为，武帝时派遣至安息的使臣应该是张骞使乌孙时派至安息的副使。笔者采用了这一观点。参见孙毓棠《安息与乌弋山离》，《文史》1978年第五辑，第10页；余太山《两汉魏晋南北朝正史西域传要注》，中华书局2005年版，第116页；日知《张骞凿空前的丝绸之路——论中西古典文明的早期关系》，《传统文化与现代化》1994年第6期。

中原，对于汉及其以后中国文化产生极其重大的影响。同时，西域的物产亦被直接引入中原，影响至今；张骞的报告详细记载了西去诸国的路线和交通、西域诸国的物产和风俗，为汉及后世中国经略西域提供了可靠的资料，也鼓励了东西方不论是官方还是民间相互交往的心理。自此后，中国与中亚、西亚的正常交往建立起来了，经过西亚转手的间接贸易也逐渐发展起来，将欧亚大陆东西两端的中国和欧洲联系了起来。①

值得注意的是，汉代使者的涉足之地，均曾属于在亚历山大帝国基础上形成的希腊化世界。根据司马迁在《大宛列传》中的描述可知，张骞所报告的安息（即帕提亚）"最为大国"。虽然张骞第一次西行未至安息，但他在大夏居留一年多（约前129—前128年），"传闻其旁大国五六"，其中就有安息。张骞报告称：

> 安息在大月氏西可数千里。其俗土著，耕田，田稻麦，蒲陶酒。城邑如大宛。其属小大数百城，地方数千里，最为大国。临妫水。有市。民商贾用车及船行旁国，或数千里。以银为钱，钱如其王面，王死，辄更钱效王面焉。画革旁行以为书记。其西则条枝，北有奄蔡、犁轩。

张骞第二次西使至乌孙，同时也遣副使前往安息。由于此次西使"赍金币帛直数千巨万"，加之张骞早已闻安息最为大国，所以汉使带至安息的金币帛等数量当不少于其他国家。约公元前115年，汉使到达安息。《大宛列传》又载：

> 初，汉使至安息，安息王令将二万骑迎于东界。东界去王都数千里。行比至，过数十城，人民相属甚多。汉使还，而后发使随汉使来观汉广大，以大鸟卵及犁轩善眩人献于汉。

结合塔恩的分析，可知米特里达特二世时期帕提亚人东征扰边的塞

---

① ［英］G.F.赫德逊：《欧洲与中国》，王遵仲等译，何兆武校，中华书局1995年版，第40—41页。

人，从而取得了木鹿，时间约在公元前 124—前 115 年。① 这也就是说，在前 115 年时，帕提亚人正好收复东界的木鹿。若此，则说明正当帕提亚人"东征塞人接近奏功之际，大军云集东境，或因此能以二万骑'迎'汉使入境"②。

这样看来，正是在前 115 年，汉帝国的使臣与帕提亚的官方代表取得了联系，丝绸之路上最主要的两个大国确立了直接的外交关系。自此后，帕提亚便陆续遣使至汉，并赠礼汉廷以巩固双方关系。《史记》和《后汉书》关于帕提亚通汉的记载共有四条，西汉时期有公元前 110 年一次，东汉时期有公元 87 年、94 年和 101 年三次。但从近代考古发现来推测，汉帝国与帕提亚帝国的交往可能要更为广泛和深入。正是由于丝绸之路上这两大帝国直接交往关系的确立，丝绸之路才得以在公元前后延伸至地中海世界。

三　帕提亚西进与丝路的延伸

帕提亚的"西进"，是通过逐步吞并塞琉古王国的西伊朗领地而实现的。从赫卡尼亚（Hyrcania）到塞琉西亚（Seleucia），沿路的重要城市和商站主要有赫卡通皮洛斯（Hekatompylos）、拉盖（Rhagae）和埃克巴塔纳（Ecbatana）。帕提亚正是通过对这些城市的有效控制，才得以扼丝路之要冲。

（一）夺取赫卡通皮洛斯

赫卡通皮洛斯一名，系古希腊语"Ἑκατόμπυλος"的音译，由"Ἑκατόμ（一百）"和"πὺλός（门、门道）"合成，意为有一百个城门的城市。③ 因此

---

① W. W. Tarn, *The Greeks in Bactria and India*, Cambridge: The Cambridge University Press, 1951, pp. 55, 89.

② 孙毓棠：《安息与乌弋山离》，《文史》1978 年第五辑；余太山：《安息与乌弋山离考》，《敦煌学辑刊》1991 年第 2 期。

③ H. G. Liddell & R. Scott (eds.), *A Greek-English Lexicon*, with a revised Supplement, Oxford: Clarendon Press, 1996, p. 500. 荷马在说到埃及的底比斯时，为了将它与彼奥提亚的底比斯城相区别，故称前者为赫卡通皮洛斯。Charles Rollin, *The Ancient History of the Egyptians, Carthaginians, Assyrians, Babylonians, Medes and Persians, Grecians, and Macedonians*, W. Tegg and Company, 1851, p. 2.

又称"百门城"。塞琉古一世时期，赫卡尼亚和帕提亚合为一省，赫卡通皮洛斯则是该省区的中心城市。根据目前考古发掘提供的信息，赫卡通皮洛斯的大致方位似乎得到确认，即今天伊朗西北塞姆南省（Semnān）达姆甘（Dāmghān）西南32公里处的沙赫伊库密斯（Shahr-i Qūmis）地区。① 由于文献记载贫乏，帕提亚时期赫卡通皮洛斯的情况不甚明了。但根据零星的记载和钱币材料，可大致得知帕提亚夺取这一丝路西段重镇的时间。斯特拉波《地理志》载：

> 如阿波罗多鲁斯所说，从里海门到拉盖的距离是500斯达地（stadia），到帕提亚人的皇家驻地赫卡通皮洛斯的距离是1260斯达地。②

阿波罗多鲁斯（Apollodorus of Artemita，约公元前130—前87年）出生于底格里斯河畔的附近的希腊移民城市阿特米塔（Artemita），与米特里达特二世是同时代人。曾著有《帕提亚史》，已佚。斯特拉波保存了他的一些记载。若此，则说明在米特里达特二世的时代，赫卡通皮洛斯已经是帕提亚帝国的中心了。③ 此外，据阿波罗多鲁斯，在安条克三世（Antiochus III，约前223—前187年）东征至到里海门以东至赫卡通皮洛斯之间的沙漠地区时，帕提亚人堵塞了沿途的水井，他派遣尼科米德斯（Nicomedes）率骑兵袭击了帕提亚人。不久，安条克三世进入赫卡通皮洛斯，并打算从拉布斯山（M. Labus）通道翻越厄尔布尔士山（Alborz Mountains）南

---

① John Hansman, "The Problems of Qūmis", *Journal of the Royal Asiatic Society of Great Britain and Ireland*, No. 3/4 (Oct., 1968), pp. 111–139; John Hansman, David Stronach and Harold Bailey, "Excavations at Shahr-I Qūmis, 1967", *Journal of the Royal Asiatic Society of Great Britain and Ireland*, No. 1, 1970, pp. 29–62; John Hansman and David Stronach, "Excavations at Shahr-I Qūmis, 1971", *Journal of the Royal Asiatic Society of Great Britain and Ireland*, No. 1, 1974, pp. 8–22; John Hansman, "The Measure of Hecatompylos", *Journal of the Royal Asiatic Society of Great Britain and Ireland*, No. 1, 1981, pp. 3–9. 关于早期学者对于赫卡通皮洛斯的认识，另见[英]裕尔撰，[法]考迪埃修订《东域纪程录丛》，张绪山译，云南人民出版社2002年版，第149页，注3。

② Strabo, *Geography*, 11.9.1, with an English translation by Horace Leonard Jones, Cambridge, Mass: Harvard University Press, 1988.

③ 关于阿波罗多鲁斯及其《帕提亚》写作年代的问题，可参见 V. P. Nikonorov, "Apollodorus of Artemita and the Date of his Parthica Revisited", in E. Dabrowa (ed.), *Ancient Iran and the Mediterranean World*, (Electrum, Vol. 2) Krakau, 1998, pp. 107–122。

下赫卡尼亚，帕提亚人再一次派军予以阻拦。① 这似乎又说明，在公元前209年安条克三世东征前，帕提亚人其实就已经占据了赫卡通皮洛斯及其以西的沙漠地区。在阿尔萨息一世时，帕提亚人的政治中心仅限于阿特拉克河（Atrek）上游的达拉和阿萨克（Asaak）地区。其在位后期，很可能已经将势力推进至赫卡尼亚地区，并在此建了新的城市西林克斯（Sirynx），但只限于厄尔布尔士山以北。因此，帕提亚人占领赫卡通皮洛斯应该是在阿尔萨息二世之后，由此引起了安条克三世的东征。双方在和谈后，塞琉古王朝最终承认了帕提亚的属国地位，但帕提亚人则正式占有了赫卡通皮洛斯，② 使之成为以后西进米底的跳板。

（二）进占米底

帕提亚对米底的兼并是通过对拉盖和埃克巴塔纳的占领来实现的。这两个城市是塞琉古时期大米底地区的军事重镇，也是丝路西段上极为重要的两个商站。

一般认为，拉盖即今天德黑兰的雷伊（Rey）。在塞琉古时期，该地位于大米底的东北边界一带，距离里海门只有500斯达地。③ 里海门南为沙漠，北为厄尔布尔士山，在东西方位上又是米底与帕提亚两地的边界。因此，拉盖与帕提亚地区也相距不远。伊西多尔在《帕提亚驿程志》中曾说："拉盖是米底最大的城市。"④ 公元前2世纪初，塞琉古王国与罗马关系直接影响到了帕提亚对于塞琉古军事行动的实施。公元前190年，小亚

---

① Polybius, *Histories*, 10.28–29. with an English translation by W. R. Paton, Cambridge, Mass: Harvard University Press, 1993.

② Josef Wiesehöfer, *Ancient Persia: from 550 BC to 650 AD*, translated by Azizeh Azodi, London: I. B. Tauris & Co., Ltd., 1996, p. 132.

③ 大米底，即米底的南部。亚历山大征服米底后，将阿黑门尼王朝时期的米底省一分为二。以阿马尔都司河（Amardus）为界，以南为大米底（Media Megna），其中重要的城市有拉盖（Rhagae）和埃克巴塔纳。此河以北为小米底（Lesser Media），由于亚历山大安排波斯贵族阿特洛帕特斯（Atropates）统治该地，亦称阿特洛帕特奈（Atropatene）或阿特洛帕特斯的米底（Atropatian Media）。见Strabo, *Geography*, 11.13.1. with an English translation by Horace Leonard Jones, Cambridge, Mass: Harvard University Press, 1988, 参见 E. R. Bevan, *The House of Seleucus*, Vol. I, London: Oxford University Press, 1902, p. 263。

④ Isidore of Charax, *Parthian Station*, 7, Philadelphia: Commercial Museum, 1914.

的马格尼西亚一役（the Battle of Magnesia），安条克三世的大军彻底被罗马执政官西庇阿（Lucius Cornelius Scipio）打败。战后的条约使得塞琉古王国背负了大量的战争赔款。为筹集赔款，安条克三世不得不再次东征帕提亚，不料在抢劫苏萨的神庙时被杀，这为帕提亚西进提供了良机。帕提亚人是何时占据拉盖的呢？有两条史料间接提供了这一时期帕提亚军事行动的信息。一是查士丁《庞培·特洛古斯〈腓力史〉概要》，其中说帕提亚国王弗拉阿特斯一世（Phraates I，约前176—前171年）在位期间征服了骁勇善战的马尔迪人（Mardi）;[1] 二是伊西多尔《帕提亚驿程志》，其中说："接着是米底-拉吉亚那（Media Rhagiana），其地延伸58雪尼（Schoeni）。这里有10个村落和5个城市。7雪尼后是拉盖和卡拉克斯（Charax）。[2] 其中拉盖是米底最大的城市，卡拉克斯是弗拉阿特斯国王安置马尔迪人的地方，位于卡斯皮乌斯（Caspius）山下，过了该地，就是里海门。"[3] 马尔迪人主要活动于里海以南和厄尔布尔士山麓一带，这里的卡拉克斯大致在拉盖附近。弗拉阿特斯一世能征服马尔迪人并将之安置于卡拉克斯，说明这一时期帕提亚人占据拉盖的可能性是极大的。弗拉阿特斯一世占据了拉盖后，并将这里改名为阿尔萨息亚，从而为帕提亚人继续西进建立了基地。[4]

埃克巴塔纳，即今伊朗哈马丹，这里作为大米底的核心地带，一直以来都是塞琉古王国米底总督的政治中心。根据查士丁的记载：

> 正当巴克特里亚发生这些事情的时候，战争在帕提亚人和米底人

---

[1] Justin, *Epitome of the Philippic History of Pompeius Trogus*, 41.5.8-9, translated by J. C. Yardley, Atlanta: Scholars Press, 1994.

[2] 卡拉克斯，一说源于希腊语"Χάραξ"，意为栅栏围成的堡垒；一说源于阿拉米亚语"Karkâ"，意为城堡，前说似较为可信。根据伊西多尔、托勒密和马尔塞林等人的记载来看，卡拉克斯应该紧靠阿帕美亚（Apameia），但是现代学者关于卡拉克斯具体的位置，却众说不一。不过其大致位置应该是在现在德黑兰地区雷伊附近，具体争论可见 A. Shapur Shahbazi, "CHARAX", *Encyclopaedia Iranica*, http://www.iranicaonline.org/articles/charax-town-in-the-seleucid-and-parthian-province-of-rhagiana-the-area-around-modern-ray。

[3] Isidore of Charax, *Parthian Stations*, 7. Philadelphia: Commercial Museum, 1914.

[4] M.-L. Chaumont, "Études d'Histoire Parthe. II. Capitales et Résidences des Premiers Arsacides (IIIe-Ier S. AV. J.-C.)", *Syria*, T. 50, Fasc. 1/2 (1973), pp. 197-222; A. D. H. Bivar, "The Political History of Iran under the Arsacids", in Yarshater, Ehsan, *Cambridge History of Iran*, Vol. 3 (1), Cambridge University Press, 1983, p. 31.

之间也展开了。起初，双方皆有胜负，但最后的胜利还是倒向了帕提亚人。在受到实力增强的鼓舞之余，米特里达特便命博卡息斯（Bocasis）监管米底，自己朝着赫卡尼亚进发了。①

再结合20世纪50年代发现的考古证据，可知在公元前148—前147年之间，米特里达特一世发动了对米底首府埃克巴塔纳的攻势，并取得该地，由于帝国北部发生边患，米特里达特一世曾安排部下驻守米底。此外，相关的钱币证据似乎也颇能说明问题。比如塞尔伍德12.9系列币与常见的帕提亚王币极为不同，塞尔伍德认为这应该是米特里达特一世在征服了埃克巴塔纳后在当地发行的。② 虽然在此后，塞琉古还暂时夺回了米底，但最终的胜利者还是帕提亚人。

图 2 – 2　Sellwood 12.9

（http：//www.parthia.com/mithradates1.htm）该币为较为少见的4查柯斯（Tetrachalkos）铜币，正面为国王面右胸像，反面为尼科面右驾双马双轮战车像，币文为"ΒΑΣΙΛΕΩΣ ΑΡΣΑΚΟΥ"。③

---

① Justinus, *Epitome of the Philippic History of Pompeius Trogus*, 41.6.6 – 7.41, translated by J. C. Yardley, Atlanta: Scholars Press, 1994.

② 不过，阿萨尔根据钱币材料认为，米特里达提一世在征服米底的20年前（前167年），就已经用埃克巴塔纳造币场的名义发行钱币了。见 G. F. Assar, "Genealogy and Coinage of the Early Parthian Rulers I", *Parthica* (6), Rome, 2004, pp. 69 – 93。塞尔伍德的米特里达提一世钱币系列12几乎全部出自埃克巴坦纳。详见 http://www.parthia.com/mithradates1.htm。关于帕提亚诸王在米底地区发行的相关钱币的研究，可参见 Farhang Khademi Nadooshan, Seyed Sadrudin Moosavi, Frouzandeh Jafarzadeh Pour, "The Politics of Parthian Coinage in Media", *Near Eastern Archaeology*, Vol. 68, No. 3, *Archaeology in Iran* (Sep., 2005), pp. 123 – 127。

③ http://www.parthia.com/mithradates1.htm#Type_ 12.

(三) 入主塞琉西亚

在帕提亚西进战略中，塞琉西亚无疑是最具战略要义的目标。因为在两河流域的所有城市中，不论从商业贸易还是从政治地位来说，塞琉西亚是最重要的。亦如塔恩所说，在历史上，很少有一个城市能像塞琉西亚一样支配整个希腊化时期的亚洲贸易。[1] 因此，西征塞琉西亚显然是帕提亚西进战略最为重要的一个步骤。虽然相关材料记载不甚明了，但考古发掘和巴比伦当地的编年文书却为我们提供了极其有用的信息。

根据一份巴比伦天文日志提供的信息，可知帕提亚人最初入侵塞琉西亚的大致时间应该是在公元前141年的6—7月之间。[2] 至少在前141年7月到前131年间，巴比伦尼亚在帕提亚的控制之下。

根据约瑟夫斯（Josephus）《犹太古代史》的记载，在米特里达特一世的晚年时期，塞琉古王国很可能又从帕提亚手中夺回一些失地。约公元前131年，安条克七世集合了一支8万人的大军展开了对帕提亚的进攻。打败帕提亚的将军尹达提斯（Indates）后，塞琉古王国重新夺回了巴比伦尼亚。直至数年后，米特里达特二世再次西进，帕提亚人才再次稳固占领巴比伦尼亚。[3] 根据钱币证据，米特里达特二世在这一时期还征服了波斯湾的卡拉塞尼地区，因为在该国统治者希斯帕欧希尼斯（Hyspaosines）钱币

---

[1] W. W. Tarn, *The Greeks in Bactria and India*, Cambridge: The Cambridge University Press, 1951, p. 60.

[2] S. Sherwin-White & A. Kuhrt, *From Samarkhand to Sardis: A New Approach to the Seleucid Empire*, Berkeley and Los Angees: University of California Press, 1993, p. 224.

[3] 在安条克三世死后至米特里达特二世再次征服巴比伦尼亚之前，此地很可能曾一度处于弗拉阿特斯部将希密鲁斯（Himerus）的割据之下。关于帕提亚与塞琉古王国在两河和叙利亚地区的争夺，详见 Justin, *Epitome of the Philippic History of Pompeius Trogus*, 38.10.1–10, 42.1, translated by J. C. Yardley, Atlanta: Scholars Press, 1994; Diodorus Siculus, *Library of History*, 34/35.15–18, with an English Translation by C. H. Oldfather, Cambridge, Mass: Harvard University Press, reprinted 1998; Josephus, *Jewish Antiquities*, 13: 249–252, with an English Translation by H. St. J. Thackeray, Cambridge, Mass: Harvard University Press, 1996; W. W. Tarn, "Parthia", in S. A. Cook, etc. edited, *Cambridge Ancient History*, Vol. IX, *The Roman Republic: 133–44 B.C.*, Cambridge University Press, 1932, pp. 581–582; A. D. H. Bivar, "The Political History of Iran Under The Arsacids", Yarshater, Ehsan, *Cambridge History of Iran*, Vol. 3 (1), Cambridge University Press, 1983, pp. 36–38; N. C. Debevoise, *A Political History of Parthia*, Chicago: The University of Chicago Press, 1937, pp. 34–35.

上有米特里达特二世的头像。① 此后，他又向两河流域北部地区进发，征服了亚美尼亚地区。至此，帕提亚人最终确立了对整个巴比伦尼亚地区的有效统治。②

从公元前3世纪中期帕提亚立国，中经米特里达特一世的努力直至米特里达特二世时代，前后约百余年，帕提亚人通过向东、西两个方向的拓展，逐步将巴克特里亚和印度以西到两河流域乃至地中海东岸的部分地区纳入了帝国的统治之下。同时，由于汉帝国的西扩和汉与帕提亚外交关系的确立，丝绸之路最终全线贯通。随着罗马在地中海世界的崛起，欧亚大陆以帕提亚为中介，以汉、罗马帝国为两极的经贸文化交流体系最终确立。

第二节　帕提亚与丝路贸易初兴

从时间上看，帕提亚由王国发展为帝国与丝绸之路全线贯通大体相当。随着帕提亚崛起为以伊朗高原为中心的帝国，丝绸之路也逐渐发展为这一时期最重要的国际贸易路线。从贸易路线的走向来看，与塞琉古时期差别不大。从汉文史籍和古典作家的记载看，丝绸之路全线贯通以后，汉与西域诸国，以及罗马与东方，尤其是与印度、帕提亚之间的贸易逐渐发展扩大。就帕提亚帝国自身而言，帝国的结构在很大程度上影响了它与丝绸之路贸易的关系。与此同时，帕提亚与罗马之间的政治和军事关系又时刻影响着丝路西段贸易的发展趋势与稳定。在罗马、帕提亚与汉帝国构成的贸易体系中，帕提亚主要扮演了中转商的历史角色。细加分析，可知这一角色持续的时间和发挥的作用也明显地受到帝国自身发展的制约，以及外部政治实力如罗马和贵霜的影响。

---

① E. T. Newell, *Mithradates of Parthia and Hyspaosines of Characene: A Numismatic Palimpsest*, New York: The American Numismatic Society, 1925, p. 11ff.

② N. C. Debevoise, *A Political History of Parthia*, Chicago: The University of Chicago Press, 1937, pp. 40 – 42.

一 途径帕提亚的丝路走向

丝绸之路从中国至地中海，地理环境复杂，但大致的走向仍依照传统的路线。要考察帕提亚与丝路贸易的关系，势必先要明了帕提亚境内丝路的大致走向。

安条克至木鹿段：根据伊西多尔在《帕提亚驿程志》中的描述，可知米特里达特二世时期这一路线的大致走向。从塞琉古都城即奥伦河畔的安条克城（Antioch on Orontes）出发，东北行至宙格玛（Zeugma），由此越幼发拉底河后南下抵达尼波里斯（Neapolis），再由此东行至底格里斯河畔的塞琉西亚。塞琉西亚是帕提亚时期整个国际贸易的中心。从此去木鹿，又可分两条大的路线，即所谓的"伊朗北道"和"伊朗南道"。

伊朗北道是帕提亚时期国际贸易的主干道，也是传统陆上丝绸之路的主要路线之一。由塞琉西亚出发，东行至米底的埃克巴塔纳，由此东去分别经拉盖、里海门和赫卡通皮洛斯，最后抵达木鹿。[1]

伊朗南道是帕提亚时期沿帝国南缘形成的丝路贸易交通线。从塞琉西亚南下波斯湾，在经过卡拉克斯和苏萨后，可至波斯波利斯，由此东南行可经卡尔马尼亚（Carmania）和格德罗西亚（Gedrosia）地区、锡斯坦。自此北上，经阿里亚的赫拉特（Herat），可达木鹿。在帕提亚时期，由于波斯湾贸易的发展，伊朗南道的重要性日益明显。[2]

黑海至里海段：该线的行进方向，大致也循着早期的路线，主要有两个走向，其一即从黑海北岸出发，经里海北部，再穿过亚奥西（Aorsi）地

---

[1] 参见 Isidore of Charax, *Parthian Stations*, pp. 1–14. 伊西多尔的记载可与《后汉书·西域传》所记自安息西行的路线互证："自安息西行三千四百里至阿蛮国。从阿蛮西行三千六百里至斯宾国。从斯宾南行渡河，又西南至于罗国九百六十里，安息西界极矣"，这些沿途地名的具体所指虽无定论，但大致反映了伊朗北道由东向西的走向还是可以肯定的。

[2] 据《后汉书·西域传》："自皮山西南经乌秅，涉悬度，历罽宾，六十余日行至乌弋山离国，地方数千里，时改名排持。复西南马行百余日至条支。"（中华书局 1965 年版，第 2917 页）乌弋山离一般认为是今阿富汗喀布尔以南、以坎大哈为中心的地区。由此"西南行"，只能与所谓的伊朗南道重合。《汉书·西域传》说到 "至乌弋山离，南道极矣。转北而东得安息"（中华书局 1962 年版，第 3889 页）。由此可见，西汉时期由罽宾道转伊朗南道的路线还未开通或为班固所不知。《后汉书·西域传》的材料来自班勇，或许那时此路已通。

区可至马尔基亚纳和巴克特里亚地区;① 其二是从黑海沿岸出发,向东南行,由此可越过高加索山进入阿特洛帕特奈(Atropatene)地区,自此经埃克巴塔纳、苏萨、波斯波利斯,又可至帕提亚帝国的东南和印度西北地区。②

在帕提亚时期,由于罗马与帕提亚争夺亚美尼亚的原因,所以该段路线西端的地理位置显得极为重要。从地缘上分析,亚美尼亚地区恰好是连接黑海和里海的必经地区。若占据了亚美尼亚,货物可从阿姆河运抵里海,过里海后再经库拉河(Kura River)运至小亚细亚。因此,对于亚美尼亚地区的控制成了帕提亚和罗马军事冲突的直接原因。根据查尔斯沃斯的分析,如果罗马控制了亚美尼亚通往里海的路线,也就为罗马商人与中国的商人进行交易开拓了更为直接的路径。若此,罗马帝国时期丝绸的西运,除了凭借印度商人中转外,亦可借助于黑海里海一线来完成。所谓"丝之运入罗马,固不需由帕提亚而来。"③ 这也意味着,如果罗马成功占有该段路线,便会避开帕提亚的重税盘剥。

考古发掘证实,伊朗高原和南俄地区早已存在着贸易往来。就帕提亚时期的情况而言,从库班(Kuban)盆地出土的献给"帕克鲁斯国王"的银杯、奥尔比亚(Olbia)发现的帕提亚象牙莱通(Rhyton)以及其他地区出土的带有帕提亚国王形象的小刀等器物来看,帕提亚与高加索地区的贸易关系应该也是比较活跃的。④

---

① 沃明顿在描述罗马和印度的贸易路线时,也提及了北支线。其中去南俄的路线,是通过阿姆河—里海—黑海一线完成的。E. H. Warmington, *The Commerce Between the Roman Empire and India*, Cambridge University Press, 1928, p. 26。

② [英]约翰·马歇尔:《塔克西拉》(第一卷),秦立彦译,云南人民出版社2002年版,第126页,注释212。

③ [英] M. R. 查尔斯沃思:《古代罗马与中国印度陆路通商考》,朱杰勤译,载《中外关系史译丛》第1辑,海洋出版社1984年版,第8页。此外,还可参考 E. H. Warmington, *The Commerce Between the Roman Empire and India*, Cambridge University Press, 1928, p. 26。

④ M. J. Olbrycht, "Parthia and Sarmatian peoples", *The Phenomenon of Bosporan Kingdom: Art at the Periphery of Classical World*, Proceedings of the International Conference, Saint-Petersburg, 2009, pp. 547 – 549. 亦可参考 Mehmet Tezcan, "The Iranian-Georgian Branch of the Silk Road in I-IVth Centuries", published in 1st International Silk Road Symposium 25 – 27 June 2003 Tbilisi/Georgia, 2004 – Izmir; E. V. Rtveladze, "Pathians in the Oxus Valley: Struggle for the Great Indian Road", in Antonio Invernizzi (ed.), *In the Land of the Gryphons: Papers on Central Asian Archaeology in Antiquity*, Florence: Casa Editrice Le Lettere, 1995, p. 164。

杜拉－欧罗普斯（Dura-Europos）至巴尔米拉段：该线是丝路西段向地中海方向的延伸路线，主要兴起于帕提亚时期，由于帕提亚与罗马的战与和时断时续，这一段的贸易受军事冲突的影响最大。具体路线是，从塞琉西亚向西行，跨过幼发拉底河西北行可至杜拉－欧罗普斯，由此继续西行可至叙利亚北部绿洲巴尔米拉。至此，道路可分两个走向，北行可至安条克，南行经大马士革后，可至西顿（Sidon）、推罗（Tyre）等港口城市，亦可南至佩特拉。该线在历史上较为有名，但繁荣时间较短。公元156年，罗马摧毁杜拉－欧罗普斯，该线贸易大受影响。萨珊初期的公元273年，罗马摧毁巴尔米拉，该线贸易最终衰落。[①] 在整个由帕提亚和罗马结成的西段贸易体系中，巴尔米拉因为享有一定的自治而发展成为一个重要的商旅国家，从而在相当长的一段时间内扮演了极其重要的商品中转站的角色。

二 帕提亚时期丝路贸易的发展

（一）帝国结构与参与贸易的模式

帕提亚帝国的社会政治、经济结构在很大程度上影响着过境贸易的发展趋势。在政权组织层面，帕提亚国王的权力不是很大，王权的运作体现出一种权力并不高度集中的大家族首领共同负责的特征，这其实是帕尔尼人游牧生活传统体制对阿尔萨息家族政权统治方式产生影响的结果。帕提亚政治机构中权力最大的是贵族议事会，由各部族的军事首领和国王的亲属组成。该机构在国家的很多重大问题上具有绝对的发言权。如果国王的行为在某些时候违背了某些议事会成员的利益，那么王室的内讧和危机便会随之发生。帕提亚王室内部的冲突在很大程度上就是由此引起的。

在帝国政治权力的分配体系中，帝国内部贵族大家族势力的分散性存在，构成了帕提亚帝国最大的一个特征。上层贵族大部分是王室的亲戚，国王往往会让他们统治帝国内部的某一个省区。据塔西陀，沃洛加西斯（Vologases）曾将米底的统治权给了他兄弟帕克鲁斯（Pacorus），又将亚美

---

① 孙培良：《丝绸之路概述》，《陕西师范大学学报》1978年第3期。

尼亚的统治权给予他的小兄弟提里达特斯（Tiridates）。① 贵族大家族的首领掌握着大量的财产。有学者认为，在帕提亚王朝势力扩张的时候，贵族大家族的数目多达 400 个。② 由于边境关卡收入往往不会直接进入国库，各省的税收并不由中央政府直接掌握，地方贵族大家族对于国境的一些奢侈品贸易往往课以重税。实际上，这些贵族大家族势力相当于地方的小王。

此外，帕提亚帝国还存在若干羁縻附属国，这些附属王国遍布帕提亚帝国境内，对帕提亚时期丝路贸易的发展产生了很大的影响。据普林尼，帕提亚帝国由 18 个王国所构成，其中 11 个在上省，7 个在下省。③ 根据费耐生的解释，这就意味着 11 个分布于高原地带，7 个在新月平原地带。在高原地区，除了帕提亚和米底本土外，其中有 7 个王国臣属于亚美尼亚、赫卡尼亚以及阿塞拜疆等地的帕提亚人。此外，还有一个可能在塔巴里斯坦（Tabaristan）的山区。在南部地区，有波西斯（Persis）、埃兰（Elymais）等国。克尔曼（Kerman）地区则是另外一个独立的区域。至于锡斯坦，有一段时期也是完全臣属帕提亚的。南部的小国中，波斯湾的卡拉塞尼（Characene）则因其特殊地位为帕提亚国王直接统治。两河流域底格里斯河畔的塞琉西亚，直至沃洛加西斯（Vologases）建立沃洛格西亚斯（Vologesias）城以前，一直是一个特殊的政治辖区。④ 此外，哈特拉（Hatra）在一段时期应该也归附于帕提亚帝国。施密特认为，哈特拉作为独立的小王国不仅包括哈特拉城，其也包括该城周边地区。虽然由当地的王朝统治，但又臣属于帕提亚的"王中之王"。⑤ 类似的附属国，还有衔接地中海世界和帕提亚的叙利亚北部的重镇巴尔米拉。虽然巴尔米拉

---

① Tacitus, *The Annals*, 12.50, 15.2, with an English translation by John Jackson, Cambridge, Mass: Harvard University Press, 1998.

② ［伊朗］阿卜杜·侯赛因·扎林库伯：《波斯帝国史》，张鸿年译，复旦大学出版社 2011 年版，第 290 页。

③ Pliny, *Natural History*, 6.29.112, with an English translation by H. Rackham, Cambridge, Cambridge, Mass: Harvard University Press, 1999.

④ R. N. Frye, *The History of Ancient Iran*, München: C. H. Beck'sche Verlagsbuchhandlung, 1984, pp. 222 – 223.

⑤ Rüdiger Schmitt, HATRA, *Encyclopaedia Iranica*, Vol. XII, Fasc. 1, pp. 58 – 61.

位于帕提亚帝国境外,但在罗马的威胁下,巴尔米拉曾请求帕提亚的保护,加之巴尔米拉本身是一个十分著名的商旅城市,因此二者间的特殊关系必然会对帕提亚过境贸易产生相应的影响。

总的来看,帕提亚帝国这种权力分散的结构,给了地方势力分离坐大的机会。从相应的资料来看,帕提亚中央政府也曾想方设法设立税收关卡和相应的机构经营过境贸易,但帝国的这种权力结构和模式也就决定了在税收机制并不完善的情况下,过境贸易税收的相当部分不会直接流入王室。这种远途贸易税收的流失对帝国中央政府或许影响不是很大,但沿线的地方政权却可借此壮大实力,以致尾大不掉,形成事实上的地方割据。

(二)帕提亚时期丝路贸易发展趋势

前文已论及,汉帝国与安息建立正式的外交或贸易关系大致始于张骞二次通西域之时,约为公元前119—前115年间。从帕提亚自身的历史发展看,这时是帝国秩序得以确立的时期。由于丝绸之路的开通,帕提亚与周边的罗马帝国和汉帝国也进一步紧密联系了起来。丝路贸易是远途贸易,不仅受自然环境和沿途民族迁徙的影响,而且也时常因沿途国家政策、国家之间关系的变化而出现相应的变动。[①] 对于帕提亚帝国而言,其境内的丝路贸易自然会受到它与罗马、汉帝国以及后期兴起的贵霜等国家之间关系的影响。

从公元前115年汉帝国与帕提亚确立贸易关系起,至公元224年帕提

---

① 相关论述可参考张广达《古代欧亚的内陆交通——兼论山脉、沙漠、绿洲对东西文化交流的影响》;[美]加文·汗布里《中亚史纲要》,吴玉贵译,商务印书馆1994年版,"导言"部分;[德]克林凯特《丝绸古道上的文化》,赵崇民译,新疆美术摄影出版社1994年版,第1—10页;赵汝清《丝绸之路西段历史研究——兼论沿途民族迁徙及国家关系》,第一章,甘肃文化出版社1999年版,第1—51页。赫德逊在对古代商业成本进行分类的基础上,假设性地建立了古代商业运转模式。如A是生产地,B、C、D是三个中间阶段,E是消费地。在这一运转模式下,同一种商品的价格往往会受到诸多中间环节的影响而时常发生变化,见[英]赫德逊《欧洲与中国》,王遵仲、李申、张毅译,何兆武校,中华书局1995年版,第44—45页。关于沿途的人为灾害,强盗和劫匪是最为常见的,莫高窟第420窟的"商人遇盗图"和第45窟"胡商遇盗图"便如实地描绘了这种情形。敦煌文物研究所《中国石窟·敦煌莫高窟》(二),图75;(三),图133,文物出版社1987年版。

亚帝国灭亡，前后近3个半世纪。在此期间，帕提亚与塞琉古、罗马以及贵霜和汉帝国的关系在不同时期呈现出不同的特征，丝路贸易也因此出现同步性的变化。

1. 丝路贸易的初兴阶段（约公元前115—公元10年）。经过近百年的苦心经营，至米特里达特二世时期，帕提亚帝国稳固确立，疆域达于极盛。其在位期间，东抗塞人，西吞塞琉古王朝领地，威震西亚、中亚。约公元前115年，帕提亚与汉帝国友好关系确立，帕提亚帝国的丝路贸易亦由此而起步。因此，可将米特里达特二世统治的中期视为帕提亚帝国丝路贸易正式开始的起点。这一阶段，帕提亚帝国内部虽存在局部的分裂，但整体局势尚算安稳。在东境，印度—希腊人和印度—斯基泰人的势力范围在帕提亚帝国东南外围地带，大月氏势力尚不足以构成威胁；在西境，罗马虽然屡次进犯，但多以惨败告终。[1] 因此，奥古斯都时期一改往日态度，对帕提亚采取怀柔政策。

虽然文献没有明确记载，但一些零星的信息为我们了解这一时期提供了必要的参考。张骞首次西使时，就已听说帕提亚"有市，民商贾用车及船，行旁国或数千里。"[2] 这说明帕提亚的商人在丝路拓通之前就已经通过水陆两路积极对外经商了。公元前2世纪末期（约前113年），征服杜拉-欧罗普斯后，帕提亚进一步控制了两河流域地区的过境贸易。[3] 帝国内部的统一和对于贸易交通网的控制，使得帕提亚人成了这一历史时期丝路贸易体系中最大的受益者。同时，帕提亚与罗马和平外交关系的确立，也带来了帕提亚丝路贸易的初步繁荣。屋大维与帕提亚友善关系的建立，不仅使罗马的东部边界有了保障，也满足了罗马商业扩张的需要。[4] 这一外交

---

[1] Arthur Keaveney, "Roman Treaties with Parthia circa 95 - circa 64 B. C.", *The American Journal of Philology*, Vol. 102, No. 2, Summer, 1981, pp. 195 - 212.

[2] （西汉）司马迁：《史记》卷一百二十三《大宛列传》，中华书局1981年版，第3162页。

[3] F. Millar, "Dura-Europos under Parthian Rule", in J. Weisehöfer, (ed.), *Das Partherreich und sein Zeugnisse/The Arsacid Empire: Sources and Documentation*, Stuttgart, 1998, pp. 473 - 492; Vest Sarkhosh Curtis, "Parthian Culture and Costume", In John Curtis, ed., *Mesopotamia and Iran in the Partian and Sasanian Period: Rejection and Revival C. 230 BC - AD 642*, London: British Museum Press, 2000, pp. 223 - 224.

[4] 参见 J. Thorley, "The Development of Trade between the Roman Empire and the East under Augustus", *Greece & Rome*, Second Series, Vol. 16, No. 2, Oct., 1969, p. 214.

政策，也保障了罗马商人可以进入帕提亚帝国进行贸易，伊西多尔的活动似乎说明了这一点。

2. 西部贸易臻于繁荣，东部贸易趋于下滑（约公元10—105年）。这百年间，罗马与帕提亚虽有小冲突，但和平的局势基本延续，因此，丝路一线西段的贸易得以继续发展，呈现出繁荣的态势。但在帝国的东境，贵霜势力的崛起及其对河中地区过境贸易的干涉，明显地削减了帕提亚境内的贸易量。与此同时，随着季风的发现，罗马与印度海路贸易的兴起，帕提亚帝国丝路贸易受到了直接的影响。

西部贸易的繁荣主要表现在以下几个方面。一是西段商旅重镇巴尔米拉的兴起及其与帕提亚贸易关系的上升。公元前1时候中后期，巴尔米拉曾受罗马军事上的威胁，因而请求内附，从而促使帕提亚与巴尔米拉贸易关系的形成。巴尔米拉居于罗马与帕提亚之间，享有充分的自治权。加之它靠近纳巴泰人（Nabataeans）的贸易势力范围，因此也在一定程度上参与了与纳巴泰人的贸易。考古发现的铭文证实，巴尔米拉的大部分商人往往都参与帕提亚帝国的贸易活动。他们在很多时候会前往巴比伦尼亚的沃洛格西亚斯、波斯湾的卡拉塞尼以及杜拉、哈特拉，甚至是帕提亚帝国的东境的木鹿进行贸易活动。[1] 材料显示，巴尔米拉商人的商业利益也往往受到贸易对方的保护。在相当的时期内，巴尔米拉充当着帕提亚与罗马贸易的中转商。二是两河流域地区北部至亚美尼亚一线贸易的升温。公元1世纪期间，罗马与帕提亚的和平也促使了帕提亚与高加索地区贸易的发展。考古学家在外高加索地区发现了大量公元1世纪以后的帕提亚钱币。[2] 此外，这一线的一些城市，如哈特拉、宙格玛也因此获得了发展的良机。根据普林尼的记载，在由帕提

---

[1] Ward-Perkins, "The Roman West and the Parthian East", *Proceedings of the British Academy* 51, 1965, p. 189; Lucinda Dirven, "Palmyrenes in Hatra: Evidence for Cultural Relations in the Fertile Crescent", *Studia Palmyre-ńskie* 12, *Fifty Years of Polish Excavations in Palmyra 1959—2009, International Conference*, Warsaw, 6 - 8 December 2010, Polish Centre of Mediterranean Archaeology, 2013; Albert E. Dien, "Palmyra as a Caravan City", http://depts.washington.edu/silkroad/cities/syria/palmyra/palmyra.html.

[2] ［匈牙利］雅诺什·哈尔马塔：《中亚文明史》（第二卷），徐文堪、芮传明译，中国对外翻译出版公司、联合国教科文组织2002年版，第100页。

亚人操控的宙格玛年度交易市场上，当地的商人皆竞相购买来自印度和中国的商品。这也意味着，帕提亚人在这一段的贸易活动中占据着最为有利的地位。①

相比于西部贸易的繁荣势头，东部的贸易则出现了下滑。由于贵霜在帝国东境的崛起，从河中撒马尔罕至木鹿而入帕提亚的贸易路线发生了改变。从中国新疆地区来的商人在达到巴克特里亚后，往往绕行至阿拉科西亚和阿里亚。②《厄立特里亚航海记》曾提及，中国的丝绸从巴克特里亚通过陆路被运至巴里加扎这一路线。③ 这正好说明从中国境内的丝路越过帕米尔到了巴克特里亚后，不一定西运帕提亚，也可南越兴都库什山至印度河口与罗马商人交易。④ 因此，贵霜的介入直接削减了帕提亚境内的贸易量，从而造成了帕提亚帝国东部贸易陷入低潮。

3. 丝路贸易渐趋衰落（约公元105年至帕提亚帝国灭亡）。在沃洛加西斯三世（Vologases III，约 105—147 年）统治的时期，罗马又因为亚美尼亚问题拉开了进攻帕提亚的序幕。和平贸易局面的终结，使得西部原有贸易格局的平衡被打破，最终造成了帕提亚丝路贸易的进一步下滑。同时，加之海路贸易的兴起，帕提亚的陆路贸易渐趋衰落。

公元106年，罗马的叙利亚总督兼并了与帕提亚有着密切贸易关系的纳巴泰王国。为了进一步控制这一地区，罗马人还兴建了"佩特拉—罗马大道（Petra Roman Road）"。公元116年，图拉真侵入塞琉西亚、泰西封（Ctesiphon）以及波斯湾的卡拉塞尼。⑤ 不久，罗马人在被占领的区域里引

---

① V. G. Lukonin, "Political, Social and Administrative Institutions: Taxes and Trade", in Ehsan Yarshater (ed.), *Cambridge History of Iran: The Seleucid, Parthian and Sasanian periods*, Vol. 3 (2), Cambridge University Press, 1983, p. 740.

② N. C. Debevoise, *A Political History of Parthia*, Chicago: The University of Chicago Press, 1937, p. 205.

③ Kameshwar Prasad, *Cities, Crafts and Commerce under the Kuṣāṇas*, Agam Kala Prakashan, 1984, p. 150. 关于贵霜贵霜时期巴克特里亚到塔克西拉一线的研究，可参见 A. Foucher & E. Bazin-Foucher, *La Vieille Route de l'Inde de Bactres à Taxila*, 2 Vol., Paris, Éd. d'Art et d'Histoire, 1942, p. 47。

④ 赵汝清：《丝绸之路西段历史研究——兼论沿途民族迁徙及国家关系》，甘肃文化出版社1999年版，第290—291页。

⑤ J. Bennett, *Trajan: Optimus Princeps*, 2nd Edition, Bloomington: Indiana University Press, 2001, pp. 196-199.

入了自己的行省管理体制，征收赋税。① 沃洛加西斯四世即位后，虽力图拯救帝国危局，但由内部的冲突而引发的连年战争，局势也并没有得到有效地扭转。公元165年，罗马人摧毁了塞琉西亚和泰西封的宫殿，并深入米底。30年后，罗马又占领尼西比斯（Nisibis）城，不久，泰西封又遭劫难，10万居民被俘虏至叙利亚，贩卖为奴。② 连年的混战必然导致贸易的萎缩。

罗马在军事上的优势，自然也为其带来经济上的利益。罗马向两河流域和叙利亚以及阿拉伯的推进，最终也使得经巴尔米拉的贸易朝着有利于罗马的方向发展。③ 与此同时，"自公元2世纪起，尤其是在公元162—165年间的帕提亚人战争之后，越来越多的中国丝绸被印度人通过海路带到了罗马。经过帕提亚的昂贵陆路通道就这样被逐渐避开了。"④ 罗马与印度海上贸易关系的确立，极大地削弱了帕提亚的陆路贸易量。

综上可知，在这300多年间，帕提亚丝路贸易经历了一个由初兴到逐步繁荣，再由逐渐下滑到衰落的发展过程。帕提亚的中转优势，往往因为帝国内部结构和外部贸易环境而发生相应的变化。这种凭借地利优势而确立的中转贸易本身也存在很大的不稳定性。

（三）帕提亚在丝路贸易中的角色

帕提亚帝国是汉帝国在西域建立外交关系最早和交往最频繁的大国，

---

① ［匈牙利］雅诺什·哈尔马塔：《中亚文明史》（第二卷），徐文堪、芮传明译，中国对外翻译出版公司、联合国教科文组织2002年版，第98页。
② 同上。
③ I. A. Richmond, "Palmyra under the Aegis of Rome", *The Journal of Roman Studies*, Vol. 53, Parts 1 and 2, 1963, pp. 43 – 54; J. F. Matthews, "The Tax Law of Palmyra: Evidence for Economic History in a City of the Roman East", *The Journal of Roman Studies*, Vol. 74, 1984, pp. 161 – 162; Peter M. Edwell, *Between Rome and Persia: The Middle Euphrates, Mesopotamia and Palmyra under Roman control*, Routledge, 2008.
④ E. H. Warmington, *The Commerce Between the Roman Empire and India*, Cambridge University Press, 1928, pp. 175 – 177；[英] G. F. 赫德逊：《欧洲与中国》，王遵仲、李申、张毅译，何兆武校，中华书局1995年版，第63页；[美] 余英时：《汉代贸易与扩张》，邬文玲等译，上海古籍出版社2005年版，第131页。造成陆海贸易地位转换的原因，一是罗马与帕提亚162—165年间的战争在很大程度上损害了巴比伦尼亚地区的贸易网，二是当时的陆路贸易枢纽巴比伦还发生了较为严重的瘟疫。参考［德］夏德《大秦国全录》，朱杰勤译，商务印书馆1964年版，第64页。

也是丝路一线连接中国和罗马的最大中介国。因此，对于帕提亚在丝路贸易中角色的定性也就成了丝路史研究不可回避的一个问题。涉及这一问题的中文史料主要见于《后汉书》、《三国志》。此外，《文献通考》和《通典》亦有类似的记载，但应该是沿袭两汉史籍而已。在对帕提亚丝路贸易角色定性前，我们先来对这两条史料所涉及的几个问题做一点必要的探讨。两条史料皆涉及大秦，传统观点多遵循夏德的结论，即认为大秦乃罗马帝国东部的叙利亚地区。①

"大秦国一名犁鞬，以在海西，亦云海西国。""与安息、天竺交市于海中，利有十倍。""其王常欲通使于汉，而安息欲以汉缯彩与之交市，故遮阂不得自达。"②

"大秦国一号黎轩，在安息、条支西，大海之西。""常欲通使于中国，而安息图其利，不能得过。"③

"条支"一名，虽然争论也很多，但近年来更多的学者似乎越来越倾向于认为，条支即波斯湾头的安条克，即卡拉塞尼的首府卡拉克斯（Spasinu Charax）。④ 学界多根据上文两条史料提及的信息，简单地形成这样的认识，即大秦想与中国通商，但帕提亚人从中"遮阂"，因而认定帕提亚在中国与罗马的贸易体系中是一个作梗者。此外，持此看法者还经常引用《后汉书·西域传》甘英西使大秦的一段材料来进一步支撑自己的观点：

---

① ［德］夏德译：《大秦国全录》，朱杰勤译，商务印书馆1964年版，自序，第4页。关于大秦所指，众说纷纭，恕不一一列举。
② （南朝·宋）范晔：《后汉书》卷八十八《西域传》，中华书局1965年版，第2919、2920页。
③ （晋）陈寿：《三国志》卷三十《乌丸鲜卑东夷传》，中华书局1959年版，第860、861页。
④ 岑仲勉：《汉书西域传地里校释》，中华书局1981年版，第200页；M. S. Kordosis, "China and the Greek World", *Graecoindica-Graecoserica*, 2 (1991), *Istorikogeografika*, p. 208, n. 198；二人文中说条支即 "Messene"，Messene 实为卡拉塞尼在中古时期的称法，故 Messene 亦即 Characene。

和帝永元九年（公元97年），都护班超遣甘英使大秦，抵条枝。临大海欲度，而安息西界船人谓英曰："海水广大，往来者逢善风三月乃得度，若遇迟风，亦有二岁者，故入海人皆赍三岁粮。海中善使人思土恋慕，数有死亡者。"英闻之乃止。①

学界一般认为，正是帕提亚人恐吓甘英，遂使甘英在波涛汹涌的大海前面失去了继续前行的勇气。由于前面两条史料明显提到帕提亚阻止大秦与汉帝国交往，所以对于第三条史料，人们也就自然而然地推测甘英西行正是受到了帕提亚人的有意阻挠，最终没有成功抵达大秦。这样的推论不仅符合常理，也更符合分析者的愿望和心理期待。但如果对帕提亚时期丝路贸易的情形细作分析，便会发现这样的认识也存在很大的商榷空间。

首先，第三条史料中"安息西界船人"极可能不是帕提亚人。从当时的贸易环境来推测，"他们也许是叙利亚船主的雇员，由安息运中国货物至叙利亚以应罗马市场，再由叙利亚回航安息。"② 因此，安息西界船人有可能是帕提亚与地中海东岸之间叙利亚地区的某个中转国的商人。从帕提亚时期两河流域至地中海东岸地区的贸易网络中，也只有巴尔米拉和纳巴泰人存在这样的可能性。根据肖夫等人的研究，在帕提亚与罗马和平贸易的公元1世纪期间，纳巴泰人与波斯湾的卡拉塞尼存在着紧密的贸易联盟关系，他们极其有力地充当着中国与罗马丝绸贸易的中间人，获利甚丰。③ 根据相关史料，纳巴泰人在与卡拉塞尼的贸易关系中，税收额度高达25%。④ 这就意味着，甘英的抵达让帕提亚的商人有所顾虑，但顾虑更

---

① （南朝·宋）范晔：《后汉书》卷八十八《西域传》，中华书局1965年版，第2918页。
② ［德］夏德：《大秦国全录》，朱杰勤译，商务印书馆1964年版，第59页。
③ W. H. Schoff, "Some Aspects of the Overland Oriental Trade at the Christian Era", *JAOS* xxxv, 1915, p. 32; L. Gregoratti, "The Parthians between Rome and China: Gan Ying's mission into the West (1st century AD)", *Academic Quarter*, 4, 2012, pp. 109–120.
④ 余英时亦认同此结论，见［美］余英时《汉代贸易与扩张》，邬文玲等译，上海古籍出版社2005年版，第131页。此外，还有学者认为，阻止甘英西使成功的"安息西界船人"很可能是条支和乌弋山离的商团。见林英《甘英出使大秦考》，特力更、李锦绣主编：《内陆欧亚历史文化国际学术讨论会论文集》，内蒙古人民出版社2015年版。

多的实际上应该是纳巴泰人。

其次，帕提亚与罗马虽存在军事对峙的一面，但也存在和平贸易的另一面。伊西多尔能在帕提亚境内展开自己的考察活动，公元100年左右马其顿商人梅斯（Maes，Maen，一译马埃斯）的代理商能通过帕提亚境内的陆路抵达中亚，皆说明这一时期帕提亚与罗马的贸易并非像我们所想象的完全对立的格局。① 从几条简单的信息就认定帕提亚完全作梗于丝路贸易，显然是夸大了帕提亚在这一方面的作用。

再次，之所以从上述材料就认定帕提亚是丝路的作梗者，实际上也是对丝绸之路和丝路贸易模式化和简单化的误解。其一，丝绸之路并不只是一条路线，而是一个交通网；其二，丝绸之路是长途中转贸易，中国的丝绸要运抵罗马，需要经多次转手，辗转交易方可，不可能一个人走完全程，帕提亚人只是负责其中的一个环节；其三，即使是帕提亚人势力最强盛时期，东方与地中海丝路贸易不一定非得经帕提亚人之手方可完成。即使是在帕提亚丝路贸易最为兴盛的时期，帕提亚人担当着主要的中转商角色，但是这也只是对其中转环节极力控制，并没有形成垄断，也并没有阻断丝路贸易。换言之，在汉帝国与罗马帝国所构成的这种两极贸易体系中，充当着中转商角色的帕提亚也只是在很短的一段历史时期里形成了较大的优势而已。

自米特里达特二世时期丝路贸易启动以来，帕提亚很快便参与到这一国际贸易网中。由于帝国秩序的稳固和国力的强盛，丝路贸易开始之初，帕提亚便很快就显示出其地理优势。后来贵霜势力的崛起导致东部陆路贸易量出现下滑，但与罗马的贸易却相对稳定，帕提亚的丝路垄断地位依然维持了较长的一段时间。但随着埃及到印度之间直航的实现，罗马与贵霜之间逐渐建立了直接的海上贸易关系。此后，大宗

---

① 英译本见 Claudius Ptolemy, *The Geography*, 1.11, Translated and Edited by Edward Luther Stevenson, with an introduction by Prof. Joseph Fischer, New York: Dover Publication, Inc., 1991, p. 33. 本书第四章第三节对此有详细的讨论。相关研究可见岑仲勉《托烈美所述"丝路"考略》，载岑仲勉《汉书西域传地里校释》，中华书局1981年版；余太山《托勒密〈地理志〉所见丝绸之路的记载》，载《早期丝绸之路文献研究》，上海人民出版社2009年版；J. D. Lerner, "Ptolemy and the Silk Road: from Baktra Basileion to Sera Metropolis", *East and West*, Vol. 48, No. 12, 1998, pp. 9-25；林梅村《公元100年罗马商团的中国之行》，《中国社会科学》1991年第4期。

的丝绸西入罗马,虽然往往通过印度而非帕提亚的中转,但安息仍然与天竺、大秦"交市于海中"。单以"作梗者"来概括其丝路形象显然有失偏颇。①

第三节 帕提亚与丝路文化交流

丝绸之路从中国中原地区出发,穿越河西走廊、新疆以及中亚和伊朗高原后,经两河流域进入地中海世界。它不仅开辟了前所未有的国际远途贸易通道,而且更重要的是促进了东西方文化的交流。近年来的丝路史研究,更趋明显地形成一种共识:即在丝绸之路所形成的文明交往格局中,有形的丝绸、香料、玻璃的重要性远远不及无形的思想、宗教和艺术所带来的历史影响悠久深远。

在帕提亚参与丝绸之路的数百年间,贸易开展的同时自然也伴随着文化的交流。帕提亚崛起于希腊化世界,又与佛教犍陀罗艺术盛行的印度西北地区紧密相接。希腊化文化遗产和佛教文化先后不同程度地存在于帕提亚帝国内部。在与汉帝国的长期交往中,帕提亚留存的希腊化文化信息传入中国,一些希腊化文化因素甚至渗透到汉代的本土艺术之中。同时,帕提亚也是佛教传入中原内地的重要途径之一,安息王子安世高洛阳译经就是典型的例证。因此,就帕提亚与丝路文明的流动关系而言,它不仅是希腊化文化遗产的传递者,也是佛教文化的输出者。

一 帕提亚的希腊化与希腊文化东渐

(一)帕提亚的希腊化现象

从帕提亚史的研究发展历程来看,西方学者对帕提亚史的研究实际上是从希腊化研究切入的。随着20世纪西亚考古的新进展,尤其是帕提亚钱币学所取得的重大成绩,有关帕提亚希腊化的研究愈受关注。可以说,帕

---

① 详见王三三"帕提亚帝国并未阻断丝绸之路",《中国社会科学报》2016年1月25日第004版。

提亚文化的希腊化已经成了帕提亚史研究的一个热点问题。

帕提亚历史前后延续近5个世纪,虽然在分期上有部分学者将公元1世纪以后的一段时期划归为"反希腊时期",但是统治者思想意识的改变并不能完全消除希腊化文化早已浸润帝国两百多年的事实,直至帕提亚帝国灭亡,希腊文化的因素也一直存在于帝国内部的诸多方面。概括说来,帕提亚帝国的希腊化表现在以下几个方面。① 首先,采用希腊化币制。阿尔萨息王朝立国之初,就采用塞琉古时期所通行的希腊化币制。帕提亚钱币希腊化特征较为明显,皆为圆形无孔,正面为国王头像,无币文。背面币文采用希腊字母,排列成方框形。在米特里达特一世以后,王币的铭文中往往有希腊语赞语,如"爱希腊的"(ΦΙΛΕΛΛΗΝΟΣ)、"正义的"(ΔΙΚΑΙΟΥ)、"施恩的"(ΕΥΕΡΓΕΤΟΥ)等等。而且反面的币图,往往都有希腊神话中的人物,如宙斯(Zeus)、提刻女神(Tyche)等。在材质上,帕提亚钱币以希腊化时期流行最为普遍的银币为主,铸币标准以阿提卡标准的1德拉克马和4德拉克马两种居多②;其次,以希腊语作为官方通用语言之一。③ 目前的研究一般认为,帕提亚语属于西北伊朗语,原本是地方性语言。随着帕提亚人的对外扩张,帕提亚语也就逐渐地成为帝国的语言。与此同时,希腊语也被当作帝国的官方语言之一,尤其是流行于帝国的西部地区。考古所见阿弗罗曼土地买卖文书、杜拉·欧罗普斯管理文书和阿尔塔巴努斯二世给苏萨行政官的信等证据,即已说明希腊语在帕提亚帝国流行的事实。④ 根据古典作家

---

① 关于帕提亚王朝和希腊化的关系,详见杨巨平《帕提亚王朝的"爱希腊"情结》,《中国社会科学》2013年第11期。

② D. Sellwood, *An Introudction to the Coinage of Parthia*, London, Spink & Son Ltd., 1971, pp. 5 - 14;李铁生编著:《古波斯币:阿黑美尼德、帕提亚和萨珊》,北京出版社2006年版,第43—48页。

③ Edward Dąbrowa, "Greek: a Language of the Parthian Empire", in Edward Dąbrowa, *Studia Graeco-Parthica: Political and Cultural Relations between Greeks and Parthians*, Wiesbaden: Harrassowitz Verlag, 2011, pp. 153 - 163.

④ 关于这四份希腊语文献,可参考德国学者哈克尔、雅克比和韦伯等人合编的《帕提亚帝国史料汇编》第二卷《希腊拉丁和帕提亚语文献以及钱币学证据》。Ursula Hackl, Bruno Jacobs, Dieter Weber (Hrsg.), *Quellen zur Geschichte des Partherreiches. Textsammlung mit Übersetzungen und Kommentaren, Bd. 2: Griechische Und Lateinische Texte, Parthische Texte, Numismatische Evidenz*, Göttingen: Vandenhoeck & Ruprecht, 2010, pp. 444 - 490。

的记载，我们还可以得知帕提亚帝国的国王也常以会说希腊语而自豪；①再次，模仿希腊文化艺术和吸收希腊宗教信仰。根据普鲁塔克《克拉苏传》所提供的信息，可知帕提亚国王奥罗德二世（Orodes II，约公元前57—前38年）不仅懂希腊语和希腊文学，而且还学习模仿希腊人的生活方式，观看希腊戏剧。② 近些年来，越来越多的考古材料进一步证实了帕提亚人对希腊文化的追求模仿。比如，建筑艺术中的希腊式柱头。③ 在尼萨遗迹中，可以看到完全属于希腊风格式样的大理石雕像。其中的一尊身穿希腊式长衫，与杜拉－欧罗普斯阿尔特米斯（Artemis，一译阿尔忒弥斯）神庙中的阿芙洛狄特雕像颇为相似，被称之为"尼萨女神"。④ 另外一尊常被人们称之为"尼萨的阿芙洛狄特"的半裸雕塑，是尼萨雕塑艺术的典范之作。⑤ 尼萨出土的象牙莱通上雕刻着精致的希腊神话人物，体现了帕提亚人对于希腊宗教文化艺术的熟悉。希腊神话人物频频出现在帕提亚钱币的反面，除了宙斯和提刻女神外，还有阿波罗、阿尔特米斯以及赫拉克勒斯等人物形象。尤其是在帕提亚帝国的西部地区，由于希腊人口居多，希腊文化氛围明显更为浓厚。希腊文化与伊朗本土文化的融合最终促使了大量新的宗教信仰的出现。希腊的神与伊朗的神相互结合的例子较

---

① Philostratus, *The Life of Apollonius of Tyana*, 1.31 – 32, with an English Translation by F. C. Conybeare, Cambridge, Mass: Harvard University Press, 1989.

② Plutarch, *Lives*, "Crassus", 33. With an English Translation by Bernadotte Perrin, Cambridge, Mass: Harvard University Press, 1996.

③ John Simpson, Janet Ambers, Giovanni Verri, Thibaut Deviese, Jo Kirby, "Painted Parthian Stuccoes from Southern iraq", in Roger Matthews and John Curtis (eds.), *Proceedings of the 7th International Congress on the Archaeology of the Ancient Near East*, 12 April – 16 April 2010, Wiesbaden, pp. 209 – 220; A. Invernizzi, "Corinthian Terracotta Assembled Capitals in Hellenized Asia", in Invernizzi, Antonio (ed.), *In the Land of the Gryphons: Papers on Central Asian Archaeology in Antiquity*, pp. 3 – 12; Malcolm Colledge, "Greek and non-Greek Interaction in the Art and Architecture of the Hellenistic East", in A. Kuhrt and S. Sherwin-White (eds.), *Hellenism in the East: The Interaction of Greek and Non-Greek Civilizations from Syria to Central Asia after Alexander*, London: Buckworth, 1987, p. 145.

④ ［苏联］Б·Я·斯塔维斯基：《古代中亚艺术》，路远译，陕西旅游出版社1992年版，图版29；G. Azarpay, "ART IN IRAN vi. PRE-ISLAMIC EASTERN IRAN AND CENTRAL ASIA", *Encyclopaedia Iranica*, Plate XIII. http://www.iranicaonline.org/articles/art-in-iran-vi-pre-islamic-eastern-iran-and-central-asia. 现存于土库曼斯坦国家博物馆。

⑤ Claude Rapin, "Greece viii. Greek Art in Central Asia, Afghanistan, and Northwest India", *Encyclopaedia Iranica*, PLATE II http://www.iranicaonline.org/articles/greece-viii. 现存于土库曼斯坦国家博物馆。

多，如阿尔特米斯与阿娜西塔（Anahita）的结合、密特拉与阿波罗的结合等等；① 最后，与希腊人联姻。帕提亚帝国的统治者往往会选择与具有希腊血统的女子结合。如此，帕提亚王室的一些成员自然也就有了一定的希腊血统。奥罗德二世的妻子劳狄西（Laodice）就是一位希腊公主，沃洛加西斯一世的母亲也是一位希腊人。② 也可能是基于这样的一种事实，帕提亚统治者往往会努力保持与希腊人的友好关系。最著名的事例就是米特里达特二世时期派两位使者前往罗德岛。③ 综上可知，帕提亚帝国的文化虽具有很强的游牧文化特征和伊朗本土文化传统，但在同时也深受希腊化文化的影响。

（二）帕提亚希腊化现象的特征

如果从希腊化的视角审视帕提亚帝国近5个世纪的历史，可大致将公元前的帕提亚归入"爱希腊"的时期。相较而言，前期是帕提亚受希腊文化影响较多的时期，后期虽打出"反希腊"的口号，但希腊化作为一种文化趋势仍以潜移默化的方式影响着帝国文化的发展。这就是说，不论是主动的接受，还是被动的模仿，希腊化现象实际上一直存在于帕提亚帝国。如汤因比所说，帕提亚人是"希腊文化的热心赞助者"。④

然而，细致考察帕提亚希腊化的历史，不难发现，作为闯入希腊化内部世界的"外来者"，帕提亚的希腊化现象具有明显的特征：第一，不平衡性。帕提亚帝国广土众民，民族成分和文化较为复杂多样，加之阿尔萨息王室阶层本身就出身于游牧世界，这种文化渊源和地域上的差异是造成帕提亚帝国希腊化进程明显不平衡的主要原因。比如，帝国的西部希腊人

---

① [伊朗] 阿卜杜·侯赛因·扎林库伯：《波斯帝国史》，张鸿年译，复旦大学出版社2011年版，第318页。

② Matthew Bunson, *A Dictionary of the Roman Empire*, Oxford University Press, 1991, p.454; [伊朗] 阿卜杜·侯赛因·扎林库伯：《波斯帝国史》，张鸿年译，复旦大学出版社2011年版，第312页。

③ B. C. McGing, *The Foreign Policy of Mithridates VI Eupator, King of Pontus*, Leiden: Brill, 1986, pp.90-91.

④ Arnold J. Toynbee, *Hellenism: The History of a Civilization*, Oxford University Press, 1959, pp.182-183.

聚居区、希腊城市居多，如塞琉西亚、巴比伦等地，希腊文化的氛围自然比较浓厚。第二，上层化。大量带有希腊文化因素的艺术品往往不是出自于帕提亚帝国西部希腊人聚居的城市，就是发现于阿尔萨息王室的驻跸地城市。也就是说，帕提亚的希腊化主要集中于统治阶层集中生活的大城市，帝国广阔的农村地区和社会下层似乎受希腊文化的影响甚微。这种情况说明，帕提亚的希腊化现象更多的是对上层社会审美情趣和文化追求的反映。正如沃尔班克所言，希腊化文明似乎只是一种城市文明，而在整个希腊化亚洲的广大农村地区，传统文化依然占据主要地位。① 第三，不稳定性。帕提亚帝国的政治结构和外部环境在很大程度上影响着帝国决策的方向。帕提亚钱币材料很好地说明了这一点。早期的帕提亚钱币铭文中有阿拉米亚文出现，但中期的铭文只有希腊语，晚期，阿拉米亚文再次出现。这种情况正如弗鲁姆金所言："这支以前的游牧民，经过一度暂短的'希腊迷'时期以后，又脱掉了希腊式衣装而归宗亚洲。"② 这反映了帕提亚阿尔萨息统治阶层面对希腊文化时所表现出来的矛盾心态。

从整个希腊化世界的历史来看帕提亚的希腊化，不难发现，与其他几个希腊化王朝（塞琉古王朝、托勒密王朝、马其顿王朝、帕加马王朝以及巴克特里亚—印度的希腊人王朝)③ 相比，帕提亚的希腊化是"非希腊集团"在特定时期对特殊的统治环境的一种主动适应。这一"非希腊集团"，在塞琉古王国遗留下来的希腊人眼里显然只是一个外来者。可以说，在这样一个"大杂烩"④ 的帝国文化空间内，希腊化文化的发展空间自然也是有限的。

---

① F. W. Walbank, *The Hellenistic World*, Glasgow: William Collins Sons & Co., Ltd., 1981, pp. 159 – 175.
② [苏联] 弗鲁姆金：《苏联中亚考古》，黄振华译，新疆维吾尔自治区博物馆1981年版，第64页。
③ W. W. Tarn, *The Greeks in the Bactria and India*, Cambridge University Press, 1951, "Introduction", pp. xx – xxi.
④ [苏联] 弗鲁姆金：《苏联中亚考古》，黄振华译，新疆维吾尔自治区博物馆1981年版，第63页。

(三) 帕提亚与希腊化文化的东渐

随着汉帝国与帕提亚帝国交往的展开,帕提亚帝国内部的一些希腊化文化因素亦随之传入汉代的中国。大体说来,东渐入华的希腊化文化因素有以下两类。

1. 文献记载中的希腊化文化因素

根据两汉史籍的相关记载,此类希腊化文化因素大致有以下几类。①

第一类,希腊化钱币信息。《史记·大宛列传》可以被看作是张骞第一次出使西域的实地见闻报告,其中在叙及帕提亚时说"以银为钱,钱如其王面,王死辄更钱,效王面焉"。希腊化钱币与古典城邦钱币的根本不同就在于王像出现在钱币的正面,这就意味着,张骞帕提亚帝国采用希腊化钱币的信息带回了汉代中国。《汉书·西域传》又载:帕提亚"以银为钱,文独为王面,幕为夫人面。王死辄更铸钱。"其中"幕为夫人面"实际上是对穆萨乱政时期帕提亚币的如实描述。② 很显然,此类记载如实反映了帕提亚采用希腊化币制的历史事实。

第二类,希腊化世界的物产与风俗。《大宛列传》在论及帕提亚时,说"其俗土著,耕田,田稻麦,蒲陶酒。"又说"宛左右以蒲陶为酒,富人藏酒至万余石,久者数十岁不败。俗嗜酒,马嗜苜蓿。"葡萄一词,汉时作蒲陶、这说明它很可能是一个外来词汇。有学者认为此词是从希腊语 βότρυς(一串葡萄)而来,但此说遭到劳费尔的否定。苜蓿一词,劳费尔和金斯米尔认为源于希腊语"米底草",但根据方豪先生的解释,该词更

---

① 关于张骞通西域之后传回的有关希腊化遗产信息,详见杨巨平《亚历山大东征与丝绸之路开通》,《历史研究》2007 年第 4 期;Yang Juping, "Some clues of the Hellenistic World and the Roman East hidden in China's Early Four Historical Books", Talanta, Proceedings of the Dutch Archaeological and Historical Society, 46/47 (2014/2015):121 – 143。

② A. Wylie, "Notes on the Western Regions", The Journal of the Anthropological Institute of Great Britain and Ireland, Vol. 10, 1881, p. 39; George Rawlinson, The Sixth Great Oriental Monarchy, or, The Geography, History & Antiquities of Parthia, London:Longmans, Green, and Co., 1873, p. 220; 杨巨平:《希腊式钱币的变迁与古代东西方文化交融》,《北京师范大学学报》2007 年第 6 期。孙毓棠亦认同此一点,认为"穆萨是王的母亲而非夫人"。孙毓棠:《安息与乌弋山离》,《文史》1978 年第五辑,第 13 页。不过,根据约瑟夫的记载,弗拉塔克斯(Phraataces)在弑父后,又与其母结婚。Josephus, Jewish Antiquities, 18.2.4, with an English Translation by H. St. J. Thackeray, Cambridge, Mass:Harvard University Press, 1996。

可能是来自于伊朗语 Musu。[1]

第三类，希腊化世界的书写信息。《大宛列传》记载说帕提亚"画革旁行以为书记"。师古曰："今西方胡国及南方林邑之徒，书皆横行，不直下也。革为皮之不柔者。"[2] 考古材料证实，帕提亚时期的书写都是横向进行，而非纵向下行。至于书写材料，虽然罗林森认为帕提亚早期用亚麻布，在普林尼时代不久后，他们从巴比伦的邻居那里获得了草纸。[3] 但阿弗罗曼文书直接说明，帕提亚人的确也以皮革为书写材料。[4] 帕提亚人采用的是希腊化世界通行的横写方式，这与中原竖写于竹简的方式颇为不同。张骞感到好奇，虽然寥寥数语，却较为准确地传达了此类信息。事实上，这种"革"实则是羊皮纸，是小亚帕加马王国的特产。传入安息，也在情理之中，而且已经得到考古材料的证实。[5]

第四类，希腊化世界流传的神话故事。在汉帝国与"爱希腊"的帕提亚相互交往的过程中，希腊的一些神话故事也被中国人所耳闻。甘英出使大秦在帕提亚西界时所听闻的故事，颇能说明这一点。《后汉书·西域传》记载，安息西界船人告诉他"海中善使人思土恋慕，数有死亡者"。《晋书·四夷传》在论及这一事件时，亦说"海中有思慕之物，往者莫不悲怀"。张绪山认为，帕提亚西界船人给甘英所讲的海中"思慕之物"其实就是希腊神话中的海妖塞壬（Sirens）。[6] 若此说可证，则可说明海妖的故

---

[1] 关于葡萄和苜蓿语源的讨论，争议较多。可参考［美］劳费尔《中国伊朗编》，林韵因译，商务印书馆 2001 年版，第 31—69 页；［法］布尔努瓦《丝绸之路》，耿升译，山东画报出版社 2001 年版，第 257—262 页；方豪《中西交通史》上册，岳麓书社 1987 年版，第 107—108 页；谭少惠《葡萄考》，《遗族校刊》1947 年第 4 卷第 2 期；张玉忠《葡萄、葡萄酒传入我国的考证》，载中国食品出版社编《中国酒文化和中国名酒》，中国食品出版社 1989 年版；芮传明《葡萄与葡萄酒传入中国考》，《史林》1991 年第 3 期；杨巨平《亚历山大东征与丝绸之路开通》，《历史研究》2007 年第 4 期；余太山《两汉魏晋南北朝正史西域传所见西域诸国物产》，载《揖芬集——张政烺先生九十周年华辰纪念文集》，社会科学文献出版社 2002 年版，第 437—453 页。

[2] （东汉）班固：《汉书》卷九十六《西域传》，中华书局 1962 年版，第 3890 页。

[3] George Rawlinson, *The Sixth Great Oriental Monarchy*, or, *The Geography, History & Antiquities of Parthia*, London: Longmans, Green, and Co., 1873, p. 425.

[4] E. H. Minns, "Parchments of the Parthian Period from Avroman in Kurdistan", *Journal of Hellenic Studies*, 35, 1915, p. 24.

[5] 参见杨巨平《亚历山大东征与丝绸之路开通》，《历史研究》2007 年第 4 期。

[6] 张绪山：《甘英西使大秦获闻希腊神话传说考》，《史学月刊》2003 年第 12 期；张绪山：《〈后汉书·西域传〉记载的一段希腊神话》，《光明日报》2006 年 3 月 21 日第 011 版。

事传到了中国。

帕提亚崛起于希腊化世界，长期与希腊化王国为邻，同时也是两汉时期汉与罗马丝路沿途中的大国。正是通过帕提亚，希腊化世界的很多文化信息逐渐传递到了汉代的中国。两汉史籍中有关希腊化文明信息的记载，不仅与古典作家的某些记载吻合，而且也逐步被考古发掘所证实。①

2. 考古材料中的希腊化文化因素

自 20 世纪七八十年代以来，国内陆续发掘的汉墓中时有发现西亚地区的舶来品。经过研究者的深入对比研究，且从时间上判断，此类舶来品应该是帕提亚时期的艺术制品。如 1977 年青海大通上孙家寨汉晋墓地的乙区 M3 号卢水胡墓出土的单耳银壶、1983 年广州象岗南越国第二代王赵眜（约前 137—前 122 年在位）墓中的银盒，以及 2008 年广西合浦县寮尾东汉墓出土的青绿釉陶壶。② 多年以来，学术界对这类外来品已经做了大量的研究，见仁见智，莫衷一是。不过可以肯定的是，这些物品的发现无疑暗示我们，帕提亚帝国与汉帝国的交往远远要比文献记载的丰富。汉籍只是提及汉与帕提亚之间的陆路交往的情形，事实上，帕提亚与汉代中国之间应该也存在着海路交往的关系。

两汉时期，不仅大量的希腊化文化信息通过汉人的所见所闻被带入了中原内地，而且一些带有希腊化因素的艺术式样也逐渐地渗透到了汉代中国的文化艺术中。以下略举数例。

第一，从帕提亚格里芬（Griffin）到两汉时期的有翼神兽。汉代有翼神兽的出现，是与希腊化时期普遍流行的格里芬观念密切相关的。汉地本无狮子。狮子一名最初见于《汉书·西域传》，原作"师子"，魏晋南北朝

---

① 参见杨巨平《传闻还是史实——汉史记载中有关西域希腊化国家与城市的信息》，《西域研究》2019 年第 3 期。

② 青海省文物管理考古队：《青海大通上孙家寨的匈奴墓》，《文物》1979 年第 4 期；俞伟超：《古代"西戎"和"羌"、"胡"文化归属问题的探讨》，《青海考古学会会刊》1980 年第 1 期（知网无，待查）；青海省文物考古研究所：《上孙家寨汉晋墓》，文物出版社 1993 年版，第 220 页；广州市文物管理委员会：《西汉南越王墓》，文物出版社 1991 年版；广西文物考古研究所、合浦县博物馆、广西师范大学文旅学院：《广西合浦寮尾东汉三国墓发掘报告》，《考古学报》2012 年第 4 期。

时期才写作"狮子"。根据目前的研究，笔者倾向于亨宁的观点，即汉语的师子来自于伊朗语 sarge。① 正是在汉通帕提亚后，汉代的石刻艺术中才普遍出现天禄、辟邪等有翼神兽的造型。学术界关于有翼神兽问题的争论由来已久，不论是出现的时间还是文化渊源，都存在很大的分歧。笔者以为，汉代有翼神兽从其文化渊源上来说是源出于西亚地区的，而且与狮子有着极大的关联。陈竺同指出，四川雅安高颐墓前石狮，"胸膛两旁各刻有翼，乃是西域安息的特殊作风"。② 此外，与雅安高颐墓前石狮相似的两汉时期的制品还有汉元帝渭陵寝殿出土的带翼玉狮、河南洛阳西郊出土的东汉石辟邪（现藏于国家博物馆）等。

帕提亚时期格里芬的造型及其艺术风格也通过丝绸之路流入中国。比如新疆尼雅木雕上的有翼神兽显然是对帕提亚时期青铜香炉上格里芬造型的模仿和延续。四川彭山出土的有翼神兽画像和哈特拉出土的帕提亚格里芬不仅形态相近，而且神兽的双翼、前爪以及尾部特征也极为相似。③ 此外，尼雅木雕上的有翼神兽和哈特拉的格里芬浮雕实际上更是同一艺术主题在不同地区被借用的证据。国内学者亦将该饰件的艺术渊源指向帕提亚时期的有翼狮子造型母题。④ 很显然，从帕提亚的格里芬到两汉时期造型艺术中的有翼神兽，明显地说明了帕提亚时期希腊化艺术通过帕提亚中转传入中国的事实。

第二，从帕提亚莱通到和阗人首牛头莱通。考古发掘已证实，古代的埃及、希腊、波斯以及称霸欧亚草原的斯基泰人那里，都有大量的莱通存世。1976 年，在和阗约特干遗址出土了一件人首牛头形莱通。该莱通高 19.5 厘米，为细泥黄陶制成。上塑人首，人物颧骨凸起，浓眉深目，高鼻大眼，胡人特征较为明显。下巴突出部分塑有一小牛头，牛角向内紧贴，

---

① 徐文堪：《外来语古今谈》，语文出版社 2005 年版，第 14 页；徐文堪：《欧亚大陆语言及其研究说略》，兰州大学出版社 2013 年版，第 175 页。
② 陈竺同：《两汉和西域等地的经济文化交流》，上海人民出版社 1957 年版，第 35 页。
③ 四川的格里芬图像见霍巍《胡人俑、有翼神兽、西王母的考察与汉晋时期中国西南的中外文化交流》，《九州学林》2003 年第 1 卷第 2 期，复旦大学出版社 2004 年版，第 88 页，图 21。哈特拉的帕提亚格里芬浮雕，藏于美国大都会博物馆。http：//www.metmuseum.org/toah/works-of-art/32.145a，b。
④ 林梅村：《丝绸之路考古十五讲》，北京大学出版社 2006 年版，第 125—127 页。

牛嘴部留有出水口。①

那么，和阗约特干人首牛头莱通是哪一个历史时期的艺术品呢？根据孙机的研究，这是萨珊时期流行的类型。② 穆舜英主编的《中国新疆古代艺术》认为其年代当在公元3—4世纪。马尔沙克认为是在公元3—5世纪。③祁小山、王博等编的《丝绸之路·新疆古代文化》将此类型的莱通归入唐代的艺术范畴，这也是目前较为普遍的一种认识，估计是受了唐代玛瑙兽首杯的影响。但根据帕提亚时期出土的莱通式样看，人首牛头莱通早在帕提亚后期就已出现。以美国大都会艺术博物馆所藏的一件人首牛头莱通为例，该莱通出土于美索不达米亚地区，高38.1厘米，宽15.2厘米，为釉陶制品。但需注意的是该莱通器身雕刻的女性，具有帕提亚时期典型的发型式样。因此，这件莱通当为帕提亚时期无疑。④ 同样地，卢浮宫也有类似的藏品，其质地依然是青绿釉，女性的发型分成两半并紧贴于双颊，显然是帕提亚时期常见的人物造型。⑤ 在这一类莱通中，学者们引用较多的是大英博物馆所藏的一件。该莱通高35.5厘米，宽12厘米，出土地点不明，为釉陶质料。吉尔什曼认为这是帕提亚时期的艺术品，并称："帕提亚时期的陶匠也制造带有模制饰品的釉莱通。"⑥ 因此，在对比研究后不难得出结论，即

---

① 约特干出土的共有三件，据说其中的一件流入艾尔米塔什博物馆，另外两件分藏于新疆维吾尔自治区博物馆和和阗博物馆。见穆舜英主编《中国新疆古代艺术》，新疆美术摄影出版社1994年版，第141—142页，图357、360；新疆维吾尔自治区文物事业管理局等主编《新疆文物古迹大观》，新疆美术摄影出版社1999年版，第97页，图0222。此外，在新疆阿图什市阿扎克乡也出土过此类型的莱通，见祁小山、王博主编《丝绸之路·新疆古代文化》，新疆人民出版社2008年版，第170—171页。

② 孙机：《玛瑙兽首杯》，载孙机《中国圣火：中国古文物与东西文化交流中的若干问题》，辽宁教育出版社1996年版，第183—184页；刘文锁：《角杯与"莱通"（Rhyton）》，载刘文锁《丝绸之路——内陆欧亚考古与历史》（欧亚历史文化文库），兰州大学出版社2010年版，第276页。

③ 穆舜英主编：《中国新疆古代艺术》，新疆美术摄影出版社1994年版，第202页；James C. Y. Watt, An Jiayao, Angela Falco Howard, *China: Dawn of a Golden Age, 200 – 750 AD*, Metropolitan Museum of Art, 2004, p.191.

④ Joan Aruz, "Rhyton with Female Head", *The Metropolitan Museum of Art Bulletin*, 59 (2), Autumn, 2001, p.13；同样的一件，还见于http://www.cais-soas.com/CAIS/virtual_museum/parthian/Artefacts/pottery_glass.htm。

⑤ http://www.louvre.fr/en/oeuvre-notices/rhyton.

⑥ Roman Ghirshman, *Persian Art: Parthian and Sassanian Dynasties, 249 B.C. – A.D. 651*, translated by Stuart Gilbert & James Emmons, Golden Press, 1962, p.111.

从文化渊源来说,和阗约特干人首牛头莱通应源于帕提亚时期的莱通造型。

二 帕提亚与佛教的外传

一般认为,佛教在公元以后开始通过中亚传入中国。文献和考古证据也证实,公元1—2世纪时佛教已开始流行于帕提亚帝国东部的马尔基亚纳地区。随着汉与帕提亚交往的深入,帕提亚僧人也通过丝绸之路东来中国。汉文佛藏对安世高和安玄的记载清楚地表明了这一点。从佛教外传的路径及其阶段特点来看,它是先从印度向西北、向北传入伊朗和中亚地区后才开始大规模向东输出的。这也意味着佛教在与伊朗和中亚地区与当地的文化相互渗透后,才逐渐向外流播。

(一)佛教在帕提亚的传播

佛教产生于公元前6世纪的印度。它到底何时传入中亚,它和当时的波斯帝国有无关系,学术界并无定论。目前在巴克特里亚地区还没有发现佛陀时代或者说是阿黑门尼波斯时代的佛教遗迹。但可以肯定的是,在阿育王(公元前272—前231年)时期,通过官方有组织的传布,佛教一度传入伊朗东部的锡斯坦、坎大哈地区。印伊边境地区出土的阿育王铭文,是目前了解前3世纪中期佛教西传伊朗最为有力的证据。

从时间来看,阿育王时期正值帕提亚立国之初,那时它的疆土还只限于里海附近。说佛教此时传入帕提亚帝国显然为时过早,但佛教在坎大哈等与伊朗接壤的地区传播,自然成为后来帕提亚人征服此地后所面临的一个文化遗产。虽然对于帕提亚与佛教关系的问题缺乏直接的文献证据,但一些间接的、零散的记载却为我们深入探讨这一问题提供了极其可贵的信息。第一,古希腊文献的记载暗示了佛教曾存在于帕提亚帝国。希腊化后期作家亚历山大·波里希斯托尔(Alexander Polyhistor,约前105—前35年)曾提及,在巴克特里亚地区存在着名为"Samanioi"的教士,并说这里有相信轮回转世的人。列维早已指出,"Samanioi"无疑是指佛教徒;[①]

---

① Sylvain Lévi, "Le bouddhisme et les Grecs", in Eli Franco edited, *Mémorial Sylvain Lévi*, Landmarks in Indology, Motilal Banarsidass Publishers Private Limited, 1996, p. 204.

第二，斯里兰卡佛教文献也保留了帕提亚帝国存在佛教信徒的信息。根据《大史》（Mahāvamsa）记载，国王杜多伽摩尼（Dutthagāmani，约公元前101—前77年①）建成大窣堵波后，各国僧侣前来其宫廷敬贺。其中，有"聪明的摩诃提婆（Mahādeva）带着四十六万比丘从巴拉婆普伽（Pallavabhogga）来了。"②《大史》提供的这一信息至为重要，而理解这一信息的关键在于对这几个地名的考证。根据盖格尔、李特文斯基以及普里（Baij Nath Puri, 1916—）和师觉月（Prabodh Chandra Bagchi, 1898—1956）等人的研究，"Pallavas"应该是印度—帕提亚人，因此，《大史》的记载便直接说明了佛教流行于帕提亚东部地区的事实；③ 第三，汉文佛藏关于安世高"出自安息"的记载。长期以来，由于汉文佛藏关于安世高的记载略有不同，以至于学界对安世高的身世众说纷纭，早期的争论中就有帕提亚王子说、木鹿地区帕提亚宗室旁支说和木鹿高僧说等三种分歧。④但大体来看，撇开分歧不论，各说的共同之处即都承认安世高是帕提亚人。

除了间接的文献证据外，学者们更多地还是以帕提亚时期伊朗东部地区佛教考古材料为依据，来说明佛教存在于帕提亚帝国的历史事实。前已论及，早在阿育王时期佛教即已西传进入伊朗东部的坎大哈地区。但是在此以后，佛教在东伊朗地区的发展如何，却因材料不足难以定论。根据考古发现，在阿姆河北岸的铁尔梅兹及其西北不远处的卡拉·特佩（Kara Tepe）都存在大量的佛教遗迹。考古学家不仅在卡拉·特佩发现了较大的佛寺，而且还发现了大量的石头和灰泥材料的雕塑和绘画以及百余件佉卢文和婆罗米文的铭文。李特文斯基据此认为，佛教开始流行于这一地区是

---

① 关于杜多加摩尼在位的时间，另有公元前104—前80年和公元前161—前137年等不同说法。

② The Mahāvamsa or The Great Chronicle of Ceylon, translated into English by Wilhelm Geiger and Mabel Haynes Bode, Pali Text Society, London, 1912, p.194, note 2 & 3；[斯里兰卡] 摩诃那摩等：《大史——斯里兰卡佛教史》（上），韩廷杰译，佛光文化事业有限公司1996年版，第214页。引文据韩廷杰译本，略有变动。

③ Boris A. Litvinsky, "Buddhist Sites in Afghanistan and Central Asia", Encyclopaedia Iranica; P. C. Bagchi, India and China: A Thousand Years of Cultural Relations, Bombay: Philosophical Library, 1950, pp.29-30；B. N. Puri, Buddhism in Central Asia, Motilal Banarsidass Publishers Private Limited, 1987, pp.96-97.

④ 李铁匠：《安世高身世辨析》，《江西大学学报》1989年第1期。

在公元 1—2 世纪，在公元 3—4 世纪时达到顶峰，在 5 世纪始趋于衰落。① 斯塔维斯基则认为这里成为佛教中心是在公元 2—3 世纪。② 此外，普里根据卡拉·特佩稍南的埃尔塔姆（Ayrtam）出土的实物认为，这一地区的佛寺是公元 1 世纪时期所建。③ 因此，我们可根据这些研究暂认为佛教开始流行于巴克特里亚地区是在公元 1—2 世纪。但这些遗址大多属于贵霜时期，可能与帕提亚王国无关，但可证明佛教在中亚的传播及其范围。帕提亚帝国由此受到佛教的影响也很有可能。

关于佛教在帕提亚时期最西的活动区域历来是佛教传播史研究的一个难题。在 20 世纪 40 年代，法国学者福歇（Alfred Foucher）曾在考古材料的基础上推测认为，佛教历史上从来不曾流行于巴尔赫和坎大哈一线以西的地区（即所谓的"福歇线"）。④ 但是，20 年后苏联学者在马尔基亚纳的考古发掘却有力地驳斥了福歇的结论。1962 年，以老马尚（M. E. Masson）为首的考古队在吉阿尔·卡拉（Gyaur-Kala）遗址的东南处发现了一座 2 世纪的佛寺，其中有一红色窣堵波和佛头塑像。⑤ 从目前考古发掘的情况来看，木鹿地区还陆续发现有佛寺、窣堵波、陶质的圣物盒、带有佛教内容的黏土饰板以及犍陀罗式样的各类雕塑。这一发现也证实了杜环《经行记》所说木鹿城中有"两所佛寺"的记载。⑥ 科舍伦科认为，约至 2 世纪中期，木鹿可能已发展为帕提亚帝国东部的佛教中心。⑦ 3 世纪以后大量的装饰有绘画和雕塑的佛教建筑出现，证实了佛教进一步发展的势头。木鹿本为丝路贸易的交通枢纽，是印度西北和伊朗东部经济和文化交流的前沿。也

---

① Boris A. Litvinsky, "Buddhist Sites in Afghanistan and Central Asia", *Encyclopaedia Iranica*.
② Boris J. Stavisky, " 'Buddha-Mazda' from Kara-tepe in Old Termez (Uzbekistan): A PreliminaryCommunication", *Journal of the International Association of Buddhist Studies*, Vol. 3, No. 2, 1980, pp. 89 - 94.
③ ［意大利］马里奥·布萨格里、［印度］查娅·帕塔卡娅、B. N. 普里等：《中亚佛教艺术》，许建英、河汉民编译，新疆美术摄影出版社 1992 年版，第 379 页。
④ A. Foucher & E. Bazin-Foucher, *La vieille route de l'Inde de Bactres à Taxila*, Vol. I, 1942, pp. 155 - 157; Vol. II, 1947, pp. 281 - 282.
⑤ ［苏联］弗鲁姆金：《苏联中亚考古》，黄振华译，新疆维吾尔自治区博物馆 1981 年版，第 66 页。
⑥ （唐）杜环：《经行记笺注》，张一纯笺注，中华书局 1963 年版，第 59 页。
⑦ G. A. Koshelenko, "The Beginning of Buddhism in Margiana", *Acta Antiqua Academiae Scientiarum Hungaricae*, 14, 1966, p. 182.

许是居间的印度—帕提亚王国搭建了佛教从印度传入帕提亚帝国的平台。[①]但不论如何,木鹿佛迹的被发现证实了佛教在帕提亚帝国东部的流行。

(二) 帕提亚与佛教的外传——以安世高为例

1. 安世高问题

丝绸之路开通以后,汉地与中亚、印度和伊朗地区交往更甚于前。丝绸贸易开展的同时,佛教也通过各种渠道逐渐流入中国。在这一过程中,外西域地区的译经僧扮演了重要的历史角色。汤用彤先生曾说:"佛法来,先经西域。在汉代,我国佛教渊源,首称大月氏安息与康居三国。"[②] 佛教在传入中国之初,因译典缺乏,"又与道流牵合附益,遂不显其真面目。……及至安清支谶等,相继来华,出经较多,释迦之教,乃有所据。"[③] 许理和(Erik Zürcher,1928—2008)则说,安世高是中国佛教史的第一人,中国正规译经活动正是由其开创的。[④] 可见,以安世高为首的帕提亚僧人在佛教东渐入华的作用受到学者们的高度重视。

长期以来,学术界对于安世高的身世问题还存在很多的争议。近些年来,有人又进一步认为安世高系布哈拉人。此说最早由日本学者桑原骘藏提出,后来德国学者克林凯特(Hans-Joachim Klimkeit)亦持此说。近几年来,法国学者特蓝布赖(Xavier Tremblay)又再次认为安世高不是帕提亚帝国王室中人,而是索格底亚那地区布哈拉的王子。主要的理由是没有文献可以说明佛教曾流行于帕提亚人中间,而且中国与帕提亚并无常规性往来关系,中国史书曾称呼布哈拉为安国。[⑤] 但布哈拉在两汉时期不见于史书记载,而且这一地区也曾在帕提亚帝国的控制之下。因此,不论他是否

[①] G. A. Pugachenkova and Z. Usmanova, "Buddhist Monuments in Merv", in A. Invernizzi ed., *In the Land of the Gryphons*, *Papers on Central Asian Archaeology in Antiquity*, Florence, 1995, p. 81.

[②] 汤用彤:《汉魏两晋南北朝佛教史》,昆仑出版社 2006 年版,第 75 页。

[③] 同上书,第 58 页。

[④] Erik Zürcher, *The Buddhist conquest of China: the Spread and Adaptation of Buddhism in Early Medieval China*, with a foreword by Stephen F. Teiser, 3d ed., Leiden: Brill, 2007, p. 32.

[⑤] Xavier Tremblay, "The Spread of Buddhism in Serindia: Buddhism among Iranians, Tocharians and Turks before the 13th Century", in Ann Heirman and Stephan Peter Bumbacher (eds.), *The Spread of Buddhism*, Brill, 2007, pp. 92 – 93.

布哈拉人都不影响他安息人身份的认定。关于安世高身世的记载,可见于汉末魏初以后的相关佛典和正史一类的文献。略摘如下:

有菩萨者,出自安息,字世高。(严浮调《沙弥十慧章句序》)

安侯世高者,普见菩萨也。捐王位之荣,安贫乐道。(陈氏《阴持入经注序》)①

有菩萨名安清,字世高。安息王嫡后之子。让国与叔。(康僧会《佛说大安般守意经序》)②

汉之季世,有舍家开士安清,字世高,安息国王之太子也。(谢敷《安般守意经序第四》)③

此外,从东晋以降至北宋时期的文献,如道安《地道经序》、林宝《元和姓纂》、梁僧佑《出三藏记集》、慧皎《高僧传》,以及《魏书》和《新唐书》皆有对安世高身份的记录。总的来看,时间越靠后的文献,记载反而越不足信,反之越是早期的记载则越为可信。比如浮调为世高嫡传弟子,其所言虽简,但最为可信。

近代学者在上述材料的基础上,结合帕提亚历史与佛教考古信息,对安世高的身世问题进行了新的探索,目前的认识大致有六种。第一种认为安世高是帕提亚王子。此说源于陈氏《阴持入经注序》的记载,陈氏本名密,曾目睹世高说法,因此他的记载"颇可信也"。④ 第二种认为安世高是帕提亚遣汉质子。慧远最早提出这一说法。此后《魏书》和《新唐书》皆采用这一说法。意大利学者富安敦(Antonino Forte,1940—2006)在其《质子安世高及其后裔——一个伊朗家族在中国》中认为,安世高是帕提亚王国的质子,但似乎不是一位僧人。⑤ 第三种认为安世高是帕提亚宗室

---

① 《大正新修大藏经》第三十三册,第1694页。
② 《大正新修大藏经》第十五册,第602页。
③ 《大正新修大藏经》第五十五册,第2145页,《出三藏记集序》卷第六,"安般守意经序第四"。
④ 汤用彤:《汉魏两晋南北朝佛教史》,昆仑出版社2006年版,第60页。
⑤ Antonino Forte, "The Hostage An Shigao and His Offspring: An Iranian Family in China", *Italian School of East Asian Studies Occasional Papers* 6, Kyoto: Istituto Italiano di Cultura, Scuola di Studi sull' Asia Orientale, 1995.

旁支的成员。持此说者有匈牙利学者哈尔马塔（J. Harmatta）和苏联学者科舍伦科。第四种认为安世高不是帕提亚王子，而是帕提亚帝国木鹿地区的一位僧人而已。张广达先生根据苏联学者的考古发掘，认为安世高"多半是来自与贵霜毗邻的马尔基亚纳地区"的译经大师。[①] 第五种认为安世高是布哈拉人。前已述及，持此说者多认为汉代以后的安息即布哈拉地区的安国。因为《隋书·西域传》说："安国，汉时安息国也"。第六种认为安世高是印度西北地区印度—帕提亚王国的成员，如魏义天就说"安世高的名字很容易让人联想到帕提亚帝国，但是他很可能是2世纪中期统治印度—帕提亚边境地带且皈依了佛教的王子，而非帕提亚伊朗的王子。……安世高很可能源出于印度西北的印度—帕提亚王国。"[②] 总之，以上各说虽存在分歧，但除了布哈拉人说之外，其余各说皆有一个共同之处，即认为安世高是帕提亚人。

安世高入华时期较早，其所译经数量多，被后世称之为"群译之首"。许理和说，正是安世高发起了系统的佛典翻译运动并组织了第一个译经队伍。[③] 除了安世高之外，两汉时期帕提亚入华僧人还有安玄。根据《高僧传·支娄迦谶传》和《出三藏记集》，安玄是汉灵帝时期来华的帕提亚僧人，其精通梵文，在学习了汉文之后，与沙门严浮调一起翻译佛经。很显然，佛教东渐入华，帕提亚佛僧贡献尤多。

2. 帕提亚在佛教外传中的角色

由于帕提亚本身处于丝路贸易的居间地带且长期受印度影响，所以帕提亚在接受佛教的同时，自然而然地担当了佛教的传输者。著名的德国伊朗学家埃默瑞克在论及伊朗人对佛教的贡献时说，虽然这些伊朗人与西方世界有过接触，熟悉伊朗的文化传统，但是他们在中国新疆地区很活跃，

[①] [苏联] V. M. 马尚：《千城之国》，莫斯科科学出版社1966年俄文版，第121页；转引自李铁匠《安世高身世辨析》，《江西大学学报》1989年第1期；V. M. Masson, "Short Notice: Merv, The 'Soul of Kings' In World Histor", *Iran*, Vol. 29, 1991, pp. 181–183；张广达《论隋唐时期中原与西域文化交流的几个特点》，《北京大学学报》1985年第4期。

[②] Etienne de la Vaissière, *Sogdian Traders: A History*, translated by James Ward, Leiden: Brill, 2005, pp. 77–78.

[③] Erik Zürcher, *The Buddhist Conquest of China*, with a foreword by Stephen F. Teiser, 3d ed., Leiden: Brill, 2007, p. 32.

他们对佛教思想和文化的大部分影响是在这个地区产生的。[1] 张广达也曾说，东汉至魏晋南北朝时期的佛教典籍，往往都是出自帕提亚和大月氏的译经师。因此缘故，同时期的佛教典籍也多从帕提亚语或者犍陀罗语而来，而非直接出自梵英原本。[2] 此外，佛教艺术的产生、外传和流变是一个历史性的过程。丝绸之路上的佛教艺术，不仅包含印度文化因素、希腊文化因素，而且还包括伊朗文化因素。帕提亚时期是丝绸之路初兴的时期，也是佛教艺术外传的时期，因此这一时期的佛教艺术自然也打上了帕提亚文化艺术的烙印。比如，有学者就认为正是帕提亚人对人物肖像的正面描绘以及他们的服饰装束等内容带入了犍陀罗艺术当中。同时，帕提亚人还将自己最具特色的"伊万"（Iwan）式建筑式样（正面向外、下为三面矩形围墙、上为拱形的建筑）带入了佛教建筑艺术中。比如巴米扬大佛便采用了帕提亚的伊万式建筑风格。[3] 这些皆说明，帕提亚艺术对于佛教艺术的贡献是不可小觑的。

汉传佛教初期的一些术语，也源于帕提亚语，这是帕提亚人在佛教传入中国过程中留下的历史印痕。伯希和曾说，公元2—3世纪以安世高为首的佛教第一批大翻译家多是伊朗人，所以诸如与无量光明阿弥陀佛及其西方乐土有关的佛理，都深为伊朗思想所渗透。一些看来是抄自佛教的术语和专名，却是借用伊朗语的形式传入中国的。[4] 因此，中国的佛教自然也带有伊朗文化的很多因素。就佛教东渐入华的历史过程而言，帕提亚人既是一个中介者，同时也是一个输出者。略需补充的是，由于文献记载和考古材料的严重缺失，帕提亚时期佛教西传问题仍然是一个未

---

[1] Ronald E. Emmerick, "BUDDHISM i. In Pre-Islamic Times", *Encyclopaedia Iranica*，他所说的伊朗人是一个宽泛的概念，但其中也包括帕提亚人。

[2] 张广达：《论隋唐时期中原与西域文化交流的几个特点》，《北京大学学报》1985年第4期；David Alan Scott, "The Iranian Face of Buddhism", *East and West*, Vol. 40, No. 1/4, December, 1990, pp. 43-77.

[3] 罗世平、齐东方：《波斯和伊斯兰美术》，中国人民大学出版社2004年版，第55页；B. Rowland, *The Art of Central Asia*, New York: Crown Publishers, Inc., 1974, p. 102; David Alan Scott, "The Iranian Face of Buddhism", *East and West* (Rome) 40, 1990, pp. 43-77.

[4] P. Pelliot, "Les Influences Iraniennes en Asie Centrale et en Extrême-Orient", *Revue d'histoire et de littérature religieuses*, N.S.3, 1912, pp. 97-119. 引自林悟殊《摩尼教及其东渐》，中华书局1987年版，第57—58页。

解的谜。

总之，帕提亚帝国兴起于希腊化世界各文明相互交融的时代，同时也是丝绸之路联通东西，互通有无的时代。帕提亚与丝绸之路的关系其实构成了一种多层面、全方位的互动关系。

小　结

帕提亚帝国兴起于希腊化世界各文明相互交融的时代，同时也是丝绸之路连接东西，互通有无的时代。帕提亚与丝绸之路的关系其实构成了一种多层面、全方位的互动关系。帕提亚是最早与中国西汉王朝建立正式外交和贸易关系的丝路国家之一。中国的丝绸在很大程度上就是通过它经陆路或海路辗转抵达地中海世界的。由于它是从原来的塞琉古王国独立并逐渐发展而来，它在建国初期受到希腊化文化的影响较大。但随着疆土的扩大，希腊化世界的式微，它的伊朗化色彩也越来越浓。新的外来文化，如佛教，也在帝国的东部开始传播。因此，帕提亚通过丝路传入中国的文化信息因时因地而异，具有多元文化的特征。

（执笔：王三三）

第三章　贵霜帝国与丝绸之路

公元前139—前138年间，张骞奉汉武帝之命出使西域，试图联合西迁的大月氏人对抗双方共同的敌人——匈奴。然而，张骞的游说最终未能成功，大月氏人婉拒了张骞的请求。失望的张骞在给汉武帝的报告中，留下了"（大月氏）既臣大夏而居，地肥饶，少寇，志安乐，又自以远汉，殊无报胡之心"①的感慨。不过，后世的历史却证明，正是这个从中国西北被迫迁走的民族，在古代文明史上留下了他们不朽的丰碑。公元1世纪前后，大月氏人在贵霜翎侯丘就却的努力下，最终统一。他们"侵安息、取高附，又灭濮达，罽宾，悉有其国"，不仅建立起了地跨中亚和印度的贵霜帝国，也揭开了丝绸之路发展史的新篇章。

贵霜帝国与丝绸之路的关系是近年来丝路研究领域关注的重点，但就贵霜帝国在丝绸之路形成过程中所扮演的角色、贵霜帝国在丝绸之路文化传播融合中所起的作用而言，目前的研究还有待深入。本章试图以贵霜帝国和丝绸之路的互动为主线，以资料较为丰富的贵霜城市、钱币和宗教艺术为切入点，对这两个问题做一些说明。

第一节　贵霜帝国与丝绸之路关系的确立

贵霜帝国与丝绸之路的渊源可以追溯到它的前身大月氏人时期。大月

---

① （东汉）班固：《汉书》卷六十一《张骞李广利传》，中华书局1962年版，第2688页。

氏人曾游牧于中国的敦煌、祁连之间，他们可能就是中原地区最早与西部连通的"玉石之路"的开拓者。他们从事贸易的路线及西迁的路线就是张骞日后西域凿空的路线。即使是到达中亚，分成五翕侯之后，大月氏人也依然积极参与丝路经贸往来。正是在他们的努力下，贵霜帝国与丝绸之路的关系逐渐得以确立。

一　大月氏人的早期活动与丝绸之路的开拓

虽然，有关贵霜帝国的建立者，学界尚存争议，但大部分学者还是依据《后汉书·西域传》中的记载，将大月氏人作为贵霜帝国的建立者。[①]当他们居住于祁连、敦煌一带时就已经和中原王朝产生过一定的交流和互动。不过，由于文献记载比较缺乏，加之，大月氏人此时还在游牧阶段，它与农耕世界的交换是不固定的、随机的。有关情况，我们只能通过零星的文献记载和有限的考古资料进行推理分析。

马匹应该是月氏人的主要输出品。《逸周书·王会解》中就有"禺氏騊駼"一说。[②] 按照余太山的解释，这里的"禺氏"等词语实际上就是"月氏"一词的同名异译。[③] 而"騊駼"应该指的是一种马匹。在《史记·匈奴列传》中就有"（匈奴）奇畜则橐驼、驴、骡、駃騠、騊駼、驒騱"的记载。[④] 颜师古在注释中的解释是"（騊駼）似马而青"。[⑤] 按照芮传明的解释，"騊駼"很有可能就是今天的蒙古马，因为在相关记载中，这类马匹大多产于北方。[⑥]

[①] 《后汉书·西域传》中曾经明确提到："大月氏国，居蓝氏城，西接安息，四十九日行，东去长史所居六千五百三十七里，去洛阳万六千三百七十里。户十万，口四十万，胜兵十余万人。初，月氏为匈奴所灭，遂迁于大夏，分其国为休密、双靡、贵霜、肸顿、都密，凡五部翕侯。后百余岁，贵霜翕侯丘就却攻灭四翕侯，自立为王，国号贵霜。侵安息。取高附地。又灭濮达、罽宾，悉有其国。丘就却年八十余死，子阎膏珍代为王。复灭天竺，置将一人监领之。月氏自此之后，最为富盛，诸国称之，皆曰贵霜王。汉本其故号，言大月氏云。"详见（南朝·宋）范晔《后汉书》卷八十八《西域传》，中华书局1965年版，第2920—2921页。

[②] 黄怀信、张懋镕、田旭东：《逸周书汇校集注》，上海古籍出版社1995年版，第875—879页。

[③] 余太山：《塞种史研究》，商务印书馆2012年版，第87页。

[④] （西汉）司马迁：《史记》卷一百一十《匈奴列传》，中华书局1959年版，第2879页。

[⑤] 同上书，第2880页。

[⑥] 芮传明：《中国与中亚文化交流志》，上海人民出版社1998年版，第76页。

大月氏人用于交换的另一种特产是玉石,这也是大月氏人历史上最为重要的贸易品。《管子·国蓄篇》曾说,"珠起于赤野之末光,黄金起于汉水之右衢,玉起于禺氏之边山,此度距周七千八百里,其途远至而难。故先王各用于其重,珠玉为上币,黄金为中币,刀布为下币"。[①] 这里提到的禺氏,很可能就是月氏。

关于"玉石之路"的存在,学界多有论述。杨伯达以安阳妇好墓出土的玉器为依据提出,距今3300年以前,从新疆和田到河南安阳存在着一条玉石贸易之路。[②] 臧振以《山海经》《穆天子传》为依据,对玉贸易的路线进行了梳理,他认为从东部沿海的良渚、红山、石峡等新石器文化遗址到喀什之间,存在着广泛的玉石贸易。[③] 张如柏对"玉石之路"的走向进行了全面梳理,他进一步指出,和田玉东输主要有南北两线,北线主要从和田出发,经叶城、阿克苏、库车、哈密、嘉峪关、武威、兰州最后到达中原;南线主要经且末、若羌、玉门关、敦煌,嘉峪关,武威、兰州到达中原。大月氏人、羌人、塞人在玉石的开采、输送和贸易中扮演了非常重要的角色。[④]

在匈奴未崛起前,大月氏人是丝路东段的霸主。依据《汉书·西域传》:"大月氏本行国也,随畜移徙,与匈奴同俗。控弦十余万,故强轻匈奴。本居敦煌、祁连间,至冒顿单于攻破月氏,而老上单于杀月氏王,以其头为饮器,月氏乃远去,过大宛,西击大夏而臣之,都妫水北为王庭。其余小众不能去者,保南山羌,号小月氏。"[⑤]《括地志》中也有记载:"凉、甘、肃、延、沙等州地,本月氏国"。[⑥] 林梅村曾经对吐鲁番交河故城沟北墓地、洋海墓地、巴里坤东黑沟等考古遗存进行过分析,他认为这些遗存的创造者并非大家所认为的车师人,而是大月氏人以及其西迁后留在当地的小月氏遗民。[⑦] 可见,大月氏人实际控制范围很大,其一度控制

---

① 李山译注:《管子》,中华书局2009年版,第347页。
② 杨伯达:《中国古代玉器面面观》,《故宫博物院刊》1989年第1期。
③ 臧振:《玉石之路初探》,《人文杂志》1994年第2期。
④ 张柏如:《中国古代玉石之路初探》,《中国宝玉石》1995年第3期。
⑤ (东汉) 班固:《汉书》卷九十六《西域传》,中华书局1962年版,第3890—3891页。
⑥ (唐) 李泰等:《括地志辑校》,贺次君辑校,中华书局1980年版,第224页。
⑦ 林梅村:《大月氏人的原始故乡:兼论西域三十六国的形成》,《西域研究》2013年第2期。

玉石之路的贸易是有可能的。

2007年，甘肃省文物考古研究所和北京大学考古文博学院在甘肃西北的马鬃山县进行早期玉石之路的调查时，发现了一处古玉矿遗址。该遗址自青铜时代晚期开始开采，沿用至东汉，甚至晚至魏晋时期，是甘肃境内目前所发现的唯一一个早期玉矿遗址，也是中国目前发现的最早的玉矿遗址。① 依据叶舒宪的梳理，从马鬃山到中原的玉石输送线大概形成于四坝文化（该文化主要分布于甘肃省河西走廊中西部地区，距今3900—3400年）衰落和游牧民族兴起的时期。② 从地理上看，该遗址距敦煌也不是太远，符合《管子》中的"禺氏之边山"一说。所以，大月氏人极有可能曾经控制过该地。

大月氏人的商贸路线很可能延伸到阿尔泰山和伊塞克湖（Issyk-Kul）等地。在现今俄罗斯阿尔泰地区巴泽雷克古墓（Pazyryk Cemetery）中出土的凤凰纹刺绣和山字纹铜镜，在阿尔泰边区突亚赫塔（Tuiakhta）古墓中出土的与我国洛阳古墓出土物相似的眼珠状玻璃珠，就是阿尔泰地区和中原王朝早期贸易的证据。③ 匈牙利学者哈尔马塔（J. Harmatta）甚至还认为阿尔泰地区也曾是大月氏人的故土。④ 不过，由于材料的相对缺乏，笔者更倾向于认为，只是月氏人的贸易路线延伸到了阿尔泰地区。据俄国学者赞德涅普罗夫斯基（Zadneprovsky）的考证，大月氏的墓葬有其自身的特点，它们大多被称为"Podboy"墓，一般为竖井墓或者砖饰墓，墓室大多不居中，以东西方向和南北方向分成AB两大类型。从地域上看，这类墓

---

① 该遗址已经过多次发掘，参见陈国科等《甘肃肃北马鬃山古玉矿遗址调查简报》，《文物》2010年第10期；赵建龙《甘肃肃北马鬃山玉矿遗址2011年发掘简报》，《文物》2012年第8期；陈国科《甘肃肃北县马鬃山玉矿遗址》，《考古》2015年第7期。

② 叶舒宪、古方主编：《玉成中国——玉石之路与玉兵文化探源》，中华书局2015年版，第286—288页。

③ Jorg Biel, "Treasure from a Celtic Tomb" *National Geographic*, Vol. 157, No. 3, March, 1980, pp. 429–438. 以及［苏联］С. И. 鲁金科《论中国与阿尔泰部落的古代关系》，《考古学报》1957年第2期；［德］卡尔·耶特马尔（K. Jettmar）《突厥人以前的阿尔泰》，《远东古物博物馆刊》1951年第23号，第165、197—198页。参见孙培良《斯基泰贸易之路和古代中亚的传说》，《中国中外关系史学会会议论文集》，1981年。

④ J. Harmatta ed., *The History of Civilizations of Central Asia II*, *The Development of Sedentary and Nomadic Civilizations*, Paris: UNESCO Publishing, 1994, pp. 177–178.

葬分布非常广泛，从费尔干那谷地、伊犁河、塔里木盆地北沿的天山南麓，一直延伸到甘肃境内，很可能就是大月氏人活动于这一地区的证据。[①]大月氏人与伊塞克湖畔的游牧人很可能也保持着一定的联系。因此，当公元前176年前后，大月氏人被匈奴逐出敦煌、祁连一带时，他们逃亡的路线首选的就是伊犁河、伊塞克湖一线。

到达伊犁河和楚河的大月氏人并未驻足太久。乌孙王昆莫后来联合匈奴向他们发动进攻，迫使他们继续向西迁移。《汉书·张骞李广利传》中的"大月氏复西走，徙大夏地"[②] 说的应该就是这一事件。《汉书·西域传》提到的"大月氏西君大夏，塞王南君罽宾"[③] 就是这一事件的结果。

有关大月氏人第二次西迁的路线存在一定的争议。《史记·大宛列传》和《汉书·西域传》都曾经提及，大月氏在到达阿姆河北岸前，曾途径大宛。但是，大月氏人如何经过大宛，史无明确记载。

克雷格·本杰明（Craig G. R. Benjamin）认为从伊犁河出发的大月氏人主要有两条路线：第一条是北线，从哈萨克斯坦南部的阿拉木图（Almaty）到吉尔吉斯斯坦的比什凯克（Biskek），然后向西进入哈萨克斯坦的塔拉斯（Taraz），接着折向西南，经乌兹别克斯坦的塔什干、撒马尔罕，最后到达铁尔梅兹。另一条是南线，从阿拉木图出发，从比什凯克折向西南，从现今吉尔吉斯斯坦的卡拉-巴尔特（Kara-Balty）附近的山路（如Tus-Asuu、Ala-Bell等山谷），再沿纳伦（Naryn）地区的边缘，越过锡尔河上游的支流，进入费尔干那地区，然后向西，到达撒马尔罕，最后从撒马尔罕到达阿姆河北岸。[④]

笔者认为大月氏人主要走的可能是南线。一方面，乌孙在大宛东北，大月氏人沿北线迁移确实存在一定的风险。另一方面，费尔干那谷地北部与东部发现的大月氏人墓地较少，西部和西南部的墓地较多，显示出大月

[①] Y. A. Zadneprovsky, "Migration Path of the Yueh-chih Based on the Archaeological Evidents", *CIAA*, No. 9, 1999, pp. 3–10.

[②] （东汉）班固：《汉书》卷六十一《张骞李广利传》，中华书局1962年版，第2692页。

[③] （东汉）班固：《汉书》卷九十六《西域传》，中华书局1962年版，第3884页。

[④] C. Benjamin, *The Yuezhi: Origin, Mirgration and Conquest Northern Bactria*, Turnhout: Brepols Publishers, 2007, pp. 142–143.

氏人的大部分流向应该是南道。① 同时，在费尔干那谷地西南，曾发现了300处集中埋葬的大月氏墓地，时间也许是在公元前133年或132年冬之间，距离大月氏离开伊犁河不久。②

然而，张骞追寻大月氏的路线似乎与大月氏的西迁路线有所不同。张骞从匈奴逃脱，向西走数十日后，到达大宛。由此到康居，最后到达大月氏。③ 值得注意的是，张骞在这次西行中成功面见了大宛王，可见他应该到达了大宛的都城。据《汉书·西域传》，大宛都城是贵山城。④ 根据近代学者的考证，贵山城一般被认为是现今塔吉克斯坦（Tajikstan）的苦盏城（Khojand），也就是原来亚历山大东征时所建的"最远的亚历山大里亚"。⑤ 从地理上看，该城位于费尔干那谷地西端，这就证明，张骞实际上已经穿越了整个费尔干那谷地，并由此先抵康居，再南下至已经迁徙定居到妫水北的大月氏。

虽然，从路程上看，张骞西行的路线与大月氏人在中国西北地区的商贸活动范围及西迁路线并不完全重合，但张骞西行的大方向与大月氏的西迁路线大体上是一致的。张骞的西域凿空，在某种意义上就是追寻大月氏的结果。

二 大月氏五翕侯与丝路中亚段的扩展

到达阿姆河流域后，大月氏人自然成了远东希腊化文化遗产的主要接受者和继承人。原来的巴克特里亚希腊人王国（大夏）先是他们的属国，后来又被他们全部占领，并分属他们的五翕侯管辖。不过，有关大月氏五翕侯出现的具体时间和所在位置，学界亦是众说纷纭。因此，要探讨

---

① Y. A. Zadneprovsky, "Migration Path of the Yueh-chih Based on the Archaeological Evidents", *CIAA*, No. 9, 1999, pp. 3 – 10.
② C. Benjamin, *The Yuezhi*: *Origin*, *Mirgration and Conquest Northern Bactria*, Turnhout: Brepols Publishers, 2007, pp. 146 – 147.
③ （东汉）班固：《汉书》卷九十六《西域传》，中华书局1962年版，第3891页；（南朝·宋）范晔：《后汉书》卷八十八《西域传》，中华书局1965年版，第2922页。
④ 同上书，第3894页。
⑤ 关于苦盏城的研究情况见：G. M. Cohen, *The Hellenistic Settlements in the East from Armenia and Mesopotamia to Bactria and India*, Berkeley: University of Califonia Press, 2006, pp. 252 – 255。

大月氏在丝绸之路上的活动，就需要对五翎侯之所在进行一次简要的梳理。

五翎侯的分化很可能发生在张骞"凿空"之后。因为在《史记·大宛列传》中，张骞只提及大月氏人居于妫水北岸，没有提及五翎侯的存在。有关大月氏"五翎侯"的记载，首次出现在《汉书·西域传》中，其后的《后汉书·西域传》和《魏书·西域传》也提供了有关的信息。不过，关于五翎侯的名称，《汉书》和《后汉书》的记载有所不同，前者是休密、双靡、贵霜、肸顿、高附，后者以都密代替高附。[①]

在五翎侯中，休密翎侯和双靡翎侯的争议较小。大部分学者认为，休密翎侯大致位于今天的瓦罕河谷附近的库迈德（komedae）地区。最早提出这一说法的是英国考古学家坎宁汉（A. Cuningham），后来得到了日本学者白鸟库吉（Shiratori Kurakichi）、法国学者沙畹（Edouard Chavannes）等诸多国外学者的支持，我国学者岑仲勉和余太山也基本支持这一观点。[②] 2013 年，在德国梵语学家法尔克（Harry Falk）主持召开的贵霜史料国际研讨会（柏林）上，与会学者基本上认同法国学者葛乐耐（Frantz Grenet）对月氏五翎侯的考证，认为大月氏到达中亚后，最初定居于从阿姆河上游的瓦赫什河谷（Wakhsh Valley）到铁尔梅兹（Termez）之间希萨尔—拜松—库伊唐（Hisar-Baisun-Kuhitang）山脉一线的弧形地带。[③] 以此类推，休密翎侯很可能位于塔吉克斯坦卡拉腾吉（Karategin）附近的瓦赫什河（Wakhsh）上游谷地。

关于双靡翎侯的位置主要有两种说法：第一种说法以我国学者岑仲勉、余太山为代表，认为该地大概位于现今巴基斯坦的吉德拉尔（Chitral）

---

① 见（东汉）班固《汉书》卷九十六《西域传》，中华书局 1962 年版，第 3891 页；（南朝·宋）范晔《后汉书》卷八十八《西域传》，中华书局 1965 年版，第 2921 页。

② 相关观点见：《汉书西域传地里校释》，岑仲勉校，中华书局 1981 年版，第 231—232 页；余太山《塞种史研究》，商务印书馆 2012 年版，第 24—51 页。

③ Harry Falk, *Kushan Histories*: *Literary Sources and Selected Papers from a Symposium at Berlin*, December 5 to 7, 2013, Bremen: Hempen Verlag, 2015, pp. 111 – 115. 葛乐耐的观点见：Frantz Grenet, "Nouvelles Données sur la Localization des Cinq Yabghus des Yuezhi. L'arrière Plan Politique de L'itinéRaire des Marchands des Maès Titianos." *Journal Asiatique* 294/2 (2006), pp. 325 – 341。中译见［法］弗兰茨·葛乐耐《关于月氏五翎侯地点的新材料——商人马埃斯·提提安努斯游历的政治背景》，王楠译，《西域文史·第 7 辑》，科学出版社 2012 年版。

附近。① 这一说法的依据主要是《魏书·西域传》。其中说道："折薛莫孙国，故双靡翎侯，都双靡城，在伽倍西，去代一万三千五百里，人居山谷间"。② 这与吉德拉尔的地理环境非常相符。持类似观点的还有希尔（J. E. Hill），他同样以《魏书·西域传》的记载为依据，并援引斯坦因、沙畹和列维（S. Levi）的考证，最终认为双靡翎侯应位于现今瓦罕地区的舒格南（shighnan）附近。③ 相对于前一种观点，以葛乐耐为代表的观点目前更为学者们所接受，他认为"双靡"一词应该与早期阿拉伯史料中的Shuman 国有关。该国的都城与国名相似，大致位于现今塔吉克斯坦首都杜尚别以西，卡菲尔尼干（Kafirnigan）河和苏尔汉河（Surkhan Darya）之间的希萨尔地区（Hissar）。④ 此说法的主要依据是著名的达尔弗津·特佩（Dalvezin Tepe）和卡尔恰扬的贵霜遗址恰好都在希萨尔附近。

在这个问题上，虽然各家观点存在争议，但是，大部分都是可以调和的。杨巨平曾经提出过一个推测，他认为，大月氏可能原有五部，至少在到达阿姆河之北并臣服大夏后分为五部，后来随着对阿姆河南之地实际占领，此地同样分属五部分而治之。也就是说，最初五部主要分布于阿姆河之北，后来南移于残余的河南大夏之地，但五部还保留，各自的属地或有所增加或改变。所以，《汉书》才有五翎侯的说法，张骞时代还没有提到五部，说明那时还没有分为五部。五部翎侯应该是大月氏扩张的结果。⑤

美国学者杰弗瑞·勒纳（J. D. Lerner）在《大月氏霸权下的东巴克特里亚》一文中，也曾提出过一个推测：大月氏人到达中亚后，并不是直接

---

① 岑仲勉：《汉书西域传地里校释》，中华书局 1981 年版，第 231—232 页；余太山：《塞种史研究》，商务印书馆 2012 年版，第 24—51 页。
② （北齐）魏收：《魏书》卷一百零二《西域传》，中华书局 1974 年版，第 2274 页。
③ J. E Hill, *Through the Jade Gate to Rome：A Study of the Later Han Dynasty 1st to 2nd Centuries CE*, Volume I, CA: San Bernardino, 2015, pp. 334 – 340.
④ Frantz Grenet, "Nouvelles Données sur la Localization des Cinq Yabghus des Yuezhi. L'arrière Plan PSolitique de L'itinéraire des Marchands des Maès Titianos", *Journal Asiatique*, 294/2, 2006, pp. 325 – 341.
⑤ Yang Juping, "Some Notes on Dayuezhi, Daxia, Guishuang and Dumi in Chinese Soures", *The Silk Road*, Vol. 14, 2016, pp. 97 – 105.

摧毁其他势力，而是通过建立起自己的霸权，向周边民族索要土地和贡品。① 笔者以为，五翖侯的位置可能并非固定不变，会随着管辖范围的变化和自身的迁徙有所变化。《魏书·西域传》中的地理方位很可能是五翖侯最初的所在，并非其鼎盛时期。

这样看来，休密翖侯最初可能位于瓦罕（Wakhan）河谷的一带，后来随着大月氏人的扩张或迁徙，控制的范围从瓦罕河谷改到了葛乐耐所说的瓦赫什河上游谷地。双靡翖侯大概也有类似的迁徙，但是，岑仲勉、余太山将其置于位于现今巴基斯坦的吉德拉尔（Chitral）附近的看法，笔者不敢苟同，因为此地与大月氏和大夏故地相距甚远。希尔提出瓦罕走廊舒格南地区有可能是双靡翖侯最初的控制地区，其后，该翖侯很可能迁移到了葛乐耐所说的卡菲尔尼干河和苏尔汉河之间的希萨尔地区。

五翖侯中争议最大的是贵霜翖侯。由于它是贵霜帝国的建立者，所以它的都城护澡城的具体位置一直备受学者关注。白鸟库吉和余太山依据《魏书·西域传》的有关记载，② 将贵霜翖侯定位于瓦罕谷地西部一带的昏驮多（Kandud）附近。③ 岑仲勉则认为，护澡城与昆都士（Kunduz）在语音上有一定的相似之处，可能就在昆都士地区。④ 希尔的观点与前两者类似，但相对保守。他认为贵霜一名很可能与巴达克山有关，贵霜翖侯很有可能就位于巴达赫尚地区（Badakhshan，该地实际上涵盖了瓦罕河谷以西的昏驮多地区，与昆都士也不是太远）。⑤ 葛乐耐则认为，瓦赫什河的发音"Vakhsh"与贵霜翖侯所在的护澡城比较相似，护澡城应该位于瓦赫什河畔，很可能就是现在的塔赫特—伊·桑金（Takht-i Sangin）遗址。⑥

---

① J. D. Lerner, "Eastern Bactria under Da Yuezhi Hegemony", in Vidula Jayaswal ed., *Glroy of the Kushans: Recent Discoveries and Interpretations*, New Delhi: Aryan books international, 2012, pp. 81-82.
② （北齐）魏收：《魏书》卷一百零二《西域传》，中华书局1974年版，第2274页。
③ 余太山：《塞种史研究》，商务印书馆2012年版，第24—51页。
④ 岑仲勉：《汉书西域传地里校释》，中华书局1981年版，第231—232页。
⑤ J. E Hill, *Through the Jade Gate to Rome: A Study of the Later Han Dynasty 1st to 2nd Centuries CE*, Volume I, CA: San Bernardino, 2015, pp. 340-346.
⑥ Frantz Grenet, "Nouvelles Données sur la Localization des Cinq Yabghus des Yuezhi, L'arrière Plan Politique de L'itinéRaire des Marchands des Maès Titianos", *Journal Asiatique*, 294/2, 2006, pp. 325-341.

从考古发现上看，四个观点也均有实物佐证。在瓦罕河谷一带，俄国考古学者就曾发现过不少巴克特里亚希腊人和贵霜人留下的城堡遗迹，暗示该地曾有人定居，①昆都士城曾经是希腊巴克特里亚王国的一个制币中心。②塔赫特—伊·桑金曾出土过一块象牙的雕版，上面雕刻有早期贵霜贵族的狩猎场景，造型与卡尔恰扬的翎侯雕像及"赫劳斯"钱币上的贵霜翎侯头像非常相似。③目前，这四种说法基本上都将贵霜翎侯定于瓦罕河谷以西的山区，只不过具体位置略有不同而已，这也符合《魏书·西域传》的记载。

关于肸都翎侯的争议不大，它的都城在薄茅城。余太山认为薄茅城的发音与巴达赫尚（Badakhshan）有一定的相似，肸都翎侯可能位于现今塔吉克斯坦的巴达克山区。④希尔则认为肸都翎侯应该位于现在阿富汗西部的希伯尔汉（Sheberghan）地区，很可能就是"黄金之丘"（Tilliya Tepe）的所在地。⑤岑仲勉认为，"薄茅"一词与巴克特拉的发音相似，该城应该位于巴克特拉附近。⑥葛乐耐则认为薄茅城应该位于卡菲尔尼干河谷地（Kafirnigan Valley）的科巴迪安（Kobadian）附近。⑦

在笔者看来，相对于其他看法，希尔将之定位于"黄金之丘"附近的观点可能更能得到文献和考古的支持。从考古发掘上看，"黄金之丘"由7座大型墓葬组成，由于其中找不到明显的城市的痕迹，所以，学界普遍认为其很可能是大月氏人的墓地。⑧所以，笔者猜想，肸都翎侯最

---

① 有关该地区的考古发掘资料主要来自巴巴耶夫、萨格杜拉耶夫等苏联学者之手，美国学者 J. D. 勒纳曾经对该地的古堡遗址进行过实地考察，详见［美］J. D. 勒纳《希腊—巴克特里亚时期的瓦罕城堡与丝绸之路》，庞霄骁译，杨巨平审校，《西域研究》2017 年第 3 期。

② Le Rider Georges, Raoul Curiel et Gérard Fussman, "Le Trésor Monétaire de Qunduz", *Revue Numismatique*, 6e série-Tome 8, année, 1966, pp. 325 – 327.

③ B. A. Litvinskiy and I. R. Pichikiyan, "The Temple of the Oxus", *The Journal of the Royal Asiatic Society of Great Britain and Ireland*, 2, 1981, pp. 133 – 167.

④ 余太山：《塞种史研究》，商务印书馆 2012 年版，第 24—51 页。

⑤ J. E Hill, *Through the Jade Gate to Rome: A Study of the Later Han Dynasty 1st to 2nd Centuries CE*, Volume I, CA: San Bernardino, 2015, pp. 346 – 353.

⑥ 岑仲勉：《汉书西域传地里校释》，中华书局 1981 年版，第 231—232 页。

⑦ Frantz Grenet, "Nouvelles Données sur la Localization des Cinq Yabghus des Yuezhi. L'arrière Plan Politique de L'itinéRaire des Marchands des Maès Titianos", *Journal Asiatique*, 294/2, 2006, pp. 325 – 341.

⑧ Victor Sarianidi, *The Golden Hoard of Bactria: From the Tillya-tepe Excavations in Northern Afghanistan*, New York: Abrams; Leningrad: Aurora Art Publishers, pp. 2 – 14.

初很可能在巴达赫尚附近,后来逐渐迁移到"黄金之丘"所在的希伯尔罕地区。

最后一个翖侯是高附还是都密,也是个有争议的问题。一般认为,《后汉书》用都密取代高附是一次信息上的修正。因为,高附一词主要指的是喀布尔(Kabul)地区,在早期翖侯时代,大月氏人能否控制喀布尔仍还是一个未知数,很可能是汉书的记载有误才将之作为翖侯之一。① 不过,葛乐耐却对此提出过一个颇有创意的解释。他认为:高附翖侯和都密翖侯实际上指的是同一地区,因为阿拉伯史料中,铁尔梅兹地区又被称为古弗坦(Kuftan),它与"高附"一词的发音类似,很可能两者实为一地。②

目前,考古学者已经证实,铁尔梅兹(Termez)遗址就是大月氏都密翖侯之所在。现今的"Termez"之发音与古代的都密极为相似。该遗址由铁尔梅兹老城、成吉思·特佩(Tchingiz Tepe)、卡拉·特佩(Kara Tepe)、法雅津·特佩(Fayaz Tepe)、祖尔马拉·莫塔尔遗址(Zurmala Mortar)与坎培尔·特佩等一系列小遗址组成。根据法国—乌兹别克斯坦考古队在该地的发掘,铁尔梅兹各遗址中皆有与大月氏人有关的文物出土,显示出该地确实是与大月氏人有密切的联系。③

总而言之,月氏五翖侯分布并不是一成不变的。他们到达阿姆河以北后,首先定居于阿姆河中上游瓦罕河谷附近的山麓地区,后来随着实力的增强,他们逐渐将自己的控制范围扩大,最终囊括了北到希萨尔山,南到兴都库什山,东到帕米尔西部,西到铁尔梅兹周边的阿姆河中上游各支流的广大区域。

从考古资料上看,在大月氏五翖侯时期,这些地区的商贸依然比较活跃。除了"黄金之丘"之外,另一个重要的遗址——卡尔恰扬(Khalchay-

---

① (南朝·宋)范晔:《后汉书》卷八十八《西域传》,中华书局1965年版,第2921页。
② Frantz Grenet, "Nouvelles Données sur la Localization des Cinq Yabghus des Yuezhi, L'arrière Plan Politique de L'itinéRaire des Marchands des Maès Titianos", *Journal Asiatique*, 294/2, 2006, pp. 325–341.
③ P. Leriche, "Termez in Antiquity", in Joe Cribb and Georgina Herrmann, eds., *After Alexander Central Asia before Islam*, published for The British Academy by Oxford University Press, 2007, pp. 179–211.

an）也提供了有关的证据。该城曾被部分学者比定成大月氏的王城监氏城，但从规模上看，这一城市面积过小，很可能只是一处王室的祭祀场所。该遗址附近的色卡拉卡特村（Sekharakat）就曾经出土过大量丘就却（Kujula Kadephises）之后的贵霜国王所发行的铜币。其中，73 枚属于威玛·卡德菲塞斯（Wima Kadephises，贵霜第三位国王）；476 枚属于迦腻色伽一世（Kanishka I）；367 枚属于胡韦色迦一世（Huvishka I）。[1] 时间跨度之长，钱币之多，足见该遗址在政治、商业上的重要地位和使用之长久。卡尔恰扬的建筑采用了希腊前柱廊式的房屋结构，正面有数根类似维多利亚风格的石柱，上细下粗，哈尔马塔曾经猜想这是一座皇家纪念堂，因为里面的雕像人物众多，形象各异，似乎在展示月氏人的丰功伟绩。[2]（见图 3-1、图 3-2）

图 3-1　卡尔恰扬遗址神庙复原图[3]

从出土的雕像上看，这些雕像的雕刻手法非常细致和传神，体现了希腊式雕塑浓郁的写实风格。此外，人物形象中还有类似雅典娜的女战士以及类似希腊女性的贵霜女性形象，（见图 3-3）暗示大月氏人正逐渐接受希腊化文化的遗产。

---

[1] Kazim Abdullaev, "A Hoard of Kushan Copper Coins from the Khalchayan Area (Sekharakat village, Surkhandarya Region, Uzbekistan) —a Preliminary Report", *The Numismatic Chronicle*, 2004, Vol. 164, pp. 272-279.

[2] J. Harmatta, ed., *The History of Civilizations of Central Asia II*, *The Development of Sedentary and Nomadic Civilizations*, Paris: UNESCO Publishing, 1994, pp. 340-343.

[3] G. A. Pugachenkova, *Skulptura Khalchayana*, Moscow: Izd. Iskusstvo, 1971, p. 4.

图 3-2 卡尔恰扬神庙雕塑复原图①

图 3-3 左图为疑似雅典娜的女性雕像，右图为希腊风格的贵霜贵族女性②

---

① G. A. Pugachenkova, *Skulptura Khalchayana*, Moscow: Izd. Iskusstvo, 1971, pp. 51, 61, 71.
② Ibid., pp. 86, 90.

第二节　贵霜城市与丝路中南段的整合

纵观整个丝绸之路的发展史，贵霜帝国的建立无疑是一个里程碑。自亚历山大东征中亚、印度以来，这一地区就一直处于民族迁徙、王朝更迭、分裂割据的动荡之中。在长达近三个世纪的贵霜帝国的统治之下，这一地区的城市和商路得到了迅速的恢复和发展，丝绸之路重新焕发了勃勃生机。

一　中亚贵霜城市与丝路中亚段的新发展

贵霜帝国时期城市发展的最大变化是政治中心的南移。据《后汉书·西域传》，这一时期的贵霜都城是蓝氏城。《史记·大宛列传》中有一个与此发音相同的城市——"蓝市城"，是当时大夏的都城。[1] 一般认为，蓝市与蓝氏，应是用字之别，不会是两座城市。所以，蓝氏城应该是一座位于阿姆河以南，原本属于大夏人的城市。但《汉书·西域传》中又提到贵霜的都城"监市城"，这与《后汉书·西域传》的"蓝氏城"是同一城市吗？

从《史记·大宛列传》来看，大月氏初在阿姆河以北立足时，有一个王庭所在地，我们姑且称为早期都城。大夏虽然臣服于大月氏，但仍保有自己的都城—蓝市城。但是，在《汉书·西域传》中，大夏连附属国的地位也丧失了，大月氏有了新的都城—监市城，这个监市城显然就是原来大夏的都城蓝市城，只是书写和发音稍有不同。再过一百多年后，依据班超之子班勇（？—127年）提供的资料，《后汉书》的作者范晔把大月氏—贵霜的都城名为蓝氏城，等于重新恢复到了大夏时期的发音。

一般认为，这个"蓝市城"应该就是巴克特里亚希腊人王国的著名都

---

[1] （西汉）司马迁：《史记》卷一百二十三《大宛列传》，中华书局1959年版，第3164页。

城巴克特拉（Bactra），也就是后来的月氏—贵霜人的都城。① 由于在巴克特拉的发掘迟迟没有发现希腊人统治的有力证据，学界过去一度对它是否是希腊—巴克特里亚王国的都城产生过怀疑。不过，近年在该地发现的科林斯式和爱奥尼亚式柱头已经证明此地确实是希腊城市所在地。② 阿伊·哈努姆遗址的发现也为巴克特里亚王国的都城提供了新的佐证。阿伊·哈努姆是一座典型的希腊式城市，也是巴克特里亚希腊人王国的一座都城，可能是它的东都。西方古典文献中称巴克特里亚为"千城之国"并非虚传。③ 贵霜帝国就是以巴克特里亚为基地，向南扩张，建立起了以阿姆河、

---

① 关于巴克特拉与蓝市或蓝氏城的认同，学界看法不一。对此持肯定意见的是塔恩。他认为大夏蓝市城的"蓝"字很可能取自 Alexandria 一词，该城有可能就是亚历山大大帝所建的"巴克特拉附近的亚历山大里亚"（Alexandria near Baktra），余太山也认同这一说法。见 W. W. Tarn, *The Greeks in the Bactria and India*, The Cambridge University Press, 1951, p. 115; 余太山《塞种史研究》，商务印书馆 2012 年版，第 53 页；法国汉学家列维认为，蓝市城一名的蓝字应该来自布色羯逻伐底，因为布色羯逻伐底一词是莲花城的意思，莲花亦作青莲，蓝市城一名因此而来（S. levi, "Note sur les Indo-scythes", *Journal Asiatique* IX serie 9, 1897, pp. 5 – 26），这个说法显然比较勉强。葛乐耐援引蒲立本的考证，认为蓝市城并非位于巴克特拉，因为无论蓝市城还是监氏城，在发音上都很难与巴克特拉的波斯语发音相对应，而在巴克特拉以西有一处叫库尔姆（Khulm）的地区，其名称在波斯语发音上能与蓝市城对应。见 Frantz Grenet, "Nouvelles Donnees sur la Localization des Cinq Ybghus de Yuezhi L' arriere Plan Politique de Litineraire des Marchands de Maes Titianos", *Journal Asiatique* 294. 2, 2006, pp. 325 – 341. 希尔则认为，蓝氏城一名很可能是来自阿富汗的另一座城市巴格兰（Baghlan）。见 J. E Hill, *Through the Jade Gate to Rome: A Study of the Later Han Dynasty 1st to 2nd Centuries CE*, Volume II, CA: San Bernardino, 2015, pp. 162 – 181. 由于库尔姆和巴格兰地区并没有得到大规模的发掘，在没有充分证据前，笔者暂时倾向于将蓝市/监市/蓝氏城考证为巴克特拉。从地理上看，它位于阿姆河以南，北临铁尔梅兹，西接木鹿（Merv），南通苏尔赫·科塔尔（Surkh Kotal），是巴克特里亚地区重要的交通枢纽，也是巴克特里亚地区的核心。巴克特里亚希腊人就曾将其作为王国的都城。《大唐西域记》中也有"（缚喝国）土地所产，物类尤多，水陆之花，难以备举"的记载。从出土的钱币上看，巴克特拉城是贵霜钱币的主要窖藏区之一。在美国钱币学会收藏的贵霜钱币中，就有相当一部分来自巴克特拉及其周边地区，时间上涵盖了从翖侯时代到萨珊波斯征服前所有贵霜国王。可见，巴克特拉即使不是贵霜都城，也应是一座相当重要的城市，部分学者将巴克特拉比定为蓝市/监市/蓝氏城的看法并非毫无依据。

② P. Leriche, "Bactria, Land of One Thousand Cities", in J. Cribb, and G. Herrmann, eds., *After Alexander: Central Asia before Islam*, Oxford University press, 2007, pp. 131 – 132; http://www.afc.ryukoku.ac.jp/tj/tajikistanEnglish/C-ancienttime/C – 04SouthernBC1 – AD1/C – 4. html.

③ 详见 Strabo, *Geography*, 15.1.3, with an English Translation by Horace Leonard Jones, A. M., Ph. D, Cambridge, Mass: Harvard University Press, 1988; Justinus, *Epitome of the Philippic History of Pompeius Trogus*, 41.1.8, 41.4.5, translated by J. C. Yardley, Atlanta: Scholars Press, 1994。

印度河为中心的大帝国，他的都城也随之南移。但贵霜并非一个都城，蓝氏城可能作为都城之一存在了较长时间。

与此同时，一些新兴的贵霜城市也出现在中亚地区。其中，比较有代表性的是位于现今乌兹别克斯坦苏尔汉省的达尔弗津·特佩（Dalvezin Tepe）。一般认为，该城起初只是一个军事要塞，后来，随着该城贸易的扩大和商旅往来的频繁，逐渐发展为贵霜帝国与索格底亚那地区贸易的重要驿站。从出土的贵霜钱币上看，主要涉及的国王是无名王索特·美加斯（"Soter Megas"）、威玛·卡德菲塞斯（Vima Kadphises）、迦腻色伽一世、胡韦色伽一世和瓦苏提婆一世（Vasudeva I），并无丘就却的钱币和"赫劳斯币"[①]的出土记录。可见，该城应该是贵霜帝国建立后才逐渐发展起来的。[②]

另一个重要的遗址是阿尔塔姆（Ayrtam），它位于铁尔梅兹和达尔弗津·特佩之间，可能代表着贵霜时期的另一种类型的城市，即宗教祭祀场所。这类遗址的规模不大，但因往来人员的频繁成为丝绸之路上文化融合的重要场所。在此地出土的巴克特里亚语铭文提到了一位叫 Ooesko 的国王向阿多索—伐罗神（Ardoxso-Farro）雕像祭祀的情况。[③] 类似的城市还有第伯尔金（Dilberjin）。该城位于巴克特拉西北40公里处，同样出土过不少用巴克特里亚语书写的铭文，其内容涉及对当地的管理和宗教事务等。其中，三篇铭文都提到了贵霜国王在该城市向神奉献，并派人保护水源和商人的情况。[④]

在众多的宗教中心中，最为重要的当属苏尔赫·科塔尔（Surkh Kotal）。它既是贵霜帝国的一处宗教中心，也是商人们进入兴都库什山之前

[①] 这类钱币的铭文大多是"ΤΥΡΑΝΝΟΥΝΤΟΣ ΗΙΑΛΟΥ ΣΑΚΑ (ΣΑΝΑΒ) ΚΟΙΡΑΝΟΥ (ΚΟΙΡΡΑΝΟΥ)"或"ΜΙΑΟΥ ΚΟΡΣΑΝΟΥ"两种，主要由希腊字母拼写而成，均为属格形式。大多数铭文还可辨认，唯独 ΗΙΑΛΟΥ/ΜΙΑΟΥ 一词不好理解，故而，学界称这类钱币为"赫劳斯币"。

[②] G. A. Pugacenkova, Galina Anatolevna, *Les trésors de Dalverzine-Tépé*, Leningrad: Ed. d'art Aurore, 1978, pp. 228–230.

[③] J. Harmatta ed., *The History of Civilizations of Central Asia II. The Development of Sedentary and Nomadic Civilizations*, Paris: UNESCO Publishing, 1994, pp. 338–339.

[④] Ibid., pp. 425–426.

的重要补给点。该遗址由两座神庙组成,较大的一座为长方形,南北横长35米,宽27米,大门朝东。中间为方形正殿,两侧及背后建有配殿。正殿中心有方形石坛。大庙外围北、西、南三面,用土坯和石块筑起院墙。墙上建有方形望楼,墙身建有壁龛,龛内置彩色塑像和石灰岩制作的雕像。较小的一座神庙位于较大神庙的左侧,其结构与大庙相同。由于两座神庙石坛的凹槽里都遗留了大量燃烧后的灰烬,学者们大多认为这些庙宇是琐罗亚斯德教的火神庙。①

从城市形制上看,希腊化城市的建筑风格也逐渐被贵霜人所接受。对于出身"行国"的大月氏人而言,他们没有建造城市的经验,最好的办法就是维持、利用现有的城市。以铁尔梅兹的坎培尔·特佩遗址为例。它原是希腊人在阿姆河设立的一个渡口哨所,面积只有150×100平方米大小。贵霜帝国初期,这个据点逐步扩展成一座面积为350×225平方米的小城。城堡(citadel)外有护城河环绕,城墙外附近是专门埋葬死者的公墓,这显示出对希腊式城市布局的继承。② 城墙设有向外射箭用的塔楼。③ 很可能贵霜人和希腊人一样,也是将它作为阿姆河哨所。随着邻近铁尔梅兹城的迅速发展,这座小城逐渐被废弃。

同样的情况也出现在第伯尔金(Dilberjin)遗址。该城始建于公元前6世纪波斯帝国时期,起初仅作控制绿洲的据点存在,后来,在巴克特里亚王国和月氏—贵霜时期,它逐渐发展成一座城市。该城呈正方形,面积大约为390×390平方米,四周有厚实的城墙。不过,与希腊化城市不同,城市没有明显的棋盘状,也没有体育馆和剧场等希腊化城市的基本设施。④

---

① Daniel Schlumberger, "The Excavations at Surkh Kotal and the Problem of Hellenism in Bactria and India", *Albert Reckitt Archaeological Lecture*, Oxford university press, 1961, pp. 77 – 95.

② C. Benjamin, *The Yuezhi*:*Origin*, *Migration and Conquest Northern Bactria*, Turnhout:Brepols Publishers, 2007, pp. 195 – 200;Leriche, P., "Bactria, Land of Thousand Cities", in Joe Cribb and Georgina Herrmann, eds., *After Alexander Central Asia before Islam*, Oxford University Press. 2007, p. 145.

③ P. Leriche, "Bactria, Land of Thousand Cities", in Joe Cribb and Georgina Herrmann, eds., *After Alexander Central Asia before Islam*, Oxford University Press, 2007, p. 145.

④ Ibid., pp. 145 – 146.

从总体上看，贵霜时期的城市一部分是以中亚原希腊化城市为依托，一部分是完全重建①，与原来希腊式城市相比，它们在一些外观和细节上都出现了较大程度的变化。

首先，贵霜人对一些城市中原有的建筑进行改造。比较有代表性的是第伯尔金遗址东北角的一座狄奥斯库里兄弟圣所。从该神庙的柱底遗迹上看，它属于希腊柱廊结构，但内部的壁画却体现了多元文化融合的特点，其上有狄奥斯库里兄弟、舞蹈的湿婆神，戎装的雅典娜女神以及伊朗宗教中的女神阿施塔尔特（Astarte）和正义女神阿多索等不同宗教的神灵形象。②结合相关的铭文，学者们推测该神庙起初是作为狄奥斯库里兄弟的圣所，但在贵霜时期被改造成为湿婆神及其妻子雪山女神的祭祀场所。

其次，地方建筑特色逐渐凸显。在达尔弗津·特佩的民居中，逐渐出现了家庭用的祈祷室和圣火坛，这显然不是希腊式民居的特点，很可能与琐罗亚斯德教在当地的传播有关。③同时，希腊城市标志性的体育馆、卫城等都没有出现在贵霜的城市中，说明这些城市的建立者已非希腊人。此外，用黏土制砖的工艺也逐渐被采用，这种砖叫帕赫萨（Pakhsa），达尔弗津·特佩和第伯尔金的部分房屋就使用过这样的砖。④

再次，多文化融合的建筑风格越来越明显。以铁尔梅兹遗址为例，学者们在当地就发现过一座佛教窣堵波的遗址，从装饰上看，该窣堵波是典

---

① 勒里什认为，所谓巴克特里亚是"千城之国"的说法与其说是适用于希腊化时期，不如说适用于希腊人撤走之后的时期，即贵霜—月氏时期，也就是说很多新城都是在希腊人之后建立的。见 P. Leriche, "Bactria, Land of Thousand Cities", in Joe Cribb and Georgina Herrmann, eds., *After Alexander Central Asia before Islam*, Oxford University Press, 2007, p. 148。详细论证见正文 pp. 121 - 148。

② Irina Kruglikova, "Les Fouilles de la Mission Archéologique Soviéto-Afghane sur le Site Gréco-kushan de Dilberdjin en Bactriane", In *Comptes Rendus des Séances de L'Académie des Inscriptions et Belles-Lettres*, 121e année, N. 2, 1977, pp. 407 - 427. J. Harmatta, ed., *The History of Civilizations of Central Asia II. The Development of Sedentary and Nomadic Civilizations*, Paris: UNESCO Publishing, 1994, p. 339.

③ G. A. Pugacenkova, Galina Anatolevna, *Les Trésors de Dalverzine-Tépé*, Leningrad: Ed. d'art Aurore, 1978, pp. 33 - 45.

④ J. Harmatta ed., *The History of Civilizations of Central Asia II*, *The Development of Sedentary and Nomadic Civilizations*, Paris: UNESCO Publishing, 1994, pp. 333 - 334.

型的混合风格,科林斯柱头的棕榈叶中间刻有佛教人物的雕像,神态安详。[1] 与之类似的是苏尔赫·科塔尔的火神庙,从考古发掘上看,该神庙位于当地的一座小山丘上,从遗址到山下有石阶相连。主体神庙由庭院和柱廊构成,属于开放式神庙,祭坛位于庭院的中央。祭坛的四个角上是希腊式石柱的遗存。[2] 起初,部分学者猜想这可能是一座琐罗亚斯德教的火神庙,因为其中发现了不少有关琐罗亚斯德教燃烧物遗存,但是从部分柱廊雕塑上看,其内容是佛教的图案,装饰柱头是属于希腊科林斯式的,显示出非常浓郁的多元融合特点。

城市的发展带来的是商贸的繁荣。从贵霜城市遗址中所出土的贸易品残存看,贵霜时期中亚的贸易路线分成北线、西线和南线三个贸易方向,与周边各民族都有贸易往来。

起初,北线主要是与北方游牧民族的贸易。在花拉子模的托普拉克·卡拉(Toprak-kala)遗址就曾经出土过 24 枚贵霜钱币,[3] 在阿尔塔姆一地就曾经发现过不少来自草原民族的工艺品,包括一个穿着类似中亚乌兹别克风格开胸长袍的陶俑和一个手持圆盘的游牧人雕像。[4] 此外,在达尔弗津·特佩城外的一处作坊遗址中,学者们还发现了项链、绿松石、手镯、耳环和带有标志重量的佉卢文文字的金块。该作坊很可能是一座首饰作坊,由贸易而得的金块在此被重新熔铸成饰品。根据普加琴科娃的分析,这些黄金饰品大多偏向游牧风格,[5] 极有可能是贩卖给游牧人之用。

后来,随着贵霜帝国的建立,尤其是从费尔干纳到塔里木地区路线的开启,北线的主要贸易对象逐渐变成了中国。从路线上看,经费尔干纳谷

---

[1] P. Leriche, "Termez in Antiquity", in Joe Cribb and Georgina Herrmann, eds., *After Alexander central asia before Islam*, Oxford University Press, 2007, pp. 179 – 211.

[2] Daniel Schlumberger, "The Excavations at Surkh Kotal and the Problem of Hellenism in Bactria and India", *Albert Reckitt Archaeological Lecture*, Oxford university press, 1961, pp. 77 – 95.

[3] John M. Rosenfield, *The Dynastic Arts of The Kushans*, Berkeley: University of California Press, 1967, p. 168.

[4] Henry Field and Eugene Prostov, "Excavations in Uzbekistan, 1937 – 1939", *Freer Gallery of Art*, The Smithsonian Institution and Department of the History of Art, University of Michigan, 1942, pp. 143 – 150.

[5] G. A. Pugacenkova, Galina Anatolevna, *Les trésors de Dalverzine-Tépé*, Leningrad: Ed. d'art Aurore, 1978, pp. 47 – 48, 213 – 214.

地的商路是北线贸易最常用的路线，它的控制权由中亚各国的国际关系和实力对比决定。南线的瓦罕道和罽宾道虽然条件较差，但是相对固定。在北道不便通行时，贵霜人大多选择走瓦罕道和罽宾道。虽然，汉文史籍和汉简残篇中都有不少大月氏人到中国的记录，但是，这些人大多都是政治上的使节，[1] 真正有关贵霜帝国和中原王朝的商贸记录实际上非常缺乏。

不过，新近解读的汉简为我们提供了一些蛛丝马迹。悬泉汉简中，除提到"大月氏使者"以外，常常提及一些"大月氏客"，[2] 这些人很可能就是到中国贸易的大月氏商人。在《全后汉文》中曾收录过班固的一封家书，其上提到一位姓窦的侍中派人带着大量的丝织品（包括杂彩和白素等），去换取月氏人出产的马匹、苏合香和毛织品。[3] 这与《厄立特里亚航海记》中提到的产于中国的丝绸经巴克特里亚最后转销到印度的情况基本符合。[4]

贵霜帝国西面的贸易对象主要是帕提亚，同时也间接涉及与罗马的贸易。比较有代表性的遗址是黄金之丘和铁尔梅兹。在黄金之丘的 3 号墓就出土过一枚有罗马奥古斯都头像的金币和一枚帕提亚的银币。[5] 帕帕克里斯托弗（O. Papakhristou）等人曾对铁尔梅兹金属作坊的残存进行过分析，认为这些铁器残存的工艺各异，应该不是出自同一地区工匠之手，若非一定数量的罗马工匠在铁尔梅兹工作，就是一定数量的罗马金属制品在此流通。[6]

另一处重要的遗址是佩昂库尔干（Paonkurgan）。虽然，严格意义上说，它算不上是一座城市，但是该遗址出土了不少公元 1—2 世纪的赤陶俑，其中不乏娜娜（Nana）女神、赫拉克勒斯、雅典娜、赫斯提亚（Hestia）

---

[1] 参见张星烺编注《中西交通史料汇编》（第三卷），朱杰勤校订，中华书局1978年版，第1299—1304页。

[2] 荣新江、李孝聪主编：《中外关系史：新史料与新问题》，科学出版社2004年版，第134页。

[3] 严可均辑：《全后汉文》，徐振生审订，商务印书馆1999年版，第247页。

[4] Lionel Casson, *Periplus Maris Erythraei*: *Text with Introduction, Translation, and Commentary*, "Text and Translation" 64, New Jersey: Princeton University Press, 1989.

[5] Victor Sarianidi, *The Golden Hoard of Bactria*: *From the Tillya-tepe Excavations in Northern Afghanistan*, New York: Abrams; Leningrad: Aurora Art Publishers, 1985, pp. 241 - 242.

[6] O. Papakhristou and T. Rehren, "Iron and Steel Production in Old Termz", in P. Leriche, et al., *La Bactriane au Carrefour des routes et des civilisations de l'asie centrale*, Paris, 2001, pp. 145 - 159.

和狄奥尼苏斯的形象，① 这些赤陶俑基本都是当地生产，但不排除当地的工匠是从帕提亚或原来希腊化雕塑中获得了灵感。不过，总体而言，西线的陆上贸易并不稳定，伴随着贵霜政治中心向印度的转移以及贵霜与帕提亚的竞争，贵霜商人要去西方通常会借道印度，经海路前往两河流域和地中海东部地区。

南线主要是指印度西北部的贸易通道。从某种意义上说，这是贵霜帝国的国内商路。苏尔赫·科塔尔遗址位于贵霜中亚城市的边界，自然也就成为了中亚和印度往来的重要驿站。该地出土的一篇铭文就涉及了铠甲、马匹、谷物、羊等物资的分配情况。② 其中，马匹的出现颇为引人关注，由于苏尔赫·科塔尔遗址靠近兴都库什山区，并非良种马的产地，这些马匹显然不是本地特产，而是来自北方游牧民族或者费尔干纳。同时，张骞也提到来自中国西南地区的邛竹杖和蜀布，经印度人转手，最后出现在大夏的市场。③

另一个重要的例子就是象牙制品在中亚各遗址中的出现。在"黄金之丘"的3号墓就曾经发现过来自印度的5块残片的象牙雕版、两个象牙骨灰盒和带狮子图像的金币。④ 同时，塔赫特—伊·桑金遗址出土过一块带有印度风格图案的象牙版。⑤ 在达尔弗津·特佩遗址出土的象牙梳子残片上有印度风格的裸体雕塑形象。⑥ 同时，中亚的商品也传到了印度地区，天青石制品广泛分布于塔克西拉（Taxila）各遗址中。以出土较多的天青石珠子为例，在皮尔丘遗址共发现19枚，在斯尔卡普遗址发现了34枚。

---

① Kazim Abdullaev, "New Finds of Pre-kushan and Early Kushan Plastic Art in Northern Bactria and the Khalchayan Reliefs", In Fabrizio Serra Ed., *Parthica*: *Incontri di Culture Nel Mondo Antico*, 2004, pp. 27 – 46.

② J. Harmatta, ed., *The History of Civilizations of Central Asia II*, *The Development of Sedentary and Nomadic Civilizations*, Paris: UNESCO Publishing, 1994, pp. 420 – 421.

③ （西汉）司马迁：《史记》卷一百二十三《大宛列传》，中华书局1959年版，第3166页。

④ Victor Sarianidi, *The Golden Hoard of Bactria*: *From the Tillya-tepe Excavations in Northern Afghanistan*, New York: Abrams; Leningrad: Aurora Art Publishers, 1985, pp. 243, 250, 258 – 259.

⑤ B. A. Litvinskiy and I. R. Pichikiyan, "The Temple of the Oxus", *The Journal of the Royal Asiatic Society of Great Britain and Ireland*, No. 2, 1981, pp. 133 – 167.

⑥ G. A. Pugacenkova, Galina Anatolevna, *Les trésors de Dalverzine-Tépé*, Leningrad: Ed. d'art Aurore, 1978, p. 220 以及 Victor Sarianidi, *The Golden Hoard of Bactria*: *From the Tillya-tepe Excavations in Northern Afghanistan*, New York: Abrams; Leningrad: Aurora Art Publishers, 1985, p. 243.

古国文明与丝绸之路

斯尔苏克遗址虽然没有经过大规模挖掘，但也发现了3枚。① 可见，在贵霜帝国时期，从中亚到印度的商路基本上畅通无阻。

二 犍陀罗地区的贵霜城市：丝路南亚段核心的确立

贵霜城市在兴都库什山以南出现的确切年代，现已无籍可考。但是，它们与贵霜帝国的扩张密不可分。根据《后汉书·西域传》的记载，贵霜王丘就却在统一五部翎侯之后，"侵安息、取高附，旋灭濮达、罽宾，悉有其国"，犍陀罗地区显然是其入侵的主要目标之一。② 贵霜人之所以将犍陀罗作为其南下的第一站，主要是由于该地自古以来就是从中亚进入印度的必经之地，人口众多，商贸发达，与中亚、伊朗高原和东部地中海地区有着密切的联系。自亚历山大大帝东征以来，犍陀罗地区的城市化进程逐渐加快。虽然，该地的首府布色羯逻伐底城（Pushkalavati，希腊人称为 Peukelaotis, Peukelas）在亚历山大回军征服印度时遭到了一定程度的破坏，③ 但犍陀罗地区的大部分城市还是被保留了下来。其中比较有代表性的是塔克西拉，亚历山大接受了当地王公塔克西里斯（Taxiles）的臣服，并在塔克西拉举行祭祀、体育竞技和赛马活动。④

亚历山大大帝去世后，犍陀罗地区被孔雀帝国占领。塞琉古一世曾进军中亚和印度，试图恢复希腊人对兴都库什山区以南的控制，但未能成功。在孔雀帝国的治下，犍陀罗一地继续发展，成为孔雀帝国的政治中心，相传阿育王就一度定都于塔克西拉城。⑤ 孔雀帝国衰落后，巴克特里亚

---

① John Marshall, *Taxila*, Cambridge University Press, 1951, Vol. 1, p. 211; Vol. 2, pp. 730 – 734.
② 参见（南朝·宋）范晔《后汉书》卷八十八《西域传》，中华书局1965年版，第2921页。需要说明的是，"濮达"一词到底指代何地目前尚有争议。巴克特拉说、布色羯逻伐底说皆有一定的道理，详见余太山《贵霜史研究》，商务印书馆2015年版，第42—43页，注释第55条。不过，《后汉书·西域传》中的罽宾和濮达两个称呼实际上已经足以涵盖犍陀罗一地。
③ Arrian, *Anabasis of Alexander*, 3.28.4, with an English Translation by E. I. Robson, Cambridge, Mass：Harvard University Press, 1967.
④ Arrian, *Anabasis of Alexander*, 5.8.2, with an English Translation by E. I. Robson, Cambridge, Mass：Harvard University Press, 1967.
⑤ 阿育王与塔克西拉的关系可参见：John Marshall, *Taxila*, Vol. 1, Cambridge University Press, 1951, pp. 24 – 26。亦可参见（唐）玄奘、辩机《大唐西域记校注》，季羡林等校注，中华书局1985年版，第1006—1012页。

希腊人、印度—希腊人、印度—斯基泰人和印度—帕提亚人又相继成为犍陀罗地区的主人。为了巩固自身的统治，这些后来的统治者们对犍陀罗地区的城市进行了修复和扩展。塔克西拉的斯尔卡普（Sirkap）城就是建于巴克特里亚和印度—希腊人之手，并被后来的印度—斯基泰人和印度—帕提亚人继续使用。[1]

据菲洛斯特拉图斯（Philostratus）的描述，希腊哲学家阿波罗尼乌斯（Apollonius of Tyana，约公元一世纪）曾到印度—帕提亚的统治者弗拉阿特斯（Phraates）的宫廷以及塔克西拉城进行访问。[2]作者借阿波罗尼乌斯与当地人的问答，对塔克西拉城的大致情况和著名的詹迪纳尔神庙等做了描述。虽然该书有伪造的嫌疑，[3]但是这些描述基本可以和马歇尔在塔克西拉的考古发掘成果相印证，这无疑证明了当时塔克西拉城的繁荣和声名远播。可以说，正是印度—希腊人统治时期犍陀罗地区城市的发展，为贵霜人在兴都库什山以南建城提供了模式和灵感。

在犍陀罗地区的众多贵霜城市中，必须特别提及的就是贝格拉姆（Begram）。一般认为它就是原"高加索的亚历山大里亚城"以及部分汉文史书和佛教典籍中提及的"迦毕试国"之所在。[4]从地理上看，它是丝绸之路在兴都库什山南麓的第一站，也是丝路印度段的起点[5]。

贝格拉姆由两处大型遗址所组成，贵霜时代的遗存是"新王城"遗址。它以原来的希腊式城市为基础，城区呈矩形，南北相距800米，东西则为450米，沿着城墙还有瞭望塔和壕沟，在城市的东北方还有一座

---

[1] John Marshall, *Taxila*, Vol. 1, Cambridge University Press, 1951, p. 118.

[2] Philostratus, *The Life of Apollonius*, 2.20 – 2.33, with an English Translation by F. C. Conybeare, Cambridge, Mass: Harvard University Press, 1989.

[3] 相关质疑涉及了该书的成书时间，人物的真伪等。详见：Philostratus, *The Life of Apollonius*, "introduction", with an English Translation by F. C. Conybeare, Cambridge, Mass: Harvard University Press, 1989。

[4] 参见〔日〕桑山正进《迦毕试国编年史料稿》，张亚平节译，《南亚研究》1985年第4期。有关迦腻色伽一世定都迦毕试的记录，见（唐）玄奘、辩机《大唐西域记校注》，季羡林等校注，中华书局1985年版，第138—139页。有关它与"高加索的亚历山大里亚"的关系，参见 G. M. Cohen, *The Hellenistic Settlements in the East from Armenia and Mesopotamia to Bactria and India*, Berkeley: University of California Press, 2013, pp. 263 – 269。

[5] R. E. M. Wheeler, *Charsada, A Metropolis of Northwest Frontier: Being A Report on The Excavations of 1958*, London British Academy, p. 6.

要塞。① 新王城遗址大约始建于公元 1 世纪，最后在公元 3 世纪 40 年代因萨珊波斯的入侵而废弃。②

作为出入印度的交通隘口之一，贝格拉姆城出土的文物种类繁多，来源广泛。中国的漆器、希腊罗马式的青铜雕像和石膏制品、东地中海地区的玻璃制品、帕提亚的羊头莱通、印度的象牙雕刻在贝尔格拉姆遗址中都有出土。③ 这一方面证明玄奘在《大唐西域记》中提到的"异方奇货，多聚此国"一说并非夸大之词；④ 另一方面也暗示了贝格拉姆与巴克特里亚地区、中国西域、印度中南部和地中海世界等地都有一定程度上的商贸往来。

在犍陀罗的核心地区，坐落着另外两处著名的城市遗址，分别是布色羯逻伐底和布路沙布逻（Purusapura，今白沙瓦 Peshawar）。起初，犍陀罗地区的中心在布色羯逻伐底，自贵霜王迦腻色迦一世开始，贵霜都城改为布路沙布逻，犍陀罗的核心遂逐渐向白沙瓦转移。

布色羯逻伐底大致位于现今巴基斯坦的查尔萨达市（Charsada）附近，其主要遗迹有两处，一处位于米尔·吉雅拉特（Mir Ziyarat），一处位于巴拉·海撒（Bala Hissar），又叫谢汉德里（Shaikhan Dheri）。

从布局上看，谢汉德里遗址在一定程度上受到了来自希腊建筑风格的影响，总体呈四边形，几组平行的街道将城市划分为几个大区，城中心有一座大型建筑遗迹，学者们推断它很可能是一座佛塔。⑤ 除了完备的城墙

---

① 详细考古情况见 J. Hackin, et al., *Recherches Archéologiques à Begram*, Paris: Editions d'Art et d'Histoire, 1939; J. Hackin, et al. *Nouvelles Recherché Archéologiques à Begram 1939 – 1940*, Paris: Edité par P., Imprimerie Nationale, Presses universitaires 1954; R. Ghrishman, *Bégram: Recherches Archéologiques et Historiques sur les Kouchans*, Paris: Impr. de l'Institut français d'archéologie orientale, 1946。简略介绍见 Sanjyot Mehendale, "Begram at the Heart of the Silk Road", in Fredrik T. Hiebert, et al., eds., *Afghanistan: The Crossroad of Ancient World*, London: British Museum Press, 2011, pp. 131 – 143, 164 – 208。

② R. Ghrishman, *Bégram: Recherches Archéologiques et Historiques sur les Kouchans*, Paris: Impr. de l'Institut français d'archéologie orientale, 1946, pp. 99 – 100。

③ Sanjyot Mehendale, "Begram at the Heart of the Silk Road", in Fredrik T. Hiebert, et al., eds., *Afghanistan: The Crossroad of Ancient World*, London: British Museum Press, 2011, pp. 164 – 208。

④ （唐）玄奘、辩机：《大唐西域记校注》，季羡林等校注，中华书局 1985 年版，第 135—136 页。

⑤ R. E. M. Wheeler, *Charsada, A Metropolis of Northwest Frontier: Being a Report on the Excavations of 1958*, London British Academy, pp. 16 – 17；以及 A. H., Dani, "Shaikhan Dheri Excavation", *Ancient Pakistan*, pp. 17 – 214。

和防御工事以外，该城还有完善的排水渠、公用的火坛、专门的浴室以及众多大小不一的民居，① 这在一定程度上印证了《大唐西域记》中该城"居人殷盛，闾阎洞连"的记载。②

谢汉德里出土的文物主要涉及钱币、赤陶俑、陶罐、雕塑等日常用品。其中，雕塑和陶器的风格虽以印度风格为主，但也不乏地中海地区和希腊主题的雕塑，如亚历山大大帝和赫拉克勒斯的赤陶俑，显示出该地在东西方贸易中的地位。③ 此外，该遗址出土的钱币共有219枚，其中5枚属于丘就却，38枚属于"无名王"索特·美加斯，60枚属于威玛·卡德菲塞斯，77枚属于迦腻色伽一世，31枚属于胡韦色伽一世，8枚属于瓦苏提婆一世。④ 结合《后汉书·西域传》的相关记载，我们不妨推断，贵霜帝国对谢汉德里的控制可能始于丘就却时期，直到瓦苏提婆一世统治时期才逐渐削弱下去。

自迦腻色伽一世开始，犍陀罗的政治中心逐渐向白沙瓦转移。此城位于喀布尔河的冲积平原，自然条件非常优越。玄奘在《大唐西域记》中云："（犍陀罗国）大都城号布路沙布逻……谷稼殷盛，花果繁茂，多甘蔗，出石蜜。气序温暑，略无霜雪"。⑤ 不过，由于现在的白沙瓦市在古代遗址之上，该城并没有进行过较大规模的考古发掘。对于白沙瓦城在贵霜帝国时期的城市和商贸情况，我们只能通过一些零星的考古文物进行推测。其中，最重要的证据莫过于钱币。

根据钱币学家米奇奈尔（M. Mitchiner）的观点，白沙瓦曾是贵霜帝国最重要的制币中心之一，迦腻色伽一世、胡韦色伽一世、瓦苏提婆一世的部分铜币以及晚期贵霜帝国的部分金币就铸造于此。⑥ 同时，据罗伯特·

---

① Kameshwar Prasad, *Cities Crafts and Commerce under The Kushānas*, Delhi: Agam Kala Prakashan, 1984, pp. 80 – 81.
② （唐）玄奘、辩机：《大唐西域记校注》，季羡林等校注，中华书局1985年版，第250—251页。
③ R. E. M. Wheeler, *Charsada, A Metropolis of Northwest Frontier: Being a Report on the Excavations of 1958*, London British Academy, pp. 35 – 36.
④ Kameshwar Prasad, *Cities Crafts and Commerce under The Kushānas*, Delhi: Agam Kala Prakashan, 1984, p. 31.
⑤ （唐）玄奘、辩机：《大唐西域记校注》，季羡林等校注，中华书局1985年版，第232—233页。
⑥ M. Mitchiner, *Oriental Coins the Ancient and Classical World*, 600 B. C. – A. D. 650, pp. 446 – 447.

布雷西（Robert Bracey）分析，白沙瓦地区出土的贵霜钱币还有其自身的标志，工匠们用梵语刻上"Pa"字符，以表示该钱币是由白沙瓦出产。① 白沙瓦能够最终成为贵霜帝国的制币中心，并发行具有自身特色的钱币，就足以证明该城商贸的活跃。此外，在白沙瓦地区出土的贵霜钱币数量极多。波比拉赫奇在分析早期贵霜编年的时候曾提到，仅在白沙瓦的一处钱币窖藏中，就出土了4000枚带有威玛·卡德菲塞斯和迦腻色伽一世名字的金币。② 这无疑也是该城商贸发展的重要佐证。

白沙瓦城在丝绸之路上的重要地位主要体现在文化上。该城佛教造像优美，是犍陀罗艺术的中心之一，但最能代表贵霜时期该城文化特点的艺术品，当属在此地一座佛教寺庙中发现的迦腻色伽舍利盒。③

从造型上看，该舍利盒的顶端以三位印度神的雕像为装饰，佛陀居中，梵天和因陀罗分立两侧，佛陀的形象高大，梵天和因陀罗双手合十，似有遵从佛教之意。盒盖壁是一只天鹅口中衔着希腊胜利女神尼科所持的花环。舍利盒正面，迦腻色伽本人的立像居中，手持权杖，肩扛花束，伊朗神话中的太阳神和月亮神位于两侧，体现出贵霜王权至高无上的地位。另一面是佛陀坐像以及两位扛着花束的小天使，造型颇有罗马石棺艺术的风格。可以说，借由这个舍利盒，伊朗宗教、印度教、佛教、希腊罗马宗

---

① Robert Bracey, "The Mint Cities of the Kushan Empire", in *The City and the Coin in the Ancient and Early Medieval Worlds*, ed. by Fernando López Sánchez, BAR International Series 2402, 2012, pp. 123 – 124.

② Osmund Bopearachchi, *From Bactria to Taprobane: Selected Works of Osmund Bopearachchi*, Vol. 1, Central Asia and Indian Numisnatics, Manohar, 2015, pp. 583 – 584.

③ 按照法显和玄奘的记载，贵霜控制犍陀罗地区后逐渐接受了佛教，并在犍陀罗一地修建寺庙和佛塔。迦腻色伽王所建立的佛塔是其中最有名的一座。近代以来，以坎宁汉、斯普内尔等人为代表的考古学者经过不懈的努力，终于在白沙瓦附近发现了这座佛塔，同时出土的还有这个装饰精美的舍利盒。由于其上有佉卢文拼写的"迦腻色伽"一词，学者们遂称之迦腻色伽舍利盒。起初，有学者认为这一名字只是制作者的简单标识。2002年德国学者法尔克（Harry Falk）对上面的铭文进行了全面的解读，最终认定这是一件布施品，是某建筑师打算奉献给迦腻色伽普拉城（Kanishkapura，实际就是白沙瓦城）的一座寺庙的捐赠物。可以参见（东晋）法显撰，章巽校注《法显传校注》，中华书局2008年版，第39—40页；（唐）玄奘、辩机《大唐西域记校注》，季羡林等校注，中华书局1985年版，第237—250页；Hans Loeschner, "The Stūpa of the Kushan Emperor Kanishka the Great, with Comments on the Azes Era and Kushan Chronology", in Victor H. Mair, ed., *Sino-Platonic Papers*, Number 227, Philadelphia: Department of East Asian Languages and Civilizations, University of Pennsylvania, July, 2012.

教得以完美地融合在了一起。这些不同类型的文化能够最终汇聚于白沙瓦，很显然也是得益于城市商贸的发展和外来人口的频繁。

塔克西拉，汉文史书称之为"呾叉始罗""竹刹尸罗"或者"石室国"。从地理位置上看，塔克西拉位于旁遮普边缘，是犍陀罗地区的南大门，地理条件十分优越。马歇尔在介绍塔克西拉遗址时就曾提到，从华氏城到西北印度的"皇家大道"就途径塔克西拉；[1] 玄奘在《大唐西域记》中也提到"（呾叉始罗国）地称肥沃，稼穑殷盛，泉流多，花果茂。气序和畅，风俗轻勇"。[2]

目前，塔克西拉城已经得到了较为全面的发掘，它由三处主要遗址组成。最早的遗址在皮尔丘（Bihr Mound），属于亚历山大大帝东征和孔雀帝国时期。第二个遗址是斯尔卡普，由巴克特里亚希腊人和印度—希腊人所建，一直存在到了贵霜帝国的中期。真正建于贵霜帝国时期的遗址是斯尔苏克（Sirsukh），其建立时间大约是在索特·美加斯（Soter Megas）或者威玛·卡德菲塞斯时期。此外，塔克西拉一地还有大大小小的佛塔和神庙遗址，比如：达摩拉吉卡（Dharmarajika）佛塔遗址、喀拉宛（Kalawan）寺庙遗址等。

由于缺乏确切的文献记载，贵霜帝国对该地的控制主要依靠铭文和钱币来证实。在达摩拉吉卡的佛塔遗址就曾出土过一份刻在银锭上的铭文，记录了一位叫乌拉沙卡（Urasaka）的巴克特里亚人于阿泽斯纪元136年（约公元88—90年之间）[3] 将佛陀的遗骨供奉在达摩拉吉卡佛塔，并为贵霜国王、家人和自己祈福。[4] 由于其中出现了"大王、王中王、天神之子、贵霜王"（Maharajasa Rajatirajasa Devaputrasa Khushanasa）的字样，这则铭文目前成为贵霜人统治塔克西拉的最重要证据之一。从出土的钱币上看，在塔克西拉诸遗址中的贵霜钱币分布广泛，而且各具特点。其中，在斯尔

---

[1] John Marshall, *Taxila*, Vol. 1, Cambridge University Press, 1951, pp. 1–3.

[2] （唐）玄奘、辩机：《大唐西域记校注》，季羡林等校注，中华书局1985年版，第237—250页。

[3] 阿泽斯纪年最新的研究结论是约公元前48/前47或前47/前46年。以此计算，阿泽斯纪年136年约相当于公元88/89或89/90年。

[4] John Marshall, *Taxila*, Vol. 1, Cambridge University Press, 1951, pp. 256–257.

卡普遗址出土的贵霜钱币最多，大约有2641枚，按照马歇尔的分类，归于丘就却名下的钱币共有2522枚，归于索特·美加斯名下的钱币有12枚，另有37枚属于威玛·卡德菲塞斯，39枚属于迦腻色伽一世，4枚属于胡韦色伽一世以及27枚属于瓦苏提婆一世。① 类似的情况也出现在斯尔苏克遗址。在此出土的37枚贵霜钱币中，3枚属于丘就却，3枚属于威玛·卡德菲塞斯，12枚属于迦腻色伽一世，1枚属于胡韦色伽一世，11枚属于瓦苏提婆一世以及6枚磨损较严重的晚期贵霜帝国的钱币。② 贵霜钱币这一分布特点，证明了贵霜帝国对塔克西拉的控制应该始于丘就却，并一直持续到瓦苏提婆一世之后的晚期贵霜时期。

从布局上看，斯尔卡普遗址基本上沿用了希腊式城市的规划，呈不规则的四边形，其南北长1300米，东西最宽处达900米，一条主干道将城市分成东西两个大区，其他的支路与主道垂直，城市的四周还有厚实的城墙和防御用的堡垒。③ 在斯尔卡普遗址出土的文物虽然大多属于巴克特里亚王国、印度—希腊人、印度—斯基泰人和印度—帕提亚人时期，但是在部分已经确定属于早期贵霜时代的地层中，也出现了希腊罗马样式的耳环，戒指以及玻璃珠子等工艺品，这表明了在早期贵霜帝国时期，东西方商品交换的存在和活跃。④

如果说斯尔卡普遗址主要属于巴克特里亚王国、印度—希腊人、印度—斯基泰人和印度—帕提亚人的话，那么斯尔苏克遗址则毫无疑问是贵霜人的城市。该遗址呈不规则的长方形，南北约1400米长，东西约1000米宽，附近的伦蒂河（Lundi Nala）为其提供了天然的保护。⑤ 斯尔苏克的城墙与斯尔卡普的城墙有着一定的差别。首先，其手法主要采用印度—帕提亚人以石灰岩筑墙的工艺；其次，墙上有观察孔，守卫者不用登城即可观察城外情况；最后，城市防御用的棱堡是半圆形，底层空心，增加了防

---

① John Marshall, *Taxila*, Vol.1, Cambridge University Press, 1951, pp. 786 – 789.
② Ibid., pp. 221 – 222.
③ Ibid., pp. 112 – 120.
④ Ibid., pp. 124 – 136.
⑤ Ibid., p. 218.

御的层次感。① 这表明贵霜时代的城市建筑在吸收了希腊式城市布局风格之后有了自己独特的改进。

由于该遗址范围内有现代的村落存在,学者们只能对其进行局部的发掘,所以斯尔苏克的考古成果远不如斯尔卡普那样丰富。不过,据马歇尔对遗址中几所民居的发掘可知,斯尔苏克的民居不但房间众多而且都有自己的院落和储藏室,② 这表明当时的城市商贸和人民生活水平已经达到了较高的水准。同时,在一所民居里还出土了一片用于戒指装饰的光玉髓,上面有胜利女神尼科的图案;一个灰色片岩材质的蛇形支架,顶部是科林斯柱式的装饰,架底刻有一个半身男子像,但手法相对粗糙。此外,还有57枚用于装饰的珠子,包括玛瑙、光玉髓、绿松石、天青石、水晶、贝壳、釉陶、玻璃、珍珠等东西方贸易中常见的原材料。这些产品的出现在一定程度上揭示了该遗址在贸易中的重要地位。③

总的来说,犍陀罗地区的贵霜城市大多以原来巴克特里亚希腊人、印度—希腊人和印度—帕提亚人的城市为基础,但有了一定的改进。城市中除了本地文化和希腊化文化遗产外,也不乏中亚、伊朗的因素,实际上就是多元文化汇合的中心。据玄奘《大唐西域记》的记载,犍陀罗地区的城市在贵霜帝国治下得到迅速发展,成为迦腻色伽一世时期重要的城市聚集区之一。④ 这就为丝绸之路在印度西北部的继续拓展奠定了重要的基础。

三 恒河中上游的贵霜城市:丝路的延伸

控制了犍陀罗地区之后,贵霜帝国继续向旁遮普和恒河流域扩展自己的版图。不过,贵霜帝国对恒河中上游地区的控制并不稳固。虽然腊跋闼柯铭文(Rabatak Inscription)中曾明确提到了迦腻色伽一世对沙祇大(Sāketa)、憍赏弥(Kauśāmbī)、华氏城(Pataliputra),以及室利·瞻波

---

① John Marshall, *Taxila*, Vol. 1, Cambridge University Press, 1951, pp. 218 – 219.
② Ibid., pp. 220 – 221.
③ Ibid., pp. 221 – 222.
④ (唐)玄奘、辩机:《大唐西域记校注》,季羡林等校注,中华书局1985年版,第138—139页。

(Śrī-Campā) 等地的控制，[①] 但从汉文史料和相关考古发掘上看，这些城市是否完全被贵霜人所掌控，至今仍有不少疑问。

以腊跋闼柯铭文所提及的憍赏弥城为例。该城位于恒河支流朱木纳河（Jumna，Yamuna 亚穆纳河，阎牟那河）东岸，玄奘记述其"土称沃壤，地利丰植，粳稻多，甘蔗茂"。[②] 从考古资料上看，憍赏弥遗址出土的文物种类繁多，包括钱币、印章、家用陶器、赤陶俑、灰泥雕像、武器和其他金属工具，暗示了憍赏弥可能是恒河流域一个重要的商业和手工业中心。[③] 不过，从憍赏弥出土的钱币上看，贵霜的钱币经常和南部印度诸国的钱币相混杂，而且数量远不如印度币。以城中主要的三处窖藏为例，第一处窖藏的 54 枚钱币中只有 1 枚迦腻色伽一世的钱币，3 枚胡韦色伽的钱币和 1 枚瓦苏提婆的钱币，其余大部分是印度地方币；第二处窖藏的 134 枚钱币中只有一枚属于迦腻色伽的钱币存在；第三处窖藏的贵霜钱币只有 4 枚而且磨损严重，其余都是印度地方币。[④] 笔者认为，这种不同钱币混杂的情况，一方面是双方相互贸易的结果；另一方面也暗示了贵霜帝国对憍赏弥城的控制可能并不稳固。

同样的情况出现在沙祇大，它位于恒河中游，憍赏弥城附近，一般被学者们比定为《后汉书·西域传》中的沙奇城。[⑤] 根据《后汉书·西域传》，贵霜人控制印度河流域后曾继续向印度腹地进军，征服了一个叫"东离"的国家，该国都城就是沙奇城。[⑥] 从地理上看，沙祇大城大致位于憍赏弥与华氏城之间，这与腊跋闼柯铭文中的行文顺序相对吻合。不过，

[①] N. Sims Williams & J. Cribb, "A New Bactrian Inscription of Kanishka the Great", *S. R. R. A*, IV, 1996, pp. 75 – 147. 译文参见罗帅《罗巴塔克碑铭译注与研究》，《西域文史》第 6 辑，科学出版社 2011 年版，第 113—135 页。

[②] （唐）玄奘、辩机：《大唐西域记校注》，季羡林等校注，中华书局 1985 年版，第 466—468 页。

[③] G. R. Sharma, *The Excavations at Kausambi* (1957 – 1959), Allahabad: University of Allahabad, pp. 45 – 85.

[④] Kameshwar Prasad, *Cities Crafts and Commerce under The Kushānas*, Delhi: Agam Kala Prakashan, 1984, pp. 55 – 56.

[⑤] 亦有学者将之比作桑奇城（Sanchi），见余太山《贵霜史研究》，商务印书馆 2015 年版，第 49—50 页。但从地理上看，沙祇大城位于恒河边上，正好是从秣菟罗到华氏城的必经之地之一，因此将沙奇城比作沙祇大城要更为合理。

[⑥] （南朝·宋）范晔：《后汉书》卷八十八《西域传》，中华书局 1965 年版，第 2922 页。

贵霜帝国对沙祇大的控制也比较松散，因为在《魏略·西戎传》中就曾提到过一个叫"车离"的国家，其国都城也是沙奇城。车离、东离，一字之异，因此被比定为《后汉书·西域传》中的东离。据《魏略·西戎传》，此东离国被"月氏役税之"，① 可见，该国与憍赏弥一样，虽然受到了贵霜帝国的控制，但并没有被实际占领。

在恒河中游贵霜人控制的城市中，最为重要的当属秣菟罗（Mathura）。该城位于恒河支流朱木纳河的西岸，自然条件优越，自古以来就是沟通犍陀罗、旁遮普和恒河中上游的交通枢纽。玄奘的《大唐西域记》和法显的《佛国记》对其都有记载。② 贵霜帝国对该城的控制主要靠铭文来证实，在秣菟罗出土的部分铭文上就有贵霜王向该地寺庙奉献的记录。③

由于受客观条件的限制，秣菟罗城的发掘不太系统，但也有不少重要文物出土。例如：在1954年的一次发掘中，秣菟罗的贵霜地层就出土了不少铁器、石盒、赤陶俑和一个用绿松石装饰的蓝色琉璃瓦残片。④ 德国考古队于1960年对秣菟罗的索赫（Sonkh）遗址进行了发掘，除了出土大量的赤陶俑之外，还发现了120枚贵霜的钱币，其中有两枚钱币是属于胡韦色伽一世，剩下的大多是瓦苏提婆一世或者是迦腻色伽三世的钱币。⑤ 这一方面证明了秣菟罗地区手工业的发达和商品交易的活跃，另一方面也暗示了贵霜对秣菟罗的控制可能要相对较晚。按照印度学者笈多（Parmeshwari Lal Gupta）的梳理，秣菟罗地区出土的贵霜钱币主要归属于威玛·卡德菲塞斯到瓦苏提婆一世的贵霜诸王，除了少数疑似索特·美加斯的钱币之外，早期贵霜国王的钱币并未出现于秣菟罗。⑥ 这表明贵霜帝国控制秣菟罗地区的年代大概最早始于威玛·卡德菲塞斯时期，并持续到晚期贵霜

---

① （晋）陈寿：《三国志》卷三十《乌丸鲜卑东夷传》，中华书局1969年版，第860页。
② （唐）玄奘、辩机：《大唐西域记校注》，季羡林等校注，中华书局1985年版，第379页；（东晋）法显撰：《法显传校注》，章巽校注，中华书局2008年版，第54页。
③ Daya Ram Sahni, "Three Mathura Inscriptions and Their Bearing on the Kushana Dynasty", *Journal of the Royal Asiatic Society*, Volume 56, Issue 03, July, 1924, pp. 399–406.
④ A. Ghosh, *Archaeological Survey of India 1954–55: A Review*, New Delhi: Archaeological Survey of India, Government of India, 1955, pp. 14–15.
⑤ Ibid., pp. 42–43.
⑥ Parmeshwari Lal Gupta & Sarojini Kulashershtha, *Kushan Coins and History*, New Delhi: D. K. Print World Ltd., 1994, pp. 147–158.

时代。

　　与白沙瓦相似，秣菟罗在丝绸之路上的地位也主要体现于文化上。虽然，秣菟罗的佛教造像成就极高，① 但该地的国王和人物造像却更能体现统治民族的特点。在秣菟罗的马特（Mat）地区曾出土过一尊刻着"Vima Taksuma"之名的国王坐像。这尊坐像身披一件中亚风格的束腰外衣，脚穿一双长长的游牧民族毡靴，这与传统印度的服饰截然不同。在秣菟罗地区还出土过一些头戴塞人风格尖顶帽的赤陶俑，其造型酷似中亚达尔弗津·捷配出土的"塞人王子"，这很可能是贵霜人对中亚塞人艺术形式的一种保留。② 同样的尖顶帽形象还出现在贵霜国王的钱币上，从迦腻色伽一世开始，钱币上的国王也常常会戴着尖顶的王冠。③ 由此可见，即使是进入了恒河上游地区，中亚塞人的艺术风格依然是贵霜艺术中重要的组成部分，丝绸之路的文化通道作用可见一斑。

　　贵霜人在恒河地区的另一处重要城市是舍卫城（Sravasti）。该城是恒河地区重要的佛教圣地，给孤独长者用金砖铺地，购得太子祇园，请佛陀说法的故事就发生在这里。由于贵霜人在向印度的扩张过程中，逐渐接受了佛教，舍卫城自然成为贵霜国王宣扬佛教的重要场所。虽然《大唐西域记》对该城物产信息的记录不详，但是随着近代以来坎宁汉、马歇尔等的发掘，贵霜人在舍卫城的活动最终得到证实。

　　从出土的钱币上看，在舍卫城遗址的一个陶罐中曾经出土过107枚贵霜帝国的钱币，大多也是属于迦腻色伽一世、胡韦色伽一世和瓦苏提婆一世。④ 在贵霜时代的窣堵波（佛塔）中，还发现了一尊有迦腻色伽名字标识的菩萨像，以及大量黄金做的珠子和珍珠，这无疑暗示了舍卫城作为宗教中心的繁荣，给孤独长者金砖铺地的典故，大概并非完全虚构。此外，

---

　　① 需要说明的是，与犍陀罗地区不同，秣菟罗地区除了以佛教为主题的造像以外，还有大量以印度教甚至是耆那教为主题的宗教造像，其艺术水平不亚于佛教造像。

　　② John M. Rosenfield, *The Dynastic Arts of The Kushans*, Berkeley: University of California Press, 1967, pp. 224 – 225.

　　③ 从迦腻色伽一世开始，几乎所有的贵霜国王都有过头戴尖顶帽的形象。可参考杜维善《贵霜帝国之钱币》，上海古籍出版社2012年版，第110—171页。

　　④ J. Ph. Vogol, ed., *Archaeological Survey of India Annual Reports* 1910 – 11, Culcutta: Superintendent Government Printing, Inida, 1914, pp. 7, 15 – 16.

伴随着朝圣者的往来，该城的商贸也有了一定的发展。在舍卫城18号窣堵波就曾出土过一个用秣菟罗特有的红色泥石制作的底座，显然是从秣菟罗贩运而来。①

四 克什米尔地区的贵霜堡垒与罽宾—乌弋山离支线的全线贯通

贵霜帝国时期丝路的另一大进展就是罽宾—乌弋山离道的全线贯通。作为丝路南段最为重要的支线之一，它的贯通对后世的历史产生了重要的影响，法显和玄奘的天竺之游，佛教和犍陀罗艺术能够首先进入塔里木盆地，具有鲜明多元文化特色的汉佉二体钱能在和田等地出现，这条支线发挥了非常重要的作用。

早在西汉时期，罽宾—乌弋山离道实际上就已经初现端倪。《汉书·西域传》中就记述过丝路南道从皮山出发，经乌秅国、南兜国、涉悬度，最后到达罽宾和乌弋山离的大致路线，"皮山"一般指的是今天新疆维吾尔自治区阿克苏市下属的皮山县一带。乌秅国大致位于现在巴基斯坦和中国边界的洪扎山区（Hunza），河谷狭窄，两岸高峻，山上多林木草场，居民都是住在坡度很高的山坳里或临河的高崖上，正好符合《汉书·西域传》中"（乌秅国）山居，田石间。有白草。垒石为室，民接手饮"的记载。②

从乌秅国往西就是悬度地区。"县度者，石山也，溪谷不通，以绳索相引而度云。"③ 这是罽宾—乌弋山离道中最难走的一段。杜钦曾经对欲征讨罽宾的大将军王凤进言："凡遣使送客者，欲为防护寇害也。起皮山南，更不属汉之国四五，斥候士百余人，五分夜击刁斗自守，尚时为所侵盗。驴畜负粮，须诸国禀食，得以自赡。国或贫小不能食，或桀黠不肯给，拥强汉之节，馁山谷之间，乞匄无所得，离一二旬则人畜弃捐旷野而不反。又历大头痛、小头痛之山，赤土、身热之阪，令人身热无色，头痛呕吐，驴畜尽然。又有三池、盘石阪，道狭者尺六七寸，长者径三十里。临峥嵘

---

① Kameshwar Prasad, *Cities Crafts and Commerce under The Kushānas*, Delhi: Agam Kala Prakashan, 1984, p.51.
② （东汉）班固：《汉书》卷九十六《西域传》，中华书局1962年版，第3882页。
③ 同上。

不测之深，行者骑步相持，绳索相引，二千余里乃到县度。畜队，未半坑谷尽麋碎；人堕，势不得相收视。险阻危害，不可胜言。"① 可见县（悬）度地区的交通困难，该地应该就是帕米尔或者克什米尔地区的高海拔地带，文中提到的头痛呕吐的现象很可能就是高原反应。

越过悬度是难兜国。从相关的记载上看，它是罽宾的属国，西边与大月氏控制的巴克特里亚地区相邻，自然条件要比悬度要好得多。《汉书·西域传》中说，"（难兜国）种五谷、蒲陶诸果。有银铜铁，作兵与诸国同，属罽宾"。一般认为可能是葱岭的一个绿洲国家，但是具体位置目前并不明确。

难兜西南行是罽宾。该地气候宜人，出产丰富，经济文化水平较高。"罽宾地平，温和，有苜蓿，杂草奇木，檀、槐、梓、竹、漆。种五谷、蒲陶诸果，粪治园田。地下湿，生稻，冬食生菜。其民巧，雕文刻镂，治宫室，织罽，刺文绣、好治食。有金、银、铜、锡，以为器。市列。以金银为钱，文为骑马，幕为人面。出封牛、水牛、象、大狗、沐猴、孔爵、珠玑、珊瑚、虎魄、璧流离。它畜与诸国同。"② 目前，学界关于罽宾的具体位置仍有争议，以塔恩为代表，根据其地名和物产将其定位于以喀布尔为中心的喀布尔河（Kophen）流域；以沙畹为代表，则认为应指巴基斯坦北部的克什米尔地区；余太山认为汉代的罽宾大致是以犍陀罗为中心，涵盖喀布尔河上游和斯瓦特河流域的广大地区；岑仲勉认为，罽宾与迦毕试一词有联系，罽宾地区很可能包括了迦毕试和犍陀罗的部分地区。③

在这个问题上，各家观点都有其合理之处。首先，迦毕试在贵霜时期基本上指的就是贝格拉姆，该城位于喀布尔河支流的果尔班德河（the Ghorband River）边上，南距喀布尔60公里，路程并不太远，因此岑仲勉的观点与塔恩的 Kophen 一说实际上有相同之处。其次，《大唐西

---

① （东汉）班固：《汉书》卷九十六《西域传》，中华书局1962年版，第3886—3887页。
② 同上书，第3885页。
③ W. W. Tarn, *The Greeks in Bactria and India*, Cambridge：The Cambridge University Press，1951，pp. 469–473；余太山：《塞种史研究》，商务印书馆2012年版，第144—167页；岑仲勉：《汉书西域传地里校释》，中华书局1981年版，第160页。

域记》中有关"迦毕试国"和"迦湿弥罗国"(克什米尔)的物产记载与《汉书·西域传》中有关罽宾国的物产记载均有相似之处,① 很可能汉代的罽宾涵盖了这两个地区。最后,余太山曾援引过白鸟库吉的一个推论,即罽宾王治循鲜城,在波斯语中为 Susen,有莲花之意,与布色羯逻伐底的梵语名字同义。因此,罽宾的范围可能从布色羯逻伐底一带延伸至克什米尔的部分地区,其中涵盖了犍陀罗的大部分地区。这也与《汉书·西域传》中罽宾"户口胜兵多,大国也"的记载相符。②

为了与东汉抗衡,贵霜人加强了罽宾一线的防御力量。现今的瓦罕河谷一带存在着一些最初由巴克特里亚希腊人建立的堡垒,如:卡哈卡一号城堡(Kaakhka Ⅰ)、纳姆德城堡(Namdgut)、阳存一号城堡(Yamchun Ⅰ)和兰干尔城堡(Langar)等。它们起初是用于抵御来自东面的游牧民族的侵扰,贵霜时代被继续使用,部分城堡还发展成了小型的城市。③ 瓦罕地区的这些城市,一方面为贵霜大军翻越葱岭进入塔里木盆地提供了帮助,另一方面也为罽宾—乌弋山离道的贯通奠定了基础。

除瓦罕地区之外,在印度河上游的克什米尔地区,同样也有贵霜人活动的迹象。其中,最明显的证据是北传佛教历史上著名的克什米尔结集(又称迦湿弥罗结集)。《大唐西域记》就提到了这次结集的情况。④ 该地能被迦腻色迦王作为佛教结集的地点,其本身就暗示了该地文化的繁荣和佛教的兴盛。另一个重要的证据是出土于拉达赫(Ladakh)的哈拉策铭文(Khalaste Inscription)。该铭文实际上只有一句话,提到了当时统治该地区的国王叫"Uvima Kavthisa",学界一般将之比定为威玛·卡德菲塞斯(读音类似),⑤ 这也是贵霜人控制克什米尔地区的证据之一。此外,克什米尔地区还发现了一些贵霜帝国的钱币,包括了从丘就却到瓦苏提婆一世的贵

---

① 详参余太山《塞种史研究》,商务印书馆 2012 年版,第 217—250 页。
② (东汉)班固《汉书》卷九十六《西域传》,中华书局 1962 年版,第 3885—3886 页。
③ 详见 [美] J. D. 勒纳《希腊—巴克特里亚时期的瓦罕城堡与丝绸之路》,庞霄骁译,杨巨平审校,《西域研究》2017 年第 3 期。
④ (唐)玄奘、辩机:《大唐西域记校注》,季羡林等校注,中华书局 1985 年版,第 1006—1012 页。
⑤ Sten Konow, *Corpus Inscriptionum Indicarum*, Ⅱ, Varanasi: Indological Book House, pp. 79 – 81.

霜诸王。①

有关贵霜人在克什米尔建城的记载主要来自印度的文献。根据卡尔哈那（Kalhana）创作的史诗《罗阇塔兰吉尼—克什米尔诸王编年史》（Rajatarangini），曾有三位名为"Huska"（很可能是胡韦色伽一世）、"Juska"（具体所指不详）和"Kaniska"（很可能是迦腻色伽二世）的贵霜国王，先后控制过克什米尔地区并建造了以他们名字命名的城市护瑟伽普尔（Huskapur）、贾斯卡普尔（Juskapur）和加尼斯普尔（Kanispur）。② 其中，加尼斯普尔于1998—1999年得到了一定程度的发掘。该遗址位于印度克什米尔邦的夏季首府斯利那加（Srinagar）附近，主要由诸多小遗址构成。从出土的文物上看，有关贵霜时代的遗物主要是贵霜钱币、赤陶俑和陶罐。其中，钱币大部分属于迦腻色伽一世（也可能是二世），从部分陶罐风格上看，它们与马歇尔在塔克西拉诸遗址出土的陶器有一定的相似之处，显示出该地与犍陀罗地区的商贸联系。③

罽宾支线与前文提到的经贝格拉姆和犍陀罗地区，前往恒河流域的丝路主干道相交。商旅还可以沿着经喀布尔的一条支线继续向西南行进至坎大哈等地。其中，喀布尔一般被定位为《后汉书·西域传》中所提到的高附地区。"高附国在大月氏西南，亦大国也。其俗似天竺，而弱，易服。善贾贩，内附于财。所属无常，天竺、罽宾、安息三国强则得之，弱则失之，而未尝属月氏……后属安息。及月氏破安息，始得高附"。④ 后来的《魏略·西戎传》更是明确提到了高附国隶属于大月氏。⑤ 因此，贵霜帝国对喀布尔地区的控制没有太大的争议。从考古发掘上看，无论是在喀布尔附近的哈达遗址还是在喀布尔的马兰詹·特佩（Tepe Maranjan）神庙，都有

---

① Iqbal Ahmad, *Kashmir Coins: Ancient Coins of Jammu, Kashmir, Ladakh and its Frontier Districts*, New Delhi: Dilpreet Publishing house, 2013, pp. 26 - 28.
② M. A. Stein, *Kalhana's Rajatarangini*, Vol. I, p. 168. 转自 Kameshwar Prasad, *Cities Crafts and Commerce under The Kushānas*, Delhi: Agam Kala Prakashan, 1984, p. 37.
③ Buddha Rashmi Mani, *The Kushan Civilization: Studies in Urban Development and Material Culture*, Delhi, New Delhi: B. R. Pub. Corp., 1987, pp. 170 - 181.
④ （南朝·宋）范晔：《后汉书》卷八十八《西域传》，中华书局1965年版，第2921页。
⑤ 余太山：《两汉魏晋南北朝正史西域传要注》，中华书局2005年版，第327—328页。

不少贵霜时期的文物和贵霜多元风格的建筑被发现,① 显示该地区与贵霜帝国联系的密切。

从喀布尔往南是赫尔曼德河畔的坎大哈,西方文献中则将之称为阿拉科西亚的亚历山大里亚城。不过,它是否就是《汉书·西域传》中提到乌弋山离城,目前尚有一定的争论。② 从考古发掘上看,坎大哈是否是贵霜帝国的领土目前并不明确。再加上近代以来的战乱,阿富汗的考古发掘受限,阿富汗地区的博物馆又大多被战火所毁坏,馆藏文物多有散失,此问题只能有待进一步的研究。从坎大哈再往西或者西南,就到了现在的锡斯坦,此地曾受从中亚南下塞人一支控制,再往西前进就是帕提亚的领土。

伴随着贵霜帝国的建立,中国与贵霜的关系紧密而复杂,双方的接触、交往主要沿罽宾——乌弋山离一线展开。为了防御强大的东汉帝国,贵霜人大力加强帕米尔和克什米尔一带的军事据点,罽宾—乌弋山离一线的城市迎来了新的发展契机,部分城市甚至保留到了唐代。《大慈恩寺三藏法师传》中就提到玄奘在途经迦湿弥罗国(克什米尔)时,曾借宿于一座名为"护瑟伽罗"的寺庙。③ 从语音上看,护瑟伽罗一名与贵霜王胡韦色伽一世有一定的相似之处,很可能该寺庙的所在地就是前文提到的护瑟伽普尔。该遗址出土的雕像虽以印度风格为主,但装束和服饰也不乏希腊、塞人和印度的风格,体现了克什米尔作为交通要道的地位以及贵霜文化多元融合的特点。④ 可以说,贵霜据点在克什米尔地区的出现,为往来于中国和印度之间的僧侣、使节、商

---

① 参见 John M. Rosenfield, *The Dynastic Arts of The Kushans*, Berkeley: University of California Press, 1967, pp. 47 - 48; J. Harmatta, ed., *The History of Civilizations of Central Asia II. The Development of Sedentary and Nomadic Civilizations*, Paris: UNESCO Publishing, pp. 356 - 360。

② 实际上阿拉科西亚等地共有4座名为亚历山大里亚的城市,分别为:Alexandria in Ariana、Alexandria in Arachosia、Alexandria in Prophthasia、Alexandria in Ghazni,乌弋山离具体所指仍有争论。详见余太山《塞种史研究》,商务印书馆2012年版,第251—267页。

③ (唐)慧立、彦悰:《大慈恩寺三藏法师传》,孙毓棠、谢方点校,中华书局2000年版,第43页。

④ Ram Chandra Kak, with a Foreword by Liuet-Colonel Sir Francis Younghusband and an Introduction by Professor A. Foucher, *Ancient Monuments of Kashmir*, The India Society, London, 1933, pp. 152 - 154, plate LVIII.

人提供了重要的驿站，也使得罽宾—乌弋山离道成为丝路南道最重要的支线之一。

五　帝国控制下的海港与印度洋海上贸易的发展

除了向恒河中下游和克什米尔地区扩张之外，贵霜人也沿着印度河，控制了旁遮普的大部分地区，印度河河口附近的原印度—斯基泰人、印度—帕提亚人的海港此时也纳入了贵霜帝国的版图。虽然，相对于印度内陆的城市，贵霜人对这些港口的控制比较松散，大多以羁縻政策为主，但是，它们的存在和活跃，让贵霜帝国有机会参与印度洋的海上贸易，日后海上丝绸之路的最终成型也有赖于此。

从考古资料上看，完全被贵霜帝国所控制的港口是巴巴里库姆（Babaricum），它位于印度河的河口，距现在巴基斯坦的卡拉奇（Karachi）港不远。《厄立特里亚航海记》（*Periplus Maris Erythraei*）曾提到过该港口的地理、水文和进出口贸易的情况。① 此外，一些零星的考古发现也证明贵霜帝国可能控制该地。例如：许多属于晚期贵霜王迦腻色伽三世的铜币就曾在今巴基斯坦卡拉奇港附近的班布尔（Bambore）发现。②

早在亚历山大东征时期，从巴巴里库姆到塔克西拉的贸易通道就已具雏形。据阿里安，亚历山大曾在印度河流域建立或重修了数座城市和驻军点。如庆祝希达斯皮斯战役胜利的尼卡亚（Nikea）和纪念其战马的布西发拉。③ 在沿印度河南下撤军途中，亚历山大还派大将赫菲斯提昂（Hephaestion）在印度河中游的帕塔拉（Patala）一地修建过防御工事，港口和码头等设施，④ 并在印度河与阿塞西尼斯河（Acesines）的交口和印度河下游的索格多伊（sogdi）地区进行过一定规模的建城

---

① Lionel Casson, *Periplus Maris Erythraei*: *Text with Introduction*, *Translation*, *and Commentary*, "Text and Translation" 38 – 39, New Jersey: Princeton University Press, 1989. 亦可参考杨巨平《两汉中印关系考——兼论丝绸之路南道的开通》，《西域研究》，2013 年第 4 期。

② D. W. Macdowall, "Hoard of Later Kushan Copper Coins from Bambore", in *Indologica Taurinensia*, Vol. XXIII – XXIV, Turino, 1998, pp. 551 – 559.

③ Arrian, *Anabasis of Alexander*, 5.19.4, with an English Translation by E. I. Robson, Cambridge, Mass: Harvard University Press, 1967.

④ Ibid..

活动。[1]

虽然，亚历山大在此地所建的城市在贵霜帝国时期是否还存在，目前尚待考证，[2] 但从《厄立特里亚航海记》的记载来看，至少在贵霜帝国早期，这条支线依旧是畅通无阻的。从巴巴里库姆进口的货物会溯印度河而上，到达一座叫明纳加尔（Minnagar）的印度—斯基泰人王城。[3] 最有说服力的证据来自塔克西拉所出土的玻璃制品。虽然印度本地也能自己制造玻璃，但真正质量上乘的玻璃制品还是来自地中海世界。在塔克西拉的斯尔卡普遗址公元1世纪前后的地层中就出土过一些红色不透明的玻璃碎片，马歇尔认为这很可能就是从亚历山大城进口的未加工的毛玻璃。[4] 此外，在同一地层还出土了一个蓝白两色套色的玻璃碗，上有浮雕，整个碗以蓝色玻璃为基底，上面用乳白色的玻璃装饰，样式跟大英博物馆中收藏的波特兰岛（Isle of Portalnd，今英国多赛特郡波特兰岛）出土的器皿有一定的相似之处，很可能都是来自罗马帝国。[5]

相对于巴巴里库姆，贵霜帝国对另一处港口——巴里加扎（Barygaza，一译婆卢羯车）的控制则并不明显。尼利斯曾提到，从乌贾因到巴里加扎一线的实际控制者是西部的塞人总督，他们和印度南部的百乘王朝（Satavahana）围绕巴里加扎一地进行过多次的争夺。[6] 贵霜帝国对这

---

[1] Arrian, *Anabasis of Alexander*, 6.15.1–2, with an English Translation by E. I. Robson, Cambridge, Mass: Harvard University Press, 1967. 需要说明的是，根据相关记载，亚历山大在阿塞西尼斯河和索格多伊的建城活动是确凿无疑的，但这些城市的名称在文献中并无明确记载。有关亚历山大大帝在印度河所建城市的分析，可参见 G. M. Cohen, *The Hellenistic Settlements in the East from Armenia and Mesopotamia to Bactria and India*, Berkeley: University of California Press, 2013. pp. 291–293, 294–295, 308–312, 317–318, 320–321。

[2] 亚历山大所建的部分城市在《厄立特里亚航海记》中也被提及，如布西发拉城。见 Lionel Casson, *Periplus Maris Erythraei*: *Text with Introduction*, *Translation*, *and Commentary*, "Text and Translation" 47, New Jersey: Princeton University Press, 1989。

[3] Lionel Casson, *Periplus Maris Erythraei*: *Text with Introduction*, *Translation*, *and Commentary*, "Text and Translation" 38, New Jersey: Princeton University Press, 1989。

[4] John Marshall, *Taxila*, Vol. II, Cambridge University Press, 1951, p. 688.

[5] Ibid., pp. 689–691.

[6] J. Neelis, *Early Buddhist Transmission and Trade Networks*: *Mobility and Exchange within and beyond the Northwestern Borderlands of South Asia*, Leiden: Brill, 2011, p. 127.

些塞人总督采取的是羁縻政策,承认其统治的合法性。在秣菟罗的马特神庙中就有一尊名为卡斯塔纳(Castana)的塞人总督雕像。① 根据托勒密的《地理志》的记载,巴里加扎附近曾有一座名为"Ozena-Regia Tiastani"的城市,其中,欧泽那(Ozena)一般指的是现在的乌贾因地区(Ujjain),而"Tiastani"一词与"Castana"有一定的相似之处,② 很可能暗示该总督曾一度控制巴里加扎附近的乌贾因等地,并得到了贵霜帝国的承认。

以这两座港口为基础,贵霜帝国的海上贸易得到了迅速的发展。其中尤以从印度到东南亚及中国海路的确立为主要成就。其实,早在贵霜帝国建立之初,这条路线并不为人们所熟悉。《厄立特里亚航海记》中只提及"秦尼"的大致方位,以及从该地出口的生丝和丝绸,经巴克特里亚运往巴里加扎,并转销各地的情况。③ 随着贵霜帝国的扩张和海运的发展,到了公元2世纪中后期,这条贸易海上通道已经渐具规模。《后汉书·西域传》中就有大秦使者经南海到中国的记录,④ 尽管这些所谓大秦王安敦的使臣可能是罗马商人的诈称。⑤ 张骞关于"大夏有蜀布邛竹杖"的记载,也在一定程度上证明了西南丝绸之路的存在,但相对于崎岖难行、人迹罕至的滇缅道,经海路到东南亚和中国要更为便捷。大秦商人能够到达日南郡,实际上就暗示了从贵霜港口巴巴里库姆和巴里加扎,经斯里兰卡,到东南亚和中国实有海路可通。考古发掘也证实了这一点,波比拉赫奇就曾提到,在斯里兰卡地区曾出土过迦腻色伽一世、

---

① Buddha Rashmi Mani, *The Kushan Civilization*: *Studies in Urban Development and Material Culture*, Delhi, New Delhi: B. R. Pub. Corp., 1987, pp. 170–181.

② Claudius Ptolemy, *The Geography*, 7.1, translated and edited by Edward Luther Stevenson, with an introduction by Prof. Joseph Fischer, New York: Dover Publication, Inc., 1991, p. 153. 相关分析亦可见罗帅《印度半岛出土罗马钱币所见印度洋贸易的变迁》,《古代钱币与丝绸高峰论坛暨第四届吐鲁番国际学术研讨会论文集》,上海古籍出版社2015年版,第115—116页。

③ 《厄立特里亚航海记》成书时间大约在公元40—70年,此时正值贵霜帝国建立之初。有关"秦尼"的情况,见 Lionel Casson, *Periplus Maris Erythraei*: *Text with Introduction*, *Translation*, *and Commentary*, "Text and Translation", 64, New Jersey: Princeton University Press, 1989。

④ (南朝·宋)范晔:《后汉书》卷八十八《西域传》,中华书局1965年版,第2920页。

⑤ 张绪山:《关于"公元100年罗马商团到达中国"问题的一点思考》,《世界历史》2004年第2期。

迦腻色伽二世和瓦苏提婆二世的钱币,[①] 在越南的湄公河流域也有索特·美加斯和威玛·卡德菲塞斯的钱币出土。[②] 虽然,自瓦苏提婆一世开始,贵霜帝国逐渐式微,但这条海路并未因此而衰落,它继续承担着从东地中海,经印度,到东南亚和中国的海上贸易。在《北史·西域传》中就有"(大秦)东南通交趾,又水道通益州永昌郡。多出异物"的记载。[③]

从进出口的商品上看,流通范围最广的无疑是罗马帝国的金币。在阿富汗南部、旁遮普、中南部印度和斯里兰卡(Sri Lanka)等地都有过出土罗马钱币的记录。[④] 惠勒(R. E. M. Wheeler)曾据此提出过一个推断,他认为罗马金币在印度的大量出现和广泛分布,表明了罗马金币曾经在贵霜帝国作为普通货币或者是黄金储备进行使用。不过,该观点遭到部分印度学者的反对,他们认为贵霜帝国金币的原料来源并非仅限于罗马帝国的海运,它与阿姆河流域、乌拉尔山地区和阿勒泰地区的贸易以及恒河中下游的金矿都在一定程度上为贵霜帝国提供了充足的黄金来源。[⑤]

在这个问题上,笔者更倾向于惠勒的观点。首先,罗马钱币在印度的分布呈现出了南北不平衡的特点,而且钱币的发行者主要集中于罗马帝国的早期。根据近代以来学者的考察,在印度半岛发现罗马钱币已经超过 8000 枚,其中金币约 1200 枚,银币 7000 枚,里面大部分属于朱里亚·克劳狄王朝时期(Julio-Claudian dynasty,公元前 27—68 年),其余属于弗拉维王朝(Flavian dynasty,公元 69—96 年)、涅尔瓦 - 安敦尼王

[①] Osmund Bopearachchi and Wilfried Pieper, *Ruhuna, An Ancient Civilisation Revisited: Numismatic and Archaeological Evidence on Inland and Maritime Trade*, Nugegoda: R. M. Wickremesinhe, 1999, pp. 74 - 75.

[②] L. Malleret, L'Archéologie du Delta du Mékong. Tome 2, La Civilization Matérielled'Oc-èo, Paris: Ecole Franc͎aise d'Extreme-Orient, 1960, pp. 231 - 232. 相关分析亦可参考罗帅《印度半岛出土罗马钱币所见印度洋贸易的变迁》,《古代钱币与丝绸高峰论坛暨第四届吐鲁番国际学术研讨会论文集》,上海古籍出版社 2015 年版,第 115—116 页。

[③] 余太山:《两汉魏晋南北朝正史西域传要注》,中华书局 2005 年版,第 653—654 页。

[④] Kameshwar Prasad, *Cities Crafts and Commerce under The Kushānas*, Delhi: Agam Kala Prakashan, 1984, p. 144.

[⑤] Ibid., pp. 144 - 145.

朝（Nerva-Antonine dynasty，公元96—192年）和塞维鲁王朝（Severan dynasty，公元193—235年）。同时，钱币大都出土于南部印度，北印度较少。① 按照沃明顿（E. H. Warmington）的说法，在哈扎拉（Hazara）发现的12枚奥古斯都钱币已经是在印度北部发现的最大数量的罗马帝国的钱币了。②

这种现象主要与当时政治格局有关。奥古斯都（Augustus，公元前27—14年）和提比略（Tiberius，公元14—37年）时期，罗马人并未完全主导这条海上交通线，贵霜帝国也尚未建立。罗马商站主要在南部印度地区，阿里卡门度（Arikamedu）、特尔（Ter）、卡尔列那（Kalliena）、索巴特马（Sopatma）等著名的罗马商站实际上都不在后来贵霜帝国的领土之内。这就是这两位皇帝的钱币能够在印度南部的大量出现的主要原因。

其次，贵霜帝国对黄金的需求量非常高。一方面自威玛·卡德菲塞斯发行金币以来，贵霜帝国确实需要大量的黄金用于制币；另一方面，根据法显和玄奘对迦腻色伽佛塔的描述，金银装饰是一种非常普遍的现象。马歇尔在斯尔卡普遗址的贵霜地层中就曾发现不少金银饰品出土，部分饰品上还有小爱神厄洛斯（Eros）的图案。③ 在这两种因素的作用下，流入贵霜帝国的金币很可能被回炉重铸，这就使得贵霜境内几乎找不到罗马的金币，这也造成了罗马金币在印度分布的不平衡。

在这条贸易路线的另一端，印度的商品也颇受罗马人的喜爱。在印度出口的产品之中，香料无疑是大宗，胡椒则是香料中的重头。它是印度的特产之一，在《后汉书·西域传》中就有天竺出产"胡椒、姜、黑

---

① 主要的考察有三次，R. E. M. Wheeler, "The Roma Ronnect with India, Pakistan and Afghanistan", in W. F. Grimes ed., *Aspects of Archaeolgy in Britain and Beyond: Essays Presented to O. G. S. Crawford*, London: H. W. Edwards, 1951, pp. 374 – 381; P. J. Turner, *Roma Coins from India*, London: Royal Numismatic Society, 1989, pp. 45 – 91; F. de Romanis, "Julio-Claudian Denarii and Aureii in Campania and india", *Annali dell istituo Italiano di Nimismatia*, 58, 2012, pp. 180 – 185. 可参见罗帅《印度半岛出土罗马钱币所见印度洋贸易的变迁》，《古代钱币与丝绸高峰论坛暨第四届吐鲁番国际学术研讨会论文集》，上海古籍出版社2015年版，第109—111页。

② E. H. Warmington, *The Commerce between the Roman Empire and India*, Cambridge, University Press, 1928, p. 42.

③ John Marshall, *Taxila*, Vol. 1, Cambridge University Press. 1951, pp. 147 – 148.

盐"的记载。① 希腊罗马世界对胡椒的需求由来已久。这种植物不但可以用作调味品，还可以药用。除从巴巴里库姆和巴里加扎进口各种香料之外，在《厄立特里亚航海记》里还提到了从穆季里斯（Muziris）、内尔凯达（Nelcynda）等南部印度地区进口黑胡椒的情况。② 泰米尔（Tamil）的一些文学作品也曾经描述过希腊人用大船满载黄金来购买胡椒的情况，③ 罗马的金币得以经南部印度地区，流入贵霜帝国，其根源很可能也在于此。

除胡椒以外，其他重要的香料还包括生姜、豆蔻、肉桂等。生姜一般是食用，在意大利的鱼干类食物中就常常出现生姜。这种作物部分产于旁遮普以东地区，正好在当时贵霜帝国的控制区域内。豆蔻也常常被罗马人用作药材，主要产于印度的中南部，贵霜控制下的秣菟罗也有出产。肉桂在希伯来语中称之为"Casia"，罗马人称之为"Cinamomum"。起初，这种植物被阿拉伯商人所垄断，罗马人曾误以为肉桂是阿拉伯地区所产。随着罗马与印度地区贸易的发展，罗马人开始直接从印度进口肉桂。④ 不过，印度其实并非肉桂的主产地，印度出口的肉桂很可能是从中国南方或者东南亚地区进口而来。⑤

印度地区的特产还包括各种珍奇动物。其中，比较重要的是大象。据《后汉书·西域传》，天竺"土出象、犀、玳瑁、金、银、铜、铁、铅、锡，西与大秦通，有大秦珍物"。⑥ 大象对于希腊罗马世界而言，有着特殊的意义。它作为印度的标志动物之一，曾经在多位印度—希腊人国王的钱币之上出现过。印度的象牙制品远销罗马。在意大利庞贝城（Pompeii）的

---

① （南朝·宋）范晔：《后汉书》卷八十八《西域传》，中华书局1965年版，第2921页。

② Lionel Casson, *Periplus Maris Erythraei: Text with Introduction, Translation, and Commentary*, "Text and Translation" 53-56, New Jersey: Princeton University Press, 1989.

③ 此诗篇出自泰米尔史诗桑伽姆中的 *Puranāūnru*，时间定为公元60年或更晚（公元2—3世纪），参见 Peter Francis, Jr, *Asia's Maritime Bead Trade: 300 B.C. to The Present*, Honolulu: University of Hawaii Press, 2002, p. 120。

④ E. H. Warmington, *The Commerce between the Roman Empire and India*, Cambridge, Mass: The University of London Press, 1928, pp. 186-190.

⑤ J. Innes Miller, *The Spice Trade of the Roman Empire*, Oxford: Clarenden Press, 1969, pp. 42-47, 74.

⑥ （南朝·宋）范晔：《后汉书》卷八十八《西域传》，中华书局1965年版，第2921页。

遗址就出土了一块象牙的雕刻，上有一位女神，下面有佉卢文的标识，一般认为它是印度神话中的吉祥天女，时代大约是公元1—2世纪。[①] 从当时的历史来看，这一时期正好是贵霜帝国控制西北印度的时代，佉卢文的出现更是大大地证明了这一牙雕就是来自贵霜帝国。此外，象牙还被广泛用于罗马贵族家居生活等各方面。包括柜子、桌子、椅子、床等物品都有用象牙装饰的例子。[②] 另一种深受罗马人喜爱的动物是犀牛。罗马人一般将之用于展览。斯特拉波和普林尼对此都有记载。[③] 进口的动物还有用于罗马上流社会玩乐的鹦鹉、在斗兽场奴隶搏斗用的老虎以及供观赏用的猴子等。

除了本土特产之外，从南部印度地区出口罗马的产品还包括从中亚和中国等地转手的货物。其中最有代表性的就是天青石和皮革。《厄立特里亚航海记》中提到了来自赛里斯的皮革。[④] 一般认为皮革主要来自中亚游牧民族或者喜马拉雅山南麓以及克什米尔地区。皮革能够在印度中南部地区出口，其间肯定经过贵霜帝国的中转。另一种中转产品就是天青石。这种石头原产于巴克特里亚地区，在贵霜帝国的诸遗址中都有相关的天青石工艺品出土。它能在南部港口出口，也是经过贵霜商人的转手。

总之，随着贵霜帝国控制印度河河口附近的海港并与当地统治者建立起稳固的联系，丝路商品在南亚次大陆的大致流向基本确定，它们有的经恒河中上游的城市转手于南部印度诸国；有的经港口巴巴里库姆或者巴里加扎远销海外。

---

① National Museum of China, ed., *The Ancient Roman Civilization*, Peking: China Social Sciences Press, 2003, p.148. 参见罗帅《阿富汗贝格拉姆宝藏的年代与性质》，《考古》2011年第2期。

② E. H. Warmington, *The Commerce between the Roman Empire and India*, Cambridge University Press, 1928, pp. 162 - 167.

③ Strabo, *Geography*, 16.4.15, with an English Translation by Horace Leonard Jones, Cambridge, Mass: Harvard University Press, 1988; Pliny, *Nature History*, 8.29.71, with an English translation by H. Rackham, Cambridge, Mass: Harvard University Press, 1999.

④ Lionel Casson, *Periplus Maris Erythraei*: *Text with Introduction, Translation, and Commentary*, "Text and Translation" 39, New Jersey: Princeton University Press, 1989.

第三节 贵霜钱币与丝路文化的融合

贵霜帝国时代是中亚乃至西北印度地区的一个文化大整合时代。城市的兴旺和海上丝路的开通，为贵霜帝国的文化发展注入了无穷的活力。在贵霜帝国境内，商旅云集、人口众多，这使得来自东地中海希腊化文化和罗马文化、伊朗高原的波斯—伊朗文化和印度本土文化能够在贵霜境内汇聚和融合，这一点在贵霜帝国的钱币上体现得特别明显。

一 钱币上的希腊化、罗马元素

贵霜钱币上的希腊化文化元素由来已久。在大月氏人到达阿姆河北岸时，中亚和西北印度地区已经有三种类型的钱币在流通，分别是印度—希腊人钱币、印度—斯基泰人钱币、较晚的印度—帕提亚人钱币。这些钱币虽出自不同民族，但都以希腊化钱币，或者准确一点说，是以巴克特里亚希腊人王国的钱币作为基本的仿制对象，当然也有后来者模仿前人的钱币。此类钱币以雅典阿提卡或者减重后的阿提卡钱币为标准，钱币铭文多为希腊语，或是希腊语与佉卢文双语，钱币上的神灵形象基本与希腊神为主。由于贵霜人同样出身游牧民族，没有自己的钱币，所以，只能利用现有的货币体系，先求稳定，再行更改。希腊化文化元素也就自然而然地出现在贵霜帝国钱币之上。

在大月氏人发行的早期钱币中，最有代表性的是"赫劳斯"币（Heraus Coins）。这类钱币的铭文大多是"TYPANNOYNTOΣHI AΛOYKOIPANOY（KOIPPANOY）"或"MIAOYKOPΣANOY"两种，主要由希腊字母拼写而成，均为属格形式。TYPANNOYNTOΣ（统治者）、ΣAKA（塞人）、KOIPANOY/KOIPPANOY/KOPΣANOY（这几个词均被考证为"贵霜"一词）都好辨认，唯独 HIAΛOY/MIAOY 一词不好理解，故而，学界将这类钱币音译为"赫劳斯币"。[①]

[①] 相关钱币图片可参见 Joe Cribb, "The 'Heraus' Coins: Their Attribution to the Kushan King Kujula Kadphises", in *Essays in Honor of Robert Carson and Kenneth Jenkins*, eds. by Martin Price, Andrew Burnett and Roger Bland, London: Spink & Son Ltd., 1993, pp. 107 – 134。

起初，大部分学者认为"HIAΛOY"很可能是当时某位名为"赫劳斯"的统治者，① 但英国钱币学家克里布（Joe Cribb）却认为，这些钱币上的"赫劳斯"（HIAΛOY）一词，应该读作"hyau"，他很可能不是人名，而是王衔，是"翕侯"（yabgu）一词的某种拼写形式。② 从分布的地域来看，这类币分布较广，除大部分流通于巴克特里亚地区之外，在塔克西拉、喀布尔河谷等地也有部分出土，这也在一定程度暗合了汉文史籍中记载的大月氏五翕侯和早期贵霜帝国的疆域范围。可见，"赫劳斯"币和早期大月氏人存在密切联系，是贵霜钱币的重要开端之一。

从钱币的形制上看，"赫劳斯"币受希腊化钱币影响很深。以美国钱币学会收藏的一枚四德拉克马"赫劳斯"币为例（见图3-4）：该钱币正面是国王头像，长发，戴王带，背面是国王骑马像，旁有希腊胜利女神尼科相随。反面上的铭文是用希腊语书写的"TYPANNOYNTOΣ HIAΛOY KOIPANOY，意思是："The Tyrant, Heraios of the Kushans"（国王，贵霜翕侯）。

从"赫劳斯"币开始，对现有希腊式钱币进行模仿逐渐成为贵霜人发行钱币的主要手段。至少，从大月氏翕侯到索特·美加斯的钱币基本上都遵循着这一模板。

以流通最为广泛的"赫尔迈欧斯—丘就却"钱币为例：这类钱币是以原印度—希腊人国王赫尔迈欧斯（Hermaios）的希腊式钱币为模板，钱币的正面是希腊国王赫尔迈欧斯的头像，背面是各式各样的希腊神。钱币的

---

① 支持这种观点的学者是坎宁汉（A. Cunningham）、加德奈尔（P. Gardner）、泽伊马尔（E. V. Zeymal）等人，他们认为这类钱币的发行者是一位名为 Heraious（赫劳斯）或 Miaou（米奥）的统治者。参见 A. Cunningham, "Literary Intelligence", *Journal of the Asiatic Society of Bengal*, XXXI, 1862, p. 425; P. Gardner, "A Coin of Heraus, Saka King", *Numismatic Chronicle*, 1874, pp. 161-167; E. V. Zeymal, *Drevnie Moneti Tadzhikistana*, Dushambe, 1983, pp. 149-159。哈尔马塔的观点比较折中，他在认同 HIAΛOY 一词是指"翕侯"的同时，认为 ΣANAB 一词才是人名，钱币应该是一位叫萨纳布的翕侯所发行。见 J. Harmatta, ed., *The History of Civilizations of Central Asia II*, *The Development of Sedentary and Nomadic Civilizations*, Paris: UNESCO Publishing, 1994, pp. 314-317。

② 克里布曾在1981年和1993两次发文对"赫劳斯币"进行过考证。详见 Joe Cribb, "A New Coin of Vima Kadphises, King of the Kushans", *Coins, Culture, and History in the Ancient World*, eds. by Lionel Casson and Martin Price, Detroit, 1981, p. 31; Joe Cribb, "The 'Heraus' Coins: Their Attribution to the Kushan King Kujula Kadphises", in *Essays in Honor of Robert Carson and Kenneth Jenkins*, eds. by Martin Price, Andrew Burnett and Roger Bland, London, 1993, pp. 107-134。

图 3-4 "赫劳斯"币①

重量主要以减重后的希腊阿提卡钱币为标准，四德拉克马的钱币大约重 9.5 克左右。与"赫劳斯"币相比，这类钱币同样采用希腊语铭文，只是内容因统治者的不同而略有变化，部分钱币的正面是希腊语的"ΒΑΣΙΛΕΩΣ ΣΩΤΕΡΟΣΣΥ ΕΡΜΑΙΟΥ"（国王，救世主，赫尔迈欧斯），背面则是用佉卢文写着"Kuyula Kasasa Kushana Yavugasa Dramathidasa"（丘就却，翖侯，信法者？）（见图 3-5）。

图 3-5 丘就却的赫尔迈欧斯仿制币②

---

① http：//coinindia.com/Heraios-tet-Sanab-191.12.JPG. 详细介绍见 David Jongeward and Joe Cribb with Peter Donovan, *Kushan, Kushano-Sasanian, and Kidarite coins: A Catalogue of Coins from the American Numismatic Society*, New York: The American Numismatic Society, 2015, p. 30, No. 37, Plate 3.

② http：//coinindia.com/Kujula-Her-144.05.JPG. 详细介绍见 David Jongeward and Joe Cribb with Peter Donovan, *Kushan, Kushano-Sasanian, and Kidarite coins: A Catalogue of Coins from the American Numismatic Society*, New York: The American Numismatic Society, 2015, pp. 30-31, No. 46, Plate 3。

— 151 —

后来，这种正反面铭文不一致的钱币很快被新钱币所取代。在稍晚出现的同一类型钱币上，国王的头像依旧是希腊国王赫尔迈欧斯，背面的保护神依旧是希腊的赫拉克勒斯，但是希腊语的铭文已经改成了"库久拉·卡德菲塞斯·贵霜"（ΚΟΖΟΥΛΟ ΚΑΔΦΙΖΥ ΚΟΡΣΝΟΥ）即"丘就却·贵霜"的字样（背面依旧是佉卢文"Kuyula Kasasa Kushana Yavugasa Dramathidasa"）。①

得益于贵霜人对希腊式钱币的模仿，流传在中亚和印度西北部的希腊化文化得以继续存在于贵霜帝国之中，自远东希腊化王国时期就形成的希腊化文化和当地文化并存的文化格局也延续到了贵霜帝国初期。从出土的钱币来看，从大月氏时代到索特·美加斯时期的贵霜钱币大多采用希腊神为保护神，这与远东希腊化王国时期的情况十分相似。

以斯尔卡普遗址出土的贵霜钱币为例，在所有属于丘就却的钱币中，有2109枚钱币是属于"赫尔迈欧斯和赫拉克勒斯"类型，78枚是属于"坐在王座上的国王和站立的宙斯"类型。② 美国钱币学会收藏的丘就却钱币也是同样的情况，宙斯和赫拉克勒斯是丘就却钱币上出现得最多的神。③

大月氏人和贵霜人之所以继续将希腊神刻在自己的钱币上，并非出于自身宗教信仰的需要，更多是为了因地制宜，或是宣扬自身统治的合法性。塔恩曾就丘就却的仿赫尔迈欧斯钱币提过一个猜想：赫尔迈欧斯曾经将一位女儿嫁给贵霜翕侯，这位翕侯很可能就是丘就却。④ 如果这一推论得以成立的话，那么，丘就却对赫尔迈欧斯钱币的仿效，很可能就有将自己粉饰成赫尔迈欧斯的继任者，宣示自身统治合法性的意味。

---

① David Jongeward and Joe Cribb with Peter Donovan, *Kushan, Kushano-Sasanian, and Kidarite coins: A Catalogue of Coins from the American Numismatic Society*, New York: The American Numismatic Society, 2015, p. 32. No. 73, Plate 4.

② John Marshall, *Taxila*, Vol. 2, Cambridge University Press, 1951, pp. 785 – 786.

③ David Jongeward and Joe Cribb with Peter Donovan, *Kushan, Kushano-Sasanian, and Kidarite coins: A Catalogue of Coins from the American Numismatic Society*, New York: The American Numismatic Society, 2015, pp. 30 – 33.

④ W. W. Tarn, *The Greeks in Bactria and India*, Cambridge: The Cambridge University Press, 1951, pp. 503 – 507.

虽然，从威玛·卡德菲塞斯时期开始，贵霜钱币出现了比较大的变化，但希腊式钱币的样式并没有改变，希腊宗教的元素依然存在。威玛·卡德菲塞斯发行的钱币实际上依然遵循着希腊式钱币的基本标准，钱币上希腊语铭文依旧存在，希腊神话的要素也不时出现。以威玛·卡德菲塞斯部分金币为例，国王手持的权杖大多呈粗树枝状（见图3-6），这与赫拉克勒斯的木棒颇有几分相似，很可能也是希腊宗教元素在其钱币上的体现。

图3-6 威玛·卡德菲塞斯金币[①]

从迦腻色伽一世时期开始，贵霜文化受到波斯—伊朗文化和印度文化的强烈影响，但是，这并不代表希腊化文化因素的消亡。相反，希腊神形象由于影响深远且造型优美，逐渐被贵霜人用来指代一些新兴的神灵。以太阳神赫利奥斯（Helios）为例。其上的赫利奥斯神身穿一件希腊式外衣，面部无胡须，造型与传统的希腊赫利奥斯神像比较相似，神像下方是用希腊语书写的"ΗΛΙΟΣ"（赫利奥斯）一名。（见图3-7）

从另一枚较晚发行的四分之一第纳尔金币来看，其上的太阳神形象与之前金币上的赫利奥斯神相比，除手臂和站姿略有不同之外，几乎没有任何不同之处，但名字却已换成了用巴克特里亚语拼写的琐罗亚斯德教太阳神米罗"MIIPO"（见图3-8）。

[①] http://coinindia.com/VimaK-13.4v-503.09.jpg. 相关介绍见 David Jongeward and Joe Cribb with Peter Donovan, *Kushan, Kushano-Sasanian, and Kidarite coins: A Catalogue of Coins from the American Numismatic Society*, New York: The American Numismatic Society, 2015, pp. 57–64, No. 259, Plate 11。

图 3-7 迦腻色伽一世金币①

图 3-8 迦腻色伽一世金币②

由此可见，至少在迦腻色伽一世早期，希腊诸神依旧保持着原有的名字，之后才逐渐被波斯、印度神的名字所取代，但这些当地神的外貌依旧保持着希腊神的一些特征，这是丝路多元文化相互融合的重要体现。其他类似的替换也出现在诸如希腊月神塞勒涅（Selene）和琐罗亚斯德教月神玛奥（Mao）、纳奈亚（Nanaia）和娜娜女神等形象上。即使是到了晚期贵霜时代的瓦苏提婆二世（Vasudeva II）以及贵霜的最后三个国王时期，希

---

① http://coinindia.com/Kanishka-G25-533.jpg. 详细介绍见 David Jongeward and Joe Cribb with Peter Donovan, *Kushan, Kushano-Sasanian, and Kidarite coins: A Catalogue of Coins from the American Numismatic Society*, New York: The American Numismatic Society, 2015, p. 74, No. 393, Plate 15。

② http://coinindia.com/Kanishka-G31-503.10.jpg. 详细注释见 David Jongeward and Joe Cribb with Peter Donovan, *Kushan, Kushano-Sasanian, and Kidarite coins: A Catalogue of Coins from the American Numismatic Society*, New York: The American Numismatic Society, 2015, p. 72, No. 379, Plate 14。

腊化文化的影响依然存在，在这几位国王发行的钱币上有一位阿多索女神，她手上捧的正是希腊宗教中常见的丰饶角（图3-9），可见，即使是到了公元3世纪末，希腊文化的因素还留存于晚期贵霜人的钱币之上。

希腊化文化的影响能在贵霜帝国时期维持一定的活力，海上丝绸之路的发展也功不可没。公元1世纪前后，海上丝绸之路开始繁荣起来，罗马帝国的商品开始从东地中海地区源源不断地到达贵霜帝国境内。由于罗马人曾一度痴迷于希腊文化，是希腊文化的继承者，东地中海各行省本来就是希腊化各王朝的国土，这就使得希腊化文化因素能够借助于罗马输入印度的艺术品再次进入贵霜帝国。同时，罗马钱币中的文化元素也开始逐渐影响贵霜帝国的钱币。罗马仿造币的出现就是很好的例子。戈布尔（R. Gobl）在分析迦腻色伽一世编年问题时就曾经提及贵霜帝国钱币对罗马钱币的仿制。他认为，贵霜国王们实际上是有系统地仿制罗马各皇帝的钱币，威玛·卡德菲塞斯仿制了图拉真（Trajan）的钱币、迦腻色伽一世仿制了哈德良的钱币、胡韦色伽一世仿制了安东尼厄斯（Antonius Pius）的钱币。[1]

图3-9 迦腻色伽二世金币[2]

---

[1] R. Gobl, "Numisamtic Evidence of Relating to the Date of Kaniska", in A. L. Basham (ed.), *Papers on the Date of Kaniska*, Leiden: Brill, 1968, pp. 103-113.
[2] http://coinindia.com/Kanishka2-G544-634.7.jpg. 详细介绍见 David Jongeward and Joe Cribb with Peter Donovan, *Kushan, Kushano-Sasanian, and Kidarite coins: A Catalogue of Coins from the American Numismatic Society*, New York: The American Numismatic Society, 2015, pp. 169-178, No. 1649, Plate 45。

相对于戈布尔，麦克道威尔（D. W. Macdowall）和罗森弗尔德（John M. Rosenfield）的观点要折中一些。麦克道威尔也承认贵霜钱币对罗马钱币的效仿。不过，他认为贵霜人主要模仿的只是罗马银币第纳尔的重量标准，而不是整体照搬罗马钱币。[1] 从考古发掘上看，丘就却曾发行过一种类似"奥古斯都"头像的钱币。从币形上看，该类型的钱币正面似乎是一名戴王冠的男子头像。起初，马歇尔认为这则头像可能是罗马皇帝克劳狄乌斯，但大部分的学者还是认为这个头像可能是奥古斯都。[2] 该钱币的背面是国王的坐像，旁边还有专门的标记。铭文正面是希腊语，背面是佉卢文。希腊语是"ΧΡΑΝΣΥ ΖΑΟΟΥ ΚΖΟΛΑ ΚΑΔΑΦΕΣ"（翎侯，丘就却），佉卢文是"KUYULA KAPHSASA SACA-DHRAMTHITASA KHUSAHNASA"（贵霜翎侯丘就却，坚信正法）（见图3-10）。

图 3-10 丘就却银币[3]

---

[1] D. W. Macdowall, "Numisamtic Evidence for the Date of Kaniska", in A. L. Basham (ed.), *Papers on the Date of Kaniska*, Leiden: Brill, 1968, pp. 134-149.

[2] John Marshall, *Taxila*, Vol. II, London: Cambridge University Press, 1951, pp. 792-793, 其他观点可见 R. Gobl, "Numisamtic Evidence of Relating to the Date of Kaniska", in A. L. Basham (ed.), *Papers on the Date of Kaniska*, Leiden: Brill, 1968, pp. 103-113。

[3] http://coinindia.com/Kujula-Roman-121.31.JPG. 详细介绍见 David Jongeward and Joe Cribb with Peter Donovan, *Kushan, Kushano-Sasanian, and Kidarite coins: A Aatalogue of Coins from the American Numismatic Society*, New York: The American Numismatic Society, 2015, pp. 34-35, No. 105, Plate 5。

第三章 贵霜帝国与丝绸之路

在罗森弗尔德看来,这种类型的出现,虽然不能直接证明贵霜钱币起源于罗马钱币(事实上确实并非如此),但是至少反映了罗马钱币对贵霜钱币的影响。根据对该钱币背面坐像的分析,他最后认为该坐像服饰和风格有浓郁的中亚地域特点,很可能是丘就却本人的坐像,因此这则钱币应该混合了罗马钱币和当地钱币的不同特点。[①]

但是,丝路商贸的因素也不能忽视。从地理上看,塔克西拉是丝路印度段的咽喉,经由印度河河口而来的地中海商品和经华氏城输入的南印度商品都要经过塔克西拉的中转,才能到达贝格拉姆和中亚各地。因此,这种钱币的出现就是服务于与印度河河口及南部印度地区的贸易。《厄立特里亚航海记》中曾经提到,罗马钱币在这两个地区作为商品被进口,所以,这种"奥古斯都"钱币的出现很可能有商贸的原因,也可合理地解释为何之后的威玛·卡德菲塞斯、迦腻色伽一世和胡韦色伽一世等数位贵霜国王会继续仿造罗马钱币。

罗马钱币的另一大影响就是贵霜金币的出现。一般认为,威玛·卡德菲塞斯是第一位发行金币的贵霜国王。虽然,学界很难确定威玛·塔克图(Vima Taktu,腊跋凮柯铭文中新出现的国王)、索特·美加斯和威玛·卡德菲塞斯这三位国王中,谁才是《后汉书·西域传》中提到的贵霜王阎膏珍,但贵霜帝国在这一时期控制西北印度地区是毋庸置疑的。很可能,伴随着此次扩张,恒河中上游德里和秣菟罗附近的金矿被贵霜人所控制,这就为贵霜发行金币提供了重要的原料来源,也为罗马金币得以进入贵霜帝国提供了便利。从部分金币的形制看,这些金币大多以罗马金币为标准,分成1第纳尔和2第纳尔两个单位,1第纳尔的重量大概在8克左右,2第纳尔为16克,这与罗马皇帝奥古斯都发行的金币重量有些类似。[②]

贵霜人之所以在某种程度上模仿罗马金币,一方面是受当时历史现实

[①] John M. Rosenfield, *The Dynastic Arts of The Kushans*, Berkeley: University of California Press, 1967, pp. 11 – 17.

[②] David Jongeward and Joe Cribb with Peter Donovan, *Kushan, Kushano-Sasanian, and Kidarite coins: A Catalogue of Coins from the American Numismatic Society*, New York: The American Numismatic Society, 2015, p. 55.

的影响。毕竟，除部分纪念性金币以外，临近的帕提亚帝国并没有大规模发行过金币，而原来的巴克特里亚希腊人、印度—希腊人、印度—斯基泰人和印度—帕提亚人主要也是以银作为材料，能给贵霜人提供参照的只能是罗马帝国的金币，而且从丘就却时期开始，贵霜帝国就有模仿罗马钱币的先例，仿制起来要相对熟悉一些。

另一方面，贵霜发行金币同样离不开丝绸之路的推动。贵霜帝国在印度中南部地区主要有三大贸易对象：一是南部印度的百乘王朝及周边小国；二是盘踞在乌贾因和巴里加扎一带的西部斯基泰人王公；三是来自罗马帝国的船队及罗马在南印度的商港。除了西部的斯基泰人总督之外，罗马商船和罗马在南印度的商站主要使用的是金币，罗马帝国的金币在南部印度地区诸多遗址中的出现就是最明显的证据。[①] 南部印度诸王国虽然有自己发行的铜币，但也有可能以罗马金币作为主要交换媒介，毕竟大宗货物用金币结算远比用铜币便捷。因此，对于贵霜人而言，使用金币来与罗马帝国或印度南部诸国进行贸易要更为合适一些。同时，罗马金币的进入，也在一定程度上为贵霜人发行自己的金币提供了相对稳定的原料来源。

二 钱币上的波斯—伊朗元素

除希腊化文化之外，对贵霜帝国文化影响最大的当属以琐罗亚斯德教为代表的波斯—伊朗文化因素。在希腊人尚未到达中亚、印度以前，波斯琐罗亚斯德教已在这一带传播。月氏—贵霜人时期，对面临的各种文化采取宽容政策，兼收并蓄，为我所用，钱币上出现以琐罗亚斯德教为代表的波斯—伊朗文化因素也就顺理成章了。在上海博物馆收藏的一枚月氏翖侯 Spadbize 的半德拉克马银币上就有代表娜娜女神的新月和狮子标志，正面则是希腊式钱币中的国王头像。[②]

娜娜女神的崇拜实际上起源于两河流域，后来波斯帝国承袭了这一

[①] J. C. Meyer, "Roman Coins as A Soure for Roman Trading Activities in the Indian Ocean", in E. H. Seland, *The Indian Ocean in Ancient Period: Definite Places, Translocal Exchange*, Oxford: Archaeopressm, 2007, p. 61.

[②] 杜维善：《贵霜帝国之钱币》，上海古籍出版社 2012 年版，第 96 页。

崇拜，并将之纳入琐罗亚斯德教的体系之中。随着亚历山大帝国的建立与希腊化时代的来临，该崇拜开始在西亚、中亚地区与希腊、印度、伊朗的各种类似神祇和崇拜相混同。① 在贵霜王朝吸收的众多波斯—伊朗神灵中娜娜女神最为重要。从迦腻色伽一世到晚期贵霜诸王的钱币之上，我们都可以发现这位女神的形象。著名的腊跋闼柯铭文更是提到了迦腻色伽一世得到了娜娜女神等神灵的庇护，成为伟大的救世主。② 从形象上看，迦腻色伽一世钱币上的娜娜女神基本保持了希腊诸神的外貌特点，身穿希腊服饰，持丰饶角，头戴希腊式王带，带上有新月标志。从功能上看，由于娜娜女神融合了希腊月神阿尔特米斯、印度杜尔佳女神、伊朗阿娜希塔（Anahita）等女神的职能，她除了担任月神之外，还具有使植物生长、动物生育、出生、带来丰饶之水等功能。由于这些功能与一个国家的命运息息相关，所以，娜娜女神同时被称为王权授予者，在迦腻色伽一世及其之后的贵霜国王的钱币上也常常会出现娜娜王（nanashao）这一称呼。③

不过，琐罗亚斯德教等波斯—伊朗因素在早期贵霜帝国的钱币上大多是以圣火坛的形象存在。以威玛·卡德菲塞斯铜币为例，国王立像在其发行的钱币上占了绝大多数。从形象上看，这些王像的面部表情略显僵硬，胡须的风格和个人形象与希腊国王有一定的差别，更有波斯人或者中亚当地人的韵味。国王的装束除常见的王带之外，还出现了厚重的圆顶王冠，身上则穿着中亚式的开胸长袍。王像的右边是圣火坛和印度湿婆神的三叉戟，国王右手伸向圣火坛，似在进行祭祀活动。（见图3－11）

---

① 杨巨平：《娜娜女神的传播与演变》，《世界历史》2010 年第 5 期。
② N. Sims Williams & J. Cribb, A New Bactrian Inscription of Canishka the Great, *S. R. R. A*, IV, 1996, pp. 75–147. 译文参见罗帅《罗巴塔克碑铭译注与研究》，《西域文史》第 6 辑，科学出版社 2011 年版，第 113—135 页。
③ David Jongeward and Joe Cribb with Peter Donovan, *Kushan, Kushano-Sasanian, and Kidarite coins: A Catalogue of Coins from the American Numismatic Society*, New York: The American Numismatic Society, 2015, p. 72, No. 380, Plate 14.

图 3-11　威玛·卡德菲塞斯银币①

此外，在达希迪纳沃（Dasht-I Nawur）铭文中，威玛·卡德菲塞斯就被赋予"Mahozingo"（月神所保护者）的称号，这里的月神正是琐罗亚斯德教中的月亮神 Mao。同样的情况也出现在第伯尔金，该地出土的一则铭文在称呼威玛·卡德菲塞斯时同样用到了"Mahozingo"这一称呼。② 可见，无论是钱币上的圣火坛图案，还是带有琐罗亚斯德教元素的头衔，都证明了琐罗亚斯德教的影响在其统治时期仍在继续。

从迦腻色伽一世开始，波斯—伊朗神祇逐渐成为贵霜钱币上的主要神灵。塔克西拉的两处主要遗址中一共出土 157 枚迦腻色伽一世的钱币，其中有 44 枚反面的图案是琐罗亚斯德教中的太阳神米特洛（Mithro，很可能就是密特拉，Mithra）、28 枚是命运女神安娜希塔/纳奈亚（Anahita/Nanaia，即 Nana，娜娜）、21 枚是月亮神玛奥（Mao）、20 枚是属于火神（Athsho，Athoshos）、19 枚是风神（Oado）、14 枚是四臂神 Oesho 以及 3 枚印有佛陀的钱币。③ 从美国钱币学会收藏的迦腻色伽一世金币上看，除了上述神以外，还有琐罗亚斯德教的智慧神 Manaobago、仁慈之神 Mozdooano 和战

---

① http://coinindia.com/VimaK-3006-465.10.jpg. 详细介绍见 David Jongeward and Joe Cribb with Peter Donovan, *Kushan, Kushano-Sasanian, and Kidarite coins：A Catalogue of Coins from the American Numismatic Society*, New York：The American Numismatic Society, 2015, pp. 55-56, No. 277, Plate 12。

② Gérard Fussman, "Documents Épigraphiques Kouchans", *Bulletin de l' Ecolefrançaised'Extrême-Orient*, 1974, pp. 1-76. 中译文参见［匈牙利］雅诺什·哈尔马塔主编《中亚文明史》（第二卷），徐文堪、芮传明译，中国对外翻译出版公司、联合国教科文组织 2002 年版，第 340—341 页。

③ John Marshall, *Taxila*, Vol. 2, Cambridge University Press, 1951, p. 788.

争与胜利之神 Orlagno 等图像。①

波斯—伊朗文化的影响在胡韦色伽一世时期达到了顶峰。罗森弗尔德在《贵霜王朝艺术》一书中更是将他的钱币称为"贵霜帝国的万神殿"。② 不过，从总体上看，胡韦色迦一世更加侧重琐罗亚斯德教。以塔克西拉出土的胡韦色伽一世的钱币为例，马歇尔在塔克西拉发现的胡韦色伽钱币一共有 73 枚，这些钱币上的神除了 3 枚明显是赫拉克勒斯神以外，其他的神基本都是来自琐罗亚斯德教，例如光明神密特拉、月神玛奥、四臂神 Oesho、战神奥拉格诺（Orlango）和荣耀之神法罗（Pharro）等。③

美国钱币学会曾经对迦腻色伽一世和胡韦色伽一世钱币上的神祇种类及分布情况进行过简单的梳理，在这两位国王所发行的钱币中的 35 位主要神灵中，有 19 位神灵与波斯—伊朗文化相关。具体可参见下表（打"√"号者为所出现的钱币，黑体为有波斯—伊朗文化背景的神灵）：④

表 3-1　　迦腻色伽一世与胡韦色伽一世钱币上的神灵

名字	功能类别	迦腻色伽一世金币	迦腻色伽一世铜币	胡韦色伽一世金币	胡韦色伽一世铜币
Ardochsho	幸运女神	√	√	√	
Ashaeixsho	真理女神			√	
Athso、Athosho、Hephaistos	火神	√	√	√	√
Boddo	佛陀	√			
Deineiso	狄奥尼索斯			√	
Erakilo、Erakile	赫拉克勒斯			√	√

---

① David Jongeward and Joe Cribb with Peter Donovan, *Kushan, Kushano-Sasanian, and Kidarite coins: A Catalogue of Coins from the American Numismatic Society*, New York: The American Numismatic Society, 2015, pp. 65-69.

② John M. Rosenfield, *The Dynastic Arts of The Kushans*, Berkeley: University of California Press, 1967, p. 60.

③ John Marshall, *Taxila*, Vol. II, Cambridge University Press, 1951, p. 788.

④ David Jongeward and Joe Cribb with Peter Donovan, *Kushan, Kushano-Sasanian, and Kidarite coins: A Catalogue of Coins from the American Numismatic Society*, New York: The American Numismatic Society, 2015, p. 268.

续表

名字	功能类别	迦腻色伽一世金币	迦腻色伽一世铜币	胡韦色伽一世金币	胡韦色伽一世铜币
Iamsho	死亡之神			√	
Lrooaspo	动物之神	√		√	
Maaseno	印度战神			√	
Manabago	智慧之神	√		√	
Mao（salene）	月神	√	√	√	√
Mao and Miiro	月神和太阳神			√	
Metrago Buddo	弥勒佛		√		
Miiro、Mioro、Helios	太阳神	√	√	√	√
Mozdooano	仁慈之神	√			
Nana, Nania, Nanashao, Nonetio、Shaonana	娜娜女神、月神、王位的授予者	√	√	√	√
Oado（Anemos）	风神	√	√		√
Oanido	胜利女神			√	
Oaxsho	阿姆河神			√	
Oesho, Ooesho	仿湿婆神	√	√	√	√
Oesho and Ommo	仿湿婆神与雪山女神			√	
Oesh and nana	仿湿婆神与娜娜女神			√	
Ooromozdo	阿胡拉玛兹达			√	
Orlango	胜利之神	√			
Oron	未知河流神			√	
Pharro	荣耀与幸运之神	√	√	√	√
Rishti, Rishto	正义女神			√	
Sakamano Buddo	释迦牟尼佛		√		
Sarapo	王室保护神、萨拉皮斯？			√	
Shaoreoro	王权之神			√	

续表

名字	功能类别	迦腻色伽一世金币	迦腻色伽一世铜币	胡韦色伽一世金币	胡韦色伽一世铜币
Skando-komaro and Bizago	印度战争之神			√	
Skando-komaro, Maaseno and Bizago	印度战争之神			√	
Tiero	狩猎之神、月神			√	
Unnamed bowman	罗摩？				√
Unnamed eight-armed deity	毗湿奴？				√

如此多的伊朗神祇被接受、采用，与统治者的政治需求密切相关。以这一时期突然增多的命运与正义女神阿多索（Ardoxsho）神像为例。在胡韦色伽一世之前，贵霜钱币上很少见到这位女神的形象。从胡韦色伽一世的钱币上看，阿多索女神的形象与娜娜女神相似，它混合了希腊神话中的命运女神提刻（即罗马的幸运女神福尔图娜）、印度教的吉祥天女等神灵的因素，手持丰饶角是其基本的特征。（见图3-12）

图3-12 胡韦色伽金币①

根据哈尔马塔的解释，阿多索原来是一个东伊朗地区的地方神，司掌水和降雨。由于功能相近，她常常被比定为《阿维斯陀经》中提到的水神

---

① http://coinindia.com/Huvishka-G285-494.20.jpg. 详细介绍见 David Jongeward and Joe Cribb with Peter Donovan, *Kushan, Kushano-Sasanian, and Kidarite coins: A Catalogue of Coins from the American Numismatic Society*, New York: The American Numismatic Society, 2015, pp. 278-279, No. 751, Plate 22。

阿德维（Ardvi），因其流行于阿姆河地区，才有了 oxsho 的后缀。在琐罗亚斯德教的经典中，水神阿德维也有王权授予者之意，因为水资源在中亚地区非常重要，决定着一个国家的财富的多少，力量的强弱，所以当阿多索女神被引入贵霜宗教之后，手上也开始出现了代表丰收和财富的希腊丰饶角，并且行使着王权与财富的授予者的职能。① 胡韦色伽一世之所以在金币上大量使用阿多索女神的形象，显然是为了增强自己统治的合法性——王权神授。

波斯—伊朗的神灵在贵霜钱币的大规模出现，同样也是受丝绸之路发展的影响。一方面，丝绸之路上各文化传入贵霜帝国的路径有别，影响程度有异。希腊化时代距离迦腻色伽一世统治时期已经过去一百多年，即使是曾在中亚和印度西北部广为流传的希腊语，也逐渐被巴克特里亚语所取代。② 相对于从遥远的地中海缓慢"泊来"的希腊化—罗马文化，波斯—伊朗文化有"天时地利人和"之便，能够从临近的伊朗高原，甚至是贵霜帝国控制下的中亚地区持续不断地影响贵霜帝国，其超越希腊化—罗马文化是必然的。

另一方面，丝路贸易的需要也迫使贵霜人不得不做出这样的选择。毕竟，海上丝绸之路受印度洋季风影响，贸易的风险也较大。对于贵霜商人而言，与其冒险参与海上贸易，还不如积极发展和邻近地区的贸易。迦腻色伽一世时期贵霜金币的变化就是一个很好的例子。与威玛·卡德菲塞斯

---

① J. Harmatta, ed., *The History of Civilizations of Central Asia II*, *The Development of Sedentary and Nomadic Civilizations*, Paris: UNESCO Publishing, 1994, pp. 325 – 326.

② 从迦腻色伽一世开始，用希腊字母拼写的巴克特里亚语取代希腊语成为贵霜钱币上的主要铭文。目前，关于这种文字的起源研究和解读工作仍在继续。根据哈尔马塔在《中亚文明史》中的解释：巴克特里亚语以希腊语为基础，通过改变部分字母的发音来拼读巴克特里亚当地的语言。如：用 ει 和 ου 来表示长音 i 和长音 u；σ 字母的发音除了 s 还有 k；ζ 字母的发音除了 z 还有 s。巴克特里亚语最大的特点是 sh 音的出现，它用字母 þ 表示。因为巴克特里亚语里面的辅音群 ks 被同化成了 ss 或者 s，因此希腊字母 ξ 不能简单地读成 ks，希腊语中的 χ 和新引进的 sh 音也被引入来指代 s 辅音群。详见 Harmatta, ed., *The History of Civilizations of Central Asia II. The Development of Sedentary and Nomadic Civilizations*, Paris: UNESCO Publishing, 1994, p. 423; Nicholas Sinm-Willianms, *Bactrian Documents from Northern Afghanistan I: Legal and Economic Documents*, Published by The Nour Foundation in Association with Azimuth Editions and Oxford University Press, 2000. 以及伊朗百科全书巴克特里亚语词条：http://www.iranicaonline.org/articles/bactrian-language。

所发行的金币相比,迦腻色伽一世的金币在单位上发生了变化,仅有 1 第纳尔和四分之一个第纳尔两种,其中,1 第纳尔的重量大约在 8 克左右,四分之一个第纳尔在 2 克左右。① 造成这种变化的原因很可能也是出于商贸的需要,因为根据波比拉赫奇的分析,在印度南部的百乘王朝曾经发行过 2 克左右的钱币,在憍赏弥一地出土的南部印度钱币也大多为 2 克左右。② 贵霜帝国发行 2 克左右的金币和铜币很显然就有发展与印度中南部贸易的考虑。以此类推,波斯—伊朗神灵的数量在迦腻色伽一世时期的大规模增加,很可能是贵霜帝国依据当时的形势,调整贸易格局,着重发展与邻近帕提亚人贸易的重要体现。

公元 3 世纪中后期,贵霜帝国衰落,阿姆河流域被新兴的萨珊波斯帝国夺取。在萨珊波斯人的大力推动下,波斯—伊朗的文化元素在丝路文化交流中继续扮演着重要的角色。波斯—伊朗的正义女神阿多索和琐罗亚斯德教的圣火坛仍然出现在晚期贵霜各国王的钱币之上。

三　钱币上的印度文化元素

与希腊化—罗马文化和波斯—伊朗文化一样,印度文化的影响同样贯穿贵霜钱币的发展史。早在贵霜帝国建立之前,印度文化和希腊化文化的并存融合就是亚历山大东征之后中亚和印度西北部文化发展的主要特色。以印度—希腊人国王米南德一世的钱币为例,在其发行的一枚铜币上就有印度的法轮和表示胜利的希腊棕榈叶相对应的图案。③

贵霜人统治中亚和印度西北部之后,印度文化的元素与希腊化文化一样,也被贵霜人所吸收,丘就却所发行的钱币中就有"印度瘤牛和骆

---

① David Jongeward and Joe Cribb with Peter Donovan, *Kushan, Kushano-Sasanian, and Kidarite coins: A Catalogue of Coins from the American Numismatic Society*, New York: The American Numismatic Society, 2015, p. 68.

② Osmund Bopearachchi and Wilfried Pieper, *Ruhuna, An Ancient Civilisation Revisited: Numismatic and Archaeological Evidence on Inland and Maritime Trade*, Nugegoda: R. M. Wickremesinhe, 1999, pp. 135 – 138, 149 – 158.

③ O. Bopearachchi, *Monnaies Gréco-Bactriennes et Indo-grecques: Catalogue Raisonné*, Paris: Bibliothèque Nationale, 1991, Menandre (1) Soter, serie 37 (PL. 33); A. K. Narain, *The Coin Types of Indo-Greek Kings*, Chicago: Are Publisher Inc., 1976, pp. 13 – 15, plate XII.

驼"这一类型（见图3-13）。按照罗森弗尔德等人的考证，这类钱币早在印度—希腊人国王赫利奥克勒斯二世、阿波罗多托斯一世时期就出现，后来又被阿泽斯一世等印度—斯基泰人国王所吸收，最后被丘就却所效仿。① 从钱币形制上看，这类钱币是圆形币，重量并未按照阿提卡的标准，最重的钱币有12克，最轻的钱币也在4克左右。钱币上的铭文为佉卢文，上面写着"Maharajasa Rajarajasa Kajala Kara Kapasa"（大王，王中王，丘就却）。②

图3-13 丘就却的"印度瘤牛和骆驼"型钱币③

此外，在一些疑似威玛·塔克图的钱币上也有出现过类似的印度文化图案。从相关钱币上看，明确标注着威玛·塔克图名字的钱币出现在克什米尔地区，主要是"公牛和骆驼型"，其正面是湿婆神的坐骑神牛南迪（Nandi），后面是巴克特里亚的双峰骆驼，骆驼图案的周围用佉卢文写着"Maharajasa Rajatirajasa Devaputrasa Vematakho"（国王，王中王，神之子，Vima Taktu）（见图3-14）。

---

① John M. Rosenfield, *The Dynastic Arts of The Kushans*, Berkeley: University of California Press, 1967, pp. 11-17.
② David Jongeward and Joe Cribb with Peter Donovan, *Kushan, Kushano-Sasanian, and Kidarite coins: A Catalogue of Coins from the American Numismatic Society*, New York: The American Numismatic Society, 2015, p. 35.
③ http://coinindia.com/Kujula-bull-penta-295.1.JPG. 详细介绍见 David Jongeward and Joe Cribb with Peter Donovan, *Kushan, Kushano-Sasanian, and Kidarite coins: A Catalogue of Coins from the American Numismatic Society*, New York: The American Numismatic Society, 2015, pp. 35-36, No. 115, Plate 5。

图 3-14 疑似威玛·塔克图的"印度瘤牛和骆驼"型钱币①

印度文化元素在贵霜钱币上的大规模出现始于贵霜王威玛·卡德菲塞斯时期。在他的统治下，贵霜帝国向南扩张，控制了南亚次大陆的广阔区域，新领土的获得与商贸的发展，使得贵霜钱币在其统治期间也发生了重大的改变。

威玛·卡德菲塞斯钱币上神的形象的最大变化是湿婆神的出现。② 这类金币正面遵循了丘就却以来的传统，希腊语和佉卢文环绕国王头像，但背面的图案却从宙斯、赫拉克勒斯变成了执三叉戟的湿婆，背后就是他的坐骑南迪和贵霜王室的徽记。（见图 3-6）此外，在巴克特里亚出土的两枚金币上虽然没有湿婆图案，但是湿婆神三叉戟依然赫然在目。③

威玛·卡德菲塞斯对湿婆信仰的大力推崇很可能是为了宣示主权和炫

---

① http：//coinindia. com/VimaTakha-M2914f-149. 03. jpg. 相关介绍见 David Jongeward and Joe Cribb with Peter Donovan, *Kushan, Kushano-Sasanian, and Kidarite coins: A Catalogue of Coins from the American Numismatic Society*, New York: The American Numismatic Society, 2015, p. 48, No. 221, Plate 9。

② 除钱币上神的形象变化之外，威玛·卡德菲塞斯铜币的重量也发生了变化，四德拉克马从原来的 9 克左右，上升为 16 克左右，与之配套的还有二德拉克马（8 克）和一德拉克马（4 克）。详见 David Jongeward and Joe Cribb with Peter Donovan, *Kushan, Kushano-Sasanian, and Kidarite coins: A Catalogue of Coins from the American Numismatic Society*, New York: The American Numismatic Society, 2015, pp. 54 – 56。

③ David Jongeward and Joe Cribb with Peter Donovan, *Kushan, Kushano-Sasanian, and Kidarite coins: A Catalogue of Coins from the American Numismatic Society*, New York: The American Numismatic Society, 2015, pp. 60 – 61, No. 271；No. 272, Plate 11.

耀武功，因为在其治下，贵霜帝国扩张到了恒河流域。在恒河中游的巴萨尼村（Basani）就曾出土了从威玛·卡德菲塞斯到胡韦色伽一世时期的一系列贵霜铜币。[①] 同时，自亚历山大东征以来，在钱币上引入印度元素，借以表现自己对印度的征服是历代希腊化王国国王重要的宣传手段之一，威玛·卡德菲塞斯再次将湿婆的形象引入，很显然也有宣扬自己是印度征服者的意图。

同时，根据波比拉赫奇的考证，威玛·卡德菲塞斯金币上的湿婆神形象实际上模仿了丘就却银币上的赫拉克勒斯形象。[②] 从两枚钱币的湿婆神和赫拉克勒斯的形象上看，两者都是裸身站立，姿势和朝向确有相似之处。同时，这两位神祇虽出自不同宗教，但他们在各自的神话传说中都居于主要地位，因此，威玛·卡德菲塞斯刻意用湿婆神取代赫拉克勒斯也并非毫无可能。

依据腊跋闼柯铭文，威玛·卡德菲塞斯的继任者是迦腻色伽一世，他将贵霜帝国领土拓展到了恒河中上游，这就在客观上带动了印度文化的进一步扩散。不过，由于丝绸之路开通所带来的多元文化冲击，尤其是波斯—伊朗神地位的上升，使得迦腻色伽一世及其后继者所发行的钱币并未使用我们熟知的湿婆神本名"Siva"，而是采用了"Oesho"这一中亚当地人的称呼，同时，其形象也并非传统的湿婆神，而是混合了希腊的赫拉克勒斯、宙斯、甚至是两河流域神的元素。从部分迦腻色伽一世 Oesho 钱币上看，这位神以湿婆神为原型，头像四周有光晕，一般呈四臂（也有两臂），但头部面左，相貌更偏向中亚人，并非传统湿婆神的正面直立形象，其手持的宝物也不统一。以巴克特里亚地区出土的一枚第纳尔金币来看，其上的 Oesho 一手握闪电、一手握三叉戟，一手握赶象棒和水瓶、一手提着一只动物。（见图 3-15）

---

① Savita Sharma, "Recent Discovery of Copper Coins Hoard of Kushan Period from Basani, Varanasi", in Vidula Jayaswal ed., *Glroy of the Kushans: Recent Discoveries and Interpretations*, New Delhi: Aryan books international, 2012, pp. 57-78.

② Osmund Bopearachchi, "Some Observations on the Chronology of the Early Kushans", in Vidula Jayaswal ed., *Glroy of the Kushans: Recent Discoveries and Interpretations*, New Delhi: Aryan books international, 2012, pp. 123-136.

图 3-15　迦腻色伽一世金币①

不过，从克什米尔出土的一枚德拉克马铜币上看，Oesho 神实际上就是湿婆神。因为，这枚钱币上的 Oesho 神虽然呈两臂，其中一手握着巨大的林伽（Lingam），这是湿婆神的典型标志。

除了湿婆神之外，还有一些混合性的印度神也逐渐出现在胡韦色伽一世的钱币之上，如融合了梵天神特征的新萨拉皮斯神（Sarapo）、以胜利女神尼科为主要形象的胜利女神奥宁多（Oanindo）、以雅典娜女神为基本形象的新正义女神 Rishiti、印度教中的战神和胜利之神 Maaseno（或 Skanda-Karttikeya）以及印度史诗《罗摩衍那》（Ramayana）的主角罗摩（Rama）等。②

印度文化影响的另一重要体现就是佛教人物形象在贵霜钱币上的出现。早在丘就却统治时期，贵霜帝国就与佛教产生了一定的联系。在贵霜统治下的巴克特里亚就曾经出土过属于丘就却时代的三卷桦树皮佉卢文佛经抄本。③ 不过，真正让贵霜帝国与佛教相联系的国王，当属迦腻色伽一世。在他的金币上首次出现佛陀的形象。钱币正面是国王站像，面右，左手持权杖，右手向琐罗亚斯德教圣火坛献祭，背面是佛陀立像，一旁有希腊字母拼写的"BOΔΔO"（Buddha，佛陀，见图 3-16）

---

① http://coinindia.com/Kanishka-G62-627.01.jpg. Ibid., p. 279, No. 382, Plate 14.
② David Jongeward and Joe Cribb with Peter Donovan, *Kushan, Kushano-Sasanian, and Kidarite coins: A Catalogue of Coins from the American Numismatic Society*, New York: The American Numismatic Society, 2015, pp. 268-292.
③ 林梅村：《大夏所出丘就却时代犍陀罗语三藏写卷》，《文物天地》1998 年第 1 期。

古国文明与丝绸之路

图 3-16　迦腻色伽一世金币（国王/佛陀）①

除此之外，在贝格拉姆一地还曾经先后出土过两枚带佛陀图案的铜币。第一枚铜币是佛陀立像，头像四周有光晕，身穿僧袍，右手作安慰印，上方有希腊字母拼写的巴克特里亚语铭文"ΣAKAMANO BOYΔO"（释迦牟尼佛）；另一枚为弥勒佛坐像，弥勒佛盘腿而坐，左手执宝瓶，右手作安慰印，左上角可见的铭文为 PAΓO，完整写法很可能是 MHTPAΓO（也就是弥勒）（分别见图3-17，上图为"释迦牟尼"，下图为"弥勒"）。这些带有佛教神人的钱币实际上数量很少且集中于犍陀罗地区，很可能是地方自己发行或者是国王专门打造仅供布施之用。

自公元3世纪开始，萨珊波斯的崛起改变了中亚和印度西北部的政治格局，贵霜帝国被压缩在兴都库什山以南的部分地区。丝路主导地位的丧失，使得贵霜文化不再具有往日的多元性，而更加趋于印度化。挂名 Oesho 的湿婆神形象成为大多数晚期贵霜钱币上的主神。不过，其形象已经回归传统的印度湿婆神造型。以瓦苏提婆二世钱币为例，其钱币上的王名和王衔铭文用巴克特里亚语，但背后的 Oesho 神已经恢复成了印度传统湿婆神的造型。（见图3-18）

值得注意的是，印度文化元素还影响到了丝绸之路上其他国家的钱币。在萨珊波斯阿尔达希尔一世控制巴克特里亚之后，其任命的巴克特里亚贵霜萨珊王侯（Kushano-Sasanian）依然模仿了贵霜王瓦苏提婆一世钱币

---

① 图片和介绍见：https://www.cngcoins.com/Coin.aspx? CoinID = 132651；参见 R. Gobl, System und Chronologie der Münzprägung des Kusanreiches, Blinddarm 66, Wien: Verlag der Österreichischen Akademie der Wissenschaften, 1984。

图 3-17 迦腻色伽一世铜币①

图 3-18 瓦苏提婆二世金币②

---

① 上图见 http://coinindia.com/Kanishka-3127.05-567.10.jpg；下图见 http://coinindia.com/Kanishka-3127.22-S314.jpg. David Jongeward and Joe Cribb with Peter Donovan, *Kushan, Kushano-Sasanian, and Kidarite coins: A Catalogue of Coins from the American Numismatic Society*, New York: The American Numismatic Society, 2015, p. 83, No. 616, Plate 18; No. 617, Plate 19; 李铁生：《古中亚币（前伊斯兰王朝）》，北京出版社 2008 年版，第 174 页。

② http://coinindia.com/Vasudeva2-G633-625.20.jpg. David Jongeward and Joe Cribb with Peter Donovan, *Kushan, Kushano-Sasanian, and Kidarite coins: A Catalogue of Coins from the American Numismatic Society*, New York: The American Numismatic Society, 2015, pp. 171-172, No. 1650, Plate 45.

的基本模式，湿婆神和印度瘤牛的形象也同样出现在了萨珊波斯帝国所发行的钱币之上，并一直使用到了公元4世纪中后期的哈拉赫兰（Harahran，公元330—365年）时期。

第四节　贵霜帝国与丝路文化的传播

如果说贵霜钱币更多体现的是丝路多元文化在贵霜帝国时期的融合，那么，流行于贵霜帝国境内的不同宗教则体现的是贵霜帝国在丝路文化传播中所起到的桥梁作用。虽然，这些宗教各自的传播方式有所差别，发展状况各异，但是，得益于贵霜帝国的文化宽容政策，这些不同宗教得以在贵霜帝国境内并存发展，它们你中有我，我中有你，共同构成了贵霜时期丝路文化的大传播与大交流。

一　佛教在犍陀罗地区的传播和佛教艺术的早期发展

依据佛本生故事，佛陀的足迹主要集中于其出生的伽毗罗卫城（Kapilavastu，在今尼泊尔境内）、离家外出修道时到过的吠舍离城（Vaishali）和王舍城（Rjagrha）、最终悟道的菩提伽耶（Bodh Gaya）和后来传道的摩揭陀（Magadha）、拘萨罗（Kosala）等恒河流域诸国。从考古发掘来看，印度西北部的犍陀罗等地并未发现任何原始佛教的遗迹。佛陀涅槃后，其弟子分别前往各地布道，师徒相承，逐渐形成了不同的派别。由于客观条件的差异，有的派别比较圆通，只要理解佛陀微言大义即可，有的派别则要求严守佛陀定下的戒律。佛涅槃后大约100年，围绕着比丘该不该收受供养人的钱财等争议，佛教徒们在吠舍离城举行了第二次结集。[①]会上，部分长老认为，包括接受供养人的钱财在内的十件事不符合佛陀的教导，应予禁止，这就是佛教中所谓的"十事非法"。不过，吠舍离的部分僧众却对此表示异议，他们另外举行结集，按自己的见解重新编订了相关经律。由于前者的支持者是德高望重的长老，所以被称为"上座部"，后者则因为持戒较松，得到了许多新入门僧徒和下层僧众的支持，被称为"大众部"。这两个派别互相攻击，

[①] 吕澂：《印度佛学源流略讲》，上海人民出版社2005年版，第23—24页。

这一方面造成了佛教的分裂,但另一方面也在客观上推动了佛教的扩散和佛教世俗化的进程,也揭开了佛教艺术演变的序幕。

公元前 326 年,亚历山大进入印度河流域。虽然他对印度的征服非常短暂,但这一入侵也在客观上拓宽了印度与周边地区交流的孔道,为日后佛教向中亚的传播奠定了基础。亚历山大死后,留守大将培松(Peithon)等人相继从印度撤军,犍陀罗地区落入了孔雀帝国之手。经过旃陀罗笈多和宾头沙罗王的扩张,兴都库什山以南的绝大部分地区纳入帝国的版图,这为佛教进入犍陀罗提供了便利。公元前 271 年前后,阿育王成为孔雀帝国的国王,佛教迎来了第一个繁荣期。起初,阿育王征伐四方,但在羯陵伽大屠杀之后,他有感自身杀伐的罪孽,最后皈依了佛教,并在国内大力宣扬佛法。在阿育王发布的第 13 号诏令上就写着"征服羯陵伽国以后,天爱王便一心致力于践行正法所要求的种种责任。他虔诚地渴求正法,并在百姓中深入宣教。这是由于天爱王对征服羯陵伽国感到悔恨的缘故"[1]。

为了表现佛教的尊崇,阿育王的首要做法就是建造佛塔,迎取佛舍利。佛经《根本说一切有部毗奈杂事》中说:"如来舍利总有一硕六斗分为八分。七分在赡部洲。其第四分阿罗摩处所得者。在龙宫供养。有佛有四牙舍利。一在帝释天处。一在健驮逻国。一在羯陵伽国。一在阿罗摩邑海龙王宫。各起塔供养。时波吒离邑无忧王便开七塔,取其舍利,于赡部洲广兴灵塔八万四千,周遍供养。"[2] 无忧王就是阿育王。以此为开端,佛塔逐渐成为佛陀的象征,被僧徒们广为供养。其中,最为著名的当属巴尔胡特佛塔(The stupa of Bharhut)、桑奇大塔(The stupa of Sanchi)、布特卡拉一号遗址(Butkara I)大佛塔和塔克西拉的达摩拉吉卡佛塔。其中,布特卡拉一号遗址大佛塔和达摩拉吉卡佛塔的装饰比较朴素,巴尔胡特佛塔和桑奇大塔的外墙和匾额上有大量佛教题材浮雕。早期佛教不提倡偶像崇拜,所以,学界一般认为前两座佛塔的年代要早于后两座。

---

[1] N. A. Nikam and Richard Mckeon, *The Edicts of Asoka*, The University of Chicago Press, 1959, pp. 29 – 30. 中译文参见葛维钧译《阿育王铭文(摘译)》,崔连仲等选译《古印度帝国时代史料选辑》,商务印书馆 1989 年版,第 68 页。

[2] 《中华大藏经》,第三十九册 No.962,《根本说一切有部毗奈杂事》,中华书局 2004 年版,第 265 页。

古国文明与丝绸之路

1956—1962年，意大利考古队在斯瓦特河流域开展了一系列的考古活动，期间发掘了乌戈德拉姆（Udegram）、布特卡拉（Butkara）等遗址。其中，在布特卡拉一号遗址就发现了一座公元前3世纪的佛塔遗存。从部分残留的外墙来看，这座佛塔属于"覆钵式"结构，外墙没有任何雕刻过的痕迹，显示出早期佛教建筑简单而朴素的特点。[①] 达摩拉吉卡佛塔的情况要相对复杂一些。从目前残留的底座上看，该佛塔也是一座圆形的"覆钵式"佛塔，外墙没有太多华丽的装饰。由于经过多次的重建，该佛塔遗址已经没有什么孔雀王朝的遗存。唯一的证据就是马歇尔在佛塔遗迹底层发现的一两个研磨用的石杵，其材质是一种特殊的砂岩，来自远在贝纳勒斯（Benares）那一边的久纳尔（Chunar）地区，阿育王时期被广泛应用于栏杆、石柱等建筑上。[②] 此外，达摩拉吉卡还有"法王塔"的意思，它很可能就是阿育王最早建立的舍利塔。[③]

相对于后面两座佛塔，巴尔胡特佛塔和桑奇大塔更为人们所熟知。它位于印度中央邦（Central India）的萨特纳（Satna）以南约15公里的巴尔胡特村。根据坎宁汉的考证，这座佛塔始建于公元前250—前200年，至少不会晚于公元前160年。因为佛塔上的部分佉卢文与当时流行于喀布尔、恒河和喜马拉雅山南麓的佉卢文，甚至阿伽托克勒斯和潘塔莱昂钱币上的佉卢文有一定的相似之处，而且巴尔胡特一地还出土过印度—希腊国王阿波罗多托斯的钱币刻模。[④] 从图像上看，虽然较之前两处佛塔，巴尔胡特佛塔的围栏和顶额上出现了大量的佛教雕塑，但其基本遵循着早期佛教的特点，佛陀不是以人形出现，而是代之以法轮、圣树和大象等形象。同时，巴尔胡特佛塔上共有佛本生故事23幅，基本讲述的是佛陀不断轮回修行的故事。它们构成了佛陀在涅槃前的经历，体现了早期佛教把涅槃寂静作为最高理想的教义特点。

[①] Domennico Facennna, *A Guide to the Excavation of Swat 1956 - 1962*, Roma: Scula Grafica Saleciana, 1964, pp. 27 - 41.

[②] John Marshall, Taxila, Vol. 1, Cambridge University Press, 1951, p. 235.

[③] Ibid., pp. 234 - 235.

[④] Alexander Cunningham, *The Stupa of Bharhut*, London: W. H. Allen and co. etc., 1879, pp. 14 - 15.

与巴尔胡特佛塔非常类似,桑奇大塔的围栏和牌坊顶上同样描绘着相似的佛传故事,但桑奇大塔所处的地理位置更值得我们注意。佛陀在世的时候,并未到过桑奇村。桑奇大塔的修建很可能是得到了当地富户的大力支持。在东门的匾额上就有铭文,上面写着"(这个)柱子由柯罗罗(Kurara)的本土居民,阿卡瓦陀(Acchavada)的富人那迦比衍(Nagapiya)捐赠"。桑奇大塔遗址正好位于从华氏城经乌贾因到印度著名海港巴里加扎(原文写作 Bharukaccha)的商路上,交通便利,行旅往来频繁,是中部印度重要的交通枢纽。① 桑奇大塔和巴尔胡特佛塔上菩提树的造型与近东生命之树的造型有着极大的相似性,而且在桑奇大塔的雕塑中,也有类似近东用于镇墓的人首兽身形象。格伦威德尔(Albert Gruwedel)认为,狮子、圣树和莲花等形象主要来自波斯和两河流域,它们是佛教艺术与外来文化相结合的产物。② 宫治昭也曾指出,早期佛塔上的伞盖很可能就是佛教圣树的一种演化,这些圣树代表着"生"的概念,反之,佛塔的覆钵体代表"死"的概念,这也体现出早期佛教超越生死的涅槃理想。③ 笔者也认为,圣树的概念很可能也是沿袭了近东神话中的生命之树。

此外,还有一类佛教建筑是石柱,它们大多由一整块砂岩完整雕刻而成。比较有代表性的是鹿野苑石柱,柱头上刻有四只背对背蹲踞的雄狮,中间层是饰带,刻有一只大象、一匹奔马、一头瘤牛和一只老虎,这四种动物间都用象征佛法的宝轮隔开,下一层是钟形倒垂的莲花。整个柱头华丽而完整。按照宫治昭的解释,这种没有接缝的石柱,实际上反映的是印度自古以来的"宇宙之轴"(Yupa, Skambha)的理念。④

不过,从总体上看,由于佛教兴起于恒河流域,印度文化对其影响很深,所以阿育王时期的佛教建筑图案还是以印度文化的元素为主,药叉神是其中最为主要的神。在稍晚出现的《根本说一切有部毗奈杂事》中就曾

---

① Alfred Foucher, *Beginnings of the Buddhist Art and other Essays in Indian and Central Asia Archology*, London Humphrey Mliford, 1917, p. 61.

② Albert Gruwedel, *Buddhist Art of India*, Second Edition, Santiago de Compostela: Susil Gupta, 1965, pp. 28 – 74.

③ 宫治昭:《印度早期佛教美术》,王云译,《艺术设计研究》2011 年第 4 期。

④ 同上。

记载过，给孤独长者问佛陀如何装饰祇树给孤独园，佛陀的回答是："长者！于门两颊应作执杖药叉；次旁一面作大神通变；又一面作五趣生死之轮；檐下画本生事；佛殿门旁画持鬘药叉，于讲堂处画老宿苾刍，宣扬法要；于食堂处画持饼药叉；于库门旁画执宝药叉；安水堂处画龙持水瓶着妙缨珞；浴室火堂依《天使经》法式画之，并画少多地狱变；于瞻病堂画如来躬身看病；大小行处画作死尸，形容可畏；若于房内应画白骨骷髅。"① 可见，药叉神的形象的确是早期佛教中主要的形象之一。

佛教在阿育王统治下得到了一定程度的扩散。在其第十三号法令的后半部分就提到："……同样地，在天爱王的领土上——在雅瓦那人（Yōnas）和甘谟惹人（Kambōjas），那跋伽人（Nābhakas）和那跋班地人（Nābhapamkits），波阇人（Bhojas）、拜得梨雅尼伽人（Paitryanikas），安得拉人（Andhras）和包临陀人（Paulindas）中间，所有这些地方的人都遵行他的达摩的训谕。"② 其中，雅瓦那人一般指的是公元前的希腊人或印度—希腊人③，甘谟惹人则被考证为印度和伊朗边境的某些民族，那跋伽人和那跋班地人一般指的是克什米尔地区的部族，其他的民族大都位于印度西部或者南部。

相关的佛教典籍也记录了这一次佛教的扩散。在南传佛教的《善见律毗婆沙》中就有派遣使者四处传教的陈述，其中提到："即遣大德末阐提。汝至罽宾揵陀罗咤国中。摩呵提婆。至摩醯婆末陀罗国。勒弃多。至婆那婆私国。昙无德。至阿波兰多迦国。摩诃昙无德。至摩诃勒咤国。摩诃勒弃多。至臾那世界国。末示摩。至雪山边国。须那迦郁多罗。至金地国。摩哂陀郁帝夜参婆楼拔陀。至师子国。各竖立佛法"。④ 根据吕澂的考证，

---

① 《中华大藏经》第三十九册 No. 962，《根本说一切有部毗奈杂事》，中华书局 2004 年版，第 303 页。
② N. A. Nikam and Richard Mckeon, *The Edicts of Asoka*, The University of Chicago Press, 1959, pp. 29 – 30；葛维钧译：《阿育王铭文（摘译）》，载崔连仲等选译《古印度帝国时代史料选辑》，商务印书馆 1989 年版，第 68—69 页。
③ "雅瓦那人"在巴利文中是 Yonas，梵语中是 Yavanas。关于其含义的演变，详见杨巨平《希腊化还是印度化——"Yavanas"考》，《历史研究》2011 年第 6 期。
④ 可参见《大正新修大藏经》第二十四册 No. 252，《善见律毗婆沙》，台北佛陀教育基金会 1990 年版，第 244—263 页。

被派到犍陀罗和罽宾的末阐提一派后来逐渐演变成了北传说一切有部，与印度—希腊国王米南德对话的那先（Nagasena）比丘就是出自这一派别，世传迦腻色伽一世所组织的"迦湿弥罗结集"实际上也由这一派的僧侣所主导，中国的禅宗就是从这一派别分裂出的阿毗达摩派（又译禅数学）发展而来。①

阿育王死后，孔雀帝国走向衰弱。新兴的巽加王朝在宗教偏向婆罗门教，打压佛教，这使得佛教势力被迫向北和南转移。与此同时，北方的希腊巴克特里亚王国也逐渐进入其鼎盛时期，公元前二世纪初，巴克特里亚希腊人国王德米特里一世向兴都库什山以南扩张，夺取了包括塔克西拉在内的孔雀帝国北部疆域，以后的印度—希腊国王米南德一世更是将国土一度扩张到了恒河流域。希腊化文化和佛教的相逢，推动了佛教和佛教艺术进入了新的阶段。

有关印度—希腊人、印度—斯基泰人和印度—帕提亚人时期的佛教艺术发展，马歇尔有自己独特的看法：印度—斯基泰人和帕提亚人都热爱希腊艺术，尤其是在帕提亚帝国，其境内有大量希腊人，在和平时期，帕提亚也在一定程度上保持着与希腊罗马世界的联系，古希腊艺术在帕提亚人的弘扬下依然保持着活力，这间接影响到了犍陀罗地区。② 同时，北迁的佛教徒为了扩大影响，吸收更多信徒，也需要建造新的佛教中心和佛教建筑。这种历史背景下，希腊化艺术和佛教艺术开始紧密地结合在了一起。"当释迦牟尼的崇拜者们试图用一个人物形象表现他们的佛祖时，印度—希腊人中的佛教徒以及受雇于创作佛陀形象的希腊雕塑家首先想到了他们熟悉的希腊神。"③

在众多希腊风格的文物中，一批以希腊神话为主题的石盘（Stone palettes，又译 Toilet tray，化妆盘）颇为引人注意。这些石盘多以希腊神话故事为主题。以斯尔卡普遗址出土的"醉酒"类石盘为例，其上一个男子手持酒杯、斜卧在榻上，一女子手持酒杯与其交谈，另一女子持花环侍立，是典型

---

① 吕澂：《印度佛学源流略讲》，上海人民出版社2005年版，第46—56页。
② John Marshall, *The Buddhist Art of Gandhāra: the Story of the Early School, its Birth, Growth and Decline*, Cambridge University Press, 1960, pp. 18–55.
③ 杨巨平：《远东希腊化文明的文化遗产及其历史定位》，《历史研究》2016年第5期。

的希腊"会饮"场面。[①] 此外，其他石盘也涉及了"阿波罗与达芙妮"、"乘海兽的人物"、"醉酒的狄奥尼苏斯"、"酒神的婚礼"等主题。[②] 据英国学者鲍德曼（John Boardman）的考证，这种石盘最早出现于希腊人控制下的塔克西拉，并一直被使用到了公元1世纪，阿伊·哈努姆遗址出土的有分隔区的大石碗很可能有助于这种石盘的在犍陀罗地区的出现。[③]

虽然，有关这些石盘的用途目前尚无定论，但从后世的历史来看，这些石盘的出现无疑为佛教艺术提供了新的主题。陈晓露曾经提到，这些石盘中的"醉酒"主题，与后来西域佛教造像与壁画中的"醉酒"主题有一脉相承的关系。[④] 同时，这些石盘，无论是作为梳妆盘，还及其他器皿，基本上作为家庭或者个人祭祀之用，这就证明了希腊神话主题正逐渐被当地人所接受。毕竟，自阿伽托克勒斯和潘塔莱昂将印度文化因素引入希腊式钱币以来，希腊神的形象逐渐被印度人所认同。最有说服力的证据来自部分印度—希腊人国王发行的钱币，在阿伽托克勒斯的钱币上就出现过覆钵状的佛塔和围栏中的菩提树形象，在印度—希腊国王米南德一世所发行的一枚钱币上更是有赫拉克勒斯的狼牙棒与印度大象形象的前后对应。[⑤] 可见，佛教在此时已经被希腊人所接受，它与希腊宗教形象上的对应关系也已经逐渐建立。到公元1世纪贵霜帝国建立之前，这种石盘已经开始直接涉及佛教题材，在柏林亚洲艺术博物馆中，收藏着唯一表现佛教"梵天劝请"图案的石盘。[⑥]

在佛教艺术逐渐与希腊化艺术相结合的同时，佛教本身也得到了极大的发展。从教义上看，传到印度西北部的佛教上座部逐渐分化出了法藏部

---

① 见 John Marshall, *Taxila*, Vol. III, Cambridge University Press, 1951, pl. 144, No. 63, pl. 146, No. 106。

② 相关信息可参见 H. P. Francfort, *Les palettes du Gandhra*, Mémoires de la Délégation Archéologique Franaise en Afghanistan, Vol. 23, Paris：Presses Universitaires de France, 1979；John Boardman, *Greeks In Asia*, London：Thames & Hudson, 2015, pp. 142 – 153。

③ John Boardman, *Greeks in Asia*, London：Thames & Hudson, 2015, pp. 142 – 143.

④ 陈晓露：《"倚榻饮酒"图像的嬗变》，《西域研究》2013年第2期。

⑤ Bopearachchi, O., *Monnaies Gréco-Bactriennes et Indo-Grecques*, Catalogue Raisonné, Paris：Bibliothèque Nationale, 1991, pl. 32（Serie 28）.

⑥ H. P. Francfort, Les Palettes du Gandhra, *Mémoires de la Délégation Archéologique Franaise en Afghanistan*, Paris：Presses Universitaires de France, 1979, Plate XLVII.

和化地部，由于化地部否认过去有法和未来有法，引发了部分佛教徒的不满，这批人另立出说一切有部。说一切有部主张一切法皆有其自性，是一种实在的有，而不是由一些其他东西混合起来的假有，过去有法，现在有法，未来也有法。①

由于是这一部派是从佛学的论战中逐步演化而来，所以其观点非常庞杂，论著极多。不过，出于论战的需要，说一切有部的学说又十分具有思辨性，所以得到了本身就有思辨传统的希腊人的认同。以著名的《那先比丘经》为例，关于此经的最早版本，学术界争论颇多。一般认为先有一个印度方言的梵文版本，然后由此分别译为汉文和巴利文。但是，据霍纳的考证，汉文的两卷本与三卷本可能依据不同的版本，巴利文版本的4—7卷是后来在锡兰加上去的。② 塔恩则以《伪亚里斯泰亚斯书信》(The letter of Pseudo-Aristeas) 虚构的托勒密二世设宴向犹太教长老请教犹太教和习俗的故事为例，进一步证明了米南德问经与此书信的写法类似，应该先有一个希腊语原本，出现于其死后不久。巴利文版本的《弥兰陀问经》(The Milindapanha) 在此基础上编成，吸收了其中包含的关于米南德和印度—希腊人的信息而成。③ 虽然，塔恩的观点遭到了一些学者的质疑，但是，印度—希腊国王米南德与《那先比丘》中弥兰王的对应已经得到了越来越多的学者的肯定。杨巨平认为，佛经中的弥兰王或Milinda很可能就是历史上的印度—希腊人国王米南德（Menander）。他出生于"高加索的亚历山大里亚"（即现在阿富汗的贝格拉姆），在位年代约公元前155—前130年。他的统治范围与他的钱币的分布区域大体一致，囊括了传统上的整个印度西北部。他尚武好战，一度征服到印度中部的恒河流域。据斯特拉波，他在印度征服的地方比亚历山大还要大。他在印度的统治深得人心，与佛教有着密切的关系。汉译《那先比丘经》和巴利文的中英文译本虽有不同，但基本反映了他作为佛教皈依者和支持者的历史事实。他之所以能被此经撰写者作为与佛教大师对话的主角，并对其出身王族、才华横溢、学识渊

---

① 吕澂：《印度佛学源流略讲》，上海人民出版社2005年版，第46—56页。
② I. B. Horner, trans, *Milinda's Questions*, London: Luzac & Company, Ltd., 1964, pp. 30 – 31.
③ W. W. Tarn, *The Greeks in Bactria and India*, Cambridge University Press, 1951, pp. 414 – 436.

博、治国有方大加赞誉，正是由于他在佛教徒中的崇高威望。他也因此被塑造为一个为求正法而质疑问难的弘法王形象。①

从内容上看，那先比丘在与印度—希腊国王米南德一世的对话中就多次使用了比喻的形式和反问式的回答，这一辩论方式与柏拉图笔下的希腊著名哲学家苏格拉底的诘难式论辩有一定的相似性。②苏格拉底就是常常通过问答形式使对方纠正、放弃原来的错误观念并帮助人产生新思想。可以说，这是佛教为了适应向希腊人传播的需要，而在教义和表述上发生的改变，其承认过去有法，未来也有法的思想，也为后来大乘佛教中未来佛弥勒佛的形成埋下了伏笔。

得益于希腊人的支持，佛教在这一时期得到了迅速地扩散，并成功越过兴都库什山进入了中亚。李特文斯基认为，佛教最早传入中亚地区是在希腊巴克特里亚王国统治时期，并援引了阿加托克勒斯的钱币作为证据。③1956年，曼德施塔姆曾经在西帕米尔的达尔萨地区发现过一块公元前2世纪末到1世纪初的佉卢文石板。根据哈尔马塔、史密斯等人的解读，铭文的大致意思是"佛陀获胜"（Narayana, be victorious），这成为佛教进入中亚的标志之一。④列维则援引了希腊作家亚历山大·波里希斯托尔（Alexander Polyhistor）关于巴克特里亚地区存在着名为"Samanioi"的教士的记载，认为这些相信轮回转世的人很可能就是佛教徒。⑤不过，遗憾的是，至今中亚留下的佛教遗存基本都属于贵霜，甚至是之后的时代。

这一时期佛教另一个重要的发展就是继续世俗化。从阿育王开始的

---

① 杨巨平：《弥兰王还是米南德？——〈那先比丘经〉中的希腊化历史信息考》，《世界历史》2016年第4期。

② 全文见：《大正新修大藏经》第三十二卷，No. 1670，《那先比丘经》，台北佛陀教育基金会，1990年，第694—719页。

③ B. Gafurov and others (ed.), *Kushan Studies in U. S. S. R: Papers Presented by the Soviet scholars at the Unesco Conference on History, Archaeology, and Culture of Central Asia in the Kushan Period, Dushanbe, 1968*, Calcutta: Past & Present, 1970, pp. 58 – 64.

④ J. Harmata, *The Oldest Kharosthi Inscription in Inner Asia*, Acta Orientalia, Vol. xix, No. I, Budapest, 1966, pp. 1 – 12.

⑤ Sylvain Lévi, "Le Bouddhisme et les Grecs", in Eli Franco edited, *Mémorial Sylvain Lévi, Landmarks in Indology* Vol. I, Motilal Banarsidass Publishers Private Limited, 1996, p. 204.

"转轮法王"形象能够被印度—希腊国王所继承就是最好的例子。所谓"转轮法王"一般指以佛法治国的国王,前文提到的阿育王就是这样一位"转轮法王"。

除此之外,在黄金之丘 4 号墓还出土过一枚可能来自印度的金币,其正面是一个人(类似于披着狮皮的赫拉克勒斯)在推动法轮,铭文则用犍陀罗语写着"转法轮"的字样,背后是狮子的图案,上面用佉卢文写着"如狮子般无畏"。

关于这枚钱币的由来,学界众说纷纭。发掘者萨里安尼迪认为这一类型的钱币图案非常特殊,只有阿伊·哈努姆遗址才出土过类似钱币,恰巧也是阿伽托克勒斯所发行。[1] 不过,他是否发行过金币,那时佛教在希腊人中的影响程度如何等问题仍存在争议。

二 佛教和佛教艺术在贵霜帝国时期的新发展

有关佛教在贵霜时期的发展,学界也是见仁见智。虽然,大多数学者都认为,迦腻色伽一世是继阿育王之后的另一位佛教护法明王。在他的统治下,佛教得到极大发展,成为贵霜帝国的国教,他主持的"迦湿弥罗结集"(又称克什米尔结集)也被视为大乘佛教诞生的标志。不过,近年来,不少学者对此说提出了质疑。其中比较有代表性的学者是艾伦·拉文(Ellen Raven)。他认为"佛像并没有出现在迦腻色伽一世之前的贵霜钱币之上,也没有在其后的贵霜钱币上发现,它仅仅是(贵霜人)从伊朗、希腊化世界、罗马和印度的万神殿中选定的系列神祇之一,用以表示国王对物质财富、军事胜利、统治合法和王权神圣性的关注。"[2] 尼利斯进一步认为,从钱币学和铭文学上看,迦腻色伽王支持的不仅仅是佛教,还包括其他宗教,所谓的迦腻色伽王弘法一说实际上都是出自汉文大乘佛教的经典。[3]

---

[1] Victor Sarianidi, *The Golden Hoard of Bactria: From the Tillya-tepe Excavations in Northern Afghanistan*, New York: Abrams; Leningrad: Aurora Art Publishers, 1985, pp. 44, 250.

[2] Ellem Raven, "Design Diversity in Kanishka's Buddha Coins", In Kurt Behrendt and Pia Brancaccio, eds., *Gandhara Buddhism: Archaeology, Art, and texts*, Vancouver: UBC press, 2006, pp. 286 – 302.

[3] J. Neelis, *Early Buddhist Transmission and Trade Networks: Mobility and Exchange within and beyond the Northwestern Borderlands of South Asia*, Leiden: Brill, 2011, pp. 133 – 134.

从相关的佛教历史文献来看，尼利斯的说法有可取之处。季羡林指出，在《大唐西域记》中，玄奘只明确提到了佛教的三次结集，即第一次的摩揭陀结集、第二次的吠舍离结集和第四次的迦湿弥罗结集。对此，季羡林的解释是，玄奘在记载"迦湿弥罗五百罗汉僧"的传说和他翻译的《异部宗轮论》中已经附带提到了第三次结集。① 不过，阿育王弘法作为佛教发展史上的一次大事，玄奘居然没有用较大的笔墨对其进行书写，令人费解。类似的情况也出现在南传佛教的《大史》一书中，该书花费了较大的笔墨描写第一、第二、第三次结集，却漏掉了迦腻色伽所主持的迦湿弥罗结集。② 可见，南传和北传佛教在对待迦腻色伽王和迦湿弥罗结集的态度上有比较明显的差异。

此外，根据《大唐西域记》中有关"迦湿弥罗五百罗汉僧"的记叙，五百罗汉到迦湿弥罗一事是由于阿育王后来笃信外道所致。玄奘还专门强调了迦腻色伽王在此次结集中的作用以及迦湿弥罗的地理优势。③ 可见，北传佛教出身的玄奘很可能在一定程度上拔高了迦腻色伽王和迦湿弥罗结集的地位，结合前文我们对迦腻色伽一世钱币和铭文的梳理，迦腻色伽一世的钱币上虽然出现过佛教的信息，但是所占比例很少，而且在著名的腊跋闼柯铭文上，迦腻色伽一世宣称自己的王权来自于娜娜女神，④ 所以迦腻色伽王即位之初对待佛教的态度值得进一步思考。

另一个争议点出现在迦湿弥罗结集的参与者上。据《大唐西域记》，克什米尔结集主要得到了贵霜国王迦腻色伽的支持，其举行地在迦湿弥罗（当时的克什米尔），参加的高僧有胁尊者、世友和其他499位高僧，主要结集的成果主要包括《邬波第铄论》、《毗奈耶毗婆沙论》、《阿毗达摩毗婆

---

① （唐）玄奘、辩机：《大唐西域记校注》，季羡林等校注，中华书局1985年版，第327—336、331页注（五）、335—336页注（二）。

② 详见 *The Mahāvaṃsa or The Great Chronicle of Ceylon*, translated into English by Wilhelm Geiger and Mabel Haynes Bode, Pali Text Society, London, 1912；［斯里兰卡］摩诃那摩等《大史——斯里兰卡佛教史》（上），韩廷杰译，佛光文化事业有限公司1996年版。

③ （唐）玄奘、辩机：《大唐西域记校注》，季羡林等校注，中华书局1985年版，第327—328页。

④ 铭文内容可参见：N. Sims Williams & J. Cribb, "A New Bactrian Inscription of Kanishka the Great", *S. R. R. A*, IV, 1996, pp. 75 – 147；译文参见罗帅《罗巴塔克碑铭译注与研究》，《西域文史》第6辑，科学出版社2011年版，第113—135页。

沙论》等共10万颂。① 目前，此次结集出的大部分经文已经失传，唯有《大毗婆沙论》等还有流传。从比较完整留下的《大毗婆沙论》来看，这次结集显然还是以说一切有部的经典为主。吕澂对此有过十分精彩的解释：《大毗婆沙论》实际上源自说一切有部中的迦湿弥罗派，该派的代表是迦旃延尼子，他曾著有《发智论》，其弟子后来主要在克什米尔一带传教，《大毗婆沙论》正是以《发智论》为基础而创作的。② 可见，参加克什米尔结集的高僧很可能出自说一切有部，而并非大乘佛教一派。考古发掘也证明了这一点，在前文提到的出土于白沙瓦附近的迦腻色伽一世舍利盒上铭文就有"接纳说一切有部的大师，祝愿众生幸福安康"的意思。③ 这就证明了说一切有部在迦腻色伽时期依然有较高的地位，克什米尔结集很可能也是由这派僧侣所主导，把克什米尔结集作为大乘佛教诞生的标志，显然也不是十分合适。

那么，我们如何看待大乘佛教与贵霜帝国的关系呢？笔者认为，大乘佛教在贵霜时期得到迅速发展的历史事实应该还是毋庸置疑的。据《高僧传》，月氏人支娄迦谶曾于东汉桓帝末年（公元168年）来到洛阳，主持翻译了《道行般若经》、《楞严经》。《阿阇世王宝积经》等十余部早期大乘佛教的经典。④ 可见，最迟在公元168年之前，大乘佛教的相关典籍就已经出现并传播到了中国。

一般认为，大乘的意思就是"大车"、"大道"，它追求的不仅仅是个人的解脱，更宣扬的是普度众生，让众生也得到解脱。其理想的个体就是菩萨。在大乘佛教看来，证得小乘佛教的阿罗汉果并非修行的最高成就，它只不过是修行的一个阶段，更重要的是修行菩萨行，普度众生，从而证得最高的佛果，达到成佛。⑤ 由于是从大众部演化而来，大乘佛

---

① （唐）玄奘、辩机：《大唐西域记校注》，季羡林等校注，中华书局1985年版，第331—334页。

② 吕澂：《印度佛学源流略讲》，上海人民出版社2005年版，第46—56页。

③ Hans Loeschner, "The Stūpa of the Kushan Emperor Kanishka the Great, with Comments on the Azes Era and Kushan Chronology", in Victor H. Mair, ed., *Sino-Platonic Papers*, Department of East Asian Languages and Civilizations University of Pennsylvania, Philadelphia, Number 227, July, 2012.

④ （梁）慧皎：《高僧传》，汤一玄整理，汤用彤校注，中华书局1992年版，第10—11页。

⑤ A. L. Basham, *A Culture History of India*, Oxford University Press, 1984, pp. 93 – 95.

教最初主要流行于印度中南部地区，仅有部分的大乘佛教徒在印度西北部传教。贵霜帝国的扩张改变了这一现状，尤其是迦腻色伽一世将疆域扩展到恒河中上游地区时，大乘佛教徒开始有机会大规模进入印度西北部。

　　在众多北进的僧众中，比较有代表性的是马鸣，他是大乘佛教的奠基人之一。在《付法藏因缘经》和鸠摩罗什翻译的《马鸣菩萨传》中都有马鸣作为人质被带到印度北部，以其佛法折服迦腻色伽王的故事。[1] 从当时的历史背景来看，相对于南部的案达罗王朝和其他小国，尊崇佛教的贵霜帝国对于佛教徒而言更具吸引力，印度中南部的大乘佛教徒借此大批进入贵霜帝国并非没有可能，所以，笔者猜想如下：大乘佛教最早诞生于印度中南部，借贵霜帝国向恒河流域扩张之机，向贵霜帝国境内渗透，再加上在贵霜帝国国土广大，境内存在着诸多不同的民族，相对于烦琐的上座部，大乘佛教源自大众部，教义比较宽容，善于吸收其他部派的合理成分，更容易争取到信众，自然也就得到了贵霜帝国境内不同民族的支持，得到了广泛扩散，并最终传入了中国。

　　至于迦腻色伽王（具体是迦腻色伽一世还是二世，尚无定论）与佛教的关系，笔者认为，迦腻色伽王对佛教的弘扬很可能是出于政治的目的。因为从印度—希腊人、印度—斯基泰人和印度—帕提亚人时期开始，佛教就逐渐被用作政治目的，这势必也会影响到他们的后继者贵霜人。古正美援引与贵霜帝国相关的大乘佛教经典，认为自丘就却建立贵霜帝国伊始，贵霜国王就奉行以佛法治国的方略，积极弘扬佛教，将自己粉饰成佛教中的护法明王。[2] 结合相关铭文，古正美的观点无疑有一定的可取之处，从斯拉瓦所收集的铭文看，以迦腻色伽名字为标记的铭文一共有67篇，其中，有近40篇都涉及佛教活动，[3] 显示出佛教在贵霜帝国的重要地位。不

---

[1] 可参见《大正新修大藏经》第五十卷，No. 2058，《付法藏因缘经》，第297—322页；No. 2046，《马鸣菩萨传》，台北佛陀教育基金会，1990年，第187页。

[2] 古正美：《贵霜佛教政治与大乘佛教》，允晨文化实业股份有限公司1993年版，第2—21页。

[3] Staya Shrava, *Dated Kushana Inscriptions*, New Delhi: Pranava Prakashan, 1993, pp. 4–50, 139–148.

过，迦腻色伽王对佛教的支持并不代表他要皈依佛教，他的目的是为了安抚国内的佛教徒，巩固自身的统治。从这些涉及佛教的铭文出土地点来看，它们主要集中于秣菟罗、憍赏弥等主要的佛教遗址，其他贵霜城市出现较少。可见，贵霜国王的这些佛教活动主要还是面向佛教徒，争取他们对贵霜帝国的支持，而不是有意识地向整个帝国宣扬佛教。同时，古正美的观点实际上也有夸大之嫌，他引以为据的《㡰真陀罗所问如来三昧经》很可能并不是支楼迦谶所翻译，其中提到的国王"㡰真陀罗"也很可能不是贵霜国王丘就却，而是笈多王朝的"超日王"旃陀罗笈多二世，他将迦腻色伽三世考证为支持"迦湿弥罗结集"的那位迦腻色伽王的做法，也没有得到钱币和铭文资料的足够支持。

在贵霜帝国的支持下，佛教在中亚站稳了脚跟。据普加琴科娃，早在贵霜帝国崛起的公元1世纪，就有佛教徒定居于中亚的达尔弗津·特佩地区。从考古发掘的情况看，该地曾发现一座佛塔的地基残留，其三面有寺庙遗迹残留，北面是佛堂，排列有一座大的佛像和若干小的菩萨和僧人像，西边是另一处佛堂是一尊大佛像和若干供养人像，包括国王和其他的王公贵胄等。[1]

贵霜帝国在中亚最为重要的佛教中心当属铁尔梅兹。当玄奘在公元630年前后抵达时，该城尚有珈蓝十余所，僧徒千余人，可见佛教曾在此地大盛。[2] 贵霜时期的佛教遗址主要集中于铁尔梅兹的卡拉·特佩和法雅津·特佩两大遗址。卡拉·特佩的佛寺遗址很可能建造于迦腻色伽一世时期，由三个院落组成，北面是佛塔的所在地，该佛塔是用泥砖烧制而成，露天伫立，塔身覆盖有一层白石灰，塔底是三级阶梯形的基座，塔顶有伞盖，显示出典型犍陀罗佛寺建筑艺术的特点；中间则是供奉佛像的主厅，呈回字形，四周是带有希腊阿提卡柱式的柱廊，但是佛像已不复存在，南面的遗址则是开凿于悬崖的一些佛窟遗址。[3] 此外，卡拉·特佩一地出土的佉卢

---

[1] [乌克兰]普加琴科娃、列穆佩：《中亚的古代艺术》，陈继周、李琪译，新疆美术摄影出版社1994年版，第29页。
[2] （唐）玄奘、辩机：《大唐西域记校注》，季羡林等校注，中华书局1985年版，第103页。
[3] J. Harmata, *Fom Hecateus to Al-huwarizmi*, Hungary: Union Acacenque international, 1984, pp. 98–101.

文和婆罗米铭文也显示,在迦腻色伽一世时期,该地既有大众部僧侣在传播大乘佛教,也有说一切有部的僧侣在传播小乘佛教,体现了贵霜帝国宗教宽容的特点。①

法雅津·特佩是中亚地区保存最完整的寺庙遗址之一。该地曾出土过一座完整的佛陀浮雕像,椭圆形的佛龛内端坐着佛陀,两旁各自站着一个面朝佛陀的僧人,从材质上看,这座雕像使用是盛产于阿姆河右岸山地的白色石灰岩,而并非犍陀罗雕塑中常见的板岩和秣菟罗佛教雕塑中常见的红色砂岩,显然是出自当地的工匠之手。② 从寺庙的复原图上看,法雅津·特佩的寺庙结构非常复杂且年代不一,北面的佛塔和讲经堂年代较早,南面僧院的年代则相对较晚,③ 笔者猜想,这很可能是由于寺庙不断发展,僧众越来越多而扩建而成。与卡拉·特佩一样,法雅津·特佩佛寺的主殿位于遗址正中,四周也有回字型柱廊,中间则是"覆钵式"的佛塔。

在铁尔梅兹和达尔弗津·特佩之间的阿尔塔姆遗址也有大型的佛教寺庙建筑遗迹出土,其中包括许多神龛和附属建筑。在此地还发现了一枚"无名王"索特·美伽斯的钱币,虽然它不足以确定该遗址的年代,但可以证明该地是贵霜帝国早期的重要宗教中心。④ 在阿尔塔姆也曾出土过一座佛塔,它内部用方形泥砖构成,塔身高达两米,外表用石灰岩的碎片覆盖,暗示了这座佛塔的建造和装饰很可能是同时进行。⑤

---

① B. Gafurov and others (ed.), *Kushan Studies in U. S. S. R: Papers Presented by the Soviet Scholars at the Unesco Conference on History, Archaeology, and Culture of Central Asia in the Kushan Period*, Dushanbe, 1968, p. 65.

② [乌克兰] 普加琴科娃、列穆佩:《中亚的古代艺术》,陈继周、李琪译,新疆美术摄影出版社1994年版,第31页。

③ 任萌:《塔吉克斯坦、乌兹别克斯坦考古调查:前贵霜时代至后贵霜时代》,《文物》2015年第6期。

④ B. Gafurov and others (ed.), *Kushan Studies in U. S. S. R: Papers Presented by the Soviet Scholars at the Unesco Conference on History, Archaeology, and Culture of Central Asia in the Kushan Period*, Dushanbe, 1968, pp. 73 – 74.

⑤ G. A. Pugacenkova, *K. stratigrafi novyh monetnyh nakhodak iz Sevenoi Baktrii*, VDI., 1967, No. 3, p. 75, Nos. 10 – 14; 转引自 B. Gafurov and others (ed.), *Kushan Studies in U. S. S. R: Papers Presented by the Soviet Scholars at the Unesco Conference on History, Archaeology, and Culture of Central Asia in the Kushan Period*, Dushanbe, 1968, p. 74.

阿尔塔姆出土的最著名的佛教遗存当属"阿尔塔姆装饰带"（Airtam Frieze），这个装饰带常常出现在柱头和门楣上，主要特点是在植物叶子丛中出现了人物形象。前文提到的阿尔塔姆发现的科林斯柱头残片就是最明显的例子。虽然，有关这一艺术的内涵，众说纷纭，尚无定论，但普加琴科娃的猜想无疑可备一说，她曾经依据几种不同的装饰带，推断这一图案很可能表现的是佛教的"涅槃与本生"（Parinirvana-Jataka）的主题。① 从阿尔塔姆所处的地理位置上看，这一猜想无疑是合理的，因为该城位于铁尔梅兹和达尔弗津·特佩之间的丝路交通线上，商旅和人口流动频繁，便于佛教的传播，前文也提到了铁尔梅兹和达尔弗津·特佩都有佛教传播的证据，因此佛教毫无疑问也会传到阿尔塔姆，所以该地装饰体现出佛教的主题也在情理之中。

到了贵霜帝国中后期（公元3世纪之后），佛教沿着"铁尔梅兹—阿尔塔姆—达尔弗津·特佩"一线向索格底亚那和花拉子模地区传播的势头似乎有所减缓。目前在索格底亚那地区并没有发现大规模的贵霜佛教遗迹，即便是《高僧传》中提到的康僧会等康姓僧人，他们也是公元4世纪才到了中国。② 笔者猜想，这很可能是由于贵霜帝国并未能有效控制索格底亚那一地的缘故，佛教很可能在索格底亚那地区遭到以琐罗亚斯德教为代表的当地宗教势力的顽强抵抗。罗森弗尔德曾经提到，在花拉子模的托普拉克·卡拉遗址曾经发现过一座皇家宫殿的遗址，壁画上的人物形象依旧保留着原来希腊化和游牧相结合的风格，没有任何佛教或者犍陀罗艺术的图案。③ 可见，佛教在这一时期并未大规模进入索格底亚那和花拉子模。不过，善于经商的索格底亚那商人肯定会到访铁尔梅兹等佛教重镇，他们将在贵霜帝国灭亡后，担负起佛教向中国传播的

---

① G. A. Pugacenkova, *Dve stupy na yuge Uzbekistana*, SA, 1967, No. 3, p. 262；转引自 B. Gafurov and others (ed.), *Kushan Studies in U. S. S. R: Papers Presented by the Soviet Scholars at the Unesco Conference on History, Archaeology, and Culture of Central Asia in the Kushan Period*, Dushanbe, 1968, pp. 74–75。

② （梁）慧皎：《高僧传》，汤一玄整理，汤用彤校注，中华书局1992年版，第14—20页。

③ John M. Rosenfield, *The Dynastic Arts of the Kushans*, Berkeley: University of California Press, 1967, pp. 167–170.

历史重任。

三 帝国境内多元文化的并存与结合

流行于贵霜帝国境内的另一大宗教是琐罗亚斯德教。就在佛教由南向北逐渐扩散之时,琐罗亚斯德教为代表的波斯文化也逐渐向南亚次大陆传播。贵霜帝国境内的琐罗亚斯德教信徒数量显著增多,该教的地位与佛教几乎并驾齐驱,甚至在某些地方甚至还超越了佛教。其中最主要的标志就是该教的神祇受到统治者的尊崇。他们不仅在钱币上吸收了这些波斯神,还为这些神建立了诸多神庙。贵霜帝国时期最重要的琐罗亚斯德教遗址当属苏尔赫·科塔尔遗址。①

苏尔赫·科塔尔神庙群是一处琐罗亚斯德教的神庙,主要建筑时间是在贵霜迦腻色伽一世初期。② 沃尔维克·保尔(Warwick Ball)曾提出过一个猜想:苏尔赫·科塔尔神庙的装饰中存在有不少的佛教主题,很可能这些神庙是一庙多用,既作火神庙使用,也对佛教等其他宗教进行开放。③

最有说服力的证据来自中亚,斯塔维斯基曾经在卡拉·特佩的佛寺遗址中发现了琐罗亚斯德教圣火坛的遗存。④ 这种现象的出现,很可能是受丝路经济特点和贵霜帝国政策的影响。中亚绿洲中有相当一部分灌溉农田属于宗教寺院,特殊的僧侣阶级还可能拥有自己的土地。⑤ 由于佛教本身比较宽容,这些相对富裕的寺庙有可能成为丝路商人、旅行家们的投宿之处。为了方便琐罗亚斯德教信徒,僧人在寺内单独开放一处琐罗亚斯德教圣火坛,供这些人来祭拜,也合情合理。这也使得琐罗亚斯德教遗址与佛

---

① Daniel Schlumberger, "The Excavations at Surkh Kotal and the Problem of Hellenism in Bactria and India", *in Albert Reckitt archaeological lecture*, Oxford university press, 1961, pp. 77 – 95.

② J. Harmatta, ed., *The History of Civilizations of Central Asia II. The Development of Sedentary and Nomadic Civilizations*, Paris: UNESCO Publishing, pp. 428 – 430.

③ Warwick Ball, *The Monuments of Afghanistan: History, Archaeology and Architecture*, Lndon: I. B. Tauris, 2008, p. 266.

④ J. Harmatta, *From Hecateus to Al-huwarizmi*, Hungary: Union Acacenque international, 1984, pp. 112 – 114.

⑤ J. Harmatta, ed., *The History of Civilizations of Central Asia II: The Development of Sedentary and Nomadic Civilizations*, Paris: UNESCO Publishing, 1994, pp. 289 – 290.

教遗址的并存成了贵霜神庙的特色之一。

这种琐罗亚斯德教和佛教的混合影响深远。在佛教传入巴克特里亚之后，佛寺建筑形制受到当地火祆教文化传统的影响，引入了封闭式回廊结构，围绕佛塔而建，并逐渐与火祆教建筑的前厅、门廊等分离，形成回字形的布局形式。这一布局日后将成为西域早期佛寺的主要建筑形式之一。①

最后，佛教和琐罗亚斯德教的神也在这一时期开始融合，其中，最重要的就是"未来佛"弥勒佛的出现。据亚历山大·索普（Alexander Soper），弥勒佛的思想很可能来自琐罗亚斯德教中的密特拉崇拜，因为弥勒的发音与密特拉的发音基本一致，而且弥勒佛所带的救助思想也是早期佛教没有的，很可能是佛教受到其他宗教影响后出现的新变化。②不过，也有学者认为弥勒佛并非起源于伊朗的密特拉神，弥勒应该是来源于吠陀经中的一个叫 Maitri 的神，它和伊朗的 Mithra 有一定的联系，两者很可能都是沿袭自远古雅利安人的宗教信仰，但两者在功能上没有任何交集。③

虽然有关弥勒形象的起源与发展，学界未有定论，但笔者本人更倾向认为，不管其背后的佛理如何，弥勒佛形象能够在贵霜时期广泛出现，和当时的历史背景一定有关。从考古资料上看，早在月氏人进入巴克特里亚之时，密特拉的信仰就被大月氏人所熟知。卡尔恰扬遗址带光芒的那尊人物塑像有可能就是密特拉神。④ 由于卡尔恰扬遗址并未出现佛教的图像，月氏人应该是先接受了琐罗亚斯德教的密特拉神，然后才接触到佛教，所以，贵霜人很可能是在接受到佛教中的弥勒佛之后，才自然而然地将之与他们所熟悉的密特拉神相联系，再加上贵霜帝国时期占统治地位的说一切有部本身就主张过去、现在和未来都有法，作为未来佛的弥勒佛的广泛出

---

① 陈晓露：《西域回字形佛寺源流考》，《考古》2010年第11期。

② Alexander Soper, "Asepect of Light Symbolism in Gandharan Sculpture", *Artbus Asiae*, Vol. 12, 1949, pp. 265–266.

③ Lee, Yu-min, *The Maitreya Cult and its Art in Early China*, Ph. D. diss., Ohio State University, 1983, pp. 358–394.

④ 参见 V. P. Nikonorov, *The Armies of Bactria* 700 B. C.–450 A. D. vol. 2, Stockport: Montvert publications, 1997, p. 64。

现也在情理之中。

除了琐罗亚斯德教之外，希腊化文化与贵霜本民族的传统也在贵霜帝国时期得到了一定的传播。这些相对微小的文化因素主要通过犍陀罗艺术而间接体现，为目前有关犍陀罗艺术的"希腊起源说"、"罗马起源说"、"本土起源说"，"伊朗起源说"和"塞人起源说"提供了各自的依据。

在犍陀罗艺术中最显而易见的是希腊化文化因素。得益于海上丝绸之路的开通，贵霜帝国保持了与希腊—罗马世界的联系。希腊—罗马式艺术品通过印度洋的海运源源不断地进入印度地区，使得希腊化文化得以在贵霜帝国的境内和周边地区广泛传播。

犍陀罗艺术中的希腊化文化元素主要体现在神灵形象上。这些希腊式神灵形象的出现，并非纯粹出于审美的动机，而是贵霜帝国积极进行文化选择的结果。贵霜境内民族众多，文化元素复杂，原来的寓意式的佛教和佛陀标志等已经无法满足不同文化背景的信众的需要，而"强调神人同形同性"的希腊宗教以及希腊的主要神祇，经过几个世纪的传播，已被中亚和西北印度的不同民族所熟悉。无论是印度—希腊人钱币、印度—斯基泰人钱币、印度—帕提亚人钱币还是早期贵霜钱币，其上都有希腊神的形象。这就为希腊神形象进入佛教艺术提供了可能。以佛教艺术中常见的护法金刚为例。这一形象实际上源自希腊神话中的赫拉克勒斯，其形象起初出现在远东希腊化王国的钱币和雕塑上，后来，这一形象被佛教所吸收，演变为护法金刚。[1]

与此同时，希腊化文化也伴随着贵霜帝国的对外贸易传到了塔里木盆地周边地区。斯坦因曾在中国罗布泊附近的米兰遗址发现了类似希腊小爱神厄洛斯（Eros）的佛教神灵形象。[2]

从路线上看，犍陀罗艺术向塔里木盆地的传播很可能走的是罽宾道。迦腻色伽一世之后，贵霜帝国逐渐衰落，中亚的大部分领土不久就被萨珊

---

[1] 邢义田：《赫拉克利斯在东方——其形象在古代中亚、印度与中国造型艺术中的传播与演变》，载荣新江、李孝聪主编《中外关系史：新史料与新问题》，北京科学出版社2004年版，第15—47页。

[2] ［英］斯坦因：《西域考古记》，向达译，商务印书馆2013年版，第118—124页。

波斯所控制。僧侣为避开当时的战乱，往往会选择罽宾道前往中国。法显和宋云就是从罽宾道到印度。

20世纪60年代，以中国和巴基斯坦联合修建喀喇昆仑国际公路为契机，巴基斯坦的达尼教授和德国海德堡大学的耶特马尔教授一起，共同组织了一次对喀喇昆仑公路巴基斯坦段的文物普查。这次普查取得了重大的成果，发现了许多珍贵的铭文石刻。[①] 其中，在马雍发现的"大魏使臣题记"附近，还有不少贵霜帝国时期的佉卢文铭文、笈多帝国时期的婆罗米文题词以及不少夹杂着吐蕃文字的粟特文铭文，甚至还有两个用希伯来语写的人名，他们可能是跟随印度商队或僧团的犹太商人。[②] 除此之外，斯坦因在尼雅遗址也同样发现过一系列来自印度地区的犍陀罗艺术雕刻、佉卢文书信以及各式各样带有贵霜文字的印章。[③] 可以说，这些石刻和铭文是千百年来行走在条支线上的旅行者留下的历史印记，是这一条支线往昔繁荣的重要写照。

最后，有关贵霜境内的希腊化文化因素是来自希腊还是来自罗马，学界尚有疑问。但是，在笔者看来，这两种说法其实并不矛盾。

首先，贵霜人可以在中亚获取大量希腊化文化的信息。主张"罗马起源说"的本杰明·罗兰（Benjamin Rowland）曾专门撰文分析过中亚各遗址（卡尔恰扬遗址、达尔弗津·特佩遗址等）的人物造像，认为流传于这些地区的希腊巴克特里亚风格的造型艺术曾对佛教产生过深远的影响。[④] 虽然，罗兰在文章的最后一再强调其观点并未与自己先前主张的"罗马起源说"相矛盾，但是，从当时的历史来看，罗马艺术在中亚的传播只能借助于海上贸易中舶来的艺术品，相较于中亚已经有悠久历史的希腊化遗存，其影响要相对较小。因此，佛教艺术应该主要还是以希腊化文化的影

---

① 相关考古成果收录于 Volker Thewalt; Ditte Bandini; Karl Jettmar; Heidelberger Akademie der Wissenschaften, *Antiquities of Northern Pakistan: Report and Studies*, Mainz; V. P. von Zabern, 1989。

② Valerie Hansen, *The Silk Road: A New History*, pp. 108 – 118.

③ [英] 斯坦因：《西域考古记》，向达译，商务印书馆2013年版，第93—96页。

④ B. Rowland, "Graeco-Bactrian Art and Gandhāra: Khalchayan and the Gandhāra Bodhisattvas", *Archives of Asian Art*, Vol. 25, 1971, pp. 29 – 35.

响为主。①

其次，对于贵霜人而言，希腊风格和罗马风格是非常相似的。正如杨巨平所说："如果我们承认犍陀罗艺术中的西方古典因素，事实上就等于承认了希腊文化的作用，因为这些古典艺术因素本质上源于希腊文明，罗马人不过是它的继承者和发扬者而已，而且罗马帝国东部（埃及、叙利亚一带）的罗马人相当一部分实际上就是以前的希腊人或其后裔，政治上他们是罗马帝国的臣民，但在血缘上尤其在文化上他们还是希腊人。他们可能是最早来到印度的所谓'罗马人'"。②

因此，贵霜人根本不会去区分哪些艺术风格属于希腊，哪些艺术风格属于罗马。尤其是贵霜帝国控制印度河河口并与罗马帝国建立起联系之后，大量带有浓郁希腊风格的罗马艺术品同时涌入贵霜帝国境内，贵霜的工匠很可能是根据这些古典艺术风格和传统制作工艺制造了当地的佛像。

除希腊罗马文化因素之外，贵霜本族的文化也借助犍陀罗艺术的繁荣而流传。崇拜偶像的做法很可能是由贵霜人带到了犍陀罗地区，因为大月氏人在中亚的时候已经接触到了波斯文化中对宗教神灵和国王的崇拜，受这一系列影响，贵霜人帝国时期才出现了佛教中对偶像的崇拜。③

卡尔恰扬遗址中发现的早期月氏王族雕像群和苏尔赫·科塔尔遗址出土的迦腻色伽王半身像，以及秣菟罗附近的马特（Mat）王家神庙遗址，也证明贵霜人的确有崇拜偶像和先贤的传统。本杰明·罗兰和雷卡·莫里斯（Rekha Morris）的考证也证实，卡尔恰扬和达尔弗津·特佩遗址出土人物头像与斯瓦特、哈达和塔克西拉的佛陀头像也的确有一定的相似性。④

---

① 雷卡·莫里斯（R. Morris）持类似观点，他在某种程度上肯定了希腊巴克特里亚艺术对佛教艺术的影响。见 R. Morris, "Some Observations on Recent Soviet Excavations in Soviet Central Asia and the Problem of Gandhāra Art", *Journal of the American Oriental Society*, Vol. 103, No. 3, 1983, pp. 557–567。

② 杨巨平：《远东希腊化文明的文化遗产及其历史定位》，《历史研究》2016 年第 5 期。

③ ［日］田边胜见：《犍陀罗佛和菩萨像起源于伊朗》，台建群选译，《敦煌研究》1989 年第 3 期。

④ Benjamin Rowland, "Graeco-Bactrian Art and Gandhāra: Khalchayan and the Gandhāra Bodhisattvas", *Archives of Asian Art*, Vol. 25 (1971/1972), pp. 29–35; Rekha Morris, "Some Observations on Recent Soviet Excavations in Soviet Central Asia and the Problem of Gandhāra Art", *Journal of the American Oriental Society*, Vol. 103, No. 3, Jul.–Sep., 1983, pp. 557–567.

不过，在笔者看来，并非只有波斯人崇拜偶像和英雄人物，希腊人更是如此。我们与其说是贵霜人将偶像崇拜带到了犍陀罗，不如说是有偶像崇拜传统的贵霜人的扩张，强化了当地已经流行的偶像崇拜行为，最终为佛像的出现起到了一定的推动作用。

最后，从早期大月氏人"黄金之丘"中发现的大量黄金陪葬品来看，早期贵霜人，至少王室，还是非常重视来生的享受。贵霜帝国建立后，尤其是迦腻色伽王接受佛教以后，贵霜佛教徒自然也要为自己的来生做打算，他们开始向佛寺大量捐赠财物以祈求福祉，前文提到的迦腻色伽舍利盒和铭文、塔克西拉银锭上的献祭铭文就是最好的例子，[1] 受此影响，佛教供养人的形象也逐渐出现，并成为日后佛教壁画和造像人物类型之一。

小　结

在游牧民族南下的冲击下，远东希腊化王国最后黯然消失，但其留下的文化火种却在继续燃烧。贵霜帝国的建立，标志着中亚和印度的历史进入了新的阶段。在贵霜人的统治下，一批希腊人留下的城市在继续发展，一批新的城市在丝路沿线拔地而起，为丝路商贸的恢复和拓展提供了重要前提，丝路南道、中亚—印度段、海上丝路都在此时得以开通确立。作为海陆丝路的交汇中心，作为与罗马、安息、中国并列于欧亚大陆的四大帝国之一，贵霜帝国在东西方文明的交流、在丝绸之路的开拓与发展上确实发挥了巨大的历史作用。贵霜人因地制宜，积极吸收先进文明的成果。为了巩固统治和发展商贸，贵霜人以流传于中亚和印度西北部的希腊式钱币为基础，结合不同时期的政治需求和文化环境，创造出了如同"万神殿"一样斑斓多彩的贵霜钱币，也为之后的丝路钱币提供了重要的仿造对象。此外，为适应国内不同文化人群的心理需要，贵霜人坚持文化宽容和并存的理念，使得来自不同地区的宗教、观念、艺术得以在贵霜帝国境内汇聚

---

[1] 参见 Hans Loeschner, "The Stūpa of the Kushan Emperor Kanishka the Great, with Comments on the Azes Era and Kushan Chronology", in Victor H. Mair, ed., *Sino-Platonic Papers*, Department of East Asian Languages and Civilizations University of Pennsylvania Philadelphia Number 227, July, 2012; John Marshall, *Taxila*, Vol. 1, Cambridge University Press, 1951, pp. 256 – 257。

和融合。以此为契机，佛教及其艺术从犍陀罗地区迅速扩展到了中亚，并向中国传播，最后融入了中国传统文化的主流之中，这不能不说是人类文明交流史上的奇迹。

（执笔：庞霄骁）

第四章　罗马帝国和丝绸之路

罗马帝国与丝绸之路的关系主要表现为罗马帝国东部地区与丝路沿线国家的贸易和交流，分为陆海两路，陆路上，以地中海东部行省与东方的贸易为主；海路上，以罗马埃及地区与阿拉伯、印度的海上贸易为主。首先要注意的是，文明交往的方式从来不是单向的，而是互动的、双向的。罗马帝国作为丝绸之路的西方终点，既是丝路贸易由东到西的目的地，也是由西向东的起点和推动者。罗马帝国占据塞琉古王国和托勒密王国的疆土之后，成为东地中海地区丝路贸易的主导者。罗马帝国与帕提亚帝国对峙于幼发拉底河—亚美尼亚一线，虽然二者时有战争，但是地中海东部地区的商人仍然能够通过陆海两路获得东方货物。由于陆上丝绸之路容易受到战争等人为因素的干扰，罗马帝国大力发展海上贸易，从埃及经阿拉伯地区远达印度和中国南部沿海的海上丝绸之路就是在这样的背景下开通的。

罗马帝国既是丝路贸易的积极参与者，也是丝路商品的主要消费者。丝路贸易在一定程度上促进了罗马帝国社会经济的发展。丝绸之路上文化的交流也是双向的，一方面，罗马的钱币、宗教神话和造型艺术向东方传播；另一方面，东方的物产、宗教等文明构成要素也同时传入罗马帝国。在某种意义上，罗马帝国与丝绸之路的关系也是罗马文明的一个组成部分。

古国文明与丝绸之路

第一节 罗马帝国的崛起与丝路的延伸与繁荣

公元前64年，罗马将领庞培征服叙利亚，标志着罗马正式与丝路连通，自此，几乎整个罗马帝国时期，从两河流域至地中海东岸的丝路干道都在罗马的东部领土范围内。罗马帝国初期，东地中海地区的丝路贸易取得迅速的增长，杜拉·欧罗普斯、巴尔米拉、佩特拉（Petra）等丝路新兴城市崛起。正是由于丝路贸易的有利可图，罗马帝国（拜占庭帝国）、帕提亚帝国，以及后来的萨珊波斯帝国为丝路的控制权进行了长期的争夺。

一 罗马对东地中海的征服

（一）罗马在东地中海的扩张及影响

公元前3世纪末，罗马开始在东地中海地区扩张。它的第一个目标就是近邻巴尔干半岛的马其顿王国。经过三次马其顿战争，最终于公元前168年，灭亡了安提柯王朝。公元前146年，马其顿正式成为罗马的行省之一。同年，科林斯陷落，中南部希腊也归入罗马的版图。公元前133年，小亚的帕加马国王阿塔罗斯三世（Attalus III，公元前138—前133年）把王国赠给罗马，激起帕加马人起义，但旋即被罗马镇压，帕加马被罗马吞并，划为罗马的小亚行省。大约在罗马东进到小亚的同时，张骞首次出使西域（公元前139/前138—前126年），预示着由长安至东地中海地区的丝绸之路全线贯通。但只是在征服塞琉古王国所在的叙利亚地区之后，罗马人才真正与丝绸之路有了直接的联系。

公元前67—前66年，罗马共和国的前三头之一庞培（Pompey，公元前106—前48年）进攻本都国王米特里达特六世（欧帕托尔）（Mithridates VI Eupator），迫使他逃往东部的高加索地区。随后，公元前66—前65年，庞培开始打击叙利亚地区的海盗和土匪。[①] 经过艰苦的米特里达特战争（公元前89—前65年），庞培打败了本都（Pontus），随后，占领了叙利

---

① Maurice Sartre, *The Middle East under Rome*, London: Harvard University, 2005, p. 37.

亚、西里西亚（Cilicia）、腓尼基（Phoenicia）、巴勒斯坦（Palestine）以及从幼发拉底河到埃及间的许多地区。罗马的统治范围扩张至黑海、埃及边界沙漠和幼发拉底河。公元前64年，罗马设立叙利亚行省，同时还在叙利亚及其周边地区培植了很多附属王国，借助土著势力来维持当地的秩序。公元前63年初，庞培从安条克前往大马士革，肃清了劫道的土匪，[1]一度保证了这一地区商路的安全。除此之外，庞培把约旦、南黎凡特地区都纳入叙利亚行省的统治范围，包括商业发达的港口城市加沙（Gaza）。[2]罗马在叙利亚重建在战争中或被土匪毁坏的城市，促进了它们的商业复苏。

罗马对叙利亚地区的控制，不仅对其战略扩张具有重大的意义，而且为丝绸之路西段贸易提供了有利的政治环境。罗马的东部边界推进至幼发拉底河一线，意味着它控制了丝绸之路幼发拉底河至东地中海段，罗马的东部纳入了丝绸之路的网络之中。随着罗马对地中海周边地区的不断征服，它的疆域、人口和市场规模随之扩大。贵族阶层对东方商品充满了强烈的兴趣，罗马对东方商品的需求不断增加，所以，丝路贸易在罗马帝国时期的大规模发展是历史的必然。

（二）罗马与帕提亚帝国的早期接触

罗马叙利亚行省与帕提亚接壤，双方争夺的重心在两河流域地区，重点在卡雷（Carrhae）和尼西比斯等双方的边境城市，还有两河流域北部的杜拉·欧罗普斯、宙格玛（Zeugma）和埃德萨（Edessa）等商贸城市。

庞培之后，公元前57年，罗马派往叙利亚的首任执政官是伽比纽斯（Gabinius）。他准备进攻阿拉伯时，受到帕提亚王米特里达特三世的阻拦，遂改变计划，在元老院的支持下，开始准备进攻帕提亚。但由于需要解决犹太地区的问题，直到公元前55年他离开叙利亚，都未能如愿。[3] 伽比纽斯之后，克拉苏（Crassus）任叙利亚执政官，公元前53年，他向帕提亚

---

[1] Maurice Sartre, *The Middle East under Rome*, London: Harvard University, 2005, p. 43.
[2] Ibid., pp. 43–44.
[3] Ibid., p. 48.

人发起进攻,在卡雷战役(Battle of Carrhae)中战败身亡。克拉苏之后,比布鲁斯(Bibulus)任叙利亚总督,公元前51年,帕提亚侵入叙利亚。公元前47年,罗马后三头之一安东尼(Antony)出兵东方,暂时巩固了罗马对东部地区的控制。① 公元前41年,帕提亚再次进攻叙利亚,并占领了阿帕米亚(Apamea)和安条克(Antioch)。② 由于罗马陷于内战,帕提亚在叙利亚和爱奥尼亚地区的势力扩大。

由上述可知,罗马的实力与帕提亚相比并无绝对优势,始终未能在两河流域北部建立起稳固的统治。③ 罗马人在叙利亚地区的统治亦不稳定,受到帕提亚的严重威胁。尽管如此,罗马毕竟在丝路西端建立起正式统治,开始直接参与到丝绸之路贸易中,开启了其与东方贸易的新阶段。

二 罗马帝国时期东地中海地区的丝路贸易发展

(一)巴比伦至叙利亚的贸易路线

《后汉书·西域传》记载道:大秦"人庶连属,十里一亭,三十里一置,终无盗贼寇警,而道多猛虎狮子遮害行旅,不百余人兵器辄为所食,又言有飞桥数百里,可渡海北诸国。"④ 此处的飞桥可能指的是宙格玛的幼发拉底河大桥。德国汉学家夏德(F. Hirth)的《大秦国全录》列出了巴比伦至叙利亚的陆路路线:"在幼发拉底河及佩特拉之间有商路可通;此外,必更有一路从巴比伦附近驿站通过沙漠取道巴尔米拉以达埃美萨或大马士革;最后,有大道至亚洲西部,即旧日皇城路,以及由斯罗取道宙格玛的桥经美索不达米亚而至安都。"⑤ 中国古代史籍中"大秦"的概念多次

---

① Clark Hopkins, *The Discovery of Dura-Europos*, New Haven and London: Yale University Press, 1979, p. 259.
② Maurice Sartre, *The Middle East under Rome*, London: Harvard University, 2005, pp. 44, 52.
③ Arthur Keaveney, "Roman Treaties with Parthia Circa 95 – circa 64 B. C.", *The American Journal of Philology*, Vol. 102, No. 2, (Summer, 1981), pp. 195 – 203.
④ (南朝·宋)范晔:《后汉书》卷八十八《西域传》,中华书局1965年版,第2920页。
⑤ F. Hirth, *China and the Roman Orient: Researches into Their Ancient and Medieval Relations as Represented in old Chinese Records*, Leipsic & Munich: Georg Hirth; Shanghai & Hongkong: Kelly & Walsh, 1885, p. 184;中译文引自[德]夏德《大秦国全录》,朱杰勤译,商务印书馆1964年版,第69页。译名或有变动。下同。

第四章　罗马帝国和丝绸之路

出现，关于大秦的地理位置，国际学术界以罗马东部说、埃及说和罗马帝国本土说三种观点影响较大。①

罗马东部说以著名汉学家夏德为代表。他在研究了中国古代史籍后，认为大秦是指包括叙利亚、埃及及小亚的罗马帝国东部。② 有的学者并不完全赞同此种观点，在夏德出版《大秦国全录》的次年，学者阿伦（Alen）对夏德的观点提出批评，认为大秦是亚美尼亚。③ 虽然他们的结论不同，但都认为大秦是罗马帝国东部的某地区。

埃及说的代表分别是法国和日本的两位汉学家伯希和（Pelliot）与白鸟库吉（Shiratori Kurakichi）。《后汉书·西域传》记载"大秦国一名犁鞬"，④ 所以伯希和将大秦比定为埃及的政治经济中心亚历山大里亚。在大秦问题研究上用力最深的当推日本学者白鸟库吉，他发表的《大秦国及拂菻国考》、《见于大秦传中的中国思想》和《见于大秦传中的西域地理》三文中，均涉及对大秦的考证，⑤ 他认为大秦的中心为埃及的亚历山大里亚。

我国学者中，王国维认为大秦是黑海以西地区。⑥ 余太山、岑仲勉均认为大秦是罗马帝国本土。⑦ 日本学者宫崎市定认为中国史籍中的"西海"是地中海而非波斯湾，条支是叙利亚，大秦是罗马本土。⑧ 西方学者莱斯利（D. D. Leslie）和伽德纳（K. H. J. Gardin）在1982年发表的论文《汉代中国人的西亚知识》及1995年发表的论文《条条道路通罗马——中国

---

① 张绪山：《百余年来黎轩、大秦研究综述》，《中国史研究动态》2005年第3期。
② F. Hirth, *China and the Roman Orient: Researches into Their Ancient and Medieval Relations as Represented in old Chinese Records*, Leipsic & Munich: Georg Hirth; Shanghai & Hongkong: Kelly & Walsh, 1885, p. 6；[德]夏德：《大秦国全录》，朱杰勤译，商务印书馆1964年版，第4页。
③ [德]夏德：《大秦国全录》，朱杰勤译，商务印书馆1964年版，第141—150页。
④ （南朝·宋）范晔：《后汉书》卷八十八《西域传》，中华书局1965年版，第2919页。
⑤ 白鸟库吉上述三文的中译文见《塞外史地论文译丛》第一辑，王古鲁译，商务印书馆1939年版。
⑥ 王国维：《王国维文学美学论著集》，北岳文艺出版社1987年版，第311页。
⑦ 余太山：《条枝、黎轩和大秦》，《塞种史研究》，中国社会科学出版社1992年版，第183—209页。
⑧ [日]宫崎市定：《条支和大秦和西海》，《史林》第24卷第1号；中译见刘俊文主编《日本学者研究中国史论著选译》第九卷，中华书局1993年版，第385—413页。

对罗马帝国的知识》中，① 认为夏德、裕尔（Yule）罗马帝国东部说的观点值得商榷。他们的依据是罗马帝国东部地区在东汉和曹魏时期，没有形成一个独立国家，而且安条克或亚历山大里亚也不是罗马帝国的首都。他们从中国史籍中记载的通向大秦的路线分析，认为"条条大路通向罗马城"。② 不难看出，他们认为大秦是指整个罗马帝国。

由于大秦一名来源于中国史籍，首先应从其中考证大秦之所指。《后汉书·西域传》对大秦有较为详细的记载，成为后代史书记述大秦的主要资料来源。书中记载道："大秦国一名犁鞬，以在海西，亦云海西国。地方数千里，有四百余城。小国役属者数十。……人俗力田作，多种树蚕桑。……土多金银奇宝，有夜光壁、明月珠、骇鸡犀、珊瑚、琥魄、琉璃、琅玕、朱丹、青碧。刺金缕绣，织成金缕罽、杂色绫。作黄金涂、火浣布。又有细布，或言水羊毳，野蚕茧所作也。……与安息、天竺交市于海中，利有十倍。……其王常欲通使于汉，而安息欲以汉缯彩与之交市，故遮阂不得自达。"③ 以上记载和罗马帝国东部地区最为接近，首先，罗马帝国境内仅有叙利亚地区和科斯岛上存在野蚕茧，这两地都位于罗马帝国东部，与前述"多种树蚕桑"的记载有所暗合；第二，"地方数千里，有四百余城"与罗马帝国叙利亚行省城市众多比较相似；第三，各种珍奇出产涉及玻璃业和织造业，这些行业在罗马帝国东部地区最为繁荣；最后，罗马帝国东部地区与安息、天竺的地理位置最近，这一地区是罗马帝国与东方进行贸易交换的最主要地区。安息（帕提亚）"遮阂"阻碍大秦商人与东方进行直接贸易，其对象最有可能是罗马帝国东部地区的商人。总之，笔者倾向于大秦指罗马帝国东部地区的观点。

《三国志》第三十卷引的《魏略·西戎传》记载了从巴比伦到叙利亚商路上的城市："驴分王属大秦，其治去大秦都两千里。从驴分城西之大

---

① D. D. Leslie and K. H. J. Gardiner, "Chinese Knowledge of Western Asia during the Han, *T'oung Pao*, Second Series, Vol. 68, Livr. 4/5 (1982); "All Roads Lead to Rome: Chinese Knowledge of the Roman Empire", *Journal of Asian History*, 29 (1995).

② D. D. Leslie and K. H. J. Gardiner, "All Roads Lead to Rome: Chinese Knowledge of the Roman Empire", *Journal of Asian History*, 29 (1995), p. 62.

③ （南朝·宋）范晔：《后汉书》卷八十八《西域传》，中华书局1965年版，第2919—2920页。

秦渡海,飞桥长两百三十里,渡海道西南行,绕海直西行。且兰王属大秦,从思陶国直南渡河,乃直西行至且兰三千里。道出河南,乃西行,从且兰复直西行之汜复国六百里。南道会汜复,乃西南之贤督国。且兰、汜复直南,乃有积石,积石南乃有大海,出珊瑚、真珠。……贤都王属大秦,其治东北去汜复六百里。汜复王属大秦,其治东北去于罗三百四十里渡海也。"① 夏德认为,"中国人经常提到的'渡海',实际上是渡河"。② 假定这一说法正确的话,那么驴分一定位于巴比伦到叙利亚的主要商路上。且兰应指沙漠商路上的城市巴尔米拉。从相对地理位置上看,巴尔米拉的正西为埃美萨,所以,汜复应为埃美萨。从汜复和贤督的相对地理位置判断,贤督应为大马士革,而大马士革也是由阿拉伯北部的佩特拉到巴尔米拉商路的必经之地。此条经巴尔米拉的商道,是丝绸之路两河—东地中海一线的南道,公元1世纪末2世纪初,巴尔米拉兴起后,商人才开始较多地使用这条商道。丝绸之路两河至东地中海一线的主干道一般从底格里斯河畔的塞琉西亚向西至幼发拉底河,然后沿河北上至宙格玛,在此渡过幼发拉底河,向西至安条克。

还有一条北部的商路,这条商路由埃德萨至尼西比斯,由此前往底格里斯河,最终到达泰西封。③ 图拉真(Trajan,公元98—117年)远征帕提亚后,尼西比斯成为罗马帝国永久的管辖地。此外,还有商路从大马士革横穿过阿拉伯北部沙漠,避免了向北绕行,直接抵达帕提亚境内进行贸易。在帕提亚对其边缘省份控制削弱时,罗马帝国的商人可沿帕提亚南端的商道去往东方进行贸易,这条路线由阿拉伯半岛北部的佩特拉开始,向东到达下美索不达米亚地区,然后通过伊朗南部地区、俾路支斯坦(Baluchistan)到达印度。④

在丝路西线西段主干道的北方,还有一条横贯东西的草原丝绸之路。罗马帝国和黑海、里海以北的草原丝路贸易密切相关。罗马帝国在黑海东

---

① (晋)陈寿:《三国志》卷三十《乌丸鲜卑东夷传》,中华书局1969年版,第862页。
② [德]夏德:《大秦国全录》,朱杰勤译,商务印书馆1964年版,第74页。
③ [英]查斯沃斯:《古代罗马与中国印度陆路通商考》,朱杰勤编译,《中外关系史译丛》第一辑,海洋出版社1984年版,第2页。
④ Philip D. Curtin, *Cross-cultural Trade in World History*, Cambridge University Press, 1984, p. 96.

部的法希斯（Phasis）常年有驻兵，[①] 在保证此地区安全的同时，也起到了保护北部商路的作用。例如，图拉真时期，罗马帝国加强了在法希斯地区的管理，以保证商人的安全。[②]

公元三世纪，就中国方面而言，一条新的东西交通线"北新道"开通。《魏略·西戎传》载："北新道西行至东且弥国、西且弥国、单桓国、毕陆国、蒲陆国、乌贪国，皆并属车师后部王。……转西北，则乌孙、康居本国，无增损也。……又有奄蔡国，一名阿兰。西与大秦、东南与康居接。"[③] 这条商路至康居段路线比此前的北道更加靠北，此路线先由天山以北地区，经乌孙到达康居，然后经奄蔡到达黑海北部地区。由此可与罗马帝国相通。

拜占庭帝国早期，统治中心东移，距离黑海和草原丝路更近，所以相当重视草原丝路。由于萨珊波斯的阻碍，东西方贸易也会采用这条更北的路线。东方的商人经过锡尔河、阿姆河，转伏尔加河，然后至顿河。或者沿阿姆河至希瓦（Khiva），渡过里海，然后经法希斯到达攸克星海（Euxine，即黑海）。[④] 从西向东看，这条商路从都城君士坦丁堡出发，抵达黑海另一端的法希斯，然后到达萨拉巴那（Sarapana），商货在库拉河上转船运，穿过里海到达卡拉—博阿兹海湾（Kara-Bogaz-Gol Bay），沿着阿姆河河谷就可抵达巴克特里亚。为了北方商道的畅通，拜占庭帝国力求与高加索地区保持良好关系。[⑤]

总的来看，罗马帝国时期东地中海地区丝路的路线大为增加，这就为罗马帝国提供了空前的贸易发展机遇，丰富了帝国的商品市场。罗马帝国和丝路西段相辅相成，互相促进。

[①] ［英］查尔斯沃斯：《古代罗马与中国印度陆路通商考》，朱杰勤编译，《中外关系史译丛》第一辑，海洋出版社1984年版，第9页。

[②] W. V. Harris, *Rome's Imperial Economy: Twelve Essays*, Oxford University Press, 2011, p. 215.

[③] （晋）陈寿：《三国志》卷三十《乌丸鲜卑东夷传》，中华书局1969年版，第862页。

[④] J. Innes Miller, *The Spice Trade of the Roman Empire: 29 B. C. to A. D. 641*, Oxford: Clarenden Press, 1969, p.139.

[⑤] ［法］让·诺埃尔·罗伯特：《从罗马到中国——凯撒大帝时代的丝绸之路》，马军、宋敏生译，广西师范大学出版社2005年版，第140页。

(二) 丝绸之路在东地中海地区的发展及特点

1. 东地中海地区的丝绸来源

通过丝绸之路，中国丝绸进入罗马帝国叙利亚地区，丝绸贸易构成了罗马帝国与东方贸易的主要部分。但是这些当时进入市场的丝绸都是来自中国，还是当地也有出产？中西方的记载提供了一些线索。

《后汉书·西域传》载大秦国："多种树蚕桑。有细布，或言水羊毳，野蚕茧所作也。"[1]《三国志》裴松之注所引《魏略·西戎传》亦载：大秦"有织成细布，言用水羊毳，名曰海西布。此国六畜皆出水，或云非独用羊毛也，亦用木皮或野茧丝作……"[2] 可见，当时的中国人似乎已经获悉，大秦也能用羊毛或野蚕丝织造细布。罗马帝国博物学家普林尼已经知悉丝绸制作有纺线和织布的程序，表明西方对中国丝绸的认识大有进步。[3] 如果中西史籍中的记载大致无误的话，那么普林尼所言和中国史籍中的记载就可相互印证。它们似乎说明，罗马帝国本来就有以野蚕丝为原料的纺织业。地中海东部确实有能够吐丝的昆虫，叙利亚野蚕分布于意大利南部、希腊及地中海东部地区，只是这种野蚕的数量很少。中国史书上记载大秦的野桑蚕，有可能指此种野蚕。此蚕并非中国蚕之类型。而且，罗马人的取丝工艺及本土生产的丝也和中国不同。中国制丝的关键技术在于缫丝，缫丝是将蚕茧抽出蚕丝的工艺，用开水对蚕茧进行浸泡，由于蚕茧尚未被蚕蛹咬破，缫出的丝得以保持完整。同时，用开水浸泡蚕茧，同时是一种脱胶技术，蚕茧经过开水浸泡，其中的蚕丝丝胶被溶解，这样一来，缫出的丝更加光滑有弹性，也更易着色。[4] 古代西方不具备此项关键技术。所以，罗马帝国丝织品的原料——生丝很有可能来自中国。

罗马帝国时期的古典作家对中国的养蚕业和制丝技术也有传闻。维吉

---

[1] （南朝·宋）范晔：《后汉书》卷八十八《西域传》，中华书局1965年版，第2919页。
[2] （晋）陈寿：《三国志》卷三十《乌丸鲜卑东夷传》，中华书局1969年版，第861页。
[3] Pliny, *Natural History*, 6.20.54. with an English translation by H. Rackham, Cambridge, Mass：Harvard University Press, 1999.
[4] 龚缨晏：《西方早期丝绸的发现与早期中西文化交流》，《浙江大学学报》2001年第5期。

尔（Virgil，公元前 70—公元 19 年）①、斯特拉波（Strabo，约前 64/前 63—公元 24 年）、普林尼和公元四世纪的阿米亚努斯·马赛林努斯（Ammianus Marcellinus）均错误地认为丝来自树上的羊毛。② 可见罗马人对中国养蚕技术、取丝方法和丝织技术知之甚少。这也表明，罗马人并没有掌握蚕茧取丝的技术。公元二世纪的希腊作家保萨尼阿斯（Pausanias）对中国丝蚕的知识却大大超越了前代。他已认识到中国人用以制造衣服的丝线，并非取自树皮或毛绒，而是来自一种被希腊人称为"赛儿"（ser）的小动物。③ 这是西方世界第一次对中国丝蚕业有接近真实的认识。夏德认为，"科斯"丝绸即是重织中国丝而制成的丝织品。④ 但是，科斯本土所产的丝来自于娥，而不是出自类似于中国的家蚕。⑤ 中国蚕种在查士丁尼时期才传入西方。综上所述，可以推测，罗马帝国似乎没有成熟的养蚕业，在中国蚕种传入拜占庭帝国之前，罗马人没有掌握中国的养蚕取丝技术。

《三国志》所引《魏略·西戎传》中记载大秦国："常利得中国丝，解以为胡绫，故数与安息诸国交市于海中。"⑥ 重织中国丝是为了迎合罗马世界的流行式样，这种式样是科斯（Coan）式，⑦ 来自科斯岛。由此可见，第一，罗马获得了中国的丝绸，并对其进行加工，但是，罗马的一部分生丝似乎来自科斯岛，并非全部来自中国；第二，罗马帝国与中国的交往陆路可能受阻，中国丝及其织物是罗马帝国与帕提亚海上交市的重要商品。⑧ 罗马的野桑蚕所制之成品不如中国丝，所以，罗马人非常珍惜中

---

① Virgil, *Georgics*, 2.121, with an English translation by H. Rushton Fairclough, Cambridge, Mass: Harvard University Press, 2006.

② Ammianus Marcellinus, *Res Gestae*, 13.6. with an English translation by John C. Rolfe, Cambridge Mass: Harvard University Press, 1935.

③ Pausanias, *Description of Greece*, 6.26.6–9, with an English translation by W. H. S. Jones, Cambridge, Mass: Harvard University Press, 1988.

④ ［德］夏德：《大秦国全录》，朱杰勤译，商务印书馆1964年版，第110—114页。

⑤ 龚缨晏：《西方早期丝绸的发现与早期中西文化交流》，《浙江大学学报》2001年第5期。

⑥ （晋）陈寿：《三国志》卷三十《乌丸鲜卑东夷传》，中华书局1969年版，第861页。

⑦ ［英］G.F. 赫德逊：《欧洲与中国》，王遵仲、李申、张毅译，中华书局1995年版，第65页。

⑧ 余太山：《〈后汉书·西域传〉和〈魏略·西戎传〉有关大秦国桑蚕丝记载浅析》，《西域研究》2004年第2期。

国丝。中国丝通过丝路到达叙利亚地区，为当地城市带来了上好的丝织加工原料。

2. 东地中海地区纺织业和进出口贸易的发展

罗马帝国的纺织业是仅次于农业的重要经济部门，纺织品贸易也是其国内外贸易的重要内容。[1] 罗马帝国对中国丝的需求促进了丝路贸易发展，使得叙利亚的一些城市的丝织业迅速兴起。除了进口中国丝之外，罗马帝国也从巴比伦尼亚、伊朗地区获得纺织品、地毯、刺绣等。[2] 罗马帝国对境内交通要道的修缮，确保了丝路贸易基础设施的完备。奥古斯都（Augustus，公元前27—公元14年在位）时期，在叙利亚地区修建道路；图拉真、塞维鲁（Severus，公元193—211年在位）时期，修缮了从阿拉伯、美索不达米亚地区到腓尼基港口的道路。[3] 由于交通条件的改善，大量中国丝被贩运到到叙利亚地区，使它成为中国生丝的较大市场。[4]

丝绸业兴盛于叙利亚各城市，尤其是推罗、西顿和贝鲁特。推罗以其织品染色业著称。[5] 埃及女王克列奥帕特拉七世（Cleopatra VII）的丝绸衣服就出自推罗的丝织工场。[6] 推罗人在罗马和意大利南部港口普泰奥利（Puteoli），均设有生产工场。[7] 叙利亚地区北部城市劳狄西亚（Laodicea）出产高质量的羊毛，有发达的制衣业。[8]

---

[1] Fik Meijer and Onno Van Nijf, *Trade, Transport and Society in the Ancient World: A Source Book*, London: Routledge, 1992, p. 103.

[2] F. M. Heichelheim, *An Economic Survey of Ancient Rome: Volume 4, Roman Syria*, New York: The Johns Hopkins Press, 1975, p. 201.

[3] Paul Louis, *Ancient Rome At Work: An Economic History of Rome from the Origins to the Empire*, London: Routledge and Kegan Parl Ltd., 1965, p. 309.

[4] 石云涛：《3至6世纪丝绸之路的变迁》，文化艺术出版社2007年版，第381页。

[5] Walter Scheidel, Ian Morris, Richard Saller, eds., *The Cambridge Economic History of the Greco-Roman World*, Cambridge University Press, 2007, p. 684.

[6] ［英］查尔斯沃思：《古代罗马与中国印度陆路通商考》，朱杰勤编译，《中外关系史译丛》第一辑，海洋出版社1984年版，第6页。

[7] A. H. M. Jones, *The Roman Economy: Studies in Ancient Economic and Administrative History*, Oxford: Basil Blackwell, 1974, p. 145.

[8] Fik Meijer and Onno Van Nijf, *Trade, Transport and Society in the Ancient World: A Source book*, London: Routledge, 1992, p. 107.

古国文明与丝绸之路

在大马士革的叙利亚国家博物馆，藏有中国古代的丝绸，[1] 这些丝绸来自中亚、印度，由巴尔米拉商人运至叙利亚。从二十世纪三十年代起，法国考古学家对巴尔米拉开始进行考古发掘，在墓葬中发现了大约五十件丝织品，经鉴定，其中大部分为汉代生产。[2] 巴尔米拉发现的是公元1、2世纪的汉字纹锦，上面的汉字式样、纹样都和斯坦因在楼兰发现的丝织物极为类似。毋庸置疑，这些汉字纹锦来自中国，证明公元初两个世纪中国丝绸到达了两河流域以西地区。奥古斯都时代的作家曾提到用中国丝绸制作衣服、枕头、靠垫等。[3] 可见，丝织业早已由叙利亚地区传播至意大利本土。

叙利亚地区不仅进口中国生丝等东方商品，而且还向外出口本土制造的商品。叙利亚地区本土制造的商品，是平衡进出口贸易的重要因素。[4] 从叙利亚地区生产的商品，可以了解到叙利亚地区通过丝路向外出口的商品种类。罗马帝国向东方出口的商品，很大一部分是由叙利亚地区生产。叙利亚地区羊皮纸（Parchment）和莎草纸（Papyrus）制造业发达。[5] 推罗、西顿等城市的织染业也十分发达，它们织染的紫色衣物，在罗马帝国境内特别流行。推罗生产用牡蛎紫染料染成的毡罽（此为一种织物），并将其出口。叙利亚和埃及一样，是古代世界亚麻制品的主要产地。西顿还有专门的玻璃制造业，罗马帝国安排专门官员对其进行监督。[6] 此外，叙利亚地区的植物药材也品质上乘，出口到外国市场。叙利亚的葡萄酒也是当地生产的重要商品。叙利亚的矿产资源包括铜、辰砂、雄黄等。[7] 叙利亚地区还有制作雕像的工场，这些资源和商品很有可能也通过丝路出口。阿拉伯半岛的没药和乳香、埃及的纸草、意大利本土的陶器也会出口至

---

[1] Walter Scheidel, eds., *Rome and China: Comparative Perspectives on Ancient World Empires*, Oxford University Press, 2009, p. 119.

[2] 龚缨晏：《西方早期丝绸的发现与早期中西文化交流》，《浙江大学学报》2001年第5期。

[3] Ying-shih Yu, *Trade and Expansion in Han China*, L. A: University of California Press, 1967, pp. 158 – 159.

[4] Maurice Sartre, *The Middle East under Rome*, London: Harvard University, 2005, p. 267.

[5] F. M. Heichelheim, *An Economic Survey of Ancient Rom: Volume 4, Roman Syria*, New York: The Johns Hopkins Press, 1975, p. 190.

[6] Philip K. Hitti, *History of Syria*, London: Macmillan Co. Ltd., 1951, p. 289.

[7] Ibid., pp. 295 – 296.

叙利亚地区。① 这些商品也很有可能通过叙利亚的中转，出口至东方。叙利亚地区进出口贸易的关税较重，罗马帝国税收官员对商品统一征收百分之二十五的关税。② 高额的税收显然不利于叙利亚地区与东方的贸易发展。

3. 罗马帝国对叙利亚地区商路的经营和管理

罗马帝国统治下的叙利亚行省，控制了丝路交通干线的西端。罗马帝国初期，奥古斯都在此驻扎军团，负责保证罗马帝国对西亚地区的控制。提比略在位时，派遣本迪·彼拉多（Pontius Pilate）管辖整个叙利亚军团。③ 罗马帝国继承了塞琉古王国对叙利亚商业城市的经营、管理，这一地区的安条克、大马士革、阿帕米亚、巴尔米拉等城市均是商贸发达之地。罗马帝国在叙利亚地区的南部和东部边缘的沙漠地带都有驻军。罗马帝国统治的最初一个世纪，叙利亚地区各方面都得到复苏，地区的交通网络发展，贸易也随之得到发展。

图拉真时期（98—117 年）和哈德良时期（117—138 年），是叙利亚地区最繁荣的时期。图拉真占领两河流域期间，对两河流域地区的税收进行重组，④ 目的之一是控制进入罗马帝国城市的商品价格，说明他远征东方既有军事目的，又有经济动机。由于边境战争，军事开支增加，3 世纪，罗马帝国出现严重的金钱短缺。罗马帝国在东方行省增加货币发行数量，导致钱币贬值，物价上涨，通货膨胀。⑤ 罗马帝国的内斗、外部战争、经济秩序的混乱，使得罗马帝国东部的贸易出现衰落趋势。直到 3 世纪后期戴克里先时期才得到恢复。此后，罗马帝国迁都君士坦丁堡，在很大程度上改变了罗马帝国的东方贸易格局。

4. 拜占庭帝国早期丝绸贸易的格局

公元 330 年，君士坦丁迁都君士坦丁堡，标志着拜占庭帝国的开始。

---

① Philip K. Hitti, *History of Syria*, London: Macmillan Co. Ltd., 1951, p. 298.
② Maurice Sartre, *The Middle East under Rome*, London: Harvard University, 2005, p. 256.
③ Philip K. Hitti, *History of Syria*, London: Macmillan Co. Ltd., 1951, pp. 286 – 287.
④ Peter M. Edwell, *Between Rome and Persia: The Middle Euphrates, Mesopotamia and Palmyra under Roman control*, New York: Routledge, 2008, p. 21.
⑤ Richard Stoneman, *Palmyra and its Empire*, The University of Michigan Press, 1992, p. 99.

拜占庭帝国开始安排私商参与管理行会，经营国家经济的关键部门。① 私人的生产领域也开始转移至国家手中，皇家工场生产丝织品、武器等。这表明，一方面，拜占庭帝国开始允许私人进入国家经济部门，但是必须处于国家的控制之中；另一方面，大多数情况下，私商也仅能通过国家经济部门参与经济活动，拜占庭帝国对商品的生产、销售领域的控制均有所加强。拜占庭帝国早期，叙利亚地区以出口橄榄油、酒为主。② 以弗所（Ephesus）、巴勒斯坦地区的凯撒里亚（Caesarea）等港口城市，从事海外贸易，经营来自中国的丝绸、印度的香料，还有木材、石料等原材料和商品。③ 拜占庭帝国早期城市的增加，创造了更多贸易机会。

拜占庭帝国时期统治中心的东移，使得君士坦丁堡成为丝路西段丝绸贸易的中心之一。公元4世纪晚期，拜占庭帝国任命边贸财务官（Commerciarii）代表国家采购生丝。④ 帝国严格监督和控制丝绸贸易，同外国商人的贸易都要通过边贸财务官进行。⑤ 而且，拜占庭帝国所有的丝绸加工业都由政府控制和监督。拜占庭帝国对丝绸业的垄断，使得一些丝织手工业者迁往萨珊波斯寻求发展。⑥

国家的垄断经营，并不意味着丝绸私商的消失。由于拜占庭帝国对丝绸的大量需求，丝绸商人拥有可观的市场。拜占庭帝国早期，丝绸业有几种不同的经营模式：一些商人不仅购买生丝，而且通过中介经纪人组织、生产丝绸衣物，然后再将成品运到君士坦丁堡及其他大城市售卖。有的商人从制衣作坊购得丝绸衣物，然后向西部帝国及一些小城市进行转售。另外一些商人将生丝卖给纺织工场，纺织工场经过织造、染色等工序，制成

---

① W. V. Harris, *Rome's Imperial Economy: Twelve Essays*, Oxford University Press, 2011, p. 216.
② W. Treadgold, *A History of the Byzantine State and Society*, Stanford University Press, 1997, p. 142.
③ Ibid., p. 140.
④ A. H. M. Jones, *The Roman Economy: Studies in Ancient Economic and Administrative History*, Oxford: Basil Blackwell, 1974, p. 362.
⑤ Heleanor B. Feltham, "Justinian and the International Silk Trade", *Sino-platonic Papers*, Number, 194, 2009, p. 16.
⑥ A. H. M. Jones, *The Roman Economy: Studies in Ancient Economic and Administrative History*, Oxford: Basil Blackwell, 1974, p. 362.

成品后，再将其卖给经销商。① 可见，拜占庭帝国的丝绸业形成了完善、复杂的体系，其中包括国家管理丝绸买卖交易的官员、国家丝织工场、丝商、纺织工场和经销商等。

阿纳斯塔修斯一世（Anastasius I，公元491—518年）时期，实行财政紧缩政策，在减免税收的同时，加强对货币系统的管理，② 为拜占庭帝国的对外贸易创造了比较稳定的经济秩序。查士丁尼时代（Justinian I，公元527—565年），君士坦丁堡和其他城市的衣服价格上涨，售卖这些衣服的商人声称萨珊波斯人提高了原材料（包括中国的生丝）价格，导致衣服价格上涨。③ 由此可知，查士丁尼时代，丝绸贸易仍然控制在中介商人手中，拜占庭帝国获得丝绸需付出不菲的价格。鉴于此，查士丁尼时期的法律规定，一磅生丝的价格为十五个索里得（Solidi）金币，而且规定了丝绸售价的范围。④ 国家垄断丝绸相关行业，其目的是规避商人间的恶性竞争，防止丝绸价格大起大落，保持相对低价。查士丁尼时期，对丝织行业实行垄断经营，政府统一组织和管理丝织品的生产、加工和销售，打击走私丝绸。和丝织业相关的染色、绣花、制衣等行业，均纳入国家经营的范畴，使得拜占庭帝国为数不少的丝绸商人及与丝织相关的私人生产商破产。⑤ 查士丁尼得到中国的蚕种后，在君士坦丁堡建立丝织工场，雇工生产丝织品。查士丁尼对丝织业进行奖励，促进了国家丝织业的发展。⑥ 公元6世纪末，拜占庭帝国出现饥荒、地震、瘟疫等灾祸，经济衰退、商业萧条、城市衰败，与东方的贸易也随之衰落。另一方面，由于拜占庭帝国获得了蚕种，掌握了丝绸制作方法，对中国丝绸的依赖性降低，也导致了

---

① A. H. M. Jones, *The Roman Economy*: *Studies in Ancient Economic and Administrative History*, Oxford: Basil Blackwell, 1974, p. 362.
② J. Innes Miller, *The Spice Trade of the Roman Empire*: 29 *B. C. to A. D.* 641, The clarenden Press, 1969, p. 220.
③ Heleanor B. Feltham, "Justinian and the International Silk Trade", *Sino-platonic Papers*, No. 194, 2009, p. 27.
④ A. H. M. Jones, *The Roman Economy*: *Studies in Ancient Economic and Administrative History*, Oxford: Basil Blackwell, 1974, p. 362.
⑤ Oikonomides, "Silk Trade and Production in Byzantium from the 7 Century to 9 Century", *Dumbarton Oaks Paper*, 40, 1986, pp. 33 – 34.
⑥ 姚宝猷：《中国丝绢西传考》，《史学专刊》1937年第1期。

拜占庭帝国与东方贸易的衰落。

但总体来看，罗马帝国时期，东西方贸易还是得到了迅速发展。中国的丝绸，特别是中国的蚕种和丝绸制作技术都最终都通过绿洲丝绸之路传至罗马帝国境内。有关罗马（大秦）的信息也传至中国。这一切显然都与罗马帝国在叙利亚地区长期稳固的统治密不可分。

三 叙利亚地区的丝路商业城市——以巴尔米拉为例

（一）罗马帝国和巴尔米拉的交往历史

巴尔米拉位于罗马帝国叙利亚行省的东部边沿，长期处于半独立的状态。公元17年，巴尔米拉被罗马帝国合并，罗马军队进驻，但巴尔米拉保持了相当程度的自主权，有自己的军队。[1] 由于罗马帝国和帕提亚经常发生战争，公元1世纪后期，叙利亚地区的主要商路，由过宙格玛到安条克，转为由巴比伦地区经叙利亚沙漠的巴尔米拉到大马士革（Damascus），巴尔米拉遂成为丝路西线重要的贸易中心之一。罗马帝国和巴尔米拉关系密切，图拉真时期，同帕提亚作战，巴尔米拉人多次给罗马军队大力支援。罗马帝国占领了两河流域地区，一度控制了波斯湾地区。[2] 公元129年，哈德良（Hadrian，公元117—138年在位）出巡巴尔米拉，授予巴尔米拉"自由城市"的称号。[3]

由于在巴尔米拉和帕提亚边境之间有无人区，所以，对从巴尔米拉到幼发拉底河和美索不达米亚地区的商队而言，武装护送必不可少，于是，保证商队安全的护送队应运而生。[4] 公元3世纪，罗马帝国遭遇全面危机，新兴的萨珊波斯牢固地控制了波斯湾地区的出海口，巴尔米拉失去了大量经波斯湾转手贸易的机会。女王泽诺比娅（Zenobia，公元240—274年）试图征服埃及，控制红海贸易，这就严重威胁到罗马帝国的利益。罗马帝

---

[1] Alan K. Bowman, Edward Champlin and Andrew Lintott, eds., *The Cambridge Ancient History*, *Volume X: The Augustan Empire*, 43 B.C – A.D. 69, the University Press, 1996, p. 210.

[2] ［法］让·诺埃尔·罗伯特：《从罗马到中国——凯撒大帝时代的丝绸之路》，马军、宋敏生译，广西师范大学出版社2005年版，第122页。

[3] 同上书，第123页。

[4] 同上书，第120页。

国遂于公元272年消灭了巴尔米拉。[1] 总的来说,公元初三个世纪,巴尔米拉作为经济基础薄弱的沙漠贸易中心,大部分时间都在罗马帝国的控制下,对罗马帝国有较强的依赖性。在罗马帝国和帕提亚关系相对和平的时期,巴尔米拉人从事过境、转口贸易,并获得大量利润;一旦罗马帝国和帕提亚、萨珊波斯发生战争,罗马帝国在东部边境的统治式微,帕提亚或萨珊波斯封锁巴比伦、波斯湾地区,商路受阻,巴尔米拉的贸易便会一落千丈,其繁荣与衰落全系于这一段丝路的贸易兴盛与否。

(二) 帕提亚、罗马帝国与巴尔米拉的关系

巴尔米拉位于罗马帝国与帕提亚之间,对后两者均有重要的战略价值。[2] 塔恩认为约公元前100年左右,商人开始采用由杜拉·欧罗普斯经巴尔米拉至叙利亚的商路。[3] 朱杰勤亦提及,东方货物到达塞琉西亚后,或由巴尔米拉过沙漠而至大马士革和推罗。[4] 罗斯托夫采夫(M. I. Rostovtzeff)认为,约公元前1世纪,纳巴泰人(Nabataeans)通过汉志商道(阿拉伯半岛南北的重要商道)至大马士革地区开展贸易,巴尔米拉得以参与到纳巴泰人的贸易中。公元前1世纪后期,巴尔米拉受到罗马的军事威胁,遂请求帕提亚帝国保护。[5] 由于帕提亚的援助,巴尔米拉没有被罗马帝国完全征服,它的自治权得以保留,在公元1世纪迅速发展成为繁荣的商贸城市。[6]

巴尔米拉和帕提亚控制下的美索不达米亚各地的领主保持着良好关系。公元2世纪早期的一则商队铭文记录了从巴尔米拉到美索不达米亚的路线。[7]

---

[1] Alan K. Bowman, Peter Garnsey and Averil Cameron, eds., *The Cambridge Ancient History*, Volume XII: *The Crisis of Empire*, A.D., 193–337, Cambridge University Press, 2005, pp. 221–222.

[2] M. Gawlikowski, "Palmyra as a Trading Centre", *Iraq*, Vol. 56, 1994, pp. 27–33.

[3] W. W. Tarn, *Parthia*, Cambridge University, 1974, p. 599.

[4] 朱杰勤:《华丝传入欧洲考略》,载《中外关系史论文集》,河南人民出版社1984年版,第177页。

[5] Henri Seyrig, "Palmyra and the East", *The Journal of Roman Studies*, Vol. 40, Parts 1 and 2, 1950, pp. 1–7.

[6] M. I. Rostovtzeff, *Caravan Cities*, Oxford: Clarendon Press, 1932, pp. 100–103.

[7] Raoul Mclaughlin, *Rome and the Distant East*, Auckland: MPG Books Group Ltd., 2010, p. 97.

公元 2 世纪初，巴尔米拉商人同帕提亚新建城市沃洛格西亚斯（Vologesias）开展贸易。公元 108 年，巴尔米拉有一则铭文提到巴尔米拉的商人在沃洛格西亚斯出资修建神庙。另一则公元 247 年的铭文提到巴尔米拉商人前往沃洛格西亚斯经商，说明巴尔米拉同该城长期保持着来往。[①] 巴尔米拉商人在此城不仅有崇拜当地最高神贝尔（Bel）的团体，而且建立奥古斯都神庙，表达对罗马皇帝的尊敬。[②] 总之，巴尔米拉周旋于罗马人和帕提亚人之间。一方面，由于巴尔米拉和波斯湾地区存在大量的贸易往来，它和帕提亚控制之地区发生了紧密的联系，一直试图同帕提亚保持良好的关系；另一方面，巴尔米拉长期处于罗马帝国的势力范围之下，所以，它的税收、贸易甚至主权、军队都受到罗马帝国的掣肘。

（三）巴尔米拉兴起的原因

公元 1 世纪末 2 世纪初，两个历史事件改变了巴尔米拉的地位。其一，以前控制着沙漠贸易路线的埃美萨（Emesa）衰落，经过此路线的商贸活动大部分被纳巴泰人控制；其二，公元 1 世纪末，控制着沙漠贸易路线的纳巴泰衰落，巴尔米拉优越的地理位置使它成为丝路主要驿站，充当了罗马帝国和帕提亚的贸易中间人和双方的战略缓冲地。公元 1 世纪后期，经巴尔米拉沙漠商道至叙利亚地区的商路开始被更多地使用。由于罗马帝国和巴尔米拉关系密切，巴尔米拉商路有利于罗马帝国对丝绸之路贸易的控制。

公元 1 世纪末 2 世纪初，由印度经过波斯湾的海陆联运商路也得到了发展，巴尔米拉是这一商路的重要驿站。由于从印度到埃及的航行距离长且风险较大，而从印度到波斯湾、再经巴尔米拉到地中海地区的路线，比前者更快捷，所以，从印度和东方来的货物由之前大量在阿拉伯半岛南岸卸载，转而大量在波斯湾头的港口卸载，再走陆路到达叙利亚和地中海沿岸地区。波斯湾地区的贸易增加，还有以下几个原因，第一，贵霜控制了

[①] Delbert R. Hillers, *A Journey to Palmyra*, edited by Eleonora Cussini, Boston: Brill Academic Publisher, 2005, pp. 75, 78.

[②] Raoul Mclaughlin, *Rome and the Distant East*, Auckland: MPG Books Group Ltd., 2010, p. 99.

沿海的西北印度地区，使更多的印度商人通过海路到达波斯湾；第二，图拉真在一段时期对波斯湾的征服，使得叙利亚到波斯湾的商道得以畅通；第三，哈德良时期的和平政策使罗马帝国的威望增加，吸引更多的东方使团和商人造访罗马帝国。哈德良重视发展与东方的贸易，促进了经巴尔米拉、叙利亚到波斯湾商路的繁荣。巴尔米拉同波斯湾的贸易增加，直接促进了波斯湾地区的海陆转手贸易的发展。① 这条路线对罗马帝国尤为重要，等于给它增加了一个通向印度的出口。

（四）巴尔米拉的商队组织

巴尔米拉铭文是其经济活动的重要证据。一个税法铭文详细记载了对进入巴尔米拉的大量货物征税的清单，揭示了当地贸易网络的运作过程。② 巴尔米拉的纪念铭文记载了商队组织和他们的主要目的地，提供了在贸易中不同分工者的名字。公元1世纪，巴尔米拉成为重要的贸易中心，公元19年到24年的纪念铭文提到了巴尔米拉商人的远途贸易，他们在底格里斯河畔的塞琉西亚和巴比伦从事的贸易活动。③

巴尔米拉商人自己组织商队，多数情况下，富裕的出资人会提供商队所需费用。每个商队有数百人，选出一个商队首领，负责商队的后勤和贸易，商队成员雇佣带武器的护卫以保障安全。商队首领在巴尔米拉城区和从事畜牧业的近郊农村召集队员和运输货物所用的牲畜。④ 商队成员提供基金，用来支付税金和保护费。商队首领负责安排这些事宜，通过协定和支付保证金确保行程的安全。商队把货物运到目的地后，货物一经出手，商队解散，运输牲畜也会被卖掉，商人们自行返回。⑤

---

① E. H. Warmington, *The Commerce between the Roman Empire and India*, 2nd ed., London: Curzon Press, 1974, p. 111.
② Raoul Mclaughlin, *Rome and the Distant East*, Auckland: MPG Books Group Ltd., 2010, p. 96.
③ Fergus Millar, *Rome, the Greek World and the East*, volume 3: *The Greek World, the Jews and the East*, Chapel Hill: The University of North Carolina Press, 2008, p. 291; Raoul Mclaughlin, *Rome and the Distant East*, Auckland: MPG Books Group Ltd., 2010, p. 96.
④ Raoul Mclaughlin, *Rome and the Distant East*, Auckland: MPG Books Group Ltd., 2010, p. 100.
⑤ ［法］让·诺埃尔·罗伯特：《从罗马到中国——凯撒大帝时代的丝绸之路》，马军、宋敏生译，广西师范大学出版社2005年版，第120页。

（五）巴尔米拉的税收和财富的使用

巴尔米拉制定税率需要征求罗马财税官的同意，对过境的所有商队征收通行税。① 巴尔米拉有专门的征税机构，公元137年的税率表是其制定税法的基础，巴尔米拉元老院借此制定出巴尔米拉的税法。巴尔米拉进口税要比出口税高，意在保护本地商业的发展。同时此税法的颁布也为了避免征税人和商人的争执。②

巴尔米拉的税收明晰、公平，征收的财富用来进行贸易再投资，更经常地被用来装饰城市。同时，也鼓励商人个人出资赞助城市的修建。例如，公元139年，名为阿格里帕（Male Agrippa）的商人独自出资修建了贝尔神庙，而且他在十年前也承担了哈德良皇帝访问巴尔米拉的花费。③ 巴尔米拉商人通过贸易盈利，同时给城市贡献税收，城市通过税收获得的财富用来投资城市建筑、市政开销、神庙建设等。

巴尔米拉铭文涉及的商人及其商队组织，巴尔米拉纸草文献中保存的各种各样的贸易契约，哈德良时期的关税表，此地尚存的许多希腊、罗马帝国和东方神的神庙建筑，都证实了巴尔米拉商贸的繁荣，表明它是东西方文明在丝绸之路西端的又一个汇集之地。④

（六）其他重要商业城市在丝路贸易中的角色和地位

埃美萨位于叙利亚沙漠和地中海、阿拉伯和北叙利亚的中心，是丝路重要商业城市。公元1世纪初，罗马帝国承认埃美萨的首领萨姆普西凯拉姆斯（Sampsiceramus）为国王，他也取得了罗马公民权，埃美萨王国成为

---

① ［法］让·诺埃尔·罗伯特：《从罗马到中国——凯撒大帝时代的丝绸之路》，马军、宋敏生译，广西师范大学出版社2005年版，第122页。

② F. Matthews, "The Tax Law of Palmyra: Evidence for Economic History in a City of the Roman East", *The Journal of Roman Studies*, Vol. 74, 1984, pp. 157–180.

③ Ibid..

④ J. Thorley, The Silk Trade between China and the Roman Empire at its Height, "Circa" A. D., pp. 90–130, *Greece & Rome*, Second Series, Vol. 18, No. 1 (Apr.), 1971, London: Cambridge University Press, pp. 71–80.

罗马帝国在阿拉伯的附属王国。① 埃美萨和巴尔米拉的历史紧密相关。萨姆普西凯拉姆斯和提比略保持了友好的关系,② 巴尔米拉铭文记录:公元32年,他作为提比略的官方使团到巴尔米拉,加强了埃美萨和巴尔米拉的关系。③ 公元4世纪时,埃美萨再度兴起已经成为可以和推罗、西顿、贝鲁特、大马士革相比肩的城市。埃美萨扮演了商业中枢的角色,它的经济意义大于政治、军事意义。

犹太人聚居的巴勒斯坦地区也是东地中海丝路贸易的辐射区之一。希律王(Herod)是罗马统治下的犹太省(Judaea)的代理人,他统治下的犹太省非常富裕。他之后,阿格里帕一世(Agrippa I)被罗马帝国任命为犹太省的代理人。④ 韦帕芗以后,罗马帝国给予犹太省完全行省的地位,开始驻军。⑤ 公元66年,犹太人叛乱,⑥ 罗马帝国调动帝国军队的五分之一彻底地扑灭了叛乱。⑦ 巴勒斯坦和帕提亚均有犹太人群体,犹太人聚落不仅在亚历山大里亚和安条克均有分布,而且在两河流域地区也有他们的聚居地。散居的犹太人被罗马帝国看作是两河流域和伊朗地区的潜在威胁。巴勒斯坦地区对罗马帝国的安全至关重要。总之,罗马帝国对待犹太人的态度主要出于战略安全考虑。富有的、善于经商的犹太人一方面不失时机地积极参与丝路贸易,进行贸易的转运和进口货物的加工;另一方面,他们也是罗马帝国在东部重点控制的群体。

安条克是丝绸之路西端的主要目的地之一。罗马帝国非常看重安条克

---

① Robert G. Hogland, *Arabia and the Arabs*: *From the Bronze Age to the coming of Islam*, London and New York: Routledge, 2001, p.70.
② Alan K. Bowman, Edward Champlin and Andrew Lintott, eds., *The Cambridge Ancient History*, Volume X: *The Augustan Empire*, 43 B.C – A.D. 69, Cambridge: the University Press, 1996, p.730.
③ Warwick Ball, *Rome in the East*: *The Transformation of an Empire*, London: Routledge, 2000, p.36.
④ Alan K. Bowman, Edward Champlin and Andrew Lintott, eds., *The Cambridge Ancient History*, Volume X: *The Augustan Empire*, 43 B.C – A.D. 69, Cambridge University Press, 1996, p.745.
⑤ Alan K. Bowman, Peter Garnsey and Dominic Rathbone, eds., *The Cambridge Ancient History*, Volume XI: *The High Empire*, A.D. 70 – 192, Cambridge University Press, 2000, p.637.
⑥ Alan K. Bowman, Edward Champlin and Andrew Lintott, eds., *The Cambridge Ancient History*, Volume X: *The Augustan Empire*, 43 B.C – A.D. 69, Cambridge University Press, 1996, p.737.
⑦ Warwick Ball, *Rome in the East*: *The Transformation of an Empire*, London: Routledge, 2000, p.31.

的战略价值,长期把它作为东部的统治中心,它是统治包括小亚、叙利亚及埃及在内的罗马帝国东部领土的罗马总督永久驻在地。① 图拉真把安条克作为东部战争的总部。塞维鲁王朝(公元193—235年)时期,由于和叙利亚家族的特殊关系,罗马和安条克关系密切,塞普提米乌斯·塞维鲁(Septimius Severus,公元193—211年)皇帝在位的前十年中有七年在安条克度过。塞普提米乌斯·塞维鲁的儿子卡拉卡拉(Caracalla,公元198—217年)同样把安条克作为东方战争的总部。② 公元253年,萨珊波斯王沙普尔一世占领了安条克,其后,在巴尔米拉的帮助下,罗马帝国击败了萨珊波斯,罗马皇帝瓦勒良(Valerian,公元252—260年在位)对安条克进行了重建。③ 公元540年,萨珊波斯为了获得拜占庭帝国的黄金、占领其东部的富裕城市,攻占并抢掠了安条克,俘虏了包括丝织手工业者在内的数千安条克市民。④

安条克承担着接收、转运丝路商货的功能,是罗马帝国在其东部进行丝绸贸易的主要城市。由丝路主干道而来的丝绸到达此地后,一部分被转运至推罗、西顿等城市进行织染、重纺等加工,被制成半成品、成品,销往罗马帝国本土及地中海其他地区。⑤ 由于安条克在政治、经济上的重要地位,它长期是帕提亚、萨珊波斯觊觎的对象。

从两河流域到叙利亚的商路上有众多的贸易城市,正是通过这些城市的连接,丝路西线西段才能由点连成线,这些城市发挥着重要的贸易传输作用。阿勒颇(Aleppo)位于地中海东岸和幼发拉底河河套地区的中点,长期以来是两河流域到地中海东岸贸易的北部中心。阿勒颇向东通过杜拉·欧罗普斯与幼发拉底河的贸易路线相连接,通过贸易获得了丰厚的利

---

① [德]夏德:《大秦国全录》,朱杰勤译,商务印书馆1964年版,第85页。
② Warwick Ball, *Rome in the East: The transformation of an Empire*, London: Routledge, 2000, p. 155.
③ Beate Dignas and Engelbert Winter, *Rome and Persia in Late Antiquity: Neighbours and Rivals*, Cambridge University Press, 2007, pp. 22 – 23.
④ J. F. Haldon, *Byzantium in the Seventh Century: The Transformation of a culture*, Cambridge University Press, 1990, p. 20.
⑤ [英]查尔斯沃斯:《古代罗马与中国印度陆路通商考》,朱杰勤编译,《中外关系史译丛》第一辑,海洋出版社1984年版,第6页。

润。它作为罗马帝国的军事重镇承担着防卫重任,罗马帝国在此驻扎军队,作为对抗帕提亚、萨珊波斯的重要基地,也可保证阿勒颇商路的安全。[①] 罗马帝国时期,哈尔基斯(Chalcis)成为北叙利亚的主要中心,是罗马帝国在北叙利亚道路网络的枢纽;杜拉·欧罗普斯是幼发拉底河地区的主要贸易城市,承担了大量经幼发拉底河的丝路贸易;叙利亚商人从安条克出发到达上幼发拉底河地区的罗马帝国边境,在边境城市宙格玛进入帕提亚领土。宙格玛是商人经过的罗马帝国的主要边境城市,罗马帝国的税收官员在此对来往货物收税。上美索不达米亚还有很多小城市国家,商路有时会经过这些城邦小国。

埃德萨是罗马帝国和帕提亚间独立的小王国中较为重要的城市国家。在两河流域北部,有几个地方部落建立的小王国,其中,定都于埃德萨的奥斯洛恩王国(Osrhoene)势力较强。这些小王国大部分是帕提亚的附属王国,但它们位于两河流域北部和叙利亚之间的沙漠地区,人迹罕至。[②] 罗马帝国在这一地区保护、扶持一些小王国,作为它与帕提亚间的缓冲国。图拉真时期,试图在包括埃德萨在内的美索不达米亚地区的西侧建立行省,虽然没有成功,但罗马帝国首次较为稳固地控制了这一地区。其后,罗马皇帝维鲁斯(Verus,公元161—169年)在美索不达米亚地区的尼西比斯和杜拉·欧罗普斯驻军。相比于帕提亚,罗马帝国在对奥斯洛恩王国的控制方面占据优势。[③] 塞普提米乌斯·塞维鲁时期,吞并了奥斯洛恩,并将其并入罗马帝国的东部行省。[④] 可见,公元初两个世纪,埃德萨作为罗马帝国和帕提亚的缓冲国,长期处于相对独立的状态,这种独立一方面避免了罗马帝国和帕提亚在两河流域北部的直接交锋;另一方面使得埃德萨作为贸易的重要中介,得以迅速发展。

---

① Warwick Ball, *Rome in the East: The Transformation of an Empire*, London: Routledge, 2000, pp. 162 – 163.
② [法]让·诺埃尔·罗伯特:《从罗马到中国——凯撒大帝时代的丝绸之路》,马军、宋敏生译,广西师范大学出版社2005年版,第120页。
③ Stven K. Ross, *Roman Edessa: Politics and Culture on the Eastern Fringes of the Roman Empire, 114 – 242 C.E*, London and New York: Routledge, 2001, p. 38.
④ Ibid., pp. 47 – 51.

(七) 丝路贸易中的罗马帝国商人

总的来看，罗马帝国的商人按照族裔可以分为叙利亚商人、埃及商人、犹太商人（包括埃及犹太商人）和希腊商人（包括埃及、叙利亚地区的希腊商人）、罗马本土商人。由于地理位置、经商传统、经济实力、交通条件等等因素，他们在丝路贸易中发挥的作用也不尽相同。

叙利亚商人主要是安条克、推罗、西顿等地的商人，他们是罗马叙利亚从事丝路贸易的主要群体，其活动的最远地区到达两河流域地区。由于帕提亚、萨珊波斯的阻挠以及漫长、艰苦的路途，叙利亚商人很少到达伊朗高原及以东地区。巴尔米拉商人由于和叙利亚距离较近，而且长期受到罗马势力的影响，所以，也可以说属于叙利亚商人。自公元2世纪，巴尔米拉商人活跃在叙利亚到两河流域地区的商路上，完善的商队组织和系统的贸易路线，使他们成为这一地区非常重要的商人群体。他们主要承担叙利亚和波斯湾之间的双向贸易任务。

罗马帝国时期，犹太商人在商业领域扮演着非常重要的角色，经商范围覆盖了罗马帝国。很多犹太商人在巴比伦、埃及和中亚等地经商，甚至控制了亚历山大里亚的商业。犹太人有信奉自己宗教的自由，他们只服从统领着所有犹太人聚居区的耶路撒冷的宗教领袖。根据传统宗教习俗，每个教民都必须向耶路撒冷上缴什一税。耶路撒冷的教会组织具备相当财力，组织建立银行和商行，为犹太商人提供经济支持。[①] 耶路撒冷、亚历山大里亚的犹太人，将推罗、贝鲁特等作为他们丝绸贸易的目的地。巴尔米拉的沙漠商队、推罗、西顿、贝鲁特的丝绸加工场、埃及的尼罗河—红海运输网络和叙利亚的市场共同构成了犹太人丝绸贸易网络，每一个环节都有序进行，保证了丝绸贸易的顺利开展。犹太人参与购买、加工再转卖丝绸的整个过程，从中盈利颇丰。

罗马帝国东部地区的希腊人也有经商的传统。定年为公元19年的巴尔米拉铭文提到了底格里斯河畔的塞琉西亚的希腊商人经营东方货物到

---

① ［法］让·诺埃尔·罗伯特：《从罗马到中国——凯撒大帝时代的丝绸之路》，马军、宋敏生译，广西师范大学出版社2005年版，第194页。

罗马市场的贸易。[①] 据古代地理学家托勒密记载，一支来自东地中海地区的商队曾经到达了中亚的石塔，其主人梅斯（Maes）就是希腊马其顿人。说明希腊人经常参与罗马帝国与东方的商贸往来。[②]《厄立特里亚航海记》的作者也是希腊人，他详细记载了海上贸易的路线，说明他亲身参与了由埃及到非洲东海岸、沿阿拉伯半岛至印度的航行。由于地理位置的限制，和东方行省的商人相比，意大利本土商人直接参与东方贸易并不多见。罗马帝国时期，参与东方贸易的罗马商人明显减少。原因之一是意大利本土外的各行省商人和意大利本土商人展开竞争，极大地冲击了意大利本土市场。外国商人大量涌入罗马本土市场，成为罗马商业的主体。总之，罗马帝国时期，罗马帝国参与丝路贸易的主要群体，在陆路上是罗马东部的叙利亚人、犹太人，在海路上是埃及本地商人和埃及的希腊商人。

第二节　罗马帝国与海上丝绸之路沿线各国的商贸与交往

罗马帝国是海上丝绸之路的开通者之一。正是由于它继承了托勒密埃及时期对红海的开发，在一定程度上控制了海上通往印度的贸易之路，所以才最终实现了对印度的直航，并由印度转向中国的南海地区，与东汉王朝和孙吴政权有了接触。当然，印度洋季风规律的发现也是海上丝路开辟的重要条件之一。对中国丝绸和东方香料的需求应该也是罗马人探求海上商路的动力之一。

一　罗马帝国与印度

（一）罗马帝国和印度海上贸易发展的原因

罗马帝国与印度的贸易，主要通过埃及地区与印度的海上商路来进行。

[①] M. P. Charlesworth, *Trade-routes and Commerce of the Roman Empire*, Cambridge University Press, 1924, p. 93.

[②] 张星烺编注：《中西交通史料汇编》（第一册），朱杰勤校订，中华书局1977年版，第31—32页。

早在公元前 2500 年，埃及已经通过红海、印度洋与印度有了交往。[①] 公元前 509 年，波斯帝国国王大流士一世（Darius I）雇用了一名希腊航海家斯库拉克斯（Scylax）考察印度河入海口，调查印度海岸到阿拉伯半岛的情况。[②] 早在公元前 2 世纪末陆上丝绸之路正式开通之前，红海地区、波斯湾和印度的海上贸易就已经存在。托勒密王国时期，埃及和印度间的贸易规模较小，埃及海外贸易大部分局限于红海和阿拉伯南部地区。罗马帝国建立后，与帕提亚长期争夺两河流域和波斯湾地区的控制权。由于没有彻底击败帕提亚，罗马帝国未能在波斯湾地区建立长期的正式统治，它统治下的埃及红海沿岸，就成为罗马帝国与印度海上贸易的起点。

罗马帝国初期，发展远东贸易的条件已经具备。首先，远洋运输成本降低。一般来说，古代商业的成本可归为三类：运输费、交通或者过境税、被劫或海盗造成的损失。[③] 这时，罗马人对印度洋的地理认识取得显著进步，从埃及航行至印度的时间缩短、安全性增强，降低了交通运输费用，避免了陆上交通的高额过境税。罗马帝国也努力保护海路的安全，菲罗斯特拉图斯（Philostratus）提到罗马船只有雇佣兵防卫，[④] 普林尼也提到罗马帝国远航印度的船上有特殊弓箭手组成的雇佣兵保证安全。[⑤] 远航印度的船只一般组成一个小船队航行，在沿海岸线航行时可以求得岸上帮助以对抗海盗，在船只远离陆地或遭到破坏的情况下也可以相互照应。这些措施不仅使交通和过境税降低，而且，由于被劫或海盗造成的损失大大减少，[⑥]

---

① M. S. Pandley, Foreign Trade Routes and Ports in Ancient India, *Journal of the Bihar Research Society*, 1973, p. 59.

② [伊朗] 阿卜杜·侯赛因·扎林库伯：《波斯帝国史》，张鸿年译，复旦大学出版社 2011 年版，第 119 页。

③ [英] G. F. 赫德逊：《欧洲与中国》，王遵仲、李申、张毅译，中华书局 1995 年版，第 43 页。

④ Philostratus, *Life of Apollonius of Tyana*, 3.35, with an English Translation by F. C. Conybeare, Cambridge, Mass: Harvard University Press, 1989.

⑤ Pliny, *Natural History*, 6.26.101, with an English translation by H. Rackham, Cambridge, Mass: Harvard University Press, 1999.

⑥ [英] G. F. 赫德逊：《欧洲与中国》，王遵仲、李申、张毅译，中华书局 1995 年版，第 43 页。

第四章　罗马帝国和丝绸之路

远洋印度的船只受到更好地保护，罗马帝国到印度的贸易成本得以大幅度缩减。此外，罗马帝国规定，边境的进口税为货物价值的百分之二十五，这一税率虽然比较高，[①] 但是，进口货物在帝国境内流通的税率较低，而且，罗马对埃及的进出口贸易并没有实行垄断经营。由于罗马法的发达，罗马埃及的司法也相对公正，这些因素都降低了罗马埃及进出口贸易的交易成本，促进了埃及行省进出口贸易的发展。

第二，季风的利用，尼罗河到红海一线的沙漠运河的开通和航海技术的进步，推动了远洋航行。约成书于公元1世纪中后期的《厄立特里亚航海记》记载了在印度洋贸易中夏冬两季利用季风往返于埃及和印度的航行，表明最晚在公元1世纪中期，利用季风埃及与印度间的贸易直航已经变得十分普遍。印度洋季风使得埃及与印度间的直航成为可能，从而极大地促进了两地间海上贸易的增长。[②] 奥古斯都时期，埃及东部地区到尼罗河谷的沙漠商道条件得到改善。[③] 尼罗河是古代埃及交通的主要渠道，罗马军队在尼罗河通向红海港口的沙漠道路上，修建了很多供水站和蓄水池，设立了军队哨站防卫土匪盗贼，这些设施集中分布在尼罗河畔的科普托斯（Coptos）到最近的红海港口密奥斯·荷耳摩斯（Myos Hormos）的商路中。斯特拉波的记载证明了这些设施的建设："早期，商队只能在夜晚通过贝来尼凯（Berenice）、密奥斯·荷耳摩斯到科普托斯的商路，以星星作为向导，并且还会携带水。但是现在，他们修建了很多蓄水池、提供了很多饮水处和商人休息的站点"。[④] 这些蓄水池、饮水处和更多的站点的修建，为过往商人的饮水和休息提供了便利，促进了科普托斯和沿海港口间贸易频度的增加。此外，罗马人还修建了瞭望塔以监视过往的商人和盗贼，保证了来往商人的安全。图拉真时期，修通了从尼罗河到红海的运河，亚历山大里亚的

[①] Walter Scheidel, Ian Morris and Richard Saller, eds., *The Cambridge Economic History of the Greco-Roman World*, Cambridge University Press, 2007, p. 717.

[②] Lionel Casson, *Periplus Maris Erythraei: Text with Introduction, Translation, and Commentary*, "Text and Translation" 34–36, New Jersey: Princeton University Press, 1989.

[③] Raoul Mclaughlin, *Rome and the Distant East*, Auckland: MPG Books Group Ltd., 2010, p. 27.

[④] Strabo, *Geography* 17.1.45, with an English Translation by Horace Leonard Jones, A. M., Ph. D, Cambridge, Mass: Harvard University Press, 1988.

货物可通过运河到达克里斯玛港（Clysma），① 然后出口到印度，节省了陆上运输时间，促进了罗马埃及红海沿岸北部港口到印度的远航贸易的发展。

罗马帝国的造船技术有了很大提高。罗马帝国在红海沿岸建设造船厂，其所在地可容纳数百战船以及运输船只。奥古斯都时期，埃及总督加鲁斯（Gallus）攻打阿拉伯，② 就在北部红海港口克里斯玛修建船只。造船厂的建设，无疑促进了罗马帝国同非洲、阿拉伯半岛和印度的贸易。③ 技术方面，在埃及红海沿岸南部的港口密奥斯·荷耳摩斯发现的船板使用了榫接技术，使得船体更为坚固。④ 材质上，罗马帝国的造船材料也有了进步。在埃及港口贝来尼凯遗址发现的柚木，是造船的上好木材，但它的原产地是南亚。《厄立特里亚航海记》记载，印度船只曾运输造船材料柚木、乌木等到波斯湾的港口，⑤ 这种造船材料很可能由波斯湾运送至埃及。从船只设施上看，罗马帝国的船只有较高的舷墙，保证了船只在遭遇恶劣天气条件下的安全。甲板上有额外的隔间和小屋，给船员提供住宿，也能够存放更多货物。船上还载有可以靠岸的小船只，这对于进入缺乏大船停泊条件的东方港口来说至关重要。罗马埃及进出口贸易的船只，会雇佣独立的船长和船员，造船工和船只维修工。船只由私人投资和管理。从托勒密王国开始，出现了租赁船只的行业，而且延续到了罗马埃及时期。它的模式是，商人投资建造船只，然后租赁给使用船只的贸易商，然后从贸易商的利润中抽成。⑥ 贸易船只的价格相对较低和投资商对建造商船的投资，促进了埃及与印度贸易的发展。

---

① 参见 Claudius Ptolemy, *The Geography*, 4.5, translated and edited by Edward Luther Stevenson, with an introduction by Prof, Joseph Fischer, New York: Dover Publication, Inc., 1991, p. 100。

② Strabo, *Geography*, 16.4, pp. 24 – 25. with an English Translation by Horace Leonard Jones, A. M., Ph. D, Cambridge, MA: Harvard University Press, 1988; Pliny, *Natural History*, 6. 32, pp. 159 – 162, with an English translation by H. Rackham, Cambridge, Mass: Harvard University Press, 1999.

③ M. Rostovtzeff, *Rome*, Oxford University Press, 1960, p. 181; Raoul Mclaughlin, *Rome and the Distant East*, Auckland: MPG Books Group Ltd., 2010, p. 28.

④ Raoul Mclaughlin, *Rome and the Distant East*, Auckland: MPG Books Group Ltd., 2010, p. 37.

⑤ Lionel Casson, *Periplus Maris Erythraei: Text with Introduction, Translation, and Commentary*, "Text and Translation" 36, New Jersey: Princeton University Press, 1989.

⑥ Walter Scheidel, Ian Morris and Richard Saller, eds., *The Cambridge Economic History of the Greco-Roman World*, Cambridge University Press, 2007, p. 711.

第四章 罗马帝国和丝绸之路

第三，地中海形成了一个统一的大市场，刺激了罗马帝国的进出口贸易。罗马帝国统一了地中海世界，国家财富增加，社会购买力提高。托勒密王国时期，其疆域只是埃及一隅。罗马帝国统治时期，整个地中海地区都是其领土。罗马帝国的统治人口将近五千万，客观上扩大了贸易市场，刺激了其与东方的贸易。[1] 罗马帝国的财富集中于统治阶级手中，他们对东方的奢侈品有巨大需求，社会整体购买力也有所提高。另外，罗马帝国的"信贷市场"也开始发展，使得从事海外贸易的船队有了坚实的资金来源。丰厚的商业利润刺激罗马商人探索海路。丝绸之路在西端的主要终点亚历山大里亚和安条克都在罗马帝国的控制下，保证了丝绸之路的稳定延续。帝国在行省内保证交通畅通，通过条约和其他方式保证疆土外的商业安全进行，使罗马人不再是被动的贸易接收者，而是丝路贸易的发起者和积极参与者。[2]

从印度角度来看，大约公元1世纪中期，大月氏人从中亚南下进入印度，建立了贵霜帝国。[3] 贵霜很快控制了北印度大部分地区。在迦腻色伽统治时期（Kanishka，约公元127—150年），贵霜势力达到鼎盛。罗马帝国为了打破帕提亚对丝绸贸易的垄断，大力通过海路发展与贵霜的关系。

此外，印度作为中国与西方贸易的中转站之一，有利于罗马帝国和印度间贸易规模的扩大。《厄立特里亚航海记》提到中国的丝绸等商品通过巴克特里亚到达印度西北部直至南部的巴里加扎。[4] 一部分由中国、中亚而来的货物通过中亚至西北印度的商路到达印度西海岸的港口，然后通过海路到达波斯湾，然后再转陆路到达地中海东岸地区。由印度港口转运，是中国丝绸到达罗马帝国的一条捷径，也是后者的商品到达中亚甚至中国的主要路径。

---

[1] Raoul Mclaughlin, *Rome and the Distant East*, Auckland: MPG Books Group Ltd., 2010, p. 28.

[2] John Thorley, The Development of Trade between the Roman Empire and the East under Augustus, *Greece & Rome*, Second Series, Vol. 16, No. 2, Oct., 1969, pp. 209–223.

[3] ［德］赫尔曼-库克：《印度史》，王立新译，中国青年出版社2007年版，第93页。

[4] "在秦国（Thin）内地颇近北方处有一座称为秦尼（Thinae）的大城，从那里生丝、丝线和丝料沿陆路通过巴克特里亚被运到巴里加扎；另一方面，这些货物由恒河水路运至利穆里斯（Limyrice）。" Lionel Casson, *Periplus Maris Erythraei: Text with Introduction, Translation, and Commentary*, "Text and Translation" 64, New Jersey: Princeton University Press, 1989；译文引自［英］H. 裕尔撰，［法］H. 考迪埃修订《东域纪程录丛》，张绪山译，云南人民出版社2002年版，第149页。

(二) 罗马帝国和印度海上贸易的发展

中国史书中记载了印度物产以及印度和罗马帝国间的通商。《后汉书·西域传》记载:"天竺国一名身毒,在月氏之东至数千里。……土出象、犀、瑇瑁、金、银、铜、铁、铅、锡,西与大秦通,有大秦珍物。又有细布、好毾毿、诸香、石蜜、胡椒、姜、黑盐。"①

罗马帝国与印度的海上贸易,主要由埃及行省承担。罗马帝国对埃及的经济管理,在一定程度上继承了托勒密王国的垄断模式,土地、矿产、湖泊、河流等资源均归国家所有。另一方面,罗马帝国也鼓励私人制造业的发展,比如,在某些生产领域,如果国家经营管理的成本大于所得利润,国家就会将这些领域下放给私人企业经营。② 埃及行省经济领域的专业化程度较高,很多贸易商组成行会。③ 收入方面,由于埃及矿产资源的充分开发,对外贸易的发展所带来的利润和税收的增长,公元1世纪后半期,埃及行省的收入可能到达峰值。税收方面,埃及的纸草、香水、亚麻等商品的出口税率较低,这有利于埃及商品制造业的发展。④ 公元3世纪末之前,埃及行省的贸易税率变化不大。公元3世纪末,埃及行省出现通货膨胀,货币贬值,贸易税率也随之大幅提高。⑤

由于罗马帝国与印度贸易条件的提高,罗马帝国时期,每年有100多艘船只到达印度,每年有数千吨的货物到达亚历山大里亚。穆季里斯纸草(Muziris Papyrus)记载了一只罗马商船从穆季里斯载着价值900万赛斯退斯(sestertius)的货物离开。⑥ 根据斯特拉波的记载,他在密奥斯·荷尔摩斯港看到,有120艘船只正启航驶往印度。⑦ 有学者估算,罗马商船每年

---

① (南朝·宋) 范晔:《后汉书》卷八十八《西域传》,中华书局1965年版,第2921页。

② Allan Chester Johnson, *An Economic Survey of Ancient Rome*: *Volume II*, *Roman Egypt*, New York: The Johns Hopkins Press, 1975, p. 325.

③ Ibid., p. 537.

④ Ibid., p. 488.

⑤ Ibid., p. 538.

⑥ P. Vindob, *G* 40822, translated by Lionel Casson in ZPE 84, 1990, p. 195.

⑦ Strabo, *Geography*, 2.5.12, with an English Translation by Horace Leonard Jones, Cambridge, Mass: Harvard University Press, 1988.

从印度带回的货物价值便可达到十亿八千万赛斯退斯。① 这一数字似乎有些过度夸大了罗马帝国与印度的贸易价值,但尽管如此,可以确定的是,罗马帝国与印度的贸易规模巨大,对罗马帝国经济的影响可观。

随着罗马帝国与印度贸易的扩张,直航印度在公元1世纪后成为常规的贸易航行。远航到远东的船只不只数量和密度增加,地理范围也有所扩大,据《厄立特里亚航海记》,我们得知公元1世纪中后期,罗马埃及已经和印度东部及恒河口地区建立了比较普遍的贸易往来。② 罗马皇帝奥古斯都、韦帕芗、图拉真、哈德良、安东尼·庇护（Antoninus Pius）和奥勒留（Aurelius）,都重视与印度的交往,积极促进罗马帝国与东方的贸易。

公元前25年,罗马军队远征阿拉伯地区后,罗马帝国和阿拉伯、印度的贸易增多。③ 一方面,罗马帝国为了攻打阿拉伯,在红海沿岸港口建造船只,④ 虽然是出于军事目的,但客观上促进了埃及造船业的兴起,为罗马埃及进行海上贸易提供了基本的前提。奥古斯都时期,改善了红海到尼罗河间埃及东部沙漠商路的交通条件,在沙漠商路上建设休息站和饮水处,⑤ 保证了红海港口进出口贸易的陆上转运,无疑会刺激更多的商人从事海上贸易。奥古斯都时期,把贸易权限下放到私人手中。⑥ 这一时期,罗马帝国降低了埃及商品的出口税,并且任命专门税务官（Strategos）,负责埃及南部红海地区的税收,同时负责监管密奥斯·荷耳摩斯、贝来尼凯的税吏。⑦ 这一时期,罗马帝国加强了埃及行省与意大利本土的联系,整

---

① Raoul Mclaughlin, *Rome and the Distant East*, Auckland: MPG Books Group Ltd., 2010, p. 161.

② Lionel Casson, *Periplus Maris Erythraei: Text with Introduction, Translation, and Commentary*, "Text and Translation" 60, New Jersey: Princeton University Press, 1989.

③ E. H. Warmington, *The Commerce between the Roman Empire and India*, 2nd ed. London: Curzon Press, 1974, p. 9.

④ M. Rostovtzeff, *Rome*, Oxford University Press, 1960, p. 181; Raoul Mclaughlin, *Rome and the Distant East*, Auckland: MPG Books Group Ltd., 2010, p. 28.

⑤ Raoul Mclaughlin, *Rome and the Distant East*, Auckland: MPG Books Group Ltd., 2010, p. 27.

⑥ Robert Simon, "Aelius Gallus Campaign And The Arab Trade In The Augustan Age", *Acta Orientalia Academiae Scientiarum Hungaricae*, Vol. 55, No. 4, 2002, p. 316.

⑦ J. Innes Miller, *The Spice Trade of the Roman Empire: 29 B. C. to A. D. 641*, Oxford: Clarenden Press, 1969, p. 225.

顿地中海的海上交通，在亚历山大里亚建设行省舰队，它的一个重要职责是保护地中海的贸易路线。① 总之，罗马帝国建立之初，帝国呈现稳定局势，消费市场扩大，物质需求增加，交通条件提高，改变了托勒密王国对贸易的垄断。自奥古斯都时期起，罗马帝国和印度的贸易开始迅速发展，在帝国初期呈现逐步增长的趋势。

尼禄时期，帝国重视上埃及和红海地区的安全和贸易机会，曾远征埃及行省南部的阿克苏姆（Axumite），一是为了保护埃及行省的疆域安全，二是能更好地控制红海的贸易商路。② 尼禄虽然对进口货物依然征收百分之二十五的关税，但是在贵族的争取下，商船取得了财产税的豁免权。③ 这是一个双赢的措施，一方面，罗马帝国政府仍然能通过关税获得财富；另一方面，财产税豁免权刺激了罗马商人从事海外贸易的积极性，从而增加了罗马帝国的关税收入。

韦帕芗时期（Vespasian，公元 69—79 年），著名演说家和哲学家狄奥·克里索斯托（Dio chrysostom）在亚历山大里亚的港口看到有印度商人前来。贝来尼凯潘（Pan）神庙的铭文记载了一位名叫苏巴胡（Subahu）的印度商人航行至此，并由此前往亚历山大里亚。④ 这一时期，印度西海岸的西密拉（Simylla）由于棉花贸易而兴起，成为印度与罗马帝国间重要的贸易中心。⑤ 上述证据表明，罗马帝国与印度的贸易得到发展。

图密善时期（Domitian，公元 81—96 年），海路持续繁荣，罗马帝国和印度的贸易继续发展。公元 92 年，图密善命人在罗马建造了一个存放香料的仓库，埃及的运粮船载着印度货物到达意大利本土。⑥ 公元 95 年，图

---

① Lionel Casson, *The Ancient Mariners: Seafarers and Sea Fighters of the Mediterranean In Ancient Times*, New Jersery: Princeton University Press, 1991, pp. 186 – 187.
② Matthew, P. Fitzpatrick, "Provincializing Rome: The Indian Ocean Trade Network and Roman Imperialism", *Journal of World History*, Vol. 22, No. 1, March, 2011, p. 38.
③ Ibid., p. 41.
④ Moti Chandra, *Trade and Trade Route in Ancient India*, New Delhi: Abhinav Publication, 1977, pp. 120 – 121.
⑤ E. H. Warmington, *The Commerce between the Roman Empire and India*, 2nd ed. London: Curzon Press, 1974, p. 289.
⑥ Moti Chandra, *Trade and Trade Route in Ancient India*, New Delhi: Abhinav Publication, 1977, pp. 89 – 91.

密善专门修建了从意大利主要港口普泰奥利至罗马的道路，途径重要的制造业中心库迈（Cumae）。① 普泰奥利、库迈、卡普亚（Capua）、那不勒斯（Naples）等地有专门销售香料、油膏、软膏的市场，② 这是罗马帝国与印度贸易繁荣的标志之一。托勒密在《地理志》中对印度洋有较为准确的描述，这在其他作品中很少见。他完成此著作的时间大约在公元2世纪初期，他利用了生活在他之前或者同时代的商人的叙述，确定了印度洋沿岸的一些城市的所在位置，对印度塞人地区和贵霜地区均有相当准确的认识。③ 托勒密对印度认识的进步，从某种角度说明，公元1世纪后期至公元2世纪初期罗马帝国和印度的贸易得到发展，双方交往的地理范围扩大，罗马商人对印度更多的地区有了认识和了解。

图拉真时期试图废除罗马帝国东部行省的附属王国，建立罗马帝国对这些地区的直接统治。他试图把埃及和纳巴泰阿拉伯，叙利亚和纳巴泰阿拉伯，叙利亚和波斯湾，叙利亚和上幼发拉底河地区和黑海，自西向东、自南向北地连接起来，以促进罗马帝国东部地区的经济、交通和贸易的发展。④ 图拉真向两河流域进军，罗马军队摧毁了塞琉西亚，两河流域地区的陆上贸易出现了明显的下滑，丝路主干道一度中断。⑤ 但同时，罗马帝国的势力也一度扩大至波斯湾地区，可通过波斯湾直接与印度建立海上联系。这一时期，罗马帝国和贵霜之间保持了友好关系。公元106年，贵霜使团访问罗马。⑥

图拉真重视埃及和印度间的海上贸易商路，试图重开红海和印度洋贸易通道，表现为在他统治时期，重修了尼罗河到红海的运河。亚历山大里亚的货物可通过运河至红海北部港口克里斯玛（Crysma），再向南通过海

---

① E. H. Warmington, *The Commerce between the Roman Empire and India*, 2nd ed. London: Curzon Press, 1974, p. 305.

② Ibid..

③ Moti Chandra, *Trade and Trade Route in Ancient India*, New Delhi: Abhinav Publication, 1977, pp. 107, 110.

④ E. H. Warmington, *The Commerce between the Roman Empire and India*, 2nd ed. London: Curzon Press, 1974, pp. 91-92.

⑤ 赵汝清主编：《丝绸之路西段历史研究——兼论沿途民族迁徙及国家关系》，甘肃文化出版社1999年版，第277—298页。

⑥ E. H. Warmington, *The Commerce between the Roman Empire and India*, 2nd ed. London: Curzon Press, 1974, p. 94.

路运至密奥斯·荷耳摩斯和贝来尼凯。[①] 据琉善（Lucian），"亚历山大里亚的一个富人的子弟被劝说从克里斯玛远航印度"，[②] 这表明运河的开通使亚历山大里亚到印度更加便利。通过运河出口印度，可以节省由科普托斯到红海港口的运输成本，避免了陆上运输的不便，降低了地中海货物运至红海港口的成本，许多商人倾向于使用这条水路。但是，红海有强烈的北风，使得船只的返航存在困难，由印度返航的船只一般还是在靠南的两个港口密奥斯·荷耳摩斯和贝来尼凯停靠、卸载货物，再通过沙漠商路和尼罗河把货物运至亚历山大里亚。从实物证据上看，图拉真时期，在罗马有专门储存香料的仓库（Horrea Piperataria）。在高卢和庞贝城都发现了香料罐，在今日德国、英国也都发现了罗马帝国时期香料遗存的痕迹。[③]

安东尼—庇护时期（公元138—161年），罗马帝国颁布法令，保护贸易商的利益：规定商船失事，船上所有的货物均应归经营商船者所有，官员及他人不得干涉或攫取，违背这一法令的人会遭到严厉的惩罚。[④] 奥勒留时期（公元161—180年），罗马帝国和印度贸易出现衰落，其中一个表现是印度的罗马钱币减少。由于征税人和商人的矛盾，奥勒留制定了一个法令，规定了从埃及进口的印度、阿拉伯和东非主要货物清单。其中，印度的货物有龟壳、象牙、平纹细布、孔雀、丝绸、香料、珍珠、宝石等。[⑤] 可见，这一时期，罗马帝国和印度的贸易仍然在进行，并没有中断，而且进口的印度商品种类丰富多样。

塞维鲁时期（Severus，公元193—211年），亚历山大里亚和巴尔米拉都十分繁荣。[⑥] 它们的发展，为罗马帝国和印度间的贸易提供了商业资源、

---

① 参见 Claudius Ptolemy, *The Geography*, 4.5, translated and edited by Edward Luther Stevenson, with an introduction by Prof. Joseph Fischer, New York: Dover Publication, Inc., 1991, pp. 100 – 101。

② Raoul Mclaughlin, *Rome and the Distant East*, Auckland: MPG Books Group Ltd., 2010, p. 33.

③ Ibid., p. 144.

④ Hansen, "Sketches of the History and Effects of Commerce. No. II: Early History", *The Belfast Magazine and Literary Journal*, Vol. 1, No. 6, Jul., 1825, p. 508.

⑤ E. H. Warmington, *The Commerce between the Roman Empire and India*, 2nd ed. London: Curzon Press, 1974, p. 104.

⑥ Osmond De Beauvoir Priaulx, "On the Indian Embassies to Rome from the Reign of Claudius to the Death of Justinian", *The Journal of the Royal Asiatic Society of Great Britain and Ireland*, Vol. 19, 1862, p. 276.

贸易组织及从业者，使罗马帝国和印度间的贸易重新兴起。卡拉卡拉之后，罗马钱币在很长时期都没有在印度出现，[①]似乎表明罗马帝国与印度的海上贸易出现衰落。

公元3世纪，阿克苏姆王国兴起，控制了红海出海口，构成了罗马帝国和印度海上贸易的巨大障碍。阿克苏姆王国主要港口阿杜里斯的兴起，在一定程度上挤压了亚历山大里亚与东方的贸易。罗马帝国的红海、印度洋航线被阿克苏姆人和阿拉伯人切断，罗马商人进行印度洋贸易必须先和阿克苏姆达成协定，而且首先要付出一笔准入费。公元3世纪，萨珊波斯兴起后，其势力扩大至阿拉伯半岛，一定程度上阻碍了罗马帝国通过阿拉伯南部沿海地区与东方的海路贸易。萨珊波斯在波斯湾及以东地区的海上势力强盛，在印度的诸港口有萨珊波斯人的聚居点，他们在与印度的贸易中，具有很大优势，挤压了罗马帝国（拜占庭帝国）与印度的贸易空间。萨珊波斯人、阿拉伯人和阿克苏姆人垄断了印度洋商路，罗马帝国与印度间的贸易随之衰落。

公元4世纪，罗马帝国国力复兴，它关注边界上的蛮族威胁，并未征服阿克苏姆。[②]但是，罗马帝国和印度的贸易出现复苏，锡兰成为主要贸易目的地。公元5世纪后，起源于叙利亚的聂斯托利教在罗马帝国与印度的海上贸易中起到了重要作用。许多船员是聂斯托利派教徒，在萨珊波斯的保护下，贸易主导权掌握在聂斯托利派教徒船员手中。[③]公元6世纪，萨珊波斯控制了波斯湾、阿拉伯半岛南部、印度河口，很有可能还有锡兰。拜占庭帝国皇帝阿纳斯塔修斯和查士丁尼在红海和阿拉伯地区都做了恢复贸易的努力。查士丁尼时期，力求发展红海地区的商路，在亚喀巴湾建设阿乌拉港，在亚喀巴湾南部重建克里斯玛港。[④]他们都试图摆脱萨珊波斯人对亚洲贸易的干扰，但都收效甚微。锡兰的曼代（Mantai）取代南

[①] E. H. Warmington, *The Commerce between the Roman Empire and India*, 2nd ed. London: Curzon Press, 1974, p.103.

[②] [英] G. F. 赫德逊：《欧洲与中国》，王遵仲、李申、张毅译，中华书局1995年版，第71—72页。

[③] Warwick Ball, *Rome in the East*, London: Routledge, 2000, p.129.

[④] A. H. M. Jones, *The Later Roman Empire 284 – 602: a Social, Economic, and Administrative Survey*, Baltimore: The Johns Hopkins University Press, 1986, pp.138 – 140.

印度的港口，成为这一时期主要的商业中心。①

（三）罗马—埃及商人和主要港口城市

1. 罗马—埃及商人

罗马帝国时期的埃及商人主要参与海上及陆上转运贸易。地中海、红海广泛的商业网络给他们提供了投资贸易的好机会，埃及出现了许多贸易公司，罗马富人经常委托代理商经营贸易。埃及的契约文书 Nicanor Achive 记载了 20 个贸易公司、至少 25 个商人和将近 30 个商业代理商。② 许多私人船主以贸易为生，还有技术工和雇佣兵在商业中寻找雇佣机会。埃及陶片（Octraca）上的文字记录了希腊人和埃及人在贸易活动中担任赶骆驼者、商人等不同角色。③ 此外，也有富裕的埃及本地人从事贸易。例如，帕尔特尼奥斯（Parthenios）经营尼卡诺尔（Nicanor）公司，通过对外贸易获取了丰厚利润。公元 32 年，他在科普托斯留下的碑铭，记录了他对伊西斯（Isis）等神价值不菲的贡献。④ 有两个罗马女商人伊西多拉（Isidora）和奥林匹娅斯（Olympias）向米达穆德（Medamoud）的埃及庙宇贡献。她们拥有商船，或许得到了埃及的财政支持，获得了从事海外贸易的经济保障，也同时具有了官方授权的合法性。⑤

埃及的希腊商人，出于自己的利益兴趣或者作为富裕的企业主的代理商，经营远洋贸易。例如，公元 70 年，科普托斯的一个碑铭记载了一位名叫赫尔墨洛斯（Hermeros）的商人，访问了科普托斯并向女神伊西斯和赫拉（Hera）献祭，他是一个希腊人，或者是来自南阿拉伯亚丁地区希腊化的阿拉伯人。⑥ 再如，埃及的一个税收调查登记表记录，公元 72 年，埃及阿尔西诺（Arsinoe，埃及红海北部重要港口）的希腊商人远航印度，有可能是进行远洋贸易。⑦ 这些记录表明，罗马帝国时期，埃及的希腊商人同

---

① Warwick Ball, *Rome in the East*, London: Routledge, 2000, p. 129.
② Raoul Mclaughlin, *Rome and the Distant East*, Auckland: MPG Books Group Ltd., 2010, p. 34.
③ Ibid..
④ Ibid..
⑤ Ibid., p. 35.
⑥ Ibid., p. 34.
⑦ Ibid..

南阿拉伯、印度地区开展了海上贸易。

2. 埃及港口——贝来尼凯

罗马埃及从事东方贸易的主要港口是贝来尼凯和密奥斯·荷耳摩斯。印度来的商品从海路到达贝来尼凯和密奥斯·荷耳摩斯后，再经过陆上商道到达尼罗河岸的科普托斯，然后直下尼罗河至亚历山大里亚。科普托斯是红海港口通过沙漠通道到尼罗河的结算中心，是运输公司的基地，也是政府代表监视和对进出口商品收税的中心。科普托斯带有税表记录的铭文资料表明，沙漠道路有大量前往红海港口的商人，他们要向科普托斯官方缴税。军队监视过往人群，保证了商队的安全。[1] 斯特拉波也强调了埃及内地至贝来尼凯和密奥斯·荷耳摩斯的陆路的重要性，他认为此陆路对于埃及的海外贸易有至关重要的影响。[2] 奥古斯都恢复了托勒密埃及时期辅助商队的系统，在从科普托斯去往两个港口的路上修建储藏仓库、蓄水池，提供武装护卫。奥古斯都安排了一个税收官员作为红海税款的征收人，监管两个港口的收税人。有一支军队管理科普托斯至两个港口的道路，地方的转口税和道路税收都在这个系统的监管之下。[3] 对这些商路的官方保护和对地方税收的监管，表明奥古斯都对科普托斯到贝来尼凯商路的重视。

为什么选择贝来尼凯作为红海的主要贸易港？这主要是由它的生存环境、气候条件、地理位置等方面决定的。在贝来尼凯的遗迹中发现的希腊语碑铭证明这一地区在古代确实有一个港口存在。[4] 由于红海强烈的北风，船只进入红海向北航行困难，贝来尼凯位于托勒密王国红海沿线的最南端，这样海上航行的距离就会缩短，所以，托勒密国王托勒密二世（Ptolemy II Philadelphus）选择贝来尼凯作为港口而不是其他距离尼罗河更近的

---

[1] John Thorley, "The Development of Trade between the Roman Empire and the East under Augustus", *Greece & Rome*, Second Series, Vol. 16, No. 2, Oct., 1969, p. 210.

[2] Strabo, *Geography*, 16. 4. 24. with an English Translation by Horace Leonard Jones, A. M., Ph. D, Cambridge, MA: Harvard University Press, 1988.

[3] John Thorley, The Development of Trade between the Roman Empire and the East under Augustus, *Greece & Rome*, Second Series, Vol. 16, No. 2, Oct., 1969, pp. 209 – 223.

[4] R. Wellsted, Notice on the Ruins of Berenice, *Journal of the Royal Geographical Society of London*, Vol. 6, 1836, pp. 96 – 100.

地区，用于卸载来自印度等地的货物。① 由贝来尼凯到科普托斯的沙漠商路也得到发展，根据普林尼的记载，这段距离有257罗马里，他还记载了路线中的各个驿站的名字和它们之间的距离，② 诸多驿站保证了过往商人的休息和补给。③

贝来尼凯在罗马帝国初期得到了发展，成为一个重要的商业中心，这得益于罗马帝国官方的建设和帮助，尤其是对它到内陆城市之间的道路的修缮和建设。贝来尼凯距科普托斯370公里，需要12天的时间。④ 商人把由东方运来的货物由港口运至科普托斯，装上驳船再运至亚历山大里亚及地中海市场，这段运输过程主要由商队公司负责，有私人护卫保证商队的安全，较大的商队包括几百人和一些运载货物的牲畜。奥古斯都时期，修缮了埃及的交通设施，大大改善了埃及沿海到内陆地区的交通条件。公元14年到37年，提比略统治时期，政府对贝来尼凯的投资增加，使它得以迅速发展。证据之一是在市中心的赫姆（Khem，意为黑土）庙的卷饰上提到了提比略；其二是埃及契约文书中提及贝来尼凯的12篇都发生在提比略时期；⑤ 第三是贝来尼凯的出口规模扩大。此地的陶片记录表明此港口是向东方出口贸易的一个基地，来自地中海各地的商品大量汇聚到此地，被运往远东。⑥ 尼禄、韦帕芗时期，由科普托斯到贝来尼凯的陆路上发现矿石，使这条商路的使用更加频繁，贝来尼凯港口基础建设也逐步完善。

此后，罗马军队继续建设从科普托斯到贝来尼凯的道路。弗拉维王朝

---

① 沈福伟：《丝绸之路——中国与非洲文化交流研究》，新疆人民出版社2010年版，第31页。

② Pliny, *Natural History*, 6.26.101 – 104. with an English translation by H. Rackham, Cambridge, Mass: Harvard University Press, 1999.

③ R. Wellsted, Notice on the Ruins of Berenice, *Journal of the Royal Geographical Society of London*, Vol. 6 (1836), pp. 96 – 100.

④ J. Whitewright, "How fast is fast? Technology, trade and speed under sail in the Roman Red Sea", Starkey, J., P. Starkey, and T. Wilkinson, eds., *Natural Resources and Cultural Connections of the Red Sea*, Oxford: Archaeopress, 2007, pp. 85 – 87.

⑤ Sidebotham, S. E., *Roman Economic Policy in the Erythra Thalassa 30 BC – AD 217*, Leiden: E. J. Brill, 1986, pp. 52 – 53.

⑥ *Octraca*, For instance: wine 48 vessels (*BE* 39); 1 jar sweet Rodian wine and beets (*BE* 87); onions (*BE* 78) Bagnall, R. S. and Helms, C. and Verhoogt, A. M. F. W., *Documents from Berenike* 1: *Greek Ostraka from the 1996 – 1998 Seasons*, Bruxelles: Fondation Égyptologique Reine Élisabeth, 2000, p. 15.

时期，这条道路上有重要的补给站，可以容纳大量的驼队商人。根据普林尼记载，这条道路上隔一段就设有供水站，有的客栈竟然可为2000商旅提供住宿。① 沙漠商路上的休息站点的设立和规模的扩大，吸引更多的商队参与到从贝来尼凯到内陆的货物运输中，大大推动了罗马埃及对外贸易的发展。

3. 罗马埃及港口——密奥斯·荷耳摩斯

奥古斯都时期，密奥斯·荷耳摩斯成为埃及的主要港口，这也与它的地理环境及罗马帝国的建设密不可分。密奥斯·荷耳摩斯距离科普托斯更近，这意味着把出口货物运至此地比运至贝来尼凯的成本更低。密奥斯·荷耳摩斯的港口有一个"风口"，适合船只停靠。埃及总督加鲁斯（Gallus）攻打阿拉伯的军队失败归来时，在此港口登陆，通过陆路前往科普托斯。② 可见，密奥斯·荷耳摩斯是一个具备较好停泊条件的港口。

罗马帝国对密奥斯·荷耳摩斯港口的建设非常重视。考古发掘显示，此港口在奥古斯都时期得到扩展，沙土被运到海岸进行加固。官方在此建设了60米长的人工垂直海滩，它由数千个双耳土罐组成，用以停靠船只。③ 提比略时期，在密奥斯·荷耳摩斯通往内地的沙漠道路上的涂鸦增多，证明了经过此地的商人增多。考古发掘出的沙漠残迹表明，此地在公元1世纪得到发展。④

密奥斯·荷耳摩斯是一个商业城镇，城市建立之初，该城以石头、泥砖、礁石珊瑚、木材为原材料的临时建筑组成，大部分的建筑作为暂时的居所、工场或者移动仓库。⑤ 港口附近较大的建筑是政府设施或者富裕的贸易公司的库房，港口郊区的圈占地是商队骆驼的存放地。⑥ 这些基础设

---

① Pliny, *Natural History*, 6.26.101-104, with an English translation by H. Rackham, Cambridge, Mass：Harvard University Press, 1999.

② Strabo, *Geography*, 16.4.24-25. with an English Translation by Horace Leonard Jones, A. M., Ph. D, Cambridge, Mass：Harvard University Press, 1988.

③ Tomber, R., *Indo-Roman Trade：From Pots to Pepper*, London：Duckworth, 2008, p.60.

④ S. E., Sidebotham, *The Red Land：The Illustrated Archaeology of Egypt's Eastern Desert*, New York：American University in Cairo Press, 2008, p.170.

⑤ S. E., Sidebotham, *Roman Economic Policy in the Erythra Th alassa 30 BC-AD 217*, Leiden：E. J. Brill, 1986, pp.55-56; Tomber, R., *Indo-Roman Trade：From Pots to Pepper*, London：Duckworth, 2008, p.59.

⑥ Raoul Mclaughlin, *Rome and the Distant East*, Auckland：MPG Books Group Ltd., 2010, p.32.

施证明，罗马帝国早期，密奥斯·荷耳摩斯是重要的海外贸易基地，是罗马埃及主要的进出口港口。

4. 贝来尼凯和密奥斯·荷耳摩斯的比较

从港口条件上来看，"贝来尼凯所在港湾有暗礁和海底岩石，并有狂风",①可见，该港口条件比较恶劣，不如密奥斯·荷耳摩斯。托勒密王国时期，贝来尼凯没有得到修复，导致罗马帝国重建此港口进程缓慢。斯特拉波对贝来尼凯的评价不高，说它"更像一个交通便利的市镇，而不像海港。"②可见，罗马帝国最初期，贝来尼凯还不是一个条件完善的港口。虽然贝来尼凯的港口条件不理想，但是因为密奥斯·荷耳摩斯的货物容量有限，贝来尼凯仍然需要分担东方货物的卸载和运输任务。

从航行距离上看，由贝来尼凯航行至密奥斯·荷耳摩斯的航程为5天，所以，货物从两个海港到达科普托斯的时间是一样的，都是大约12天。③贝来尼凯在密奥斯·荷耳摩斯南，在贝来尼凯卸载货物虽然节省了海上航行的距离，但同时也增加了陆上转运货物的负担。

从文献记载看，密奥斯·荷耳摩斯和贝来尼凯是为红海贸易"设计"的两个港口，它们都位于埃及红海沿岸。④ 公元1世纪中期，贝来尼凯的重要性增加，似乎比密奥斯·荷耳摩斯更为重要。由于地理位置、基础建设以及城市规模等的不同，两个港口必然存在差异。

从考古发掘上来看，贝来尼凯有很多精良的石头建筑，可能属于罗马帝国官方或者被富裕的商业公司作为总部或者库房。⑤ 城市中心是埃及神

---

① Strabo, *Geography*, 16.4.5, with an English Translation by Horace Leonard Jones, A. M., Ph. D, Cambridge, Mass: Harvard University Press, 1988.

② Strabo, *Geography*, 17.1.45, with an English Translation by Horace Leonard Jones, A. M., Ph. D, Cambridge, Mass: Harvard University Press, 1988.

③ J. Whitewright, "How fast is fast? Technology, Trade and Speed under Sail in the Roman Red Sea", J. Starkey, P. Starkey and T. Wilkinson, eds, *Natural Resources and Cultural Connections of the Red Sea.*, Oxford: Archaeopress, 2007, pp. 85 – 87.

④ Lionel Casson, *Periplus Maris Erythraei: Text with Introduction, Translation, and Commentary*, "Text and Translation" 1, New Jersey: Princeton University Press, 1989.

⑤ Tomber, R., *Indo-Roman Trade: From Pots to Pepper*, London: Duckworth, 2008, p. 62; Sidebotham, S. E., "Late Roman Berenike", *Journal of the American Research Centre in Egypt*, 39, 2002, p. 233.

赫姆的庙宇，附近则是很多希腊罗马神的神龛所在地。这些地方发现的手工制品包括来自安纳托利亚的大理石厚板、精致的羊毛地毯碎片、经过雕刻的家具，[①]它们证明了贝来尼凯的繁荣。总体来看，密奥斯·荷耳摩斯的港口条件优于贝来尼凯，它在罗马帝国初期是埃及主要的港口。但随着贝来尼凯的开发与建设，它逐渐发展成为比前者更为重要的港口。

（四）印度的主要港口城市

1. 巴巴里库姆

巴巴里库姆（Barbaricum）是印度—斯基泰国家最重要的贸易中心城市。据《厄立特里亚航海记》，巴巴里库姆位于印度河入海口，罗马船只停泊在此，再把货物沿河运至附近王国的都城敏那加拉（Minnagara）。[②]这样，巴巴里库姆就可以连接海陆贸易，把西方商人通过海路带来的货物运输到陆上的主要市场。

港口的进出口货物是其贸易活动的重要标志。罗马商人出口至巴巴里库姆的货物种类很多、质量不一。据《厄立特里亚航海记》，罗马商人带到巴巴里库姆的衣物类商品有大量不带装饰的衣物，少量压印的布，多种颜色的丝织品。[③]这与罗马治下的埃及和叙利亚地区丝织业的繁荣密切相关。罗马帝国丝织业的发展带动了贸易出口，这又促进了罗马帝国丝织业的继续发展。此外，罗马商人带到巴巴里库姆的物品中还有地中海的珊瑚、绿松石、苏合香、玻璃器、银器、罗马钱币。[④]其中，罗马的珊瑚在印度社会享有很高的评价，被印度社会当作珍贵的商品。[⑤]罗马帝国同样向巴巴里库姆出口少量的酒，[⑥]在印度发现了一些用于运输酒的罗马双耳

[①] Raoul Mclaughlin, *Rome and the Distant East*, Auckland：MPG Books Group Ltd., 2010, p.33.

[②] Lionel Casson, *Periplus Maris Erythraei：Text with Introduction, Translation, and Commentary*, "Text and Translation" 38, New Jersey：Princeton University Press, 1989.

[③] Lionel Casson, *Periplus Maris Erythraei：Text with Introduction, Translation, and Commentary*, "Text and Translation" 39, New Jersey：Princeton University Press, 1989.

[④] Ibid..

[⑤] Pliny, *Natural History*, 32.11, with an English translation by H. Rackham, Cambridge, Mass：Harvard University Press, 1999.

[⑥] Lionel Casson, tr., *The Periplus Maris Erythraei：Text with Introduction, Translation, and Commentary*, "Text and Translation" 39, New Jersey：Princeton University Press, 1989.

细颈土罐，但它们的数量远没有当地陶罐多。① 罗马帝国出口到印度的以上货物表明，第一，很多物品的产地分布在距离印度很远的地区，似乎只有通过长途贸易才有可能抵达印度；第二，罗马帝国的手工业制品水平较高且具备一定规模，所以，在帝国的出口货物中，它们占据了一定份额；第三，印度商人将罗马钱币作为一种商品进行购买。印度—斯基泰市场提供给罗马帝国的物品包括甘松香、名叫"costus"（姜属）的草本植物、没药树脂、枸杞、绿松石、青金石，还有中国的毛皮、衣物和棉纱等。②

巴巴里库姆与中亚的丝绸之路相连接。一方面，罗马帝国的商品可以通过巴巴里库姆转走陆路，到达中亚市场。由于罗马帝国和帕提亚长期处于敌对状态，罗马商人通过帕提亚境内运送罗马帝国的物品至中亚，存在较多的障碍。公元1世纪中后期，贵霜王国的领土把西北印度和中亚连接到一起，为罗马货物到达印度后的陆上转运提供了便利；另一方面，贵霜帝国占有西北印度的大量领土，丝绸之路陆路到巴克特里亚后不再西进，而是转经兴都库什山口，过塔克西拉，沿印度河到达巴巴里库姆或者巴里加扎。这实际上开辟了丝绸之路的一条支线。

2. 巴里加扎

巴里加扎（即婆卢羯车）位于巴巴里库姆以南、印度西海岸的古吉拉特（Gujarat）地区。《厄立特里亚航海记》记载，巴里加扎的海岸条件恶劣，有浑浊的涡流，港口条件不佳，需要当地船只的引导才能顺利抛锚。③但同时，由于巴里加扎的地理位置优越，和内陆大市场连接，它也是印度对外贸易的一个主要港口。由巴里加扎向东是内陆城市奥日内（Ozene），此地非常繁荣，向巴里加扎供应彩纹玛瑙（缟玛瑙）、苔纹玛瑙、印度棉布和大量普通质地的衣物，④ 这些货物有可能在巴里加扎出口。巴里加扎同波斯湾和印度南部更远的泰米尔地区（Tamil）有贸易联系。在巴里加扎发现了带

---

① R. Tomber, *Indo-Roman Trade: From Pots to Pepper*, London: Duckworth, 2008, pp. 117–151.
② Lionel Casson, *Periplus Maris Erythraei: Text with Introduction, Translation, and Commentary*, "Text and Translation" 39, New Jersey: Princeton University Press, 1989.
③ Lionel Casson, *Periplus Maris Erythraei: Text with Introduction, Translation, and Commentary*, "Text and Translation" 43–45, New Jersey: Princeton University Press, 1989.
④ Lionel Casson, *Periplus Maris Erythraei: Text with Introduction, Translation, and Commentary*, "Text and Translation" 48, New Jersey: Princeton University Press, 1989.

希腊语铭文的希腊式钱币，其中包括印度—希腊国王米南德（Menander）和阿波罗多托斯发行的钱币。① 亚历山大曾经远征至恒河流域，但没有到利穆里斯和南印度，罗马商人相信亚历山大大帝到过巴里加扎，② 这似乎说明，罗马人到印度不仅有贸易目的，还受到探索东方的好奇感和崇敬心的驱使。

罗马帝国和巴里加扎的贸易究竟包括哪些内容？罗马帝国向巴里加扎出口的货物种类丰富：首先，罗马帝国向巴里加扎输出玻璃、铜、锡、铅，③ 可见，印度对罗马金属和玻璃器物等存在需求；第二，罗马商人提供给巴里加扎市场多种种类的衣物，包括没有装饰的印花布、多种颜色的腰带等。④ 罗马帝国丝织业的发达使其出口的丝织品和衣物类型和样式多种多样，其中的一些衣物专门迎合印度市场的流行风格；第三，罗马商人给巴里加扎提供珊瑚、橄榄宝石，还有苏合香、三叶草、雄黄，用于医药、纺织染色和制造香水。罗马帝国还向巴里加扎市场出口便宜的油膏，但面临当地市场的竞争；第四，巴里加扎是罗马酒的主要出口地。罗马酒主要来自意大利，此外，还有的来自小亚和阿拉伯人之手⑤，说明罗马酒受到印度人欢迎；第五，罗马帝国的金银钱币在此可以同印度当地货币兑换。⑥ 这里提到的罗马钱币应该是作为一种商品，而不是作为支付货币被使用。

罗马商人带来的货物中，还有一些是专门提供给巴里加扎的高端消费市场，除了葡萄酒、优质衣物、经过挑选的油膏、珍贵的银器外，还有奴隶音乐家、漂亮妓女等。⑦ 印度国王观看的梵语戏剧里的希腊角色，⑧ 应该就出自于罗马帝国带来的奴隶音乐家。巴里加扎也具有一定的海陆转运功能，是海陆贸易的中转站。纺织品是巴里加扎出口的大宗，罗马商人在巴

---

① Lionel Casson, *Periplus Maris Erythraei*: *Text with Introduction, Translation, and Commentary*, "Text and Translation" 47, New Jersey: Princeton University Press, 1989.
② Raoul Mclaughlin, *Rome and the Distant East*, Auckland: MPG Books Group Ltd., 2010, p. 44.
③ Lionel Casson, *Periplus Maris Erythraei*: *Text with Introduction, Translation, and Commentary*, "Text and Translation" 49, New Jersey: Princeton University Press, 1989.
④ Ibid..
⑤ Ibid..
⑥ Ibid..
⑦ Ibid..
⑧ Varadpande, M. L., *History of Indian Theatre*, New Delhi: Abhinav, 1987, p. 129.

里加扎得到大量棉布和经中亚（来自中国）运来的丝绸。罗马商人也可以在此得到甘松、生姜、没药树脂、枸杞、象牙和玛瑙等。① 总之，罗马商人在巴里加扎市场所得既有普通的货物和纺织品，也有丝绸、植物、药料、宝石和象牙等珍贵商品，说明罗马市场对东方奢侈品的大量需求。

3. 其他贸易市场和港口城市（印度南部和东部）

印度南部从德干高原到东部海岸是印度安得拉国（Andhra）的统治区域。公元1世纪中期，塞人国王纳哈帕纳（Nahapana）占领了德干西部地区，包括港口卡列那（Kalliena）。公元1世纪60年代后期以后，卡列那重新恢复德干西部地区主要贸易港口的地位，向西方出口大量棉纺织品、玛瑙和供罗马人观赏的野兽。② 另一方面，罗马商人向安得拉市场出口酒和青铜制品。在科尔哈帕（Kolhapur）发掘出了至少十件罗马青铜器（这些青铜器包括公元前3世纪的波塞冬的小雕像），③ 意大利商人把青铜器作为酒贸易的附属品出口，以获取利润。在西部德干地区佛教洞窟里发现的帕拉克里语（Prakrit，古印度俗语）铭文，证明了罗马帝国和安得拉之间存在着贸易往来。铭文提到了 Yavanas 的慷慨贡献。这些 Yavanas 应该是公元后来自罗马帝国的希腊人或罗马人。公元1、2世纪，这些商人居住在附近地区的城镇，在印度商人和当地工艺人的帮助下进行贸易。④

罗马人曾经访问过印度东海岸港口。《厄立特里亚航海记》记载，罗马帝国商人十分重视印度东海岸及其更远地区："那些由利穆里斯和北方驶来的船只有几个重要的目的地港口，分别是吉蔑（Kamara）、波杜克（Poduke）、索巴特马（Sopatma）等著名市场，这几个地方位置毗邻。"⑤ 利穆里斯位于印度西

---

① Lionel Casson, *Periplus Maris Erythraei*: *Text with Introduction*, *Translation*, *and Commentary*, "Text and Translation" 49, New Jersey: Princeton University Press, 1989.

② Lionel Casson, *Periplus Maris Erythraei*: *Text with Introduction*, *Translation*, *and Commentary*, "Text and Translation" 50 – 52, New Jersey: Princeton University Press, 1989.

③ Raoul Mclaughlin, *Rome and the Distant East*, Auckland: MPG Books Group Ltd., 2010, p. 44; The cache contained a statuette of Poseidon (Third century BC), Tomber, R., *Indo-Roman Trade*: *From Pots to Pepper*, London: Duckworth, 2008, pp. 130 – 133.

④ Thapar, R., *Early India*: *From the Origins to AD* 1300, Berkeley: University of California Press, 2002, p. 260.

⑤ Lionel Casson, *Periplus Maris Erythraei*: *Text with Introduction*, *Translation*, *and Commentary*, "Text and Translation" 60, New Jersey: Princeton University Press, 1989.

海岸，吉蔑、波杜克和索巴特马位于东岸，与恒河口一起形成一条贸易线。由此可见，罗马帝国与东方的海外贸易所达到的范围之广和距离之远。

（五）罗马帝国对印度的影响

1. 罗马帝国钱币在印度的发现和分布

在南北印度发现的罗马钱币数量迥异，而且在印度南部发现的不同时期的罗马钱币数量也大不相同。在南印度发现的罗马钱币大部分是朱里亚－克劳狄王朝（公元前27—公元68年）时期的钱币，其中奥古斯都和提比略时期的钱币居多。[①] 南印度发现的为数不少的罗马钱币，似乎证明罗马钱币在南印度的泰米尔人国家流通，南印度在一定时期似乎形成了罗马货币流通系统。[②] 在印度北部发现的早期罗马帝国的金币比较少。在南印度、西印度发现的钱币中，奥古斯都时期的钱币有453枚，提比略时期的钱币有1007枚，这两个时期的钱币总和超过在南印度发现的罗马钱币的半数。[③] 这说明，罗马帝国早期，罗马钱币出口印度的数量增多。但是，自从公元69年韦帕芗上任后，罗马帝国出口的金币数量严重缩减，这与韦伯芗收缩海外贸易的政策有一定关系。

按钱币发行时间和发现地区来说，印度南部的科因巴托（Coimbatore）是印度南部三国交界处的集市，此地出土了许多公元1世纪的罗马金币。[④] 公元2世纪的罗马钱币集中分布在贵霜领土和印度中东部，主要分布于克里希纳河流域（Krishna River）和北印度的塔克西拉附近。公元3—4世纪，在印度发现的罗马钱币数量减少，见于克里希纳河上游、奥利萨邦（Odisha），少数见于恒河（Ganges River）中游和恒河支流亚穆纳河（Yamuna River）。[⑤] 这可能和公元260年罗马皇帝瓦勒良被萨珊波斯俘获有关系，但更主要的

[①] Warwick Ball, *Rome in the East: The Transformation of an Empire*, London: Routledge, 2000, p. 123.

[②] E. H. Warmington, *The Commerce between the Roman Empire and India*, 2nd ed. London: Curzon Press, 1974, p. 39.

[③] Ibid., p. 42.

[④] Mortimer Wheeler, *Rome beyond the Imperial Frontiers*, London: G. Bell and Sons, Ltd., 1954, p. 143.

[⑤] Ibid., p. 138.

古国文明与丝绸之路

原因在于罗马帝国和印度贸易的衰落。[①] 总之，南印度发现的罗马钱币比北印度多，似乎说明：第一，在印度北部，罗马钱币并不是贸易的主要支付手段，罗马钱币一定流入了北印度，但是数量较少，作用较小。当然也不排除罗马金币被熔化重制为贵霜钱币。贵霜王从阎膏珍（Vima Kadphises）之时开始，大量发行金币或与此有关；第二，罗马钱币在南印度相对广泛地流通，有可能是作为罗马人购买商品的支付货币使用。

罗马钱币对贵霜钱币的式样有重要影响。贵霜帝国的创始者丘就却时期打造的一种钱币反面有罗马皇帝的仿制像，这个罗马皇帝很可能是奥古斯都。可见，贵霜帝国从一开始就有意模仿罗马钱币，说明罗马帝国和贵霜间贸易得到发展，罗马商人才有可能把罗马钱币带到印度，从而促进了两种钱币间的融合。

贸易往来为古代文明的交流提供了机会，贵霜王国即是如此。图拉真在第二次达西亚（Dacian）战争中获得大量金银，有可能用于购买印度的丝绸、香料和其他奢侈品，从而满足了罗马上流社会的需求。丘就却和 Vima Taktu 时期的货币基本上都是普通的铜币，威玛·卡德菲塞斯时期开始仿造罗马式金币。公元 2 世纪和 3 世纪早期，罗马帝国和贵霜的关系得到了迅速发展，在哈德良和安东尼·庇护统治时期，有所谓的"巴克特里亚人"使团访问罗马，这个使团似乎是贵霜王国派来的。我们无法确定这些使团出使的具体时间，但其中之一应该是在贵霜王迦腻色伽时期。[②] 贵霜王胡韦色迦统治时期，贵霜货币图案描绘了很多罗马神，包括密涅瓦（Minerva，即希腊的雅典娜）的形象，上面有 RIOM 的标识。[③] 可见，此时的贵霜钱币已经留下了明显的罗马钱币的影子。

2. 罗马帝国在印度的遗存及对印度的影响

中国史籍和考古发掘也都证明种类丰富多样的罗马商品和器物到达过印度和中亚。公元 1 世纪中后期，汉朝重新控制了西域地区，中国人得以

---

① Warwick Ball, *Rome in the East: The Transformation of an Empire*, London: Routledge, 2000, p. 123.
② John Thorley, The Roman Empire and the Kushans, *Greece & Rome*, Second Series, Vol. 26, No. 2, (Oct., 1979), p. 186.
③ Ibid..

获知西北印度的商品信息。《后汉书》记载印度出产象、瑇瑁、金银铜铁锡等，向西同罗马帝国建立了联系。①

不仅如此，罗马商品通过海路到达印度后，可以沿陆路输送至中亚市场。20世纪三四十年代，哈金（J. Hackin）和吉尔什曼（R. Ghirshman）在喀布尔北部的贝格拉姆（Begram）发现了一个迦腻色伽时期的宫殿遗址。其中两个室内有大量的外来物品，包括罗马帝国的青铜器和玻璃器，如赫尔墨斯和密涅瓦（雅典娜）的天平砝码，青铜制的灯座和香炉脚，玻璃器皿，以及众多希腊罗马古典人物的青铜小雕像，②这些物品似乎或多或少都具有公元1世纪晚期至3世纪早期的罗马风格。它们可能是由到达西北印度港口的罗马商人带到此地。遗址中还有来自中国的漆器和印度的牙雕。此外，还有迦腻色伽到瓦苏提婆（Vasudeva）时期的贵霜钱币。③

贝格拉姆是一个理想的关税征收地，位于兴都库什山南麓印度和中亚之间的交通要道。遗址中的所有物品，包括中国和印度的艺术品，很可能是对过境商人征收的实物税。④

在印度东海岸的阿里卡门度（Arikamedu）和其他印度城市也发现了大量罗马器物，这是罗马帝国和印度贸易密切往来的佐证。20世纪40年代，西方学者惠勒（Mortimer Wheeler）在阿里卡门度进行了考古发掘，他描述道：这个地方，突然间从5000英里以外运来了怪异的酒、奇特的灯、制作技术精湛的桌子器皿、玻璃和经过雕琢的宝石，最后这个城市成为一个具有大量砖建筑的城镇。⑤ 此地应该就是《厄立特里亚航海记》提到的波杜克（Poduke）港。⑥

在阿里卡门度还发现了大量的罗马双耳细颈陶罐，它们是酒和橄榄油

---

① （南朝·宋）范晔：《后汉书》卷八十八《西域传》，中华书局1965年版，第2921页。
② ［法］让·诺埃尔·罗伯特：《从罗马到中国——凯撒大帝时代的丝绸之路》，马军、宋敏生译，广西师范大学出版社2005年版，第212页。
③ John Thorley, "The Roman Empire and the Kushans", *Greece & Rome*, Second Series, Vol. 26, No. 2 (Oct., 1979), p. 187.
④ Ibid..
⑤ Mortimer Wheeler, *Rome beyond the Imperial Frontiers*, London: G. Bell and Sons, Ltd., 1954, p. 147.
⑥ Ibid.; Lionel Casson, tr., *The Periplus Maris Erythraei*, New Jersey: Princeton University Press, 1989, p. 59.

的主要装载容器。在此地发现的罗马沙玛音陶器（Arretine ware）的制造时间是公元10至30年。① 大卫—怀特豪斯（David Whitehouse）认为，仅凭在阿里卡门度发现的150个罗马细颈双耳陶罐、50个沙玛音陶器残片、一些罗马玻璃器等并不能证明这个印度港口出现过西方人的侨居地，只有侨居者的建筑遗存和希腊—罗马铭文的证据才可以证明在阿里卡门度有移居的罗马人团体。② 诚然，罗马器物遗存并不能佐证此地曾有罗马人聚居，但是，可以有力地证明罗马帝国和印度有广泛的贸易往来。

考古学者在中南印度的纳西克（Nasik）、塔加拉（Ter）、派坦（Paithan）、尼瓦萨（Nevasa）和卡契普腊姆（Kanchipuram）也发现了罗马或和罗马有关系的物品，比如玻璃或金属碎片、碗、凹雕、镜子和其他青铜器。③ 在科尔哈帕发现了102个罗马青铜器，包括容器、小雕像（有一个完好的波塞冬雕像）、灯、镜子和其他工具，其他物品大部分是印度的仿制品，但也有至少十件罗马真品，很可能来自意大利的坎帕尼亚（Campania）。④ 考古学者在印度南端的卡维普鲁帕蒂纳姆（Kaveripumpattinam，即古代科芒代尔海岸上的Pumpahar）发掘出了砖码头、罗马器皿和钱币。在卡莱卡杜（Karaikadu，位于科芒代尔海岸）发现了罗马和仿制罗马的器皿，还有玻璃和珍珠项链。⑤ 这些遗存都是罗马帝国和印度各地进行贸易的佐证。

3. 印度—中亚犍陀罗艺术中的罗马因素

公元初几个世纪，印度—中亚地区是罗马艺术因素的重要影响之地。西北印度的佛教艺术——犍陀罗（Gandhara）艺术集中体现了希腊—罗马造型艺术的特征。犍陀罗地区位于今日北巴基斯坦和东阿富汗地区，以白沙瓦（Peshawar）、查尔萨达（Charsadda）和塔克西拉为中心。犍陀罗艺术中最具罗马特色的是佛教人物雕像。公元2世纪，哈达的一个菩萨雕塑形象接近同

---

① Warwick Ball, *Rome in the East：The Transformation of an Empire*, London：Routledge, 2000, p. 127.
② Whitehouse, "The Periplus Maris Erythraei", *Journal of Roman Archaeology* 3, 1990, p. 490.
③ Warwick Ball, *Rome in the East：The Transformation of an Empire*, London：Routledge, 2000, p. 128.
④ Mortimer Wheeler, *Rome beyond the Imperial Frontiers*, London：G. Bell and Sons, Ltd., 1954, p. 132.
⑤ Ibid..

时期的罗马雕塑形象，可能模仿了罗马雕像的造型。① 北巴基斯坦发现的印度女神诃梨帝母（Hariti）怀抱孩子的形象似乎来自西方教堂中至圣童贞（Virgin，指圣母玛利亚）和孩子的形象。其中，有一个特别的忏悔图像中的镶板技术可能来自罗马帝国的凯旋门、石棺和廊柱。② 在犍陀罗艺术中，对菩萨最初的描绘是身穿罗马托加僧袍，面容模仿阿波罗，具有杏仁般的眼睛，面带微笑，波浪式头发垂直双肩。其中使用的浅浮雕是花叶边饰、叶饰，具有明显的希腊风格，这类作品和罗马帝国安东尼时期的雕塑高度相似。③

图 4-1 哈达地区的菩萨半身像

图片来源：Warwick Ball, *Rome in the East: The Transformation of an Empire*, London and New York: Routledge, 2000, p. 140。

---

① Warwick Ball, *Rome in the East: The Transformation of an Empire*, London: Routledge, 2000, p. 139.

② Ibid..

③ [法] 让·诺埃尔·罗伯特：《从罗马到中国——凯撒大帝时代的丝绸之路》，马军、宋敏生译，广西师范大学出版社 2005 年版，第 214 页。

图 4-2 印度女神怀抱婴儿雕像

图片来源：Warwick Ball, *Rome in the East: The Transformation of an Empire*, London and New York: Routledge, 2000, p. 143。

那么，犍陀罗艺术的灵感源泉是不是来自罗马艺术？第一，犍陀罗艺术在贵霜统治时期得到迅速发展。从时间上看，这一时期罗马帝国和印度的海上贸易迅速发展，罗马帝国的器物和工艺品进入印度，犍陀罗艺术应是受到罗马帝国艺术风格的影响。但是，由于希腊化的巴克特里亚王国在中亚的存在，印度—希腊人在印度西北部活动长达约两个世纪，希腊化文化与印度文化发生了直接的接触和融合。而且，罗马帝国东部人口中有大量的希腊人，罗马帝国到印度的商人中有一部分就是希腊商人。罗马艺术

图 4-3 犍陀罗地区具有希腊罗马古典艺术特征的人物形象

图片来源：Benjamin Rowland, "Gandhara, Rome and Mathura: The Early Relief Style", Archives of the Chinese Art Society of America, Vol. 10, 1956, p. 10。

本质上是希腊艺术的继承和发展，所以，犍陀罗艺术应该包含了希腊罗马古典艺术的特征。第二，贵霜国王迦腻色伽对犍陀罗艺术的发展起到了至关重要的作用。他统治时期，罗马帝国和贵霜的商业贸易十分繁荣，经红海、印度洋到西北印度港口，然后经塔克西拉、贝格拉姆，到巴克特里亚、中国的贸易相当繁荣，促进了罗马帝国艺术向印度的传播。第三，印度早期佛教艺术中，没有佛的人物形象，只用脚印、佛塔等标志物表示，而希腊罗马诸神雕塑皆具人的形象，可以说，犍陀罗艺术的源头便是希腊的造型艺术和神人同形同性观念。这一时期，罗马帝国和印度存在广泛交往，犍陀罗艺术中把菩萨描绘成人的形象出现，最有可能的来源就是罗马艺术。[1] 最后，有传说称圣托马斯（St. Thomas）曾经在北印度传播基督教，并在塔克西拉修建宫殿，[2] 此说可能是谬传，但由此可以推测，有些西方人可能受雇为贵霜帝国服务，基督教的人物形象等艺术风格有可能影响了印度艺术。

总的来说，从地缘关系上看，犍陀罗艺术有可能受到伊朗艺术、中亚

---

[1] ［法］让·诺埃尔·罗伯特：《从罗马到中国——凯撒大帝时代的丝绸之路》，马军、宋敏生译，广西师范大学出版社2005年版，第215页。

[2] Richard Garbe, St. Thomas in India, The Monist, Vol. 25, No. 1, Published by: Hegeler Institute, 1915, pp. 3-7.

艺术和印度本土艺术，以及一度统治印度西北部的印度—希腊人、印度—帕提亚人、印度—斯基泰人艺术的影响。从时间上看，公元1世纪以后罗马艺术的引入促成了佛教雕塑诸多形象的出现，对犍陀罗艺术的形成起到直接的作用。犍陀罗艺术是佛教文化与希腊—罗马雕像造型艺术的结合，或者说是佛教文化与希腊罗马古典文化的结合，是东西方文化交流的产物。

二　罗马帝国与阿拉伯地区

（一）罗马帝国和阿拉伯国家对海上丝绸之路的争夺

希腊化时期，托勒密王国占据着红海西岸的一部分，他们的船只可以经过长距离航行到达印度，但双方的直航尚未实现。当时托勒密王室垄断对外贸易，限制了商业的发展，阿拉伯半岛南部的赛伯邑人（Sabaeans）控制着和印度的海上贸易。[1] 公元前2世纪末，希木叶尔人（Himyarites）兼并了赛伯邑，他们占据了也门和亚丁湾的港口，通过海路与印度进行贸易，并使用武力阻止印度船只进入红海，也阻止埃及船只出红海。[2]

公元1世纪，希木叶尔人同时接收埃及和印度的货物。根据《厄立特里亚航海记》的记载，亚丁（即书中记载之尤岱蒙，Eudaimon）是个天然良港，来自埃及和印度的商品都运到了这里，就像亚历山大里亚同时接收来自海外和埃及的商品一样。[3] 奥古斯都支持埃及的商贸发展，罗马帝国对红海的控制权逐渐增强。出于商业利益的驱使，罗马帝国对希木叶尔进一步施压。由于罗马帝国是南阿拉伯香料的主要市场，它对阿拉伯地区的各个王国按照其态度好坏分别规定关税份额，希木叶尔人考虑到商业利益，停止了对罗马船只的阻拦。[4]

---

[1] ［英］G. F. 赫德逊：《欧洲与中国》，王遵仲、李申、张毅译，中华书局1995年版，第43页。

[2] 同上。

[3] Lionel Casson, *Periplus Maris Erythraei: Text with Introduction, Translation, and Commentary*, "Text and Translation" 26, New Jersey: Princeton University Press, 1989.

[4] ［英］G. F. 赫德逊：《欧洲与中国》，王遵仲、李申、张毅译，中华书局1995年版，第46—47页。

第四章　罗马帝国和丝绸之路

罗马帝国早期，埃及同阿拉伯地区的贸易增长，贸易对象大部分都是阿拉伯人。阿拉伯商品通过红海海路到达埃及港口或者距离佩特拉最近的港口埃拉纳（Aelana），或通过阿拉伯半岛的南北商路（即汉志商道），从南阿拉伯通过佩特拉到达地中海东岸。据普林尼记载，阿拉伯地区的商人在他生活的时期（公元1世纪中叶）将乳香运到罗马。[①] 阿拉伯人一直经营印度商品贸易，北部阿拉伯地区的商人垄断经营一些印度商品，例如，来自巴里加扎的商人把印度的铜、柚木、黄檀木、乌木等运达波斯湾的阿拉伯地区港口阿颇罗格斯（Apologos）和奥马纳（Omana），[②] 然后阿拉伯商人通过陆路运到佩特拉，这条路线被称作"木材之路"。《厄立特里亚航海记》的作者也得知木材贸易的整个组织过程，但埃及商人无法在印度购得木材，[③] 多数时候只能依靠阿拉伯人中转获得。

随着对季风的利用，埃及商人可以借助季风直航印度，结果遭到阿拉伯人的竭力阻止。奥古斯都采取措施反击阿拉伯人，但最终也没能征服阿拉伯半岛地区，只能和阿拉伯人保持某种均势。[④] 公元1世纪中期，希木叶尔国王查力拜尔（Charibael）是赛伯邑和希木叶尔两个王国的统治者，是罗马皇帝的朋友，经常向罗马帝国派出使者、赠送礼物。[⑤] 可见，阿拉伯南部小王国虽然有贸易的地理区位优势，但毕竟在罗马帝国的势力影响之下，它们希望和罗马帝国保持友好关系，继续维持自己的贸易，为商业来往创造一个和平的环境。

虽然罗马人更多地参与到印度洋贸易中，但阿拉伯人作为印度洋的第一个航海民族，似乎控制了古代印度洋大部分的贸易。早期的阿拉伯商业

[①] Pliny, *Natural History*, 12.31.56, with an English translation by H. Rackham, Cambridge, Mass: Harvard University Press, 1999.

[②] Lionel Casson, *Periplus Maris Erythraei: Text with Introduction, Translation, and Commentary*, "Text and Translation" 36, New Jersey: Princeton University Press, 1989.

[③] John Thorley, The Development of Trade between the Roman Empire and the East under Augustus, *Greece & Rome*, Second Series, Vol. 16, No. 2, Oct., 1969, pp. 209-223.

[④] Ibid..

[⑤] Lionel Casson, *Periplus Maris Erythraei: Text with Introduction, Translation, and Commentary*, "Text and Translation" 23, New Jersey: Princeton University Press, 1989.

繁荣，有三个中心，一是赛伯邑王国与希木叶尔王国（Himyarite Kingdom），二是米奈王国（Minaeans），三是阿拉伯半岛靠近波斯湾地区的盖尔哈（Gerrha）。盖尔哈连接阿拉伯半岛内陆地区的道路被沙漠阻断，其繁荣很大程度上依赖于海上贸易。阿拉伯南部港口同印度的贸易较发达，托勒密王国时期的学者阿伽塔奇德斯（Agatharchides）提到，在赛伯邑的港口有巨大的船只去往印度进行贸易。[①] 希腊化时期和罗马帝国早期，阿拉伯人对印度洋贸易均有着强有力的控制。

罗马帝国早期，埃及到印度的航行还没有普遍开展，远没有阿拉伯人和印度交往的频繁。普林尼的《自然史》涉及印度南部，他的知识来自希腊航海家希帕鲁斯（Hippalus），后者从红海利用季风直航印度马拉巴海岸和锡兰。[②] 但是，在印度洋季风被充分利用之前，阿拉伯人对从红海到印度马拉巴海岸的海路更为熟悉，主导了红海至印度的贸易。甚至到了公元1世纪时，通往印度的南方水路几乎还在阿拉伯人的手里，他们通过海路进口东非和印度的土产，然后经阿拉伯半岛陆上商路把货物运到北方的叙利亚和埃及，或者由红海北上，运至与尼罗河上游相通的运河口，或者经红海南部运到埃及红海港口，然后取道埃及沙漠，运到尼罗河的港口。[③]

综上所述，笔者认为是阿拉伯人最先控制了印度洋航路，而且在红海、印度洋贸易中发挥了关键作用。但是，罗马帝国建立后，在其强大的军事、经济实力支持之下，尤其是在季风被充分利用、埃及与印度直航之后，阿拉伯人对红海、印度洋贸易的控制才逐渐削弱。

（二）罗马帝国和希木叶尔王国在海上丝路的贸易

1. 赛伯邑王国、希木叶尔王国

赛伯邑人所属的阿拉伯也门民族主要从事香料贸易，并从中获得西方

---

① Lieutenant Dickinson, Observations on the Ancient Intercourse with India, *Journal of the Royal Geographical Society of London*, Vol. 6, 1836, pp. 113 – 119.
② Pliny, *Natural History*, 6.24, with an English translation by H. Rackham, Cambridge, Mass: Harvard University Press, 1999, pp. 89 – 91.
③ ［美］菲力浦·希提：《阿拉伯通史》，马坚译，商务印书馆1979年版，第66页。

大量的金银财富，他们用这些财富修建庙宇和豪华的宫殿。奥古斯都时期，罗马将领加鲁斯进攻阿拉伯地区的诱因之一便是试图控制这一富庶地区。① 赛伯邑人是阿拉伯半岛北部纳巴泰人的主要香料供应商，他们的贸易船只在红海非常活跃。赛伯邑王国位于阿拉伯半岛西南隅，扼由红海到印度交通的咽喉。当赛伯邑王统治南方各部落后，进一步夺取了通向海上的南阿拉伯商道，并进而控制南阿拉伯海岸诸港口，直接同非洲和印度贸易，把外来商品置于自己掌握之中，并开辟新的道路，以利于军事活动和商业运输。② 在很长时间内，赛伯邑人成为东西方海上贸易的主要中介商。

由于红海北部的航行有种种困难，所以赛伯邑人开辟了也门与叙利亚间的陆路交通，即沿着阿拉伯半岛西岸北行，经过麦加和佩特拉，在陆路的北端，分为三条支路：一条至埃及，一条至叙利亚，一条至美索不达米亚。③ 这条商道即后来著名的汉志商道，赛伯邑人在其沿途设护路站，以保护商队的安全。赛伯邑人既是东西海上贸易的中介商，又是陆上南北商路的主要参与者，他们活跃于印度、埃塞俄比亚、埃及、叙利亚和两河流域之间，是这些国家和地区间最重要的中转商人。④

公元前2世纪末前1世纪初，希木叶尔人取代赛伯邑人，成为阿拉伯半岛西南地区的统治者。公元3世纪，希木叶尔王国占领了赛伯邑人的国土，控制了亚丁湾和地中海间的香料贸易商道。4世纪时，阿克苏姆（Axumite）国王埃札纳（Ezana）统治时期，希木叶尔成为阿克苏姆王国（公元前一千纪下半叶兴起于埃塞俄比亚，公元初成为独立国家）的一部分，阿克苏姆在阿拉伯南部地区建立了政权，而且，阿克苏姆信奉基督教，和拜占庭帝国的关系密切，抵制萨珊波斯势力的西进。⑤ 阿克苏姆的主要港口为阿杜里斯（Adulis），它在印度洋贸易中发挥着重要的作用。君士坦丁

---

① Strabo, *Geography*, 16.4.24 – 25, with an English translation by Horace Leonard Jones, Cambridge, Mass: Harvard University Press, 1988.
② 纳忠：《阿拉伯通史—上卷》，商务印书馆1997年版，第24页。
③ [美] 菲力浦·希提：《阿拉伯通史》，马坚译，商务印书馆1979年版，第55页。
④ E. H. Warmington, *The Commerce between the Roman Empire and India*, 2nd ed. London: Curzon Press, 1974, p.11.
⑤ [美] 菲力浦·希提：《阿拉伯通史》，马坚译，商务印书馆1979年版，第36页。

（Constantine，306—337年）统治时期，阿克苏姆王国开始控制红海、亚丁湾地区的海路。公元6世纪，拜占庭船只很少越过曼德海峡，阿拉伯的海上力量也逐渐被阿克苏姆王国取代。拜占庭皇帝查士丁一世（Justinus I, 518—527年）努力恢复罗马帝国在地中海沿岸的疆域，目的之一是使红海和印度之间的商业往来畅通。

宗教因素对拜占庭帝国和阿拉伯地区的关系产生了重要的影响。希木叶尔国王祖一努瓦斯信奉犹太教，在纳季兰（Nanjran）对基督教徒进行迫害。[1] 亚历山大主教提摩西三世（Timothy III）通过宗教的密切关系，要求阿克苏姆王国保证拜占庭帝国的红海商业利益。查士丁尼一世在公元531年要求阿克苏姆从印度进口丝绸，以避开萨珊波斯，然而，由于萨珊波斯在海上的阻挠，阿克苏姆商船无法垄断从印度转运丝绸的贸易。[2] 公元570年，萨珊波斯海军在红海击败了阿克苏姆的军队。公元575年，萨珊波斯支持的希木叶尔人将阿克苏姆势力驱逐出也门地区，重新控制了红海出海口，[3] 封住了拜占庭帝国出红海的咽喉，萨珊波斯从此取得了阿拉伯海的控制权，使拜占庭帝国与远东直接进行海上贸易的企图落空。

2. 阿拉伯半岛南部港口—穆扎

希木叶尔王国位于阿拉伯半岛的西南角，穆扎（Muza）是它的第一个贸易点，此地有一个大沙湾为贸易船只提供良好的抛锚条件。[4] 红海南部的阿拉伯海岸有大量海盗出没，罗马船只过了中部红海就会加快速度尽快驶过这一区域。希木叶尔人是罗马帝国和印度的中间商人，一定程度上阻碍了罗马帝国和印度间的直接贸易，所以，罗马帝国尝试控制穆扎，以降低希木叶尔人的中转贸易带来的高成本。

罗马帝国与穆扎间的贸易商品种类丰富。罗马商人给穆扎带来大量

---

[1] [美]菲力浦·希提：《阿拉伯通史》，马坚译，商务印书馆1979年版，第37页。

[2] Procopius, *History of the Wars*, 1.20.9-12, with an English translation by H. B. Dewing, Cambridge, Mass.: Harvard University Press, 1957.

[3] Irene M. Franck and David M. Brownstone, *The Silk Road: A History*, New York: Facts On File Publications, 1986, p.156.

[4] Lionel Casson, *Periplus Maris Erythraei: Text with Introduction, Translation, and Commentary*, "Text and Translation", New Jersey: Princeton University Press, 1989, p.23.

的衣物和纺织品，这些衣物迎合阿拉伯市场的流行式样，包括阿拉伯风格的有袖衣物、方格图案的衣物、披风、隐形条纹腰带。穆扎同样是罗马帝国的油膏市场，番红花、香水和药物、药用植物油沙豆（Cyperus）也从罗马帝国出口至此地。罗马商人为希木叶尔王室提供贵重货物，包括马、骡、金器、铜制品、上好的衣物、带有浮雕装饰的银器。穆扎是罗马帝国和阿拉伯主要的香料贸易地之一，罗马商人会在此获得大量没药和乳香，其他地区的阿拉伯人会携带香料至此进行贸易。此外，希木叶尔也出口当地的大理石。① 由此可见，罗马帝国时期海外贸易对海外市场的刺激作用明显，强劲的需求会促进海外贸易的扩张，海外市场随之得到扩大。

3. 阿拉伯半岛南部港口——奥凯里斯

阿拉伯南部港口奥凯里斯（Ocelis）位于亚丁湾附近，是埃及至印度的常规航线必经之地，发挥着重要的贸易中转作用。奥凯里斯位于穆扎南部，靠近曼德海峡，是相对安全的港口。在普林尼时代，它变成一个主要的贸易市场，借助季风从奥凯里斯（即普林尼《自然史》中的Cella）航行至印度需要40天的时间。② 然而，根据《厄立特里亚航海记》的记载，奥凯里斯与其说是一个贸易港口，不如说是一个供水站，埃及船只通过海湾在阿拉伯地区停靠的第一站。③ 尽管《厄立特里亚航海记》的作者对其评价不高，但是并没有否认奥凯里斯是贸易港口这一事实。古代亚丁湾周围的非洲、阿拉伯海岸生产乳香、没药等珍贵香料。乳香和没药在罗马社会有重要用途，被用来祭祀、制药、制造香水。由于市场需求的刺激，阿拉伯半岛贸易蓬勃发展，向罗马帝国输出大量的香料，亚丁湾市场遂成为阿拉伯海外贸易的主要市场。在埃及可以直航印度的时期，埃及船只似乎

---

① Lionel Casson, *Periplus Maris Erythraei*: *Text with Introduction*, *Translation*, *and Commentary*, "Text and Translation", New Jersey: Princeton University Press, 1989, p. 24.
② Pliny, *Natural History*, 6.26, with an English translation by H. Rackham, Cambridge, Mass: Harvard University Press, 1999.
③ Lionel Casson, *Periplus Maris Erythraei*: *Text with Introduction*, *Translation*, *and Commentary*, "Text and Translation", New Jersey: Princeton University Press, 1989, p. 25, W. H. Schoff (tr. & ed.), *The Periplus of the Erythraean Sea*: *Travel and Trade in the Indian Ocean by a Merchant of the First Century*, No. 25, London, Bombay & Calcutta, 1912.

通常选择在阿拉伯港口停靠，一是为了和阿拉伯当地贸易商进行货物交换；二是补给航行和生活所需。

4. 阿拉伯半岛南部港口—亚丁

罗马船只通过曼德海峡到达亚丁湾，沿着阿拉伯海岸向东航行，可以航行至亚丁（Aden），亚丁也是南部阿拉伯地区主要的商业城市。和普林尼不同，《厄立特里亚航海记》的作者认为去往印度航行的最佳地点应该是尤岱蒙（亚丁），因为这里"有非常好的港口，水源要比奥里西斯港口要好。来自埃及和印度的商品都运到了这里。"[1] 科普托斯的一则铭文记载道：公元70年，一个来自亚丁的使团访问了埃及，[2] 这很可能出于贸易目的，表明亚丁到埃及间的红海贸易一直在进行。公元2世纪的地理学家托勒密（Claudius Ptolemy）称它是一个商业中心。[3]

（三）罗马帝国和纳巴泰王国之间的丝路贸易

纳巴泰王国包括现在约旦地区的大部分、西奈（Sinai）、内格夫地区（Negev，包括加沙）、汉志北部、南部叙利亚，[4] 它的都城和最为重要的贸易城市是距红海东岸很近的佩特拉。阿拉伯贸易的显著特点是海陆贸易网络的互相连接。从亚丁湾向北经红海可至地中海地区，向东可以到达波斯湾，也可以远航印度。阿拉伯南部的港口还是埃及到印度贸易的中转站。由阿拉伯南部港口，陆上经汉志商道，同样可以到达叙利亚和地中海沿岸地区。在此贸易网络中，佩特拉是海陆贸易网络的一个重要枢纽。由亚丁湾向北经红海到地中海的海路和阿拉伯南北贯通的陆上商道，都经过大商

---

[1] Lionel Casson, *Periplus Maris Erythraei*: *Text with Introduction*, *Translation*, *and Commentary*, "Text and Translation" 26, New Jersey: Princeton University Press, 1989, W. H. Schoff (tr. & ed.), *The Periplus of the Erythraean Sea*: *Travel and Trade in the Indian Ocean by a Merchant of the First Century*, No. 26, London, Bombay & Calcutta, 1912.

[2] Raoul Mclaughlin, Rome and the Distant East, Auckland: MPG Books Group Ltd., 2010, p. 34.

[3] 这里有很多城镇和港口，参见 Claudius Ptolemy, *The Geography*, 6.7, Translated and Edited by Edward Luther Stevenson, with an introduction by Prof, Joseph Fischer, New York: Dover Publication, Inc., 1991。

[4] Warwick Ball, *Rome in the East*: *The Transformation of an Empire*, London and New York: Routledge, 2000, p. 60.

业中心佩特拉地区。佩特拉是纳巴泰人（Nabateans）的重要商贸城市，纳巴泰王国也由于获得商业利润而富裕。

纳巴泰人主要从事香料贸易。据狄奥多罗斯（Diodorus Siculus）记载，纳巴泰人从公元前4世纪就为东地中海地区提供乳香和没药，他们从南阿拉伯也门北部地区的米奈人（Minaeans）那里获得这些香料。① 公元前312年，亚历山大部将安提柯一世（Antigonus I）伏击纳巴泰人，抢掠了大量香料和银条，说明在公元前4世纪纳巴泰人的香料贸易已经颇具规模。②

公元前4世纪末，佩特拉已发展成为也门、叙利亚、埃及和巴比伦地区之间骆驼商队的中心，控制西亚商道达400年之久。托勒密王国兴起后，控制了红海航线，纳巴泰人受到严重威胁，不得不建立海上舰队。托勒密二世时期，双方发生长期的武装冲突。罗马在公元前1世纪中期试图攻占埃及，纳巴泰人遂在公元前62年同罗马结盟。③

奥古斯都时期，纳巴泰王国成为罗马帝国的附属国，由于贸易的繁荣，佩特拉发展成为地区首府，城市居民在红色岩石上雕刻了著名的纪念碑。④ 斯特拉波记载："佩特拉周围是岩石地貌，内部有丰富的泉水，岩石地貌外部环绕着沙漠。佩特拉有很多外国人居住，包括从事香料贸易的罗马商人。"⑤ 这说明罗马帝国初期，罗马商人和佩特拉之间的贸易已经开始。罗马统治者注意到了纳巴泰王国优越的地理区位所带来的商业优势，控制了纳巴泰王国也就控制了红海到地中海、埃及到两河流域的重要商道，所以，提比略时期，试图把纳巴泰王国变成罗马帝国的一个行省。罗马商人提供商品以交换当地商人的香料，包括金银、黄铜、紫袍、苏

---

① Diodorus Siculus, *Library of History*, 19.94, with an English Translation by C. H. Oldfather, Harvard University Press, reprinted, 1998.
② Diodorus Siculus, *Library of History*, 19.95 – 96, with an English Translation by C. H. Oldfather, Cambridge, Mass: Harvard University Press, 1998.
③ J. Thorley, The Silk Trade between China and the Roman Empire at its Height, "Circa" A. D., pp. 90 – 130, *Greece & Rome*, Second Series, Vol. 18, No. 1, Apr., 1971, pp. 71 – 80.
④ Pliny, *Natural History*, 6.32, with an English translation by H. Rackham, Cambridge, Mass: Harvard University Press, 1999.
⑤ Strabo, *Geography*, 16.4, with an English translation by Horace Leonard Jones, Cambridge, Mass: Harvard University Press, 1988.

合香、红番花以及浮雕、绘画等艺术品。① 纳巴泰王国一直作为罗马帝国的附属国存在,直到公元105—106年,它才成为罗马帝国的阿拉伯行省。但此后很长时期内,纳巴泰仍然保持它在西亚和埃及间商业中心的地位。②

佩特拉商人是丝路主要的丝绸零售商之一。距离佩特拉最近的港口留克科美(Leuke Kome)是红海地区接收东方货物的主要港口之一,是海陆贸易的枢纽,在此由海运转陆运,将商品运至阿拉伯半岛地区、地中海东岸及埃及地区。安条克、巴尔米拉、佩特拉的丝绸经营商把丝绸运至叙利亚海岸的贝鲁特、推罗、西顿等地进行重新纺织。地中海东岸城市对丝绸的需求促进了佩特拉发展与东方的海上贸易,佩特拉的商人也会沿着阿拉伯北部沙漠陆路到巴比伦和帕提亚境内进行贸易。丝绸纺织业的兴起要归功于叙利亚手工业的发展,这种发展和罗马帝国时期东方贸易的发展相辅相成,促进了罗马帝国手工业的发展。③

由佩特拉向北到叙利亚、地中海沿岸地区有重要的陆上商道,这条商道可以把佩特拉从西面埃及、东方的印度、中国以及南阿拉伯地区得到的货物转运至叙利亚和地中海东岸。阿拉伯商人从佩特拉出发,向北经过纳巴泰人的城市波士特拉(Bostra)到达罗马叙利亚地区的德卡波利斯(Decapolis)。波士特拉是罗马阿拉伯行省的首府,也是商贸中心,控制了大量由佩特拉而来的贸易。罗马帝国修建了从波士特拉到亚喀巴(Aqaba)湾的新道路,④ 这条道路穿越犹太人地区,使商人可从南阿拉伯地区经佩特拉远至大马士革。⑤ 而且,罗马人控制了豪兰(Hauran)到大马士革间的偏僻地区,促进了这一长距离贸易的发展。斯特拉波记载道:这里的蛮族人经常抢掠阿拉伯商人,驻守叙利亚的罗马军队打击

---

① Strabo, *Geography*, 16.4, with an English translation by Horace Leonard Jones, Cambridge, Mass: Harvard University Press, 1988.
② 纳忠:《阿拉伯通史—上卷》,商务印书馆1997年版,第34页。
③ John Thorley, "The Development of Trade between the Roman Empire and the East under Augustus", *Greece & Rome*, Second Series, Vol. 16, No. 2, Oct., 1969, pp. 209 - 223.
④ Warwick Ball, *Rome in the East: The Transformation of an Empire*, London and New York: Routledge, 2000, p. 165.
⑤ Raoul Mclaughlin, *Rome and the Distant East*, Auckland: MPG Books Group Ltd., 2010, p. 64.

了这里的盗贼，保证了商队的安全，① 罗马帝国对叙利亚的军事管理使得这条商路得以畅通。还有一条商路是由佩特拉经过阿拉伯北部沙漠到阿拉伯南部地区和波斯湾，它在罗马帝国和帕提亚发生战争，导致中上幼发拉底河到叙利亚的商路难以通行时，会暂时替代后者，成为丝路的支线之一。

公元1世纪，随着罗马埃及红海商路的发展，留克科美的贸易地位下降。公元2世纪，纳巴泰人的贸易出现衰落趋势，海运技术的进步使得海上贸易路线比陆上贸易更为方便，红海的贸易路线基本上被罗马埃及控制。② 而且，由于波斯湾到印度的海上贸易发展，巴尔米拉与波斯湾地区的贸易也得到发展，丝路主线逐渐转向以巴尔米拉为中心的更靠北的区域。由于阿拉伯地区的南北商路也采用了一条更东的道路，纳巴泰人的贸易中心由佩特拉转移到巴尔米拉，佩特拉逐渐丧失了其优势地位。同时，在幼发拉底河至叙利亚的商路上，罗马帝国建设新道路、增加了军队卫戍站，防止叙利亚沙漠中贝都因人（Bedouin）的侵扰。公元106年，罗马人控制了幼发拉底河以西到罗马的陆上贸易商路，③ 挤压了佩特拉人的盈利空间。

总的来看，罗马埃及和阿拉伯地区进行着普遍、频繁地贸易往来，阿拉伯南部地区的港口是埃及前往印度的中转站。罗马人从阿拉伯地区获得来自印度、东非等地的商品，阿拉伯南部地区充当了罗马帝国与印度海上贸易的交通枢纽，为罗马帝国、印度、非洲等地区的商品提供了交易市场。此外，阿拉伯半岛地区构建了广泛的海陆贸易网络，海上有从红海到波斯湾、印度的贸易路线等，陆上有贯通阿拉伯半岛南北的商路、由佩特拉到波斯湾地区的沙漠商路等。

---

① Strabo, *Geography*, 16.2, with an English translation by Horace Leonard Jones, Cambridge, Mass: Harvard University Press, 1988.
② Warwick Ball, *Rome in the East: The Transformation of an Empire*, London and New York: Routledge, 2000, p.60.
③ J. Thorley, "The Silk Trade between China and the Roman Empire at its Height, 'Circa' A. D. 90 – 130", *Greece & Rome*, Second Series, Vol.18, No.1, Apr., 1971, pp.71 – 80.

第三节 罗马帝国与中国的交往

罗马帝国与中国有无直接交往？如果有，何时开始？这些问题一直是中外学术界的难解之谜。但在两汉时期，中国方面对远国大秦和希腊罗马古典作家对远东一个名为赛里斯（Seres）的产丝之国还是有所知晓的。如果说两地陆上的交往尚有疑问，海上的连通应该已经实现。

一 罗马帝国与中国的陆上交往

（一）西方使团是否通过丝路到达过中国境内？

公元2世纪初，有一批希腊商人通过丝绸之路主干道到达中亚，并由此最终抵达"赛里斯"（Serica）都城赛拉（Sera）。他们是马其顿商人梅斯（Maes，一译马埃斯）的代理人，返回后，向梅斯汇报了途中所经过的主要道路和地点。梅斯把这些信息记载下来，被那时的地理学家马利努斯（Marinus）采用，写进了他的地理学著作。亚历山大里亚的地理学家托勒密（Ptolemy，约90—168年）在其著作《地理志》（Geographia）大量引用了马利努斯的材料。书中提到的"Serica"，学者们普遍认为，意即"丝国"，即中国。

托勒密自西向东叙述了马其顿商队的路线。他们从宙格玛渡过幼发拉底河，通过美索不达米亚的泰西封之后，向东到达中国西域边境的路线。具体路线可分为六段：第一段，从罗马边境城市宙格玛启程，穿过上美索不达米亚地区，到达埃克巴坦纳；第二段，从埃克巴坦纳穿过里海之门，到达里海东南的百门城；第三段，经阿里亚到木鹿（Merv）；第四段，由木鹿至巴克特拉（Bactra）；第五段，由巴克特拉至石塔。托勒密记载："由大夏（巴克特里亚）首都折向北转一直抵达科麦德人的山区最高处，然后翻越重山折而向南直达向平原敞开的岬谷。"[①] 科麦德山区

[①] Claudius Ptolemy, *The Geography*, 1.12, Translated and Edited by Edward Luther Stevenson, with an introduction by Prof. Joseph Fischer, New York：Dover Publication, Inc., 1991, p. 34；译文引自 [法] 戈岱司编《希腊拉丁作家远东古文献辑录》，耿昇译，中华书局1987年版，第23—24页；中译也可参见 [英] 裕尔撰，[法] H. 考迪埃修订《东域纪程录丛》，张绪山译，云南人民出版社2002年版，第149—150页。

(Comedi)位于今塔吉克斯坦的国家境内，它与阿赖峡谷交界处是达拉乌特库尔干，斯坦因（Stein）认为达拉乌特库尔干就是石塔的所在地。托勒密的记载似乎印证了这一观点："马利努斯说，如果攀上这一山谷，就会到达石塔，在东部与伊麻奥斯山（Imaos）相接壤的山脉即是由石塔开始。"① 最后一段路，翻越帕米尔高原（Pamirs）到达塔里木盆地城郭诸国，并有可能到达东汉都城洛阳。托勒密提到，经过石塔过葱岭，便到了赛里斯国境，再有一段路程，便可到达赛里斯都城赛拉（Sera）。马林努斯说，商人只注重商业利益，从来没有地理探索的兴趣，而且喜欢使用夸张的数字吹嘘他们行走的距离，他们在对这七个月的行程没有留下任何有价值的信息记录。② 托勒密对商路的记载似乎说明从西方到中亚的丝绸之路在这一时期得到迅速发展，陆上丝绸之路也真正延伸到罗马帝国境内。丝绸之路主干道在这一时期全线贯通，并有西方商队经常来往于这条丝绸之路主干道上，罗马帝国与中国西域的边缘地区建立了直接联系。

然而，仅就托勒密的记载，我们并不能确定马其顿商队是否进入了中国内陆和都城。《后汉书·西域传》："和帝永元六年，班超复击破焉耆，于是五十余国悉纳质内属。其条支、安息诸国，至于濒海四万万里外，皆重译贡献。（永元）九年，班超遣掾甘英穷临西海而还，皆前世所不至，山经所未详……于是远国蒙奇、兜勒皆来归服，遣使贡献。"③ 日本学者长泽和俊（Nagasawa Kazutoshi）则认为，兜勒可能是幼发拉底河中游城市杜拉·欧罗普斯中杜拉（Dura）的音译。④ 中国学者林梅村将兜勒比对为地

---

① Claudius Ptolemy, *The Geography*, 1.12, Translated and Edited by Edward Luther Stevenson, with an introduction by Prof, Joseph Fischer, New York：Dover Publication, Inc., 1991, p.34；译文引自［法］戈岱司编《希腊拉丁作家远东古文献辑录》，耿昇译，中华书局1987年版，第24页；中译也可参见［英］裕尔撰，［法］H.考迪埃修订《东域纪程录丛》，张绪山译，云南人民出版社2002年版，第150—151页。

② Claudius Ptolemy, *The Geography*, 1.11, Translated and Edited by Edward Luther Stevenson, with an introduction by Prof, Joseph Fischer, New York：Dover Publication, Inc., 1991, p.33；相关讨论见 J. D. Lerner, Ptolemy and the Silk Road：from Baktra Basileion to Sera Metropolis, *East and West*, Vol. 48, No. 12（June 1998），pp. 9 – 25。

③（南朝·宋）范晔：《后汉书》卷八十八《西域传》，中华书局1965年版，第2910页。

④［日］长泽和俊：《丝绸之路史研究》，钟美珠译，天津古籍出版社1990年版，第429页。

中海东岸城市推罗。① 杨共乐认为，蒙奇、兜勒是马其顿地区，② 张绪山也认为蒙奇、兜勒是马其顿，认为马其顿是一个封国。③《后汉书·和殇帝纪》中记载："永元十二年，冬十一月，西域蒙奇、兜勒二国遣使内附，赐其王金印紫绶。"④ 关于蒙奇、兜勒的对应地，国内学界还有其他说法⑤。即使可与马其顿勘同，其使者也难以与梅斯手下的那些商人认同。张绪山认为，梅斯商人东行的目的是探寻丝绸源头，进行丝绸贸易，以便打破安息的垄断，没有必要再远赴洛阳作政治性访问。如果梅斯手下的商人到达过洛阳，不会在其返回后，对他们旅程中中国内地的地理人文景观不加以详细描述；同样，也很难设想马林努斯对此会不加以记载，托勒密会不加评论。⑥ 由此可见，张绪山对罗马商团到达洛阳持怀疑态度，前提是没有充分的史料证明这一事件。笔者认为，马其顿商团似乎到达过中国西域地区，但是否到达过中国当时的都城洛阳或者其他内陆城市，确实难以确定。从托勒密的记载中，无法判定马其顿商团到达过中国内地，从《后汉书》的记载中，也难以确定马其顿商团到达过中国内地，因此，笔者倾向于认为马其顿商团并未到达中国都城。

（二）甘英出使大秦到帕提亚边境对于丝路的意义

公元前60年，西汉王朝设立西域都护，统辖西域各国，有力地保证了汉朝内地与西域的政治关系与经济文化交往。但到西汉末王莽时期及东汉初年，由于匈奴势力复起，内地与西域关系断绝。班超于公元73年随窦固出塞抗击匈奴，继而受命经营西域。公元91年，他被重新任命为西域都护，西域50余国又都臣服于汉朝。

---

① 林梅村：《公元100年罗马商团的中国之行》，《中国社会科学》1991年第4期。
② 杨共乐：《谁是第一批来华经商的西方人？》，《世界历史》1993年第4期。
③ 张绪山：《关于"公元100年罗马商团到达中国"问题的一点思考》，《世界历史》2004年第2期。
④ （南朝·宋）范晔：《后汉书》卷四《和殇帝纪》，中华书局1965年版，第188页。
⑤ 参见杨巨平：《传闻还是史实——汉史记载中有关西域希腊化国家与城市的信息》，《西域研究》2019年第3期。
⑥ 张绪山：《关于"公元100年罗马商团到达中国"问题的一点思考》，《世界历史》2004年第2期。

丝绸之路开通之后，中国使团经常跨出中国边境，去往中亚、印度甚至西亚地区进行贸易，甘英就是其中的代表。公元97年，班超派遣其部下甘英出使大秦（罗马帝国或罗马帝国东部），希望能得知更多关于大秦的信息。

汉朝人从传闻中得知大秦是西域的大国："其人民皆长大平正，有类中国，故谓之大秦。"并得知大秦国出产金银、珍宝、异物，还得知：大秦"与安息、天竺交市于海中，利有十倍。其人质直，市无二价。……其王常欲通使于汉，而安息欲以汉缯彩与之交市，故遮阂不得自达。"① 这说明，汉朝人了解到富裕的大秦王欲通使于汉，却被横在中间的帕提亚（安息）人阻隔，而不能直接与汉交往。

甘英出使大秦的路线，只能据《后汉书·西域传》作些推测。《后汉书·西域传》记载道："自安息西行，三百四十里至阿蛮国。从阿蛮国行三千六百里至斯宾国。从斯宾南行渡河，又西南至于罗国九百六十里，安息西界极矣。"② 又记载道："和帝永元九年，都护班超遣甘英使大秦，抵条支。临大海欲渡。"③ 甘英出使大秦的路线，大概是从当时西域都护驻地龟兹它乾城（今新疆库车西南）出发，沿西域北道西行，经新疆喀什，越过帕米尔高原，再往西经过阿富汗到伊朗境内，然后经过今伊拉克巴格达东南的斯宾（底格里斯河畔的塞琉西亚），由此渡过底格里斯河，然后再前行，便到了条支。关于条支和大海的所指，争议较多。有的学者认为，条支即今叙利亚城市安条克，大海就是其西面的地中海。也有学者认为，条支位于波斯湾。从条支和安息的地理相对位置和史书中的西海位置来看，笔者倾向于后一种观点。④

正当甘英打算渡海西行之时，安息西界的船人却极力拦阻。甘英出使大秦失败有多重原因，第一，据《后汉书·西域传》记载："安息西界船人谓英曰：'海水广大，往来者逢善风三月乃得度，若遇迟风，亦有二岁者，故入海者皆赍三岁粮。海中善使人思土恋慕，数有死亡者'。英闻之

---

① （南朝·宋）范晔：《后汉书》卷八十八《西域传》，中华书局1965年版，第2919页。
② 同上书，第2918页。
③ 同上。
④ 关于条支方位的考证，参见杨巨平《传闻还是史实——汉史记载中有关西域希腊化国家与城市的信息》，《西域研究》2019年第3期。

乃止。"① 知难而退应该是甘英出使大秦失败的主要原因，也是直接原因；第二，从操作性上来看，因为安息人不主张甘英渡海，所以，甘英即使执意要渡海，也很难得到当地船只及船员的支持，渡海也就成了不可能实现的愿望；第三，前述安息人的从中"遮阂"可能也是甘英出使大秦失败的原因之一。

甘英虽然没有踏上罗马帝国的本土，但是他仍然是中国使节中出使最远的，此前的汉使最远不过帕提亚。公元前2世纪末到公元1世纪，由于张骞、李广利、班超、甘英等人不断地向西探索、开拓，丝绸之路实现东西贯通，从长安到叙利亚地区的丝绸之路主干线确立并不断地发展，为东西方的使者往来和商队贸易创造了十分有利的条件。通过使节和商队传输的信息，使得罗马帝国和汉朝互相之间对彼此有了更多的了解，也为罗马帝国和汉朝建立直接联系创造了可能性。甘英获得的罗马帝国的信息，丰富了汉人对远西地区的知识。当然，甘英出使大秦失败也说明，汉代陆路上与大秦的交往困难重重，所以海上交通便成为大秦商人与中国建立直接交往的最佳选择，这就是从红海到印度洋至中国南海的贸易路线。

二 罗马帝国与中国的海上交往

（一）抵达日南的大秦使者

《后汉书·西南夷传》记载："永宁元年（公元120年），掸国（缅甸）王雍由调复遣使者诣阙朝贺，献乐及幻人……自言我海西人。海西即大秦也，掸国西南通大秦。"② 这是中国方面关于罗马人来华的首次明确记载，且是通过缅甸的中转，表明罗马人的航海范围已经远至孟加拉湾东部。大秦幻人是缅甸国王进贡汉廷的礼物，这次访问显然不是罗马官方的授意。但是，罗马人还是最终从海上到达中国南部沿海地区。《后汉书·西域传》对此有简短的记载："桓帝延熹九年（公元166年），大秦王安敦

---

① （南朝·宋）范晔：《后汉书》卷八十八《西域传》，中华书局1965年版，第2918页。
② （南朝·宋）范晔：《后汉书》卷八十六《南蛮西南夷列传》，中华书局1965年版，第2851页。

遣使自日南徼外献象牙、犀角、瑇瑁，始乃一通焉。"① 被中国史书认为大秦和中国直接建立官方联系之始的这次所谓遣使，所来之人其实并非罗马皇帝的使节，而是地中海东岸的商人。原因有三，第一，罗马帝国在公元2世纪中后期，正在应付和帕提亚的战争，并受到瘟疫的困扰，根本无暇顾及处理和遥远东方的关系，也没有和中国交往的必要；第二，一般来说，罗马埃及进行远洋贸易的商人大多是私人团体，不可能代表皇帝和帝国与传说中的远东国家，尤其是中国建立直接的官方联系。夏德（Hirth）甚至认为：这些罗马商人在安南卖掉带来的罗马货物，然后在当地购买一些特产，作为呈送中国皇帝的礼品。这些象牙、犀角和瑇瑁实际上是安南的物产。②《后汉书·西域传》记载道："其所表贡，并无珍异，疑传者过焉。"③ 不管如何，罗马人从海陆两道到达中国，对于罗马帝国和中国之间的相互了解是大有助益的。

（二）大秦和东吴的海上通使

《梁书·诸夷传》记载了罗马帝国与印支半岛的商业交往，其中说道，大秦"其国人行贾，往往至扶南、日南、交趾，其南徼诸国人少有到大秦者。"④ 还记载了罗马帝国商人与东吴的交往："孙权黄武五年（公元226年），有大秦贾人字秦论来到交趾。交趾太守吴邈遣送诣权。权问方土谣俗，论具以事对。时诸葛恪讨丹阳，获黝、歙短人，论见之曰'大秦希见此人。'权以男女各十人，差吏会稽刘咸送论，咸于道物故，论乃径还本国。"⑤ 这是中文文献中第一次有明确姓名记载的大秦人来华。

《晋书·四夷传》对西晋时大秦（罗马）人来到中国也有极简短的记载："武帝太康（公元280—289年）中，其王遣使贡献。"⑥ 但对他们从何而来，带何贡品并无提及。有一本成书于晋永兴元年（公元304年），作

---

① （南朝·宋）范晔：《后汉书》卷八十八《西域传》，中华书局1965年版，第2920页。
② ［德］夏德：《大秦国全录》，朱杰勤译，商务印书馆1964年版，第120页。
③ （南朝·宋）范晔：《后汉书》卷八十八《西域传》，中华书局1965年版，第2920页。
④ （唐）姚思廉：《梁书》第五十四卷《诸夷传》，中华书局1973年版，第798页。
⑤ 同上。
⑥ （唐）房玄龄：《晋书》第九十七卷《四夷传》，中华书局1974年版，第2545页。

古国文明与丝绸之路

者相传为晋嵇含的《南方草木状》中,提到了太康五年(公元284年)大秦曾向晋献蜜香纸三万幅。此记载似乎可与太康中的大秦遣使相联系,但夏德对此持怀疑态度。他认为带如此巨大数量的草纸来中国不可能,也没有必要,中国有自己的纸,而且这所谓的使者不过是叙利亚或亚历山大里亚的商人,他们采用公元166年那些所谓的罗马使团相似的路线,在安南把携带的大秦物品出售以后,购买了一些当地的货物,充作本国货品,用来作为呈送中国皇帝的礼品。①

西晋时罗马帝国遣使来到中国,是中国史籍中关于罗马帝国向中国遣使的最后一次记载。罗马帝国在公元3世纪遭遇了经济、政治等一系列危机,经济衰退,社会秩序不稳定,这使得罗马帝国根本无力分担与东方交往的任务。罗马帝国处理国内和边境事务尚且棘手,似乎没有主动与遥远中国建立外交关系的动力。中国在公元3世纪大部分时期处于三国时代,国内混战,即使西晋在3世纪末期统一了中国,也难以在政权建立初期就投入精力开展与西方的海上贸易,所以,罗马帝国与中国直接的海上交往没有延续下去,这不能不说是一个历史的遗憾。

三 罗马帝国和帕提亚、萨珊波斯帝国的陆上贸易

(一)罗马帝国与帕提亚的商贸关系

丝绸之路是一个断断续续由很多路线和城市连接起来的贸易网,丝路贸易的最终完成需要沿途商人的数次转手。帕提亚介于中国和罗马帝国之间,位居东西陆路交通之枢纽,自然成为东西贸易的中间商人。②《史记·大宛列传》记载:"初,汉使至安息,安息王令两万骑迎于东界。东界去王都数千里。行比至,过数十城,人民相属甚多。汉使还,而后发使随汉使来观汉广大。"③ 这是双方第一次互派使者访问对方的明确记载,说明两

---

① F. Hirth, *China and the Roman Orient: researches into their ancient and medieval relations as represented in old Chinese records*, Leipsic & Munich: Georg Hirth; Shanghai & Hongkong: Kelly & Walsh, 1885, pp. 273–274;[德]夏德:《大秦国全录》,朱杰勤译,商务印书馆1964年版,第119—120页。
② 姚宝猷:《中国丝绢西传考》,《史学专刊》1937年第1期。
③ (西汉)司马迁:《史记》卷一百二十三《大宛列传》,中华书局1959年版,第3172—3173页。

国正式外交和经贸关系的确立,是张骞第二次出使西域的成果之一,意义重大。

由于罗马社会获得丝绸的主要渠道是陆上丝绸之路,而陆路主干线必定要经过帕提亚境内,所以,帕提亚在陆上丝绸之路上的地位举足轻重。赫德逊(Hudson)认为:"丝绸或许是由安息人引入西亚的,当时他们已经熟悉中国使者所赠送的礼品丝绸了;不久之后帕提亚人购买丝绸不仅供自己消费,而且还贩卖给更远的西方。"① 中国史书中也有帕提亚与罗马帝国进行贸易的记载,《后汉书·西域传》记载:"(大秦)与安息、天竺交市于海中,利有十倍。"② 总的来看,整个罗马帝国时期,两河流域和波斯湾大部分时间都控制在帕提亚和其他中间人手中,罗马帝国在丝路贸易上对帕提亚有很强的依赖性。罗马帝国的丝路贸易受到诸多因素的影响。

1. 罗马帝国与帕提亚战争对罗马帝国商贸的影响

罗马帝国和帕提亚争夺丝绸之路的北线,即传统的草原丝绸之路西段。草原丝绸之路从中国华北的河套地区,跨越戈壁沙漠,从西北转蒙古草原,向西经过阿尔泰山区,穿过准噶尔山口到达巴尔喀什湖以北,然后从这里通过西伯利亚草原,沿咸海(Aral Sea)、里海北部到达黑海北部沿岸。③ 亚美尼亚地处里海和黑海之间,所以成为罗马帝国和帕提亚争夺的重点地区。由于草原丝路可通中亚、印度及中国,罗马帝国一旦控制了高加索到里海的草原丝路,就可以绕过帕提亚,直接与东方进行贸易。对草原丝路西段尤其是亚美尼亚的争夺,是罗马帝国和帕提亚冲突的一个重要诱因。

拜占庭帝国早期,萨珊波斯与黑海地区有贸易往来。查士丁尼一世(Justinianus I,公元527—565年)时期的《法学汇编》(*The Digest or Pandects*)把"帕提亚毛皮(Parthian furs)"列入须缴税的商品目录中。④ 这

---

① [英] G.F.赫德逊:《欧洲与中国》,王遵仲、李申、张毅译,中华书局1995年版,第48—50页。

② (南朝·宋)范晔:《后汉书》卷八十八《西域传》,中华书局1965年版,第2919页。

③ 张绪山:《三世纪以前希腊—罗马世界与中国在欧亚草原之路上的交流》,《清华大学学报》2005年第5期。

④ *The Digest or Pandects of Justinian*, 39, 4, 16, 7, translated by Samuel P. Scott, Cincinnati, 1932.

一时期，拜占庭帝国国力较强，统治中心在黑海地区，为拜占庭商人使用黑海经高加索至里海的北方商道提供了有利的外部环境。帕提亚毛皮很有可能从萨珊波斯境内北上高加索地区，然后由黑海运至拜占庭境内。总的来看，草原丝绸之路沿线地理条件恶劣、天气寒冷、游牧蛮族常出没、缺乏稳定的政权统治，所以没能成为常规的贸易路线，它承担的贸易任务应远不及绿洲丝路和海上丝路。

罗马帝国和帕提亚的争夺主要集中在两河流域。奥古斯都（Augustus，公元前27—公元14年）时期，帝国东部疆土到达幼发拉底河一线，和帕提亚相对。索利（John Thorley）认为："奥古斯都巩固东部边境，实行温和渗透的政策，与帕提亚建立友好关系是罗马商业扩张的需要。"[1] 帕提亚王弗拉特斯四世（Phraates IV，约公元前38—前2年）时期，奥古斯都请求帕提亚归还在罗马人在卡雷战役[2]中失去的罗马军旗，最终获得同意，从此，双方进入相对和平相持状态。[3]

一般认为，罗马商人被禁止通过帕提亚，但也有一些个人试图探索通往中亚的道路，卡拉克斯的伊西多尔（Isidore of Charax，约公元前/后1世纪）就是其中的一位。他于公元前25年左右，开始了他的东方之旅。他的调查报告《帕提亚驿程志》（*Stathmoi Parthikoi*）是一份关于帕提亚交通要道的记录，是现存帕提亚、萨珊波斯和罗马帝国抗争时代唯一的东西交通文献。书中记录了帕提亚治下从西亚到中亚的沿途驿站，记述了罗马帝国和帕提亚国界附近的重要城市，如宙格玛、阿帕米亚、卡拉克斯（Charax）、尼凯福里翁（Nicephorium）、杜拉·欧罗普斯等，并对他们之间的距离和行程做了详细描述。[4]

---

[1]　John Thorley, "The Development of Trade between the Roman Empire and the East under Augustus", *Greece & Rome*, Second Series, Vol. 16, No. 2 (Oct., 1969), pp. 209 – 223.

[2]　公元前53年罗马和帕提亚在卡雷附近进行的一场重要战役。由罗马统帅克拉苏对阵帕提亚名将苏雷纳（Surena）。最终，罗马全军覆没，克拉苏被俘杀，罗马军团的鹰旗也被夺走。

[3]　Debevoise, *A Political History of Parthia*, Chicago: The University of Chicago Press, 1937, p. 140; Maria Brosius, *The Persians: An Introduction*, London & New York: Routledge, 2006, pp. 96 – 97, 136 – 138.

[4]　Isidore of Charax, W. H. Schoff, tr., *Parthian Stations: An Account of the Overland Trade Route Between The Levant and India in the First Century B. C.*, Philadelphia: the Commercial Museum, 1914, pp. 3 – 5, 20. 参见余太山《伊西多尔〈帕提亚驿程志〉译介》，《西域研究》2007年第4期。

帕提亚王沃洛加西斯一世（Vologases I，约公元51—78年）在位时期，和罗马皇帝尼禄（Nero，公元54—68年）的统治时期相当，双方因为亚美尼亚王位的问题，于公元58—63年发生战争，但最终双方恢复和平，帕提亚控制了亚美尼亚。罗马帝国弗拉维王朝（公元69—96年）时期，与帕提亚保持了较长时间的和平。如果说奥古斯都、尼禄和弗拉维王朝的皇帝对帕提亚采取谨慎的军事政策，那么图拉真统治时期（Trajan，公元98—117年在位），罗马帝国则开始向两河流域大举扩张，两河流域地区的贸易出现了明显的下滑，丝绸之路一度中断。公元162—165年，罗马帝国打败帕提亚，占领了底格里斯河畔的塞琉西亚，一度控制了波斯湾地区。公元三世纪中后期，巴尔米拉被罗马帝国摧毁，使得经叙利亚沙漠到达黎凡特地区的商路停滞。[1]

罗马人在陆上获得东方的丝绸等货物，大多要经过帕提亚人的中转。由于罗马帝国和帕提亚长期争夺边境疆土，罗马商人想通过帕提亚境内、直接进行丝绸贸易非常困难。罗马帝国和帕提亚的战争势必影响了商道的安全和贯通。在双方发生冲突的时期，丝路主干道会暂时中断，但是丝绸贸易可通过丝路主干道的分支或者其他贸易路线继续进行。丝绸贸易应是引起罗马帝国与帕提亚冲突的诱因之一，但不是主要原因，也不是直接原因。

2. 帕提亚的政策等因素对罗马帝国进口贸易的影响

这里可以应用赫德逊提出的商业模式分析影响贸易的因素。赫德逊在对古代商业成本进行分类的基础上，假设性地建立了古代商业运转模式。如A是生产地，B、C、D是三个中间阶段，E是消费国。在这一运转模式下，同一种商品的价格往往会受到诸多中间环节的影响而时常发生变化。[2]塞琉西亚的考古发现表明，帕提亚时期，国家政策对贸易的干预极其严格，对于奴隶、盐和其他物品的贸易全部征税。[3] 由于帕提亚帝国税收繁

---

[1] 赵汝清：《丝绸之路西段历史研究——兼论沿途民族迁徙及国家关系》，甘肃文化出版社1999年版，第277—298页。

[2] [英] G.F.赫德逊：《欧洲与中国》，王遵仲、李申、张毅译，中华书局1995年版，第44—45、49—50页。

[3] [匈牙利] 雅诺什·哈尔马塔：《中亚文明史》（第二卷），徐文堪、芮传明译，中国对外翻译出版公司、联合国教科文组织2002年版，第101页。

重,罗马帝国试图与印度开通海路,以避开帕提亚人的税收压榨。巴尔米拉的税法,表明了对过境贸易制定收税制度的必要性,也印证了公元1世纪到公元2世纪后期丝绸之路在叙利亚地区的兴盛。[①]

除了战争和税收,商路的安全因素也是影响罗马帝国贸易的重要因素。从两河流域至地中海的路上,众多的部落首领常常勒索商旅。此外,商路还会经常遭到游牧民族的攻击。[②] 罗马帝国在叙利亚地区修建驿站供商队休息,在东部边境维护其城市秩序,同时把它们作为边境市场同帕提亚商人进行贸易。罗马帝国控制了丝路西线西段的重要城市巴尔米拉之后,曾在此驻扎军队,保护商路。[③]

(二)拜占庭(罗马)帝国与萨珊波斯对丝绸之路的争夺

224年,在伊朗高原西南法尔斯地区(Fars)兴起的阿尔达希尔一世(Ardashir I)在霍尔木兹击杀帕提亚国王阿尔塔巴努斯四世(Artabanus IV,213—224年)。公元226年,阿尔达希尔一世在泰西封(Ctesiphon)加冕,建立了萨珊波斯帝国(224—651年)。萨珊波斯帝国不仅继承了帕提亚帝国的版图,而且继续和罗马—拜占庭帝国对抗。双方在叙利亚、亚美尼亚、两河流域地区经常发生战争,对丝路的畅通造成了巨大的威胁。252年,萨珊波斯王沙普尔一世(Shapur I,239—272年在位)发动对罗马帝国的战争,侵掠了叙利亚和美索不达米亚的城市。253年,萨珊波斯占领了安条克城,并破坏了重要的商业城市杜拉·欧罗普斯。随后,罗马帝国在巴尔米拉军队的帮助下,在埃德萨击败了萨珊波斯军队。[④] 297年,萨珊波斯再次被罗马帝国击败,萨珊波斯王纳尔塞(Narseh,293—302年在位)被迫与罗马帝国签订和约,规定两国以底格里斯河为界,亚美尼亚

---

① F. Matthews, "The Tax Law of Palmyra: Evidence for Economic History in a City of the Roman East", *The Journal of Roman Studies*, Vol. 74, 1984, pp. 157 – 180.

② [德]克林凯特:《丝绸古道上的文化》,赵崇民译,新疆美术摄影出版社1994年版,第5—9页。

③ Alan K. Bowman, Edward Champlin and Andrew Lintott, eds., *The Cambridge Ancient History, Volume X: The Augustan Empire, 43 B.C – A.D.69*, Cambridge University Press, 1996, p.210.

④ Beate Dignas and Engelbert Winter, *Rome and Persia in Late Antiquity: Neighbours and Rivals*, Cambridge University Press, 2007, pp. 22 – 23.

归罗马帝国控制,指定尼西比斯为双方唯一的贸易交换地。① 这一规定限制了丝路贸易的规模。

330 年,罗马皇帝君士坦丁一世建立新都君士坦丁堡,使得丝绸之路向北延伸。从中亚经亚美尼亚到达君士坦丁堡的商路,不仅缩短了交通距离,而且还可以绕过萨珊波斯,直接到达拜占庭帝国。亚美尼亚占据着里海至黑海地区,是陆上丝路北向的枢纽,也是拜占庭帝国和萨珊波斯争夺的重点地区。双方为此多次发生战争,在一定程度上影响了丝绸之路主干道的走向和畅通。拜占庭帝国与西突厥的直接来往使得丝路贸易路线向北移动,制作丝绸的方法也在这一时期逐渐由中亚、印度传入拜占庭帝国。②

359 年,萨珊波斯王沙普尔二世(Shapur II,309—379 年)侵入拜占庭帝国的美索不达米亚行省,占领了阿米达(Armida),但攻打埃德萨失败。随后,拜占庭皇帝尤利安(Julian,361—363 年)率大军攻打泰西封,击败了萨珊波斯军队。但萨珊波斯王沙普尔二世率轻骑击败了拜占庭军队,尤利安阵亡,拜占庭帝国与萨珊波斯签订和约:拜占庭帝国永远放弃对亚美尼亚王国的控制,将美索不达米亚包括重镇尼西比斯在内的五个省让给萨珊波斯,并支付了大量赔偿金。③ 拜占庭皇帝狄奥多西一世(Theodosius I,379—395 年)继位后,拜占庭帝国军力增强,遂于公元 387 年,迫使萨珊波斯王沙普尔三世(Shapur III,383—388 年)与拜占庭帝国签约:两国边境的尼西比斯和辛伽拉(Singara)归萨珊波斯统治,阿米达、埃德萨等归拜占庭帝国;将亚美尼亚分为两部分,五分之一划分给拜占庭帝国作为附属国,由亚美尼亚总督统治,其他部分仍然由萨珊波斯控制。④ 5 世纪中期,萨珊波斯受到东部白匈奴人的进攻,同样面临双线作战的拜占庭帝国和萨珊波斯在 442 年订立和约,规定双方均不得在两国边境构筑

---

① [伊朗]阿卜杜·侯赛因·扎林库伯:《波斯帝国史》,张鸿年译,复旦大学出版社 2011 年版,第 369 页。
② 姚宝猷:《中国丝绢西传考》,《史学专刊》1937 年第 1 期。
③ Timothy. E. Gregory, *A History of the Byzantine*, Malden:Blackwell Publishing, 2005, pp. 75 - 76.
④ W. Treadgold, *A History of the Byzantine State and Society*, Stanford University Press, 1997, p. 74.

古国文明与丝绸之路

新的要塞。①

6世纪初,萨珊波斯遭到中亚兴起的白匈奴人(嚈哒人)的勒索,喀瓦德一世(Kavadh I,488—531年在位)向拜占庭帝国寻求帮助,遭到拒绝后,于502年与拜占庭帝国重开战事。505年,萨珊波斯与白匈奴开战,无暇顾及两线作战,只能和拜占庭帝国展开谈判。拜占庭皇帝阿纳斯塔修斯一世(Anastasius I,491—518年在位)为了取得和平,同意每年向萨珊波斯支付39600诺米斯玛(拜占庭早期的金币单位)的贡赋。② 阿纳斯塔修斯一世时期,整顿军备、积累国库,取消了每五年缴纳一次的商业税,降低税率,③ 减少美索不达米亚地区需缴纳的赋税,重建被萨珊波斯劫掠过的贸易城市,这些政策保证了丝路贸易的继续进行。

527年,拜占庭皇帝查士丁尼一世统治时期,萨珊波斯再次进攻拜占庭帝国,拜占庭大将贝利撒留(Belisarius,约505—565年)积极抵抗。查士丁尼一世为了保护埃及行省,恢复在欧洲的统治疆域,需要稳定的东线,谋求与萨珊波斯保持和平。532年,拜占庭帝国和萨珊波斯签订永久和约。萨珊波斯王库思老一世(Khosrau I,531—579年)要求拜占庭支付792000诺米斯玛赔款,暂时维持了东部的和平。④ 然而,拜占庭帝国在西部继续同汪达尔(Vandal)等蛮族作战,分散了它在东部的兵力,给了萨珊波斯可乘之机,萨珊波斯为了获得拜占庭的黄金,占领拜占庭东部的富裕城市,于540年,攻占并抢掠了安条克。⑤ 541年,查士丁尼再派大将贝利撒留前往拜占庭东部,阻击萨珊波斯军队。由于受到瘟疫的影响,拜占庭军队的战斗力下降,而且它的兵力当时主要集中于西地中海。在这些不利条件下,545年,查士丁尼与萨珊波斯签订

---

① C. D. Gordon, *The Age of Attila: Fifth-Century Byzantium and the Barbarians*, Am Arbor: The University of Michigan Press, 2004, pp. 66 – 67.

② W. Treadgold, *A History of the Byzantine State and Society*, Stanford University Press, 1997, p. 169.

③ A. H. M. Jones, *The Later Roman Empire 284 – 602: A Social, Economic, and Administrative Survey*, Baltimore: The Johns Hopkins University Press, 1986, pp. 453 – 456.

④ W. Treadgold, *A History of the Byzantine State and Society*, Stanford University Press, 1997, p. 182.

⑤ J. F. Haldon, *Byzantium in the Seventh Century: The Transformation of a Culture*, Cambridge University Press, 1990, p. 20.

条约，规定双方休战五年，拜占庭帝国每年支付给萨珊波斯28800诺米斯玛。[1] 库思老一世并不满足，不仅在亚美尼亚制造冲突，而且蚕食拜占庭东部边境的疆土。[2] 拜占庭帝国由于双线长期战争，向萨珊波斯支付大量贡赋，加上瘟疫的损害，6世纪中后期，国力逐渐衰落。

就拜占庭帝国与萨珊波斯对抗的后果来看，一方面，拜占庭帝国和萨珊波斯都试图征服美索不达米亚和亚美尼亚地区，双方的战争直接阻碍了丝路的畅通；另一方面，由于双方都不具备彻底征服对方的实力，只好通过签订和约，在双方边境形成均衡态势，也使得丝路贸易能够继续维持。就拜占庭帝国而言，它在对萨珊波斯的战争中多处于劣势，常通过签订和约换取暂时的和平，维持其东部领土的完整，这种和平局面保证了拜占庭帝国对东方货物的需求。就萨珊波斯而言，在无法实现夺取美索不达米亚和亚美尼亚的前提下，它也扮演着丝路中介的角色，通过向拜占庭帝国出口东方的商品获利。

小　结

公元前1世纪中期，罗马征服叙利亚地区，与丝绸之路直接对接。罗马帝国建立后，奥古斯都奉行相对和平、宽容的政策，为丝绸之路贸易的继续发展提供了契机。罗马帝国不间断地维护和建设幼发拉底河以西地区的商道和军站，为丝绸之路上的商人提供了安全保护和交通便利。罗马帝国与帕提亚的对峙，也使丝绸之路的政治局势相对稳定。公元初两个半世纪，是东地中海地区丝绸之路贸易发展的黄金时期。罗马帝国控制了重要商业城市巴尔米拉。2世纪初，罗马帝国吞并了纳巴泰王国，建立了阿拉伯行省。罗马帝国对丝绸之路的控制范围越来越大，掌握了更多的商路系统，设置了更完备的军事防卫部署，为罗马帝国丝绸之路的发展提供了有利条件和有力保障。

---

[1] W. Treadgold, *A History of the Byzantine State and Society*, Stanford University Press, 1997, p. 201.

[2] J. F. Haldon, *Byzantium in the Seventh Century：The Transformation of a Culture*, Cambridge University Press, 1990, p. 20.

诚然，罗马帝国与帕提亚的战争会破坏丝绸之路的通行，但是商贸并不会由于战争而衰败。东地中海地区丝绸之路商路分支繁多、商业网络复杂，决定了即使在战争时期，丝路贸易也能够继续进行。帕提亚横亘于罗马帝国东部地区与中亚之间，使罗马帝国的商人很难越过帕提亚的国境、直接与中亚、东方进行贸易。但是，作为丝路中介，帕提亚需要通过过境贸易获利，因此并未阻断丝路贸易，只不过力图垄断丝路贸易而已。它在海上和印度、罗马"交市"，就说明了这种贸易对它还是有利可图。通过帕提亚的中介，东西方商品得以流通和交换。罗马帝国与帕提亚签订的一些和约，规定了两国边境的贸易交换市场，在某种意义上为罗马帝国与东方的贸易提供了保障。同时，亦有西方商人跨过帕提亚，远至中亚或中国西域地区进行商业活动。

拜占庭帝国早期，加强了对丝绸贸易和国内丝绸业的控制，丝绸业逐渐发展成为较为系统的行业。由于萨珊波斯的兴起及威胁，拜占庭帝国国力有所下降，在丝绸之路的贸易上更多地受到萨珊波斯的掣肘。双方战争频发，限于国力，拜占庭帝国采取保守策略，通过与萨珊波斯签订和约，规定丝绸等商品的边境交易市场，保证国内丝绸的供应。6世纪，西突厥兴起，对萨珊波斯造成了严重威胁。拜占庭帝国借助粟特人的帮助，与西突厥王室建立了外交关系，来自东方的商品越来越多地通过里海—黑海一线的北方商路到达拜占庭帝国境内。6世纪中后期，中国的蚕种和制丝工艺也最终传入拜占庭帝国。从此，拜占庭帝国具备了生产丝绸的工艺，这也是西方第一次真正意义上掌握中国丝绸的制造技术。

叙利亚地区的城市是丝绸之路西段贸易的集散地和交易场所。各条商道由诸多商业城市串联而成，其中重要的丝路城市有巴尔米拉、埃德萨、安条克等。

罗马帝国对埃及的占领意义重大，这意味着罗马的海权扩大至红海及印度洋部分地区，帝国具备了同东方进行海上贸易的地理优势。罗马帝国初期，大力发展埃及红海沿岸港口，建设红海港口与尼罗河河港的陆上商道，疏通尼罗河交通，继续将亚历山大里亚作为中心商贸城市进行建设。从意大利本土经地中海至亚历山大里亚，再经尼罗河、埃及东部沙漠商道至红海港口，再由红海港口同阿拉伯地区、印度等地，一系列的商业城市、港口共同组成了罗马帝国与东方的海上贸易网络。印度直航的贸易船只的数量和规模随之扩大。印度的香料等商品通过海路进入罗马帝国境内，丰富了帝国的商品市场。罗马帝国的玻璃、珊瑚、钱币及造型艺术等诸多商品、工艺也传入印度，对印度的物质生活与艺术等多方面均产生了深远的影响。同时，罗马帝国同阿拉伯地区存在着既合作又竞争的关系。一方面，罗马帝国和阿拉伯地区进行贸易，阿拉伯地区的乳香、没药通过海路进入罗马帝国；另一方面，阿拉伯南部地区的政权也是罗马帝国发展红海、印度洋贸易最大的竞争对手。由于地理位置的局限和阿拉伯南部地区的竞争，罗马帝国始终没有完全控制印度洋商路。

最后，中国和罗马帝国处于丝绸之路的东西两端，它们使丝绸之路东西贯通成为可能。然而，限于古代的交通条件和人们对彼此认知的匮乏，鲜见双方的直接交往。但这并不能否定双方间接或直接进行商品交换的可能，双方的商人或使节也都曾有直接到达对方国家的尝试，虽然这些尝试都没有使双方建立正式的外交关系。从陆路上看，中国的丝绸等商品通过贵霜和帕提亚等国家的中介，传送至罗马帝国境内。从海路上看，罗马帝国与印度的海上直航、中国与印度的海上交往，奠定了以印度为中转地，中国与罗马为东西两端的海上丝绸之路正式形成的基础。

通过丝绸之路，罗马文明与东方文明进行了多层次、全方位的互动。双方既有经济、贸易和物产上的交流，又有观念、艺术、宗教等多维度的融合。丝绸之路对罗马帝国的经济和社会生活的影响尤为显著，为罗马帝国市场供应了丝绸、香料等东方的货物，在一定程度上推动了罗马帝国商业和贸易的繁荣。罗马帝国对东方文明的影响，主要体现在其物质文化和西方古典艺术的传播，犍陀罗佛教艺术当中有罗马的因素。

（执笔：高克冰）

第五章 萨珊波斯帝国与丝绸之路

萨珊波斯帝国（Sasanian Empire，公元 224—651 年）是在帕提亚帝国的基础上建立起来的。它在取代帕提亚政治统治的同时，也就意味着它也取代了前者丝路中介大国的地位。因此，它的崛起非但没有影响到丝路交通，而且保证和促进了丝绸之路的延续和贯通。

大约与中国魏晋南北朝的对立混乱局面趋于结束的同时，东罗马帝国（也称拜占庭帝国，Byzantine Empire）在查士丁尼时期（Justinian，527—565 年）也重新焕发生机。萨珊波斯帝国不仅与罗马世界联系密切，且与中国交往频仍。伊朗文化在萨珊波斯时期得到大力传播，对中国、印度，甚至罗马文化皆有着不可忽视的影响。但此时的伊朗文化绝非萨珊王朝所标榜的阿黑门尼（Achaemenid）波斯帝国传统文化的复兴。它不仅继承了帕提亚帝国的部分文化遗产，而且不可避免地受到罗马文化的影响。正是在这种多元文明的互动中，萨珊波斯帝国成为丝绸贸易和文化交流的重要参与者和推动者。

第一节 萨珊波斯帝国对丝路控制权的争夺

两河流域和伊朗地区是陆上丝绸之路交通主干道的必经之地。公元 224 年，萨珊波斯的开国君主阿尔达希尔一世（Ardashir I，224—241 年在位）击败了帕提亚帝国末代君主阿尔塔巴努斯四世（Artabanus IV），并于 226 年加冕成为伊朗（Ērān）的"王中之王"，随后他开始了对伊朗地区的征服。其后的君主但凡国力允许，都积极对外扩张，从而引发了萨珊波斯

第五章　萨珊波斯帝国与丝绸之路

帝国与丝路沿线国家的长期对抗。

一　萨珊波斯对帝国西部丝路的拓展

萨珊波斯帝国开国不久便与罗马帝国发生了军事冲突，因为在帕提亚王朝与萨珊王朝更替之时，罗马帝国暗中扶植亚美尼亚的反阿尔达希尔势力。[①] 阿尔达希尔一世以收复伊朗领土为口号凝聚人心，多次侵入亚美尼亚、卡帕多西亚（Cappadocia）和叙利亚境内。但阿尔达希尔一世的军事行动并没有取得多少实际进展。[②] 直至罗马皇帝亚历山大·赛维鲁（Alexander Severus，222—235 年在位）去世后，罗马帝国陷入内乱，阿尔达希尔一世才得以向美索不达米亚北部扩展，先占领尼西比斯，后占领哈特拉。部分罗马史家认为阿尔达希尔一世的目的是恢复古代阿黑门尼波斯帝国的领土，[③] 但是吉本（Edward Gibbon）在其《罗马帝国衰亡史》中认为阿尔达希尔一世是为了获得有用的边疆或者出于防御目的而与罗马作战。[④] 新生的萨珊波斯帝国无法与罗马帝国相抗衡，阿尔达希尔一世的军事行动与其说是理想化的恢复故土，不如说是一种务实的国防战略。

每当罗马帝国陷入内乱，萨珊波斯帝国就趁机尝试将罗马帝国的两河流域上游地区完全置于自己的掌握之中，这种企图必然会遭到罗马帝国强有力的反击。二者争夺的焦点是亚美尼亚的控制权和美索不达米亚北部部分地区的归属，这一点实际上是先前帕提亚帝国和罗马帝国在此地争夺的延续。

亚美尼亚早就与中亚和印度发生了商业联系。斯特拉波曾经记载印度的商品能够经阿姆河，通过水路运输直达里海，从里海再转运至阿尔

[①] ［伊朗］阿卜杜·侯赛因·扎林库伯：《波斯帝国史》，张鸿年译，复旦大学出版社 2011 年版，第 346 页。

[②] Dio Cassius, *Dio's Roman History*, 9.80.3 - 4, translated by Earnest Cary, Cambridge Massachusetts: Harvard University Press, 1927.

[③] R. N. Frye, "The Political History of Iran Under the Sasanians", in Ehsan Yarshater, *The Cambridge History of Iran*, Vol.3 (1), Cambridge University Press, 1983, p.120.

[④] Edward Gibbon, *The History of the Decline and Fall of the Roman Empire*, Vol.I, New York: Fred De Fau & Company, 1906, p.266.

巴尼亚（Albania），再通过居鲁士河（Cyrus River，一译 Kura River，库拉河）将货物最终运至黑海，① 这条路线已被现代学者的研究所证实②。居鲁士河主要流经亚美尼亚，因此亚美尼亚的控制权对萨珊波斯帝国和罗马帝国的贸易经济都很重要。242 年罗马皇帝戈尔迪安（Gordian，238—244 年在位）对波斯的反击因其在战斗中被杀而功败垂成，随后罗马帝国便因内部政局动荡，丧失了有效反击萨珊波斯的能力。由于罗马帝国深陷"三世纪危机"，沙普尔一世（Shapur I，239—272 年在位）试图在此阶段一劳永逸地解决亚美尼亚问题。③ 但 260 年埃德萨战役（Battle of Edessa）后，沙普尔一世只是在罗马帝国境内大肆劫掠，将被俘的罗马士兵和平民迁到法尔斯（Fars）、胡泽斯坦（Khuzestan）、亚述（Assyria）和帕提亚定居以充实人口，④ 似乎没有长期侵占罗马帝国领土的意愿，对于巴尔米拉的扩张也无反应⑤。伊朗史专家费耐生（R. N. Frye）认为此时的沙普尔上了年纪，再加上萨珊波斯国内事务繁忙，他无暇对巴尔米拉采取任何举动。⑥ 但波斯地区自帕提亚帝国末年起便内战不止，阿尔达希尔一世起兵后更是连年作战，胜败兼具，此时波斯地区的人口和经济很可能已经无法承担大规模的军事行动。沙普尔一世虽然在与罗马帝国的战争中多次取得胜利，但无力改变双方共占亚美尼亚的局面。

相较之下，美索不达米亚北部地区对于萨珊波斯帝国有十分重要的国防意义。299 年罗马皇帝戴克里先（Diocletian，284—305 年在位）和萨珊波斯国王纳塞赫（Narseh，293—302 年在位）缔结的尼西比斯和约中，双

---

① Strabo, *Geography*, 11.7.3, with an English translation by Horace Leonard Jones, Cambridge, Mass.: Harvard University Press, 1988.
② J. D. Lerner, "On the Inland Waterways from Europe to Central Asia", *Ancient West & East*, Vol. 13, 2014, pp. 155 – 174.
③ ［伊朗］阿卜杜·侯赛因·扎林库伯：《波斯帝国史》，张鸿年译，复旦大学出版社 2011 年版，第 353 页。
④ 同上书，第 355 页；P. M. Sykes, *A History of Persia*, Vol. I, London: Macmillan and Co., Limited, 1915, pp. 432 – 434。
⑤ 巴尔米拉此时由女王泽诺比娅（Zenobia）主政，一度占领了叙利亚、埃及和小亚中部。
⑥ R. N. Frye, "The Political History of Iran Under the Sasanians", in Ehsan Yarshater, *The Cambridge History of Iran*, Vol. 3 (1), Cambridge: Cambridge University Press, 1983, p. 127.

方第一次在法律意义上确定了两国的边界。和约内容为：萨珊波斯帝国向罗马帝国割让美索不达米亚北部的5个行省①；亚美尼亚王国重归当地阿尔萨息家族的提里达特斯三世（Tiridates III，298—约330年在位）统治；伊比利亚地区诸部落②的国王继承人选提名权转交给罗马；尼西比斯成为双方唯一认可的商业贸易城市；双方以阿拉斯河（Araxes River）为边界。③这一和约的签订使得阿塞拜疆（Azerbaijan）和萨珊波斯首都泰西封（Ctesiphon）直接暴露在罗马的兵锋之下④，萨珊波斯帝国腹地的安全受到了严重威胁，因此该和约在保障了40年和平后，就被萨珊波斯帝国的雄主沙普尔二世所废弃。

沙普尔二世（Shapur II，309—379年在位）在位时，其主要精力用于解决亚美尼亚问题和与罗马争夺东西方之间的贸易通道。⑤ 363年罗马皇帝尤利安（Julian，361—363年在位）在与萨珊波斯帝国的战争中去世⑥，新任皇帝约维安（Jovian，363—364年在位）急于回到罗马帝国境内稳固皇位，与沙普尔二世缔结了有利于萨珊波斯帝国的和约：底格里斯河东岸的重要城市如尼西比斯和辛加拉（Singara）等划

---

① 5个行省分别为因基莱内（Ingilene）、索菲内（Sophanene）、阿扎涅内（Arzanene）、科尔多内（Corduene）和扎迪西内（Zabdicene），位于亚美尼亚和底格里斯河之间的区域。

② 高加索的里海门当时在这些部落的控制之下。

③ Edward Gibbon, *The History of the Decline and Fall of the Roman Empire*, Vol. I, Boston: Phillips Sampson, and Company, 1839, pp. 554 – 556; R. N. Frye, "The Political History of Iran Under the Sasanians", in Ehsan Yarshater, *The Cambridge History of Iran*, Vol. 3 (1), Cambridge University Press, 1983, p. 131.

④ ［伊朗］阿卜杜·侯赛因·扎林库伯：《波斯帝国史》，张鸿年译，复旦大学出版社2011年版，第369页。

⑤ ［沙特阿拉伯］阿卜杜勒·拉赫曼·阿尔-安萨里：《阿拉伯半岛、阿拉伯福地的崛起和希米亚时期》，［德］J. 赫尔曼、许理和：《人类文明史3：公元前7世纪—公元7世纪》，中文版编译委员会译，译林出版社2015年版，第125页。

⑥ Touraj Daryaee, "The Political History of Ērān in Sasanian Period", in the Sasanika Project: *Late Antique Near East Project*, p. 16, https://www.sasanika.org/wp-content/uploads/The PoliticalHistory of Sasanian Period. pdf; *Justin, Cornelius Nepos and Eutropius*, translated by Rev, John Selby Watson, London: Henry G. Bohn, 1853, p. 533; *Chronicon Paschale 284 – 628AD*, translated with introduction and notes by Michael Whitby and Mary Whitby, Liverpool: Liverpool University Press, 1989, p. 41; Agathias, *The Histories*, 4.25.6, translated by Joseph D. Frendo, Berlin & New York: Walter De Gruyter & Co., 1975.

归萨珊波斯，之前失去的美索不达米亚五行省被萨珊波斯收回①，罗马永久放弃对亚美尼亚王国的主权和国王继承权。② 此后双方虽然一再进行战争，但两河地区的疆界基本没有发生变动。③ 尼西比斯仍然是重要的商品集散地，可见双方默认共享两河流域北部至叙利亚安条克的商路。

沙普尔二世去世后，萨珊波斯帝国陷入了政治动荡的衰落期，罗马帝国与萨珊波斯帝国基本承认了双方在亚美尼亚共同存在的现实，总体上保持了和平。但在卡瓦德一世（Kavad I，488—496 年和 498—531 年在位）统治时期，拜占庭皇帝阿纳斯塔修斯一世（Anastasius I，491—518 年在位）拒绝向萨珊波斯帝国支付保护达尔班德要塞（Derbend）的款项④，引发了萨珊波斯帝国和拜占庭帝国之间的新一轮战争。531 年，萨珊波斯帝国"中兴时期"的第一位君主库思老一世（Khosrow I，531—579 年在位）即位，这位强有力的君主试图改变帝国西部的政治格局，彻底控制海上丝路和陆上丝路。⑤ 他为此做了精心准备：532 年萨珊波斯帝国与拜占庭帝国签订"无限期和约"（Eternal peace）⑥，库思老一世利用收获的赔款充实了国库，⑦ 这为他实行政治改革和经济改革并掌握国家权力提供了良好基础。为了巩固王位，确保集权，库思老一世基本杀绝了拥有王位继

---

① Ammianus Marcellinus, *Res Gestae*, 25.7.9, with an English translation by John C. Rolfe, Cambridge Mass: Harvard University Press, 1935.

② 亚美尼亚后来被分为两块，西部较小的一部分由罗马帝国控制，其余归萨珊波斯帝国。参见 R. N. Frye, "The Political History of Iran Under the Sasanians", in Ehsan Yarshater, *The Cambridge History of Iran*, Vol. 3 (1), Cambridge University Press, 1983, p. 138。

③ 萨珊波斯帝国与拜占庭帝国在沙普尔三世时重新确认了两河流域北部的领土归属。详见第四章第三节。

④ [伊朗] 阿卜杜·侯赛因·扎林库伯:《波斯帝国史》，张鸿年译，复旦大学出版社 2011 年版，第 387 页；R. N. Frye, "The Political History of Iran Under the Sasanians", in Ehsan Yarshater, *The Cambridge History of Iran*, Vol. 3 (1), Cambridge University Press, 1983, p. 150。

⑤ R. N. Frye, *The History of Ancient Iran*, München: Beck, 1983, p. 327.

⑥ 双方约定达成永久和平，因此被称为"无限期和约"。

⑦ 查士丁尼为了结束与波斯帝国的战争付出了 110 肯特那里乌姆（Centanaria）的黄金，由于 1 肯特那里乌姆为一百磅，所以赔款总额为 11000 磅黄金，这无疑是笔巨款。详见 Procopius, *History of the Wars*, 1.22, with an English translation by H. B. Dewing, Cambridge, Mass: Harvard University Press, 1957, pp. 3 – 5。

承权的王室男性,①并且除掉了一批贵族。他用了 8 年时间整顿内政,特别是改革军制,提高了军队战斗力。②随后他主动挑起了对拜占庭帝国的战争。

萨珊波斯帝国分别在 540—545 年和 549—553 年两次进攻拜占庭。第一次战争中库思老一世攻占安条克,并深入小亚,不过他注重劫掠金钱,没有长期占据拜占庭的领土。由于查士丁尼(Justinian,公元 527—565 年在位)仍着眼于收复罗马帝国西部领土,双方并未进行重大战役便于 545 年谈和。查士丁尼实际上用金钱对库思老一世实行了绥靖政策③,从而埋下了第二次战争的隐患。第二次战争(又称拉济卡战争,Lazic War)双方争夺的焦点是科尔基斯(Colchis)。科尔基斯位于黑海东南岸,是拜占庭帝国通过草原丝绸之路进行贸易的重要地区。从本都(Pontus,位于小亚细亚)出发,经科尔基斯向东,过伏尔加河流域(Volga River)和乌拉尔河流域(Ural River),或者经里海,进入哈萨克草原(Kazakh Grassland)。从这里延伸出两条不同的路线,向南可沿阿姆河行至巴克特里亚(Bactria),最终达到印度;④向东可至阿尔泰山(Altay Mountain)草原、蒙古草原、河套平原,最终到达中国。⑤科尔基斯一旦失守,拜占庭帝国的领土安全和贸易利益都将受到更加严重的威胁。双方拉锯苦战数年,库思老最终未能获胜。两国随即订立和约,只是在科尔基斯地区仍保持战争状态。556 年萨珊波斯帝国提议双方举行和谈,561/562 年双方签订了 50 年和平条约,结束战争。

罗马帝国与萨珊波斯帝国对丝路西线地区的控制使近东地区的其他政治势力逐渐失去了生存空间,它们不得不屈服于两个大国并退出丝绸

---

① [伊朗]阿卜杜·侯赛因·扎林库伯:《波斯帝国史》,张鸿年译,复旦大学出版社 2011 年版,第 406 页;P. M. Sykes, *A History of Persia*, Vol. I, London: Macmillan and Co., Limited, 1915, p. 486.

② 崔艳红:《古战争—拜占庭历史学家普罗柯比〈战记〉研究》,时事出版社 2006 年版,第 63 页。

③ 具体赔款金额目前仍有争议,但向波斯帝国赔付巨款则是公认的事实,详见 R. N. Frye, *The History of Ancient Iran*, München: Beck, 1983, p. 327;崔艳红《古战争—拜占庭历史学家普罗柯比〈战记〉研究》,时事出版社 2006 年版,第 86 页。

④ 杨巨平:《亚历山大东征与丝绸之路开通》,《历史研究》2007 年第 4 期。

⑤ 丁笃本:《丝绸之路古道研究》,新疆人民出版社 2010 年版,第 32 页。

之路主干道的贸易。罗马皇帝奥勒良（Aurelian，公元270—275年在位）平定芝诺比娅女王反抗的同时彻底摧毁了巴尔米拉，① 丝绸之路经塞琉西亚—泰西封过杜拉·欧罗普斯、巴尔米拉的叙利亚沙漠贸易路线从此衰落。早在229年时，萨珊波斯的势力便已扩展到波斯湾的阿拉伯半岛一侧，② 但在沙普尔一世去世（270或273年）至沙普尔二世登基的约40年时间里，波斯湾地区时常受到阿拉伯人的骚扰。霍尔米兹德二世（Hormizd II，302—309年在位）在南方对阿拉伯人用兵，却在战斗中被杀。③ 阿拉伯贝都因人趁沙普尔二世年幼，频繁从巴林（Bahrain）越过波斯湾袭扰萨珊帝国的大本营法尔斯地区。④ 沙普尔16岁亲政后（325年），着手解决阿拉伯人带来的麻烦。他毁掉水井以断绝阿拉伯人的水源，深入哈杰尔（Hajar）同阿拉伯人作战，迫使阿拉伯诸部族部分遁逃到阿拉伯的中心区域，部分被迫迁移至萨珊境内归顺于他（战争大概结束于328年）。⑤ 为了避免阿拉伯人再度袭扰波斯，他兴建了阿拉伯墙（Wall of Arabs），对阿拉伯人进行监视和防御。沙普尔三世（Shapur III，公元383—388年在位）也曾与阿拉伯人交战，这些阿拉伯人为了逃避沙普尔二世的打击逃入拜占庭帝国避难，后又出来侵扰萨珊波斯帝国的领土，⑥ 但似乎未对萨珊波斯的波斯湾贸易产生不利影响。阿拉伯人的希拉王国（Hira Kingdom）和加萨尼王国（Ghassanid Kingdom）分别以萨珊波斯帝国附庸国与罗马帝国（拜占庭帝国）附庸国的身份，长期被迫参与两个大国的争斗。

---

① "The Deified Aurelian", 31, in *The Scriptores Historiae Augustae*, with an translation by David Magie, Cambridge, Mass: Harvard University Press, 1932, pp. 1-4.

② Touraj Daryaee, "The Political History of Ērān in Sasanian Period", in the Sasanika Project: Late Antique Near East Project, p. 4, https://www.sasanika.org/wp-content/uploads/ThePoliticalHistoryofSasanianPeriod.pdf.

③ ［伊朗］阿卜杜·侯赛因·扎林库伯：《波斯帝国史》，张鸿年译，复旦大学出版社2011年版，第369页。

④ Touraj Daryaee, Sapur II, in *Encyclopaedia Iranica*, Online Edition, http://www.iranicaonline.org/articles/shapur-ii.

⑤ Touraj Daryaee, "The Political History of Ērān in Sasanian Period", in the Sasanika Project: Late Antique Near East Project, p. 15, https://www.sasanika.org/wp-content/uploads/ThePoliticalHistoryofSasanianPeriod.pdf.

⑥ 马苏第：《黄金草原》（上），耿昇译，人民出版社2013年版，第306页。

第五章 萨珊波斯帝国与丝绸之路

根据古代阿拉伯史家塔巴里（Al-Tabari，839—923年）记载，库思老一世带兵从拜占庭帝国境内返回后，曾在攻击嚈哒（Hephthalites）之前的间隙出兵亚丁湾（Aden Gulf），[①] 但这一记载似乎无法成立。[②] 也许是外交上的不利迫使库思老一世寻找能够牵制拜占庭帝国的盟友。当阿拉伯南部希木叶尔王国（Himyarite Kingdom）国王阿布拉哈（Abrahah）的儿子马蒂卡里布（Madikarib）逃到萨珊波斯帝国寻求帮助时，库思老一世决定出兵干涉阿拉伯半岛局势，组成反拜占庭的阿拉伯—波斯联盟。[③] 该国从此成为萨珊波斯帝国的附庸国（大概在572—577年间）。到库思老一世去世时，除了粟特地区（Sogdiana）被突厥帝国控制外[④]，丝绸之路西段的海陆贸易皆置于萨珊波斯帝国的控制之下。

但萨珊波斯帝国并未满足于库思老一世所取得的成果，库思老二世（Khosrow II，公元590—628年在位）趁拜占庭帝国内乱之机，重新发动了对拜占庭帝国的战争，并将战线推进至博斯普鲁斯海峡对岸的卡尔西顿（Chalcedon）。[⑤] 即使在拜占庭皇帝希拉克略（Heraclius，610—641年在位）从高加索区域开始反击后，他仍试图联合阿瓦尔人（the Avars）一举攻克君士坦丁堡（Constantinople），[⑥] 但未竟其功。在希拉克略的强力反击

[①] Al-Tabari, *The History of Al-Tabari*, Vol. V, translated by C. E. Bosworth, Albany: State university of New York Press, 1999, p. 159.

[②] 塔巴里提到库思老一世在战胜阿克苏姆王国后（也门当时名义上在埃塞俄比亚人的控制范围内，实际上处于独立状态），任命阿尔·孟迪尔·本·阿尔努曼（al-Mundhir ibn al-Numan）为统治阿拉伯人的君主，这位君主在502—554年为希拉国王。如果塔巴里的记载为真，库思老一世对南方用兵的时间只能断定在552—554年间，然而在此期间阿布拉哈（Abrahah）子嗣在也门的统治并没有受到外界干扰，塔巴里的记载可能有误。

[③] R. N. Frye, "The Political History of Iran Under the Sasanians", in Ehsan Yarshater, *The Cambridge History of Iran*, Vol. 3 (1), Cambridge University Press, 1983, p. 158.

[④] [美] W. M. 麦高文：《中亚古国史》，章巽译，中华书局2004年版，第260页。

[⑤] R. N. Frye, "The Political History of Iran Under the Sasanians", in Ehsan Yarshater, *The Cambridge History of Iran*, Vol. 3 (1), Cambridge: Cambridge University Press, 1983, p. 168; Zeev Rubin, "Romans and Sasanians", in Jonathan Shepard, *The Cambridge History of The Byzantine Empire, Eastern Neighbours: Persia and the Sasanian Mornachy* (224 – 651), Cambridge: Cambridge University Press, 2008, p. 136; *Chronicon Paschale 284 – 628AD*, translated with introduction and notes by Michael Whitby and Mary Whitby, Liverpool: Liverpool University Press, 1989, p. 159.

[⑥] R. N. Frye, "The Political History of Iran Under the Sasanians", in Ehsan Yarshater, *The Cambridge History of Iran*, Vol. 3 (1), Cambridge: Cambridge University Press, 1983, pp. 169 – 170; Walter E. Kaegi, *Heraclius Emperor of Byzantium*, Cambridge: Cambridge University Press, 2003, p. 133.

下，萨珊波斯军队连遭败绩，首都泰西封甚至遭到劫掠。对外战争不仅不再能给萨珊波斯国家带来任何收益，反而加剧了国王与祭司、贵族集团之间的矛盾，库思老二世于628年被政变推翻。①

西部的战事基本由萨珊波斯帝国主动发起，它也确实在长期战争中巩固了自己对丝路贸易的控制，其中对亚美尼亚大部分地区的占领最为重要。库思老一世一度将萨珊波斯对丝路的控制范围从波斯湾扩大到了亚丁湾。但历代君主的穷兵黩武耗尽了萨珊波斯帝国的国力。萨珊波斯帝国还未充分享受亚丁湾贸易带来的利益，阿拉伯人就迅速崛起，全盘接收了帝国在丝绸之路两河流域段多年经营的成果。

二 萨珊波斯帝国对帝国东部丝路的经营

阿尔达希尔一世花了数年时间（233—235年或233—237年②）迫使东方诸王国和部落归顺，这是萨珊波斯帝国向东方争夺丝路控制权的开端。继任的沙普尔一世趁罗马帝国衰弱，西境暂时平安无虞之时，向东兼并了贵霜帝国。③沙普尔一世统治时期是萨珊波斯帝国东方疆域最大的时期，领土范围可能达到信德（Sind）、粟特一带。④这意味着，不论中国还是印度的商品，都有可能在萨珊波斯帝国境内进行交换。

沙普尔一世去世后，萨珊波斯帝国在东部的统治开始动摇。霍尔

---

① R. N. Frye, "The Political History of Iran Under the Sasanians", in Ehsan Yarshater, *The Cambridge History of Iran*, Vol. 3 (1), Cambridge University Press, 1983, p. 170；［伊朗］阿卜杜·侯赛因·扎林库伯：《波斯帝国史》，张鸿年译，复旦大学出版社2011年版，第434页。

② 哈马塔和扎林库伯在阿尔达希尔东方战争的时间判定上有不同的看法，前者认为阿尔达希尔只用了2年，后者认为是4年，详见［俄罗斯］B. A. 李特文斯基主编《中亚文明史》（第三卷），马小鹤译，中国对外翻译出版公司2003年版，第80页；［伊朗］阿卜杜·侯赛因·扎林库伯《波斯帝国史》，张鸿年译，复旦大学出版社2011年版，第348页。

③ ［伊朗］阿卜杜·侯赛因·扎林库伯：《波斯帝国史》，张鸿年译，复旦大学出版社2011年版，第353页。

④ 根据《中亚文明史》，沙普尔一世时期萨珊波斯的领土最远达到了塔什干（石国）、粟特和喀什交界的位置。扎林库伯只提到喀什噶尔，笔者认为两者应该是对萨珊波斯的控制范围做了大概的描述，这并不意味着萨珊波斯能够直接统治喀什地区，详见［俄罗斯］B. A. 李特文斯基主编《中亚文明史》（第三卷），马小鹤译，中国对外翻译出版公司2003年版，第18页；［伊朗］阿卜杜·侯赛因·扎林库伯《波斯帝国史》，张鸿年译，复旦大学出版社2011年版，第355页。

第五章　萨珊波斯帝国与丝绸之路

米兹德二世在东方采取了联姻政策，一度稳定了中亚的局势。但实力强大的地方领主还是趁中央政治局势动荡，无暇管控边疆时，脱离萨珊波斯帝国的掌控而独立，如属于原贵霜领土的贵霜沙。① 即使是战略重点一直在西方的沙普尔二世，也不得不花费近7年的时间（350—357年）驻留贵霜守卫国土，抵挡匈尼特人（Chionites）② 的进攻。虽然他与匈尼特人结盟共同对罗马帝国作战③的举动暂时化解了帝国东部的边疆危机，但这只是东方游牧民族侵扰萨珊波斯帝国的先声。此后不断有游牧民族从中国北方的蒙古草原和阿尔泰山地区西迁，萨珊波斯帝国在东方的势力范围逐渐缩小，粟特等地区的丝路贸易权也因此易手。

突然出现在帝国东部的嚈哒人成为萨珊波斯帝国东部的最大威胁。④ 学界普遍认为嚈哒人源起阿尔泰山草原游牧地带，⑤ 但其主力向西迁徙的

---

① ［俄罗斯］B. A. 李特文斯基主编：《中亚文明史》（第三卷），马小鹤译，中国对外翻译出版公司2003年版，第19页。

② 匈尼特人最早出现于罗马史学家阿米亚努斯·马赛林努斯（Ammianus Marcellinus）的罗马史中，其是否和中国古代史籍上的猃狁、猃狁和匈奴有关联，目前仍无定论，他们最初居住于河中地区，后成为贵霜的附庸，并在4世纪中期向萨珊波斯发起进攻。参见 Wolfgang Felix, Chionites, in *Encyclopaedia Iranica*, Online Edition, http：//www. iranicaonline. org/articles/chionites-lat。

③ Ammianus Marcellinus, *Res Gestae*, 17.5.1, with an English translation by John C. Rolfe, Cambridge Mass: Harvard University Press, 1935.

④ 420—460年萨珊波斯帝国东部主要的敌人究竟是谁，至今学界仍未有定论，由于希腊语、汉语资料中的名称不一致，史学家有各种解读。《中亚文明史》有关作者认为是寄多罗人，《剑桥伊朗史》及众多中国学者则认为是嚈哒人。笔者以为，这取决于马尔吉亚那是否于瓦赫拉姆五世时沦陷，若此，毫无疑问，瓦赫拉姆抵御的是从东北方向迁徙而来的嚈哒人。若是寄多罗人，则马尔吉亚那的沦陷又成了问题，卑路斯一世若与嚈哒人在467年前为同盟，合击寄多罗人，木鹿不可能失守，后来他与嚈哒人连续作战，虽然失败被俘，但都未割让土地，直到他死后，萨珊波斯帝国才失去了阿里亚和赫卡尼亚的领土。这些信息都暗示着此时木鹿早已失陷，所以笔者从嚈哒说。详见［俄罗斯］B. A. 李特文斯基主编《中亚文明史》（第三卷），马小鹤译，中国对外翻译出版公司2003年版，第98—100页；R. N. Frye, "The Political History of Iran Under the Sasanians", in Ehsan Yarshater, *The Cambridge History of Iran*, Vol. 3 (1), Cambridge University Press, 1983, p. 146；余太山《嚈哒史研究》，齐鲁书社1986年版，第76—83页；王治来《中亚通史·古代卷上》，新疆人民出版社2007年版，第160—162页。

⑤ 余太山：《嚈哒史研究》，齐鲁书社1986年版，第1页；林梅村、马丽亚·艾海提：《嚈哒的兴起与铁马镫初传中亚》，《历史研究》2018年第2期；钱伯泉认为嚈哒人族源的一支呼得人在晋朝初年以前始终游牧于阿尔泰山北段，见钱伯泉《关于嚈哒族源问题的新探索》，《西北民族研究》2003年第1期。

时间仍有较大争议。① 瓦赫拉姆五世（Vahram V，420—438 年在位）一度大胜嚈哒人，并使嚈哒人很长时间不敢再次犯边，但木鹿（Merv）失守。② 耶兹底格德二世（Yazdegerd II，438—457 年在位）为了抵御嚈哒人，不得不在呼罗珊（Khorasan）的尼沙普尔（Nishāpūr）驻守数年，甚至在位第十二年（449 年）还曾进行反攻，③ 但萨珊波斯帝国未能夺回巴克特里亚地区。因此，耶兹底格德二世面对的恐怕并非嚈哒人一部。450 年左右嚈哒人大部可能已迁徙至粟特、巴克特里亚地区，一度处于优势的耶兹底格德二世在 454 年惨败于嚈哒人，正是因为嚈哒人主力西迁到来的缘故。抵御嚈哒人的入侵成为耶兹底格德二世在位最后几年的主要任务，在其统治期间，萨珊波斯帝国使节又一次出现在中国文献的记载中。④

卑路斯一世（Peroz I，459—484 年在位）依靠嚈哒人的帮助得以上位，⑤ 双方本来有维持和平的基础，但卑路斯一世的假和亲策略暴露以后，

---

① 余太山认为嚈哒人在 4 世纪 70 年代就迁入索格底亚那（粟特），林梅村、马丽亚·艾海提认为嚈哒西迁中亚在 456 年以前，钱伯泉认为车师后部于 479 年西迁与早就西迁的呼得人汇合。西方学者麦高文则认为 425 年嚈哒便占据了巴克特里亚，《中亚文明史》同样认为这一迁徙发生在瓦赫拉姆五世统治期间（420—438 年），《剑桥伊朗史》未作明确的时间判断，但其推测耶兹底格德二世在帝国东部获得了胜利。详见余太山《嚈哒史研究》，齐鲁书社 1986 年版，第 1 页；林梅村、马丽亚·艾海提《嚈哒的兴起与铁马镫初传中亚》，《历史研究》2018 年第 2 期；钱伯泉《关于嚈哒族源问题的新探索》，《西北民族研究》2003 年第 1 期；[美] W. M. 麦高文《中亚古国史》，章巽译，中华书局 2004 年版，第 251 页；[俄罗斯] B. A. 李特文斯基主编《中亚文明史》（第三卷），马小鹤译，中国对外翻译出版公司 2003 年版，第 19 页；R. N. Frye, "The Political History of Iran Under the Sasanians", in Ehsan Yarshater, *The Cambridge History of Iran*, Vol. 3 (1), Cambridge University Press, 1983, p. 146。

② [美] W. M. 麦高文：《中亚古国史》，章巽译，中华书局 2004 年版，第 252 页。

③ R. N. Frye, "The Political History of Iran Under the Sasanians", in Ehsan Yarshater, *The Cambridge History of Iran*, Vol. 3 (1), Cambridge University Press, 1983, p. 146.

④ (北齐) 魏收：《魏书》卷五《高宗纪》，中华书局 1974 年版，第 115 页。原文为："冬十月，波斯、疏勒国并遣使朝贡"。

⑤ 扎林库伯认为卑路斯一世并未向嚈哒人求助，因为他将占据巴克特里亚的寄多罗人（Kidarite）视作匈奴人中的一支，从而断定嚈哒人此时尚未西迁，距离萨珊波斯很远，卑路斯不可能派人前去阿尔泰山附近求助，其观点与钱伯泉的嚈哒族源观点颇为相似。费耐生、麦高文等则持传统观点，即卑路斯确实向嚈哒寻求了帮助，详见 [伊朗] 阿卜杜·侯赛因·扎林库伯《波斯帝国史》，张鸿年译，复旦大学出版社 2011 年版，第 382 页；R. N. Frye, "The Political History of Iran Under the Sasanians", in Ehsan Yarshater, *The Cambridge History of Iran*, Vol. 3 (1), Cambridge University Press, 1983, p. 147；[美] W. M. 麦高文《中亚古国史》，章巽译，中华书局 2004 年版，第 253 页。

嚈哒人报复性地杀害了萨珊波斯帝国众多贵族,[①] 这使得两国关系彻底破裂。卑路斯先后3次与嚈哒人作战,一次被俘,依靠拜占庭皇帝芝诺(Zeno)交付赎金才得以被嚈哒放回[②];一次被掳,[③] 被迫缴纳了大量赎金以赎回作为人质的皇储卡瓦德;最后一次直接战死,全军尽没,还丢掉了阿里亚(Aria)的赫拉特(Herat)。[④] 赫拉特是丝绸之路上连接印度和巴克特里亚的重要商贸据点,萨珊波斯帝国在此次失利后,可以说完全失去了对中亚、印度丝路贸易的控制。卑路斯一世身故后即位的瓦拉什(Valash,484—488年在位)不得不对嚈哒人称臣纳贡,[⑤] 仅统治四年就被贵族和祭司废黜。卡瓦德在国内贵族和嚈哒的双重支持下回国继承了萨珊波斯帝国王位,他试图利用新兴的"马兹达克运动"(Mazdak Movement)限制势力日渐壮大的祭司和贵族集团,[⑥] 却一度被迫弃位逃往嚈哒。[⑦] 卡瓦德一世与嚈哒王之女结婚,[⑧] 并依靠嚈哒复位,因此他不得不维持对嚈哒的

[①] 卑路斯一世用侍女假冒宗室与嚈哒联姻,事情暴露后,嚈哒王将三百波斯贵族诱致嚈哒王廷,杀死了其中大部分人。详见 [美] W. M. 麦高文《中亚古国史》,章巽译,中华书局2004年版,第254页。

[②] 拜占庭帝国一直在用金钱支持卑路斯一世对东方游牧民族的战争,卑路斯一世失利被俘后,只有伪约书亚(Pseudo-Joshua)记载芝诺将其赎回,此事真假尚有争议。但笔者以为,既然拜占庭将萨珊波斯视为抵御游牧民族的一道屏障,芝诺为了维持萨珊波斯的团结与稳定赎回卑路斯一世也不无可能,在没有反证的情况下,不妨视此事为真。详见 The Chronicle of Pseudo-Joshua the Stylite, translated with notes and introduction by Frank R. Trombley and John W. Watt, Liverpool: Liverpool University Press, 2000, p. 10。

[③] Procopius, History of the Wars, I. 3. 14 – 18, with an English translation by H. B. Dewing, Cambridge, Mass: Harvard University Press, 1957.

[④] [伊朗] 阿卜杜·侯赛因·扎林库伯:《波斯帝国史》,张鸿年译,复旦大学出版社2011年版,第383页。

[⑤] R. N. Frye, The History of Ancient Iran, München: Beck, 1983, p. 322.

[⑥] 阿伽提亚斯对波斯国内的马兹达克运动毫无认识,但他记录了卡瓦德对这场运动的态度,还有令人生疑的共妻政策。参见 Agathias, The Histories, 4.27.7, translated by Joseph D. Frendo, Berlin & New York: Walter De Gruyter & Co., 1975; R. N. Frye, The History of Ancient Iran, München: Beck, 1983, p. 323;[伊朗] 阿卜杜·侯赛因·扎林库伯《波斯帝国史》,张鸿年译,复旦大学出版社2011年版,第386页。

[⑦] 关于卡瓦德即位后最初几年及逃亡嚈哒和复位的事迹主要记载于伪约书亚的编年史,参见 The Chronicle of Pseudo-Joshua the Stylite, translated with notes and introduction by Frank R. Trombley and John W. Watt, Liverpool: Liverpool University Press, 2000, pp. 16 – 22。

[⑧] Procopius, History of the Wars, 1. 6. 10, with an English translation by H. B. Dewing, Cambridge, Mass: Harvard University Press, 1957. 不过格鲁塞认为是可汗的侄女,见 [法] 勒内·格鲁塞《草原帝国》(上册),蓝琪译,商务印书馆2009年版,第113页。

朝贡。

　　帝国东部的丝路贸易由粟特人把持,在嚈哒夺取了粟特地区的控制权后,萨珊波斯帝国失去了贸易之利,再加上交给嚈哒数额巨大的贡赋,帝国的财政收入受到严重影响。沙普尔二世去世后,大贵族和大祭司势力的不断膨胀导致萨珊波斯帝国内部政治局势持续动荡。如果将卡瓦德一世复位后统治的33年时间(499—531年)除去不计,379—498年间,萨珊波斯帝国共历经11任帝王统治,平均统治年限不足11年,仅有3位国王去位与阴谋和战争无关。① 在这种情况下,萨珊波斯帝国无力维护丝路既有的利益,从而在游牧民族的进攻下屡次失地丧师,但它在东方仍然展开了积极的外交活动,期望改变这种被动局面。

　　萨珊波斯帝国在503年后与嚈哒时有交战,② 但无法彻底击败嚈哒人。455—531年间,中国文献可见的波斯遣使记录共11次,出使北魏就有10次之多,518年波斯使节甚至携带了卡瓦德一世致北魏皇帝的书信,③ 有学者分析认为萨珊波斯帝国出使中国的目的是为了与北魏组成联盟,共击嚈哒。④ 据《北史》所载,魏道武帝时西域与中国没有官方联系,至魏太武帝派成周公万度归经营西域时,"行人复通"(445年)。⑤ 由此可见,正是因为中国重新开始经营西域,萨珊波斯帝国的力量又不足以单独击败嚈哒,萨珊波斯国王才考虑同中国结盟以解决帝国东北部的边境危机,并重新支配丝绸之路的贸易。这一愿景一度依靠萨珊波斯帝国与突厥的联盟得以实现。根据菲尔多西《列王纪》中的记载,嚈哒被突厥击败后,库思老一世立刻召集群臣商议处理嚈哒问题的

---

① 3位国王分别是瓦赫拉姆五世(420—438在位)、耶兹底格德二世(438—457在位)和卡瓦德一世(488—496、499—531两次在位),瓦赫拉姆四世和耶兹底格德一世的死因一直被学者所质疑,故将这两位国王归入因阴谋死亡的国王中。

② 余太山:《嚈哒史研究》,齐鲁书社1986年版,第2页。麦高文认为萨珊波斯帝国边界得以平静的原因是嚈哒的战略转向,其向印度方向的扩张使得萨珊波斯帝国没有受到进一步的冲击,参见[美]W. M. 麦高文《中亚古国史》,章巽译,中华书局2004年版,第257页。

③ I. Ecsedy, "Early Persian Envoys in Chinese Courts", in J. Harmatta, ed., *Studies in the Sources on the History of Pre-Islamic Central Asia*, Budapest: Akademiai Kiado, 1979, pp. 153 – 162.

④ 张绪山:《中国与拜占庭帝国关系研究》,中华书局2012年版,第272页。

⑤ (唐)李延寿:《北史》卷九十七《西域传》,中华书局1974年版,第3205—3207页。

对策。① 库思老一世一度有与嚈哒联合对抗突厥的念头，② 但西突厥的室点密可汗派人前来游说，并且将一位公主嫁于库思老一世，结果，库思老一世与突厥联合瓜分了嚈哒人的土地。③

新兴的突厥帝国很快便因为丝路贸易的巨大利益与萨珊波斯帝国反目，西突厥的室点密可汗占据了巴克特里亚和河中地区（Transoxiana）后，试图摆脱波斯人，实现突厥人主导下中国—拜占庭之间的直接贸易。④ 他曾两次派遣商人使团和库思老一世商议自由贸易权，但库思老一世一次烧掉了粟特商人带来的所有丝织品，另一次毒杀了绝大部分的使团成员。⑤ 突厥和拜占庭帝国迅速接洽并组成了反对萨珊波斯帝国的联盟，⑥ 所幸这一同盟在拜占庭帝国与阿瓦尔人结盟后迅速瓦解，只维持了10年左右（568—578年）。⑦ 尽管如此，萨珊波斯帝国在这十年间仍被迫进行两线作战：西边，572年拜占庭帝国与萨珊波斯帝国因为亚美尼亚问题重开战争，持续长达20年；东边，突厥早已开始了对巴克特里亚的进攻。

574年萨珊波斯帝国不敌拜占庭和突厥的夹击，被迫向突厥缴纳年贡。⑧ 588年霍尔米兹德四世（Hormizd Ⅳ，579—590年在位）派遣将军瓦赫拉姆·楚宾（Vahram Chobin）击败突厥⑨，并迫使突厥缴纳年贡，萨珊波斯帝国得以暂时逆转被突厥压制的局面，但这场胜利并不能改变萨珊波

---

① ［古波斯］菲尔多西：《列王纪全集》（第5卷），张鸿年、宋丕方译，湖南文艺出版社2001年版，第477—481页。

② 同上书，第482—484页。

③ 双方基本以阿姆河为疆界，嚈哒人被波斯和突厥联手打败的时间尚不清楚，大概在556—565年间。

④ ［法］勒内·格鲁塞：《草原帝国》（上册），蓝琪译，商务印书馆2009年版，第133页。

⑤ 张绪山：《6—7世纪拜占庭帝国与西突厥汗国的交往》，《世界历史》2002年第1期。

⑥ 568年，粟特商人马尼亚赫率团经草原丝绸之路到达拜占庭帝国，其时在位的查士丁尼二世接待了突厥使者。

⑦ 张绪山：《6—7世纪拜占庭帝国与西突厥汗国的交往》，《世界历史》2002年第1期。

⑧ 郭云艳：《萨珊波斯帝国在拜占庭金币传入过程中的影响》，《安徽史学》2008年第4期。

⑨ Touraj Daryaee, "The Political History of Ērān in Sasanian Period", in the Sasanika Project: Late Antique Near East Project, p. 27, https://www.sasanika.org/wp-content/uploads/ThePoliticalHistoryofSasanianPeriod.pdf；［伊朗］阿卜杜·侯赛因·扎林库伯：《波斯帝国史》，张鸿年译，复旦大学出版社2011年版，第418页。

斯帝国在东部的被动形势。597—598年间，巴克特拉（Bactra）和德拉普萨卡（Drapsaka）失陷，巴克特里亚被西突厥夺走。[①] 早在库思老一世在位时，萨珊波斯帝国已经暴露出人力不足[②]，难以应付多线作战的疲态。根据中国方面资料的记载，西突厥的统叶护可汗（约617—628年在位）甚至干涉了萨珊波斯帝国末年的内政。[③] 这意味着萨珊波斯帝国在西线被拜占庭皇帝希拉克略击败的同时，东线也丧失了抵御突厥的能力。从霍尔米兹德四世到最后一任国王耶兹底格德三世（Yazdegerd III，632—651年在位），萨珊波斯帝国疲于应付统治集团的政变和无穷尽的人民起义，仅在628—632年萨珊波斯就经历了10位国王的统治，丝绸之路的贸易事实上被突厥所掌握，萨珊波斯帝国无力与之竞争。

萨珊波斯帝国后期，中亚周边各国对丝路控制权的争夺趋于白热化，不断出现新兴国家参与竞争。例如中国北方曾称雄一时的柔然汗国于546年派虞弘出使波斯，原因是"邻情未协"，石云涛认为这是柔然试图将波斯和吐谷浑拉至反突厥统一战线的举动。[④] 萨珊波斯帝国同样可能试图通过外交手段取得帮助，以减小东方丝路竞争者施加的压力。根据汉文史料的记载，库思老一世在位期间，波斯出使中国的行动共3次，其中有

---

① ［法］勒内·格鲁塞：《草原帝国》（上册），蓝琪译，商务印书馆2009年版，第135页。《人类文明史》认为是570年战争使波斯失去了从嚈哒所夺领土，参见［法］菲利普·吉纽《萨珊帝国》，［德］J. 赫尔曼、许理和主编《人类文明史3：公元前7世纪—公元7世纪》，中文版编译委员会译，译林出版社2015年版，第121页。

② Al-Tabari, *The History of Al-Tabari*, Vol. V, translated by C. E. Bosworth, Albany: State university of New York Press, 1999, p. 160.

③ （后晋）刘昫等：《旧唐书》卷一百九十八《西戎》，中华书局1975年版，第5312页。实际上《旧唐书》关于萨珊波斯帝国末年的历史记载并不完全符合史实。如《旧唐书》载耶兹底格德三世被大食兵所杀，但现代学者大都支持耶兹底格德在木鹿被磨坊主刺杀的说法。突厥在统叶护可汗时期实力强大，取得巴克特里亚后，完全有可能持续进攻萨珊波斯帝国东部，因此突厥有能力影响萨珊波斯帝国内的贵族，进而干涉继位国王的人选。关于耶兹底格德之死，参见R. N. Frye, "The Political History of Iran Under the Sasanians", in Ehsan Yarshater, *The Cambridge History of Iran*, Vol. 3 (1), Cambridge University Press, 1983, p. 172；王治来《中亚通史·古代卷上》，新疆人民出版社2007年版，第236页。

④ 石云涛：《3—6世纪的草原丝绸之路》，《社会科学战线》2011年第9期。此说值得商榷，刚崛起的突厥位于阿尔泰山南麓，萨珊波斯帝国无论如何也不可能越过嚈哒与柔然联盟对抗突厥，更可能的解释是柔然的衰弱迫使阿那瓌指望萨珊波斯帝国助他拖住嚈哒，以避免自己遭到嚈哒人和突厥人的夹击。

两次见于《梁书》①，另一次则见于《周书》②。可能是因为北魏内部局势动荡，国家分裂成西魏和东魏后相互攻伐，导致波斯使节选择与南梁接触。③ 库思老二世曾派人与隋王朝接触，隋炀帝也派使者去波斯回访。④ 耶兹底格德三世在遭遇了卡迪西亚战役（the Battle of Kadisiya，636 年）和尼哈温战役（the Battle of Nihavand，642 年）的惨重失败后，彻底丧失了抵抗阿拉伯人扩张的能力，他不得不寻求唐帝国的军事援助，但遭到婉拒。

与萨珊波斯帝国在西部丝路沿线的积极进取相比，它在东部丝路沿线基本上处于被动防御的状态。这可能是因为萨珊波斯帝国无法两边兼顾，用兵西方就只能在东线长期保持守势，但萨珊波斯的战略重点为何长期集中于帝国的西部而非东部呢？笔者以为，关键原因在于萨珊波斯帝国的君主清楚地知道，游牧民族不可能被彻底消灭，在帝国东方投入大量资源与游牧民族对抗并不能得到预期的回报，卑路斯一世主动出击，却在嚈哒人控制的疆域内连续遭受惨败的事实就是明证。况且由粟特人控制的丝路贸易若从陆地上继续向西拓展，过境波斯几乎无可避免，萨珊波斯还是可以从中获利。因此，它对在东部失去的丝路贸易据点并无切肤之痛。西线萨珊波斯帝国与罗马帝国之间的战争则不然，萨珊波斯帝国即使不能占据罗马帝国的土地，劫掠和战后赔款或许也能弥补进行战争所遭受的损失，因此萨珊波斯帝国在沙普尔一世后很少主动在东方发动战争。

---

① （唐）姚思廉：《梁书》卷三《武帝下》，中华书局 1973 年版，第 77 页。原文为："甲子，波斯国遣使献方物。"；（唐）姚思廉：《梁书》卷五十四《诸夷传》，中华书局 1973 年版，第 815 页。原文为："中大通二年，遣使献佛牙。"

② （唐）令狐德棻等：《周书》卷五十《异域下》，中华书局 1971 年版，第 920 页。原文为："魏废帝二年，其王遣使来献方物"。

③ I. Ecsedy, "Early Persian Envoys in Chinese Courts", in J. Harmatta, ed., *Studies in the Sources on the History of Pre-Islamic Central Asia*, Budapest: Akademiai Kiado, 1979, pp. 153 – 162. 根据库思老一世采取的军事行动判断，其战略重点首先是西面的拜占庭帝国，即使在"无限期和约"签订后，他也未趁西线局势和缓时对东方用兵。因此笔者认为 530 年波斯出使南梁的原因不是北魏局势动荡后，使节临时更换了目的地，而是出于贸易需求进行的外交活动，这也符合 540 年前库思老一世整顿内政，实行改革的背景。6 世纪 50 年代左右，正是突厥逐渐崛起，重创嚈哒的时期，553 年波斯恢复出使西魏可能是库思老一世试图对东方用兵的先兆。

④ （唐）魏征等：《隋书》卷八十三《西域传》，中华书局 1973 年版，第 1857 页。

古国文明与丝绸之路

531—651年亚欧大陆政治形势的变化使得萨珊波斯帝国已经无法像3—5世纪一样，轻松垄断丝路大部分贸易。西面的拜占庭帝国在查士丁尼即位后，政局逐步稳定，进入史上第一个黄金时代，不断进行军事扩张，并试图摆脱波斯人对丝织品的垄断。东面嚈哒人被击败后，强大的突厥帝国继之而起。萨珊波斯帝国末年，新兴的阿拉伯帝国崛起，东进之势迅猛。萨珊波斯帝国面临东西两线的压力，彻底失去对丝路的控制只是时间问题。

第二节　萨珊波斯帝国在丝绸之路上的中介贸易

萨珊波斯帝国地处欧亚大陆中心地带，南临波斯湾。借助于地缘政治之利，它在3—7世纪的大多数时间牢牢掌控着丝绸之路陆路的主要干道，同时兼有海运之利，从过境贸易中获利颇丰。①

一　萨珊波斯帝国的陆海贸易路线

萨珊波斯帝国建立之初，丝绸之路的主干道并未发生大的变化。经过几代君主的统治，萨珊波斯帝国境内出现了许多新兴的城市，从罗马帝国劫掠的人口和战俘又促进了城市和道路的建设，新的通道和城市群应运而生，如帝国中部出现了从库姆（Qum）经伊斯法罕（Sphāhān）到达雅兹德（Yazd）的陆路，②南部从胡泽斯坦的舒什（Shush）经胡泽斯坦-瓦萨尔（Khuzistan-wazar），可东行至法尔斯地区，沿着亚历山大从印度撤回巴比伦的路线继续向东行进，最终可到达印度。

根据目前已知的萨珊波斯帝国交通网，可以推测出沙普尔二世时帝国内部由首都自西向东主干道的大致路线：泰西封—阿尔特米塔/达

---

① 几乎没有文献留下萨珊波斯帝国与其他国家的直接交易记录，但是萨珊波斯商人乐于从西向东或从东向西转运外国商品，而不是交易他们自己的产品，一份359/360年的佚名文献称其境内商品丰富，几乎无所不有，这足以说明萨珊波斯帝国中介贸易的繁荣兴盛，萨珊波斯显然能从中获得巨额利润，详见 Josef Wiesehofer, *Ancient Persia: From 550 BC to 650 AD*, London & New York: I. B. Tauris Publishers, 2001, pp. 194 – 195。

② Chirstopher Brunner, "The Quadrant of the South", in Ehsan Yarshater, *The Cambridge History of Iran*, Vol. 3 (2), Cambridge University Press, 1983, p. 753.

斯特吉德（Artemita/Dastgird）—加鲁尔（Gālūl，今伊拉克杰卢拉 Jalula）—赫尔宛（Hulwan，古 Chalonitis 首府）—巴加斯塔那（Bagastāna）或克尔曼沙（Kirmānshāh）—巴奇格拉班（Bāzīgrābān）—阿德拉帕纳（Adrapana）①—埃克巴坦那（今哈马丹 Hamadan）—阿巴（Abā）—拉盖（Rhagae，现伊朗雷伊，Ray，德黑兰南）—里海门—乔雷内（Choarene）—塞米纳（Semina，今伊朗塞姆南 Semnan）—科米塞内（Comisene）或赫卡尼亚的赫卡通皮洛斯（今伊朗达姆甘南的库密斯 Qumis）—比斯塔姆（Bistām）—图斯（Tus，今伊朗马什哈德北）。从图斯向东北行进，可通往木鹿，继续向东便能进入粟特地区；东南方向上可前往哈雷夫（Harev，即阿里亚的亚历山大里亚，今阿富汗赫拉特）。哈雷夫是重要的东部交通枢纽，它与位于迦毕试（Kapisa）和喀布尔之间的奥尔托斯帕纳（Ortospana），有陆路相连，能由此直接前往巴克特里亚；向南经过萨基斯坦（Sagistan）②的法拉赫（Farah），既可以向西南通往克尔曼（Kerman），也可以向东南到达印度。③ 沿途不少城市周围已经具有成规模的城市群，从而衍生出了相当多的支线，如从赫卡尼亚的赫卡通皮洛斯去往萨德拉卡塔的北支线。

草原丝绸之路虽然不在萨珊波斯帝国的控制范围内，但不能排除萨珊波斯商人利用这条道路进行贸易的可能。有学者认为，在日本与朝鲜出土的4世纪以后的萨珊波斯玻璃器和金银器当经草原丝绸之路输入。④

东汉帝国崩溃后，中国随后陷入内乱，并长时间处于分裂状态，对西域的控制和影响减弱。斯坦因在敦煌以西发现的粟特文信札写于312—314年间，此时正值沙普尔二世在位，粟特处于萨珊波斯帝国的势力范围

---

① 巴奇格拉班大概是现在伊朗的曼德拉巴德（Manderābād），阿德拉帕纳可能位于今天的阿萨达巴德（Asadābād），详见 C. J. Brunner, Adrapana, in *Encyclopaedia Iranica*, Online Edition, http://www.iranicaonline.org/articles/adrapana-the-third-station-from-the-western-border-of-upper-media-recorded-by-isidore-of-charax-in-the-1st-century-a。

② 这一地区古代被称作德兰吉亚那和阿拉科西亚（Arachosia），后被称为萨卡斯坦（Sacastana），萨珊波斯时期称萨基斯坦。

③ 关于本节萨珊波斯地域内的陆路交通，详见 Chirstopher Brunner, "Geographical and Administrative Divisions: Settlement and Economy", in Ehsan Yarshater, *The Cambridge History of Iran*, Vol. 3 (2), Cambridge University Press, 1983, pp. 747–777。

④ 石云涛：《3—6世纪的草原丝绸之路》，《社会科学战线》2011年第9期。

内，因此粟特商人可能兼有波斯商人的身份。沙普尔二世去世后，萨珊波斯帝国东部领土不断缩小，与中国和印度相连的重要贸易城市相继丢失，尼沙普尔于此阶段崛起并逐步取代了图斯的地位。[1] 南部沿海省份直接通向印度的陆路本已开通，但嚈哒人到来后印度与萨珊波斯帝国的陆地交通似乎完全断绝。[2] 出于保护贸易利益的角度考虑，萨珊波斯帝国很难开放国内市场。库思老一世便坚决排斥粟特商人，拒绝他们在波斯境内自由通行。[3] 不难想见在嚈哒或突厥控制下的粟特与巴克特里亚会采取相应的报复措施以维护自己的贸易利益，从而对萨珊波斯帝国与印度和中国在陆地上的直接贸易产生不利影响。

萨珊波斯帝国与罗马帝国/拜占庭帝国进行贸易的城市则比较固定，早年唯一通商的城市为尼西比斯，363 年后增长至 3 个。[4] 罗马一侧的交易中心是卡利尼库姆（Callinicum，现叙利亚北部的拉卡），萨珊波斯这边则开放美索不达米亚的尼西比斯和亚美尼亚的阿尔塔夏塔（Artaxata），因为双方常年交战，彼此都严禁对方商人在自己境内自由贸易。[5] 由于萨珊波斯帝国时期丝绸之路沿途贸易的细节已经无从考察，在萨珊波斯帝国与拜占庭帝国频繁发生战争的情况下，学者们很难评估陆地丝绸之路贸易的繁荣程度，达拉耶（Touraj Daryaee）因而认为相较于陆路贸易，萨珊波斯帝

---

[1] 阿拉伯时期著名的呼罗珊大道就经过尼沙普尔，此时这座城市已成为呼罗珊地区最为繁华的城市，因此萨珊波斯中期丝路可能经过此处，详见 Christopher Brunner, "The Quadrant of the East", in Ehsan Yarshater, *The Cambridge History of Iran*, Vol. 3 (2), Cambridge University Press, 1983, p. 768；马瑞琼《8—10 世纪丝绸之路中段呼罗珊大道考述》，《中国历史地理论丛》2016 年第 3 辑。

[2] 考古发现的笈多帝国金币大多集中在室建陀·笈多及其之前的诸位君主统治时期（330—470 年之间），此后日渐稀少，甚至完全消失，470 年后金币中黄金的成色多半很低，嚈哒人阻断印度与萨珊波斯之间的贸易很可能是重要原因。参见 [印] R. S. 夏尔马《公元 300—700 年的南亚》，[德] J. 赫尔曼、许理和主编《人类文明史 3：公元前 7 世纪—公元 7 世纪》，中文版编译委员会译，译林出版社 2015 年版，第 367 页；[美] W. M. 麦高文《中亚古国史》，章巽译，中华书局 2004 年版，第 245 页。

[3] Menander, *The History of Menander The Guardsman: Introductory Essay, Text, Translation, and Historiographical Notes*, ed. and trans. by R. C. Blockley. Liverpool, F. Cairns, 1985, p. 113.

[4] Josef Wiesehofer, *Ancient Persia: From 550 BC to 650 AD*, London & New York: I. B. Tauris Publishers, 2001, p. 195.

[5] R. N. Frye, "The Political History of Iran Under the Sasanians", in Ehsan Yarshater, *The Cambridge History of Iran*, Vol. 3 (1), Cambridge University Press, 1983, p. 571.

国中期以后波斯湾海路贸易要更加兴盛。①但是两国之间的丝绸贸易在战争时期并未中断②，更何况达拉耶忽略了海路相对于陆路的劣势，那就是在海上航行的不可控因素远比在陆地上行走要多。费尔南·布罗代尔（Fernand Braudel）在考察西班牙菲利普二世时代（1556—1598年）的海路与陆路远距离贸易后，指出陆路贸易的平均利润远比远程海路贸易的平均利润高，海路贸易利润波动的范围极大，从赔本到200%。③这是航海与造船技术发展了一千年后的情况，萨珊波斯帝国时代的海路贸易收益可能会更低。基于以上事实，笔者认为达拉耶过高估计了波斯湾海路贸易的繁荣程度。波斯湾海上贸易确实对萨珊波斯帝国越来越重要，但繁荣的海上贸易并不能证明陆路的衰落。

自1世纪后半期起，波斯湾便处于帕提亚帝国属国波西斯的控制之下。虽然不时受到阿拉伯人的劫掠，但因入侵规模小，时间也不长，该地区基本没有遭受严重破坏。根据公元1世纪后期成书的《厄立特里亚航海记》的记载，当时有一条路线便是从叙利亚的安条克到巴尔米拉，顺陆路或河运，入波斯湾后沿海岸线到印度。④由于萨珊家族的根据地就在波西斯地区，历代萨珊君主自然清楚海上贸易对于帝国的重要性。萨珊波斯人凭借海上霸权，加上印度基督徒听命于波西斯地区的教会领袖这一优势，逐渐控制了印度港口的贸易⑤。罗马帝国在萨珊波斯帝国统治前期仍能保持与印度的直接贸易，曾在350年航行至马拉巴尔（Malabar）海岸，但在此之后，再也没有罗马帝国与印度进行直接贸易的记录，⑥阿克苏姆王国（Axumite Kingdom）崛起后，埃塞俄比亚人和波斯人将拜占庭帝国排挤出与印

---

① Touraj Daryaee, "The Persian Gulf Trade in Late Antiquity", *Journal of World History*, Vol. 14, No. 1, 2003, pp. 1 – 16.

② A. H. M. Jones, *The Later Roman Empire* 284 – 602: *a Social, Economic and Administrative Survey*, Baltimore: The Johns Hopkins University Press, 1986, p. 468.

③ [法] 费尔南·布罗代尔:《菲利普二世时代的地中海和地中海世界》（第一卷），唐家龙等译，商务印书馆2009年版，第429页。

④ 王坤霞、杨巨平:《流动的世界:〈厄立特里亚航海记〉中的海上贸易》,《西域研究》2017年第1期。

⑤ Christopher Brunner, "The Quadrant of the West", in Ehsan Yarshater, *The Cambridge History of Iran*, Vol. 3 (2), Cambridge University Press, 1983, p. 757.

⑥ Ibid..

度的直接贸易。

  4世纪前后萨珊波斯人与中国之间的海上贸易路线应未开通。西晋末年的混乱致使东晋无力维持海上治安，《晋书·食货志》中记载咸和六年（331年），"海贼寇抄，運漕不計"①，连朝廷的海上运粮行动尚且不能保证安全，遑论出海经商。《梁书·海南诸国传》索性将晋朝直接忽略，"晉代通中國者蓋尠，故不載史官"②。6世纪的景教徒科斯马斯在其作品《基督教风土志》（Christian Topography of Cosmas Indicopleustes）中指出，从特拉波巴内（Trapobane，即现斯里兰卡）出发走海路能够到达产丝之国秦尼扎（Tzinitza）③，目前没有直接证据能够证明科斯马斯的说法，但中国南方沿海地区发现了萨珊波斯银币，夏鼐因此推断萨珊波斯帝国直接到达中国的海路在5世纪保持畅通。④海上丝绸之路的主要路径大概为：从波斯湾港口城市布沙尔（Būshahr）、西拉夫（Siraf）、古泽兰（Guzeran，现伊朗伦格港）和霍尔木兹出发，先直接航行至印度⑤或斯里兰卡（萨珊波斯人在岛上建立了一块殖民地⑥）。从斯里兰卡出发有两条海上路线去往马来半岛西部的句稚（投拘利）：既可沿岸先北行至多摩梨（现印度泰木鲁克），接着绕过孟加拉湾，也可东行渡海穿越安达曼群岛（Andaman Islands）；⑦从句稚既可以出马六甲海峡，穿越南海直达番禺（广州）⑧，又可以陆行先至马来半岛北部的典逊港，坐船十五日可达日南郡的寿灵浦（现越南岘港），⑨最终到达交州（治所龙编）。

---

 ① （唐）魏征等撰：《晋书》卷二十六《食货志》，中华书局1974年版，第792页。
 ② （唐）姚思廉撰：《梁书》卷五十四《海南诸国传》，中华书局1973年版，第783页。
 ③ Cosmas Indicopleustes, *Christian Topography of Cosmas Indicopleustes*, *An Egyptian Monk*, translated by J. W. McCrindle, London: the Hakluyt Society, 1897, p. 49.
 ④ 夏鼐：《综述中国出土的波斯萨珊朝银币》，《考古学报》1974年第1期。
 ⑤ 印度与萨珊波斯帝国进行贸易的港口信息十分模糊，大概与《厄立特里亚航海记》中的记载区别不大。
 ⑥ Touraj Daryaee, "The Persian Gulf Trade in Late Antiquity", *Journal of World History*, Vol. 14, No. 1, 2003, pp. 1–16.
 ⑦ 石云涛：《3—6世纪中西间海上航线的变化》，《海交史研究》2004年第2期。
 ⑧ 同上。
 ⑨ 同上。

二 萨珊波斯帝国与东部国家的贸易

萨珊波斯帝国东面的主要贸易对象是中国和印度,其中与印度的陆地贸易因东方游牧民族的不断侵扰而逐渐衰落,在帝国晚期可能主要依靠海路保持与印度的沟通。相较之下,中国始终是萨珊波斯帝国东方丝路贸易的重要市场,大量萨珊波斯帝国物品遗迹在中国境内的发现印证了两国之间在那一时期繁荣的海陆贸易。

萨珊波斯帝国的铸币量极大,其含银量长期保持稳定,纯度高,这使得萨珊银币被国际市场所认可,陆地丝路商贸重要节点如粟特、吐鲁番各地都将其作为通用货币使用。[①] 目前已知在中国出土的萨珊波斯帝国银币数量超过了1932枚[②],从地域上看这些钱币在中国的分布非常广泛,不仅仅局限于与萨珊波斯和粟特地区比较接近的中国新疆地区,在陕西、河北、山西、河南、江苏和广东等内陆省份都有出土,其中包含不少阿拉伯—萨珊银币,[③] 这说明萨珊波斯的银币不仅从陆路,也从海路输入。萨珊波斯银币最早约在4世纪末出现于塔里木盆地,隋唐时期出现于内陆两京腹地,显然它们在陆地上输入中国的途径是沿着丝绸之路自西向东逐步扩散。银币铸造年代的时间跨度比较长,分属13位波斯国王,最早为沙普尔二世(310—379年在位),最晚为萨珊波斯末代君主耶兹底格德三世(632—651年),[④] 这显然是丝路贸易长期持续的结果,其中库思老二世一人的阿拉伯—萨珊波斯钱币就有282枚。[⑤] 库思老一世和库思老二世是萨珊波斯帝国铸币量最大的两位君主。库思老一世铸币地多达82处,伊朗国家博物馆收藏约4000枚萨珊波斯钱币,其中绝大多数铸造于库

[①] R. N. Frye, "Sasanian-Central Asian Trade Relations", *Bulletin of the Asia Institute*, New Series, Vol. 7, *Iranians Studies in Honor of A. D. H. Bivar*, 1993, pp. 73 – 77.

[②] 这是2007年统计的数据。详见孙莉《中国出土萨珊银币的分布与分期》,载于吐鲁番学研究院、吐鲁番博物馆编《古代钱币与丝绸高峰论坛暨第四届吐鲁番学国际学术研讨会论文集》,上海古籍出版社2015年版,第55—62页。

[③] 孙莉:《萨珊银币在中国的分布及其功能》,《考古学报》2004年第1期。

[④] 同上。

[⑤] 同上;Edwin G. Pulleyblank, "Chinese-Iranian Relations i. in Pre-Islamic Times", in *Encyclopædia Iranica*, Online Edition, http://www.iranicaonline.org/articles/chinese-iranian-i.

思老一世统治时期，[①] 其钱币广泛分布于西起地中海沿岸，东至中国和印度河流域，北达高加索山区，南抵亚丁湾的区域。库思老二世铸币地点更是达到了120处。[②] 数目众多的铸币场凸显了萨珊波斯帝国境内发达的商品贸易。

从萨珊波斯帝国传入中国的玻璃器亦有不少。传统观点认为萨珊波斯帝国生产玻璃器的手工业中心是伊朗高原，然而最新的考古成果证明美索不达米亚低地平原才是萨珊波斯帝国玻璃制造业的中心，高加索南部的亚美尼亚也有可能是一个玻璃业中心。[③] 伊拉克北部发现了大量带有刻面凹槽的半球形玻璃碗。众多玻璃器的检测结果证明萨珊波斯帝国的工匠已经懂得制造钠玻璃（plant-ash glass）与钾玻璃（natron glass）。[④] 在中国，河北景县封氏墓群中北魏祖氏墓出土的网纹玻璃杯经鉴定是钾玻璃制品，湖北鄂城五里墩M121西晋墓出土玻璃碗残片则为钠钙玻璃。[⑤] 萨珊波斯玻璃器的经典样式为束颈、鼓腹、浅腹、薄壁的碗，器表饰乳钉纹。[⑥] 西晋华芳墓中出土了带有乳钉的半球形玻璃碗，这是中国境内年代最早的萨珊波斯玻璃器；在江苏和大同的北魏时期墓葬中，都发掘了萨珊波斯的刻面玻璃碗。[⑦] 来恩（E. J. Laing）曾对中国出土的晋代外来玻璃器进行考察，指出远东发现的玻璃器皿样式和装饰较为普通，说明原产地的普通玻璃器直接销往了中国。[⑧] 罗帅据此认为玻璃器实际上是丝路贸易以物易物模式中

[①] Vesta Sarkhosh Curtis, Sasanian Coins, https：//www.thebritishacademy.ac.uk/sites/default/files/19-curtis.pdf.

[②] 沈福伟：《中国与西亚文化交流研究》，新疆人民出版社2010年版，第82页。

[③] St. John Simpson, "Sasanian Glassware from Mesopotamia, Gilan, and the Caucasus", *Journal of Glass Studies*, Vol. 57, 2015, pp. 77–96.

[④] Ibid..

[⑤] 沈福伟：《中国与西亚文化交流研究》，新疆人民出版社2010年版，第84—85页。

[⑥] 罗帅：《粟特商人与东晋玻璃器皿》，载陈春声主编《海陆交通与世界文明》，商务印书馆2013年版，第39—63页。

[⑦] L. M. Carter, "Chinese Iranian Relations xiv. The Influence of Eastern Iranian Art", In：*Encyclopædia Iranica*, Online Edition, http：//www.iranicaonline.org/articles/chinese-iranian-xiv.

[⑧] E. J. Laing, "A Report on West Asian Glassware in the Far East", *Bulletin of the Asia Institute*, Vol. 5, 1991, pp. 109–121.

的一般交换物。①

北周李贤墓中出土的凸钉装饰玻璃碗是萨珊波斯玻璃器中的精品,安家瑶认为这件玻璃器很可能是用有模吹制技术成形的。② 吹制玻璃技术最早出现公元前1世纪末,公元1世纪中期传到阿尔卑斯山地区,2世纪之后与罗马帝国相邻的国家生产出来的玻璃制品普遍表现出器形、装饰和技术的相似性,这种技术当属罗马帝国或者通过战争,或是通过贸易向东传到萨珊波斯帝国。③ 目前所知,现存中国本土制造的第一件玻璃器很可能是在定县北魏塔基出土的玻璃碗。④ 中国玻璃器的制造年代明显晚于罗马帝国玻璃器和萨珊波斯帝国玻璃器,因此有学者推测玻璃吹制技术由巴克特里亚工匠带入中国。⑤ 中外繁荣的商业贸易刺激了新技术的传播和运用,中国的甲骑具装(cataphracts)很可能也是由萨珊波斯传入的军事技术。⑥ 帕提亚的重骑兵采用甲骑具装,贾斯丁(Marcus Julianus Justinus)称帕提亚人的骑兵铠甲"一块块金属互相重叠,好像鸟的羽毛"⑦,这显然是古典作家对全覆盖型金属鳞甲的经典描述。萨珊波斯帝国取代帕提亚后,军队中保留了这种重装骑兵部队,直到东汉末年,中国才出现甲骑具装的记载,但出土的甲骑具装骑兵俑集中于十六国及南北朝时期⑧。因此可以推测,甲骑具装主要在萨珊波斯帝国时期逐渐向东传播至中国。

---

① 罗帅:《粟特商人与东晋玻璃器皿》,载陈春声主编《海陆交通与世界文明》,商务印书馆2013年版,第39—63页。贸易不可能只是中国单方面的卖出,而无相应进口,剑桥伊朗史因而认为毛料衣服(woolen clothes)和玻璃器是西方输入中国最基本的贸易物品,只是被中国史料所忽略了,参见 William Watson, "Silk Trade", in Ehsan Yarshater, *The Cambridge History of Iran*, Vol. 3 (1), Cambridge University Press, 1983, p. 550。

② 安家瑶:《北周李贤墓出土的玻璃碗——萨珊玻璃器的发现与研究》,《考古》1986年第2期。

③ [英]查尔斯·辛格等主编:《技术史》(第二卷《地中海文明与中世纪》),潜伟主译,上海科技教育出版社2004年版,第230—231页。

④ 沈福伟:《中国与西亚文化交流研究》,新疆人民出版社2010年版,第89页。

⑤ L. M. Carter, "Chinese Iranian Relations xiv. The Influence of Eastern Iranian Art", In: *Encyclopædia Iranica*, Online Edition, http://www.iranicaonline.org/articles/chinese-iranian-xiv.

⑥ 沈福伟:《中国与西亚文化交流研究》,新疆人民出版社2010年版,第163—164页。

⑦ Marcus Julianus Justinus, *Epitome of the Philippic History of Pompeius Trogus*, 41.2, translated by Rev. Johan Selby Watson, London: Henry G. Bohn, 1853.

⑧ 杨泓:《骑兵和甲骑具装中国古代军事装备札记之二》,《文物》1977年第10期。

萨珊波斯帝国的金属制品在古代世界广泛流传，波斯工匠们用各种技术制造金银杯、容器、水罐和角形饮器。[①] 北魏与萨珊波斯帝国之间往来频繁，在中国陆地丝绸之路的贸易中有着重要地位，朱杰勤曾说，在中国历史上，西域人入居中国首都以北魏一代为最多。[②] 金银自西向东流入中国的特点在北魏时期格外突出，前文已述拜占庭帝国向萨珊波斯支付战争赔款时多支付金币，而在萨珊波斯帝国的衰落期，萨珊波斯帝国被迫向嚈哒人提供数额不菲的贡赋，这些贡赋同样以金银货币或金银器物呈交。[③] 6世纪前期出使西域的宋云在描述嚈哒王庭时，注意到"王著錦衣，坐金牀，以四金鳳凰為牀腳……諸國奉獻，甚饒珍異"，[④] 反映了金银珍宝在嚈哒汇聚的情况。同时期人对北魏都城洛阳万国来朝的国际大都市形象做了详细的、或许有些夸张的描述："自蔥嶺以西，至於大秦，百國千城，莫不款附。商胡販客，日奔塞下。所謂盡天地之區已。樂中國土風因而宅者，不可勝數。是以附化之民，萬有餘家。"[⑤] 众多异域商人西来，经丝绸之路汇聚洛阳，自然也将萨珊波斯的金银器与银币一并带入中国。

中国北魏时期的墓葬已出土了不少萨珊波斯帝国银器，其中大同南郊北魏城址窖藏和大同市小站村花圪塔台封和突墓最为著名。北魏城址窖藏中出土了鎏金海兽纹银八曲长杯（八曲银洗）和鎏金錾花胡人像银碗（刻花银碗）[⑥]，封和突墓中出土银器为鎏金步猎图银盘和银高足杯。[⑦] 孙培良猜测八曲银洗为萨珊波斯帝国本土（呼罗珊或塔巴里斯坦）所产的银器，进入中国的时间为5世纪中叶到5世纪末，由于呼罗珊地区富有金矿、银矿，又产各种织物，他根据银碗上的纹饰特点猜测，它同样

[①] ［俄罗斯］B. A. 李特文斯基主编：《中亚文明史》（第三卷），马小鹤译，中国对外翻译出版公司2003年版，第45页。

[②] 朱杰勤：《中国和伊朗关系史稿》，新疆人民出版社1988年版，第9页。

[③] 部分萨珊钱币上带有嚈哒人的标记，详见［俄罗斯］B. A. 李特文斯基主编《中亚文明史》（第三卷），马小鹤译，中国对外翻译出版公司2003年版，第112页。

[④] （唐）楊衒之撰：《洛陽伽藍記校釋》，周祖謨校释，中華書局2010年版，第182—183页。

[⑤] 同上书，第117页。

[⑥] 孙培良：《略谈大同市南郊出土的几件银器和铜器》，《文物》1977年第9期。

[⑦] 夏鼐：《北魏封和突墓出土萨珊银盘考》，《文物》1983年第8期。

来自伊朗东北部的呼罗珊地区输入。① 封和突墓中的鎏金银盘负有盛名，是当时具有极高价值的奢侈品，很多银盘上有国王像，一般称为"皇家银盘"，供御用或赏赐之用。② 金银器物的文化属性长期为学界所重视，但其同样具有信用货币的属性。《晋书·四夷传》记载，大宛"得中國金銀，輒為器物，不用為幣也"。③ 这实际上是一种控制流通货币数量的手段，金银器物平时作为财富的代表或象征，有需要时可以随时将其重新销铸为货币。

丝绸是中国和萨珊波斯帝国之间最为重要的贸易对象。可能是地理距离近于中国的缘故，粟特人长期事实上掌控了从中国到波斯的陆上丝绸贸易。荣新江指出从公元 4 世纪到公元 8 世纪上半叶，粟特人在中亚到中国北方的陆上丝绸之路沿线建立了完整的商业贩运和贸易网，萨珊波斯商人实际上很难插手其中，因此他推断 5 世纪中叶以后通过陆路到达中国的萨珊波斯商人仅仅是为了朝贡贸易前来中国。④ 然而从库思老一世对粟特商人所采取的强硬措施来看，萨珊波斯帝国与中国的丝绸贸易并没有受到粟特人垄断陆路丝绸的干扰。原因可能有两点：其一，萨珊波斯帝国逐渐掌握了丝绸生产技术。汉代曾严禁养蚕丝织技艺外传，随着中国与西域各国往来贸易的频繁，丝绸生产技术逐步向外扩散，3 世纪传入河西走廊，4 世纪到达丝路南道的尼雅，5 世纪中国西域各国已普遍掌握这项技术。⑤ 大概 419 年后不久萨珊波斯帝国便已学会生产丝绸的技术，随后萨珊波斯帝国大力发展国内丝织业，里海沿岸地区成为帝国的丝织业中心，生产的"波斯锦"甚至返销吐鲁番盆地。⑥ 不过中亚的环境条件可能限制了萨珊波斯帝国生丝生产规模的扩大，萨珊波斯帝国仍对从中国进口的生丝和丝织品

---

① 孙培良：《略谈大同市南郊出土的几件银器和铜器》，《文物》1977 年第 9 期。
② 夏鼐：《北魏封和突墓出土萨珊银盘考》，《文物》1983 年第 8 期。
③ （唐）房玄龄等撰：《晋书》卷九十七《四夷傳》，中華书局 1974 年版，第 2544 页。司马迁《史记·大宛列传》提到大宛人"得漢黃白金，輒以為器，不用為幣"，这种情况在晋朝时或无变化，或《晋书》沿用前史资料，待考。
④ 荣新江：《丝绸之路与东西文化交流》，北京大学出版社 2015 年版，第 67—68 页。
⑤ 丁笃本：《丝绸之路古道研究》，新疆人民出版社 2010 年版，第 88 页。
⑥ 同上。

古国文明与丝绸之路

存在严重依赖;[1] 其二,中国与萨珊波斯之间繁荣的海上贸易弥补了陆地丝绸贸易的不足。萨珊波斯帝国凭借其优越的地理位置始终是丝织品贸易中重要的中间商。

萨珊波斯帝国与中国进行贸易的商品远不止此,两国交易物品种类之繁多很难一一列举,珍珠、亚麻与棉织品,甚至盐和水果也在贸易范围之内。[2] 但在6世纪时,中国商人惯于在锡兰(Ceylon,今斯里兰卡)与萨珊波斯商人完成交易,[3] 不再继续远行。

印度和中亚之间的贸易来往同样历史悠久,阿育王的铭文证明,他在北印度城市之间修建道路的目的是方便国王与民众远行,此后这一道路系统被印度本土诸国和外来征服者所沿用。[4] 贵霜帝国时期,海上丝绸之路开通,印度、中亚都纳入了丝路的大系统之中,绿洲丝路、海上丝路和草原丝路汇聚于此。在嚈哒人大规模入侵前,丝绸之路贸易一直在正常进行,游牧民族在东部的迁徙并未干扰陆上货物的自由流动,[5] 古吉拉特地区(Gujarat)的克沙哈拉塔政权(Kshaharatas)承认萨珊波斯帝国为宗主。[6] 贝格拉姆(Begram)、塔克西拉(Taxila)是当时的贸易中心,中国与阿拉伯半岛所产的香料,印度本土所产的甘松香和胡椒,以及粮食、牲口和制造品汇集在这里。[7] 对于萨珊波斯帝国来说,与印度的贸易有经济与军事上的双重价值,因为印度象与铁器在世界市场上

---

[1] Heleanor Feltham, "Lions, Silks and Silver: The Influence of Sasanian Persia", *Sino-Platonic Papers*, No. 206, 2010, pp. 1 – 51.

[2] Touraj Daryaee, "The Persian Gulf Trade in Late Antiquity", Journal of World History, Vol. 14, No. 1, 2003, pp. 1 – 16.

[3] H. R. Pashazanous, M. Montazer Zohouri, T. Ahmadi, "Sea Trade between Iran and China in the Persian Gulf based on the Excavations of Sīrāf City", *Indian Journal of Economics and Development*, Vol. 2 (2), 2014, pp. 6 – 13.

[4] Jason Neelis, *Early Buddhist Transmission and Trade Networks*, Leiden & Boston: Brill Press, 2011, p. 189.

[5] 这并不意味着商队在各地区之间往来畅通无阻,详见[俄罗斯]B. A. 李特文斯基主编《中亚文明史》(第三卷),马小鹤译,中国对外翻译出版公司2003年版,第84页。

[6] M. S. Commissariat, *A History of Gujarat: Including a Survey of its Chief Architectural Monuments and Inscriptions*, Vol. I, London, New York and Toronto: Longmans, Green, Co., Ltd., 1938, xxxv.

[7] [俄罗斯]B. A. 李特文斯基主编:《中亚文明史》(第三卷),马小鹤译,中国对外翻译出版公司2003年版,第84页。

极有竞争力。虽然迄今没有发现萨珊波斯帝国从印度进口大象的明确记录，但印度和非洲是大象的主要栖息地，自亚历山大三世远征从印度带回大象开始[①]，其后的塞琉古王国和帕提亚帝国的战象全靠印度提供，以至于在古代"Indian"一词中一度有大象御手的意思。[②] 斯里兰卡的大象同样从印度引进，[③] 萨珊波斯帝国军队中的战象来源于印度的可能性要远大于非洲。新的锻钢术则意味着各种钢铁工具的进步，既能提升生产效率，又能取得武器装备上的优势。塔克西拉发掘出的钢含碳量极高，罗马人从东方引入这种钢材并称之为"赛里斯铁"（Seres iron）[④]，但实际上它们很可能来自印度。[⑤] 萨珊波斯帝国后来引入了这项技术，但锻造出的波斯铁质量仍逊于"赛里斯铁"。虽然罗马自己也能锻铁，但是当有"赛里斯铁"或波斯铁时，他们仍然会优先选择这些进口的铁来制作武器

[①] 亚历山大三世从印度返回前，将大象交给了克拉特鲁斯（Craterus），当他走到卡尔马尼亚（Carmania）时，克拉特鲁斯带着大象与他汇合，这是西方军队使用战象之肇始，详见 Arrian, *Anabasis of Alexander*, 6.27.3, with an English Translation by E. I. Robson, Cambridge, Mass：Harvard University Press, 1967。

[②] William Gowers, "The African Elephant in Warfare", *African Affairs*, Vol. 46, No. 182, 1947, pp. 42-49.

[③] Manisha Tyagi, "Commercial Relations between North India and Sri Lanka in Ancient Period: A Study", *Proceedings of India History Congress*, Vol. 67, 2006-2007, pp. 106-117.

[④] Pliny, *Natural History*, 34.145, with an English translation by H. Rackham, Cambridge, Mass：Harvard University Press, 1999.

[⑤] 根据《史记·大宛列传》和《自然史》中的记载，学界曾长期认为中国生产的铁器远销罗马，如夏德在《大秦国全录》中就持此观点。但罗马帝国并非将中国铁视作如丝绸一般的奢侈品，而是用于打造兵器，直接从中国运输铁，无论从距离还是成本分析都不现实。普林尼在《自然史》中明确区分了帕提亚铁和赛里斯铁，证明罗马进口的确是实物，而不是炼铁技术。《厄立特里亚航海记》中记了红海港口阿杜里斯进口铁，但是从印度河口出发的船只交易货物中却没有列出铁，因此 W. H. 肖夫在综合比较各方面的记载后，认为普林尼所指的"赛里斯铁"更可能是印度本土的产品，牛津大学《技术史》的主编采信了这一观点。有关资料详见［德］夏德《大秦国全录》，朱杰勤译，商务印书馆1964年版，第94页；F. Hirth, *China and the Roman Orient: Researches into Their Ancient and Medieval Relations as Represented in Old Chinese Records*, Leipsic & Munich：Georg Hirth, 1885, p. 225；［英］查尔斯·辛格等主编《技术史》（第二卷《地中海文明与中世纪》），潜伟主译，上海科技教育出版社2004年版，第41页；W. H. Schoff (tr. & ed.), *The Periplus of the Erythraean Sea: Travel and Trade in the Indian Ocean by a Merchant of the First Century*, No. 6, London, Bombay & Calcutta 1912；W. H. Schoff, "The Eastern Iron Trade of the Roman Empire", *Journal of the American Oriental Society*, Vol. 35, 1915, pp. 224-239。

装备。①

嚈哒人的到来阻碍了萨珊波斯帝国与印度之间的陆路贸易，二者之间的交流可能主要依赖于海路。在萨珊波斯帝国时期，印度西海岸的主要贸易港口可能与《厄立特里亚航海记》的记载大致相同，主要为巴里加扎、巴巴里库姆、索帕拉（Sopara）、焦尔（Chaul）、卡利亚那（Kalyana）、穆季里斯（Muziris，现印度帕塔南）和达博尔（Dabhol）。② 在穆季里斯发掘的文物中有萨珊波斯时期美索不达米亚生产的鱼雷状陶瓶（torpedo jar）和帕提亚—萨珊波斯的釉陶。截止到2008年，古吉拉特沿岸、马哈拉斯特拉（Maharastra）、安得拉邦（Andhra Pradesh）及其他南印度地区和斯里兰卡共发现了36处萨珊波斯器物的出土地，证明了它们与波斯湾之间有着频繁的贸易往来。③

三 萨珊波斯帝国与西部国家的贸易

萨珊波斯帝国在西方的主要贸易对象是罗马帝国（后为拜占庭帝国④）。虽然罗马人早就对丝绸及赛里斯有所认识，但他们早期关于丝绸及赛里斯的记载充斥错讹与不实之处，如罗马人曾长期错误地以为蚕丝为采自树上的羊毛，这种看法直到公元4世纪仍未改变。⑤ 弗洛鲁斯（Florus，约公元74—130年）则说赛里斯曾派人出使罗马，⑥ 他的记载同样遭到了质疑。⑦叙利亚地区是古代著名的染料生产地，后发展成为生丝加工生产区，是近

---

① ［英］查尔斯·辛格等主编：《技术史》（第二卷《地中海文明与中世纪》），潜伟主译，上海科技教育出版社2004年版，第43页。

② Jason Neelis, *Early Buddhist Transmission and Trade Networks*, Leiden & Boston：Brill Press, 2011, pp. 217 – 218.

③ Evind Heldaas Seland, "Archaeology of Trade in the West Indian Ocean 300 BC – 700 AD", *Journal of Archaeological Research*, Vol. 22, No. 4, 2014, pp. 367 – 402.

④ 学界一般以330年君士坦丁堡的建立作为拜占庭帝国的起始时间，因此，萨珊波斯帝国大部分时期是在与拜占庭帝国进行贸易。

⑤ Pliny, *Natural History*, 6. 54, with an English translation by H. Rackham, Cambridge, Mass：Harvard University Press, 1999; Ammianus Marcellinus, *Res Gestae*, 23. 6. 67, with an English translation by John C. Rolfe, Cambridge Mass：Harvard University Press, 1935.

⑥ Lucius Annaeus Florus, *Epitome of Roman History*, 2. 33. 62 translated by Edward Seymour Forster, London：William Heinemann, 1929.

⑦ 杨共乐：《"赛里斯遣使罗马"说质疑》，《北京师范大学学报》2008年第1期。

第五章　萨珊波斯帝国与丝绸之路

东主要的生丝消费市场。① 在长期对中国丝绸生产技术毫无所知的情况下，罗马帝国只能依赖从波斯湾及两河流域到叙利亚的商路进口丝绸。萨珊波斯帝国借此利用丝绸影响拜占庭帝国的经济，如查士丁尼时期拜占庭帝国与萨珊波斯帝国在战场上兵戎相见的同时，贸易战也如火如荼，萨珊波斯帝国刻意提高了对拜占庭帝国出口的丝织品价格，拜占庭帝国则以对萨珊波斯实行铜铁禁运作为报复。②

在"无限期和约"签订之前，拜占庭帝国皇帝查士丁尼便已考虑绕开萨珊波斯，尝试通过埃塞俄比亚人与阿拉伯半岛的希木叶尔人与印度人进行贸易。③ 这一计划却毫无实现的可能，因为萨珊波斯人在境内直接买断了印度人贩来的所有丝织品，④ 张绪山认为此计划失败可能是因为埃塞俄比亚人垄断了东方的香料贸易，波斯人垄断了丝绸贸易，两者没必要为拜占庭帝国的利益而互相掣肘。⑤ 拜占庭帝国是丝绸之路从东向西贸易的终点，如果不能在红海亚丁湾与印度直接进行丝织品贸易，萨珊波斯帝国控制的波斯湾就成为拜占庭帝国必须依赖的贸易中介节点。双方严重的经济利益冲突是拜占庭帝国与萨珊波斯帝国长期进行战争的重要原因之一，战争殃及两国控制的阿拉伯附属国，促使了阿拉伯人的民族觉醒。

拜占庭政府力图对丝绸贸易实行垄断经营，这样既能保证国家的财政收入，也能稳定生丝的收购价格，避免因萨珊波斯帝国生丝涨价引发国内市场波动。拜占庭帝国不仅组织了唯一受官方认可的丝绸贸易团体，而且把丝绸的加工生产置于政府的严密监控下，为丝绸成品制定统一价格，有效避免了丝绸售价因商人之间的恶性竞争而不断上涨。⑥ 在丝绸进口问题

---

① 石云涛：《3至6世纪丝绸之路的变迁》，文化艺术出版社2007年版，第381页。
② Touraj Daryaee, "The Persian Gulf Trade in Late Antiquity", Journal of World History, Vol. 14, No. 1, 2003, pp. 1–16.
③ Procopius, History of the Wars, 1. 20. 9, with an English translation by H. B. Dewing, Cambridge, Mass: Harvard University Press, 1957.
④ Procopius, History of the Wars, 1. 20. 12, with an English translation by H. B. Dewing Mass: Harvard University Press, 1996.
⑤ 张绪山：《6—7世纪拜占庭帝国与西突厥汗国的交往》，《世界历史》2002年第1期。
⑥ A. H. M. Jones, The Roman Economy: Studies in Ancient Economic and Administrative History, Oxford: Basil Blackwell, 1974, p. 362.

上，罗马人受制于萨珊波斯人的事实迫使罗马人积极探寻东方丝绸的生产技术，拜占庭帝国知晓丝绸生产技术的说法有两个版本：其一，印度僧侣将蚕卵带到拜占庭，出自普罗科比（Procopius）的记载[①]；其二，波斯人用手杖藏蚕卵，将其带至拜占庭[②]。无论如何，拜占庭帝国终于突破了萨珊波斯帝国的技术封锁，在530年第一次尝试生产蚕丝。[③] 即便如此，拜占庭帝国在获得生产生丝的技术后，并没有减轻对进口丝织品的依赖。拜占庭帝国的生丝生产技术仍远远不足以与中国和萨珊波斯帝国比肩，再加上拜占庭帝国官方限定丝绸的价格，迫使私人远离丝绸的制造与经营行业，导致拜占庭帝国仍需要从萨珊波斯帝国大量进口生丝和丝织品，这些丝织品的主要生产者毫无疑问是中国。[④]

香料并非某种单一产物，它是各种香味商品的统称，可以大致分为熏香（incense）、香水或香精（perfume）和香料或调味料（spice）三大类。罗马人对香水或香精的认知起始于波斯人，普林尼《自然史》中称，"公正地说，应承认香水（perfume）属于波斯人"[⑤]。香水或香精很快受到罗马人的喜爱，致使罗马帝国拥有很高的调香水平，如为帕提亚国王调制的"国王香膏"（Royal unguent）共有26种成分，但调制"国王香膏"的香料绝大多数并非罗马帝国境内所产，[⑥] 只能依赖从外界进口。科斯马斯根据自己的见闻，记录了锡兰进口并转运到波斯湾和红海的主要货物种类，

[①] Procopius, *History of the Wars*, 8.17.7, with an English translation by H. B. Dewing, Cambridge, Mass: Harvard University Press, 1996.

[②] 拜占庭的提奥法尼斯（Theophanes）在其《历史》中记录了这种说法，但其著作今已不存，只能从佛提乌斯（Photius）的作品中读到关于丝绸来源的片段。详见 Photius, *The library of Photius*, translated by J. H. Freese, London: Society for Promoting Christian Knowledge, 1920, pp. 73-74；[英]裕尔撰，[法]H. 考迪埃修订《东域纪程录丛》，张绪山译，云南人民出版社2002年版，第171—172页。

[③] [英]查尔斯·辛格等主编：《技术史》（第二卷《地中海文明与中世纪》），潜伟主译，上海科技教育出版社2004年版，第143页。

[④] 同上；丁笃本：《丝绸之路古道研究》，新疆人民出版社2010年版，第89页。

[⑤] Pliny, *Natural History*, 13.1.3, with an English translation by H. Rackham, Cambridge, Mass: Harvard University Press, 1999.

[⑥] Pliny, *Natural History*, 13.2.18, with an English translation by H. Rackham, Cambridge, Mass: Harvard University Press, 1999.

除了丝绸，就是几种香料。① 现以几种香料为例说明萨珊波斯帝国与罗马帝国之间的贸易。

1. 樟脑

罗马帝国第一位提到樟脑的人是 6 世纪阿米达（Amida）的叙利亚人阿厄提尤斯（Aëtius），穆罕默德也于《古兰经》中提到了樟脑②，然而第一位论述樟脑及药用特征的拜占庭作家西蒙·塞特（Simeon Seth）却是生活在 11 世纪的人。③ 阿米达是罗马帝国与萨珊波斯帝国长期对峙的前线要塞，罗马人很可能从萨珊波斯人那里得到樟脑的相关信息，并将其引入罗马帝国。现存文献足以证明萨珊波斯帝国的樟脑贸易极为繁荣，当阿拉伯人攻克泰西封，劫掠萨珊波斯帝国的国库时，他们发现了大量囤积的樟脑。④

2. 肉桂

普林尼在《自然史》中提到了叙利亚肉桂（Syria cinnamon）和肉桂皮（cinnamon-bark），显然在他生活的时代，罗马已经开始从国外进口肉桂。古典史料对肉桂的不同称呼常常导致不同的解读，cassia 和 cinnamon 是否为同种肉桂至今仍无定论，但罗马帝国进口的肉桂主要来自锡兰和印度这种观点似乎已被否定。⑤ 从肉桂在萨珊波斯时期的波斯语词汇 dar-tchini 来

---

① 如沉香（aloes）、丁香（cloves）和檀香（sandalwood），详见 Cosmas Indicopleustes, *Christian Topography of Cosmas Indicopleustes, An Egyptian Monk*, translated by J. W. McCrindle, London：the Hakluyt Society, 1897, p. 366。

② 《古兰经》第七十六章《人》中提到"善人们必饮含有樟脑的醴泉"，见《古兰经》，马坚译，中国社会科学出版社 1996 年版，第 440 页。

③ ［法］阿里·玛扎海里：《丝绸之路中国—波斯文化交流史》，耿昇译，中华书局 1993 年版，第 444—445 页。

④ 同上书，第 445 页。

⑤ 玛扎海里认为这两个词汇都是指中国肉桂，劳费尔认为古代作家用的词语未必与现代植物学家定义的肉桂一致，绕过了这一问题，但倾向于两种词汇并非代表同种生物，洛伊则认为 cinnamon 是马来亚产的桂皮，cassia 是中国肉桂。但除劳费尔之外，另两位学者都认为中国生产的肉桂是肉桂贸易中的主流产品。详见［法］阿里·玛扎海里《丝绸之路中国—波斯文化交流史》，耿昇译，中华书局 1993 年版，第 464 页；［美］劳费尔《中国伊朗编》，林筠因译，商务印书馆 2001 年版，第 374 页；Michael Loewe, "Spices and Silk：Aspects of World Trade in the First Seven Centuries of the Christian Era", *The Journal of the Royal Asiatic Society of Great Britain and Ireland*, No. 2, 1971, pp. 166 – 179。

推断，后半部分 tchini 意为"中国的"并无疑义，① 问题在于萨珊波斯帝国是否能参与罗马帝国的肉桂进口贸易。4 世纪以前，罗马人可以自由地从印度购入肉桂，但萨珊波斯帝国控制了印度港口贸易后，拜占庭帝国失去了以往买入肉桂的便利，这迫使商人改从北方的草原丝绸之路将肉桂销往拜占庭。② 草原丝绸之路时断时通，始终未能发展成为丝绸之路的主要交通干道，罗马帝国进口的肉桂很大可能还是通过萨珊波斯帝国获得。

3. 麝香

现在所知最早提到麝香的古代文献都在公元六世纪以后。西方最早提到麝香的是六世纪的拜占庭僧侣科斯马斯·因迪科普莱斯特（Cosmas Indicopleustes）的《基督教风土志》，六世纪时的一位阿拉伯诗人，萨珊波斯王朝的一篇文献《科斯洛埃斯二世及其侍从官》（或译《库思老二世及其侍从官》）也都提到了麝香。中国古代麝香的主要产地是西藏。萨珊波斯时期，甚至更早的大月氏、贵霜时期，中国的麝香就有可能输往伊朗。③ 长期与中国进行贸易的粟特人在公元 4 世纪初就开始贩运麝香，萨珊波斯人完全可能在与粟特人交易中得知麝香这种香料的存在。④《旧唐书·西戎》中明确记载萨珊波斯人在进行宗教活动时使用麝香⑤，由此推断，麝香似乎在萨珊波斯帝国晚期成为大众香料。阿拉伯人依靠波斯湾贸易得以认识麝香这种香料，拜占庭帝国在麝香交易上无论如何都无法绕过萨珊波斯帝国，即便此时拜占庭帝国认识这种香料的人可能仍

---

① 波斯语词汇 tchini 意指"中国的"，是由地理名词 Tchin（秦、支那）组成的形容词，详见[法]阿里·玛扎海里《丝绸之路中国—波斯文化交流史》，耿昇译，中华书局 1993 年版，第 462 页。

② Michael Loewe, "Spices and Silk: Aspects of World Trade in the First Seven Centuries of the Christian Era", *The Journal of the Royal Asiatic Society of Great Britain and Ireland*, No. 2, 1971, pp. 166 – 179.

③ 参见[法]阿里·玛扎海里《丝绸之路中国—波斯文化交流史》，耿昇译，中华书局 1993 年版，第 524—526 页。

④ Anya H. King, *The Musk Trade and the Near East in the Early Medieval Period*, Bloomington: Indiana University, 2007, p. 131.

⑤ 原文为："其事神，以麝香和苏涂须点额，及于耳鼻，用以为敬，拜必交股。"见刘昫等《旧唐书·西戎》卷一百九十八，中华书局 1975 年版，第 5311 页。

不多。

　　拜占庭帝国对萨珊波斯帝国出售的商品为罗马的传统商品，如葡萄酒、玻璃器、羊毛织品、釉陶和纸草等等。拜占庭帝国商品抵达的终点常常并非萨珊波斯帝国，而是更加遥远的印度与中国。这种过路贸易的交易性质似乎并未使萨珊波斯帝国产生对拜占庭帝国商品的严重依赖，也许萨珊波斯帝国常常能从拜占庭方面得到战争赔款也是重要原因。目前还没有足够证据能证明萨珊波斯帝国时期波斯湾与红海之间存在大范围的直接贸易[1]，这意味着萨珊波斯帝国同非洲之间的贸易只能依赖阿拉伯人及埃塞俄比亚人中转进行。525年夏季进入阿克苏姆王国港口加巴扎（Gabaza）的船只清单也能佐证这种观点。清单上共有印度人商船9艘，大法拉桑岛（Grand Farasan）商船7艘[2]，巴勒斯坦商船15艘，埃及商船22艘，另外7艘则是提兰岛（Thiran）的商船。[3] 港口中竟然没有一艘来自波斯湾的商船！这种情况绝非偶然，库思老一世最终对亚丁湾采取军事行动的经济动因就在于萨珊波斯人长期被排除在外。阿克苏姆王国的主要出口商品为黄金、象牙、黑曜石等特产，在库思老一世出兵亚丁湾之前，萨珊波斯帝国应当是通过阿拉伯人转运得到这些物品的。

第三节　萨珊波斯帝国与中国的丝路文化交往

　　萨珊波斯帝国在3—7世纪是丝绸之路沿线最有影响力的国家之一，它长期充当了中西交流的桥梁。中国和伊朗之间的贸易和文化交流在唐朝初年的突出表现是波斯"三夷教"（祆教、景教、摩尼教）的传入，以及中国的石窟、墓葬与器物艺术等方面表现出的萨珊波斯艺术特征。虽然萨珊波斯帝国于651年灭亡，但其文化长久影响了中国的社会生活。

---

[1] Evind Heldaas Seland, "Archaeology of Trade in the West Indian Ocean 300 BC – 700 AD", *Journal of Archaeological Research*, Vol. 22, No. 4, 2014, pp. 367–402.
[2] 法拉桑岛位于红海，当时由阿拉伯基督教部落法拉桑控制。
[3] G. Mokhtar, (ed.), *General History of Africa II Ancient Civilizations of Africa*, Paris: United Nations Educational, Scientific and Cultural Organization, 1981, p. 390.

一　三夷教的发展及其东传

（一）琐罗亚斯德教

祆教是波斯琐罗亚斯德教传入中国后的别名。最初由查拉图斯特拉（Zarathustra）创立，由于古希腊人称其为"琐罗亚斯德"（Zoroaster），因此史称琐罗亚斯德教。"祆"字虽然在《说文解字》中释义为"胡神"[①]，但"祆"字何时产生以及何时具有胡神的含义仍有争议。7世纪的汉语文书渐渐用祆教指代琐罗亚斯德教，[②] 民间惯用的"摩诃"[③] 可能指的是由粟特传入中原地区的粟特琐罗亚斯德教。[④] 伊朗地区诸多关于查拉图斯特拉本人的传说使得史学家无法准确判断其生活年代，目前公认的说法是他至少生活在公元前1000年前，玛丽·博伊斯（Mary Boyce）给出了大概的范围：公元前1400—前1000年之间。[⑤] 琐罗亚斯德教早在前6世纪便广泛流行于阿黑门尼波斯帝国，在亚历山大三世入侵并灭亡波斯帝国后，受希腊化文化的冲击而沉寂一时。到萨珊波斯帝国复兴琐罗亚斯德教时，该教在伊朗地区已经传播了至少一千两百年。

萨珊波斯帝国统治地域内多神崇拜盛行，神庙祭司势力强大，因此出身于祭司家族的阿尔达希尔一世十分重视宗教的作用，努力恢复伊朗人对琐罗亚斯德教的信仰。在纳克希·鲁斯塔姆（Naqsh-E Rustam）的

[①] 许慎：《说文解字》，中华书局1963年版，第9页。

[②] 沈福伟：《中国与西亚文化交流研究》，新疆人民出版社2010年版，第123页。

[③] 沈福伟认为"摩诃"在汉代代表着琐罗亚斯德教的天神Mah，不能与波斯语中的Maha（大）混淆。参见沈福伟《中国与西亚文化交流研究》，新疆人民出版社2010年版，第115—116页。

[④] 琐罗亚斯德教在中国还有"苏鲁支教"之称，有学者认为这是查拉图斯特拉的音译。此名最早见于宋代。北宋太平兴国三年（978年），赞宁在《大宋僧史略》第55篇《大秦末尼》中提到苏鲁支，陈垣的《火祆教入中國考》将苏鲁支比定为琐罗亚斯德。详见陈垣《火祆教入中國考》，《陳垣學術論文集》（第1集），中華書局1980年版，第304—305页；姚崇新等《敦煌三夷教与中古社会》，甘肃教育出版社2013年版，第5页；张小贵《霞浦抄本所见"蘇魯支"史事考释》，《文史》2016年第1期。

[⑤] 龚方震、晏可佳：《祆教史》，上海社会科学院出版社1998年版，第54页；[伊朗]阿卜杜·侯赛因·扎林库伯：《波斯帝国史》，张鸿年译，复旦大学出版社2011年版，第32页；Mary Boyce, *A History of Zoroastrianism*, Vol. One, Leiden, New York and Koln: E. J. Brill, 1996, p.190. 有学者对此观点质疑。参见 M. L. West, *The Hymns of Zoroaster: A New Translation of the Most Ancient Sacred Texts of Iran*, London and New York: I. B. Tauris, 2010, p.5。

岩画上，出现了骑马的阿胡拉·马兹达（Ahura Mazda）面对同样骑马的阿尔达希尔一世，将一个表示王权的王带（王冠，diadem）交予他的一幕。①

图 5－1 《阿尔达希尔的授职礼》，杨巨平摄于伊朗纳克希·鲁斯塔姆遗址

扎林库伯认为这一画面表示其既为宗教领袖，同时又是君权神授的古代波斯国王继承人。②其父帕佩克（Papak）在波斯波利斯的一副壁画上一只手伸向火坛，无疑反映了相同的宗教含义。③瓦赫拉姆一世时的琐罗亚斯德教首领卡达尔（Karder）被称为"祭司之主"（magupat），④他试图建立一个琐罗亚斯德教"教会"，统一琐罗亚斯德教的教义和信条，形成国家的宗教统治集团。⑤瓦赫拉姆二世（Vahram II）甚至让他执掌龙兴之地——伊什塔克尔的阿娜西塔圣火，并授予他"瓦赫拉姆的宗教救星"（Boxtruwan Varahran）称号，但是卡达尔滥用教权，似乎只是为了更好地

---

① Touraj Daryaee, "The Political History of Ērān in Sasanian Period", in the Sasanika Project: Late Antique Near East Project, p. 5, https://www.sasanika.org/wp-content/uploads/ThePoliticalHistoryofSasanianPeriod.pdf.

② ［伊朗］阿卜杜·侯赛因·扎林库伯：《波斯帝国史》，张鸿年译，复旦大学出版社 2011 年版，第 349 页。

③ 龚方震、晏可佳：《祆教史》，上海社会科学院出版社 1998 年版，第 189 页。

④ 同上书，第 192 页。

⑤ Touraj Daryaee, "The Political History of Ērān in Sasanian Period", in the Sasanika Project: Late Antique Near East Project, p. 9, https://www.sasanika.org/wp-content/uploads/ThePoliticalHistoryofSasanianPeriod.pdf.

掌握政治权力，其对琐罗亚斯德教教义并未做出任何贡献。① 基督教和摩尼教影响的不断扩大，迫使琐罗亚斯德教重组其信条，促进了琐罗亚斯德教正统（Zoroastrian Orthodoxy）的规范化。②

琐罗亚斯德教经典《阿维斯塔》（Avesta）是颂歌、祈祷词、咒语和宗教戒律的总汇，③ 如此繁多的内容显然不可能由先知一人独立完成，后代信徒也不断将新内容添加到《阿维斯塔》中。与查拉图斯特拉生活时期最为接近的经典是《伽萨》颂歌（Gāthās），一般认为《伽萨》的内容体现了琐罗亚斯德教最初神学思想的实质，《七章偈》可能也是查拉图斯特拉同时代的作品。④ 查拉图斯特拉强调世界只有一位善神，只有智慧之神阿胡拉·马兹达值得崇拜，然而邪神的概念从马兹达信仰诞生起就随之产生，他又不得不承认两种对立精神的存在。⑤ 这种神学阐释似乎对琐罗亚斯德教一神论的观点提出了挑战，⑥ 如果排除颂歌（yasn）其他可能早于《伽萨》成文的部分所带来的干扰，单就《伽萨》原意而言，可将琐罗亚

---

① ［伊朗］阿卜杜·侯赛因·扎林库伯：《波斯帝国史》，张鸿年译，复旦大学出版社2011年版，第365—367页。
② R. N. Frye, *The History of Ancient Iran*, München: Beck, 1983, pp. 312 – 313.
③ ［伊朗］阿卜杜·侯赛因·扎林库伯：《波斯帝国史》，张鸿年译，复旦大学出版社2011年版，第28页。
④ 《七章偈》（Yasna Haptanghaiti）创作的时间与《伽萨》极为接近，也是用伽萨式阿维斯陀语写成（Gathic Avestan），只是晚于第一组《伽萨》颂歌。详见［伊朗］阿卜杜·侯赛因·扎林库伯《波斯帝国史》，张鸿年译，复旦大学出版社2011年版，第28页；Mary Boyce, *A History of Zoroastrianism*, Vol. One, Leiden, New York and Koln: E. J. Brill, 1996, pp. 265 – 266; M. L. West, *The Hymns of Zoroaster: A New Translation of the Most Ancient Sacred Texts of Iran*, London and New York: I. B. Tauris, 2010, p. 4。
⑤ Mary Boyce, *A History of Zoroastrianism*, Vol. One, Leiden, New York and Koln: E. J. Brill, 1996, pp. 192 – 193.
⑥ 龚方震、晏可佳认为这是典型善恶有源的二元神论；扎林库伯表示，仅以《伽萨》来判断的话，此时的祆教正从多神信仰向一神信仰过度，然而参考更多的《阿维斯塔》文献，《阿维斯塔》似乎又在恢复同一世界的多神概念；［德］J. 赫尔曼、许理和主编的《人类文明史》第3卷认为祆教是带有二元论特征的一神论，这种观点也被姚崇新等人所支持。详见龚方震、晏可佳《祆教史》，上海社会科学院出版社1998年版，第57页；［伊朗］阿卜杜·侯赛因·扎林库伯《波斯帝国史》，张鸿年译，复旦大学出版社2011年版，第28页；［德］J. 赫尔曼、许理和主编《人类文明史3：公元前7世纪—公元7世纪》，中文版编译委员会译，译林出版社2015年版，第56页；姚崇新等《敦煌三夷教与中古社会》，甘肃教育出版社2013年版，第6页。

斯德教教义视为一神论，因为邪神源于马兹达，而非与其伴生。^① 在阿黑门尼波斯帝国时期，对阿娜西塔女神和密特拉神（Mithra）的崇拜使琐罗亚斯德教呈现出多神化的特点。^② 在琐罗亚斯德原初学说上诞生的琐罗亚斯德教异端——祖尔万教派（Zurvanites）毫无疑问属于一神教信仰。祖尔万信徒利用《伽萨》中善神与恶神是孪生兄弟的说法，制造出凌驾于阿胡拉·马兹达和安格拉·曼纽（Angra Mainyu）的"父神"祖尔万，祖尔万产下了代表善与恶的双子，从而取代了阿胡拉·马兹达至高无上善神的地位。^③《伽萨》中所呈现的琐罗亚斯德教神祇雅扎塔（Yazata，意为"值得崇拜的"）分为两类，阿胡拉与其他阿胡拉（密特拉与阿帕姆·纳帕特，Apam Napāt），另外六位级别较低，所有这些神都是阿胡拉·马兹达创造出来的。^④ 琐罗亚斯德教在此基础上建立了琐罗亚斯德教独特的三世说：创造之世、混杂之世和分别之世，阿胡拉·马兹达集合一切善良的力量彻底击败邪恶，神和人都获得永恒的幸福平安。^⑤ 琐罗亚斯德教教义中还提出了"末日审判"的理念^⑥，人死后注定要跨越审判桥（Cinwad bridge，一译"钦瓦桥"）。

在阿黑门尼波斯帝国时期，琐罗亚斯德教的教仪似乎并没有被严格执行，比如在丧葬仪式上，林悟殊认为波斯帝国仍存在土葬现象。^⑦ 但萨珊波斯帝国重视并强化了对教仪的要求，在全国各地建立拜火坛，并以拜火坛为核心进行宗教活动。圣火在3世纪只有两种，但后来发展出三种与社会群体相关的圣火，分别是阿图尔—法尔贝（Adur Farnbag，祭司圣

---

① Mary Boyce, *A History of Zoroastrianism*, Vol. One, Leiden, New York and Koln: E. J. Brill, 1996, p. 194.
② [德] J. 赫尔曼、许理和主编：《人类文明史 3：公元前 7 世纪—公元 7 世纪》，中文版编译委员会译，译林出版社 2015 年版，第 56 页。
③ Mary Boyce, *A History of Zoroastrianism*, Vol. One, Leiden, New York and Koln: E. J. Brill, 1996, p. 193；[德] J. 赫尔曼、许理和主编：《人类文明史 3：公元前 7 世纪—公元 7 世纪》，中文版编译委员会译，译林出版社 2015 年版，第 56 页。
④ Mary Boyce, *A History of Zoroastrianism*, Vol. One, Leiden, New York and Koln: E. J. Brill, 1996, p. 195.
⑤ 龚方震、晏可佳：《祆教史》，上海社会科学院出版社 1998 年版，第 61 页。
⑥ [伊朗] 阿卜杜·侯赛因·扎林库伯：《波斯帝国史》，张鸿年译，复旦大学出版社 2011 年版，第 39 页。
⑦ 林悟殊：《中古夷教华化丛考》，兰州大学出版社 2011 年版，第 276 页。

火)、阿图尔—古斯纳斯普（Adur Gushnasp，武士圣火）和阿图尔—布尔增—米赫尔（Adur Burzen-mihr，农夫圣火）。① 琐罗亚斯德教徒此时必须实行天葬，因为火与类似火的东西都不能被污染。根据其教义，人一旦去世，就会被邪神所控制，实行土葬便会污染大地。② 曾有位叫索西斯（Seoses）的大臣因为把死尸埋到地里而被处死。③ 教仪规范深入到教徒日常生活的细节，连如何用水都有具体要求，公开的宗教活动一律由神职人员主持。

　　由于传统和地域的原因，琐罗亚斯德教的教义并不完全统一。阿尔达希尔一世规范教仪以弥合分歧④，与其说是一种宗教统一政策，不如说是辅助建构古代民族国家的政治手段，使民众在宗教上与伊朗相认同。⑤ 该教的正统教义、祖尔万教义和地方穆护教义常常混杂在一起对外传播，使研究者很难追溯中国各地祆教的来源。卡瓦德一世时，马兹达克运动的指导思想便融合了不同学说和信仰，其中有鲜明的诺斯替思想⑥（Gnosticism）痕迹，也有来自菲洛（Philo）、新柏拉图主义和新毕达哥拉斯主义思想的影响。⑦ 这场运动以改良祆教信条的形式发展起来，因此被称为祆教的异端，⑧ 虽然马兹达克运动最终被镇压，但其在思想领域引发了琐罗亚斯德教徒的内部分裂，从而加速了正统琐罗亚斯德教的衰落。库思老一

---

　　① ［俄罗斯］Б. А. 李特文斯基主编：《中亚文明史》（第三卷），马小鹤译，中国对外翻译出版公司 2003 年版，第 344 页。
　　② ［伊朗］阿卜杜·侯赛因·扎林库伯：《波斯帝国史》，张鸿年译，复旦大学出版社 2011 年版，第 403 页。
　　③ 林悟殊：《中古夷教华化丛考》，兰州大学出版社 2011 年版，第 277 页。
　　④ 如用标准圣火替换各地供奉的圣火，以波西斯（Persis）地区祆教庙宇的标准重修神庙等，见龚方震、晏可佳《祆教史》，上海社会科学院出版社 1998 年版，第 190 页。
　　⑤ Touraj Daryaee, "The Political History of Ērān in Sasanian Period", in the Sasanika Project: Late Antique Near East Project, p. 5, https://www.sasanika.org/wp-content/uploads/ThePoliticalHistoryofSasanianPeriod.pdf.
　　⑥ 诺斯替来源于希腊语词汇"诺斯"（gnosis），意为知识，诺斯替思想把知识当做获得拯救的手段，甚至知识同时也是拯救的形式，是综合希腊古典哲学和东方神学思想的混合主义思想，详见［德］汉斯·约纳斯《诺斯替宗教——异乡神的信息与基督教的开端》，张新樟译，上海三联书店 2006 年版，第 26—27 页。
　　⑦ ［俄罗斯］Б. А. 李特文斯基主编：《中亚文明史》（第三卷），马小鹤译，中国对外翻译出版公司 2003 年版，第 347 页。
　　⑧ 龚方震、晏可佳：《祆教史》，上海社会科学院出版社 1998 年版，第 202 页。

第五章　萨珊波斯帝国与丝绸之路

世试图强化琐罗亚斯德教的地位以结束马兹达克运动带来的思想混乱局面,[①] 为此他着手编定琐罗亚斯德教典籍,该项工作持续到萨珊波斯帝国灭亡。[②] 阿尔达希尔一世和沙普尔一世曾搜集整理琐罗亚斯德教的宗教经典,库思老一世在帝国后期再度重启这项工作,刊行了21部经典,集成为《大阿维斯塔》。[③] 流传下来的其他各种琐罗亚斯德教文集内容多以批驳其他宗教为主,目的是捍卫琐罗亚斯德教信仰。[④]

除了波斯语的祆教经典之外,目前学界尚未发现其他语言翻译的祆教经典或阐释教义的古代经文,可见萨珊波斯帝国时期,琐罗亚斯德教主要依靠波斯语信徒的流动对外传播。根据现代学者的研究,琐罗亚斯德教流传至粟特发生了变化。正统琐罗亚斯德教与粟特琐罗亚斯德教根本性的差别在于前者崇拜的唯一核心始终是阿胡拉·马兹达,火既是其象征,也是信徒与阿胡拉·马兹达沟通的手段[⑤];然而粟特琐罗亚斯德教呈现出典型的多神信仰特征,当地居民可以信奉本地的传统神灵,如起源于西亚两河地区的娜娜女神。[⑥] 教仪上,正统教徒不崇拜偶像,粟特教徒则制造宗教偶像;正统教徒实行天葬,并且有停尸台,然而粟特教徒在死尸自然风化后,将遗骨收入骨瓮中。[⑦] 入华琐罗亚斯德教主要是粟特人的地方教,而非萨珊波斯本土的正统教,这一观点逐渐为史学界大多数人所接受。

以上事实并不意味着萨珊波斯帝国的正统琐罗亚斯德教与中国绝缘。在波斯人聚集的唐朝都城长安和洛阳分别有5座和4座祆祠,[⑧] 开封也有

---

① [伊朗]阿卜杜·侯赛因·扎林库伯:《波斯帝国史》,张鸿年译,复旦大学出版社2011年版,第400页。
② 龚方震、晏可佳:《祆教史》,上海社会科学院出版社1998年版,第208—210页。
③ 同上书,第208页。
④ [德]J.赫尔曼、许理和主编:《人类文明史3:公元前7世纪—公元7世纪》,中文版编译委员会译,译林出版社2015年版,第123页。
⑤ 《伽萨》里有让阿胡拉·马兹达聆听信徒面对圣火述说的经文。详见[伊朗]贾利尔·杜斯特哈赫选编《阿维斯塔——琐罗亚斯德圣书》,元文琪译,商务印书馆2005年版,第19页。
⑥ 姚崇新等:《敦煌三夷教与中古社会》,甘肃教育出版社2013年版,第12—13页。
⑦ 张小贵:《祆教史考论与述评》,兰州大学出版社2013年版,第157页。
⑧ 荣新江:《丝绸之路与东西文化交流》,北京大学出版社2015年版,第76页。

袄祠存在。① 这些袄祠并不一定都是粟特人所建立的，荣新江推测波斯人所建的波斯胡寺可能同时发挥了袄祠的作用。② 萨珊波斯帝国亡国后，大量波斯人向东迁入中国，唐代众多文献及当代考古成果都能反映萨珊波斯遗民在中国的活动，最为典型的例子当属唐苏谅妻马氏。1955 年西安西郊土门村出土了《唐苏谅妻马氏墓志》，志文由帕拉维文和汉文两种语言写成，根据释读的帕拉维文信息，明确可知马氏为萨珊波斯著名的苏壬（Suren）家族成员，同时是一名琐罗亚斯德教教徒，她去世的时间是唐懿宗咸通十五年（874 年）。③ 可见，在经历了唐武宗灭绝诸异教（845 年）的打击后，中国境内仍有波斯正统教徒存在。

（二）景教

景教是唐代基督教聂斯托利派（Nestorian）信徒的自称，虽然"景教"这一名称随着明天启年间"大秦景教流行中国碑"的出土（1623 年）而逐渐为人所知，但唐朝的官方文献及教外文献很少使用"景教"称呼聂斯托利派，其先后被称为"波斯经教"、"大秦教"。④ 因景教碑的出土，景教曾被看作是天主教，至清末，才有学者注意并比定其为聂斯托利派。洪钧在《元史译文征补》中指出"大秦景教流行中国碑"是聂斯托利教的产物。⑤ 其上的碑文后经外国传教士、诸多汉学家的逐一考证释读，景教即聂斯托利派的观点现已被史学界所接受。⑥ 聂斯托利派何以在中国自称景教？汉语中"景"的意思是昭彰，昭彰有双层含义，一谓己教可导向光明，二可涵盖汉语"圣"的意思，"景"字古音的声母与西方 Christ（基

---

① A. Forte, "Iranians in China: Buddhism, Zoroastrianism, and Bureaus of Commerce", *Cahiers d'Extrême-Asie*, Vol. 11, 1999 - 2000, pp. 277 - 290.
② 荣新江：《丝绸之路与东西文化交流》，北京大学出版社 2015 年版，第 77 页。
③ 陕西省文物管理委员会：《西安发现晚唐袄教徒的汉、婆罗钵文合璧墓志——唐苏谅妻马氏墓志》，《考古》1964 年第 9 期；刘迎胜：《唐苏谅妻马氏汉、巴列维文墓志再研究》，《考古学报》1990 年第 3 期。
④ 张小贵：《从波斯经教到景教——唐代基督教华名辨析》，载陈春声主编《海陆交通与世界文明》，商务印书馆 2013 年版，第 154—176 页。
⑤ 姚崇新等：《敦煌三夷教与中古社会》，甘肃教育出版社 2013 年版，第 311 页。
⑥ 林悟殊：《唐代景教再研究》，中国社会科学出版社 2003 年版，第 9—10 页。

督）和 Catholic（普世的）相同，因此是景教徒音译的杰作。[1]

313 年罗马皇帝君士坦丁（Constantine the Great）颁布《米兰敕令》（Edict of Milan），基督教从此在罗马帝国取得合法地位。392 年基督教正式成为罗马帝国的国教，生活在萨珊波斯帝国内的基督教徒反而成为罗马皇帝庇护的对象。沙普尔二世发现当他与罗马帝国作战时，萨珊波斯境内的基督教徒对他的敌人表示同情。[2] 为了与罗马帝国对抗，避免更多的萨珊波斯人转信基督教而削弱萨珊波斯帝国的实力，沙普尔二世只能依靠琐罗亚斯德教和祭司集团迫害异教徒，这是基于现实情况而采取的政治手段。[3] 沙普尔二世时期，大批基督徒俘虏涌入萨珊波斯帝国，因此在萨珊波斯帝国境内出现了基督教会和主教，主要集中在泰西封、阿迪亚比奈（Adiabene）和胡泽斯坦。[4] 在耶兹底格德一世统治期间（410 年），萨珊波斯帝国的基督徒们在塞琉西亚（Seleucia）举行大会，[5] 塞琉西亚主教成为萨珊波斯帝国大牧首，全国性的基督教会建立起来。瓦赫拉姆五世上台后坚定迫害异教徒，从而引发了与拜占庭帝国的战争。[6] 双方在 422

---

[1] 林悟殊：《唐代景教再研究》，中国社会科学出版社 2003 年版，第 54 页。

[2] ［伊朗］阿卜杜·侯赛因·扎林库伯：《波斯帝国史》，张鸿年译，复旦大学出版社 2011 年版，第 371 页。

[3] 达拉耶和费耐生（Richard Frye）认为奥斯曼帝国的米莱特制度（Millet）雏形就出现于沙普尔二世统治下的萨珊波斯帝国，扎林库伯也认为沙普尔将基督徒看作是政治，而非宗教问题。详见［伊朗］阿卜杜·侯赛因·扎林库伯《波斯帝国史》，张鸿年译，复旦大学出版社 2011 年版，第 372 页；Touraj Daryaee, "The Political History of Ērān in Sasanian Period", in *the Sasanika Project*: *Late Antique Near East Project*, p. 16, https://www.sasanika.org/wp-content/uploads/ThePoliticalHistoryofSasanianPeriod.pdf。

[4] R. N. Frye, "The Political History of Iran Under the Sasanians", in Ehsan Yarshater, *The Cambridge History of Iran*, Vol. 3 (1), Cambridge University Press, 1983, p. 140.

[5] 达拉耶认为这是一次聂斯托利派的集会，然而可能是基于传统观念的误会。有学者认为这次会议的主要内容是追认尼西亚信经为经典，批判阿里乌斯派的错误观点；有学者表示萨珊波斯帝国的"东方教会"并非聂斯托利派。参见 Touraj Daryaee, "The Political History of Ērān in Sasanian Period", in the Sasanika Project: Late Antique Near East Project, p. 18, https://www.sasanika.org/wp-content/uploads/ThePoliticalHistoryofSasanianPeriod.pdf; R. N. Frye, "The Political History of Iran Under the Sasanians", in Ehsan Yarshater, *The Cambridge History of Iran*, Vol. 3 (1), Cambridge University Press, 1983, p. 143；［德］J. 赫尔曼、许理和主编《人类文明史 3：公元前 7 世纪—公元 7 世纪》，中文版编译委员会译，译林出版社 2015 年版，第 123 页。

[6] Parvaneh Pourshariati, *Decline and Fall of the Sasanian Empire*, London & New York: I. B. Tauris, 2008, p. 62.

年签订的合约规定琐罗亚斯德教徒在罗马帝国可以保持信仰不受迫害，基督教徒在萨珊波斯帝国享有相同的权利。①

聂斯托利（Nestorius，386—451 年）在叙利亚的安条克接受神学教育，其老师可能是著名的基督教学者莫普苏埃斯提亚的狄奥多尔（Theodore of Mopsuestia）。安条克神学以注重字面与历史的释经法而闻名，这一派别不愿把《新约》或希腊哲学的意义强加在历史事件的叙事上。② 因此他们更注重圣经与耶稣基督中的历史与字面事实，往往将基督的神性与神秘面降低至最低。③ 在救恩论上，安条克学派更重视人的伦理道德。④ 在此基础上，聂斯托利将基督拆解成神性和人性两个位格⑤，成为一名标准的基督神学二性论者。聂斯托利的理念与正统的"三位一体说"发生了冲突，他在431年以弗所大公会议上被宣布为异端，并失去了君士坦丁堡大主教的职位。⑥ 值得注意的是与其论争的亚历山大里亚（Alexandria）学派的西里尔（Cyril）⑦ 虽然获得了教义论争上的胜利，但他的神学思想后来发展成为基督一性论，即基督神性的一面完全吞没了其人性的一面，在451年的卡尔西顿大会同样受到了批判。罗杰·奥尔森（Roger Olson）批评两派神学论争的动机并不纯粹，宗教上的冲突同样是一场政治斗争⑧，

---

① Touraj Daryaee, "The Political History of Ērān in Sasanian Period", in the Sasanika Project: Late Antique Near East Project, p. 19. https://www.sasanika.org/wp-content/uploads/ThePoliticalHistoryofSasanianPeriod.pdf；[伊朗]阿卜杜·侯赛因·扎林库伯：《波斯帝国史》，张鸿年译，复旦大学出版社2011年版，第379页。

② [美]罗杰·奥尔森：《基督教神学思想史》，吴瑞诚等译，上海人民出版社2014年版，第201页。

③ 同上。

④ 同上书，第202—203页。

⑤ 聂斯托利的神学思想主要体现在他本人传世的作品中，详见 Nestorius, *The Bazaar of Heracleides*, translated by G. R. Driver, Oxford: Clarendon Press, 1925。

⑥ 朱谦之：《中国景教》，东方出版社1993年版，第32页。

⑦ 关于聂斯托利与西里尔具体神学论争的细节见 Evagrius, *The Ecclesiastical History of Evagrius Scholasticus*, translated by Michael Whitby, Liverpool: Liverpool University Press, 2000, pp. 8 – 25。聂斯托利本人的作品当中也有叙述。

⑧ 有学者认为并非安条克教会与亚历山大里亚教会在争夺领导权，而是亚历山大里亚教会与君士坦丁堡教会的地位之争，参见 W. H. C. Frend, *The Rise of the Monophysite Movement: Chapters in the History of the Church in the Fifth and Sixth Centuries*, Cambridge University Press, 1972, p. 17。

因此卡尔西顿会议的决议对双方的观点都做了折中妥协。[1] 然而聂斯托利的二性论思想在罗马帝国东部有众多信徒，他们拒绝接受教义上的调和，选择向东避入萨珊波斯帝国，从而埋下了东方教会与卡尔西顿教会决裂的种子。

卑路斯一世和卡瓦德一世从削弱拜占庭帝国力量的角度出发，对聂斯托利派实行宽容政策，欢迎聂斯托利派信徒从拜占庭帝国来到萨珊波斯帝国境内避难，聂斯托利派信徒来到尼西比斯建立了尼西比斯神学院。[2] 489年埃德萨神学院关闭时，该学院很多教师转至萨珊波斯境内的君迪沙普尔（Gundeshāpūr）神学院继续教学，后来的阿瓦士（Ahvaz）神学院教师同样来到这里。[3] 聂斯托利派从此成为波斯帝国基督教的主流信仰，在伊朗进一步传播，[4] 498年，波斯境内的东方叙利亚教会确立其独立地位[5]，直到此时聂斯托利派才真正与卡尔西顿教会分道扬镳。库思老一世时景教在萨珊波斯帝国的地位十分稳固。[6] 库思老二世曾宣称自己是基督徒[7]（可能只是一种政治策略），但在战争时期，他又对聂斯托利派多加防范，608年后禁止他们再度选举教宗。[8] 根据《两京新记》（成书于8世纪）记载，耶兹底格德三世的儿子卑路斯曾在长安十字街东南面设立波斯胡寺。[9] 学者们普遍认为这座寺庙是景教教堂，而非

---

[1] [美] 罗杰·奥尔森：《基督教神学思想史》，吴瑞诚等译，上海人民出版社2014年版，第231页。

[2] 龚方震、晏可佳：《祆教史》，上海社会科学院出版社1998年版，第201页。

[3] [德] J.赫尔曼、许理和主编：《人类文明史3：公元前7世纪—公元7世纪》，中文版编译委员会译，译林出版社2015年版，第123页。

[4] R. N. Frye, "The Political History of Iran Under the Sasanians", in Ehsan Yarshater, *The Cambridge History of Iran*, Vol. 3 (1), Cambridge University Press, 1983, p. 149.

[5] 朱谦之：《中国景教》，东方出版社1993年版，第42页；姚崇新等：《敦煌三夷教与中古社会》，甘肃教育出版社2013年版，第316页。

[6] Touraj Daryaee, "The Political History of Ērān in Sasanian Period", in the Sasanika Project: Late Antique Near East Project, p. 24, https://www.sasanika.org/wp-content/uploads/ThePoliticalHistoryofSasanianPeriod.pdf.

[7] [伊朗] 阿卜杜·侯赛因·扎林库伯：《波斯帝国史》，张鸿年译，复旦大学出版社2011年版，第426页。

[8] 林友堂：《聂斯托里派在萨珊波斯的发展及其原因》，《西部学刊》2017年第5期。

[9] （唐）韦述撰：《两京新记辑校》，辛德勇辑校，三秦出版社2006年版，第46页。

祆教庙宇,① 这可能反映了萨珊波斯帝国王室末年的信仰转向。

安条克地处丝绸之路西端,商旅往来频繁,安条克学派的神学二性论倾向可能早在4世纪就已对东方产生了影响。424年聂斯托利派尚未被宣布为异端时,阿里亚、德兰吉亚那(Drangiana)等地有产生主教的迹象。② 5—7世纪,伊朗中部和东部的基督教社区迅速"伊朗化",伊朗人开始在教会中处于主导地位。③ 539年,教宗马尔·阿巴一世(Mar Aba I)弥合了东方教会内部的分裂。他早年曾是琐罗亚斯德教教徒,后转变信仰,皈依聂斯托利派。他对教会制度进行改革,使东方教会成为井然有序的宗教组织。④ 549年,马尔·阿巴一世向嚈哒教区派遣了一名主教。⑤ 根据"大秦景教流行中国碑"碑文可知,聂斯托利派基督徒在波斯僧侣阿罗本的带领下于635年到达长安。⑥ 种种事实表明萨珊波斯帝国控制下的东方教会似乎有意识地持续向东方传播福音,景教应是通过陆上丝绸之路传播至中国。然而丝路沿线很少发现7世纪或635年以前与景教相关的遗迹,⑦ 林悟殊根据开元年间景教主教及烈事迹和后来黄巢在广州曾大量屠杀胡人及异教徒的情况,猜想阿罗本可能从海路进入中国。⑧ 但他所举例证与阿罗本入华时间相距过远,有史料依据并且与阿罗本入华时间颇为接近的波斯人入华事件应该是638/639年间波似半使团入华⑨和647/648年卑路斯等波

---

① A. Forte, "Iranians in China: Buddhism, Zoroastrianism, and Bureaus of Commerce", *Cahiers d'Extrême-Asie*, Vol. 11, 1999 - 2000, pp. 277 - 290; M. Compareti, "Chinese-Iranian Relations, xv. The Last Sasanians in China", in *Encyclopædia Iranica*, Online Edition, http://www.iranicaonline.org/articles/china-xv-the-last-sasanians-in-china; Donald Daniel Leslie, "Persian Temples in Tang China", *Monumenta Serica*, Vol. 35, 1981 - 1983, pp. 275 - 303.
② 姚崇新等:《敦煌三夷教与中古社会》,甘肃教育出版社2013年版,第322页。
③ [俄罗斯] B. A. 李特文斯基主编:《中亚文明史》(第三卷),马小鹤译,中国对外翻译出版公司2003年版,第69页。
④ 林友堂:《聂斯托里派在萨珊波斯的发展及其原因》,《西部学刊》2017年第5期。
⑤ [俄罗斯] B. A. 李特文斯基主编:《中亚文明史》(第三卷),马小鹤译,中国对外翻译出版公司2003年版,第362页。
⑥ 张星烺编注:《中西交通史料汇编》(第三册),朱杰勤校订,中华书局1978年版,第140页。
⑦ 姚崇新等:《敦煌三夷教与中古社会》,甘肃教育出版社2013年版,第331页。
⑧ 林悟殊:《中古夷教华化丛考》,兰州大学出版社2011年版,第133页。
⑨ (北宋)欧阳修、宋祁撰:《新唐书·西域传下》卷二百二十一下,中华书局1975年版,第6258—6260页。

— 316 —

斯王亲属使团入华。① 波斯使节在这两次外交行动中应该是从陆路入华，此时萨珊波斯帝国虽然已经风雨飘摇，通往中国的陆路尚能保持通畅，因此笔者认为在635年及更早阿罗本选择海路出行的可能性并不大。

《唐会要》卷四九《大秦寺》条记载了唐玄宗天宝四年（745）的诏令，诏令要求两京及全国其他地方波斯寺皆改名称大秦寺，② 据林悟殊考证，洛阳的大秦寺应建于太宗朝。③ 太宗的诏令称："详其教旨，元秒无为"，荣新江认为太宗将景教当成了道教一类的宗教，因而迅速准予其在中国传教。④

阿罗本开创了景教在中国发展的"上层路线"，林悟殊认为其在华传教活动在"三夷教"中最为成功。⑤ 在中国史籍中常常能见到景教僧侣与唐代统治者的互动，虽然在武周时期，景教也曾遭受冷落和打击，但终究没有像祆教和摩尼教一样被政府禁止在汉人中传播。⑥ "大秦景教流行中国碑"上叙述景教在中国曾经达到了"法流十道"、"寺满百家"的盛况，可能是景教徒的自我吹嘘。⑦ 目前尚无资料证明汉人曾皈依景教。萨珊波斯帝国灭亡后，阿拉伯帝国向占领的领土推行伊斯兰教，东方教会向中国派遣主教的行动渐渐绝迹。⑧ 开元二十年（731）《册府元龟》所载的波斯王遣首领潘那蜜与大德僧及烈来朝⑨，可能是与萨珊波斯残余势力有关的最后一次景教传教活动，自此之后，中国文献中再也没有出现过波斯王的称谓。

（三）摩尼教

摩尼教的名字源于创立者摩尼。他于216/217年出生于萨珊波斯帝国

---

① T. Daryaee, "Yazdegerd's Last Year: Coinage and History of Sīstān at the End of Late Antiquity", in T. Daryaee & O. Tabibzadeh (eds.), *Iranistik: Deutschsprachige Zeitschrift fur iranistische Studien. Festschrift fur Erich Kettenhofen*, 5. Jahrgang, Heft 1 & 2, 2006 - 2007, pp. 21 - 30.
② （北宋）王溥撰：《唐会要》卷四十九《大秦寺》，中华书局1955年版，第864页。
③ 林悟殊：《中古夷教华化丛考》，兰州大学出版社2011年版，第208页。
④ 荣新江：《丝绸之路与东西文化交流》，北京大学出版社2015年版，第336页。
⑤ 林悟殊：《唐代景教再研究》，中国社会科学出版社2003年版，第113页。
⑥ 同上。
⑦ 同上书，第30—35页。
⑧ 姚崇新等：《敦煌三夷教与中古社会》，甘肃教育出版社2013年版，第345页。
⑨ （唐）王钦若等编纂：《册府元龟》（第十一册），凤凰出版社2006年版，第11240、11286页。

核心地区——美索不达米亚，这一地区信仰繁多，除了琐罗亚斯德教之外，犹太教、基督教和诺斯替教派都在这里发展信徒，摩尼从中学习了诸多派别的宗教思想。① 随后摩尼决心融合各宗教的思想，另立一种世界性宗教将所有宗教取而代之。② 240年左右，摩尼曾先去印度，在东方传教，后返回波斯得到了沙普尔一世的赏识。得益于沙普尔一世的宗教宽容政策，摩尼甚至被允许随驾出行传教。据说他所开创的摩尼东方教团曾在西至亚历山大里亚城，东至木鹿的广大范围传播摩尼的信仰。③

摩尼声称自己是人间最后一位先知，将其他各宗教的先贤统统置于自己的宗教体系之下，其教义被称为"二宗三际论"。二宗指光明与黑暗，三际是初际、中际与后际，过去、现在和未来。④ 初际时间最长，光明王国与黑暗王国最初彼此分离，两不相知，后来黑暗王国开始入侵光明王国，导致战争爆发，并产生了光明与黑暗混合的世界，即宇宙起源。⑤ 明尊或明父为了抵抗侵略而创造出其他神灵代表自己⑥。中际黑暗王国被击败，有形世界出现，具有伊朗日神密特拉属性的"净风"（活灵）诞生。他为了解放失去的光明分子，使用计略逼迫众魔或流产或射精，世界开始出现动植物，黑暗魔王创造出人以避免被"净风"彻底击败。⑦ 在摩尼眼中，人体中除了一点光明分子以外，其言其行其思与邪魔毫无二致，⑧ 因

---

① 林悟殊：《摩尼教及其东渐》，淑馨出版社1997年版，第23页；姚崇新等：《敦煌三夷教与中古社会》，甘肃教育出版社2013年版，第171页。
② [俄罗斯] B. A. 李特文斯基主编：《中亚文明史》（第三卷），马小鹤译，中国对外翻译出版公司2003年版，第350页。
③ 姚崇新等：《敦煌三夷教与中古社会》，甘肃教育出版社2013年版，第175页；[俄罗斯] B. A. 李特文斯基主编：《中亚文明史》（第三卷），马小鹤译，中国对外翻译出版公司2003年版，第354—355页。
④ 林悟殊：《摩尼教及其东渐》，淑馨出版社1997年版，第12页；沈福伟：《中国与西亚文化交流研究》，新疆人民出版社2010年版，第128页。
⑤ 姚崇新等：《敦煌三夷教与中古社会》，甘肃教育出版社2013年版，第178—179页。
⑥ [德] 汉斯·约纳斯：《诺斯替宗教异乡神的信息与基督教的开端》，张新樟译，上海三联书店2006年版，第199页。
⑦ [俄罗斯] B. A. 李特文斯基主编：《中亚文明史》（第三卷），马小鹤译，中国对外翻译出版公司2003年版，第352页；姚崇新等：《敦煌三夷教与中古社会》，甘肃教育出版社2013年版，第180页；林悟殊：《摩尼教及其东渐》，淑馨出版社1997年版，第16—17页。
⑧ 芮传明：《摩尼教俗世创生观文书译释》，载陈春声主编《海陆交通与世界文明》，商务印书馆2013年版，第177—203页。

此明尊又创造出第三使，负责拯救人类的灵魂。后际世界末日降临，耶稣负责主持审判，将善人与恶人分开，光明分子作为最后的神得到自由，随后整个世界崩溃并毁灭，所有的罪恶被囚禁，宇宙仅剩光明王国。[1]

为了实现后际人类最终得到拯救的结局，人类必须注重解放光明分子，然而人类世界充斥着邪恶物质，这就意味着摩尼教拥有众多的禁忌。摩尼教徒分为五级，自上而下分别为慕阇、拂多诞（萨波塞）、默奚悉德（法堂主）、阿罗缓和耨沙嗲。[2] 除了对听者级别的耨沙嗲限制稍宽以外，其他四种选民信徒都得遵守禁欲、禁止从事农业生产，禁止杀生等戒律，一般只吃蔬菜和面包，住在寺院的教徒每天只能在日后吃一顿饭。[3] 摩尼教修行的最终目的是消灭人类的肉体，解放灵魂（光明分子）。在古代，人力与农业生产和国家的命运息息相关，摩尼教的教义动摇了古代国家的经济基础。除了沙普尔一世和纳塞赫之外，萨珊波斯历任君主几乎从没放弃对摩尼教的迫害。摩尼教在其他国家的命运大抵相同，在罗马遭到了戴克里先的残酷镇压，在中国摩尼教曾在部分时间得到了统治者的宽容，但最终仍被唐武宗所打击禁绝，从此转为民间秘密团体活动[4]。此外，摩尼认为释迦牟尼、琐罗亚斯德、耶稣基督等人都未亲笔著述，后世流传的各教教义早已不是他们本人真正的福音，因此他亲自执笔创作了摩尼教的经典，供传抄流传。[5]

萨珊王朝对摩尼教的残酷镇压迫使摩尼教开始向东发展，粟特地区很快接纳了摩尼教。6世纪后半期阿姆河地区的摩尼教徒甚至脱离了波斯总教会而独立，汉文资料称摩尼教的这一支为"电那勿派"。[6] 由于波斯地区的摩

---

[1] ［俄罗斯］Б.А.李特文斯基主编：《中亚文明史》（第三卷），马小鹤译，中国对外翻译出版公司2003年版，第352页；姚崇新等：《敦煌三夷教与中古社会》，甘肃教育出版社2013年版，第182页；林悟殊：《摩尼教及其东渐》，台北：淑馨出版社1997年版，第19页。

[2] 姚崇新等：《敦煌三夷教与中古社会》，甘肃教育出版社2013年版，第182页。

[3] 同上书，第183页；［俄罗斯］Б.А.李特文斯基主编：《中亚文明史》（第三卷），马小鹤译，中国对外翻译出版公司2003年版，第352—353页。

[4] 沈福伟：《中国与西亚文化交流研究》，新疆人民出版社2010年版，第133—134页。

[5] 姚崇新等：《敦煌三夷教与中古社会》，甘肃教育出版社2013年版，第181—182页。

[6] 林悟殊：《摩尼教及其东渐》，淑馨出版社1997年版，第37—38页；沈福伟：《中国与西亚文化交流研究》，新疆人民出版社2010年版，第128页；姚崇新等：《敦煌三夷教与中古社会》，甘肃教育出版社2013年版，第193页。

尼教总教会长期被镇压，教会内部派系斗争又导致长期分裂，中亚摩尼教会在事实上成为中国西域和内地摩尼教的源头，唐代摩尼教即来源于此。[①]史学界公认摩尼教在中国获得官方承认的时间在武周时期，根据《佛祖统纪》记载，694年"波斯国人拂多诞持二宗经伪教来朝"[②]；明人何乔远《闽书》记载"则天悦其说，留使课经"[③]。然而很多学者认为694年并非摩尼教在中国传播之始[④]，在南北朝时期的中国史籍中就出现过一些号称"法王"或建年号为"圣明"的农民起义，并配以白衣、白幡、白伞等引人注目的标志。根据这些典型的摩尼教特征，有学者认为起义者"或多或少受到摩尼教或祆教的影响"[⑤]。自北魏经营西域后，中亚通往中国的丝绸之路长期保持畅通，摩尼教徒在7世纪之前就来到中国也在情理之中。

用"摩尼"二字称呼摩尼教最早见于唐玄宗开元二十年（732）七月敕令，[⑥] 在此之前中国称呼摩尼教多用其教徒内部选民的称呼，如拂多诞、慕阇，偶尔也能见到"末尼"及"忙你"的音译。[⑦] 摩尼教在中国的传播可能在很大程度上借助了佛教在唐朝流行于中国的便利，如"慕阇"在汉语中没有确定含义，只有在翻译佛经时才能经常见到。[⑧] 安史之乱后，摩尼教因传播于回鹘，借助唐朝与回鹘的关系友好期，在中国取得了很大发展，但这终究在萨珊波斯帝国灭亡一百多年之后了。

[①] 姚崇新等：《敦煌三夷教与中古社会》，甘肃教育出版社2013年版，第196页；林悟殊：《摩尼教华化补说》，兰州大学出版社2014年版，第135页。

[②] 同上书，第197页；沈福伟：《中国与西亚文化交流研究》，新疆人民出版社2010年版，第130页。林悟殊就此事真假还专门做了考证，认为成书于宋的《佛祖统纪》关于摩尼教这一记录是真实的，详见林悟殊《摩尼教华化补说》，兰州大学出版社2014年版，第227—240页。

[③] 沈福伟：《中国与西亚文化交流研究》，新疆人民出版社2010年版，第130页。

[④] 张星烺编注：《中西交通史料汇编》（第三册），中华书局1978年版，第150页；林悟殊：《摩尼教入华年代质疑》，《文史》1983年第18辑，第69—81页；姚崇新等：《敦煌三夷教与中古社会》，甘肃教育出版社2013年版，第198页。

[⑤] 沈福伟：《中国与西亚文化交流研究》，新疆人民出版社2010年版，第129页。

[⑥] 敕文内容为："末摩尼法，本是邪见，妄称佛教，诳惑黎元，宜严加禁断。以其西胡等既是乡法，当身自行，不须科罪者。"见杜佑撰《通典》卷四十《职官二十二》，中华书局1988年版，第1103页。

[⑦] 林悟殊：《中古夷教华化丛考》，兰州大学出版社2011年版，第54—57页。

[⑧] 林悟殊：《摩尼教华化补说》，兰州大学出版社2014年版，第127页。

二　萨珊波斯艺术的东渐

萨珊波斯帝国绵长的国祚促进了东西方文化在丝路上的传播，北魏与萨珊波斯帝国的艺术交流显得异常活跃。萨珊波斯艺术具有双重倾向：其一是用自然主义手法表现活的形体，其二是创造装饰性图样和抽象的几何图案，① 这种风格随后被中国迅速接纳，在艺术领域可轻易寻找到属于萨珊波斯艺术风格的特征。

现代诸多学者对中亚地区祆教庙宇的研究显示，祆教庙宇大多采用方形布局加带柱回廊的形制，甚至最早的琐罗亚斯德火庙建筑也可能受中亚建筑风格的影响而采取了这种形制。② 萨珊波斯帝国建筑在继承阿黑门尼波斯帝国建筑传统风格的基础上稍加变化，其最典型的建筑形制是正方形平面布局搭配圆顶穹窿，阿尔达希尔一世的宫殿废墟能够清晰的反映这一特征（其平面布局为长方形），③ 萨维斯坦萨珊宫廷建筑复原图（见图5－2）可称为这种风格的范本。正方形布局与穹隆顶的结合样式东传，新疆石窟中有大量实例。如1977年和1979年发现的库木土喇谷口区第20、21窟，就是两座平面呈方形的穹隆顶窟，约建于公元5世纪。④ 高昌礼拜窟平面多呈方形，部分窟同样使用了穹隆式窟顶。⑤

6—8世纪的龟兹石窟艺术保留了很多萨珊波斯艺术的特征，如龟兹石窟壁画中的部分供养人剪发，而古代男女剪发正是伊朗的风俗。⑥ 克孜尔千佛洞224号窟的拱顶上菱格内画有天鹅、蛇、大雁等18种动物，在壁画中将动物作为主要的描绘对象同样是伊朗的艺术风格。⑦ 对中国壁画艺术影响最大的一点当数利用飘动的披巾和衣带来表现衣饰的美感和人

---

① ［法］雷奈·格鲁塞：《近东与中东的文明》，常任侠、袁音译，上海人民美术出版社1981年版，第75页。
② 姚崇新等：《敦煌三夷教与中古社会》，甘肃教育出版社2013年版，第50—51页。
③ 沈爱凤：《3世纪至7世纪的波斯建筑艺术》，《艺苑》2014年第1期。
④ 贾应逸：《新疆佛教壁画的历史学研究》，中国人民大学出版社2010年版，第5—6页。
⑤ 同上书，第19页。
⑥ 朱英荣：《论龟兹石窟中的伊朗文化》，《新疆大学学报》1987年第2期。
⑦ 同上。

图 5-2 萨维斯坦宫廷结构复原图①

物的动感,最出名的就是壁画中的各种飞天形象。② 吐鲁番哈拉和卓高昌故址的摩尼教寺院壁画,都用萨珊式白描线画,色调也以白为主。③

南北朝以前我国流行的装饰纹样主要为几何纹和动物纹④,也有植物类纹样如梅花纹、茱萸纹等,但并不常见。魏晋南北朝时期植物装饰纹样逐渐盛行,忍冬纹为流行植物纹中的代表。⑤ 学界一般认为忍冬纹的前身即棕榈叶纹⑥,棕榈叶纹起源于埃及,在两河流域和希腊都有所创新,在李格尔看来,波斯的棕榈叶纹继承的是希腊和埃及风格的纹样,缺乏新的创造。⑦ 正因为如此,学界往往将中国忍冬纹的起源追溯到希腊,忽视了萨珊波斯帝国在希腊化艺术传播方面的作用,有学者认为北魏时期的"桃形忍冬卷草纹"⑧

---

① 沈爱凤:《3 世纪至 7 世纪的波斯建筑艺术》,《艺苑》2014 年第 1 期,图在第 15 页。
② 朱英荣:《论龟兹石窟中的伊朗文化》,《新疆大学学报》1987 年第 2 期。
③ 沈福伟:《中国与西亚文化交流研究》,新疆人民出版社 2010 年版,第 93 页。
④ 张晓霞:《天赐荣华中国古代植物装饰纹样发展史》,上海文化出版社 2010 年版,第 62 页。
⑤ 田自秉等:《中国纹样史》,高等教育出版社 2003 年版,第 192 页。
⑥ 同上书,第 193 页;张晓霞:《天赐荣华中国古代植物装饰纹样发展史》,上海文化出版社 2010 年版,第 71 页。
⑦ [奥] 阿洛伊斯·李格尔:《风格问题:装饰艺术史的基础》,刘景联、李薇曼译,湖南科学技术出版社 2000 年版,第 57—58 页。
⑧ 冯佳琪:《蜿蜒卷草,俯仰生姿——卷草纹在中国的样式演变研究》,《艺术品》2017 年第 10 期。

就是萨珊式忍冬纹在中国的变种。[1] 联珠鸟兽图样或称联珠纹在 5 世纪末进入中国内地，常见于壁画、雕塑、丝织品、金银器物中，6—7 世纪在中国风行一时。[2] 其基本图案可分为联珠圈和圈内图案，大小相同的联珠圈先连接成一个圆圈图案，联珠圈中各绘鸟兽，敦煌莫高窟 361 窟中有典型的联珠对雁纹藻井图案。联珠纹在传入中国后，唐代最初的装饰纹样基本就是效仿萨珊波斯帝国的主题，如野猪头纹和天马纹。[3] 后来在萨珊波斯帝国原图样基础上有所创新，除了更多采用华夏文明的主题内容外，主要讲究鸟兽成对，上下左右对称。[4] 雕塑艺术上联珠纹的典型应用当为克孜尔麒麟窟的联珠纹麒麟，它是石雕的佛像座身。[5] 联珠纹在萨珊波斯金银器上同样是常见装饰，固原北周李贤夫妇墓中出土的鎏金银壶颈腹相接处焊接了 13 个突起的圆珠，形成了一圈联珠纹饰。[6] 西安何家村出土的仕女狩猎纹八瓣银杯和掐丝团花金杯都是中国在吸收联珠纹后所做的艺术创新。[7]

吐鲁番出土的织锦除了运用联珠纹、忍冬纹等萨珊式图案之外，在织法上也开始受到萨珊波斯风格的影响。[8] 中原织锦早期以经锦为主，一定程度上是因为蚕桑崇拜，"经天纬地"的传统观念根深蒂固，[9] 所以经线显花长期是中国织锦技艺的主流技巧。根据夏鼐的研究，北朝和唐初有沿袭汉锦织法的重组织平纹经锦，但从 6 世纪中叶起，这类织制技术和图案风格的彩锦逐渐消失。[10] 波斯纬锦用双线甚至三线作为夹经，如果没有幅边，就会被误认为与汉锦相同的经锦。[11] 吐鲁番阿斯塔纳 309 号墓出土的几何纹丝绵锦保留了幅边，能看到纬线回梭形成的圈扣。313 号墓出土了《高

---

[1] 沈福伟：《中国与西亚文化交流研究》，新疆人民出版社 2010 年版，第 94 页。
[2] 同上。
[3] 叶绿洲：《浅析唐代"联珠纹"饰的传承与创新》，《艺术与设计》2017 年第 7 期。
[4] 同上。
[5] 沈福伟：《中国与西亚文化交流研究》，新疆人民出版社 2010 年版，第 94 页。
[6] 罗丰：《北周李贤墓出土的中亚风格鎏金银瓶——以巴克特里亚金属制品为中心》，《考古学报》2000 年第 3 期。
[7] 沈福伟：《中国与西亚文化交流研究》，新疆人民出版社 2010 年版，第 94 页。
[8] 夏鼐：《新疆新发现的古代丝织品——绮、锦和刺绣》，《考古学报》1963 年第 1 期。
[9] 乔洪等：《从陵阳公样看中外织锦技艺的交融与创新》，《丝绸》2017 年第 11 期。
[10] 夏鼐：《新疆新发现的古代丝织品——绮、锦和刺绣》，《考古学报》1963 年第 1 期。
[11] 同上。

昌章和十八年缺名衣物疏》和残留幅边的瑞兽纹锦，可推断此锦最晚生产于548年，这两件织锦都用纬二重平纹组织法。① 最初西亚及中亚仍沿用了平纹组织，但后来发展出了斜纹组织和斜纹提花机，斜纹提花机可能起源于波斯。② 纬锦相对于经锦有诸多优点，如纬线起花时易于采用不同颜色的丝线等，因此自唐代起，中国几乎完全放弃经锦。③ 中国史籍中也有"波斯锦"的称呼，但是目前为止未有实物能确定为"波斯锦"。

6—7世纪黄河中下游地区和长江流域的南京地区开始流行镇墓兽雕塑，8世纪20年代后不再流行。④ 镇墓兽一般被认为是伊朗和西亚地区翼兽艺术与文化传统的产物，但学者往往为此争论不休，如管玉春便认为不能因为石刻的天禄、辟邪为有翼兽，就认为这种石刻艺术来源于波斯。⑤ 根据《西域图考》，天禄、辟邪由波斯经月氏送至中国⑥，这两种镇墓兽形象起源于波斯并无疑问，问题在于中国是否借鉴了波斯艺术雕造镇墓兽。《南齐书·豫章文献王传》中载"宋長寧陵隧道出第前路，上曰：'我便是入他家墓内尋人。'乃徙其表闕于東崗上。騏麟及闕，形勢甚巧，宋孝武于襄陽致之，后諸帝王陵皆模範而莫及也。"⑦ "宋长宁陵"即南宋文帝之陵墓，这条史料特别指出宋长宁陵的镇墓兽自襄阳而得，此后南朝帝陵都是仿此而建，但都有所不及。时至今日，考古学者并未在襄阳当地的考古发掘中发现任何两晋南北朝时代的镇墓兽，这一事实至少表明镇墓兽并非襄阳本地的传统风俗。笔者以为襄阳的石制镇墓兽属于波斯文化影响下的产物，宋孝武帝之所以能在襄阳雕刻镇墓兽并运回，原因在于东晋时期的襄阳是国内丝路贸易重镇。朱雷曾经论述了东晋十六国时期存在一条"姑臧—长安—襄阳—建康"的"互市"路线：姑臧、长安与襄阳曾经分属不同的政权（前凉、前秦和东晋），南北人员交往处于隔绝状态，但这些政权彼此仍需要其他区域的物产。这几个城市设有"互市"机构。"互市人"在不同地域内分段传输物

---

① 重阳：《新疆丝织技艺的起源及其特点》，《大匠之门》16，2017年，第148—159页。
② 夏鼐：《新疆新发现的古代丝织品——绮、锦和刺绣》，《考古学报》1963年第1期。
③ 同上。
④ 沈福伟：《中国与西亚文化交流研究》，新疆人民出版社2010年版，第96页。
⑤ 管玉春：《试论南京六朝陵墓石刻艺术》，《文物》1981年第8期。
⑥ 同上。
⑦ 蕭子顯撰：《南齊書》卷二十二，中華書局1972年版，第414页。

品，粟特商人也曾参与到这条路线的贸易中，只是这条道路经常受到南北方之间战争的影响而阻塞。① 由于宋孝武帝即位时间（453年）距离东晋灭亡不过33年，他从襄阳得到带有波斯风格的有翼镇墓兽是有可能的。

工艺品的造型艺术同样受到了萨珊波斯风格的影响，以多曲造型最为常见，西方文献称这种多曲器物为"Lobde dish"，3—8世纪流行于伊朗高原及周边地区。② 一般根据多曲的器口分瓣给这种器物命名，如前文所提的八曲银洗。除此之外，高圈足座也是萨珊波斯艺术的一大特征。这种喇叭形圈足兴起于1世纪的罗马帝国，4—5世纪再度复兴。③ 玻璃器的常见装饰为圆形饰或环形饰，李贤墓中的萨珊波斯玻璃碗外壁为两排圆形饰。④ 安家瑶认为乳钉和凸起的凹球面纹饰并非我国传统器物的器形，⑤ 但有学者认为商周时代的青铜器上已经出现了乳钉纹饰⑥，所以玻璃器上的乳突（乳钉）能否视为萨珊波斯艺术带来的影响仍有疑问。

综上所述，萨珊波斯帝国艺术的东渐主要发生于北朝及隋唐时期。在萨珊波斯帝国的前期，中国受内部政治局势的影响，可能仅仅维持了与印度的沟通，而在佛教艺术方面更多地保留了含有希腊化因素的犍陀罗艺术的特点。在隋唐之际中国政权恢复经营西域后，萨珊波斯帝国艺术对中国的影响便凸显出来，而且这种影响恰恰是从萨珊波斯帝国灭亡开始并在唐朝逐渐达到巅峰的。

小　结

萨珊波斯帝国疆域辽阔，在中亚和西亚维持了长时间的统治，因此在丝绸之路上具有举足轻重的地位。萨珊波斯帝国在其西部长期与罗马帝国对峙，虽然未能占领罗马控制下的丝路贸易重镇，但始终拥有对罗马帝国的贸易优势。相较之下，萨珊波斯帝国在东方的经营效果有限，不过丝路

---

① 朱雷：《敦煌吐鲁番文书论丛》，甘肃人民出版社2000年版，第329—334页。
② 商春芳：《萨珊波斯与印度佛教风格的融合洛阳伊川唐墓出土四曲双鱼纹长杯》，《大众考古》2016年第9期。
③ 沈福伟：《中国与西亚文化交流研究》，新疆人民出版社2010年版，第92页。
④ 安家瑶：《北周李贤墓出土的玻璃碗——萨珊玻璃器的发现与研究》，《考古》1986年第2期。
⑤ 同上。
⑥ 李晓卿：《北齐徐显秀墓室壁画中的联珠纹艺术探析》，《山西档案》2018年第1期。

主干道大部分控制在萨珊波斯帝国手中,丝绸之路并未明显受到游牧民族迁徙的干扰,在较长时间里保持畅通。

萨珊波斯帝国利用位于亚欧大陆中部的有利地理条件,发挥了丝路中介作用。在萨珊波斯帝国的经营下,帝国疆域内城市之间形成了发达的道路网,海上贸易同样异常繁荣。频繁的战争促进了东西方的物质和文化交流,西方的玻璃制造技术、波斯的甲骑具装,拜占庭帝国的聂斯托利教,波斯本土的琐罗亚斯德教、摩尼教都通过丝路先传到中亚,再传到中国。罗马帝国境内也出现了若干来自东方的物品,如各种香料;中国境内也保留了许多萨珊波斯人留下的遗迹,分布广泛的萨珊波斯银币就是它与中国之间贸易繁荣的见证。在古代交通技术尚不发达之时,远距离贸易需要有中间人转运货物才能进行,波斯商人,包括萨珊帝国一度控制下的粟特商人长期充当了丝路贸易的中介角色。

中国的中原王朝与萨珊波斯帝国密切交往不仅在中国的史书上留下了很多记载,而且在中国的文化艺术,甚至在中国人的社会生活中都留下了鲜明的印记。萨珊波斯帝国灭亡后,仍有波斯人到中国避难。虽然袄教、摩尼教和景教唐武宗灭佛之时遭到禁止,但其影响已经潜移默化地融入了中国的历史和文化传统之中。

(执笔:李毅铭)

附录　丝绸之路上的萨珊波斯人

224年,阿尔达希尔一世始建萨珊波斯帝国。在传承至耶兹底格德三世(632—651年)时,阿拉伯帝国成为其巨大威胁。14年后,也就是651年,萨珊波斯帝国被阿拉伯帝国攻灭。与萨珊波斯建国同时期,中国却陷入了分裂。220年东汉帝国覆亡后,统一的国家政权不复存在,北方游牧民族不断入侵,大量人口南迁,宗教和文化分歧长达350年,隋唐帝国统一中国后才结束了这种混乱局面。但是,中国的内乱并未阻断萨珊波斯与中国的交往,这一时期中国不同王朝的汉语文献资料记载了若干关于萨珊波斯帝国遣使中国的情况。

第五章　萨珊波斯帝国与丝绸之路

经济上，萨珊波斯帝国与中国之间的陆上及海上贸易对两国都具有重要意义，中国境内发现的大量萨珊波斯钱币证实了两国通过丝绸之路进行的贸易往来。两大帝国似乎从丝路贸易中收获颇丰，于是保护和维持丝路畅通成为萨珊波斯帝国和中国的共同需求。两国在中亚联合保护丝绸之路，并在边界地区驻兵以保证商队的安全，使他们免遭游牧部落和强盗的侵扰。

政治上，萨珊波斯帝国和中国为对抗共同的敌人嚈哒而结盟。内亚的突厥游牧帝国形成后，在其压力下，中国和伊朗方面也采取了类似联合的举动以减小突厥扩张所带来的威胁。这种攻守同盟关系甚至维持到了651年，此时萨珊波斯帝国已被阿拉伯帝国所吞并。[①] 3—7世纪，萨珊波斯帝国是丝绸之路沿途最有影响力的国家之一。因此对萨珊波斯帝国时期中国和伊朗之间的丝路交往机制进行研究就显得尤为必要。

一　早期来到中国的萨珊波斯使节

汉朝灭亡后，中伊关系进入冷淡期，这一境况直到北魏高宗太安元年（455年）才发生改变。[②] 从455年到522年，波斯使节十次出使北魏，频繁的出使行动缓和了两国之间的关系。67年间，萨珊波斯帝国历经6任国王统治，分别是：耶兹底格德二世（438—457年）、霍尔米兹德三世（457—459年）、卑路斯一世（459—484年）、巴拉斯（Balash，484—488年）、卡瓦德一世（488—496年、498—531年）和扎马斯普（Djamasp，496—498年）。这几位国王都需要应对不时侵扰帝国东北部边境的中亚游牧部落，正因为屡次遭到游牧部落的进攻，萨珊波斯国王一直试图联系北魏组成联盟，共同对抗游牧部落。518年出使北魏的萨珊波斯使节甚至携带了卡瓦德一世的书信。[③]

除了外交方面的接触，北魏和萨珊波斯帝国之间的贸易往来也有所发

[①] 更多细节参见 M. Compareti, "The Last Sasanians in China", *Eurasian Studies* II/2, 2003, pp. 197–213. Turaj Daryaee, "The Sons and Grandsons' of Yazdgird III in China", *Iranshenasi (A Journal of Iranian Studies*, Vol. xv, No. 3, 2003, pp. 540–548。

[②] 李延寿撰：《北史·西域传》卷九十七，中华书局1974年版，第3223页。

[③] I. Ecsedy, "Early Persian Envoys in Chinese Courts", *Studies in the Sources on the History of Pre-Islamic Central Asia*, 1979, pp. 156, 161.

展。有证据显示北魏时期中国的对外贸易和西方文化在中国的传播重新焕发了活力。大同附近开凿的佛教云冈石窟在艺术上反映了崭新又有张力的调和特点，其中丰富的具象因素来源于犍陀罗、巴克特里亚和新疆地区。北魏艺术重新诠释了希腊—伊朗风格的重要主题装饰，如花饰和藤蔓饰、涡卷形饰、壁柱、六角形饰、珠宝镶边和回纹饰等。[1] 北魏首都大同发掘了一组镀铜和镀银的奢侈器具，它们具有鲜明的希腊化特征和希腊—伊朗风格的装饰，很可能从巴克特里亚进口，然后落于嚈哒人之手。[2] 出土器具中绝大部分深受萨珊波斯艺术的影响。图 5-3 的镀银盘面上绘有一幅不寻常的打猎图景，史学界兴奋地将其看作萨珊波斯帝国时期中伊两国宫廷存在直接联系的证据。[3]

图 5-3　狩猎银盘（3 世纪后期或 4 世纪初）

1981 年出土于山西省大同市封和突墓（葬于 504 年），大同市博物馆藏。[4]

---

[1] J. Rawson, *Chinese Ornament: The Lotus and the Dragon*, New York: Holmes and Meier Publishers, Inc., 1984, pp. 55 - 62, 64 - 65.

[2] Ellen Johnston Laing, "Recent Finds of Western-Related Glassware, Textiles, and Metalwork in Central Asia and China", *Bulletin of the Asia Institute*, V. 9, 1995, pp. 5 - 10.

[3] James C. Y. Watt, An Jiayao, *Angela F. Howard, Boris I. Marshak, Su Bai, Zhao Feng, China: Dawn of a Golden Age, 200 - 750 AD, The Metropolitan Museum of Art*, New Haven and London: New York Yale University Press, 2004, p. 152.

[4] James C. Watt, et al., *China: Dawn of a Golden Age, 200 - 750 AD, The Metropolitan Museum of Art*, New Haven and London: New York Yale University Press, 2004, p. 153.

萨珊波斯帝国时期，伊朗出产的一种镀银盘负有盛名，而且是具有极高价值的奢侈品。这种镀银盘上描绘的场景是波斯国王戴着独特的王冠进行狩猎活动。它们是宫廷作坊专门打造的捐赠礼品，用于国王对忠诚的侍臣和邻国统治者的馈赠。① 另外一种传入中国的重要奢侈品是玻璃器。307 年的西晋墓中出土了带有乳突的半球形玻璃碗，这是中国年代最早的萨珊波斯玻璃器；在江苏和大同的北魏时期墓葬中，都发掘了萨珊波斯的刻面玻璃碗。② 由此推断，很可能是巴克特里亚工匠将玻璃吹制技术带到大同的北魏宫廷，这也意味着这项技术传入中国。③

此外，中国在北魏年间丧失了丝路绿洲的控制权。粟特人、吐火罗人和巴克特里亚人趁机发展了自己的丝绸和银制品手工业，用国际广泛接受的萨珊波斯样式生产丝织品和银制品。这些商品在中亚散布广泛，甚至远销中国。《魏书》和《隋书》都提到库车、喀什噶尔和撒马尔罕是锦缎及其他丝织品的来源地。虽然中亚绿洲地区能够种植白桑并养蚕，然而其环境条件还是限制了养蚕业的规模，大量生丝和丝织品依然依靠从中国进口。④

除了北魏之外，短暂的南梁政权在 533 年和 535 年两次接待了波斯来使。由于 534—535 年北魏内部政治动荡，导致国家分裂为西魏和东魏，萨珊波斯帝国选择与南梁接触。⑤ 不久后，中国北方暂时恢复了和平，继承了北魏西部领土的西魏成功稳固了国家，萨珊波斯帝国又于 553 年派遣使者出使西魏。⑥ 当时统治萨珊波斯帝国的君主是库思老一世，他是萨珊波

---

① James C. Y. Watt, An Jiayao, Angela F. Howard, Boris I. Marshak, Su Bai, Zhao Feng, *China: Dawn of a Golden Age*, 200 – 750 AD, *The Metropolitan Museum of Art*, New Haven and London: New York Yale University Press, 2004, p. 152.

② M. L. Carter, "Chinese Iranian Relations xiv. The Influence of Eastern Iranian Art", In: *Encyclopædia Iranica*, Online Edition, http://www.iranicaonline.org/articles/chinese-iranian-xiv.

③ Ibid..

④ Heleanor Feltham, "Lions, Silks and Silver: The Influence of Sasanian Persia", *Sino-Platonic Papers*, No. 206, 2010, pp. 14 – 15.

⑤ I. Ecsedy, "Early Persian Envoys in Chinese Courts", *Studies in the Sources on the History of Pre-Islamic Central Asia*, 1979, p. 157.

⑥ Edwin G. Pulleyblank, "Chinese-Iranian Relations, i in pre-Islamic times", In: *Encyclopædia Iranica*, Online Edition, http://www.iranicaonline.org/articles/chinese-iranian-i.

古国文明与丝绸之路

斯王朝史上最强有力的君主之一。他在西边与萨珊波斯帝国的宿敌拜占庭帝国保持了长期和平,使得他得以集中精力应对帝国东部的嚈哒人。库思老一世数次击败嚈哒人,消除了帝国东北部边境的威胁,使得萨珊波斯得以控制丝绸之路以及西方国家和远东之间的贸易。考古发现证明在库思老一世统治时期,萨珊波斯人与中国的文化和商业交往异常活跃。1989 年七个星佛寺遗址(位于新疆维族自治区焉耆)发现了一个外有凹槽的碗,它是这段交往的明证。带有凹槽的独特外形和底座圆盘上的铭文将它与萨珊波斯帝国的同种器具联系起来。[1](见图 5-4)

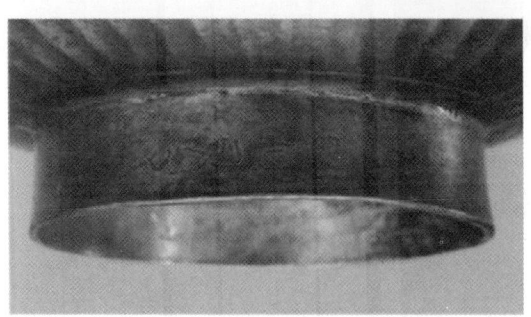

图 5-4 有铭文的凹槽银碗

1989 年在新疆维吾尔自治区焉耆市七个星遗址出土。[2]

---

[1] James C. Y. Watt, An Jiayao, *Angela F. Howard*, *Boris I. Marshak*, *Su Bai*, *Zhao Feng*, *China: Dawn of a Golden Age*, 200-750 AD, The Metropolitan Museum of Art, New Haven and London: New York Yale University Press, 2004, p. 186.

[2] James C. Watt, et al., *China: Dawn of a Golden Age*, 200-750 AD, The Metropolitan Museum of Art, New Haven and London: New York Yale University Press, 2004, pp. 186-187.

589 年杨坚统一中国后，隋朝重新占据了外交上的主动权。隋朝和初唐时期对应的萨珊波斯君主有两位，分别是霍尔米兹德四世（579—590 年）和库思老二世（590—628 年）。隋朝第二位皇帝隋炀帝派遣使者出使萨珊波斯，作为回应，库思老二世同样派遣使者至隋朝回访。[1] 叙述唐朝建立以前历史的史书（如《魏书》、《梁书》、《北周书》、《隋书》、《南史》、《北史》）对波斯国家的记载，毫无疑问来源于这些出访中国的波斯使节。不幸的是，除了《魏书》以外，其他史书都是在唐初根据更早时期的资料编定的，因此它们之间的关系也就成了一个复杂的问题。[2]

然而丝路沿途区域的考古成果足以彰显 6—7 世纪时中国和伊朗沿着丝绸之路进行的高水平文化交流。6 世纪后半期中国出现了进口奢侈品的富裕阶层，在北齐、北周和隋统治时尤为明显。粟特、巴克特里亚及其邻近地区新疆的工匠不断移民中国，数量与日俱增，影响了中国人的造器风格和艺术样式。6 世纪中期嚈哒人被击败后，萨珊波斯人的伊朗向东扩展至阿富汗，因此萨珊波斯人试图控制远东与拜占庭帝国之间的贸易，与粟特人和他们的西突厥领主展开了激烈竞争。由于萨珊波斯帝国在文化上更靠近东方，伊朗以东大量的硬币和铭文证明萨珊波斯商人确实参与到汲取中国财富的贸易战当中。[3] 萨珊波斯帝国与中国的贸易正当繁荣之时，萨珊波斯帝国却于 7 世纪中期在阿拉伯帝国的猛攻下突然崩溃。628—629 年，在不到一年的时间里，库思老二世和他的继任者卡瓦德二世相继离世，帝国中央政府从此疲于应付接连不断的起义和叛乱。内乱最终导致萨珊波斯国家的覆灭，并为阿拉伯帝国的征服扩张提供了良机。

---

[1] （唐）魏征等撰：《隋书·西域传》卷八十三，中华书局 1973 年版；张星烺编注：《中西交通史料汇编》（第三册），朱杰勤校订，中华书局 1978 年版，第 102 页。

[2] R. A. Miller, *Accounts of Western Nations in the History of the Northern Chou Dynasty*, *Chinese Dynastic Histories Translations* 6, Berkeley and Los Angeles: University of California Press, 1959, p.47.

[3] 孙莉：《萨珊银币在中国的分布及其功能》，《考古学报》2004 年第 1 期；夏鼐：《综述中国出土的波斯萨珊朝银币》，《考古学报》1974 年第 1 期。

二 耶兹底格德三世及其后裔在伊朗东部和中国的活动

1. 萨珊波斯王室在中国寻求避难

在637年的卡迪西亚战役中,波斯军队惨败给阿拉伯军队,萨珊波斯统帅鲁斯塔姆·法鲁兹扎德（Rustam ī Farruxzad）战死,帝国首都亦落于阿拉伯人之手。耶兹底格德三世和他的随从被迫逃到美索不达米亚,随后尼哈温战役①的失利又使他收复整个美索不达米亚的希望化为泡影,耶兹底格德三世不得不花费数年时间到各地寻求同盟来支援自己抵抗阿拉伯人的战争。他显然在639年尝试与唐帝国结盟。② 耶兹底格德三世派遣了两批大使前往中国,同时向粟特诸国王和西突厥大汗求援。根据《新唐书》和《册府元龟》的记载,第一批使者在639/640年出发,由没似半率领。③ 学界最新的研究认为第二批使者于647/648年出使中国。④ 正是在第二次出使中,耶兹底格德的儿女们流亡到中国。⑤ 然而直到5年后耶兹底格德三世去世时,能够有效对抗阿拉伯帝国的军事联盟从未出现,耶兹底格德三世在此期间逐渐丧失了复国的可能。马苏迪笔下的耶兹底格德三世共有二子三女,儿子名为瓦赫拉姆和卑路斯,女儿分别叫作阿德拉格（Adrag）、萨尔班努（Šahrbānu）和玛达旺德（Mardāwand）。⑥ 他们到达安西都护府,希望能得到中国人的援助以抵御阿拉伯帝国,由于路

---

① 尼哈温战役爆发于642年,阿拉伯方面称之为"决胜之役",萨珊波斯皇家军队主力被彻底消灭。——译者注

② T. Daryaee, "Yazdegerd's Last Year: Coinage and History of Sīstān at the End of Late Antiquity", in T. Daryaee & O. Tabibzadeh (eds.), *Iranistik: Deutschsprachige Zeitschrift fur iranistische Studien*, Festschrift fur Erich Kettenhofen, 5. Jahrgang, Heft 1 & 2, 2006 – 2007, p. 25.

③ （北宋）欧阳修、宋祁撰:《新唐书·西域传下》卷二百二十一下,中华书局1975年版,第6258—6260页; Zhang Xinglang, *Tārīkh-i Ravābit-i Chīn va Īrān* (*The materials for a history of Sino-Foreign relations*) (in Persian), translated by Zhang Hongnien, Tehran: Department of Language and Dialects of Iran's Cultural Heritage, 2006, pp. 75 – 77。

④ T. Daryaee, "Yazdegerd's Last Year: Coinage and History of Sīstān at the End of Late Antiquity", in T. Daryaee & O. Tabibzadeh (eds.), *Iranistik: Deutschsprachige Zeitschrift fur iranistische Studien*, Festschrift fur Erich Kettenhofen, 5. Jahrgang, Heft 1 & 2, 2006 – 2007, p. 25.

⑤ Ibid..

⑥ Mas'ūdi, *Les Praires D'or*, ed. and trans, C. Barbier de Meynard and Pavet de Courteille, Paris, 1861 – 77, II, 241.

途遥远，中国唐朝皇帝唐太宗拒绝派兵进行军事援助。①

耶兹底格德三世死后，卑路斯便向太宗的继承者唐高宗寻求帮助。② 高宗同样拒绝了卑路斯要他发兵攻打阿拉伯帝国的请求③，但是阿拉伯人放弃了对吐火罗斯坦地区的占领，卑路斯得以藏身于此地。④ 661年卑路斯再次向唐高宗求助，他派遣大使到唐朝，请求高宗派遣援军，保卫波斯。⑤ 根据《旧唐书》、《新唐书》和《册府元龟》记载，卑路斯在661年成为波斯国王。⑥ 他于661—663年尝试在中国支持下建立一个伊朗人王国（中国史书中称为波斯都督府），首府为疾陵城⑦，这一努力到674年也宣告失败。⑧

---

① É. Chavannes, *Documents sur les Tou-Kiue (Turcs) Occidentaux*, St. -Petersburg: Acodimie Imperiale des Sciences, 1903, p. 257; Zhang Xinglang, *Tārīkh-i Ravābit-i Chīn va Īrān* (*The materials for a history of Sino-Foreign relations*) (in Persian), translated by Zhang Hongnien, Tehran: Department of Language and Dialects of Iran's Cultural Heritage, 2006, p. 76.

② É. Chavannes, *Documents sur les Tou-Kiue (Turcs) Occidentaux*, St. -Petersburg: Acodimie Imperiale des Sciences, 1903, p. 257.

③ （北宋）欧阳修、宋祁撰：《新唐书·西域传下》卷二百二十一下，中华书局1975年版，第6258页；Zhang Xinglang, *Tārīkh-i Ravābit-i Chīn va Īrān* (*The materials for a history of Sino-Foreign relations*) (in Persian), translated by Zhang Hongnien, Tehran: Department of Language and Dialects of Iran's Cultural Heritage, 2006, p. 76。

④ （北宋）欧阳修、宋祁：《新唐书·西域传下》卷二百二十一下，中华书局1975年版，第6258页；Zhang Xinglang, *Tārīkh-i Ravābit-i Chīn va Īrān* (*The materials for a history of Sino-Foreign relations*) (in Persian), translated by Zhang Hongnien, Tehran: Department of Language and Dialects of Iran's Cultural Heritage, 2006, pp. 76-77。

⑤ （北宋）欧阳修、宋祁撰：《新唐书·西域传下》卷二百二十一下，中华书局1975年版，第6258页；Zhang Xinglang, *Tārīkh-i Ravābit-i Chīn va Īrān* (*The materials for a history of Sino-Foreign relations*) (in Persian), translated by Zhang Hongnien, Tehran: Department of Language and Dialects of Iran's Cultural Heritage, 2006, p. 77。

⑥ （北宋）欧阳修、宋祁撰：《新唐书·西域传下》卷二百二十一下，中华书局1975年版，第6258—6260页；（唐）王钦若等编纂：《册府元龟》（第十二册），中华书局1960年版，第11365页；后晋刘昫等撰：《旧唐书·西戎》卷一百九十八，中华书局1975年版，第5311—5313页；Zhang Xinglang, *Tārīkh-i Ravābit-i Chīn va Īrān* (*The materials for a history of Sino-Foreign relations*) (in Persian), translated by Zhang Hongnien, Tehran: Department of Language and Dialects of Iran's Cultural Heritage, 2006, pp. 73, 76-77。

⑦ （北宋）欧阳修、宋祁撰：《新唐书·西域传下》卷二百二十一下，中华书局1975年版，第6258—6260页；（唐）王钦若等编纂：《册府元龟》（第十二册），中华书局1960年版，第11365页。

⑧ J. Harmatta, "Sino-Iranica", *Acta Antiqua Academiae Scientiarum Hungaricae*, Vol. 19, 1971, pp. 140-141. 尽管一些学者，如图拉吉·达拉耶和J. 哈马塔认为这个王国位于锡斯坦，（转下页）

由于卑路斯无力抵挡阿拉伯帝国的进攻,他在疾陵城的统治极其短暂,他本人于 673—674 年返回中国。① 卑路斯一度重返西方尝试最后一搏,最终于 675 年 6 月 17 日回到中国。卑路斯受到了高宗的优待,高宗将其封为右武卫将军。② 韦述的《两京新记》(成书于八世纪)中记载,卑路斯设法得到唐高宗的许可,在长安建设了波斯胡寺。③ 学者们相信这座寺庙是一座基督教堂④,是萨珊波斯帝国晚期君主对基督教产生兴趣的有力证据。⑤ 最新研究表明卑路斯的妻子很可能是基督徒。⑥ 众所周知,另一名为阿罗本的波斯人在更早时期将基督教聂斯托利派引入中国,并在 635 年于长安建了第一座景教寺。⑦

（接上页）将疾陵城看作是 661 年的扎朗市（锡斯坦首府）,见 J. Harmatta, "Sino-Iranica", *Acta Antiqua Academiae Scientiarum Hungaricae*, Vol. 19, 1971, p. 140. 以及 T. Daryaee, "Yazdegerd's Last Year: Coinage and History of Sīstān at the End of Late Antiquity", T. Daryaee & O. Tabibzadeh (eds.), *Iranistik: Deutschsprachige Zeitschrift fur iranistische Studien*, Festschrift fur Erich Kettenhofen, 5. Jahrgang, Heft 1 & 2, 2006 – 2007, pp. 25 – 26. 笔者认为疾陵城坐落于吐火罗斯坦的帕米尔群山中,并不在锡斯坦。因此推断这一地区的国王最可能来自于萨珊波斯王室,如卑路斯和尼涅师。他们试图以此为根据地收复伊朗。见 Hamidreza Pashazanous, Ehsan Afkandeh, "The Last Sasanians in Eastern Iran", *Anabasis: Studia Classica et Orientalia*, No. 5, 2014, pp. 144 – 146。

① （北宋）欧阳修、宋祁撰:《新唐书·西域传下》卷二百二十一下,中华书局 1975 年版,第 6258—6260 页。
② （后晋）刘昫等撰:《旧唐书·西戎》卷一百九十八,中华书局 1975 年版,第 5311—5313 页。
③ F. S. Drake, "Mohammedanism in the Tang Dynasty", *Monumenta Serica*, Vol. 8, 1943, p. 6.
④ A. Forte, "Iranians in China: Buddhism, Zoroastrianism, and Bureaus of Commerce", *Cahiers d'Extrême-Asie*, Vol. 11, 1999, p. 282; M. Compareti, "Chinese-Iranian Relations, xv. The Last Sasanians in China", in *Encyclopædia Iranica*, Online Edition, http://www.iranicaonline.org/articles/china-xv-the-last-sasanians-in-china; Donald Daniel Leslie, "Persian Temples in Tang China", *Monumenta Serica*, Vol. 35, 1981 – 1983, p. 290.
⑤ 这里的基督教应该指已经传入中国的基督教支派或异端聂斯托利派,即景教。——译者注。
⑥ G. Scarcia, "La «sposa bizantina» di Khosrow Parviz", *La Persia e Bisanzio*, 2004, p. 121; M. Compareti, "Chinese-Iranian Relations, xv. The Last Sasanians in China", in *Encyclopædia Iranica*, Online Edition, http://www.iranicaonline.org/articles/china-xv-the-last-sasanians-in-china.
⑦ A. Forte, "The Edict of 638 Allowing the Diffusion of Christianity in China", in P. Pelliot, *L'Inscription Nesotrienne de Si-Ngan-Fou*, edited with Supplements by A. Forte, Scuola di Studi sull'Asia Orientale, Kyoto and Collège de France, Institut des Hautes Éudes Chionises, Paris, 1996, pp. 349 – 374; Nahal Tajadod, *À l'est du Christ: vie et mort des chrétiens dans la Chine des Tang*, VIIe-IXe siècle, Paris: Librairie Plon, 2000, pp. 43 – 45; M. Compareti, "Chinese-Iranian Relations, xv. The Last Sasanians in China", in *Encyclopædia Iranica*, Online Edition, http://www.iranicaonline.org/articles/china-xv-the-last-sasanians-in-china.

678/679 年，卑路斯去世①，其子尼涅师试图重建伊朗国（Ērānšahr）。与此同时，西突厥十姓可汗阿史那都支与吐蕃和喀什噶尔人联合反叛唐朝，唐朝负责镇压叛乱的裴行俭将军在吐火罗斯坦助尼涅师称王。他以助尼涅师王子归国继承王位为借口（尼涅师归国需要经过西突厥），出其不意地擒下阿史那都支，成功镇压了叛乱。随后裴行俭没有继续护送尼涅师，而将他留在了吐火罗斯坦。尼涅师在吐火罗斯坦坚持抵抗阿拉伯人 20 多年，部众和财力损失殆尽，因此他被迫离开吐火罗斯坦，于 708/709 年返回中国。② 唐朝廷封尼涅师为左威卫将军。

2. 位于乾陵的萨珊波斯人

（1）原始资料的相关问题

前文已提及卑路斯死于 678/679 年，继承者为尼涅师。③ 任何汉语资料都未曾提到他的埋葬地点，根据他去世前一年出现于长安宫廷的记载，可以假设他就葬在长安。福特（Forte）、康马泰（Compareti）和达拉耶在研究"客居中国的伊朗人"方面颇有造诣，这几位专家都对卑路斯在中国的生活极为关注。福特指出卑路斯的雕像（头部被毁）立于西安附近的乾陵，"雕像背后尚可识读的卑路斯铭文毫无疑问地证明了雕像的身份"，随后他列出了位于雕像底座背面的汉语铭文④：

"右骁卫大将军兼波斯都督波斯王卑路斯"

康马泰和达拉耶对福特的看法表示赞同，在他们的文章中都持相同观点。⑤

---

① É. Chavannes, *Documents sur les Tou-Kiue (Turcs) Occidentaux*, St. – Petersburg: Acodimie Imperiale des Sciences, 1903, p. 258.

② Ibid..

③ Ibid..

④ A. Forte, "On the So-Called Abraham from Persia. A Case of Mistaken Identity", in P. Pelliot, *L'Inscription Nesotrienne de Si-Ngan-Fou*, edited with Supplements by A. Forte, Scuola di Studi sull'Asia Orientale, Kyoto and Collège de France, Institut des Hautes Éudes Chionises, Paris, 1996, p. 404.

⑤ M. Compareti, "The Last Sasanians in China", *Eurasian Studies* II/2, 2003, p. 203; M. Compareti, "Chinese-Iranian Relations, xv. The Last Sasanians in China", in *Encyclopædia Iranica*, Online Edition, http://www.iranicaonline.org/articles/china-xv-the-last-sasanians-in-china; Turaj Daryaee, "The Sons and Grandsons' of Yazdgird III in China", *Iranshenasi* (A Journal of Iranian Studies), Vol. xv, No. 3, 2003, p. 542.

此外，福特和康马泰讨论了位于乾陵的另一尊波斯人雕像。他们认为卑路斯不是64尊雕像中唯一的波斯人，他们列出了另一名波斯人雕像身后的铭文"波斯大首领南昧"作为佐证。① 除此之外，康马泰认为南昧的雕像是与卑路斯雕像相似的无头雕像。② 这几位学者都坚称乾陵入口处的番臣雕像中，有2尊萨珊波斯贵族像，依据便是雕像背后有这两条铭文。尽管福特在研究客居中国的萨珊波斯人方面堪称权威，但他似乎还是在这里犯了错误。由于他本人并未亲自看过这些雕像，他不可能注意到这一情况：这两条铭文至少在1958年前就已被侵蚀，现已无法辨认。现在这些雕像上都没有任何含有卑路斯或南昧名字与官衔信息的铭文。

福特在其1996年发表的《关于来自波斯的所谓亚伯拉罕的研究，一宗身份误认案例》(*On the So-called Abraham from Persia*, *A case of Mistaken Identity*) 一文中大量运用了陈国灿的研究成果。陈国灿的文章《唐乾陵石人像及其衔名的研究》③ 是中国研究卑路斯的主要参考材料，其文章的主要依据是中国不同朝代书籍中提供的大量文字资料和当代的一些考古报告。陈国灿在文章中指出，1958年陕西文物管理委员会组织了一次对乾陵的全面考察，发现只有6座雕像的铭文能被识读。④ 在这次考察尚未结束时，他们便做出了剩余6条铭文的拓本。由于卑路斯和南昧的铭文不在其中，因此表明它们在1958年前业已消失。福特认为它们现在仍能被识读的

---

① A. Forte, "On the So-Called Abraham from Persia. A Case of Mistaken Identity", in P. Pelliot, *L'Inscription Nestorienne de Si-Ngan-Fou*, edited with Supplements by A. Forte, Scuola di Studi sull'Asia Orientale, Kyoto and Collège de France, Institut des Hautes Éudes Chionises, Paris, 1996, p. 404; M. Compareti, "The Last Sasanians in China", *Eurasian Studies* II/2, 2003, p. 203.

② M. Compareti, "The Last Sasanians in China", *Eurasian Studies* II/2, 2003, p. 203; M. Compareti, "Chinese-Iranian Relations", xv. The Last Sasanians in China", in *Encyclopædia Iranica*, Online Edition, http://www.iranicaonline.org/articles/china-xv-the-last-sasanians-in-china.

③ 陈国灿：《唐乾陵石人像及其衔名的研究》，文物编辑委员会编：《文物集刊》(2)，文物出版社1980年版，第189—202页。

④ 同上书，第190页。6条汉语铭文为：（1）吐火罗叶护咄伽十姓大首领盐泊都督阿史那忠节（第193—194页）（2）朱俱半国王斯陀勒（第197页）（3）于阗王尉迟璥（第197页）（4）播仙城主何伏帝延（第197页）（5）吐火罗王子特勤羯达健（第198页）（6）默啜使移力贪汗达干（第200页）。

看法显然是错误的。① 2016年5月，笔者曾到乾陵实地考察，证实只有7条铭文（其中包括1958年识读的6条铭文）可被识读。由此反而产生了一个具有挑战性的新问题：如果没有卑路斯和南昧的铭文，如何在乾陵入口处的众多番臣像中找出卑路斯和南昧的雕像呢？问题本身很简单，但福特等西方学者没有留意陈国灿从其他汉语文献中找到了卑路斯和南昧名字和官衔这一情况。事实上陈本身对卑路斯和南昧雕像的研究也是以文献资料为基础，而非实物。

根据陈国灿的考证，这些雕像大约在705年左右建成。② 由于古代中国惯于修建轴对称的建筑和陵墓③，最初番臣像应有64座（32居左，32居右）。可惜唐朝时期有关这批雕像的资料都已失传，也就无从知晓在唐朝时是否有人记录这些雕像上的铭文。史学界公认北宋时一位名为游狮雄的官员在1086—1094年间曾考察这些雕像，部分铭文已含糊不清，因此他向附近的当地人搜集包含雕像铭文的拓片和材料，在四块石碑上雕刻这些番臣的名字与官衔。完工后，四块石碑被置于雕像旁边（同样左右各两块碑）。④

另一名宋朝人赵楷（时间可能晚于游狮雄）考察了这些雕像，他意识到只有61座雕像保存下来。元至正年间（1341—1368），李好文到乾陵参观这些雕像与石碑，发现四碑缺失了一块。由于剩余3碑上每碑记有16人的名字与官衔，他同样推测四碑共有64人。李好文在《长安志图》中画出剩余的3块碑图，书中写到大门左边有29座雕像，大门右边有32座雕像。⑤ 然而他只记载了39条铭文（含卑路斯和南昧的铭文）。⑥ 似乎在他生活的元朝，其余铭文便已全部遗失。明朝时的资料记载此时很多番臣像已

---

① A. Forte, "On the So-Called Abraham from Persia. A Case of Mistaken Identity", in P. Pelliot, L'Inscription Nesotrienne de Si-Ngan-Fou , edited with Supplements by A. Forte, Scuola di Studi sull'Asia Orientale, Kyoto and Collège de France, Institut des Hautes Études Chionises, Paris, 1996, p.404.

② 陈国灿：《唐乾陵石人像及其衔名的研究》，文物编辑委员会编：《文物集刊》（2），文物出版社1980年版，第190页。

③ 同上。

④ 同上。

⑤ 李好文：《长安志图》卷中，《清文渊阁四库全书》，第5页。

⑥ 同上书，第9页。

倒伏于地，大多数雕像在明朝时失去头部。清朝和 20 世纪 50 年代的部分中国学者仍试图以李好文的记载为基础，尝试辨认雕像的身份。

（2）乾陵的卑路斯和南昧雕像

上述提到的番臣像铭文只能见于汉语资料，想要在乾陵 61 座番臣像中找出卑路斯和南昧也只能依靠它们。随着时间的推移，铭文逐渐磨蚀殆尽，严格来讲，已经不可能从这些雕像中精准的找出卑路斯和南昧的雕像。现在为史学界普遍接受的看法是在乾陵建造之初，朱雀门外两侧可能有 64 尊雕像，经过宋元两朝，61 尊雕像尚存。[1] 32 座雕像位于西侧，29 座位于东侧。

很多学者在论述中写道 61 尊雕像穿着相同的长衣，为唐朝高级官僚制服。[2] 这种论述并不准确，可能是因为他们都未曾亲眼见过这些雕像，所以他们无法仔细地描述雕像。在考察乾陵期间，笔者发现至少有一尊雕像衣着与其他雕像不同。

尽管在 20 世纪 80 年代后，学者们一致赞同所有雕像都无头的观点，而且也没有它们头部被发现的报告，但还是有两尊雕像头部的残余部分已被发现。这两个头部是最新的考古发掘成果，并且能够适配右边的 2 尊雕像。[3] 然而目前尚不清楚发现这两个头部的准确时间，头部与雕像的搭配也没有完全确定下来。

不过其中一个雕像的头部对研究客居中国的萨珊波斯人有重要作用。尽管头部残缺不全，但仍然可以用来与古代伊朗石浮雕做比对研究。雕像的头饰由三部分组成，头发卷曲（见图 5-5），与萨珊波斯国王的传统样式和类型相似。[4] 可惜头部的上半部分损坏，难以知晓损坏部分头发和脸部的细节。此外头部脸上有很重的安息式胡须（见图 5-6），这种描绘很奇特，与浮雕与钱币上呈现的萨珊波斯国王面部并不完全相似。笔者推测

---

[1] 陈国灿：《唐乾陵石人像及其衔名的研究》，文物编辑委员会编：《文物集刊》（2），文物出版社 1980 年版，第 190 页。

[2] M. Compareti, "The Last Sasanians in China", *Eurasian Studies* II/2, 2003, p. 203.

[3] Zhou Xiuqin, "The Mausoleum of Emperor Tang Taizong", in: *Sino-Platonic Papers*, Number 187, Dept. of Asian and Middle Eastern Studies, Philadelphia, University of Pennsylvania, 2009, p. 233.

[4] W. Hinz, *Alt-iranische Funde und Forschungen*, Berlin: de Gruyter, 1969, p. 51; R. Göbl, *Sasanian Numismatics*, Braunschweig: Klinkhardt & Biermann, 1971, pp. 1-15.

该头部也许属于一位统治帝国东部领土的萨珊波斯王子。如果史学家能够追溯到记录卑路斯和南昧铭文的原始文本,必然能够辨识这尊雕像头部的主人。

图 5-5 乾陵石雕卷发头像(作者拍摄)

图 5-6 乾陵有帕提亚式胡须的石雕头像(作者拍摄)

虽然现在无法准确地识别卑路斯的雕像,他本人的铭文也湮没无踪,但根据文献记载,史学家们仍能判定他的名字位于朱雀门左边第一块石碑上,排行第8,因此卑路斯雕像很可能在左侧为首的八雕像之中。[①] 保存在

---

① 李好文:《长安志图》卷中,《清文渊阁四库全书》,第5、9页。

史料中的卑路斯铭文有助于理解卑路斯与唐朝之间的关系，铭文的意义十分重要。如果仅仅将铭文中卑路斯的官衔和王衔视作荣誉称号，将"波斯"看作"伊朗"的同义词，那么将一人同时称为波斯王和波斯都督显得十分多余。都督是都督府（地区管理机构）名义上的军事长官，铭文中的官衔和王衔显然可以作如下理解："波斯王"是指被阿拉伯人所灭波斯国家的国王，而波斯都督是唐朝皇帝赐给卑路斯以疾陵城为中心的封地长官。一个相当有趣的事实是只有驻守边境的中国将军或是已征服土地的附庸国王才会被唐朝授予"都督"的官衔，因此可以顺理成章地将卑路斯看作是疾陵都督府的都督。总之，这些官衔是唐朝为客居的国王所准备的，这种羁縻政策为唐朝皇权提供了法理上的依据[①]，方便皇帝控制附庸国。

与卑路斯的情况一样，史学界现在也无法辨认南眜的铭文，只能在汉语文献中寻找铭文的相关信息。根据陈国灿的研究[②]，他是右二碑第三人。[③] 达拉耶认为南眜就是尼涅师。[④] 他们父子二人都曾在吐火罗斯坦逗留，以期收复伊朗。事实上，从耶兹底格德三世去世到 731 年，甚至可放宽至 8 世纪末这段时间里，吐火罗斯坦可看作萨珊波斯遗民的最后堡垒。[⑤] 父子基本相同的经历不禁会让人揣测南眜与尼涅师是否为一人。

除此之外，中国学者林梅村认为南眜的雕像实际上是阿罗憾的雕像，阿罗憾很可能是瓦赫拉姆的汉语变体字。他的理由是南眜在汉语中由 2 个

[①] Matthew P. Canepa, "Distant Displays of Power: Understanding Cross-Cultural Interaction Among the Elites of Rome, Sasanian Iran, and Sui-Tang China", in Matthew P. Canepa (ed.), *Theorizing Cross-cultural Interaction among the Ancient and Early Medieval Mediterranean, Near East and Asia*, Ars Orientalis, Volume, 38, Washington D. C: Smithsonian Institution, Freer Gallery of Art, 2010, p. 140.

[②] 陈国灿:《唐乾陵石人像及其衔名的研究》,文物编辑委员会编:《文物集刊》(2),文物出版社1980年版,第198页。

[③] 李好文:《长安志图》卷中,《清文渊阁四库全书》,第5、9页。

[④] Turaj Daryaee, "The Sons and Grandsons' of Yazdgird III in China", *Iranshenasi* (A Journal of Iranian Studies), Vol. xv, No. 3, 2003, pp. 543 – 544.

[⑤] Hamidreza Pashazanous, Ehsan Afkandeh, "The Last Sasanians in Eastern Iran", *Anabasis: Studia Classica et Orientalia*, No. 5, 2014, pp. 144 – 146.

第五章　萨珊波斯帝国与丝绸之路

汉字组成,这个词被错误地用来代替阿罗憾的荣誉官衔"右屯卫"。① 洛阳附近发现的阿罗憾墓志基本包含了他的重要信息,他被描述成与卑路斯同时代的波斯人,并受到了唐高宗的礼遇。② 他因两件事而闻名:其一,他作为中国使节被派往拂菻国(即拜占庭帝国。可能是为了让唐帝国与拜占庭帝国结成同盟);其二,他在中国建造了一栋重要建筑。656—661年,唐朝廷命令他从阿拉伯人手中夺回伊朗。③ 墓志现藏于日本上野皇家博物馆,现列墓志部分原文:

> 大唐故波斯國大酋長、右屯衛將軍、上柱國、金城郡開國公、波斯君丘之銘。君諱阿羅憾,族望,波斯國人也。顯慶年中,高宗天皇大帝以功績有稱,名聞[　][　],出使召至來此,即授將軍北門[　]領使,侍衛驅馳。又充拂菻國諸蕃招慰大使,並於拂菻西界立碑,峨峨尚在。④

在这段文字之后,碑文继续讲述了瓦赫拉姆明智的行动,离世以及一段安魂的纪念性话语。这篇墓志的重要性在于它记录了瓦赫拉姆试图恢复伊朗国的信息。根据墓志内容,似乎可以推断瓦赫拉姆与其弟卑路斯一起尝试复国。由于他是唐朝的"拂菻国⑤诸蕃招慰大使",他在复国行动中承

---

① 林梅村:《洛阳出土唐代波斯侨民阿罗憾墓志跋》,《学术集林》卷四,上海远东出版社1995年版,第296—297页;A. Forte, "On the So-Called Abraham from Persia, A Case of Mistaken Identity", in P. Pelliot, *L'Inscription Nestorienne de Si-Ngan-Fou*, edited with Supplements by A. Forte, Scuola di Studi sull'Asia Orientale, Kyoto and Collège de France, Institut des Hautes Éudes Chionises, Paris, 1996, p. 411。

② Zhang Xinglang, *Tārīkh-i Ravābit-i Chīn va Īrān* (*The materials for a history of Sino-Foreign relations*) (in Persian), translated by Zhang Hongnien, Tehran: Department of Language and Dialects of Iran's Cultural Heritage, 2006, p. 89。

③ Ibid. .

④ P. Y. Saeki, *The Nestorian Monument in China*, London & New York: Society for Promoting Christian Knowledge, 1916, p. 257。

⑤ 根据张星烺的分析,这里的拂菻国似乎是位于地中海东部沿岸,邻近东罗马帝国的某个地方。详见 Zhang Xinglang, *Tārīkh-i Ravābit-i Chīn va Īrān* (*The materials for a history of Sino-Foreign relations*) (in Persian), translated by Zhang Hongnien, Tehran: Department of Language and Dialects of Iran's Cultural Heritage, 2006, p. 89。

担更多的外交任务，而非指挥军事行动。这种假设可由中古波斯语文献《赞德·瓦胡曼·亚斯恩》（Zand-Î Vohûman Yasn）① 所证实。书中有一个关于"瓦赫拉姆·华贾旺德"（Wahram-ī-WarJāwand）的故事，他最终将终结伊朗人民遭受的苦难，并驱逐阿拉伯人。一些学者认为故事主角就是耶兹底格德三世的儿子瓦赫拉姆。② 文献中有大量片段可以将两人联系在一起，如："他生而为王，教名为瓦赫拉姆·华贾旺德……当他30岁时，……手下已聚集无数士兵，旌旗招展，印度和中国的士兵为他执旗……整个国家托付给他。"③ 达拉耶在《耶兹底格德三世在中国的子孙们》（The Sons and Grandsons of Yazdegird in China）一文中间接认为，帕拉维语诗歌《国王瓦赫拉姆·华贾旺德的再起》的主角可能是瓦赫拉姆。④ 瓦赫拉姆于景云元年（710年）四月一日在洛阳的私宅中去世，享年95岁。⑤ 瓦赫拉姆去世后，他的儿子库思老（中国文献中为库思老的汉语变体——俱罗）继续坚持复国大业。⑥ 史学家塔巴里记载728/729年，在河中地区与阿拉伯军队作战的突厥可汗军队中，有人名为库思老。⑦ 他就是耶兹底格德三世的

---

① 可意译为《瓦胡曼颂歌注》。一译《瓦孟颂歌》，似乎并不符合原意。参见 [德] J. 赫尔曼、许理和主编《人类文明史第三卷：公元前7世纪至公元7世纪》，中文版编译委员会译，译林出版社 2015 年版，第 123 页。——译者注。

② C. Cereti, "Again on Wahram i Warzawand", in: *La Persia e l'Asia Centrale da Alessandro al X secolo*, Rome, 1996, p. 636; M. Sprengling", From Persian to Arabic", *The American Journal of Semitic Languages and Literatures*, Vol. 56, No. 2, 1939, pp. 175 – 176; M. Compareti, "Chinese-Iranian Relations, xv. The Last Sasanians in China", in *Encyclopædia Iranica*, Online Edition, http：//www.iranicaonline.org/articles/china-xv-the-last-sasanians-in-china.

③ B. T. Anklesaria, *Zand-Î Vohûman Yasn and Two Pahlavi Fragments*, Bombay：B. T. Anklesaria, 1957, 7/5, 6.

④ Turaj Daryaee, "The Sons and Grandsons' of Yazdgird III in China", *Iranshenasi* (A Journal of Iranian Studies), Vol. xv, No. 3, 2003, p. 546.

⑤ P. Y. Saeki, *The Nestorian Monument in China*, London & New York：Society for Promoting Christian Knowledge, 1916, p. 258; Zhang Xinglang, *Tārīkh-i Ravābit-i Chīn va Īrān* (*The materials for a history of Sino-Foreign relations*) (in Persian), translated by Zhang Hongnien, Tehran：Department of Language and Dialects of Iran's Cultural Heritage, 2006, p. 90.

⑥ Zhang Xinglang, *Tārīkh-i Ravābit-i Chīn va Īrān* (*The materials for a history of Sino-Foreign relations*) (in Persian), translated by Zhang Hongnien, Tehran：Department of Language and Dialects of Iran's Cultural Heritage, 2006, p. 90.

⑦ Ṭabarī, *Muḥammad ibn Ġarīr ibn Yazīd al –* , Vol. II, Michael Johan de Goeje (ed.), Lugduni Batavorum：Brill, 1879, p. 1518.

后裔，期望借助突厥人之力重夺祖先传承的王位。① 耶兹底格德三世去世到库思老奋战的时间间隔仅为78年，可以设想他就是汉语文献中提到的同一位库思老（耶兹底格德三世之孙）。他在730/731年前往中国首都长安。②

将唐朝授予阿罗憾和尼涅师的官衔进行对比，显然可以合理推测他们为地位同等的波斯王。他们的功绩使得唐朝廷为他们雕刻一座塑像，与卑路斯的待遇保持一致。因此，笔者认为这两位波斯王子其中之一就是南昧。然而要确定有卷曲头发和安息式胡须的雕像头部属于哪位王子仍十分困难。幸运的是，汉语文献确定卑路斯和南昧的雕像位于朱雀门右边，新发现的头部正好与同侧一尊雕像吻合无疑是一个有趣的巧合。

三 萨珊波斯遗民沿丝绸之路所进行的活动及影响

尽管学者们长期将注意力集中在卑路斯和尼涅师以及他们的复国斗争上，但尝试收复波斯的萨珊波斯贵族不仅仅只有他们两人。《册府元龟》中有723—772年波斯王遣使唐朝的记载，③ 一些学者认为此时的"波斯"实际上可认为是吐火罗斯坦。④《册府元龟》明确提到了两位波斯国王的姓名，

---

① J. Harmatta, "Sino-Iranica", *Acta Antiqua Academiae Scientiarum Hungaricae*, Vol. 19, 1971, pp. 141–142; J. Marquart, *Eransahr nach der Geographie des Ps Moses Xorenaci*, Berlin: Weidmannsche Buchhandlung, 1901, p. 69.

② Zhang Xinglang, *Tārīkh-i Ravābit-i Chīn va Īrān* (*The materials for a history of Sino-Foreign relations*) (in Persian), translated by Zhang Hongnien, Tehran: Department of Language and Dialects of Iran's Cultural Heritage, 2006, p. 79.

③ （唐）王钦若等编纂：《册府元龟》（第十二册），中华书局1960年版，第11723页；Zhang Xinglang, *Tārīkh-i Ravābit-i Chīn va Īrān* (*The materials for a history of Sino-Foreign relations*) (in Persian), translated by Zhang Hongnien, Tehran: Department of Language and Dialects of Iran's Cultural Heritage, 2006, pp. 78–80。

④ É. Chavannes, *Documents sur les Tou-Kiue (Turcs) Occidentaux*, St.-Petersburg: Acodimie Imperiale des Sciences, 1903, p. 257; M. Compareti, "Chinese-Iranian Relations, xv. The Last Sasanians in China", in *Encyclopædia Iranica*, Online Edition, http://www.iranicaonline.org/articles/china-xv-the-last-sasanians-in-china; P. Daffinà, "La Persia Sasaniane secondo le fonti cinesi", *Rivista degli Studi Orientali*, Vol. 57, 1983, p. 135; Hamidreza Pashazanous, Ehsan Afkandeh, "The Last Sasanians in Eastern Iran", *Anabasis: Studia Classica et Orientalia*, No. 5, 2014, pp. 144–146.

第一位国王被称为勃善活（可能是普桑的汉语变体），他出现于723年。① 显然，他是卑路斯的孙子，尼涅师的儿子，② 他似乎与他的祖辈父辈一样在吐火罗斯坦与阿拉伯人作战。第二位留名的国王叫作穆沙诺。③ 他于726或731年进入唐朝廷，731年被任命为折冲留宿卫。④ 731—772年，文字记录中不时提到波斯遣使中国，但再也没有直接提及任何一位波斯王。这足以证明在穆沙诺死后，吐火罗斯坦残存的萨珊波斯势力被阿拉伯帝国彻底消灭。

虽然731年后，史书中再也没有出现萨珊波斯王位继承者的姓名，还是有部分生活在远东的波斯贵族为人所知。在初唐几代皇帝的支持下，部分萨珊波斯贵族定居在中国，但在粟特将军安禄山发动叛乱后，形势发生了变化。特别是宰相李泌（722—789年）颁布的法令对他们产生了很大影响，因为唐朝廷长期给定居在长安的萨珊波斯贵族发放金钱，而李泌试图取消这一政策。⑤ 一些前往日本的萨珊波斯人也被记载下来。720年成书的《日本书纪》（日本最早的历史文献）记录了654年有人从吐火罗到达日本的事情。⑥ 吐火罗即吐火罗斯坦的简称。⑦ 此书亦提到660年，一位名为达拉（Dara）的波斯人返回波斯，他将其妻子留在日本，并向天皇保证他会返回日本，再度为他效力。⑧

---

① （唐）王钦若等编纂：《册府元龟》（第十二册），中华书局1960年版，第11723页。

② Rashīd Shahmardān, *The History of Zoroastrians after the Sasanian Dynasty*, Tehran, 1960, p. 49.

③ （唐）王钦若等编纂：《册府元龟》（第十二册），中华书局1960年版，第11450页；Zhang Xinglang, *Tārīkh-i Ravābit-i Chīn va Īrān* (The materials for a history of Sino-Foreign relations) (in Persian), translated by Zhang Hongnien, Tehran: Department of Language and Dialects of Iran's Cultural Heritage, 2006, p. 78。

④ 同上。

⑤ M. Compareti, "The Last Sasanians in China", *Eurasian Studies* II/2, 2003, p. 211; M. T. Dulby, "Court politics in late Tang times", in D. Twitchett (ed.) *The Cambridge History of China*, III. Sui and Tang China, 589–906. Part 1, Cambridge: Cambridge University Press, 1979, p. 593.

⑥ W. G. Aston, transl, *Nihongi. Chronicles of Japan from the Earliest Times to A. D. 697*, Tokyo: Charles E, 1972, pp. 246, 251, 259.

⑦ G. Itō, *Perushia Bunka Toraikō: Shiruku rōdo kara Asukae*, Tokyo: iwanami shoten, 1980, pp. 5–10.

⑧ W. G. Aston, transl, *Nihongi. Chronicles of Japan from the Earliest Times to A. D. 697*, Tokyo: Charles E, 1972, p. 266; E. Imoto, "Asuka no Perushiajin' (Persians in Asuka)", Higashi Ajia no kodai bunka 113, 2002, pp. 58–60; Toyoko Morita, "Japan iv. Iranians in Japan", in *Encyclopædia Iranica*, Online Edition, http: //www.iranicaonline.org/articles/japan-iv-iranians-in-japan-1.

中国发现的若干考古证据可以作为萨珊波斯遗民沿着丝绸之路进行活动的明证。自 20 世纪早期到 2004 年以前，中国的考古发掘出土了 1930 枚萨珊波斯银币，其中包括很多阿拉伯—萨珊波斯银币。[1] 这些钱币的出土地点不仅限于新疆。[2] 它们属于 13 位萨珊波斯国王，最早的是沙普尔二世（310—379 年在位），最后的是耶兹底格德三世（632—651 年在位）。[3] 其中库思老二世一人的阿拉伯—萨珊波斯钱币就有 282 枚。[4] 虽然大部分萨珊波斯钱币在陆路丝路沿线发现，仍有小量萨珊波斯钱币通过海上丝绸之路到达中国。[5] 它们在中国广东省沿海地区被发现。见（表 5-1）[6]

表 5-1　　　　　　　广东省出土的萨珊波斯钱币

发掘年份	地点	年代	数量	具体细节
1960	英德南齐墓 8	497	3	装在涂有朱砂的木盒内
1973	曲江南华寺墓 3	5 世纪	8	
1984	遂溪南朝窖藏	5 世纪	20	

广东沿海发现的这些萨珊波斯钱币很可能是通过海上贸易进入中国。这些钱币分别出土于上述三个遗址：曲江、英德和遂溪，表明这三地和波斯湾有贸易联系[7]，可能是来自波斯湾的商船带来了这些钱币。其中很多打造于 5 世纪晚期，但绝大多数属于 6 世纪晚期和 7 世纪早期[8]，再次证明萨珊波斯帝国末年波斯湾贸易的重要性。这些钱币的年代显示，它们在南齐时期（497—501 年）被埋藏于曲江、英德这些沿海地区的。[9] 观察这

---

[1]　孙莉：《萨珊银币在中国的分布及其功能》，《考古学报》2004 年第 1 期。
[2]　夏鼐：《综述中国出土的波斯萨珊朝银币》，《考古学报》1974 年第 1 期。
[3]　孙莉：《萨珊银币在中国的分布及其功能》，《考古学报》2004 年第 1 期。
[4]　同上；Edwin G. Pulleyblank, "Chinese-Iranian Relations, i in pre-Islamic times", in *Encyclopædia Iranica*, Online Edition, http://www.iranicaonline.org/articles/chinese-iranian-i.
[5]　Philip D. Curtin, *Cross-Cultural Trade in World History*, Cambridge University Press, 1984, p. 101, F. Thierry, "Sur les Monnaies Sassanides Trouvées en Chine", in *Circulation des Monnaies, des Marchandises et des Biens*, Res Orientales, Vol. 5, ed. R. Gyselen, Bures-sur-Yvette, 1993, p. 90.
[6]　孙莉：《萨珊银币在中国的分布及其功能》，《考古学报》2004 年第 1 期。
[7]　夏鼐：《综述中国出土的波斯萨珊朝银币》，《考古学报》1974 年第 1 期。
[8]　同上。
[9]　同上。

些钱币上的标记，可以有助于我们搞清楚到底有多少钱币出自法尔斯造币场。从遂溪出土的四枚钱币可以鉴别出4个地方造币场的特征，它们分别来自克尔曼、伊斯塔克尔（Istakhr）、达拉贝格德（Darabgird）和雷伊（Ray）①，部分钱币上有卡瓦德一世之名。尽管钱币的样本数量少，仍然可以推测它们大部分来源于法尔斯和波斯湾的沿海地区。由于考古学界声称在中国南方发现了一座类似于长安"波斯胡寺"的祆教寺庙，这些在中国港口地区出现的萨珊波斯钱币正好可与其互为佐证，成为萨珊波斯遗民在中国南方活动的证据。②

中国和伊朗之间进行海外贸易和文化交流的黄金时代是唐帝国的前150年，此时的中国对外开放程度深，广泛吸收外国文化，进口国外奢侈品，在国内不仅仅生产带有异域风格的手工艺品，而且采纳了异域风格的音乐、舞蹈和服饰。③ 比如从粟特或撒马尔罕传入唐朝的胡旋舞。④ 那时，撒马尔罕和粟特深受萨珊波斯文化影响。据记载，650—700年，很多原伊朗工匠在失去他们原来的贵族赞助人后，向东移民至粟特、吐火罗斯坦、新疆，最终到达中国。⑤ 这些移民促进了中国艺术的繁荣兴盛。

---

① F. Thierry, "Sur les Monnaies Sassanides Trouvées en Chine", in *Circulation des Monnaies, des Marchandises et des Biens*, Res Orientales, Vol. 5, ed. R. Gyselen, Bures-sur-Yvette, 1993, p. 95.

② R. C. Houston, "A Note on Two Coin Hoards Reported in Kao Ku", *The American Numismatic Society, Museum Notes* 20, 1975, pp. 158 – 159. 海上贸易来源于波斯（主要是波斯湾，最有可能是法尔斯地区）的说法已经被汉语文献所证实。尽管在前伊斯兰时代，中国和波斯商人时有接触，但直到8世纪末，我们才能说伊朗与中国之间有了正规的海上贸易。以伊朗人的视角考虑海上贸易的起始问题，可以假设中国商人和波斯人之间的海上贸易接触从6世纪才开始，但从中国人的视角出发，正如夏德和柔克义他们在赵汝适《诸蕃志》译本中说的那样，中国人在6世纪时可能已经航行远至亚丁，到达诸如霍尔木兹、西拉夫、巴士拉或巴格达这些地区，但这只是商业冒险中的孤例。详见 W. W. Rockhill & F. Hirth, *Chau Ju-kua*, St Peterburg: Printing office of the Imperial Academy of Sciences, 1911, p. 4; George Hourani, "Direct Sailing between the Persian Gulf and China in Pre-Islamic Times", *Journal of the Royal Asiatic Society of Great Britain and Ireland*, No. 2, 1947, p. 160.

③ E. H. Schafer, *The Golden Peaches of Samarkand: A Study of Tang Exotics*, Berkeley, Los Angeles, and London: University of California Press, 1963, p. 15.

④ J. G. Mahler, *The Westerners among the Figurines of the T'ang Dynasty of China*, Roma: Instituto italiano per il Medio ed Estremo Oriente, 1959, pp. 147 – 149.

⑤ M. L. Carter, "Chinese Iranian Relations xiv. The Influence of Eastern Iranian Art", In: *Encyclopædia Iranica*, Online Edition, http://www.iranicaonline.org/articles/chinese-iranian-xiv.

第五章　萨珊波斯帝国与丝绸之路

　　唐朝时期,从安西都护府到中国内地的广大范围内开始流行带有异域风情的丝织品样式。伊朗风格的丝绸锦缎成为时尚奢侈品的代表,敦煌佛教神祇身上的长袍呈现出同一样式。① 丝绸依然是中国和西方国家进行贸易的最重要商品,但除此之外,仍有其他商品同样通过丝绸之路进行贸易。古粟特信札上提到除了不同种类的丝织品之外,还有麻织品、地毯、香水、麝香、米酒、樟脑、香树脂、药物等其他类似物品。② 托尔德·劳费尔的经典研究课题就是中国从伊朗或以伊朗为中介进口的大宗西方商品,特别是植物。此外,银器具在唐朝前期也很受欢迎,这不仅是因为进口商品的泛滥,而且是因为盛世下中国对外来奢侈品日益增长的需求。大量粟特人和其他伊朗遗产的继承者一起,随身携带珍贵的银子于6—7世纪永久定居中国。③ 然而中国的审美情趣逐渐吸收了萨珊波斯的形制和装饰风格,创造了新的银制品艺术,从中国银制品中只能模糊地看出它对萨珊波斯原型器物进行模仿借鉴的成分。④ 7世纪中期玻璃吹制技术在中国传播开来,但从隋朝到初唐时期中国持续进口萨珊波斯玻璃器,认为它有极高价值。⑤

　　前伊斯兰时代,粟特人在中西海外贸易中发挥了关键性作用。隋唐时期粟特商人(胡人)不仅频繁被官方历史文献所提及,而且在流行的文学作品中也是常见人物,绝大多数情况下充当鉴宝人。⑥ 早在6世纪中期嚈哒人被萨珊波斯和突厥联合击败之时,就有越来越多的粟特商人和民众进

---

① T. Akiyama, S. Matsubara, *Arts of China: Buddhist Cave Temples*, tr. A. Soper, Tokyo: Kodansha, 1969, pp. 60 - 61.

② J. Harmatta, "Sogdian Sources for the History of Pre-Islamic Central Asia", in J. Harmatta, ed., *Prolegomena to the Sources on the History of Pre-Islamic Central Asia*, Budapest: Akadémiai Kiadó, 1979, pp. 153 - 165.

③ M. L. Carter, "Chinese Iranian Relations xiv. The Influence of Eastern Iranian Art", in *Encyclopædia Iranica*, Online Edition, http://www.iranicaonline.org/articles/chinese-iranian-xiv.

④ O. Grabar, "An Introduction to the Art of Sasanian Silver", in *Sasanian Silver: Late Antique and Medieval Arts of Luxury from Iran*, exhibition catalogue, Ann Arbor: University of Michigan Museum of Art, 1967, pp. 83 - 84.

⑤ M. L. Carter, "Chinese Iranian Relations xiv. The Influence of Eastern Iranian Art", in *Encyclopædia Iranica*, Online Edition, http://www.iranicaonline.org/articles/chinese-iranian-xiv.

⑥ E. H. Schafer, "Iranian Merchants in T'ang Dynasty Tales", in *Semitic and Oriental Studies* Presented to William Popper, University of California Publications in Semitic Philology 11, 1951, pp. 414 - 415.

入中国。定居在中国北方的粟特人在 6 世纪晚期接受中国丧葬文化的同时，也在相当程度上保持了他们本来的袄教传统。① 最为典型的例子当数虞弘墓，虞弘在 580 年成为萨保，死于 593 年，享年 58 岁。他的墓中有中国传统房子样式的石床，由 53 块大理石雕花板构成，上有彩绘和镀金。石雕板上既有国王与贵族狩猎的场景，也有乘印度象狩猎的场景以及国王与王后举行宴会的场景。墓中袄教特征清晰可见：有 2 名戴着口罩的鹰（鸟）身人首祭司形象，与入口两边密特拉和献祭的马形象相对应。② 近年在西安附近出土的北周大象元年（579 年）史君墓志铭由汉语和粟特语写成，它是目前最早描述袄教钦瓦桥的文字，同时它也可能是摩尼教与袄教在中国融合存在的第一份证据。③ 在中国绝大多数的粟特人群体是袄教信徒，担任"萨保"的首领承担了袄教的教务。

萨珊波斯遗民沿着丝绸之路进行的另外一项重要活动是宗教活动。公元前 2 世纪，曾翻译了佛教经书的安息精英移民到中国。接下来的几个世纪他们在中国坚持把佛经译成汉语并传播佛教。事实上，安息王子安世高在洛阳建立了第一所翻译和教授佛经的学校。这所学校的所有老师都是伊朗人，安世高、昙谛和安法钦只是其中的代表人物，他们花费了 200 年时间致力于在中国传授佛经。④ "安"这个姓氏属于移民到中国定居的安息王朝后裔。⑤ 从 4 世纪到 8 世纪，安世高的后裔一直活跃在中国和波斯两个地区。⑥ 中国皇帝派遣他们中的部分人作为大使出访中亚，例如，一些在

---

① G. Scaglia, "Central Asians on a Northern Ch'i Gate Shrine", *Artibus Asiae* 21/1, 1958, pp. 9 - 28.

② James C. Y. Watt, An Jiayao, *Angela F. Howard*, *Boris I. Marshak*, *Su Bai*, *Zhao Feng*, *China: Dawn of a Golden Age*, pp. 200 - 750 AD, *The Metropolitan Museum of Art*, New Haven and London: New York Yale University Press, 2004, pp. 276 - 283.

③ Étienne De la vaissière, "CHINESE-IRANIAN RELATIONS xiii. Eastern Iranian Migrations to China", In: *Encyclopædia Iranica*, Online Edition, http://www.iranicaonline.org/articles/chinese-iranian-xiii.

④ Kenneth Ch'en, *Buddhism in China: A Historical Survey*, Princeton: Princeton University Press, 1964, pp. 43 - 44.

⑤ Antonino Forte, "Kuwabara's Misleading Thesis on Bukhara and the Family Name An", *Journal of the American Oriental Society*, Vol. 116, No. 4, 1996, pp. 645, 651 - 652.

⑥ Kenneth Ch'en, *Buddhism in China: A Historical Survey*, Princeton University Press, 1964, pp. 43 - 44.

萨保（管理胡人聚落事务兼及内部宗教事务的官员）中身居高位的安息人。[1] 福特在其研究中尝试辨认安世高后裔不同的分支和其他在中国的安息伊朗人。据说安世高的一些后裔在中国朝廷中具有很高的声望，如安同。[2] 其他著名的安息佛教僧侣如昙谛、安法钦在安息帝国末年和萨珊波斯帝国初年活跃于中国。

安氏宗族成员在政府和宗教管理方面的任职是安息精英在中国具有崇高地位的象征，他们的力量和影响力在一定程度上达到了朝廷中最高级别官僚的水平。然而他们的地位在8世纪中期安禄山发动叛乱后开始动摇。一些学者认为安禄山就是安息安氏宗族成员，另一些学者坚持传统观点认为他是纯粹的粟特人。[3] 这场在安禄山死后依然延续的叛乱在中国史书中被称为"安史之乱"，这很可能与他的安息出身有关，长达8年的叛乱重创了唐帝国。由于客居中国的伊朗人和粟特人隐瞒了他们的外国出身，唐朝廷开始对出身于伊朗的人抱以敌意。军政大臣安重璋的做法可以说明问题，他于756年改变了姓氏。在被问及改姓原因时，他反复强调他耻于与安禄山名字相近。他将名字改为李抱玉，并将全宗的姓氏尽数更改。[4]

萨珊波斯帝国时期，中国的伊朗人坚持进行宗教活动。由于萨珊波斯帝国和中国之间政治经济交流的复苏，作为波斯国教的祆教传入中国的障碍逐渐消除。中国开始出现了若干祆教庙宇，4座在长安，2座在洛阳，还有一些在开封。[5] 毫无疑问，在祆教传入中国的过程中，粟特商人是传教

---

[1] Antonino Forte, "Kuwabara's Misleading Thesis on Bukhara and the Family Name An", *Journal of the American Oriental Society*, Vol. 116, No. 4, 1996, pp. 645, 651–652.

[2] A. Forte, *An Shigao and His Offspring: An Iranian Family in China*, Italian School of East Asian Studies, 1995, p. 13.

[3] Étienne De la vaissière, "Sogdians in China: A Short History and Some New Discoveries", *Silk road Journal*, Vol. 1, No. 2, 2003, p. 26.

[4] Étienne De la vaissière, "CHINESE-IRANIAN RELATIONS xiii. Eastern Iranian Migrations to China", In: *Encyclopædia Iranica*, Online Edition, http://www.iranicaonline.org/articles/chinese-iranian-xiii.

[5] A. Forte, "Iranians in China: Buddhism, Zoroastrianism, and Bureaus of Commerce", *Cahiers d'Extrême-Asie*, Vol. 11, 1999, pp. 283–287.

核心，正如他们对佛教、摩尼教和景教传播所起的作用一样。① 粟特商人与他们客居中国的同胞一起，促进了祆教在中国西北部分地区的传播。北周大象元年墓主人史君就是粟特商人，墓中的祆教特征表明：有信仰祆教的粟特居民在中国定居。②

伊朗移民也将非伊朗本土宗教——基督教的聂斯托利派信仰（中国称之为"景教"）传入中国。现存关于中国景教历史的最早文献是781年《大秦景教流行中国碑》的碑文，它讲述了中国景教150年的发展历程。③ 这块石碑明代天启年间（一说1523年，一说1525年）发现于中国西安西郊，后移存崇尚寺。碑文由波斯僧侣景净撰写④，使用了汉语和古叙利亚语两种语言，现存于西安碑林博物馆。⑤ 根据铭文可知，聂斯托利派基督徒在波斯僧侣阿罗本的带领下于635年到达长安。⑥

随后摩尼教也被伊朗移民带到中国。根据中国摩尼教的传统说法，唐高宗统治时期（649—684年），一位摩尼慕阇的到来使得摩尼教在中国生根发芽。⑦ 不久之后，他的弟子拂多诞密乌没斯（Mihr-Ohrmazd）觐见女皇武则天，教义被女皇所接受。⑧ 762—840年间，摩尼教一直是回纥汗国的国教，直到它被黠戛斯所灭。⑨ 840年回纥汗国覆灭后，鉴于摩尼教在中

---

① M. Compareti, "The Last Sasanians in China", *Eurasian Studies* II/2, 2003, p. 209.

② F. Grenet, P. Riboud, and J. Yang, "Zoroastrian Scenes on a Newly Discovered Sogdian Tomb in Xi'an, Northern China", *Studia Iranica* 33, 2004, pp. 273–284.

③ A. Forte, "The Edict of 638 Allowing the Diffusion of Christianity in China", in P. Pelliot, *L'Inscription Nestorienne de Si-Ngan-Fou*, edited with Supplements by A. Forte, Scuola di Studi sull'Asia Orientale, Kyoto and Collège de France, Institut des Hautes Éudes Chionises, Paris, 1996, p. 349.

④ 张星烺编注：《中西交通史料汇编》（第三册），朱杰勤校订，中华书局1978年版，第140页。

⑤ Michael Keevak, *The Story of a Stele: China's Nestorian Monument and Its Reception in the West, 1625–1916*, Hong Kong University Press, 2008, p. 27.

⑥ 张星烺编注：《中西交通史料汇编》（第三册），朱杰勤校订，中华书局1978年版，第140页。

⑦ Samuel N. C. Lieu, *Manichaeism in the Later Roman Empire and Medieval China, a Historical Survey*, Manchester: Manchester University Press, 1985, p. 189.

⑧ Samuel N. C. Lieu, "Manicheism i; in China.", In: *Encyclopædia Iranica*, Online Edition, http://www.iranicaonline.org/articles/manicheism-v-in-china-1.

⑨ L. V. Clark, "The Conversion of Bügü Khan", in *Studia Manichaica: IV Internationaler Kongreß zum Manichäismus*, Berlin 14.–18. Juli 1997, ed. R. E. Emmerick, W. Sundermann, and P. Zieme, Berlin, 2001, pp. 83–123.

国日益兴盛的现状，唐武宗于843年发布禁令，禁绝摩尼教在中国传播。[1]汉语文献中记载，摩尼教众多男女信徒死于这一禁令之下，摩尼教祭司被逐出国外。[2] 不过这并非中国摩尼教的末日，它仍被居住于中国西北方的回纥人所信仰。直到10世纪末，摩尼教信徒和祭司仍保持他们白衣白帽的传统形象，往来于中亚地区和中国宫廷间。[3] 无独有偶，《闽书》中记载一位摩尼僧侣逃到福建富塘，并在福建省传播摩尼教。摩尼教在中国南方传播了700年之久（10—17世纪）。[4] 比鲁尼（Biruni）记述，在东方"绝大多数藏人坚持摩尼教法律和信条真是令人感兴趣的现象"。这些事实统统表明摩尼教在中国具有强大的生命力。

萨珊波斯遗民在丝绸之路沿线区域的所有活动扩大了他们在中国的影响力，这点从中国的服饰和日常生活中可见一斑。中国墓葬里出现了服饰与波斯贵族相同的雕像，最接近波斯风格服饰与样式的是猎人或驯鹰人的形象（见图5-7），外部大衣有硬挺的衣领，壮观的艺术形象与萨珊波斯人一致。[5]

公认萨珊波斯女性的习惯服饰为圆领束腰长袍，搭配紧袖和长到脚踝的百褶裙。7—8世纪这种女性穿着风行于中亚和中国。[6] 甚至早在六朝时期，就有457年的石碑证明波斯人在北方的影响力。石碑上的图案为佛祖母亲触碰树枝时分娩的那一刻，神奇的婴儿（佛祖）在她的右边。[7] 如同云冈石窟的捐赠者那般，她穿着紧袖束腰长袍和近东样式的长

---

[1] Samuel N. C. Lieu, "Chinese Turkestan vii. Manicheism in Chinese Turkestan and China", In: *Encyclopædia Iranica*, Online Edition, http://www.iranicaonline.org/articles/chinese-turkestan-vii.

[2] Zhang Xinglang, *Tārīkh-i Ravābit-i Chīn va Īrān* (*The materials for a history of Sino-Foreign relations*) (in Persian), translated by Zhang Hongnien, Tehran: Department of Language and Dialects of Iran's Cultural Heritage, 2006, p. 126.

[3] Ibid., p. 127.

[4] Samuel N. C. Lieu, *Manichaeism in the Later Roman Empire and Medieval China*, 2nd. ed., Tübingen: J. C. B. Mohr, 1992, p. 301.

[5] J. G. Mahler, *The Westerners among the Figurines of the T'ang Dynasty of China*, Roma: Instituto italiano per il Medio ed Estremo Oriente, 1959, p. 20.

[6] Ibid., p. 20.

[7] Osvald Sirén, *Chinese Sculpture from the Fifth to the Fourteenth Century*; over 900 *Specimens in Stone, Bronze, Lacquer and Wood, Principally from Northern China*, Vol. II, New York: Hacker Art Books, 1925, p. 117.

图 5-7 猎人或驯鹰人像①

百褶裙，显然这种装束已被北魏女性和部分朝鲜女性所接受。② 这种来自西方的"文化入侵"致使7—8世纪中国的礼仪风尚发生了明显改变，所谓"胡化"现象在同时代文献中引发了评论，也招致了保守权贵的批评。向达引用三位唐代诗人的诗作强调了波斯对中国人服饰的影响力：刘言史"细氎胡衫双袖小"（《王中丞宅夜观舞胡腾》），李端"拾襟搅袖为君舞"（《胡腾儿》），以及张祜"红氎画衫缠腕出"《观杭州柘枝》。③

以上所述的中伊交往相关细节主要出自于汉语资料中，记载的基本是伊朗人在中国的相关活动，但是只有少量考古证据与中国人在萨珊波斯帝国的文化和商业活动相关，这些考古材料可以回溯到7世纪或更晚的时间。这些伊朗出土的文物中，有一个杯子上绘有一条龙的图案（见图5-8）。

---

① J. G. Mahler, *The Westerners among the Figurines of the T'ang Dynasty of China*, Roma: Instituto italiano per il Medio ed Estremo Oriente, 1959, p. 214.
② Andreas Eckhart, *A History of Korean Art*, London: Edward Goldston, 1929, p. 1.
③ 向达：《唐代长安与西域文明》，哈佛燕京社1933年版，第41—45页。

图 5-8　三彩龙釉杯（约 7 或 8 世纪）

出土于伊朗霍拉桑省尼沙普尔，现存纽约大都会艺术博物馆。

这个杯子同足底绘有龙图案的碗（见图 5-9）非常相似，因为图案都镂刻在磨光的足底面上，最可能是中国人的器物。也就是说，它与这次展览中其他唐代银制品在外部凸出的装饰所不同，它的装饰就在器物本身的表面。[①] 在波斯湾港口城市西拉夫发现的大量的中国钱币主要属于唐朝，[②] 这足以说明西拉夫港在古典时代晚期扩展了中伊交往的范围。实际上，中国人在波斯湾特别是西拉夫的主要活动时间是 8 世纪末和 9 世纪初。中国钱币在西拉夫的出现暗示了这座城市曾经的繁荣，阿布·扎依德·希拉菲（Abu Zeid Sīrāfi）的研究表明，西拉夫贸易中流通的货币就是中国钱币。[③]

[①] James C. Y. Watt, An Jiayao, *Angela F. Howard, Boris I. Marshak, Su Bai, Zhao Feng, China: Dawn of a Golden Age*, 200-750 AD, The Metropolitan Museum of Art, New Haven and London: New York Yale University Press, 2004, pp. 318-319.

[②] J. Cribb, D. Potts, "Chinese Coin Finds from Arabia and the Persian Gulf", *Arabian Archaeology and Epigraphy*, 1996, p. 115; H. R. Pashazanous, M. Montazer Zohouri, T. Ahmadi, "Sea Trade between Iran and China in the Persian Gulf based on the Excavations of Sīrāf City", *Indian Journal of Economics and Development*, Vol. 2 (2), 2014, p. 11.

[③] Sīrāfi Sulayman-I tajir, *Akhbare al-sin va al-Hend* (An Account of China and India), Tehran: Asatir, 2001, p. 95; H. R. Pashazanous, M. Montazer Zohouri, T. Ahmadi, "Sea Trade between Iran and China in the Persian Gulf based on the Excavations of Sīrāf City", *Indian Journal of Economics and Development*, Vol. 2 (2), 2014, p. 11.

进口货物的残余是明显的证据,如唐朝出口商品和在西拉夫出土的其他物品,如中国的瓷器、陶器。①

图 5-9 底部绘有龙的碗（唐代，8 世纪）②

四 结论

萨珊波斯帝国时期的中伊交往可以分为两个方面。

其一是两国间的政治关系。从立国之初到耶兹底格德三世去世的 400 年时间里,萨珊波斯帝国先后派遣 10 多位使节出使中国不同的王朝。耶兹底格德在位的最后几年,中国和伊朗的政治交往步入新时代,他派遣了两

---

① D. Whitehouse, "Chinese Stoneware from Sirāf: The Earliest Finds", *South Asian Archaeology*, Londres: Duckworth, 1973, p.241; D. Whitehouse, "Some Chinese and Islamic Pottery from Siraf", in: W. Watson (ed.) *Pottery and Metalworking in Tang China. Their Chronology and External Relations*, London: Colloquies on Art & Archaeology in Asia 1, Percival David Foundation of Chinese Art, 1970, pp. 30 – 31.

② James C. Y. Watt, An Jiayao, Angela F. Howard, Boris I. Marshak, Su Bai, Zhao Feng, *China: Dawn of a Golden Age, 200 – 750 AD*, The Metropolitan Museum of Art, New Haven and London: New York Yale University Press, 2004, pp. 318 – 319.

批大使前往唐朝寻求帮助。在他去世后，他的儿子卑路斯和少数波斯贵族一起流亡到中国避难。汉语史料和铭文同波斯方面的记载有助于学者研究还原耶兹底格德三世及其后裔的生平，他们没有向阿拉伯人投降，而是居住于中亚或者在唐帝国。据此可知，661年卑路斯在中国支持下于吐火罗斯坦的疾陵城建立了一个伊朗人王国。自此直到731年或8世纪末，吐火罗斯坦是萨珊波斯人抵抗阿拉伯人最后的堡垒，他们一直怀有复国的期望。他们尝试复国的所作所为被不同语言的史籍共同记录下来，因此这些国王的名字得以被后人所知晓。勃善活可能是普桑的汉语变体，穆沙诺则是居住在吐火罗斯坦的另一名萨珊波斯王位继承人，因此在汉语史料中他们被称为波斯王。

其二是中国和伊朗之间通过丝绸之路所建立的文化关系。众所周知，中国金银器艺术在唐朝达到巅峰。有足够的证据证明商人通过丝路贸易带入中国的商品和金银器在很大程度上刺激和促进了中国艺术的复兴。伊朗考古发现的文物同样可回溯至唐朝，这足以证明在古典时代晚期中国和伊朗之间存在着高水平的贸易关系。然而最重要最持久的影响起源于萨珊时期的伊朗，在中国唐朝、北魏和其他6世纪墓葬与窖藏中出土的众多萨珊波斯钱币和银器都证明了这一点。此外萨珊波斯帝国在丝绸之路沿线区域强大的文化影响力展现在诸多领域，如波斯王子们在乾陵的雕像与铭文，唐代墓葬中萨珊波斯文化元素的出现，以及对中国人服饰和日常生活的影响。这些都说明丝绸之路是古典时代晚期中伊交往的大动脉，对两国都具有重要的作用与意义。

（作者：[伊朗]哈米德礼萨·帕沙·扎努斯[1]　译者：李毅铭）

---

[1] 哈米德礼萨·帕沙·扎努斯（Hamidreza Pasha Zanous），伊朗德黑兰大学博士，现任伊斯法罕大学历史系助理教授。2015—2018年间在南开大学从事博士后研究工作，合作导师杨巨平教授。

第六章 粟特与丝绸之路

历史上的粟特人主要生活在以泽拉夫善河流域为中心的中亚河中地区。粟特之地，在西方古典文献称为"索格底亚那"（Sogdiana），从语音上看，二者出于同源。此地名称首次出现于波斯帝国的铭文中。大流士一世（公元前522—前486年）的《贝希斯敦铭文》、《波斯波利斯铭文》、《纳克希·鲁斯坦姆铭文》都提到了粟特，称其为"Suguda"。[1] 希罗多德（Herodotus，约前484—前424年）在《历史》（*The Histories*）卷三的行省列表和卷七的军队列表中也提到了索格底（Sogdi, Sogdians）。[2] 作为古波斯行省，该地负有缴纳赋税和服兵役的义务。汉文史料中先后出现的康居、康（国）、粟弋、昭武九姓等也都与粟特之地有关。穆斯林文献称之为"马维兰纳赫尔"（Mawarannahr），有时也被称为"河外地"。[3] 虽然这块古老之地在不同的历史时期和不同语言的文献中或有不同的名称或表述，但严格来讲，粟特并不是一个国家概念，而是一个地理和民族概念。

自波斯帝国开始，粟特地区先后处于阿黑门尼王朝、亚历山大帝国、塞琉古王国、希腊—巴克特里亚王国、大月氏—贵霜帝国、萨珊波斯帝国、嚈哒人、突厥、中国和阿拉伯等外来势力的控制和影响之下。粟特地

---

[1] Herbert Cushing Tolman, *Ancient Persian Lexion and Texts of the Achaemenidan inscription*, Whitefish, Mont: Kessinger Pub. Co., 2009, pp. 2, 38, 46.

[2] Herodotus, *The Histories*, 3.93, 7.66, with an English translation by A. D. Godley, Cambridge, Mass: Harvard University Press, 1921.

[3] ［阿拉伯］伊本·胡尔达兹比赫：《道里邦国志》，宋岘译注，中华书局1991年版，第21页。

区存在着诸多绿洲小国,从表面上看,它们都具有独立的国家形态,也没有发展为一个统一的粟特王国,但它们之间在经济上联系比较紧密,有通用的文字和钱币,有相似的社会结构、生活习俗和宗教信仰。由于粟特地处中亚十字路口,粟特人素有经商的传统。早在丝绸之路开通之前,粟特人就参与了东西方之间的经济往来。丝绸之路开通之初,粟特商业规模较小。从公元3世纪起,粟特商业得到了发展,粟特商人逐渐开始控制丝绸之路上的贸易。公元5世纪到8世纪,粟特商人成为丝绸之路上最为活跃的商业民族。公元8世纪初,阿拉伯帝国的呼罗珊总督屈底波(Qutaybah,670—715年)率领军队入侵粟特。尽管撒马尔罕和其他许多城市爆发了反对征服者的起义,但最终被镇压,粟特成了阿拉伯帝国的一部分。

粟特地处农耕世界与游牧世界的交错地带,看似边缘,实则重要。它不仅是绿洲丝绸之路和草原丝绸之路的交汇之处,也是东西方文化的传播中心。无论是琐罗亚斯德教,还是基督教、摩尼教、佛教,都是经由粟特之地传到中国。由于粟特曾受希腊化文化影响,部分希腊化信息也随粟特人东传中国。同时,唐朝粟特羁縻州的建立使中国钱币对粟特钱币也产生了一定的影响,粟特后期的中国式仿造币就是中国、波斯、希腊化和粟特本地等多种因素的结合。

第一节 粟特与丝绸之路的发展

一 粟特与中国的交往

(一)中国史籍中的粟特及其诸王国

粟特地区在《史记》、《汉书》、《后汉书》中均有记载,但并非以粟特之名出现。《史记》中记载的大宛、康居、大月氏都位于索格底亚那范围之内。戈岱司(George Coedes)、布尔努瓦(Lucette Boulnois)和塞诺(Denis Sinor)等人认为索格底亚那就是康居。[1] 国内学者张星烺持相似的

---

[1] [法]戈岱司:《希腊拉丁作家远东古文献辑录》,耿昇译,中华书局1987年版,第70页;[法]布尔努瓦:《丝绸之路》,耿昇译,山东画报出版社2001年版,第173页;Denis Sinor, *The Cambridge History of Early Inner Asia*, Cambridge: Cambridge University Press, 1990, p. 127.

观点，认为"索格多乃伊兰人称康居也。"① 《汉书·西域传》重点描述了丝路南北两道的基本走向及其沿线的国家，其中对位于北道的康居有较为详细的记载，特别谈到它与汉廷若即若离的微妙关系。② 《后汉书·西域传》提到康居的一个属国"粟弋"："粟弋国属康居，出名马牛羊、蒲萄众果，其土水美，故蒲萄酒特有名焉"。③ 粟特、粟弋，发音相近，学界一般认为这个粟弋就是粟特。如此，这是对粟特的首次单独介绍。

真正的"粟特国"首次出现在《魏书·西域传》中："粟特国，在葱岭之西，古之奄蔡，一名温那沙。居于大泽，在康居西北……其国商人先多诣凉土贩货，及克姑臧，悉见虏。高宗初，粟特王遣使请赎之，诏听焉。自后无使朝献。"④ 这里显然把粟特和康国做了区分，而且透露出了粟特商人活跃于丝绸之路上的信息。《隋书·西域传》提到了康居、康国和"昭武九姓"，并对三者之间的关系做了说明："康国者，康居之后也。迁徙无常，不恒故地，自汉以来，相承不绝。其王本姓温，月氏人也。旧居祁连山北昭武城，因被匈奴所破，西逾葱岭，遂有其国。枝庶各分王，故康国左右诸国，并以昭武为姓，示不忘本也……名为强国，西域诸国多归之。米国、史国、曹国、何国、安国、小安国、那色波国、乌那曷国、穆国皆归附之"。以此而论，昭武九姓本是大月氏族裔，康居是其迁徙之地，康国是其总称。《新唐书·西域传》也提到昭武九姓，但其所指有所不同，改为"康、史、安、曹、石、米、何、火寻和戊地"。⑤ 这里的"康"成为九姓之一。尽管昭武九姓诸国的名称不尽一致，但这并不影响人们将昭武九姓作为一个族群来理解。就"昭武九姓"与"粟特"的关系而言，学者们提出了不同观点。陈寅恪认为，昭武九姓之民并非专指粟特，应该将其统称为"九姓胡"。⑥ 蔡鸿生认为，粟特不能等

---

① 张星烺编注：《中西交通史料汇编》（第四册），朱杰勤校订，中华书局1978年版，第59页。
② （东汉）班固：《汉书》卷九十六《西域传》，中华书局1962年版，第3891—3893页。
③ （南朝·宋）范晔：《后汉书》卷八十八《西域传》，中华书局1965年版，第1976页。
④ （北齐）魏收：《魏书》卷一百零二《西域传》，中华书局1974年版，第2281页。
⑤ （北宋）欧阳修等：《新唐书》卷二百二十一下《西域下》，中华书局1975年版，第6243页。
⑥ 陈寅恪：《以杜诗证唐史所谓杂种胡之义》，《金明馆丛稿二编》，生活·读书·新知三联书店2001年版，第57—59页。

同于昭武九姓，九姓的范围大于粟特地区。① 蒲立本（Edwin G. Pulleyblank）认为，中国唐朝时期的"胡"指的是西印欧语系的中亚人，并非独指粟特人。② 但荣新江、张广达、姜伯勤、李鸿宾、邵明杰等学者认为中国史书记载的昭武九姓就是粟特人。③ 如前所述，不论这一地区居民的名称或民族构成如何变化，他们都是以此地为生，不论是"逐水草而居"，还是从事农业、种植业，还是经商。因此，根据属地原则统称他们粟特人也是可以的。本章所要探讨的就是一般意义上统称的粟特人与丝绸之路的关系。

（二）从撒马尔罕到长安

20世纪初，斯坦因（M. A. Stein）曾在敦煌以西的烽燧中发现粟特文信札，包括五封完整的信件及一些残片。据亨宁（W. B. Henning）推算，粟特文2号信件大致写于312—313年间。④ 5号信件发现时虽已破损，但内容较为完整，根据葛乐耐（Frantz Grenet）和辛姆斯·威廉姆斯（N. Sims-Willams）的推算，大致写于公元313—314年间。⑤ 1号信件和3号信件是敦煌的一位名为缪奈（Mewnai）的女性所写，第一封寄给她的母亲卡蒂萨（Catisa），第二封是写给她的丈夫那你塔（Nanaidhat），其中第27—35行是给女儿塞纳（Saina）的附言。第一封信没有确切日期，第三封信的日期是粟特历法的10月3号，也就是公元313或314年4月21

---

① 蔡鸿生：《读史求识录》，广东人民出版社2010年版，第31页。
② Edwin G. Pulleyblank, "*A Sogdian Colony in Inner Mongolia*", *T'oung Pao*, 1952, 41, pp. 317 – 356.
③ 荣新江：《从撒马尔罕到长安——中古时期粟特人的迁徙与入居》，载荣新江、张志清主编《从撒马尔罕到长安——粟特人在中国的文化遗迹》，北京图书馆出版社2004年版，第3—25页；张广达：《唐代六胡州等地的昭武九姓》，《北京大学学报》1986年第2期；姜伯勤：《敦煌吐鲁番文书与丝绸之路》，文物出版社1994年版，第153页；李鸿宾：《唐代墓志中的昭武九姓粟特人》，《文献》1997年第1期；邵明杰：《论入华粟特人流向的完整线索及最终归宿——基于粟特人"回鹘化"所作的考察》，《青海民族研究》2010年第1期。
④ W. B. Henning, "The Date of the Sogdian Ancient Letters", *Bulletin of the School of Oriental and African Studies*, Vol. 12, 1948, pp. 601 – 615.
⑤ Frantz Grenet, N. Sims-Willams and De la Vaissière, "The Sogdian Ancient Letter V", *Bulletin of the Asia Institute*, 1998, 12, pp. 91 – 104.

日。① 这些信札至少有一封成书于姑藏,两封成书于敦煌,一封寄往撒马尔罕,其余的很可能是寄往楼兰的。粟特古文信件再现了4世纪粟特与中国的贸易情况,证明了一个较为系统的区域商业网络或者是撒马尔罕与甘肃之间商业网络的存在。

魏晋南北朝时期是粟特人沿着丝绸之路迁徙和从事商贸活动的一个重要时期。撒马尔罕位于丝路的核心城市之一,被视为"丝路商人的故乡",是多种文明的交汇之所。苏联东方学家巴托尔德(Bartold,1869—1930年)曾经谈到撒马尔罕的重要性:"就其幅员与居民的数量而言,撒马儿罕历来是河中的第一城。……此城如此重要,首先可用其地理位置来加以解释,它处在来自印度、波斯和突厥的各条商路的会合处;此城周围物产异常丰富,也使它有可能在一个地方汇集大量人口。"② 根据多年来对粟特古文信札、敦煌吐鲁番发现的汉文和粟特文文书、中原各地出土的汉文墓志材料的研究和整理,荣新江大体勾勒出一条粟特人东行进入中国内地后的路线图,"这条道路从西域北道的据史德(今新疆巴楚东)、龟兹(库车)、焉耆、高昌(吐鲁番)、伊州(哈密),或是从南道的于阗(和田)、且末、石城镇(鄯善),进入河西走廊,经敦煌、酒泉、张掖、武威,再东南经原州(固原),入长安(西安)、洛阳,或东北向灵州(灵武西南)、并州(太原)、云州(大同东)乃至幽州(北京)、营州(朝阳),或者从洛阳经卫州(汲县)、相州(安阳)、魏州(大名北)、邢州(邢台)、定州(定县)、幽州(北京)可以到营州。在这条道路上的各个主要城镇,几乎都留下了粟特人的足迹,有的甚至形成了聚落"。③ 在吐鲁番出土的文书中,出现了大批康、安、史、石、曹、穆姓氏的居民。中国境内的一些地方也另有伊朗语或粟特语的名称,比如,"胡姆丹"是"长安府","布格舒尔"指四川重庆附近,④ 由此可见丝绸之路上粟特人经商和移民活动的范围之广和影响之大。

---

① V. Livshits, "The Sogdian Ancient Letters (I, III)", *Iran and the Caucasus*, 2008, 12, pp. 289–293.
② [俄]巴托尔德:《蒙古入侵时期的突厥斯坦》(上),张锡彤、张广达译,上海古籍出版社2007年版,第99页。
③ 荣新江、张志清:《从撒马尔罕到长安——粟特人在中国的文化遗迹》,北京图书馆出版社2004年版,第4—5页。
④ 王治来译注:《世界境域志》,上海古籍出版社2010年版,第51页。

入华粟特人承担着不同的政治角色,在史上留下记载的有安同、康达、曹怡等。据《魏书·安同传》,"登国初……同频使称旨,遂见宠异,以为外朝大人,与和跋等出入禁中,迭典庶事。太祖班赐功臣,同以使功居多,赐以妻妾及隶户三十,马二匹,羊五十口,加广武将军……以谋功,赐爵北新侯,加安远将军。"①《康达墓志》称"曾祖蒧,齐任上柱国。祖迨,齐任雁门郡上仪同"。②《曹怡墓志》记"祖贵,齐壮武将军"③。广武将军、安远将军、上仪同等都属于军事职官,可以推断,早期粟特人以担任武官为主,这应该与中国北朝前期政治形势和军事活动有关。从北朝后期开始,中原王朝为了控制粟特聚落,将粟特商队的首领萨保专设为职官,专门授予胡人首领,管理聚落行政和宗教事务。萨保体制与丝路贸易和粟特聚落的建立密切相关。④

粟特人积极从事贸易活动,几乎垄断了陆上丝路贸易,把西方的金银、香料、药材、奴婢、畜牲、器皿、首饰运到中国,又把中国的丝绸运到西方。薛爱华(E. Schafer)在《唐代的外来文明》一书中曾用"撒马尔罕来的金桃"涵盖唐朝时期所有的外来物品和来自异域的胡人。包括战俘、奴隶、侏儒、人质、贡人、乐人和舞伎等,也包括家畜、野兽、飞禽、毛皮和羽毛、植物、木材、食物、香料、药物、纺织品、颜料、矿石、宝石、金属制品、世俗器物、宗教器物及书籍等类别。⑤ 尽管很难确定其中有多少物品是经由粟特人传入的,但不能否认粟特人在其中所发挥的重要作用。

(三) 从长安到撒马尔罕——以铸币体系为例

630年,撒马尔罕地区摆脱了突厥人的控制,建立了伊赫希德(Ikhshid)王朝。国王通过上表、朝贡等方式与中国唐朝建立了藩属关系。唐朝在以撒马尔罕为中心的粟特地区设立了羁縻州,将这一地区从形式上置于唐朝的统治之下,自此,粟特同唐朝在政治、经济和文化等诸多方面的交

---

① (北齐)魏收:《魏书》卷三十《安同传》,中华书局1974年版,第712页。
② 荣新江、张志清:《从撒马尔罕到长安——粟特人在中国的文化遗迹》,北京图书馆出版社2004年版,第116页。
③ 李瑞、耿鹏、王俊、王仲璋:《山西汾阳唐曹怡墓发掘简报》,《文物》2014年第11期。
④ 关于"萨保"称谓的来源及其职能,详见荣新江《萨保与萨薄:佛教石窟壁画中的粟特商队首领》,载《粟特人在中国——历史、考古、语言的新探索》,中华书局2005年版,第49页。
⑤ [美]谢弗:《唐代的外来文明》,吴玉贵译,中国社会科学出版社1995年版。

流进一步加强。武德四年（621年），唐高祖停止使用五铢钱，开始铸造"开元通宝"钱。伊赫希德王朝的国王们效仿唐朝"开元通宝"钱铸造货币。7世纪初期是一个短暂的仿"开元通宝"的铸币时期（图6-1 撒马尔罕汉粟双语钱币）。这类中国仿造币的面文是"开元通宝"，背面的方孔左边是一个中间没有圆形的类似Y型徽记（tamgha），方孔右边是βγy。根据苏联钱币学家O. I. 斯米尔诺娃（O. I. Smirnova）的解释，βγy（lord/god）可以理解为一个神、某个中国皇帝或者突厥可汗。① 631年开始，撒马尔罕继续铸造中国仿造币，但用粟特文书写国王名字，用阿拉米亚文书写国王头衔MLK'（king），背面的徽记造型各异（见图6-2）。从初唐到中唐的一个半世纪里，撒马尔罕伊赫希德王朝仿效中国"开元通宝"铸造了一系列圆形方孔铜币。撒马尔罕的中国仿造币在形制、面文、徽记等方面蕴含着大量的历史信息，可弥补文献记载的不足。

20世纪以来，在撒马尔罕附近的塔利巴尔兹遗址（Tali—Barzi）、片治肯特遗址（Panjikent）和阿弗拉西亚卜遗址（Afrasiab）出土了大量的撒马尔罕中国式仿造币。圣彼得堡（St. Petersburg）艾尔米塔什等博物馆也收藏了类似的钱币。② 根据这些钱币面文提供的信息，伊赫希德王朝时期有10位国王，即 šyšpyr, w/tz/nw/tr/k, 'βrγwm'n, 'Wrk wrtrmwk', twk'sp'δ'k, m'stc'wns, trγw, 'wr'kk, 'Prykk 和 twrγ'r。这些名字分别被转写为西希庇尔王（Shishpir），乌佐格王（Wuzurg），瓦尔呼缦王（Warkhuman），乌克·瓦尔呼缦王（Urk Wartramuk），图卡斯帕达克王（Tukaspadak），马斯其·

---

① Smirnova, Сводный Каталог Согдийских Монет: Бронза (Moscow: Akademia Nauka, 1981, p. 36.
② 关于撒马尔罕中国仿造币的发现情况，可参考 О. И. Смирнова, "Согдийские монеты собрания Нумизматического отдела Государственного Эрмитажа", *Эпиграфика Востока* 4 1951, pp. 3 – 23（斯米尔诺娃：《国立埃尔米塔什博物馆古钱币部粟特钱币汇编》，《东方金石学》1951年第4期）； О. И. Смирнова "Материалы к сводному каталогу согдийских монет", *Эпиграфика Востока* 6, 1952, pp. 3 – 45（斯米尔诺娃：《粟特钱币资料汇编》，《东方金石学》1952年第6期。）； О. И. Смирнова, "Первый клад согдийских монет", *Эпиграфика Востока* 10, 1955, pp. 3 – 13（斯米尔诺娃：《粟特钱币第一批宝藏》，《东方金石学》1955年第10期）； О. И. Смирнова, "Каталог монет с городища Пенджикент", *Краткие сообщения* 66, 1956, pp. 83 – 98（斯米尔诺娃：《片治肯特市钱币一览表》，《简讯》1956年第66期）； О. И. Смирнова, *Сводный каталог согдийских монет: Бронза*, М. Наука, 1981（斯米尔诺娃：《粟特铜制钱币一览表》，莫斯科：科学出版社1981年版）。

乌那什王（Mastich-Unash），吐尔昏王（Turkhun），古雷克王（Ghurak），迪瓦什梯奇王（Devashtich）[①] 和吐格哈尔（Turghar）。（参照下表）除了乌克·瓦尔呼缦王和迪瓦什梯奇王之外，汉文文献对其他 7 位国王的在位时间及其与唐朝的往来都有记载，他们分别可对应沙瑟毕（史国王）、拂呼缦（康居王）、笃娑钵提（康居王）、泥涅（沮）师师（康居王）、突昏（康居王）、乌勒伽（康居王）和咄曷（康居王）。

表 6－1　　　　　　　　伊赫希德王朝国王名称对应表

粟特文	Šyšpyr MLK'	w/tz/nw/tr/k MLK'	'βrγ wm'n MLK'	'Wrk wrtr mwk' MLK'	twk' sp' δ'k MLK'	m'stn' wγn MLK'	trγwn MLK'	'wr' kk MLK'	'Prykk MLK'	twrγ'r MLK'
英文转写	Shishipir king	Wuzurg King	Warkhuamn king	Urk Wartramuka-king	Tukaspadak-king	Mastich-Unash king	Turkhun king	Ghurak king	Devashtich	Turghar king
中文转写	沙瑟毕？		拂呼缦		笃娑钵提	泥涅（沮）师师？	突昏	乌勒伽		咄曷

国内外的专家学者根据这些钱币面文所反映的历史信息以及相关的文献记载，对与伊赫希德王朝世系有关的问题进行了深入的解读和研究，成果显著。其中，斯米尔诺娃（O. I. Smirnova）、费耐生、迈克尔·费多罗夫（Michael Fedorov）和李铁生等学者都构建了撒马尔罕伊希赫德王朝的世系。[②] 但结合《旧唐书》、《新唐书》、《唐会要》、《册府元龟》等文献中关于撒马尔罕国王

---

① V. A. Livshits, *Sogdian epigraphy of Central Asia and Semirech'e*, translated from the Russian by Tom Stableford, London: School of Oriental and African Studies, 2015, p. 53.

② 见 О. И. Смирнова, *Сводный Каталог Согдийских Монет: Бронза*, Москва: Наука, 1981; Richard N. Frye, *The Heritage of Central Asia: from Antiquity to the Turkish Expansion*, Princeton: Markus Wiener Publishers, 1996; Michael Fedorov, "Money Circulation in Early-Medieval Sogd (6th-first half of 8th Century AD)", *ONS Newsletter* 175, 2003, pp. 1－25; 李铁生编著《古中亚币（前伊斯兰王朝）》，北京出版社 2008 年版，第 271—279 页；https://www.zeno.ru/showgallery.php?cat=2730. 关于乌佐格王（Wuzurg King）是否就是斯米尔诺娃认可的"同娥"仍需要进一步研究。李铁生从其说，见前引书 272 页以及他的文章"中亚河中地与七河地区前伊斯兰王朝谱系初探"，《新疆钱币》2009 年第 1 期。《册府元龟》卷九百七十"外臣部·朝贡第三"确实两次提到"同娥"，但把其视为遣使朝贡的国家之一，而非国王。详见王钦若等编纂，周勋初等校订《册府元龟》卷九百七十，凤凰出版社 2006 年版，第 11230 页。

的记载以及一枚"无名王"钱币①，笔者认为，伊赫希德王朝应包括11位国王，即，乌佐格王（公元634—639年）、西希庇尔王（642年）、瓦尔呼缦王（650—不晚于675年）、无名王（675—676年）、乌克·瓦尔呼缦王（公元676到公元696年）、图卡斯帕达克王（696—697年）、马斯其乌那什王（697—706年）、吐尔昏王（707—718年）、古雷克王（719—740年）、迪瓦什梯奇王（719—722年）、吐格哈尔王（740—755年）。② 现有他们的钱币为证，例图如下：图6-1—图6-4。

图6-1 乌佐格③

正面：方孔上方是 MLK'，下方是 w/tz/nw/tr/k；

背面：方孔左边是 Y 型徽记，朝右；右边是三尾纹饰（缺少左边）。

撒马尔罕钱币体系经历了一系列的演变，从塞琉古王朝安条克一世仿造币、希腊巴克特里亚王国欧泰德姆一世仿造币、萨珊波斯仿造币到中国式圆形方孔仿造币，这是一个不断模仿、创新、本土化的过程。撒马尔罕中国式仿造币采用了中国钱币的圆形方孔样式，浇铸而成。钱币材质以铜币为主，重量不断减少，图像扁平且轮廓较浅。还值得注意的是，在此之前的粟特希腊式仿造币正面是国王头像和希腊文书写的国王名字。尽管两

---

① Michael Fedorov and Andrew Kuznetsov, "A Rare Anonymous Coin of Samarqandian Sogdia from the Vicinity of Afrasiab", *Iran*, 2012, (1), pp. 141-148.

② 到目前为止，学术界对伊赫希德王朝世系中的一些问题持有不同的观点，主要包括以下四个方面：第一，谁是西希庇尔国王以及伊赫希德王朝的建立者，他的在位时间如何界定？第二，是否存在一个无统治者时期？第三，古雷克王、迪瓦什梯奇王和吐格哈尔王统治时间如何界定？第四，钱币上有乌克·瓦尔呼缦王和迪瓦什梯奇王的名字，但汉文文献为何没有这两位国王的记载？

③ https://zeno.ru/showphoto.php?photo=41895.

图 6-2 西希庇尔①

正面：方孔上方是 Šyšpyr，下方是 MLK'；

背面：方孔左边是 Y 型徽记，朝右；右边是三尾纹饰的徽记；上方是类似倒 U 形徽记；下方是一个圆圈。

图 6-3 无名王钱币②

正面：方孔左边是 Y 型徽记，方孔右边是三尾纹饰；

背面：两个相向的 Y 型徽记。方孔左边的 Y 型徽记朝右，方孔右边的徽记朝左。

者属于不同的钱币体系，但中国式仿造币上出现粟特文书写的国王名字和头衔是对之前希腊式钱币特征的一种承继，是对当地王权的强调。钱币上出现的祭火坛是粟特人对琐罗亚斯德教信仰的一种反映。但这一类型钱币的地方特征也很明显，如钱币背面的中间带有圆形的 Y 形徽记，这一徽记往往被看作是撒马尔罕的标记。该王朝早期钱币上还出现了源自史国（Kesh）的三尾

---

① https：//zeno.ru/showphoto.php? photo = 152381.
② M. Fedorov & A. Kuznetsov, "A Rare Anonymous Coin of Samarqandian Sogdia from the Vicinity of Afrasiab", Iran, 2012（1）：141 - 148.

图 6-4　迪瓦什梯奇①

正面：绕方孔 'Prykk MLK'；

背面：仿方孔左边徽记的中间部分是菱形，略带圆形状，菱形上面类似 ᚎ，下面类似两个相背的字母 C；仿方孔右边是 Y 形徽记。

纹饰，粟特语书写的国王名字代替了钱币正面的国王头像。

粟特商人先是在撒马尔罕与中国河西走廊中间活动，然后进入中国内地。钱币的流通应该是与商业贸易联系在一起，然而，除了萨珊波斯银币、拜占庭金币，目前这条商道似无发现撒马尔罕中国仿造币。粟特商业聚落也出现在草原游牧地区，远及蒙古利亚。在内蒙古准格尔旗发现了拂呼缦钱币，其面文是 'βrywm'n MLK'，背面是 Y 型徽记和三尾纹饰。② 值得注意的是，在伊朗的苏萨发现了乌勒伽钱币，其面文是 wγrk MLK'，背面是 Y 形和类似菱形的撒马尔罕徽记。③ 这一现象表明，撒马尔罕中国仿造币并不是丝绸之路上主要的流通货币，或许只是一种地方钱币。中国式仿造币主要是对中国钱币圆形方孔样式的仿造，是粟特与唐朝藩属关系的一种表现，但也反映了藩属关系下当地诸国的相对独立。在抵抗外来民族的入侵和控制过程中，粟特地区诸国抑或联合，抑或消失，抑或向更强大的周边国家和地区寻求帮助。撒马尔罕地方当局发行此币，很大程度上是出于政治和利益需求，是承认唐朝宗主权的表现之一。这种币的政治意义可能要大于经济意义。

---

① https://zeno.ru/showphoto.php?photo=53716.
② 杨鲁安：《内蒙古新出西域钱探微》，《内蒙古金融研究》（钱币文集第四辑），2003 年。
③ John Walker, "Monnaies Orientales. Oriental Coins from the Excavations at Susa", *Numismatique susienne Mémoires de la Mission archéologique en Iran*, 37, 1960, pp. 49-65.

二 粟特在丝路贸易的中介作用

四世纪之后，随着欧亚大陆丝绸贸易的繁荣，中国同中亚、萨珊波斯、拜占庭之间联系加强，丝路贸易规模扩大，粟特地区成为丝绸之路的核心地段。6世纪的旅行家科斯马斯在《基督教风土志》卷二中描述了陆路在丝绸贸易中的重要性：

"这个国家（Tzinitza，秦尼扎，即北中国）的地理位置极度偏左，因此途经各个国家的陆运私货到达波斯的时间相对较短，而海路经行则漫长得多。因为到达秦尼扎之前，需穿越的路线自塔普拉班岛（Taprobane）向东，路程相当漫长，其距离比波斯湾的长度还长。此外，需要补充的是，从波斯湾口到塔普拉班岛，还要穿越整个印度洋，其总路程相当长。所以，那些由陆路从秦尼扎到波斯的人可以大大缩短其旅程，以上便是波斯始终存有大量丝绸的原因。"[1]

当时从事丝绸贸易和东西方货物贩运买卖的主要是粟特人。《隋书·裴矩传》记载了自敦煌前往西方的三条商道，其中中道经由粟特地区：

"发自敦煌，至于西海，凡为三道，各有襟带。……其中道从高昌、焉耆、龟兹、疏勒、度葱岭，又经钹汗、苏对沙那国、康国、曹国、何国、大小安国、穆国，至波斯，达于西海。"[2]

---

[1] Cosmas Indicopleustes, *Christian Topography of Cosmas Indicopleustes, An Egyptian Monk*, translated by J. W. McCrindle, London: the Hakluyt Society, 1897, pp. 48-49. 中译文引自 [法] 魏义天《粟特商人史》，王睿译，广西师范大学出版社2011年版，第52—53页。

[2] （唐）魏徵等：《隋书·裴矩传》，中华书局1979年版，第1579—1580页。钹汗（今费尔干纳）、苏对沙那国、康国、曹国、何国、大小安国、穆国等皆在古粟特地区。余太山认为，"北道经由的地点过于简略，且模糊不清，说明裴矩所咨询的对象对于此道走向知之不多，很可能都是些往来'中道'或'南道'的商人"。见余太山《裴矩〈西域图记〉所见敦煌至西海的"三道"》，《西域研究》2005年第4期。沙畹认为，当时进行丝绸贸易的商道主要有两条："其一最古，为出康居（Sogdiane）之一道，其一为通印度诸港之海道。而以婆卢羯泚（Broach）为要港。当时之顾客，要为罗马人与波斯人，而居间贩卖者，乃中亚之游牧与印度之舟航也。当时在西亚贸迁丝物者，要以康居人为众。" [法] 沙畹：《西突厥史料》，冯承钧译，中华书局1958年版，第208—209页。

在中国北方丝路沿线发现的萨珊波斯银币和拜占庭金币，也是粟特人作为贸易中介的证据之一。1897年，俄国人古德弗雷（Godfrey）首次在新疆和田古城废墟上发现了古罗马金币，1915年，英国人斯坦因首次在吐鲁番发现了萨珊波斯银币。之后，中国境内相继出土了大批东罗马金币和萨珊银币。根据考古材料，东罗马金币在新疆（和田、叶城、吐鲁番）、青海（都兰）、甘肃（武威、天水、陇西）、宁夏（固原、原州）、陕西（西安、咸阳、定边）、内蒙古（呼和浩特、武川）、河南（洛阳）、河北（赞皇、磁县）、辽宁（朝阳）等地具有发现。[①] 萨珊银币的发现地则沿着丝绸之路从新疆的乌恰开始向东延伸，从库车、焉耆、吐鲁番、张掖、西宁、临夏（兰州附近）、天水、西安、陕县直到洛阳，这是萨珊钱币陆路传播的主线。从武威向东行进，到固原、大同、呼和浩特、定县可视为传播的辅线。[②] 由此可见，粟特商人在中国境内的活动范围与萨珊银币和拜占庭金币流通范围有重叠之处，萨珊波斯银币和拜占庭金币有可能是由粟特人带进中国的。

（一）粟特与萨珊波斯

萨珊波斯沙普尔一世（Shapur I，239—272年在位）时期，波斯不断扩张。纳克希·鲁斯塔姆（Naqsh-E Rustam）的沙普尔一世铭文列举了公元260年左右萨珊波斯帝国的各省区，其中包括粟特，这说明沙普尔一世征服了粟特。嚈哒人与萨珊波斯人为了争夺粟特长期处于战争状态，粟特一度被嚈哒人统治。撒马尔罕的铸币发生了相应变化，反映了这一时期的复杂关系。这一时期的钱币主要包括国王头像/Y形徽记（图6-5）、国王头像/Y形徽记（无文字）（图6-6）和Hwab头像/Y形徽记（粟特文）（图6-7、图6-8）三种类型。国王头像/Y形徽记的匈奴或嚈哒钱币是嚈哒人统治时期在粟特流通的钱币。嚈哒人主要使用仿造币，除少量仿贵霜币之外，大多数是仿萨珊波斯银币，这类钱币又被称作"嚈哒—中亚德拉克马"。（Hephtalite Central Asian Drachms）或"嚈哒—粟特德拉克

[①] 王义康：《中国发现东罗马金币萨珊波斯朝银币相关问题研究》，载《丝绸之路民族古文字与文化学术讨论会会议论文集》，2005年，第285—295页。

[②] 孙莉：《萨珊银币在中国的分布及其功能》，《考古学报》2004年第1期。

第六章 粟特与丝绸之路

马"(Hephtalite-Sogdian Drachms)。当嚈哒统治结束后(563—567 年),仿萨珊波斯银币也随之停止发行,但这并不代表这些银币退出市场,仿萨珊波斯银币和萨珊德拉克马银币继续在撒马尔罕流通。突厥可汗通过联姻等手段与撒马尔罕建立了较为稳定的关系,他们满足于接纳来自撒马尔罕的贡品,而没有过多干涉其铸币体系。头像/Y 型徽记(无文字)和撒马尔罕 Hwab 头像/Y 形徽记(粟特文)就是在这一时期铸造的。第一种钱币,被苏联钱币学家斯米尔诺娃称为"粟特城市铜币"("town Sogdian bronze")或者"城市发行的粟特钱币"("town mintage Sogdian bronze")。[①] 这类钱币是用模子浇铸而成,重量大约是 1.15—4.35 克。钱币正面是撒马尔罕 Hwab 头像(Hwab 指某一个神、城市守护者或者某个统治者),背面是一个中间带有圆形的 Y 形徽记。除一枚钱币的背面有粟特文之外,其他钱币的背面均无文字。第二种钱币正面是撒马尔罕统治者或者某一个神(Hwab)的四分之三侧面像,背面既有 Y 形徽记,又有在 Y 形徽记两边垂直或者环绕 Y 形徽记的粟特文。垂直书写的粟特文是 twr'k/γwβ 或者是 twy'k/γwβ 和 γwβty'(?)/γwβ,环绕书写的粟特文是 βγy/γwβ/prn? 和 γwβ/mwknyn(?),他们是对撒马尔罕国王或者某一个神的赞誉和美化。[②]

图 6-5 嚈哒钱币:国王头像/Y 形徽记[③]

[①] О. И. Смирнова, *Сводный Каталог Согдийских Монет*: Бронза, Москва: Наука, 1981, pp. 20 – 22.

[②] Michael Fedorov, "Money Circulation in Early-Medieval Sogd (6th-first half of 8th Century AD)", *ONS Newsletter* 175, 2003, pp. 1 – 25.

[③] https://zeno.ru/showphoto.php?photo=15166.

图 6-6　国王头像/Y 形徽记（无文字）①

图 6-7　撒马尔罕 Hwab 头像/Y 形徽记（粟特文）②

图 6-8　撒马尔罕 Hwab 头像/Y 形徽记（粟特文）③

嚈哒人和突厥人本身并不擅长商贸经营，但他们为了自己的利益保护粟特人拓展其商贸活动，粟特商人充分利用这一条件将活动的范围扩大到中国

---

① https：//zeno.ru/showphoto.php? photo = 5787.
② https：//zeno.ru/showphoto.php? photo = 17111.
③ https：//zeno.ru/showphoto.php? photo = 67845.

第六章　粟特与丝绸之路

和波斯边境。① 中亚的粟特人要到波斯贸易或路过波斯，必须得到萨珊王朝的许可。因此，粟特商人劝说突厥统治者派贸易代表团到波斯去寻求过境许可，打开一条直接进入萨珊波斯中心的商业通道。拜占庭文献《米南德文书》残卷10记载了西突厥派出使团试图和萨珊波斯建立商贸关系的经过：

> 随着突厥势力的崛起，先前臣服于嚈哒，现在臣服突厥的粟特人向突厥可汗请求派出使节到波斯，希望萨珊波斯方面能允许粟特人进入波斯境内，并贩卖生丝给米底人。［突厥可汗］室点密（Sizabul）同意并且派出由摩尼亚赫（Maniakh）带领的使团。当他们到达波斯国王面前时，粟特人要求能够得到自由贩卖生丝的许可。波斯国王对他们的要求极为不满，不愿意授予他们在波斯帝国境内的自由通行权，表示第二天再给予答复，从而一再推脱。由于粟特人坚持得到答复，库思老不得不召集群臣讨论此事。嚈哒人卡图弗（Katulph）……建议波斯国王不要退还丝绸，相反，他建议国王以市价购买，然后在使节面前焚毁这些丝绸……因此丝绸被烧，粟特人尽管对所发生的事情不满，但也只能悻悻而归。
>
> 粟特人告诉室点密在波斯发生的事情后，突厥可汗派出另外一支使团前往波斯，他仍然希望能与萨珊波斯建立友好关系。当第二支突厥使团到达后，波斯国王与高官们和卡图弗讨论并作出决定，由于斯基泰人不可信，与突厥人建立友好关系完全有违波斯人的利益。②

这就是发生在568年的"粟特商团事件"。萨珊波斯王朝之所以拒绝粟特商人的请求，一方面是为了确保自己对丝路贸易的控制，以及在与拜占庭的竞争中处于优势。另一方面是因为"斯基泰人不可信"。这里的"斯基泰人"就是指粟特人。但是，经过粟特商团事件，粟特人可以直接

---

① 张绪山：《萨珊波斯帝国与中国——拜占庭文化交流》，《全球史评论》2010年第3辑。
② Menander, *The History of Menander The Guardsman: Introductory Essay, Text, Translation, and Historiographical Notes*, ed. and trans. by R. C. Blockley. Liverpool, F. Cairns, 1985, pp. 111–113. 关于这一事件，参见［法］魏义天《粟特商人史》，王睿译，广西师范大学出版社2011年版，第147—149页。

和拜占庭帝国联系,进而连接了拜占庭与中国之间的贸易往来,而不需要通过萨珊波斯帝国境内。

(二)粟特与拜占庭

从3世纪晚期开始,萨珊波斯控制着中国丝绸流入拜占庭帝国的贸易通道,不允许外来商队经过伊朗进行东西方贸易往来。拜占庭帝国对东方商品、特别是丝绸等商品的需求,只有通过与萨珊波斯商人的交易才能得到满足。298年,皇帝戴克里先(Diocletian,284—305年在位)与波斯国王纳塞赫(Narseh,293—302年在位)达成协议,同意将尼西比斯开辟为两国进行丝绸贸易的口岸。408—409年,拜占庭为了扩大贸易规模,又与萨珊波斯签订协议,另外增加幼发拉底河左岸的拜占庭城市卡利尼库姆(Callinicum)和波斯—亚美尼亚地区的阿尔塔夏塔(Artaxata)作为通商口岸。562年,库思老一世(Khosrau I,531—579年在位)和查士丁尼签订协议之后,通商口岸又变为尼西比和达卢(Daras)。大多数情况下,萨珊波斯商人是拜占庭获得丝绸的途径。但是,粟特商团事件之后,粟特人利用萨珊波斯与突厥人之间关系恶化,要求突厥可汗允许其作为代表,与拜占庭建立贸易往来。《米南德文书》也详细记载了粟特商人出使拜占庭的过程。由于波斯人拒绝与突厥建立友好关系,

> 粟特首领摩尼亚赫借此机会建议室点密把生丝卖给罗马人,从而培养彼此间的友谊,这对突厥来说有很大益处,因为他们比其他民族更会利用丝绸。摩尼亚赫说他愿意与使节一道出使,这样罗马人与突厥人就会成为朋友。室点密赞同他的建议,并派摩尼亚赫和其他人组成的特使团去觐见罗马皇帝,除问候之外,随行还携带昂贵的生丝礼品和一封信。摩尼亚赫带着信件踏上旅程,他行遍各地,翻过高耸入云的大山,穿越高加索,经过长途跋涉,最终来到拜占庭。①

---

① Menander, *The History of Menander The Guardsman: Introductory Essay, Text, Translation, and Historiographical Notes*, ed. and trans. by R. C. Blockley, Liverpool: F. Cairns, 1985, p.115;译文引自[法]魏义天《粟特商人史》,王睿译,广西师范大学出版社2011年版,第152页。

摩尼亚赫绕过萨珊波斯边境，选择了高加索路线，即自西突厥、粟特、经咸海、里海北岸，过伏尔加河，至北高加索阿兰（Alan）、突厥可汗部，由此沿外高加索达林道，越黑海至君士坦丁堡。这条北高加索路连接着拜占庭与吐鲁番、敦煌，甚至中国内地。大量中国丝绸由粟特商人贩运到西方，像"高加索的莫什切瓦亚·巴尔卡（Moshchevaya Balka）这样遥远的地方也发现过中国和索格底亚那丝绸产品的实物"。① 正是由于粟特人作为突厥的代表出使拜占庭帝国，才开通了这条新的东西方商路。

（三）粟特与印度

经由印度河上游到达印度从事商贸活动的主要是粟特人，这一通道也被称为"粟特之路"。②《伊朗铭文集》收录的《印度河上游的粟特语和其他伊朗语铭文》反映了这一事实。粟特语铭文总数超过650处，基本都与商业有关。在印度河流域上游的夏提阿尔（Shatial）发现了600多个阿拉米亚文书写的粟特人铭文。沿着契拉斯（Chilas）下方50公里处，发现了550多个粟特语铭文以及其他伊朗语铭文（9个巴克特里亚铭文和两个中古波斯语和帕提亚语铭文）。此外，在其他遗址发现的粟特语铭文最多不过100处（包括4个巴克特里亚语铭文）。③ 从铭文数量的比较不难看出，此时与印度通商的粟特人已经大大超过了巴克特里亚人。

夏提阿尔发现的铭文几乎都属于"游客铭文"，是为了留作纪念以个人名义刻写。但这些游客的身份、到达这里的时间以及为何在此有如此多铭文等诸多问题需要研究。粟特语铭文和婆罗米铭文往往出现在同一块岩石上。根据婆罗米文的时间，基本可以断定粟特文铭文存在于公元4世纪到7世纪。一般认为，在夏提阿尔和其他地方刻写铭文的粟特人应该是商人，他们来此地的主要目的是进行商业贸易。若此，他们是印度和西方之

---

① [俄罗斯] B. A. 李特文斯基主编：《中亚文明史》（第三卷），马小鹤译，中国对外翻译出版公司2003年版，第247页。

② Boris I. Marshak, "Central Asia from the Third to the Seventh Century", in Juliano, Annette L., Nomads, Traders and Holy Men along China's Silk Road, Turnhout: Brepols, 2002, pp. 11–22.

③ N. Sims-Williams, Sogdian and Other Iranian Inscriptions of the Upper Indus, Corpus Inscriptionum Iranicarum, Pt. 2. Vol. III. London: Lund Humphries, 1989–1992, pp. 525–541.

间的中介商,还是来自中国境内从事印度和中国之间贸易的粟特人呢?尽管铭文并没有提供任何连接粟特和中国之间的商路,但经由印度河上游的大多数旅行者以及出现在敦煌市场的商人基本是粟特人。[①] "印度河一线不但是唯一从印度通往粟特的道路,更是印度、粟特与中国之间三角贸易的一条最佳通道"。[②]

三 粟特商业兴起和发展的原因

粟特商人通过拓展商业网络、控制中转贸易等方法,几乎垄断了过境的丝绸之路贸易,成为中国与萨珊波斯、拜占庭和印度之间贸易的中介,这是多方面因素综合作用的结果。

第一,粟特人从事商品转运贸易具有得天独厚的条件。粟特地区处于丝绸之路的十字路口,北邻游牧部落,南通印度,西达波斯、罗马,东连中国,自古便是东西方交通要道所在地,是古代欧亚大陆多个文明的交叉点。

第二,发达的农业经济为商业贸易提供了物质基础与保证。粟特经济的基础是建立在人工灌溉土地的农业之上。在大规模考古发现之前,人们对于粟特的农业经济情况,在很大程度上是建立在猜测的基础上,直到1976年萨拉兹姆(Sazarm)的发现才证实了泽拉夫善河流域灌溉农业文明的久远。随着农耕区向中亚北部推进到泽拉夫善河(Zerafshan River)下游、锡尔河(Syr Darya)中游及塔什干(Tashkent)绿洲地带,新的城市文明中心逐渐形成。公元5、6世纪,粟特的农业经历了一次大规模的发展,粟特很快成为这一时期中亚农业和人口居住的主要地区。粟特人在泽拉夫善河平原以及泽拉夫善河和达尔古姆运河之间共建立了131个居民中心,其中,115个居民中心就建自这一时期。[③] 然而,绿洲地区所能承载的人口数量毕竟有限,随着人口的增加,粟特人不得不向外移民或者外出经商。

[①] Jonathan Skaff, "Sasanian and Arabo-Sasanian Coins from Turfan: Their Relationship to International Rrade and Local Economy", *Asia Major* 5, No. 2, 1998, pp. 67 – 115.

[②] [法] 魏义天:《粟特商人史》,王睿译,广西师范大学出版社2011年版,第54页。

[③] Étienne De La Vaissière, *Sogdian Trader: A History*, Translated by James Ward, Leiden; Boston: Brill, 2005, pp. 103 – 104.

第三，粟特地区从未出现过统一的粟特国，有时附属于强大的邻国，有时分裂为许多小王国。虽然他们独立的程度经常发生变化，但却表现出很大的政治灵活性。在受到来自匈奴、嚈哒人和突厥人等游牧民族入侵时，粟特人"由于长期以来不擅长于战事，很难抵抗游牧民族的入侵。因此，为了确保商业的顺畅进行和本土安全，他们接受了游牧民族的统治。尽管索格底亚那成为藩属国，但他们享有很高的独立性。"[1]

第四，丝路沿途的粟特聚落为粟特人的商业活动提供了必要的支持与援助。粟特人在丝绸之路上设置了商品转运站，并以这些转运站为起点，逐渐形成商贸集散地，最终形成胡人聚落。粟特商人所建立的聚落可分为两类：一类在游牧民族统治的范围之内（例如七河地区的游牧地区），分布于伊犁河、楚河、塔拉斯河（Talas River）、伊塞克湖以北。蒙古和西伯利亚等地的粟特聚落也属于此类。一类在中国控制的地区或者在中国境内，如罗布泊、敦煌、哈密、兰州和长安等地，这些聚落或多或少都会受到中国文化的影响。

第五，粟特人具有"善市贾"的民族特性。《史记》第一次提及粟特人善于经商，"自大宛以西至安息……，其皆深眼，多须髯，善市贾，争分铢"，[2] 其中就包括粟特人。《旧唐书》写道："（粟特人）生子必以石蜜内口中，明胶置掌内，欲其成长口常甘言，掌持钱如胶之黏物。俗习胡书。善商贾，争分铢之利。男子年二十，即远之旁国，来适中夏，利之所在，无所不到。"[3]

第六，粟特语成为丝绸之路上的一种通用语言，这也为粟特商人活动于整个丝绸之路提供了便利。正如阿里·马扎海里所说，粟特人"在丝绸之路上从来不会临时充当商人，经商可以说是一家庭专业。它要求具有在语言、民族和经济方面的特殊知识……"[4] 粟特人的商业活动往往与宗教

---

[1] Annette L. Juliano, Judith A. Lerner, *Nomads, Traders and Holy Men along China's Silk Road*, Turnhout: Brepols, 2002, p. 12.
[2] （西汉）司马迁：《史记》卷一百二十三《大宛列传》，中华书局1959年版，第3174页。
[3] （后晋）刘昫等：《旧唐书》，中华书局1975年版，第5310页。
[4] ［法］阿里·马扎海里：《丝绸之路——中国—波斯文化交流史》，耿昇译，新疆人民出版社2006年版，"导论"第11页。

传播联系在一起,随着宗教传播范围的扩大,粟特人的商业活动规模也随之扩大。在上述地理因素、经济因素、政治因素、文化因素等多种因素的长期作用下,粟特商业得以不断发展,粟特人成为丝绸之路上最为活跃的商业民族。

第二节　粟特人与丝路宗教文化的传播

粟特地区处于波斯、印度、希腊和中国多种文明的汇合之地,丝绸沿线各国的宗教也在这里汇聚交流,粟特人对这些宗教持来者不拒的开放态度。虽然他们受萨珊波斯帝国的国教琐罗亚斯德教的影响最大,但他们对来自拜占庭帝国的基督教异端聂斯托利教、波斯的摩尼教和印度的佛教也都欣然接受,并将它们带到遥远的东方。

一　粟特与琐罗亚斯德教的东传

琐罗亚斯德教创立于何时,仍有争议。巴克特里亚很可能就是它的最早发源地。该教在波斯帝国时期开始流行,得到统治者推崇,但在亚历山大帝国和塞琉古王国时期,受到希腊化文化的冲击,一度消沉。帕提亚帝国时期,由于阿尔萨息王朝前期推行希腊化,以"爱希腊"为荣,所以,琐罗亚斯德教此时只是一种地方宗教和民间宗教。它的真正复兴是在萨珊波斯帝国时期。帝国的统治者阿尔达希尔家族以波斯帝国的继承者自居,重新将琐罗亚斯德教奉为国教,并在钱币的反面以祭火坛和祭司作为固定的图案,表明该教是他们统治的保证。

琐罗亚斯德教在中亚的传播可分为两个阶段:第一阶段从该教创立到萨珊王朝建立;第二阶段由此到8世纪初阿拉伯人的呼罗珊总督屈底波(Qutayba)在粟特地区推行伊斯兰教信仰为止。[①] 后一阶段是琐罗亚斯德教在中亚传播的兴盛期。随着萨珊王朝疆域与影响的扩大,琐罗亚斯德教盛行于中亚各地。后由当地商人(主要为粟特人)经今新疆而传入中国,一度活跃于北魏后期至隋唐时期。

---

① 高永久:《西域祆教考述》,《西域研究》1995年第4期。

第六章 粟特与丝绸之路

琐罗亚斯德教何时传入粟特,并没有明确记载。羽田亨认为"琐罗亚斯德教开创后不久,应该已传到索格底亚那(粟特)",只是由于当地文献的缺少,所以该地区琐罗亚斯德教的发展情况并不为人所知,然而,"琐罗亚斯德教不论在巴克特里亚和索格底亚那,抑或在伊兰人中间都成为一种牢固的不可动摇的信仰。"① 也有学者认为,琐罗亚斯德教并不是从伊朗地区传入中亚,而是直接源于自中亚。葛乐耐分析了阿胡拉·马兹达(Ahura Mazda)的16个圣地后认为,它们中"没有一个是属于伊朗地区,而是出现在中亚地区,其中南阿富汗地区是中心"。② 根据辛姆斯·威廉姆斯的说法,琐罗亚斯德教的摇篮应在花拉子模(Chorasmia)、巴克特里亚、索格底亚那等地方寻找。根据巴列维文献中的《伊朗之城市》(Shahristaniha i Eran, Towns of Iran),《阿维斯塔经》被保存在撒马尔罕的城堡中。③ 琐罗亚斯德教在粟特的传播也表现在地名上。"粟特"一词就有"火地"(Fireland)之意。④ 羽田亨认为,"伊兰人从那里往南往西迁徙时,最初遇到的乐土当为肥沃的泽拉夫善河流域的索格底亚那(Sogdiana),此名为 Suguda 的希腊语变体,原名为'作为漂亮的神圣清洁之地'之义"。⑤ 这些地名的含义似乎暗示了琐罗亚斯德教在粟特地区的早期传播。

5—8世纪,琐罗亚斯德教的信仰在粟特地区普遍流行。《魏书》记载:"康国者,康居之后也。……有胡律,署于祆祠,将决罚,则取而断之。"⑥《大慈恩三藏法师传》记载:"五百余里,至飒秣建国,此言康国。王及百姓不信佛法,以事火为道。有寺两所,向无僧居,客僧投者,诸胡以火烧逐,不许停候。"⑦ 在敦煌发现的《往天竺五国传》记载:"安国、曹国、

---

① [日]羽田亨:《西域文明史概论》,耿世民译,中华书局2005年版,第120页。
② Frantz Grenet, "An Archaeologist's Approach to Avestan Geography", In Vesta Sarkhosh Curtis and Sarah Stewart, *Birth of the Persian Empire*, Volume I, London, 2005, p.44.
③ N. Sims-Williams, "Some Reflections on Zoroastrianism in Sogdiana and Bactria", in Christian and C. Benjamin, *Realms of the Silk Road: Ancient and Modern* (Silk Road Studies IV), Turnhout: Brepols, 2000, pp.1–12.
④ 王治来:《中亚通史》(古代史卷上),人民出版社2010年版,第35页。
⑤ [日]羽田亨:《西域文明史概论》,耿世民译,中华书局2005年版,第93页。
⑥ (北齐)魏收:《魏书·西域传》,中华书局1974年版,第2281页。
⑦ (唐)慧立、彦悰:《大慈恩寺三藏法师传》,孙毓棠、谢方、范祥雍点校,中华书局2000年版,第30页。

史曰、石螺国、米国、康国……此六国总事祆教，不识佛法，唯康国有一寺，有一僧，又不解敬也。"① 亨宁认为《粟特古文信》中出现了一些古代伊朗神祇的名字。如第二号信件的发信者是 Nanai-Vandak，意思是"娜娜女神之仆"，Artixw-Vandak 是琐罗亚斯德教经典《阿维斯塔经》中提到的 Asis-Vauhi 之仆。②

根据考古发现，粟特地区保留了大量与琐罗亚斯德教崇拜有关的遗迹。在撒马尔罕、布哈拉（Bukhara）和卡什卡河（Qashqadaryo）流域等地出土了大量的纳骨瓮，其中撒马尔罕发现的纳骨瓮居多，占到了总数的百分之四十。研究结果表明，4世纪末5世纪初纳骨瓮已开始使用。根据纳骨瓮形状演变的规律研究，从5世纪到8世纪初其经历了三个不同阶段。③ 在撒马尔罕外的莫拉—库尔干村（Molla-Kurgan）发现的纳骨瓮，下方刻有火坛，两边各有一名祭司。祭司戴着祆教仪式中常用的口罩和头罩，以免头发或体液污染圣火。④

粟特人创造了琐罗亚斯德教最为丰富的宗教形象。葛乐耐认为，"目前为止，琐罗亚斯德教所崇拜的30个神中，其中有23或者24个神在粟特艺术（壁画、庙宇雕塑、纳骨器等）中出现。"⑤ 一些纳骨瓮的图案反映了阿胡拉·马兹达在审判日用遗骨重构死者的画面。在片治肯特庙宇和私人住宅遗址也发现了琐罗亚斯德教的遗迹。⑥ 然而，据目前发现的部分宗教仪式和壁画，可以断定粟特人信奉的琐罗亚斯德教和当时萨珊伊朗王朝所信奉的琐罗亚斯德教差别很大。粟特的琐罗亚斯德教保留了古代祭祀的部分传统，比如说，祭祀祖先和天、太阳与月亮。⑦

---

① （唐）慧超：《往五天竺国传笺释》，张一纯笺注，中华书局2000年版，第118页。

② W. B. Henning, "The Date of the Sogdian Ancient Letters", *Bulletin of the School of Oriental and African Studies*, Vol. 12, No. 3 - 4, 1948, pp. 601 - 615.

③ 详见 L. V. Pavchinskaia, "Sogdian Ossuaries", *Bulletin of the Asia Institute*, New Series, Vol. 8, 1994, pp. 209 - 225。

④ [美] 葛乐伟·韩森：《丝绸之路新史》，张湛译，北京联合出版公司2015年版，第158页。

⑤ Frantz Grenet, "Iranian Gods in Hindu Garb: The Zoroastrian Pantheon of the Bactrians and Sogdians, Second-Eighth Centuries", *Bulletin of the Asia Institute*, 2006, 20, pp. 87 - 99.

⑥ V. G. Shkoda, "The Sogdian Temple: Structure and Rituals", *Bulletin of the Asia Institute*, New Series, 1996, 10, pp. 195 - 206.

⑦ [苏] 加富罗夫：《中亚塔吉克史》，肖之兴译，中国社会科学出版社1985年版，第121页。

就传入中国的琐罗亚斯德教而言，信仰者主要是入华的粟特人。琐罗亚斯德教在北魏时期传入中原，因其崇拜圣火而被称为拜火教或火神教，唐朝改称为祆教。这个"祆"即"胡天"，胡人信奉的天神之意，以与中国人信仰的天神相区别。自20世纪以来，在山西、陕西、河南、宁夏、甘肃等地先后出土了多座粟特后裔墓葬或相关文物，以北朝至隋唐时期居多，其中发现了大量与祆教崇拜有关的遗物，这些都可以反映出粟特人对祆教的信仰及其在祆教东传中的作用。

二 粟特与摩尼教的东传

摩尼教兴起于公元3世纪的波斯萨珊王朝，创立者摩尼在琐罗亚斯德教教义的基础上，吸收了基督教、佛教等教义，提出了以"二宗三际论"为核心的新信仰体系。"二宗"即光与暗，善与恶，二者对立，永远斗争；"三际"即过去、现在与未来。[1] 光明最终会战胜黑暗。该教在萨珊波斯帝国初期得到统治者沙普尔一世（Shapul I，239—272年）支持，但因该教威胁到国教琐罗亚斯德教的地位，在瓦赫兰一世（一译瓦拉姆，Bahram I，273—276年）时，被斥为异端，摩尼本人也被处死。[2] 摩尼教徒虽然受到迫害，四散逃亡，但摩尼教却在帝国之外得到了更加广泛的传播。在中国的吐鲁番、敦煌两地学者已发现许多重要的摩尼教残经；埃及和北非也出土了希腊语、拉丁语和科普特语写成的早期摩尼教经典；[3] 在印度河上游发现的崖壁铭文，在蒙古发现的突厥语卢尼文铭文，在西伯利亚叶尼塞河谷发现的岩画，都是摩尼教广泛向外传播的证明。3世纪摩尼派遣其弟子阿莫（Mar Ammō）在帕提亚地区传教，以组建东方的摩尼教会。[4] 阿莫不仅熟知不同于中古波斯语的帕提亚语，而且与帕提亚的诸多贵族有交往。根据摩尼教的传统，"阿莫与阿姆河保护神巴加尔（Bagard）的相遇标志

---

[1] 林悟殊：《摩尼教及其东渐》，淑馨出版社1997年版，第12页。
[2] G. Widengren, "Manichaeism and Its Iranian Background", in Ehsan Yarshater (ed.), *Cambridge History of Iran: The Seleucid, Parthian and Sasanian periods*, Vol. 3 (2), Cambridge University Press, 1983, pp. 971–972.
[3] 林悟殊：《摩尼教及其东渐》，淑馨出版社1997年版，第1—7页。
[4] 同上书，第36页。

着摩尼教在东方的传播"。① 摩尼教能在粟特地区生根发芽,并发展壮大得益于其独特的社会历史条件。粟特地区本身并没有统一的政权,周边一度控制它的强权如萨珊波斯、唐等国家对粟特仅维持着羁縻统治,粟特地区的宗教事务没有受到强有力中央集权行政力量的干扰。城市国家林立,加上地方统治者没有固定的国教,摩尼教在粟特地区的传播如鱼得水。② 撒马尔罕南部的摩尼教信仰最为强烈,这里曾是中亚摩尼教教团总部所在地。粟特人对摩尼教的一大贡献就是用粟特文书写了许多摩尼教经典。

随着丝路贸易的扩大,粟特商人把摩尼教带到了中国的吐鲁番和其他地区。但是当时主要是在民间传播。传统说法认定摩尼教正式传入中国内地是在694年,此年,摩尼教高僧拂多诞(侍法者)密乌没斯(Mihr-Ohrmazd)来到长安。③ 回鹘人从新疆接受了摩尼教。天宝十四年(755年)"安史之乱"爆发,唐朝需要借助回纥(回鹘)军队平定叛乱,同时废除了天宝以前不许唐人信仰摩尼教的禁令,摩尼教借回鹘势力进入了迅速发展的新阶段。从大历三年到元和年间(768—820年)的半个世纪里,摩尼教在回鹘的庇护下,从长安扩展到今山西、河南、湖北、江西、江苏和浙江等省份的广大地区。唐人李肇称"回鹘常与摩尼议政,故京师为之立寺"④,这一情况正是唐廷倚重回鹘的真实写照。同时回鹘在中国内地建立的摩尼寺院似乎兼有商人货栈的作用,回鹘商人的活动促进了摩尼教在中国的传播⑤。"会昌灭佛"严重地打击了佛教在中国的发展,受此影响,当时入华的摩尼教也遭受压制,传播受挫。

三 粟特与聂斯托利教的东传

聂斯托利教(Nestorianism)是早期基督教的一个支派,创始人是428—431年任君士坦丁堡主教的聂斯托利(Nestorius)。因其主张基督具有神人

---

① Samuel N. C. Lieu, *Manichaeism in the Later Roman Empire and Medieval China: A Historical Survey*, Manchester: Manchester University Press, 1985, p. 178.
② 林悟殊:《摩尼教及其东渐》,淑馨出版社1997年版,第38页。
③ 《闽书》卷七《方域志》载:"至武则天时,慕阇高弟密乌没斯拂多诞復入见,群僧妒譖,互相擊難。"转引自林悟殊《摩尼教及其东渐》,淑馨出版社1997年版,第46页。
④ 李肇:《唐国史补》卷下,上海古籍出版社1979年版,第66页。
⑤ 林悟殊:《摩尼教及其东渐》,淑馨出版社1997年版,第89—91页。

二性二位，431 年被以弗所（Ephesus）大公会议判为异端，逐出教会，451 年死于埃及。当时，萨珊波斯王朝与东罗马帝国处于敌对状态，给来自对方的受害者和放逐者提供保护，于是，聂斯托利教徒逃亡到波斯境内，开启了该教的东传。

6 世纪初叶以后，聂斯托利教传至河中地区。公元 6 世纪的希腊旅行家科斯马斯写道："在巴克特里亚人、匈奴人、波斯人中，在其他的印度人、波斯亚美尼亚人、米底人和埃兰人中，在整个波斯地区，都有无数的教堂、主教和大量的基督教社团，以及许多殉道者和像隐士一样生活的教士。"① 据《西突厥史料》记载，"聂思脱里教（即聂斯托利教——笔者注）在 591 年前 30 年时，已传布于康居（Sogdiana）一地突厥人之中，盖诸人于童年时刺此十字也"。② 前者所提匈奴人即为嚈哒人③，当时嚈哒势力达到鼎盛。大约 560 年左右，突厥占领了嚈哒旧地，突厥人也继承了嚈哒人中所盛行的聂斯托利教。撒马尔罕曾是一个东方聂斯托利教派的大主教区。5—6 世纪，嚈哒人接受基督教，并担任撒马尔罕主教。因此可以推测有可能在 6 世纪早期，撒马尔罕地区出现了大主教区。但有的学者认为撒马尔罕大主教区真正出现于阿拉伯开始征服撒马尔罕之时（705 年）。④

考古发现也反映了聂斯托利教在粟特地区的传播情况。"片治肯特出土的陶片上出现了叙利亚文的元音拼写，表明书写者的母语应该是粟特语"。⑤ 这些陶片属于 7 世纪末或者 8 世纪早期。⑥ 陶片上有一些书写错误，说明"书写者是粟特人，而非叙利亚人。有可能是为了联系叙利亚人而书写，或也有可能说明基督教教会学校的存在。基督教会在木鹿、撒马尔罕附近、吐鲁番等地建立了很多教堂。"⑦ 东方基督教会为了传播教义，培养

---

① Cosmas Indicopleustes, *The Christian Topography of Cosmas, An Egyptian Monk*, McCrindle, J. W., trans., London: the Hakluyt Society, 1897, p. 120.
② ［法］沙畹：《西突厥史料》，冯承钧译，中华书局 1958 年版，第 219 页。
③ 张绪山：《景教东渐及传入中国的希腊—拜占庭文化》，《世界历史》2005 年第 6 期。
④ Brain E. Colless, "The Nestorian Province of Samarqand", *Abr-Nahrain*, 1986, 24, pp. 51 – 57.
⑤ Aleksandr Naymark, *Sogdiana: its Christians and Byzantium: A Study of Artistic and Cultural Connections in Late Antiquity and Early Middle Ages*, Indiana University, 2001, p. 83.
⑥ A. V. Paykova, "The Syrian Ostracon from Panjikant", *le museon*, 1979, 92, pp. 159 – 169.
⑦ Erica C. D. Hunter, "Syriac Christianity in Central Asia", *Zeitschrift für Religions-und Geistesgeschichte*, Vol. 44, 1992, 4, pp. 362 – 368.

传教士，总是习惯建立一些学校，专门教授神学、医学、音乐等。布哈拉和塔什干均发现有基督教十字架特征的货币。①

根据"大秦景教流行中国碑"的碑文，聂斯托利教在635年传入中国，被称为波斯经教或大秦教。但方豪认为此前，阿罗本"本人或其他景教士必已有逗留于长安之西新疆、甘肃一带。"② 中亚景教徒至少使用过6种语言，即叙利亚语、中古波斯语、粟特语、新波斯语、古回鹘语和突厥语。其中，叙利亚文是景教的官方语言，但在宗教传播中使用最多的语言是粟特语。

四 粟特与佛教的东传

公元前三世纪左右，兴起于印度的佛教开始向周边地区传播。一般认为，佛教在中亚的传播始于公元1世纪，在中国的传播始于东汉明帝之时（公元58—75年）。公元2世纪和3世纪时，佛教大规模传入中国。佛教首次传入中国，应归功于来自大月氏和天竺的僧人。如北天竺人菩提流支（Bodhiruci）在北魏永平元年携大量梵文佛经来华。自永平初至东魏孝静帝天平年间的20年里，菩提流支共译经三十九部一百二十七卷。③ 在佛教东传和佛经翻译过程中，粟特人也发挥了重要的作用。与琐罗亚斯德教、摩尼教和基督教相比，佛教在粟特本土只是少部分人的宗教信仰。"在粟特本土没有发现有关佛教的铭文，零星的记载也只是出现在片治肯特和穆格山（Mount Mugh）文书中。"④ 据考古发现，在片治肯特发现的佛陀雕塑是当地唯一的佛教遗迹。⑤ 这可能是"由于祆教从一开始就对佛教做出了强有力的抵抗，而那里当时还正处于萨珊王朝的统治之下"，⑥ 张广达甚至

---

① Aleksandr Naymark, "Christians in Pre-Islamic Bukhara: Numismatic Evidence", in Annual Central Eurasian Studies Conference, 1994-1996.

② 方豪：《中西交通史》上册，岳麓书社1987年版，第418页。

③ 张志芳编：《译以载道：佛典的传译与佛教的中国化》，厦门大学出版社2012年版，第159页。

④ Matteo Compareti, "Traces of Buddhist Art in Sogdiana", *Sino-Platonic Papers* 181, 2008. 网址：http://sino-platonic.org/complete/spp181_buddhist_art_sogdiana.pdf, 访问时间：2018年10月5日。

⑤ B. I. Marshak and Valentina I. Paspopova, "Buddha Icon from Panjikent", *Silk Road Art and Archaeology*, 1997/1998, 5, pp. 297-305.

⑥ [法]鲁保罗：《西域的历史与文明》，耿昇译，新疆人民出版社2006年版，第83页。

认为,"粟特人并没有从他们的本土带来佛教,佛教是他们在东方获得的。7—9世纪与汉人的宗教接触促使粟特人将佛经从汉文本译成粟特文。"①

公元2世纪和3世纪,佛经汉译者则多带"康"姓,著名者如康孟详(194—199年)、康僧会(?—280年)、康巨、康法朗、康法畅和康僧渊等。按照汉文称呼域外各族人的惯例,通常在其名之前冠以该族族名的略称,因此,"康姓等辈则多能较为轻易地断定为康国人。康姓佛僧(尤其是唐、五代及此前的"康"姓者)屡见于汉籍记载中,表明中亚佛教僧侣在古代中国的佛学发展方面扮演过重要的角色"。② 这些粟特僧人对佛教的贡献不仅限于最初将佛教传入中国,更在于此后系统地介绍佛学,翻译佛经。他们之中最活跃的是康僧会,其先祖因商贾而移居于交趾,后在建业建塔造寺,此为当地建佛寺之始。

4—8世纪,欧亚大陆丝绸贸易空前繁荣,中国同中亚、印度之间联系加强。因此,西来的佛僧和商人成为佛教在中国传播的重要中介。《洛阳伽蓝记》就记载了"时佛法经像盛于洛阳,异国沙门,三千余人"。③ 昭武九姓何国的僧伽大师(?—710年)就是当时入华粟特佛教高僧的代表。

五 粟特人与希腊化因素的东传

一些希腊化文化遗产也随着粟特人进入中国,它们主要反映在中国境内与粟特人有关的考古发现中。以山西出土的虞弘墓为例,其浮雕"夫妇对饮图"就保留了明显的希腊化艺术风格。对饮图中的男女主人往往是侧面像,而四分之三侧面像正是希腊视觉艺术中人物形象的一个特点。④

一些希腊神话与宗教主题曾出现在中亚的金属器物上,也随着粟特商人传入中国。1983年,在宁夏固原北周大都督李贤(503—569年)夫妇合葬墓中,出土了一个鎏金银壶。银瓶腹中部有6个人物,分为三组。这6个人物展现的故事可能源于古希腊神话传说中的"帕里斯裁判"和"特

---

① 张广达:《文本、图像与文化流传》,广西师范大学出版社2008年版,第293页。
② 芮传明:《中华文化通志——中国与中亚文化交流志》,上海人民出版社1998年版,第173页。
③ (北魏)杨衒之:《洛阳伽蓝记》,杨勇校笺,中华书局2006年版,第200页。
④ 参见 Stephen B. Luce, etc, "Archaeological News and Discussions", *American Journal of Archaeology*, Vol. 46, No. 2, 1942, p. 280。

洛伊战争"。三位女性的服饰样式也具有希腊风格，也使用了四分之三的侧面比例。虽然不能确定这个银壶是粟特商人带来，并通过何种方式转入李贤手中，但它的产地是巴克特里亚，它有可能作为一种商品或礼品由粟特商人带入。李贤长期在地处丝路要道的河州、原州、瓜州等地为官，与来华胡商（主要是粟特商人）有接触交往也在情理之中。[1]

粟特人长期在欧亚内陆扮演着多种宗教和文化传播者的角色，其原因可归纳如下：

第一，中亚处于丝绸之路中枢的特殊地理位置及其民族与文化的多元性使它成为各种宗教信仰的融合之处。琐罗亚斯德教在粟特地区流行，并没有妨碍佛教、摩尼教和基督教在粟特的传播，因此在粟特就出现了多种宗教并存的现象。

第二，宗教在传播过程中具有很大的灵活性和适应性。琐罗亚斯德教、景教和摩尼教在东传过程中，在一定程度上融合了佛教的教义，并模仿佛教图像为己所用。《魏书·高昌传》中记载了高昌地区"俗事天神，兼信佛法"，景教在东传中也带有佛教色彩。摩尼教教义很多方面与佛教教义相糅合，中亚和中国的摩尼教经文受到佛教的影响，采用了一些佛教术语。粟特壁画，尤其是片治肯特壁画并不属于任何单一宗教，而是多元宗教的结合。粟特历史的复杂性也是造成多元宗教文化并存的原因之一。粟特不断受到外来民族的入侵和控制，因而也就不得不接受各种各样的宗教信仰。

第三，在汉唐之际，粟特商人开始向东迁徙，在我国新疆塔里木盆地周边地区及北方丝绸之路沿线形成了一系列的粟特人聚落。粟特聚落不仅在粟特商业发展中发挥了作用，而且也是佛教、摩尼教、景教东传的重要中转站。

第四，宗教传播与商业活动联系在一起。粟特商人除转运商品外，他们的文化也得到传播的机会，宗教的传播者或者与商队同行，或者自己也

---

[1] 参见宁夏回族自治区博物馆、宁夏固原博物馆《宁夏固原北周李贤夫妇墓发掘简报》，《文物》1985年第11期；罗丰《北周李贤墓出土的中亚风格鎏金银瓶——以巴克特里亚金属制品为中心》，《考古学报》2000年第3期。

从事商业活动，"粟特商人有时候将摩尼教寺院当做储备物资之地或者是银号"。①

第五，粟特语逐渐成为丝绸之路上的一种通用语言，这也有助于宗教的传播。

小 结

粟特地区位于丝绸之路的中枢地区。粟特人借助于这种优越的地理位置，在欧亚大陆文明交往史上扮演了重要的角色。索格底亚那地区与古波斯帝国和其后的希腊化世界之间的政治、经济和文化往来，可以说是丝绸之路的前奏。随着丝路的延伸，中亚与印度、西亚、地中海世界和古代中国之间联系逐渐建立并加强，粟特人也就一跃而为丝绸之路的商业民族。粟特人的活动范围之广可从粟特古文信、穆格山文书以及在印度河流域上游、中亚七河地区、蒙古等地发现的铭文得到证实。佛教、祆教、摩尼教、景教的东传入华都有粟特人的参与推动。从这个意义上说，粟特人确实不愧为丝路贸易的推动者和多元文化的传播者。

（执笔：齐小艳）

---

① Samuel N. C. Lieu, *Manichaeism in Central Asia and China*, Leiden, Boston：Brill, 1998, p. 81.

第七章　斯基泰人与草原丝绸之路

"草原丝绸之路"是指通过草原地带沟通欧亚大陆的商贸大通道，主要路线由中原地区向北越过阴山、燕山一带，西北穿过蒙古高原、阿尔泰山，向西经中亚北部、南俄草原，直达黑海、多瑙河口。不同时期不同地区的游牧民族所共同创造的草原文明就是围绕着这个绿色通道生生不息，形成了与农耕文明相互对立但又相辅相成的依存关系。

文献与考古资料显示，西方在汉代之前已有丝绸的使用。[1] 有学者认为西方早期丝绸源自中国，并推测可能经由欧亚草原传输而来。[2] 若果真如此，那么当道的游牧民族就是"草原丝路"的开创者，东西方物质文化交流的中转站。草原丝路的出现首先与欧亚草原的地理环境有关，这里地势平坦、植被疏矮，就像一望无际的无水之"海"，而且纬度较高，是沟通东西方的捷径；其次是与欧亚草原的游牧民族有关，他们属于逐水草而居的"行国"，迁徙不定，自觉或不自觉地担当了东西方物质文化交流的载体；第三与欧亚草原先进的交通工具有关，草原民族大量蓄养马匹，行动快速便利。

草原丝路虽然有其独特之处，但它并非独立存在。它从出现之日起，

---

[1] J. Biel, "Treasure from a Celtic Tomb", *National Geographic*, Vol. 157, No. 3, 1980, pp. 429 – 438; I. Good, "Strands of Connectivity: Assessing the Evidence for Long Distance Exchange of Silk in Later Prehistoric Eurasia", in T. C. Wilkinson, S. Sherratt and J. Bennet, eds., *Interweaving Worlds: Systemic Interactions in Eurasia, 7th – 1st Millennia BC*, Oxford: Oxbow Books, 2011, pp. 218 – 230; Aristotle, *History of Animals*, 5.19.6, trans. A. L. Peck, Cambridge; Mass, Harvard University Press, 1965.

[2] 戴禾、张英莉：《先汉时期的欧亚草原丝路》，载张志尧主编《草原丝绸之路与中亚文明》，新疆美术摄影出版社1994年版，第15—19页。

就和南方的农耕地区有着天然的、必然的联系。后来随着"绿洲丝绸之路"和"海上丝绸之路"的开通,它与农耕地区文明的联系就更为扩大和加强,在东西方物质文化、甚至精神文化的交流中发挥了不可低估的作用。

相对于农耕文明,欧亚草原上诸多游牧部落、部落联盟或司马迁所称之的"行国"倏兴倏灭,聚散无定。历史文献中往往缺乏记载,或者语焉不详,近代考古虽然可以复原他们的部分物质文化和精神文化风貌,但毕竟难以对他们的社会制度和生活习俗、宗教信仰,尤其是民族的变迁、兴亡有清晰的认识。他们对丝路的贡献也是如此。中国的丝绸能够在张骞之前好几个世纪传到中亚、西亚和欧洲,古代的草原民族肯定在其中发挥了中介、传递作用。但由于这些民族众多,我们很难在短短的一章中对他们分别详述。因此,本章仅以公元前一千年代中后期活跃于欧亚草原上的斯基泰人(Scythians),包括黑海地区的斯基泰人、顿河—南乌拉尔地区的萨尔马提亚人(Sarmatians)、阿黑门尼王朝所征服的萨迦人(Sakas),中国史书中的塞人为例,说明这些游牧民族或"行国"是如何自觉与不自觉地推动了丝绸之路的开拓和发展。

第一节 斯基泰人与草原丝路的开辟

"斯基泰人"广义上是希腊人对欧亚草原上游牧民族的统称,但在狭义上或实际上,不同地区的游牧民族有不同的称谓。希腊人在希罗多德时代把黑海地区的游牧民族称为斯基泰人,波斯帝国时期把其所了解或接触的游牧民族称为萨迦人(Sakas),中国汉代则把之前活动于伊塞克湖、伊犁河一带的游牧民族称为塞人。亚历山大征服中亚时,曾与斯基泰人相持于锡尔河一线,并接见过来自所谓"欧洲"和"亚洲"的斯基泰人国王的使者。[1] 可见这时希腊人把北方的游牧民族均视为斯基泰人。在斯特拉波(约公元前64/前63—公元24年)时代,他把里海以东的游牧民族也称为斯基泰人,

---

[1] Arrian, *Anabasis of Alexander*, 4.1, with an English Translation by E. I. Robson, Cambridge, Mass: Harvard University Press, 1967.

尽管他知道自里海向东有很多不同名称的部落。他们有时也被统称为北方游牧民族（nomads），如那四个灭亡了巴克特里亚希腊人王国的游牧部落。[1] 所谓的印度—斯基泰人实际上就是受大月氏所迫继续南迁的萨迦人或塞人。斯基泰人主要活动于从黑海到阿尔泰山之间的地区。正是这一地区斯基泰人的迁徙及其与农耕地区的互动，推动了草原丝绸之路的形成。

一 斯基泰人西迁与草原丝路主干线的开拓

希罗多德曾提到黑海地区的斯基泰人可能来自亚洲。[2] 沙俄时期、苏联时期及今俄罗斯、乌克兰和其他国家的学者依据这一重要史料，按照民族迁徙的思路，寻找与希罗多德的记载相印证的考古材料，力图探查黑海地区斯基泰文化的起源。罗斯托夫采夫在《南俄与中国的动物风格艺术》一书中推测，斯基泰动物风格艺术起源于中亚地区[3]，从而提出黑海地区斯基泰人来自亚洲的著名假说。之后，一些学者，如特雷诺日金、布克文克和鲍泽克（J. Bouzek）等都支持此说。特雷诺日金将"亚洲起源论"进一步发展、完善。他认为黑海地区斯基泰人起源于西西伯利亚，他们所使用的带有卡拉苏克文化（Karasuk）[4] 特征的箭镞、短剑、刀和马具可为证据[5]。长期以来，这一假说广为流行，支持者众多，尤其是随着南西伯利亚、中亚等地区考古的展开，亚洲起源论的证据大大增多。本节将着重探讨黑海地区斯基泰人的亚洲起源和迁徙之路，以及他们在草原丝路主干线开辟过程中的作用。

据希罗多德引述的公元前7世纪末希腊诗人阿里斯提亚斯（Aristeas）

---

[1] Strabo, Geography, 11.8, with an English Translation by Horace Leonard, Cambridge, Mass: Harvard University Press, 1988.

[2] Herodotus, *Histories*, 4.11, with an English translation by A. D. Godley, Cambridge, Mass: Harvard University Press, 1921.

[3] M. Rostovtzeff, *The Animal Style in South Russia and China*, Princeton: Princeton University Press; London: H. Milford, Oxford University Press, 1929, p. 68.

[4] 卡拉苏克文化主要分布于米努辛斯科（Minusinsk）盆地、南西伯利亚、鄂毕河上游、贝加尔湖、阿尔泰以及哈萨克草原等地区，年代在公元前2千纪末至前1千纪初之间。

[5] E. Jacobson, *The Art of the Scythians: the Interpenetration of Cultures at the Edge of the Hellenic World*, New York: Brill, 1995, pp. 35 – 36; E. E. Kuz'mina, *The origin of the Indo-Iranians*, (ed. J. P. Mallory) Leiden/Boston: Brill, 2007, p. 382.

《独目篇》①，阿里玛斯庇亚人（Arimaspi）②驱逐伊塞顿人（Issedones），伊塞顿人又驱逐斯基泰人，于是后者来到黑海地区。③由此可知，斯基泰人的起源地曾靠近伊塞顿人，之后其领地被伊塞顿人占领。关于伊塞顿人居地，希罗多德在记述波斯王居鲁士在中亚征讨马萨革泰人（the Massagetae）时，曾提到后者居住在东方日出的方向，在Araxes河对面，与伊塞顿人相对的地方。④据此，伊塞顿人当在锡尔河附近，离马萨革泰人的地区不远。然而，希罗多德在《历史》第4卷叙述黑海北岸斯基泰人周边民族时，提到希腊人所熟知的最东边的民族是阿尔吉帕人（Argippaei，秃头族）。从斯基泰人地区向东，走过一段崎岖不平的多石地带，就碰到一座高不可攀的大山，秃头人就居住在这座大山脚下。⑤对于此山，学界倾向是阿尔泰山。阿尔泰山西南面陡峭险峻，海拔4000多米，是经过崎岖的哈萨克丘陵地带后所遇到的第一座大山脉，符合希罗多德对阿尔吉帕人居地的描述。阿尔吉帕人居地应在阿尔泰山西南，准格尔盆地以北，额尔齐斯河上游与斋桑泊附近。接着希罗多德又说，秃头族以东的地方，居住着伊塞顿人。⑥那么伊塞顿人居地只能在准格尔盆地以东，阿尔泰山南麓和天山北麓地区。希罗多德关于伊塞顿人居地的两条线索似乎存在出入，如果笔者所论马萨革泰人居地在中亚地区属实，那马萨革泰人的"对面"在天山的东端似乎过于遥远。

为了解决希罗多德两条线索的矛盾，中国学者马雍和王炳华将阿尔吉

---

① 阿里斯提亚斯是希腊传说中的诗人，生于普罗孔涅苏斯岛（Proconnesus），据说曾到过斯基泰和中亚地区，创作《独目篇》（Arimaspeia），记录了当时欧亚草原上的诸民族及其战事。
② 在斯基泰语中Arima意为"一"，spu意为"目"，因此希腊人称其为独目人。参见Herodotus, Histories, 4.27, with an English translation by A. D. Godley, Cambridge, Mass: Harvard University Press, 1921。
③ Herodotus, Histories, 4.13, with an English translation by A. D. Godley, Cambridge, Mass: Harvard University Press, 1921.
④ Herodotus, Histories, 1.201, with an English translation by A. D. Godley, Cambridge, Mass: Harvard University Press, 1921. 关于此河的方位和所指，学界有争议。笔者认为是指中亚的阿姆河，参见张龙海《希罗多德笔下的Araxes河略考》，《内蒙古大学学报》2016年第5期。
⑤ Herodotus, Histories, 4.23, with an English translation by A. D. Godley, Cambridge, Mass: Harvard University Press, 1921.
⑥ Herodotus, Histories, 4.25, with an English translation by A. D. Godley, Cambridge, Mass: Harvard University Press, 1921.

帕人置于哈萨克丘陵地带，① 这样伊塞顿人分布在楚河至伊犁河之间便显得合情合理。但希罗多德的原文明确指出，走过崎岖不平的地带，才是住在高山脚下的阿尔吉帕人。余太山的观点很有启发意义，他认为希罗多德的两条线索反映的是伊塞顿人不同时期的居地②。伊塞顿人位于秃头人以东的信息来自阿里斯提亚斯，而他曾经向东游历到达伊塞顿人活动的区域，希罗多德认为可信才予以肯定。这条信息反映的是公元前7世纪中亚诸族群的分布情况，应该是阿里玛斯庇亚人驱逐伊塞顿人，伊塞顿人又驱逐斯基泰人后的结果。而马萨革泰人与伊塞顿人相对的信息很可能反映的是后来伊塞顿人由天山东端迁至锡尔河附近的情况。③

在将北高加索和黑海北岸斯基泰文化考古材料与中亚和南西伯利亚斯基泰文化考古材料进行认真分析比较后，笔者发现北高加索和黑海北岸斯基泰文化与哈萨克斯坦东部斯基泰文化更为接近，略呈三角形的卷曲猫科动物纹、高大的墓葬结构以及一端弯曲的三孔马镳等可为佐证④。上文所论秃头人和伊塞顿人的居地就位于哈萨克斯坦东部及毗邻地区。如伊塞顿人驱逐斯基泰人属实，那斯基泰人西迁黑海北岸前的原居地当在哈萨克斯坦东部及周边地区。也许斯基泰人是败于伊塞顿人和秃头人的联合打击，斯基泰人被驱离后，伊塞顿人和秃头人瓜分了原属斯基泰人的领地。

可能就是在此时，斯基泰人开始分为两支，一支向西迁徙，越过哈萨克丘陵地带，到达今天外乌拉尔南部的草原地带⑤，希罗多德说他们是背叛了王族斯基泰人的别部⑥；一支向南迁徙，进入锡尔河对岸的马萨革泰人

---

① 马雍、王炳华：《公元前七至二世纪的中国新疆地区》，《中亚学刊》1990年第3期。
② 余太山：《早期丝绸之路文献研究》，商务印书馆2013年版，第154—158页。
③ 关于希罗多德记载的远East诸民族的活动范围，也可参见杨巨平《碰撞与交融：希腊化时期的历史和文化》，中国社会科学出版社2018年版，第271—273页。
④ 参见杨建华、邵会秋、潘玲《欧亚草原东部的金属之路》，上海古籍出版社2016年版，第270—358页；J. Davis-Kimball, et al., *Nomads of the Eurasian Steppes in the Early Iron Age*, Berkeley, CA：Zinat Press, 1995, pp. 5 – 58, 193 – 314。
⑤ 在今天外乌拉尔南部地区发现一座大型库尔干（封丘墓），名为"大克里莫夫斯基"（Big Klimovski）。墓葬具备欧洲斯基泰人的一些特征。研究者认为，这可能体现了该地人群与欧洲斯基泰人的稳定联系，或他们本身就是"斯基泰人别部"。参见 L. Koryakova, A. Vladimirovich, *The Urals and Western Siberia in the Bronze and Iron Ages*, Cambridge：Cambridge University Press, 2007, p. 236。
⑥ Herodotus, *Histories*, 4.22 with an English translation by A. D. Godley, Cambridge, Mass：Harvard University Press, 1921.

领地，在与后者发生冲突后，斯基泰人转而向西北迁徙，相继经阿姆河、于斯蒂尔特高原（Ustyurt Plateau）、乌拉尔河、伏尔加河、顿河、第聂伯河（Dnieper）、布格河（Bug River），在德涅斯特河（Dniester）附近与辛梅里安人（Cimmerians）发生决定性一战，取胜后成为黑海北岸地区的主人。

希罗多德曾提到希腊商人经常从奥尔比亚（Olbia）[①]和黑海沿岸其他商埠出发，一路开展贸易，直到阿尔吉帕人那里。[②]关于当时这条草原贸易路线西段的走向，我们可以根据希罗多德的记载和考古发现尝试复原。从黑海北岸的斯基泰人地区开始，向东渡过顿河，进入撒乌罗玛泰伊人（the Sauromatae）地域，其地域从亚速海凹入部分（今俄罗斯罗斯托夫州西部）开始，向北（实际东北）延展15天的路程。[③] 据此，撒乌罗玛泰伊人当在亚速海和顿河以东，伏尔加河下游和里海西北地区。在撒乌罗玛泰伊人的上方是布蒂尼人（the Budini），布蒂尼人以北，首先是需要7天行程才能穿过的一片荒漠地带。[④] 此处希罗多德的记载可能出现了失误。若布蒂尼人在撒乌罗玛泰伊人的北方，前者当在顿河与伏尔加河之间，其北方不可能有沙漠。倒是撒乌罗玛泰伊人东部里海北岸有一片沙漠。布蒂尼人境内有一座名为格洛尼（Gelonus）的城市，四周是高高的城墙，每一边长30斯塔狄亚（Stadia，约5.5千米），完全用木头建成。[⑤] 第聂伯河东岸支流沃尔斯克拉河（Vorskla River）流域发现有始建于公元前7世纪中晚期的建筑遗址。该地区南部是不设防的敞开式聚落，北部有一座大型设防城市，城墙周长30千米，内分三区。考古学者认为以上遗址分别属于布蒂尼人和格洛尼人。[⑥]

[①] 公元前7世纪由来自米利都的希腊殖民者所建，位于今南布格河口处。
[②] Herodotus, *Histories*, 4.17 – 22, with an English translation by A. D. Godley, Cambridge, Mass：Harvard University Press, 1921.
[③] Herodotus, *Histories*, 4.21, with an English translation by A. D. Godley, Cambridge, Mass：Harvard University Press, 1921.
[④] Herodotus, *Histories*, 4.21 – 22, with an English translation by A. D. Godley, Cambridge, Mass：Harvard University Press, 1921.
[⑤] Herodotus, *Histories*, 4.108, with an English translation by A. D. Godley, Cambridge, Mass：Harvard University Press, 1921.
[⑥] J. Davis-Kimball, et al., *Nomads of the Eurasian Steppes in the Early Iron Age*, Berkeley, CA：Zinat Press, 1995, p.48; T. Sulimirski and T. Taylor, "The Scythians", in J. Boardman, et al. (eds.), *The Cambridge Ancient History*, Vol.3, Cambridge University Press, 1991, p.588.

如此，布蒂尼人和格洛尼人当在撒乌罗玛泰伊人西北，第聂伯河与顿涅茨河（Donets）之间的沃尔斯克拉河流域。从荒漠再向东行进，就到杜撒该塔伊人（the Thyssagetae）居住的地区。① 希罗多德所记可能有误，应向东北，直接向东是今穆戈贾尔山（Mugodzhar hills）宽阔高地半荒漠带。杜撒该塔伊人是狩猎民族，人数众多，当生活在乌拉尔河中上游地区。与他们毗邻的是玉尔凯（Iyrkae）人，属于森林狩猎民族。过了玉尔凯人居住的地域再稍稍向东，他们就是外乌拉尔南部地区斯基泰人别部。② 该地区的草原带主要分布在今天哈萨克斯坦的阿克莫拉（Akmola）州。如此，斯基泰人别部很可能在阿克莫拉草原带，而玉尔凯人则应在外乌拉尔南部的托博尔河（Tobol River）与伊希姆河（Ishim River）上游地区。

考古发现使我们比较详细地描述这条贸易之路在黑海北岸地区的走向。在第聂伯河曲起始以及因古列茨河（Ingullitz River）与因古尔河（Inhul）河源附近地区，发现一些开放的建筑聚落遗址，其中最早的建于公元前7世纪左右，遗址中发现大量由希腊和奥尔比亚进口的陶器残片，表明它们与奥尔比亚存在密切联系。③ 第聂伯东岸支流苏拉河（Sula River）流域发现许多始建于公元前6世纪中叶的定居遗址，其中最大的一处位于苏拉河上游的巴索夫卡（Basovka），它近2千米长500米宽，外有宽2米的护城河，城墙宽8米高3米。城中出土有公元前6世纪晚期的希腊陶器碎片和其他物品，表明其与希腊殖民城市的商业往来已经开始。④ 值得注意的是在巴索夫卡遗址中，发现有来自17个个体的人骨和一些动物骨骼及厨房垃圾混杂在一起，分散于几处地点和不同地层。类似情形在苏拉河其他遗址中也有发现。居于该地区的可能是希罗多德提到的"食人族"。⑤ 斯基泰文化早期，沃尔斯克拉河地区最大的城市是格洛尼人的"木城"。城市

---

① Herodotus, *Histories*, 4.22, with an English translation by A. D. Godley, Cambridge, Mass: Harvard University Press, 1921.
② Ibid..
③ T. Sulimirski and T. Taylor, "The Scythians", in J. Boardman, et al. (eds.), *The Cambridge Ancient History*, Vol. 3, Cambridge University Press, 1991, pp. 580–581.
④ Ibid., p. 586.
⑤ Herodotus, *Histories*, 4.18, with an English translation by A. D. Godley, Cambridge, Mass: Harvard University Press, 1921.

遗址中发现大量希腊陶器，表明该城应是奥尔比亚前往东方的重要商业中心之一。顿涅茨河中游也存在一些早期斯基泰时代[①]的聚落遗址和墓葬，其中也有一些希腊产的陶器和金属器物发现。考古学家判断，这些遗迹应是希罗多德提到的美兰克拉伊尼人（Melanchlaeni），即黑衣族。[②] 黑衣族的领地也应是奥尔比亚商人东去的必经之路。在顿河与伏尔加河接近地区，发现了许多斯基泰人时期产自希腊本土或黑海北岸希腊人殖民城市的手工制品，陶器、铅制圆章和钱币等。[③] 这表明该地区很可能也是希腊人东方贸易路线的所经之地。

综上所述，希罗多德笔下由黑海北岸至东方亚洲的草原贸易之路的具体走向是，从奥尔比亚出发，沿布格河支流因古尔河上溯至第聂伯河曲起始之处，而后跨过第聂伯河，至苏拉河上游，经沃尔斯克拉河的"木城"，到顿涅茨河中游黑衣族的境域，继续向东跨过顿河，到达顿河与伏尔加河最为靠近之处[④]，在此处与起自萨夫罗马泰人领地亚速海东北岸顿河河口塔奈斯港口（今罗斯托夫，Rostov）的路线汇合后，向东跨过伏尔加河，进入里海北岸沙漠，再沿乌拉尔河谷上行，在奥尔斯克（Orsk）附近穿过乌拉尔山，到达托博尔河与伊希姆河上游，再经阿克莫拉地区草原带，由卡拉干达（Karaganda）穿过哈萨克丘陵地带，最后到达阿尔泰山西南麓。

二　萨迦人、塞人迁移与草原丝路中亚支线的拓通

中亚大部分地区是沙漠，由坐落于东南部、东部和东北部的兴都库什山、帕米尔、天山和阿尔泰山等山脉，以及位于西部的里海和咸海所环

[①]　公元前9—前3世纪，多瑙河至贝加尔湖之间的欧亚草原广泛存在着一种游牧文化，学界称其为斯基泰文化，其所处时代称为斯基泰时代。

[②]　Herodotus, *Histories*, 4.20, with an English translation by A. D. Godley, Cambridge, Mass: Harvard University Press, 1921; 参见 T. Sulimirski and T. Taylor, "The Scythians", in J. Boardman, et al. (eds.), *The Cambridge Ancient History*, Vol. 3, Cambridge University Press, 1991, p. 588。

[③]　[苏联] C. B. 贝因斯坦·科干:《伏尔加河—顿河运河：历史地理概况》，翟松年译，科学出版社1957年版，第9页。

[④]　今伏尔加格勒地区。希罗多德在描述由黑海沿岸至中亚的地理状况时没有相关伏尔加河的信息，他很可能将顿河与伏尔加河误认为一河。两河在伏尔加格勒地区靠近很可能是他出错的原因，也可能当时两河相汇。

— 393 —

绕。北部由沙漠向半沙漠、草原逐渐过渡。草原的边界不是特别稳定，在湿润的气候时期会向南偏移，干旱的气候时期则向北移。这样的地形和气候特点对当地人的经济方式产生了直接影响。

在山区，众多的山峦造就了数不清的山麓、谷地，它们是小河的源地，也是小河的滋润之地。这些小河大部分是中亚两大水系阿姆河与锡尔河的支流。锡尔河上游流经费尔干纳谷地，使它更加肥沃。中亚东部有伊犁河、楚河、塔拉斯河、克孜勒苏河（Kizilsu River）、卡斯卡达利亚河（Kaskadaria）和索赫河（Sokh River），它们也从高山奔流而来，维持着哈萨克斯坦南部七河地区的富饶。中亚两个最大的淡水湖泊，巴尔喀什湖和伊塞克湖就位于该地区。中亚有很多河流，如泽拉夫善河、桑扎尔河（Sanzar）、捷詹河（Tedzhen）、萨里苏河（Sarysu）及楚河等，有的注入内陆湖海，有的注入沙漠。此外，中亚大的河流都会周期性改道。这样便形成了许多绿洲、沼泽、三角洲和谷地平原，为农业和畜牧业人群提供了适宜的居住之地。

考古学证据显示，中亚的畜牧业存在多种经营模式。在大河的三角洲地带和农业绿洲的边缘地带，牧人在有限的范围内放牧，主要过着定居生活。传统的游牧文化与农耕文化因此出现了紧密的共生关系，这种情况主要发生在阿姆河与锡尔河下游地区。

哈萨克斯坦中、西部是一种"水平"游牧模式，牧人全年处于游牧状态，移动的距离很大。哈萨克斯坦中部冬季降雪很少，因此牧人冬季亦可在这一地区放牧。据民族志证据可知，该地区的牧人沿锡尔河中下游做"子午线"循环迁移，冬季南下到萨里苏河与楚河下游过冬，因为这里的冬季牧场可以利用，夏季则北上到咸海以北驻牧。[1]

南乌拉尔（包括哈萨克斯坦西部）的牧人则不同，他们会选择到咸海地区过冬。[2] 他们的游牧路线中主要的一条经过于斯蒂尔特高原。近些年在于斯蒂尔特和曼格什拉克（Mangyshlak）地区发现十余处与宗教崇拜有

---

[1] J. Davis-Kimball, et al., *Nomads of the Eurasian Steppes in the Early Iron Age*, Berkeley, CA: Zinat Press, 1995, p. 243.

[2] L. Koryakova, A. Vladimirovich, *The Urals and Western Siberia in the Bronze and Iron Ages*, Cambridge: Cambridge University Press, 2007, p. 236.

关的圣殿遗迹，年代初步断定为公元前4—前2世纪。① 据斯特拉波和阿里安等古典作家记载，公元前4—前3世纪活动于该地区及其附近的是达海人（Dahae）②。有关专家由此推测，这些圣殿遗迹很有可能曾是达海人进行宗教活动的场所。

于斯蒂尔特高原像一座"孤岛"，高于周围地区约300—500米，四周多为悬崖峭壁，只有某些地方可以通行。高原之上，无湖泊，无河流，无成熟的植被，但可从深井中汲取淡水和盐水。气候非常恶劣，近三千年来几乎没有什么变化。因此，在早期铁器时代不可能有较多的人口长期居住于此。这一地区应该只是游牧迁移、人群迁徙和商贸往来的通道。那些圣殿很可能是经常穿行于此的游牧人所建。经由该地区，他们冬季到咸海以南过冬，与当地的游牧人、定居畜牧和农耕人群发生关系，夏季到乌拉尔南部和哈萨克斯坦北部放牧，与西西伯利亚的森林草原人群产生联系。

天山七河、费尔干纳和帕米尔地区的游牧模式为"垂直"迁移。夏季一部分人口赶着牲畜沿着山谷，轮转于高山草甸之间，可远达塔里木盆地和吐鲁番盆地边缘，与当地的绿洲人口或由东而来的游牧人群发生接触，冬季他们和畜群则返回位于山谷或山麓的永久居住地，在这里他们会与由西来此过冬的游牧人群产生交往。

以帕米尔为例。帕米尔按地形特征可分为东、西两部分。东帕米尔平均海拔较高，河谷纵横宽阔、湖泊星罗棋布，山峦或丘陵高度相对较低，坡度缓和，如当地人所称"帕米尔"，意即"平坦的屋顶"。东帕米尔草原富饶，物种繁多，适合放牧。西帕米尔则不然，是典型的高山区，山系众多，谷地狭窄，峭壁嶙峋，水流湍急，道路难行，但海拔向西逐渐减低。由东帕米尔绵延而来的草原到西帕米尔被森林取代。帕米尔气候甚是恶劣，冬季时间可达7个月，即使在夏季的七、八月，晚上也会出现冰霜。

---

① J. Davis-Kimball, E. M. Murphy, L. Koryakova, et al., *Kurgans, Ritual Sites, and Settlements Eurasian Bronze and Iron Age*, BAR International Series 890, Oxford: Archaeopress, 2000, pp. 33-42.

② 希罗多德提到，波斯人将离他们最近的北方游牧部落称为萨迦人（Sakas）。（Herodotus, *Histories*, 1.153, 3.93, 7.9, with an English translation by A. D. Godley, Cambridge, Mass: Harvard University Press, 1921.）马萨革泰人、达海人等都可统称为萨迦人。参见张龙海《马萨革泰人、萨卡人及二者关系探论》，《科学·经济·社会》2017年第2期。

虽然自然条件如此艰苦,但自古以来就有人类居住于此。民族志资料显示,该地区的游牧人会沿着河谷、山口迁移放牧。夏季到东帕米尔的高山草原放牧,冬季则会返回西帕米尔的谷地、山麓驻冬。①

托勒密《地理志》中记述了一个叫作"Sacara"的地区。"Sacara 的西界是索格底亚那的东界。其北界与斯基泰(Scythia)相对,界线沿着锡尔河弯伸展,止于130°49°处。其东面也和斯基泰相接,界线穿越 Ascatancas 山,直到伊毛斯山(Imaus)140°43°处,再向北穿越伊毛斯山,止于145°35°。其南面以伊毛斯山为界,界线沿该山延伸与前述点相接。"

"游牧民占据了 Sacara,但城镇中无穴居或林居者。锡尔河附近是 Caratae 和 Comari,沿山区分布的是 Comediae 人,沿 Ascatancas 山分布的是马萨革泰人,其间是 Grynaci、Scythae 和 Toornae,他们下方伊毛斯山附近是 Byltae 人。"②

根据以上描述,Sacara 的范围西到索格底亚那的东界,北至锡尔河中上段左岸,东到帕米尔高原,南达兴都库什山。余太山认为,托勒密此段描述的是塞人的分布情况,他们既可能是公元前177/前176年自伊犁河、楚河流域南下进入该地区,也可能是公元前140年左右侵入巴克特里亚后向东蔓延到该地区。③ 托勒密提到的一些萨迦人,如马萨革泰人等,确实是从其他地方迁徙而来。希罗多德曾提到马萨革泰人在里海之东的广阔平原上,阿里安曾提到他们在索格底亚那附近,④ 埃拉托色尼曾提到他们靠近巴克特里亚,⑤ 托勒密则记载他们居住在西帕米尔地区。以上古典作家所记载的马萨革泰人的不同居地,正是他们不断迁徙的反映。阿黑门尼王朝覆灭后,达海人势力逐步增强,几乎占据整个里海东岸,后来又有帕提

---

① P. K., "The Recent Exploration of the Pamir", *Nature*, 1885, May. 21, pp. 59–61; M. Nazif Shahrani, *The Kirghiz and Wakhi of Afghanistan: Adaptation to Closed Frontiers and War*, Seattle and London: University of Washington Press, 2002, p. 34.

② Claudius Ptolemy, *The Geography*, 6.13, translated and edited by Edward Luther Stevenson, with an introduction by Prof. Joseph Fischer, New York: Dover Publication, Inc., 1991.

③ 余太山:《塞种史研究》,商务印书馆2012年版,第38页。

④ Arrian, *Anabasis of Alexander*, 4.16–17, with an English Translation by E. I. Robson, Cambridge, Mass: Harvard University Press, 1967.

⑤ Strabo, *Geography*, 11.8.8, with an English translation by Horace Leonard Jones, Cambridge, Mass: Harvard University Press, 1988.

亚王国和希腊—巴克特里亚王国的崛起，马萨革泰人在上述势力的挤压下，一步步向东迁徙，直到帕米尔地区。

根据《史记》与《汉书》记载，老上单于时，杀月氏王，以其头为饮器。月氏遁逃，西击塞王，塞王南越悬度。塞种分散，往往为数国。又据《汉书》，自疏勒以西北，休循、捐毒之属，皆故塞种，且二国均在大宛东南。疏勒，今喀什附近，大宛，今费尔干纳，因此休循、捐毒二国皆在帕米尔北部山区。若以上托勒密描述的是塞人南迁后的情况，那么 Sacara 地区不仅有迁徙而来的萨迦人，也有来自伊犁河、楚河流域的塞人。这些塞人很可能是穿越天山，经费尔干纳谷地，到达帕米尔北部地区。

草原丝绸之路经过中亚地区的主要路线分别是：其一，从天山北麓，进入伊犁河、楚河和塔拉斯河流域，由此或向西北沿锡尔河而下，至咸海，顺其北岸西行，过恩巴河（Emba River）、乌拉尔河、伏尔加河，直到黑海北岸，或西越锡尔河进入河中地区；其二，从帕米尔北部，进入费尔干纳，再西行进入河中沙漠绿洲地区，继续西北行，经于斯蒂尔特，与草原丝绸之路主干道汇合；其三，从帕米尔南部，进入阿富汗，或西行前往伊朗，或向南进入印度。在斯基泰时代，以上路线所经之地多为游牧人居住，并且他们的游牧、迁徙和劫掠路线与丝路走向基本一致。丝绸之路所经过的天山、帕米尔和于斯蒂尔特等地区地理位置偏远、自然条件恶劣，直到19世纪末20世纪初，对于外来人而言，依然陌生而危险，但对当地的游牧人来说却习以为常。正是游牧生产方式的形成，也就是在斯基泰时代，以上地区才成为人类的可居之地。所以，丝绸之路在这些地区的开拓与畅通离不开当地游牧人的探索与经营，尤其在农耕文明势力无法控制这些地区之时。从长时段来看，古代丝路贸易在这些地区的顺利运行主要还是依靠当地的游牧人。

欧亚草原贸易之路黑海—中亚段的贯通是斯基泰人西迁的结果。这条道路的拓通可追溯到公元前8世纪之前。阿尔泰—蒙古高原之间的路线由于中国古代北方游牧民族的迁徙活动，应该开通得更早[1]。即使有山地、沙漠等地理环境的阻隔，欧亚草原贸易之路通往南部中亚、西亚地区各个

---

[1] 详见张龙海《试论鬼方、斯基泰人、塞人与草原丝绸之路的贯通》，《内蒙古社会科学》2020年第5期。

支线的开通也不会晚于斯基泰时代（公元前9—前3世纪）。这样早期草原丝路的对接在绿洲丝绸之路开通前就已经实现了，中亚、西亚和欧洲出现早于两汉时期的丝绸便可以理解了。巴泽雷克墓地出土的战国丝绸有力地证明了丝绸作为商品在草原贸易之路上的流通。如此，将早期欧亚草原贸易之路称为"草原丝绸之路"也就名副其实了。一条横跨亚欧大陆草原地带以游牧民族为主体的交通线的正式形成，大大促进了东西方物质文化的交流。

第二节 斯基泰人与草原丝路上的物质文化交流

草原丝路的开通，不仅繁荣了各地区的短、中程贸易，还使得远程贸易成为可能。希腊商品由黑海北岸的斯基泰人向东转运至乌拉尔和阿尔泰地区。高加索山以东的斯基泰人（萨迦人、塞人）主要是通过草原丝路中亚段与波斯帝国和之后的远东希腊化王国开展经贸往来。中国北方的草原丝路主要控制在月氏和匈奴手中，借助它们中国内地得以与西域各民族进行贸易。张骞通西域之前，丝绸已传输至西方，它们应是经草原丝绸之路由各地的游牧民族转运而来。游牧民族与农耕民族商贸往来的最大特点就是，前者利用原材料或初级产品换取后者的奢侈品或高级产品。

伴随着物质交换，更深层次的文化交往也在发生。游牧民族与其近邻农耕民族的文化交往在艺术、宗教等方面表现突出。由于当时游牧民族的生产力和社会发展水平相对低于农耕民族，所以前者较多地受到后者的文化影响。又从东西方文化交往的角度来看，游牧民族在其中发挥了关键作用，他们充当了东西方物质文化交流的中介。

一 斯基泰人与爱琴海、黑海地区希腊城邦的贸易及文化交往

早在公元前6世纪，一种由爱琴海地区的希腊人、黑海北岸的希腊殖民者、斯基泰人"三方"构成的贸易体系便开始建立，这一体系将希腊人和斯基泰世界联系在了一起。早期希腊人殖民城邦主要扮演了中介者的角色，它们从母邦和其他希腊商业中心进口斯基泰人急需的货物，再将它们输出到斯基泰内陆，作为交换，它们收取斯基泰人提供的原材料和奴隶，再将它们转运到希腊世界。这一贸易体系在以后的历史发展中不断丰富、

完善，直到成为这一地区的贸易常态。

公元前 6—前 5 世纪，斯基泰人的活动中心位于第聂伯河下游与顿河下游之间的草原上。由于最为靠近斯基泰人，且位于布格河河口与第聂伯河河口交汇之处，交通便利，奥尔比亚在早期希腊—斯基泰贸易中占据主导地位。作为"三方"贸易的中间人，起初奥尔比亚向斯基泰人提供从爱奥尼亚希腊人那里输入的随身饰品、金银器、雕塑、酒、油以及贵重武器等各种奢侈品。[1] 后来随着自身手工业的发展和完善，奥尔比亚也向斯基泰人出口自己生产的商品，如青铜镜、青铜鍑等。希腊商品进入斯基泰内地，除政治性的贡赋外，主要依赖于商人的贸易活动。一方面，斯基泰人可以直接到奥尔比亚的市场上购买货物，希罗多德就曾提到斯基泰人经常出入奥尔比亚。[2] 另一方面，在斯基泰人的允许下，希腊商人可以驾驶装载货物的船舶，沿第聂伯河和布格河深入内陆，与居于草原和森林草原地带的斯基泰人诸部开展贸易。1962 年，考古学家在乌克兰佐罗托诺萨区（Zolotonosa）的佩斯卡诺伊村（Pescanoe）发现一艘公元前 5 世纪末的沉船。沉船地点古代曾是第聂伯河的一条支流，现在已变成陆地，距离奥尔比亚约 500 公里。在遗迹中，考古学家发现了一艘由橡树干制成的大型简易独木舟，一具尸骨，一些陶器以及 15 件华丽的镀金希腊青铜器。对遗骨的人类学鉴定结果表明，他是一个年轻人，属地中海人种。[3] 但在人类学上关于希腊人和斯基泰人两个民族之间的区别，目前尚无法给出一个精确的说法。这位年轻人的身份以及他此次经商之旅的准确出发地和目的地仍是一个谜。然而，在第聂伯河与顿河之间的斯基泰人主要居住区分布着一些希腊人据点，有希腊式的防御工事、房屋和大量希腊陶器，这表明希腊商人在斯基泰内陆居住已久。[4] 这位因事故而丧生的年轻人很可能就是从

---

[1] T. Sulimirski, "The Scyths", in I. Gershevitch, et al. (eds.), *The Cambridge History of Iran*, Vol. 2, Cambridge University Press, 1985, p. 157.

[2] Herodotus, *Histories*, 4.18, with an English translation by A. D. Godley, Cambridge, Mass: Harvard University Press, 1921.

[3] R. Rolle, *The World of the Scythians*, Berkeley, Los Angeles: University of California Press, 1989, pp. 92 – 93.

[4] S. M. Burstein, "The Greek Cities of the Black Sea", in K. H. Kinzl, ed., *A Companion to Classical Greek World*, Malden, MA: Blackwell Publishing Ltd., 2006, p. 148.

内陆希腊人商业据点购买商品的斯基泰人或由据点出发前往斯基泰人中做买卖的希腊人。

斯基泰人从希腊世界进口的主要商品应该是葡萄酒。斯基泰人喜好饮酒的习俗在希腊古典作品中经常提到。公元前6世纪希腊抒情诗人阿那克里翁（Anacreon）在其《饮酒歌》中曾提及斯基泰人的酗酒嗜好。[①] 希罗多德也曾记述过，斯基泰人饮用不掺水的烈酒，当斯巴达人要饮用烈酒而不是普通的酒时，总会说"像斯基泰人那样给我斟上"。[②] 斯基泰人喜好饮酒与其文化习俗有关，酒在他们的观念中是勇武、荣耀和忠诚的象征。据希罗多德的记载，斯基泰人每个地区的首领都会在其辖区内每年举行一次这样的活动：在混酒钵内调好酒宴请那些在战争中杀敌立功的人，那些没有杀过敌人的人则无权品尝这种酒。[③] 希罗多德还曾提到，斯基泰人在缔结盟约时会有一种饮用血酒的仪式，以加强双方对誓言的忠诚。[④] 古典作家提到的斯基泰人所饮用的烈酒与调和酒应该不是他们自己酿造的马乳酒，因为这种酒酒精度低，饮用时无需兑水。马乳酒又称"酸马乳"，是游牧人平时喝的传统饮料。斯基泰人所饮之酒应该是来自希腊世界的葡萄酒。葡萄酒一般装在阿弗拉瓶（Amphoras，希腊式细颈尖底双耳罐）里，几乎整个斯基泰时代的墓葬中都发现了大量阿弗拉瓶，很可能它们就是因为盛酒而来。在整个斯基泰人与希腊人的贸易史中，葡萄酒一直是主要的大宗商品。对阿弗拉瓶的研究表明，公元前6—前5世纪斯基泰人所饮用的葡萄酒大都是奥尔比亚从爱奥尼亚母邦引入，其中米利都是最早的供应者，希俄斯（Chios）则因所产葡萄酒质地优良成为主要的供应商。[⑤] 佩斯卡诺伊村沉船上保存的物品也非常清晰地表明了斯基泰

[①] R. Rolle, *The World of the Scythians*, Berkeley, Los Angeles: University of California Press, 1989, p. 93.

[②] Herodotus, *History*, 6.84, with an English translation by A. D. Godley, Cambridge, Mass: Harvard University Press, 1922.

[③] Herodotus, *History*, 4.66, with an English translation by A. D. Godley, Cambridge, Mass: Harvard University Press, 1921.

[④] Herodotus, *History*, 4.70, with an English translation by A. D. Godley, Cambridge, Mass: Harvard University Press, 1921.

[⑤] N. A. Gavrilyuk, "Greek Imports in Scythian", in D. V. Grammenos and E. K. Petropoulos (eds.), *Ancient Greek Colonies in the Black Sea* 2, Vol. 1, Oxford: Archaeopress, 2007, pp. 639–640.

人对酒的消费。其中有富丽奢华装饰的古希腊大容量器皿，如阿弗拉瓶、大肚细嘴提水罐、盆和桶形容器以及双耳调酒缸都是为贮存或配制葡萄酒之用。

希腊人向斯基泰人提供奢侈品和消费品，斯基泰人则向前者提供原材料和农牧业初级产品如谷物、奴隶、畜牧产品、皮革、皮毛和贵金属等。当时斯基泰人向希腊人提供的最大宗商品应该是奴隶。发现于奥尔比亚的公元前6世纪末的铭文中多次提到奴隶，出自法纳戈里亚（Phanagoria）的公元前6世纪晚期的铭文里更是提到了波利斯提尼人（Borysthenes）（古典作家常以此称奥尔比亚人）出口到此的用于贩卖的奴隶。[1] 斯基泰人向希腊本土输出奴隶早到公元前6世纪。阿提卡陶器作坊的油漆奴隶中有Kolchos和Skythas的名字可以反映这一点。[2] 公元前5世纪，阿提卡进口的斯基泰人奴隶数量较大。雅典人开始购买斯基泰人奴隶作为士兵用于战斗，[3]并且很可能使用斯基泰人奴隶作为警察来维持社会秩序，他们的身影不时出现在当时的喜剧中[4]。当然，这里所谓的"斯基泰人奴隶"可能并非真正的斯基泰人，而应该是斯基泰人从其统治和敌对区域掠夺而来的异族民众和战俘，只不过希腊世界以其供应商称呼罢了。

公元前6—前5世纪，斯基泰人奴隶的主要去向可能是希俄斯和雅典。希俄斯在希腊世界以奴隶贸易闻名。产自希俄斯的陶器在奥尔比亚发现非常多，很有可能奥尔比亚将斯基泰人俘获的人口运往希俄斯的奴隶市场出售，作为交换大量收购希俄斯的酒和橄榄油。[5] 斯基泰人墓葬中不断增加

---

[1] A. Avram, "Some Thoughts about the Black Sea and the Slave Trade before the Roman Domination (6th – 1st Centuries BC)", in V. Gabrielsen and J. Lund (eds.), *The Black Sea in Antiquity*: *Regional and Interregional Economic Exchanges*, Black sea Studies 6, Aarhus University Press, 2007, p.239.

[2] N. A. Gavriljuk, "The Graeco-Scythian Slave-trade in the 6th and 5th Centuries BC", in P. G. Bilde, J. M. Højte, V. F. Stolba and A. N. Shcheglov (eds.), *The Cauldron of Ariantas*: *Studies Presented to A. N. Ščeglov on the Occasion of His 70th Birthday*, Aarhus: Aarhus University Press, 2003, p.77.

[3] Aeschines, *The Speeches of Aeschines*, 2.173, trans. C. D. Adams, Cambridge, Mass: Harvard University Press, 1958.

[4] B. Babler, "Bobbies or Boobies? The Scythian Police Force in Classical Athens", in D. Braund (eds.), *Cultural Interaction in Scythia*, *Athens and the Early Roman Empire*: *Six Century BC-First Century AD*, Exeter: University of Exeter Press, 2007, pp.114 – 122.

[5] N. A. Gavriljuk, "The Graeco-Scythian Slave-trade in the 6th and 5th Centuries BC", p.80.

的希腊进口物品以及奥尔比亚城市化的发展与经济的繁荣都可以说是受益于奴隶贸易的大规模进行。

公元前4—前3世纪，黑海北岸希腊人的贸易中心发生转移，奥尔比亚的商业活动只限于西部一个小范围之内，潘提卡佩昂（Pantikapaion）和博斯普鲁斯王国的其他城市接受了大部分的斯基泰人市场。[①] 伯罗奔尼撒战争晚期，随着西西里战役的惨败、迪西利亚（Decelea）要塞的敌对以及优波亚岛（Euboea）的丢失等一系列打击，使雅典越来越重视与黑海地区的谷物贸易。博斯普鲁斯抓住时机，通过每年免费向雅典提供一定数量的粮食，[②] 大力发展与雅典的友好关系，作为回报雅典给予了博斯普鲁斯很多特权[③]。

这一时期博斯普鲁斯销往希腊本土的小麦，很大程度上是由内陆的斯基泰农民生产的。至于它如何到达博斯普鲁斯统治者手中，当地斯基泰人贵族应该发挥了中介作用。这可能是该时期斯基泰人贵族墓地围绕博斯普鲁斯都城潘提卡佩昂分布的原因。斯基泰人贵族的"农庄"可能在组织与管理小麦的收获和出口中发挥了主导作用。当然，博斯普鲁斯王国自身也生产小麦。为满足雅典等希腊城邦的粮食需求，博斯普鲁斯向东、西两侧不断扩张领土，占领优良的港口和小麦生产区。据德摩斯梯尼（Demosthenes），博斯普鲁斯国王琉坎一世（Leucon 公元前387—前347年）及其子帕里萨德一世（Paerisades，公元前346—前310年）在位时期，授予开往雅典的商船免税和优先装载谷物的权利。德摩斯梯尼声称，琉坎每年向雅典提供400000麦斗（medimnoi，按阿提卡制相当于51.84升）的谷物，占雅典每年进口量的一半。[④] 斯特拉波提到，由博斯普鲁斯提奥多西亚运往

---

① T. Sulimirski, "The Scyths", in I. Gershevitch, et al. (eds.), *The Cambridge History of Iran*, Vol. 2, Cambridge University Press, 1985, p. 157.

② Demosthenes, *Orations*, *Against Leptines*, 20, trans. J. H. Vince, Cambridge, Mass, Harvard University Press, 1989.

③ D. Braundin, "Black Sea Grain for Athens? From Herodotus to Demosthenes", in V. Gabrielsen and J. Lund (eds.), *The Black Sea in Antiquity: Regional and Interregional Economic Exchanges*, Black sea Studies 6, Aarhus University Press, 2007, p. 63.

④ S. M. Burstein, "The Greek Cities of the Black Sea", in K. H. Kinzl, ed., *A Companion to Classical Greek World*, Malden, MA: Blackwell Publishing Ltd., 2006, p. 146.

雅典的物资一次就多达 2100000 麦斗。① 可见，博斯普鲁斯与雅典之间的贸易联系之紧密，货运量之巨大。

公元前 5 世纪末以后，在雅典、德尔斐和罗德斯的记录中麦奥提斯人（Maeotians）奴隶明显比斯基泰人奴隶更为引人注意。② 麦奥提斯人奴隶很可能是由麦奥提斯（亚速海）地区贩运而来。为与内陆腹地的斯基泰人进行贸易交换，博斯普鲁斯王国还在顿河流域建立一些殖民地，如伊利扎维托夫斯科耶（Elizavetovskoe）、塔奈斯等。伊利扎维托夫斯科耶最初是一个斯基泰人、萨尔马提亚人、麦奥提斯人和希腊人混居的地区，后来成为博斯普鲁斯王国商业殖民地。斯特拉波《地理志》中曾提到塔奈斯，它是博斯普鲁斯的希腊人建立的，是一个国际商贸中心，部分商人是来自亚洲和欧洲的游牧人，部分商人是从博斯普鲁斯来的希腊人，前者带来了奴隶、皮革和游牧民族所拥有的物品，后者则以衣物、酒和其他文明生活所需要的物品与前者交换。③ 考古资料显示，塔奈斯建立于公元前 3 世纪上半期，周围有设防的城墙，中有一道内墙将希腊人与当地人居住区分开。④ 由此可见，出现于希腊本土的麦奥提斯人奴隶是经由博斯普鲁斯贩运而来。在希腊化时代，麦奥提斯地区毫无疑问是黑海北岸最为重要的奴隶贸易中心。

除继续转运来自希腊本土的商品外，博斯普鲁斯王国的自产商品也有显著增长。公元前 4—前 3 世纪，博斯普鲁斯（主要是潘提卡佩昂）产的陶器在斯基泰人墓葬中占据主导地位。⑤ 这可能与博斯普鲁斯出现极为高产优质的葡萄园有关。⑥ 博斯普鲁斯可以自己生产葡萄酒，直接提供给斯

---

① Strabo, *Geography*, 7.4.6, with an English translation by Horace Leonard Jones, Cambridge, Mass: Harvard University Press, 1988.

② A. Avram, "Some Thoughts about the Black Sea and The Slave Trade before the Roman Domination (6th –1st Centuries BC)", p.244.

③ Strabo, *Geography*, 11.2.3, with an English translation by Horace Leonard Jones, Cambridge, Mass: Harvard University Press, 1988.

④ P. Bogucki and P. J. Grabtree, *Ancient Europe* 8000 B.C. –A.D. 1000: *Encyclopedia of the Barbarian World*, Vol. II, New York: Charles Scribner's Sons, 2004, p.294.

⑤ T. Sulimirski, "The Scyths", in I. Gershevitch, et al. (eds.), *The Cambridge History of Iran*, Vol. 2, Cambridge University Press, 1985, p.157.

⑥ A. A. Maslennikov, "The Development of Graeco-Barbarian Contacts in the Chora of the European Bosporus (Sixth-First Centuries)", in G. R. Tsetskhladze (eds.), *North Pontic Archaeoogy Recent Discoveries and Studies*, Leiden; Boston; Koln: Brill, 2001, p.161.

基泰人。公元前5世纪到前4世纪之交，一些希腊本土的工匠开始移民到博斯普鲁斯王国工作。他们按照斯基泰人的品位制作他们喜欢的动物风格装饰品。这种将希腊与斯基泰元素融为一体的艺术表现形式，被称为"希腊—斯基泰"艺术。带有这种艺术风格的物品在晚期斯基泰人墓葬中大量出土。其中靠近博斯普鲁斯王国的斯基泰人墓葬，如库尔奥巴、波尔沙亚·伯利兹尼萨（Bol'shaya Bliznitsa）等出土的一些艺术品，据研究很多是由博斯普鲁斯的作坊生产。①

从早期斯基泰时代开始，借助于"泛斯基泰"的安全环境，奥尔比亚与深居欧亚内地的斯基泰人间的远程贸易也有发展。在希罗多德提到的草原之路沿线，出土了一些产自希腊本土或奥尔比亚的手工制品。如伏尔加河—顿河流域出土的打印商标的希腊铅制圆章和奥尔比亚钱币，② 乌拉尔地区出土的奥尔比亚青铜镜③。公元前4—前3世纪，在远程贸易方面，奥尔比亚的主导地位也被博斯普鲁斯王国取代。顿河上游的沃罗涅日（Voronezh）地区已少见奥尔比亚的产品，由博斯普鲁斯进口而来的手工制品成为主流。④ 伏尔加格勒地区则发现了潘提卡佩昂的钱币。斯特拉波也提到了来自亚洲的游牧人群在博斯普鲁斯的商业城市与希腊人开展贸易。黑海北岸地区缺乏贵金属矿产，来自乌拉尔、西伯利亚等地区的黄金可能也出现在希腊人与斯基泰人的贸易之中。

公元前7世纪晚期或前6世纪早期，活动于北高加索地区的斯基泰人与小亚地区的希腊人之间已有艺术上的交往。库班地区科勒梅斯（Klementz）4号墓出土一面镀金银镜（图7-1）。博德曼（J. Boardman）认为，它背面的"动物女神、狮子、斯芬克斯、绵羊、山羊、狐狸、鹰、格里芬和狮子撕咬公牛的形象完全是希腊—爱奥尼亚风格，还有少部分形象

---

① M. Treister, "Masters and Workshops of the Jewellery and Toreutics from Forth-century Scythian Burial-Mounds", in D. Braund (eds.), *Cultural Interaction in Scythia, Athens and The Early Roman Empire: Six Century BC-First Century AD*, pp. 56 – 63.

② ［苏联］C. B. 贝因斯坦·科干：《伏尔加河—顿河运河：历史地理概况》，翟松年译，科学出版社1957年版，第9页。

③ T. Sulimirski, *The Sarmatians*, London: Thames and Hudson, 1970, p. 53.

④ T. Sulimirski, "The Scyths", in I. Gershevitch, et al. (eds.), *The Cambridge History of Iran*, Vol. 2, Cambridge University Press, 1985, p. 189.

第七章　斯基泰人与草原丝绸之路

虽然有些东方化，但处理方法是希腊式的"[1]。除以上形象之外，还有一头野猪、一头熊以及一个小的卷曲猫科动物，野猪的姿势与肌肉表现手法明显属于斯基泰艺术，后二者则明显属于斯基泰艺术主题。另外，银镜具备典型的西伯利亚外形（圆形，镜背中央具钮环）。因此，这件艺术品应该是希腊艺术和斯基泰艺术相结合的产物，可能由小亚的希腊人作坊为斯基泰贵族制作的。从斯基泰艺术和希腊艺术相融合的形式来看，它应该处于希腊—斯基泰艺术的初始阶段，因为银镜背面的装饰图案只是斯基泰式和希腊式的简单组合。

图 7-1　镀金银镜[2]

从公元前 6 世纪早期开始，斯基泰艺术和希腊艺术的交往有所深入，二者的表现手法开始融合于同一形象之中。小亚以弗所一座不晚于公元前 6 世纪初或前半期的阿尔特米斯神庙发现一件野猪纹象牙饰牌，其形象

---

[1] E. Jacobson, *The Art of the Scythians: the Interpenetration of Cultures at the Edge of the Hellenic World*, New York: Brill, 1995, p. 185.
[2] Ibid., Fig. 69.

为一"半立式"野猪。它的一些特征明显不同于当地风格,尤其是腿的姿势和水滴形耳朵显示出独特的斯基泰艺术风格。俄罗斯学者康托洛维奇(A. R. Kantorovich)认为,这件象牙饰牌上的野猪纹保留了斯基泰"立式"野猪纹的某些特征,又融合了近东"卧式"野猪纹的一些设计理念创作而成。①

到公元前 5 世纪,随着希腊人和斯基泰人交往的增加,希腊人开始大规模为斯基泰人制作所需之物,希腊艺术对斯基泰艺术的影响逐渐明显。斯基泰动物风格艺术开始出现一定的改变。在动物形象上,例如,雄鹿角末梢开始出现鸟头的样式,取代了之前卷曲或呈 S 形的长角。到公元前 5 世纪末,鸟头又被格里芬头取代,格里芬带尖耳,显示出希腊艺术的强烈影响。这一艺术造型还影响到了中亚、阿尔泰地区的斯基泰人。不仅如此,希腊艺术的影响还带来了一些新的主题。如七兄弟墓地出土的希腊产品上的公鸡、珀加索斯(Pegasos)、带翼野猪、猫头鹰和森林之神西勒诺斯(Silenus)等。② 早期斯基泰艺术在刻画人物上受西亚的影响,但到公元前 5 世纪,希腊艺术带来了更具自然写实的人物创作方法。例如,安诺夫卡(Annovka)发现一件铜镜③,镜柄为一平举双臂的裸体女性,其造型典雅优美,如同真人。希腊艺术还给斯基泰艺术带来了一种叙事性结构的观念。伊利扎维托夫斯科 16 号墓一件剑鞘,鞘体上装饰图案为两头狮子追赶一头野猪,后面的狮子身体 180 度翻转,好像正在追咬前面狮子的后腿。剑鞘悬挂处装饰着一头正在撕咬鹿头的狮子。整个装饰画面生动、活泼,互动性强。奥纳伊克(Onayko)指出,虽然该作品可能是非希腊工匠制作,但深受希腊艺术的影响。④

---

① A. R. Kantorovich, "A Gold Plate in the Collection of the Museum of the Historical Treasures of the Ukraine and the Motif of the Recumbent Wild Boar in the Scythian Animal Style", *Ancient Civilizations from Scythia to Siberia*, Vol. 20, 2014, pp. 212 – 233.

② E. Jacobson, *The Art of the Scythians: the Interpenetration of Cultures at the Edge of the Hellenic World*, New York: Brill, 1995, pp. 166 – 168.

③ E. H. Minns, *Scythians and Greeks: A Survey of Ancient History and Archaeology on the North Coast of the Euxine from the Danube to the Caucasus*, Cambridge University Press, 1913, p. 377.

④ E. Jacobson, *The Art of the Scythians: the Interpenetration of Cultures at the Edge of the Hellenic World*, New York: Brill, 1995, pp. 242 – 243.

公元前 4—前 3 世纪，黑海北岸斯基泰人与该地区的希腊殖民城邦交往互动更为频繁且深入。博斯普鲁斯王国的希腊手工作坊，按照斯基泰贵族的订单为他们生产金银制品。这样斯基泰人的艺术观念、品味与希腊人的艺术观念、技艺发生了强烈碰撞，促使希腊—斯基泰艺术走向成熟。从这一时期出土的艺术品来看，艺术主题更加多样，艺术内容更加丰富，艺术表现更加写实，艺术刻画更加细致，艺术设计更加复杂。狮子或格里芬袭击牡鹿、马、山羊或野猪的创作主题开始大量出现。与此同时，人物形象、植物图案和自然风景也被纳入到斯基泰动物风格的主题之中。希腊工匠获知斯基泰人的需求后，充分发挥自己的创作灵感，对以上主题进行交叉组合，以描绘斯基泰人的生活场景。可以说，人物刻画和叙述性的构图方式是这一时期黑海北岸希腊—斯基泰艺术的两大鲜明特征。

总之，在与希腊人的长期接触和交往中，黑海北岸斯基泰人从文化发达、艺术昌盛的希腊人那里受益良多。斯基泰动物风格艺术逐步扬弃了原始性和野性，具有了希腊艺术精致典雅的风范。罗斯托夫采夫指出，这一趋势在公元前 5 世纪已经开始，并在公元前 4 到前 3 世纪一直保持。[1] 斯基泰艺术的转变反映了希腊文化对斯基泰人的深刻影响。希腊人理性的美感和高级的社会组织形式对斯基泰人的思想、观念形成了巨大冲击。

希腊艺术的影响还向东传播到乌拉尔、中亚和阿尔泰地区的斯基泰人之中。乌拉尔山脚下的菲力波夫卡墓地出土一件木质包金银站鹿（图 7-2）[2]，其夸张的大角和加长的口鼻部显然是当地草原居民的设计理念，但其卷须形的大角显然受到了希腊植物纹的影响。这种卷须的莨苕纹在阿尔泰巴泽雷克 2 号墓中也有发现（图 7-3）[3]。棕榈叶（图 7-4）、希腊式格里芬等题材在阿尔泰的斯基泰人墓葬中大量发现，制作原料为当地传统的木、角、毡和皮革，常作为马具的装饰品。以上希腊艺术题

---

[1] 郭物：《马背上的信仰：欧亚草原动物风格艺术》，人民美术出版社 2005 年版，第 60 页。

[2] J. Aruz, *The Golden Deer of Eurasia*: *Perspectives on the Steppe Nomads of the Ancient World*, The Metropolitan Museum of Art, New York: Yale University Press, 2006, p. 50.

[3] G. Azarpay, "Some Classical and Near Eastern Motifs in the Art of Pazyryk", *Artibus Asiae*, Vol. 22, No. 4, 1959, p. 323.

材应该是经草原丝绸之路东传的,在传播过程中经过了不同地区匠人的修改和重新诠释。

图7-2 木制包金银鹿①   图7-3 皮带局部②   图7-4 木制马具饰件③

  西迁至黑海北岸之初,斯基泰人十分排斥异风异俗,尤其是希腊人的习俗和宗教。根据希罗多德的记述,两位斯基泰贵族因着迷于希腊习俗和宗教,与希腊人交往,效仿希腊人祭祀,先后被处决。④ 斯基泰人对希腊宗教的排斥也可得到考古证据的支持。在希莱亚(Hylaea)地区发现了一些被毁坏的祭坛。⑤ 虽然斯基泰人最初对希腊神持消极、反对态度,但随着斯基泰人与希腊人交往的深入,越来越多的斯基泰人开始信仰希腊的宗教。在奥尔比亚发现一处医神阿波罗的神庙(the temple of Apollo the Healer),其中现存的最早奉献给该神的是一件公元前6世纪中期的克拉佐门奈(Klazomenai)阿弗拉瓶。瓶口处刻有铭文,维诺格拉多夫(Yu. G. Vinogradov)将其译为:一个叫阿纳皮勒斯(Anaperres)的人,阿纳卡尔西斯(Anacharsis)的儿子,斯基泰人,奉献给北风之神阿波罗"父亲的蜂

---

① J. Aruz, *The Golden Deer of Eurasia: Perspectives on the Steppe Nomads of the Ancient World*, The Metropolitan Museum of Art, New York: Yale University Press, 2006, p. 50.

② G. Azarpay, "Some Classical and Near Eastern Motifs in the Art of Pazyryk", *Artibus Asiae*, Vol. 22, No. 4, 1959, Fig. 8.

③ Ibid., Fig. 2.

④ Herodotus, *Histories*, 4. 76, 78 – 80, with an English translation by A. D. Godley, Cambridge, Mass: Harvard University Press, 1921.

⑤ D. Braund and S. D. Kryzhitskiy (eds.), *Classical Olbia and the Scythia World: From the Sixth Century BC to the Second Century AD*, Oxford University Press, 2007, p. 97.

蜜"。维诺格拉多夫进一步指出,这位奉献者就是著名的斯基泰智者阿纳卡尔西斯的儿子,阿纳卡尔西斯给他的儿子取了一个希腊名字,并教会他写希腊字母。① 即使这一假设不能成立,也可证明除阿纳卡尔西斯和斯库勒斯之外,仍有斯基泰人冒着生命的危险崇拜希腊神。

公元前5世纪早期,希腊神崇拜可能已渗透到斯基泰地区内陆。茹洛夫卡(Zhurovka)附近的一处斯基泰人古墓中,出土一件制作于公元前5世纪早期的红彩基里克斯陶杯。其上刻有一些粗糙的希腊语铭文,可译为:"献给海豚与医者的酒杯"。值得注意的是,阿波罗的两种象征形式在此处被组合在了一起,这种情况是奥尔比亚阿波罗崇拜的典型特征。② 这件酒杯来自希腊殖民城邦毋庸置疑,但其上的铭文在何处所刻存在两种推测,茹洛夫卡附近或奥尔比亚。如果前一种推测成立,那么阿波罗崇拜已传入斯基泰地区深处。若后一种推测成立,也不排除曾经往来或住在奥尔比亚的墓主人接受了对阿波罗两种形式的崇拜。

到公元前5世纪中后期,希腊神在斯基泰人中的崇拜已比较普遍。除了斯基泰人的民族神塔比提(Tabiti)外,希罗多德还提到了斯基泰人所信奉的其他神祇,他们大部分应是来自希腊的神。在塔比提之下,首先是宙斯和他的妻子盖亚(Gaea),其次是阿波罗、赫拉克勒斯和阿瑞斯。全体斯基泰人都崇拜以上诸神。但王族斯基泰人也向波塞冬献祭。在斯基泰语中,宙斯称为帕派乌斯(Papaeus),盖亚称为阿皮亚(Apia),阿波罗称为奥耶托叙鲁斯(Oetosyrus),波塞冬称为萨米玛萨达斯(Thamimasadas)。③ 在希腊神的谱系中,宙斯是众神之王,奥林匹斯山上的最高神;盖亚是大地之神,众神之母,也是宙斯的母亲,不是斯基泰人认为的宙斯的妻子;接下来是海神波塞冬、灶神赫斯提亚、战神阿瑞斯、太阳神阿波罗、大力神赫拉克勒斯。斯基泰神谱里诸神的等级次序与希腊的并不相同,表明斯基泰人不是简单地照搬希腊诸神,而是按照自己的民族习惯进行了调整。

---

① D. Braund and S. D. Kryzhitskiy (eds.), *Classical Olbia and the Scythia World: From the Sixth Century BC to the Second Century AD*, Oxford University Press, 2007, p. 100.
② Ibid., p. 99.
③ Herodotus, *Histories*, 4.59, with an English translation by A. D. Godley, Cambridge, Mass: Harvard University Press, 1921. 根据希罗多德的记载,斯基泰人对阿芙罗蒂特的崇拜来自叙利亚。

古国文明与丝绸之路

　　斯基泰人祭祀神祇的方式也受到了希腊宗教的影响。据希罗多德的记载①，斯基泰人对阿瑞斯的献祭仪式不同于其他诸神。除阿瑞斯外，他们不为其他诸神塑像，修建祭坛和神庙。斯基泰人在他们的每个辖区内，都建有祭祀阿瑞斯的神庙。这种神庙是用薪柴搭建起来的立方高台，三面陡峭，只有一面可以登上去。高台顶部建有一个方形平台，柴堆因下雨会不断下沉，所以每年斯基泰人都要把150车的薪柴堆放在它上面。每一座神庙的顶部平台上都要插一把铁刀，它象征着阿瑞斯。从以上情况看，斯基泰人在希腊宗教的影响下，已开始选择固定的场所，使用特定的偶像对神灵进行崇拜。

　　公元前5世纪之后，越来越多的希腊神和英雄出现在斯基泰人的物品上，比如雅典娜、西蒂斯（Thetis）、赫尔墨斯、阿喀琉斯（Achilles）、迈那得斯（Maenads）、斯库拉（Scylla）等。虽然他们不一定是斯基泰人崇拜的对象，但却是斯基泰人喜爱的艺术题材。带有希腊神和描述希腊神话的物品的涌入，使得斯基泰人的宗教发生了一些改变。最为重要的改变就是斯基泰神的人格化造型。在森林草原地带有与崇拜炉火有关的圆形祭坛，祭坛里面有时会发现放有人格化的神灵造型。② 这种造型很可能象征了灶神塔比提。黑海地区斯基泰文化中还常见一种以手持镜子的女神面对一位持莱通的斯基泰人为图案的金饰片（图7-5），大多出现在公元前4世纪。对于女神的身份，国外学者有的认为是斯基泰女神塔比提，有的认为是另一斯基泰女神阿基姆帕萨（Argimpasa）。③

二　斯基泰人与波斯帝国、希腊化王国的贸易及文化交往

　　通过草原丝路中亚支线，南乌拉尔、阿尔泰和天山七河地区的游牧人群得以与阿黑门尼波斯帝国及之后的希腊化王国开展贸易及文化交往。在以上游牧人群居住地区发现的具有阿黑门尼王朝风格的人工制品主要可分为三类：伊朗内地生产的物品，帝国北部行省生产的物品和当地的仿制

---

① Herodotus, *Histories*, 4.62, with an English translation by A. D. Godley, Cambridge, Mass: Harvard University Press, 1921.
② 张文玲：《黄金草原——古代欧亚草原文化探微》，上海古籍出版社2012年版，第48—49页。
③ 国外学者观点详见张文玲《黄金草原——古代欧亚草原文化探微》，上海古籍出版社2012年版，第50—51页。Argimpasa 也可称为 Artimpasa（阿丁帕萨）。

第七章　斯基泰人与草原丝绸之路

图 7-5　金饰牌①

品。这些物品或原型主要通过商业贸易的方式进入游牧世界，对当地游牧文化的发展产生了巨大影响，很多成为游牧人墓葬考古断代的重要依据。

相比境外游牧人，阿黑门尼王朝境内的萨迦人可能充当着帝国与北方游牧人贸易的中间商。19 世纪晚期，在阿富汗和塔吉克斯坦边界地区，即阿黑门尼王朝的巴克特里亚行省和索格底亚那行省相邻地区，发现了一批重要的金银器，据说出土于阿姆河北岸的塔赫特库瓦德（Takht-iKuwad）附近的渡口。因此，这些金银器物被称为"阿姆河宝藏"②。

---

① E. Jacobson, *The Art of the Scythians*: *the Interpenetration of Cultures at the Edge of the Hellenic World*, New York: Brill, 1995, Fig. 63.

② 据达尔顿和皮奇柯岩（I. R. Pichikiyan）介绍，1880 年 5 月，在从喀布尔前往白沙瓦的道路上，三个来自布哈拉的商人遭到一群强盗的劫持。在抢劫发生时，商人的一名仆人设法逃跑，将劫持之事报告了附近的一名英国上尉伯顿（F. C. Burton），伯顿立即带人去追捕，在一个山洞将强盗们截获。但由于当时伯顿只带有两名士兵，不得不与强盗们妥协，只将其中四分之三的货物归还商人。三个商人带着这部分失而复得的货物继续前往白沙瓦，最后在拉瓦尔品第将这些货物出售，几经转手，这些文物被当时英国驻印度考古顾问官陆军少将坎宁安（A. Cunningham）收藏。后来，他又将这些文物卖给了弗兰克斯（A. W. Franks）爵士。1897 年弗兰克斯死后，将它们遗赠给大英博物馆。美秀博物馆收藏的"阿姆河宝藏"据说是被强盗劫去的那部分。这批宝藏被藏匿在阿富汗纽里斯坦省某地，直到 100 多年后的 1993 年才重新被发现。关于阿姆河宝藏的出土地点、出土时间、构成以及有无赝品等存在很多争议。具体可参见 J. Curtis, "The Oxus Treasure in the British Museum", *Ancient Civilizations from Scythia to Siberia*, Vol. 10, No. 3-4, 2004, pp. 293-338; O. W. Muscarella, "Museum Constructions of the Oxus Treasures: Forgeries of Provenience and Ancient Culture", *Ancient Civilizations*, Vol. 9, No. 3-4, 2003, pp. 259-275。

古国文明与丝绸之路

　　大英博物馆收藏的"阿姆河宝藏"中的部分藏品带有阿黑门尼王朝风格，经鉴定属于公元前5—前4世纪。这批宝藏的原主人可能是阿黑门尼王朝境内的斯基泰—萨迦人。据文献资料可知，索格底亚那和巴克特里亚附近确实有萨迦人活动。[①] 这些宝藏的风格及特征也表明他们属于阿黑门尼王朝统治下的萨迦人。带有动物装饰风格的饰牌、雕塑、首饰等，缝缀在衣服上的金饰牌、叶片，[②] 都是典型的斯基泰文化特征。尤其值得注意的是，有一种饰牌上打印有人物纹，他们穿着所谓的米底服，长袖紧口系带齐膝袍子和裤子，头戴盖住耳朵和下巴的软帽，腰挂短剑（图7-6）。以上着装和佩剑特征符合斯基泰人的传统。这种饰牌上的人物着装与波斯波利斯大流士皇宫浮雕上的斯基泰人或索格底亚那人纳贡代表的着装非常类似（图7-7）。他们都头戴遮住耳和下巴的尖顶软帽，上身穿系带短袍，长袖的上臂处有倒置的"T"型带饰，下身穿裤子。最有特点的是有些此种饰牌上的人物右手持握琐罗亚斯德教祭司们在举行拜火仪式时使用的圣枝束（Barson）。[③] 这些证据表明饰牌上的人物很可能是阿黑门尼王朝统治下信仰琐罗亚斯德教的萨迦人。饰牌上人物悬挂短剑的位置、角度，以及短剑的剑格和剑鞘尾端的三角型剑镖，与大流士皇宫浮雕上引导纳贡者前行的接待员和斯基泰人代表，以及议事厅浮雕上的护卫和宫殿浮雕上为国王持武器的侍卫所悬挂短剑的位置、角度，以及短剑和剑鞘的样式都非常相似（图7-8）。此外，饰牌人物一脚前一脚后的站姿与波斯波利斯浮雕上人物的站姿也基本一致。因此，饰牌上的人物造型很可能与波斯波利斯浮雕上的类似人物造型有相同渊源。带有这种人物纹的饰牌很可能产自伊朗高原，经贸易交换到达阿姆河地区的萨迦人手中。

　　在锡尔河之外的斯基泰人地区也发现了大量来自阿黑门尼王朝的商品。考古资料显示，南乌拉尔地区与波斯的关系广泛而密切。这一地区的

---

　　① Herodotus, *Histories*, 7.64, with an English translation by A. D. Godley, Cambridge, Mass: Harvard University Press, 1922; Arrian, *Anabasis of Alexander*, 4.16 - 17, with an English Translation by E. I. Robson, Cambridge, Mass: Harvard University Press, 1967.
　　② O. M. Dalton, *The Treasure of the Oxus with Other Objects from Ancient Persia and India*, Oxford: Horace Hart, 1905, pp. 75 - 117.
　　③ J. Curtis, "The Oxus Treasure in the British Museum", *Ancient Civilizations from Scythia to Siberia*, Vol. 10, No. 3 - 4, 2004, p. 294.

图 7-6　金饰牌（阿姆河宝藏）①　　图 7-7　波斯波利斯大流士皇宫浮雕上的纳贡者②

图 7-8　波斯波利斯浮雕上侍卫局部③

---

① J. Curtis, "The Oxus Treasure in the British Museum", *Ancient Civilizations from Scythia to Siberia*, Vol. 10, No. 3-4, 2004, Fig. 2.
② Ibid., Fig. 4.
③ Ibid., Fig. 8.

斯基泰—萨尔马提亚人墓葬不仅出土了阿黑门尼王室和行省作坊生产的器物，而且还发现了产自印度或伊朗及周边地区的石珍珠，以及埃及的彩陶。

在公元前6世纪到前5世纪第三季期间，皮亚提马利（Pyatimary）和伯克罗夫卡（Pokrovka）的一些墓地中已出现进口自波斯帝国的商品，包括多彩的玻璃器皿、珠宝、金属器以及埃及的彩陶。[①] 其中一件金属器物非常值得注意，它是一枚卡尔西顿印章（Chalcedon seal），应该来自安纳托利亚，年代不晚于公元前5世纪初。同墓中还出土了可能同样来自安纳托利亚的一件莱通和一副金属项链。在此时期，花拉子模（Khwarezm）的陶器也已进入南乌拉尔地区。

公元前5世纪末到前4世纪第三季期间，南乌拉尔的萨尔马提亚人遗存主要是菲力波夫卡一号墓地（Filippovka-I）。该墓地位于奥伦堡（Orenburg）地区，乌拉尔河与伊列克河（Ilek River）分水岭处，大部分墓葬已遭多次盗掘。但从考古发现依然可以看出，这一时期该地区游牧人群与波斯帝国的交往日趋紧密。菲力波夫卡一号墓地1号和15号库尔干均出土一种金制珐琅彩饰牌（图7-9），其上有一头戴王冠的男性形象，与出自波斯波利斯王宫遗址的陶器上落款风格相似。[②] 这种饰牌应该是波斯王室作坊的产品。4号库尔干出土金属器物较多，大多带有浓厚的阿黑门尼风格。其中4号墓坑男性墓主人一个手腕戴着一件大的圆形金手镯，重叠的末端装饰有窄长脸有耳动物形象，另一个手腕戴着一件更大些的"W"形的金镯，重叠的末端装饰公羊形象（图7-10）。女性墓主人则两个手腕都戴有与男性墓主人"W"形手镯风格相同的金镯子。以上金手镯在风格和样式上与阿姆河宝藏中的同类器物非常相似，年代亦相近。在女性墓主人左手附近，发现19枚饰牌，可能原来装饰在斗篷之上。其中8个较大的饰牌上面各装饰一只正脸、身体向左或向右的老虎（图7-11），头部略高于前肢，臀部有逗号饰纹，饰纹周缘是颗粒镶边。逗号纹内和耳郭内填充有淡蓝色的珐琅釉。特雷斯特（Treister）认为，这种饰牌可能是受游牧人的委

---

① M. J. Olbrycht, "Persia Beyond the Imperial Frontiers: The Nomads of the South Ural Region versus the Near East", *Anabasis*: *Studia Classica et Orientalia*, No. 6, 2015, p. 267.

② L. T. Yablonsky, "New Excavations of the Early Nomadic Burial Ground at Filippovka (Southern Ural Region, Russia)", *American Journal of Archaeology*, Vol. 114, No. 1, 2010, p. 133.

托,制作于巴克特里亚。① 4号库尔干5号墓坑出土一件青铜瘤牛型油灯（图7-12），很可能产自印度地区,经巴克特里亚的市场贩运而来。南乌拉尔地区的阿黑门尼波斯进口物品或是阿姆河与锡尔河之间的萨迦人转运而来,或是萨尔马提亚人自己购于波斯帝国边境市场。

　　阿尔泰巴泽雷克文化墓葬也出土了一些与阿黑门尼王朝有关的器物。它们中有些是当地生产,只是借用了阿黑门尼艺术的主题,有些则从波斯帝国边境进口而来,或是产自西伊朗或中亚。其中最为著名的是巴泽雷克墓地5号墓出土的一件绒毛地毯。挖掘者鲁金科认为它是来自阿黑门尼波斯的进口物品,年代在公元前5—前4世纪。② 之后,学者分别从设计图案、编制技术、所用材料和染料的来源等方面来探讨这件地毯的产地。勒纳将地毯上的设计图案与阿黑门尼官方艺术中的相关主题比较后认为,它很可能产自熟悉阿黑门尼艺术的索格底亚那或巴克特里亚,但融入了当地的审美传统。③ 柏默尔和汤普森则通过对编制技术、所用材料和染料的分析,认为这件地毯不可能来自伊朗高原,而是可能来自受阿黑门尼艺术风格影响的省份,或游牧人对进口物品的仿制。④ 一些巴泽雷克文化器物上的艺术风格与阿姆河宝藏相关器物上的艺术风格非常相似,表明两地的相关器物可能有着共同来源。它们应该是波斯内地或中亚省份所产的商品。大量带有阿黑门尼艺术风格的当地产器物亦可证明阿尔泰地区的斯基泰人与阿黑门尼王朝之间存在物质交换。因为,一些器物上的复杂设计和图案很难按记忆复原,需有进口物品作为仿制标本。阿尔泰地区也存在经巴克特里亚转运而来的印度商品。巴泽雷克墓地2号墓年代为公元前5世纪,墓中出土了两件衬衣,外层的内衬和第二层的衣料为棉织物。⑤ 它们或其

---

① M. J. Olbrycht, "Persia Beyond the Imperial Frontiers: The Nomads of the South Ural Region versus the Near East", *Anabasis: Studia Classica et Orientalia*, No. 6, 2015, p. 268.

② S. I. Rudenko, *Frozen Tombs of Siberia: The Pazyryk Burials of Iron Age Horsemen*, trans. M. W. Thompson, Berkeley and Los Angeles: University of California Press, 1970, pp. 295-296.

③ J. D. Lerner, "Some So-Called Achaemenid Objects from Pazyryk", *Source: Notes in the History of Art*, Vol. 10, No. 4, 1991, pp. 8-15.

④ H. Böhmer and J. Thompson, "The Pazyryk Carpet: A Technical Discussion", *Source: Notes in the History of Art*, Vol. 10, No. 4, 1991, pp. 30-36.

⑤ N. V. Polosmak, "The Burial of a Noble Pazyryk Woman", *Ancient Civilizations*, Vol. 5, No. 2, 1999, p. 140.

古国文明与丝绸之路

图 7-9　金制珐琅彩饰物①　　图 7-10　金手镯②

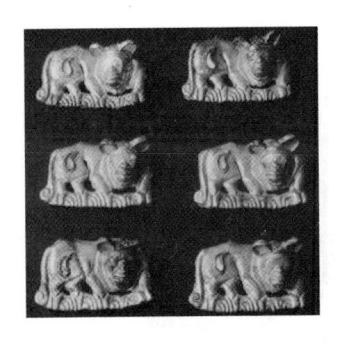

图 7-11　金制珐琅彩饰牌③　　图 7-12　青铜瘤牛型油灯④

材料可能产自印度。

　　阿黑门尼王朝主要向北方的斯基泰人提供奢侈品，而后者则向前者提供皮毛、皮革、牲畜、黄金以及优秀的雇佣兵等。在安息和萨珊时期，伊朗与乌拉尔地区的皮毛生意一直存在，⑤ 皮毛在农耕世界是高利润的紧俏商

---

① L. T. Yablonsky, "New Excavations of the Early Nomadic Burial Ground at Filippovka (Southern Ural Region, Russia)", *American Journal of Archaeology*, Vol. 114, No. 1, 2010, Fig. 3.
② Ibid., Fig. 19.
③ Ibid., Fig. 20.
④ Ibid., Fig. 21.
⑤ *The Digest or Pandects of Justinian*, 39.4.16. (7), trans. S. P. Scott, Cincinnati, 1932, https://droitromain.univ-grenoble-alpes.fr, 2017 年 11 月 24 日; R. N. Frye, "Commerce iii. In the Parthian and Sasanian periods", http://www.iranicaonline.org/articles/commerce-iii, 2017 年 11 月 24 日。

— 416 —

品。既然在阿黑门尼王朝时期，波斯与南乌拉尔已有贸易往来，那么皮毛也必在其中。南乌拉尔和阿尔泰的斯基泰人很可能也是黄金出口者。考古学者在南乌拉尔发现了金矿开采点，并在菲力波夫卡一号墓地29号墓坑发现了可能用来称量黄金的石砣。① 阿尔泰地区更是自古以来以盛产黄金闻名。希罗多德就曾提到这一地区的黄金。② 由波斯语、埃兰语和阿卡德语三种语言书写的《苏萨铭文》，记载了修建大流士王宫时从各地搜集材料和珍宝的情况，其中提到了来自巴克特里亚的黄金。③ 这里的巴克特里亚黄金有可能来自南乌拉尔或阿尔泰地区。阿里安曾提到在与亚历山大战斗的波斯联军中有来自境外的萨迦人，他们很可能是作为雇佣兵在波斯军队中服务。④

经过十年征战，亚历山大不仅将原来波斯帝国的版图收为己有，而且有所扩大。⑤ 在中亚地区，希腊人取代波斯人成为北方斯基泰人的新邻居。从希腊人进入之日起，中亚的萨迦人即与他们开始了商业贸易。"阿姆河宝藏"中有一部分属于塞琉古、希腊—巴克特里亚时期的器物。其中带有希腊文化特征的大体可分为两类，一是使用当地工艺复制或仿制希腊原型或主题的物品，一是来自希腊本土的物品。在希腊化早期，中亚的希腊移民可能主要是与军事战斗相关的人员，缺少拥有技术或经验的金匠和宝石雕刻匠人。⑥ 因此，这些带有希腊文化特征的器物，一类是由当地匠人生产，一类是希腊移民直接带来或通过贸易从希腊本土运输而来。研究者们倾向于"阿姆河宝藏"中的所有器物都出土于同一地点，或属于同一窖藏中的一部分。⑦ 也就是说，阿姆河地区的萨迦人很可能也是这些带有希腊

---

① M. J. Olbrycht, "Persia Beyond the Imperial Frontiers: the Nomads of the South Ural Region versus the Near East", *Anabasis: Studia Classica et Orientalia*, No. 6, 2015, p. 265.

② Herodotus, *Histories*, 4.13, with an English translation by A. D. Godley, Cambridge, Mass: Harvard University Press, 1921.

③ A. Kuhrt, *The Persian Empire: A Corpus of Sources from the Achaemenid Period*, New York: Routledge, 2010, p. 492.

④ M. J. Olbrycht, "Persia Beyond the Imperial Frontiers: the Nomads of the South Ural Region versus the Near East", *Anabasis: Studia Classica et Orientalia*, No. 6, 2015, p. 265.

⑤ 杨巨平：《亚历山大东征与丝绸之路开通》，《历史研究》2007年第4期。

⑥ O. M. Dalton, *The Treasure of the Oxus with Other Objects from Ancient Persia and India*, Oxford: Horace Hart, 1905, pp. 33 – 35.

⑦ J. Curtis, "The Oxus Treasure in the British Museum", *Ancient Civilizations from Scythia to Siberia*, Vol. 10, No. 3 – 4, 2004, p. 335.

文化特征的器物的主人。亚历山大时期,原属波斯帝国的萨迦人不是被希腊人征服,就是与希腊人达成了和平协定。塞琉古王国时期,虽然巴克特里亚和索格底亚那附近的斯基泰人是否仍受希腊人控制,我们不得而知,但这批宝藏中有的器物带有希腊化文化特征则是事实。这些器物很可能是通过和平方式(贸易或赠礼)到达萨迦人手中。

南乌拉尔普罗霍罗夫卡(Prokhorovka)墓地出土的一件银碗,也非常引人注意。研究者通过对该碗外形、图案和生产技术的分析,认为它产自小亚南部地区,年代在公元前4世纪中叶到该世纪第三季,属于马其顿型的阿黑门尼波斯碗。[①] 从磨损和磕碰痕迹判断,这只碗应该是在使用一段时间后,在公元前3世纪随墓主人埋入墓中。同时,该墓还出土了用玻璃和埃及陶釉制作的手串珠。考虑到年代和产地,以上物品很可能经由塞琉古王国转运至南乌拉尔。

随着时间的推移,公元前3世纪中叶希腊文化在巴克特里亚地区开始广泛传播。从地中海地区迁居而来的手工艺人,以及浸染希腊文化较深的当地艺人,共同创造了几乎集当时希腊化世界各地技艺于一身的希腊—巴克特里亚艺术。日本美秀博物馆(Miho Museum)收藏的"第二批阿姆河宝藏"包括阿黑门尼、塞琉古、希腊—巴克特里亚和印度—斯基泰等各时期的艺术品和钱币。考虑到时间跨度和部分器物所带有的宗教特征,"阿姆河宝藏"可能原来属于琐罗亚斯德教庙宇的奉献品。这表明在希腊人进入并统治阿姆河地区后,当地的萨迦人仍可能保持着原来的宗教信仰和同巴克特里亚、索格底亚那等农耕地区的贸易往来。

哈萨克斯坦共和国西哈萨克斯坦州沃罗达尔卡一号(Volodarka-I)墓地4号墓坑出土了一对装饰在马具上的圆形银制饰件(Phalerae)。对于该墓葬的年代,学者们根据墓中随葬品及其他地区发现的此类圆形饰件得出两种结论:公元前3—前2世纪下半期或公元前2—前1世纪

[①] A. S. Balakhvantsev and L. T. Yablonskii, "A Silver Bowl from the New Excavations of the Early Sarmatian Burial—Ground Near the Village of Prokhorovka", *Ancient Civilizations from Scythia to Siberia*, Vol. 15, 2009, pp. 167 – 182; M. Y. Treister, "Silver-gilt Bowl from Burial-mound B at Prokhorovka", *Ancient Civilizations from Scythia to Siberia*, Vol. 14, 2009, pp. 183 – 189.

早期。①两个饰件为镜像关系，上面描绘了一幅希腊神话中的画面，柏勒罗丰（Bellerophon）骑着珀加索斯，珀加索斯前蹄抬起，悬于怪兽奇美拉（Chimaira）后背之上。这对饰件与美秀博物馆所藏和阿伊·哈努姆遗址②出土的此类物件存在很多相似之处，尤其是奇美拉狮头和珀加索斯脖颈上卷曲打绺的鬃毛。这对圆形银制饰件很可能制作于希腊—巴克特里亚地区。艾尔米塔什博物馆（Hermitage Museum）收藏的"彼得大帝宝藏"中也有许多此类饰件。它们中一些与沃罗达尔卡、阿伊·哈努姆以及美秀博物馆的此类物件有许多共同之处，都带有浓郁的"希腊—巴克特里亚风格"。"彼得大帝宝藏"的此类圆形饰件中有一种饰有大象图案，据研究它们的年代不晚于公元前2世纪中叶。这种圆形饰件应该来自中亚或印度的希腊化王国。

希腊神的人格化造像还向东传播到中国的天山地区。新疆伊犁地区巩乃斯河畔出土了一批用于祭祀的青铜器，其中有一尊高42厘米，重4公斤的青铜武士俑（图7-13）。③武士高鼻深目，头戴色雷斯式希腊头盔，上身裸露，下身穿希腊式短裙，赤脚单腿蹲跪在地上，双手攥握，拳头中间各有一小孔，可能原来握着剑、矛或盾牌等兵器。这个袒胸、着希腊装束、健壮俊美的武士俑可能是战神阿瑞斯。希腊艺术中阿瑞斯的形象，通常戴着色雷斯式头盔，一手握矛，一手持盾。阿瑞斯的形象可能是从中亚的希腊化王国传至天山地区的。因为在黑海至中亚的草原地区尚未发现此类武士俑，并且巩乃斯的武士俑所戴的高头盔与进入中亚的希腊人高头盔更为接近④。正是这些装饰有希腊神和英雄的金属艺术品，使得斯基泰贵族熟悉并接受了希腊神祇的拟人化形象。

---

① M. Y. Treister, "Silver Phalerae with a Depiction of Bellerophon and the Chimaira from a Sarmatian Burial in Volodarka (Western Kazakhstan): A Reappraisal of the Question of the So-Called Graeco-Bactrian Style in Hellenistic Toreutics", *Ancient Civilizations from Scythia to Siberia*, Vol. 18, 2012, p. 52.

② 20世纪60年代，法国考古队在阿富汗东北部的阿姆河上游地区发现一座古代希腊式城市遗址。考古学家以遗址所在地的现代名称命名为"阿伊·哈努姆"。参见杨巨平《阿伊·哈努姆遗址与"希腊化"时期东西方诸文明的互动》，《西域研究》2007年第1期。

③ 巴依达吾列提、郭文清：《伊犁哈萨克自治州新源县出土一批青铜武士俑等珍贵文物》，《新疆大学学报》1983年第4期。

④ 吴妍春、王立波：《西域高尖帽文化解析》，《西域研究》2004年第1期。

图 7-13　青铜武士①

　　由于语言、习俗的相近以及地域的相连，阿尔泰地区的斯基泰人与阿黑门尼波斯人存在密切的文化交往。随着草原丝绸之路中亚段的开辟与畅通，阿尔泰斯基泰人的艺术中出现了大量来自波斯的艺术元素，如狮子、格里芬等一些野兽和虚幻神兽的形象，生命树、花瓣、蓓蕾等一些植物题材，动物搏斗、动物捕食的装饰主题等。他们还从波斯学会了再现动物躯体细部的技术手法和特点。用半圆弧线、细短线、圈、点突出躯体细部、肌肉轮廓，是阿黑门尼艺术的典型手法。②

　　巴泽雷克墓地 5 号墓出土一件鞍褥衬里的羊毛织物（图 7-14），为当地制品，其上装饰着 15 头行走的狮子，狮子张口、翘尾，与波斯波利斯王

---

①　http://www.chnmuseum.cn.
②　阿基舍夫：《伊塞克古墓——哈萨克斯坦的塞人艺术》，吴妍春译，《新疆文物》1995 年第 2 期。

座织物上的狮子造型（图 7-15）几乎一致。① 这件巴泽雷克文化羊毛织物上的狮子图案很明显仿制了阿黑门尼艺术中的狮子造型。斯芬克斯的造型也出现在巴泽雷克文化中。从渊源上看，阿尔泰地区的这种造型应来自波斯地区，但阿尔泰斯基泰人在原有造型上融入了当地元素。巴泽雷克墓地 5 号墓出土一件毛织壁毯（图 7-16），其上描绘了一幅猫科动物身体、人头的怪兽与神鸟搏斗的场景。② 猫科动物身体和人头组合成的怪兽是近东传统的艺术主题，可追溯到公元前 3 千纪的美索不达米亚地区。公元前 1 千纪，亚述的印章上常见斯芬克斯与各种对手搏斗的画面。阿黑门尼王朝的王宫壁画上也有斯芬克斯的形象。然而，巴泽雷克的这种怪兽只是在设计上大致遵循了近东的传统，怪兽的大角、脚爪和翅膀等明显是当地的艺术特征。那么斯芬克斯造型是如何传至阿尔泰地区的呢？巴泽雷克怪兽身上的玫瑰花状图案提供了线索。玫瑰花状图案的原型也在近东地区。③ 亚述艺术中的玫瑰花状图案多单个使用。到阿黑门尼艺术中，玫瑰花状图案已非常流行，并且大量成排使用作为装饰带。巴泽雷克怪兽身上的玫瑰花状图案与阿黑门尼艺术中的使用方式相同。因此，斯芬克斯形象应该是阿尔泰斯基泰人汲取自波斯艺术。

阿尔泰斯基泰人的艺术中也有许多来自阿黑门尼艺术的植物题材。生命树的造型在伊塞克的"金武士"墓中有出现。墓主人头上戴着一个尖顶帽，帽子上有很多金牌饰，其中有树木和鸟的造型，与伊朗艺术中的生命树造型类似。④ 巴泽雷克 5 号墓出土一件墓壁挂毯，其上的图案表现了一位坐在椅子上的女性手持生命树接见一名卷发、穿着披风的骑士。莲花造型在巴泽雷克墓地中大量发现。巴泽雷克 2 号墓地中出土的各种毛织品的边缘都缝贴有成排的莲花图案。叶片之上长有花瓣的莲花，连续成排作为装饰题材，是阿黑门尼波斯艺术的典型特征，在波斯波利斯王宫的墙壁浮

---

① J. D. Lerner, "Some So-Called Achaemenid Objects from Pazyryk", *Source: Notes in the History of Art*, Vol. 10, No. 4, 1991, p. 11.
② G. Azarpay, "Some Classical and Near Eastern Motifs in the Art of Pazyryk", *Artibus Asiae*, Vol. 22, No. 4, 1959, p. 337.
③ Ibid., p. 336.
④ E. E. Herzfeld, *Iran in the Ancient East*, London; New York: Oxford University Press, 1941, p. 92.

图7-14　羊毛织物局部①

图7-15　王座套垫②

图7-16　挂毯局部③

---

① J. D. Lerner, "Some So-Called Achaemenid Objects from Pazyryk", Source: Notes in the History of Art, Vol. 10, No. 4, 1991, Fig. 12.
② Ibid., Fig. 13.
③ G. Azarpay, "Some Classical and Near Eastern Motifs in the Art of Pazyryk", Artibus Asiae, Vol. 22, No. 4, 1959, p. 41.

雕和苏萨的楼梯上大量使用。① 阿黑门尼波斯艺术中的莲花造型应该是阿尔泰斯基泰艺术中的原型。

巴泽雷克墓地发现的一些打斗造型很可能也来自阿黑门尼艺术。巴泽雷克墓地发现一些虎或豹袭击鹿或羊的装饰造型。② 豹或虎从上面撕咬鹿或羊的后背，或踩在鹿或羊的背上，弯下脖子咬住羊的脖颈下面，鹿或羊的后腿向后伸出，与脊背成一条直线。动物打斗和捕食的艺术主题在近东源远流长。类似于巴泽雷克艺术中的动物捕食造型，在阿黑门尼王朝艺术中也有发现。③ 不过，在后者中捕食的动物是狮子，被捕食的动物是野山羊，而在前者中捕食的动物换成了虎或豹，被捕食的动物增加了牡鹿。这应该是阿尔泰的斯基泰人在熟悉这种捕食造型后，根据当地情况做出的调整。

在艺术技艺方面，萨迦人也从阿黑门尼艺术中吸收了不少有益元素。上文提到的菲力波夫卡墓地出土的木质包金银站鹿，其躯体上肋骨凸显的处理手法与阿黑门尼艺术相同④。彼得大帝宝藏中有一件出自俄罗斯联邦西西伯利亚托博尔斯克（Tobolsk）的金碗，其两边带有豹形双把手，豹的躯干也采用了凸显肋骨的表达手法。⑤ 伊朗西部哈马丹地区出土了一件银制双耳罐，年代为公元前550—前450年。银罐以双羊造型作为把手，与托博尔斯克金碗的双豹造型有类似之处。二者都有着肋骨凸显的表现和回头向后看的姿势。巴泽雷克墓地4号墓出土一件木制卧式虎雕刻，⑥ 虎臀部肌肉表现为"弓—点"纹，肋骨凸显，这是典型的阿黑门尼艺术风格。在苏萨和波斯波利斯王宫的动物壁画上都可以看到。在亚洲的斯基泰艺术

---

① G. Azarpay, "Some Classical and Near Eastern Motifs in the Art of Pazyryk", *Artibus Asiae*, Vol. 22, No. 4, 1959, p. 336.

② S. I. Rudenko, *Frozen Tombs of Siberia: The Pazyryk Burials of Iron Age Horsemen*, trans. M. W. Thompson, Berkeley and Los Angeles: University of California Press, 1970, pp. 229 – 235.

③ G. Azarpay, "Some Classical and Near Eastern Motifs in the Art of Pazyryk", *Artibus Asiae*, Vol. 22, No. 4, 1959, p. 330.

④ A. Rose, "Achaemenid Influence upon Egyptian and Nomad Art", *Artibus Asiae*, Vol. 15, No. 1 – 2, 1952, p. 18.

⑤ 张文玲:《黄金草原——古代欧亚草原文化探微》，上海古籍出版社2012年版，第141页。

⑥ S. I. Rudenko, *Frozen Tombs of Siberia: The Pazyryk Burials of Iron Age Horsemen*, trans. M. W. Thompson, Berkeley and Los Angeles: University of California Press, 1970, p. 164.

中，"弓—点"纹和肋骨凸显的表达手法不仅使用在雕塑艺术上，在皮革和毛织品等平面艺术中也会使用。巴泽雷克墓地中出土了许多装饰马鞍套的用皮革裁剪成的动物图案，它们中有很多躯体上带有"弓—点"纹，以表现动物的肋骨和肌肉。

处于阿黑门尼王朝统治下的一部分萨迦人，在与中央政府及周边地区的交往中也成为琐罗亚斯德教的信徒。上文提到的，头戴遮耳和下巴的尖顶软帽，上身穿系带短袍，下身穿裤子，手持圣枝束的人物饰牌，表明琐罗亚斯德教已传入到阿姆河地区的萨迦人之中。饰牌上的人物拿着琐罗亚斯德教祭司们在举行拜火仪式时所需的圣枝束，表明他们很可能就是琐罗亚斯德教的祭司。

考古发现表明，琐罗亚斯德教对咸海周边的萨迦人产生了一定影响。上文提到，于斯蒂尔特和曼格什拉克地区发现十余处与宗教崇拜有关的圣殿遗迹，都位于山上，它们很有可能曾是达海人进行宗教活动的场所。这些圣殿的共同特征是，均有石制人形雕塑（目前发现有100余尊）和用石头构建的圆形宗教建筑（直径可达10米）。建筑物内有一条窄的走廊引导崇拜者进入圣殿内部。建筑物内部或整个圣域内没有发现建筑残片和生活垃圾，由此可知，神殿是有意保持清洁干净。圣殿的圆形结构类似于琐罗亚斯德教的寂静塔，但其内部没有发现人的尸骨，圣殿附近也没有发现墓葬的痕迹。各种边缘垂直的石制祭祀器皿都靠近雕像放着。祭坛或祭台面积达1.2米×1米，值得注意的是，祭台各角都有杯形的缺口。这表明祭祀仪式中会使用到水、血或火，因为火需要在缺口中填充动物脂肪才可点燃。

这种类型的宗教建筑在斯基泰文化中十分罕见。大部分萨迦人的宗教发展阶段和伊朗地区的前琐罗亚斯德时期相同。他们崇拜天、地和火等自然神，也崇拜部落英雄和祖先神。在他们的墓葬中经常会发现与崇拜火有关的可移动祭坛和器皿。他们很少为祭祀仪式修建大型神庙和制作拟人化偶像。但上述圣殿不仅在建筑形式上类似于琐罗亚斯德教天葬之地的寂静塔，还在崇拜形式上出现了偶像雕塑，在宗教禁忌上恪守清净无污染。这些都表明曾处于阿黑门尼王朝统治下，并与南部农耕民族往来密切的达海人受到了琐罗亚斯德教的一定影响。

那么琐罗亚斯德教对阿黑门尼王朝之外的斯基泰人是否有影响呢？巴泽雷克墓地 5 号墓出土的一件织物上装饰了这样一幅图案（图 7-17）：四个妇女站在香炉前祈祷[1]。四个女性都戴着齿状的王冠，穿着装饰有图案的长袍，纱巾由头部后面垂至臀部。中间的两位一手拿着莲花，一手举起。女性穿戴的王冠和服饰，以及中间的香炉，在巴泽雷克文化中找不到类似的实物或图案。但在阿黑门尼波斯可以找到相似的图案，在那里香炉用于宗教仪式[2]。对古代波斯人来说，莲花具有重要的宗教意义，尤其是对崇拜阿娜希塔的信众。公元前 4 世纪前半期，阿塔薛西斯二世在全国推行阿娜希塔的崇拜。据说属于这一时期的一枚阿黑门尼滚筒印章图案（图 7-18）上，描绘了一个身穿长袍的女性，手持花朵，坐于王座之上，可能是阿娜希塔，她的对面站着一个人，正向她奉献鸽子。奉献者身后是一个与巴泽雷克织物上相似的香炉。香炉另一边是一个头戴齿状王冠，身穿长袍，纱巾垂于后背的人物[3]。他的穿戴特点与巴泽雷克织物上的女性非常相似。因此，巴泽雷克织物上的图案可解释为，手持莲花的女王在助手或祭司的陪同下，向阿娜希塔女神献祭祈祷。从艺术风格上判断，这件织物可能不属于本地产品，应该来自阿黑门尼波斯。墓主人之所以喜欢这种图案，可能与他们本身的信仰有关。《阿维斯塔·亚什特》卷中提到，游牧的图兰人向女神阿娜希塔献祭。这说明在早期斯基泰时代，中亚北方游牧民族的宗教崇拜中有一位女神，其地位等同于定居伊朗人中的阿娜希塔。阿尔泰地区的斯基泰人很可能了解这幅图案的内涵，所以才向生产者采购这件产品。关于这一点，可以从另一件织物的图案上得到证实。上文提到，巴泽雷克 5 号墓出土的一件挂毯上有一位坐在椅子上的女性手持生命树接见一名骑士的图案。这件挂毯的边缘装饰的就是上述斯芬克斯与神鸟搏斗的图案，从挂毯上两幅图案的风格判断，它应该由

---

[1] S. I. Rudenko, *Frozen Tombs of Siberia: The Pazyryk Burials of Iron Age Horsemen*, trans. M. W. Thompson, Berkeley and Los Angeles: University of California Press, 1970, pp. 296-297.

[2] G. Azarpay, "Some Classical and Near Eastern Motifs in the Art of Pazyryk", *Artibus Asiae*, Vol. 22, No. 4, 1959, p. 329.

[3] O. M. Dalton, *The Treasure of the Oxus with Other Objects from Ancient Persia and India*, Oxford: Horace Hart, 1905, p. 45.

古国文明与丝绸之路

图 7-17 织物上的图案①

图 7-18 滚筒印章上的图案②

---

① S. I. Rudenko, *Frozen Tombs of Siberia: The Pazyryk Burials of Iron Age Horsemen*, trans. M. W. Thompson, Berkeley and Los Angeles: University of California Press, 1970, Fig. 139.

② O. M. Dalton, *The Treasure of the Oxus with Other Objects from Ancient Persia and India*, Oxford: Horace Hart, 1905, Fig. 29.

当地的工匠制作。挂毯上女性手持的生命树枝端装饰着莲花和叶子，但从窄袖上衣的装扮看，她应该是阿尔泰斯基泰人自己的女神。阿尔泰斯基泰人很可能了解并熟悉阿黑门尼波斯的阿娜希塔崇拜。他们引进了阿娜希塔崇拜的一些仪式和内涵，将它们融入自己的女神崇拜之中。所以才有了女神手持生命树坐于王座之上接见斯基泰骑士的艺术创作。

综上可知，公元前5世纪阿姆河地区的萨迦人中已出现该教的信徒。他们建立了自己的神庙，拥有了崇拜的神祇偶像。从阿姆河宝藏丰富的数量和种类看，琐罗亚斯德教在该地区的萨迦人中非常普及，并一直持续到希腊化时期。处于阿黑门尼王朝边远地区的萨迦人，如达海人，所受琐罗亚斯德教的影响则不那么强烈，只是在仪式场所和内容上借鉴了琐罗亚斯德教的一些成分。从圣殿内的武士雕像看，他们中的祖先神崇拜依然盛行。通过与阿黑门尼波斯的经贸往来，阿尔泰地区的斯基泰人对琐罗亚斯德教有所接触，但他们只是吸收了与其信仰相关的一些元素，以更好地服务于自己的宗教信仰。

三 斯基泰人与中国方面的经贸往来与文化信息交流

既然斯基泰人是草原丝路的主要开拓者，萨迦人、塞人的活动区域一度接近中国北方的游牧部落，斯基泰人实际上已经接近丝绸的原产地——中国，丝绸和其他中国的文化信息通过斯基泰人传向西方也是很有可能的，虽然我们缺乏这方面的文字记载。考古学者在阿尔泰和南西伯利亚的斯基泰人遗迹中发现了许多来自中国内地的物品。如巴泽雷克墓地5号墓和3号墓出土的丝绸、6号墓出土的铜镜和漆盘，[①] 阿克阿拉合（Ak-Alakh）三号墓地1号墓、巴德沙达尔（Badshadar）一号墓地以及卡坦德（Katand）墓地出土的丝绸，[②] 米努辛斯克（Minusinsk）发现的铜镜[③]等。

[①] S. I. Rudenko, *Frozen Tombs of Siberia: The Pazyryk Burials of Iron Age Horsemen*, trans. M. W. Thompson, Berkeley and Los Angeles: University of California Press, 1970, pp. 13–44.

[②] N. V. Polosmak, "The Burial of a Noble Pazyryk Woman", *Ancient Civilizations*, Vol. 5, No. 2, 1999, p. 141.

[③] E. Loubo-Lesnitchenko, "Imported Mirrors in the Minusinsk Basin", *Artibus Asiae*, Vol. 35, No. 1/2, 1973, p. 28.

巴泽雷克5号墓中的丝绸原是一块马鞍褥，纺织技术为平纹，上面的刺绣是用彩色丝线链环状的针脚绣成，刺绣主题是凤栖于树上，其绣纹图案与湖北江陵马山一号楚墓的舞凤飞龙绣纹在构图风格上基本相同，二者皆以花草枝蔓连接形态各异的凤鸟，并左右对称。① 时间略晚的长沙烈士公园3号墓也有类似的刺绣织物发现。② 巴泽雷克3号墓出土二件中国丝织品，其中一件为有花纹的丝锦，由一经两纬组成，③ 为传统的中国织法，④ 其纹样与马山一号楚墓的大菱形纹锦纹样基本一致，都由菱形与之字形纹构成⑤。综上所述，巴泽雷克墓地的丝绸应该来自战国时期的楚国。阿克阿拉合墓地出土的丝绸是一件内衣，由两块丝绸和长袖缝制而成，背部丝绸长112厘米，前部丝绸长104厘米。周朝时期，中原地区所产的丝绸宽度一般不超过48—50厘米，而西南部地区生产各种尺寸的丝织品。⑥ 因此，阿克阿拉合墓地的丝绸可能与巴泽雷克墓地的一样，也是来自楚国。值得注意的是，巴泽雷克5号墓中的丝绸鞍褥不是由一整块丝绸制作而成，从不完整的纹样上看，它应该是按马鞍的大小从一块丝绸上裁剪而来，边缘另加了丝绣锁边。⑦ 由此判断，虽然它的丝绸面料来自楚地，但在进入草原地区之前应该在另一地进行过再加工，这一再加工之地的生产商应该了解斯基泰人的特殊需求。这些负责再加工的生产商或转运商应该是与草原民族相邻的秦、赵或燕国人。除丝织品之外，内地生产

---

① S. I. Rudenko, *Frozen Tombs of Siberia*: *The Pazyryk Burials of Iron Age Horsemen*, trans. M. W. Thompson, Berkeley and Los Angeles: University of California Press, 1970, pp. 175 – 178；鲁金科：《论中国与阿尔泰部落的古代关系》，《考古学报》1957年第2期；湖北省荆州地区博物馆：《江陵马山一号楚墓》，文物出版社1985年版，第59、62页；彭浩：《楚人的纺织与服饰》，湖北教育出版社1996年版，第135页。

② 高至喜：《长沙烈士公园3号木椁墓清理简报》，《文物》1959年第10期。

③ S. I. Rudenko, *Frozen Tombs of Siberia*: *The Pazyryk Burials of Iron Age Horsemen*, trans. M. W. Thompson, Berkeley and Los Angeles: University of California Press, 1970, p. 206；鲁金科：《论中国与阿尔泰部落的古代关系》，《考古学报》1957年第2期。

④ 彭浩：《楚人的纺织与服饰》，湖北教育出版社1996年版，第135页。

⑤ 湖北省荆州地区博物馆：《江陵马山一号楚墓》，文物出版社1985年版，第42—43页。

⑥ N. V. Polosmak, "The Burial of a Noble Pazyryk Woman", *Ancient Civilizations*, Vol. 5, No. 2, 1999, pp. 141 – 142.

⑦ E. C. Bunker, "The Chinese Artifacts among the Pazyryk Finds", Source: *Notes in the History of Art*, Vol. 10, No. 4, 1991, pp. 21 – 22.

的金属制品通过中国北方的游牧民族传到了西方。河北易县燕下都城遗址中出土的山字纹镜范①，纹样设计与阿尔泰和南西伯利亚发现的此类铜镜上的纹饰基本相同，表明燕下都的市场不仅在中国内地，还远至草原世界。

与此同时，斯基泰文化因素也经由中国北方的游牧民族月氏、匈奴传入中原②。带有斯基泰动物风格装饰艺术元素的金、铜制作的饰牌、带扣、项圈或冠饰，在甘肃清水、庆阳、秦安，宁夏固原彭堡于家庄、杨郎马庄，陕西神木纳林高兔，西安北郊，内蒙古西沟畔、阿鲁柴登等月氏和匈奴曾经活动的地区都有发现。其中纳林高兔和西沟畔发现的鹰首鹿造型与巴泽雷克墓地和伊塞克墓地出土的鹰首鹿造型极为相似。尤其纳林高兔与巴泽雷克的同类造型几近一致，都有成排的鸟头作角。另外，崞县窑子墓地和杨郎墓地出土的虎噬草食动物的造型也与巴泽雷克文化中的同类造型如出一辙。虎呈行走状，身上有斑条纹，被捕食的食草动物身体呈 180 度翻转。由此证明，月氏、匈奴同它们相邻的斯基泰人之间有着直接的物质文化往来。

小　结

目前学界一般认为，汉之前，欧亚大陆东西方诸文明之间已有了直接或间接的交流。弗兰克（A. G. Frank）和吉尔斯（B. K. Gills）甚至认为，早在公元前 2 千年代丝绸之路已使整个欧亚非成为一个统一的世界体系。③ 虽然他们二人的观点过于乐观，但丝绸之路在草原地区的贯通无疑用直接或间接的方式推动和加强了古代欧亚大陆诸文明之间的联系。正是在斯基泰时代，欧亚草原强大的"行国"开始出现，加速了草原丝路交往体系的形成。斯基泰人迁徙、活动于欧亚草原的中心地带，为草原丝路的形成做出了巨大贡献。

草原丝路连通后，当道的游牧人成为这条贸易通道上的经营者和控制

---

① 见中国历史博物馆考古组《燕下都城址稠查报告》，《考古》1962 年第 1 期。
② 张龙海：《早期欧亚草原翼兽造型探源——以格里芬为主要线索》，《新疆大学学报》2020 年第 1 期。
③ D. Christian, "Silk Roads or Steppe Roads? The Silk Roads in World History", *Journal of World History*, Vol. 11, No. 1, 2000, p. 4.

者。希罗多德曾提到，从黑海北岸出发的希腊人和斯基泰人经常去阿尔泰地区开展贸易活动。希腊商人往来于这条道路之上可能须得到斯基泰人的许可，并向后者缴纳一定的商业税，后者则为前者提供保护和向导。黑海北岸斯基泰人与希腊人殖民城市之间大都存在一种保护与被保护关系，但后者须向前者缴纳赋税。

草原丝路贸易为当道的游牧民族带来了巨大的经济效益，也提高了本身的文明程度。欧亚草原各地区发现了大量斯基泰人的豪华墓葬，单就黄金制品来说，没有哪一种文化能与它相匹敌。斯基泰人不仅经济上受益于草原丝路贸易，文化上亦然。他们在自身文化基础上，吸收外来文化因素，创造了独具特色的斯基泰文化。

作为草原丝路的掌控者，游牧民族的中介作用不可低估。在阿尔泰地区，月氏人和匈奴人将从中国贩运来的丝绸及其他商品与斯基泰人从希腊、西亚转运来的毛纺织品、玻璃器和金银器等进行交换，然后他们将互换而来的商品分别带回中国和西方。在此过程中，游牧民族不仅充当了中间商的角色，也扮演着东西方文化交往的使者。

（执笔：张龙海）

译名表

A

Abā 阿巴

Abdullaev, Kazim 卡西姆·阿卜杜拉耶夫

Abrahah 阿布拉哈

Abu Zeid Sīrāfi 阿布·扎依德·希拉菲

Acchavada 阿卡瓦陀

Acesines 阿塞西尼斯河

Achaemenid 阿黑门尼王朝

Achilles 阿喀琉斯

Adams 亚当斯

Aden Gulf 亚丁湾

Adiabene 阿迪亚比奈

Adrag 阿德拉格

Adrapana 阿德拉帕纳

Adur Burzen-mihr 阿图尔—布尔增—米赫尔

Adur Farnbag 阿图尔—法尔贝

Adur Gushnasp 阿图尔—古斯纳斯普

Aelana 埃拉纳

Aëtius 阿厄提尤斯

Afrasiab/Afrasiyab 阿弗拉西亚卜

Agathangelos 阿伽桑格劳斯

Agathocles/Agathokles 阿伽托克勒斯

Ahichhatra 阿希切哈特拉

Ahura Mazda 阿胡拉·马兹达

Ahvaz 阿瓦士

Ai Khanoum 阿伊·哈努姆

Airtam Frieze 阿尔塔姆装饰带

Ajanta Caves 阿旃陀石窟

Ajatasatru 阿阇世王

Ajaz Kala 阿亚兹·卡拉

Akkadian 阿卡德语

Akmola 阿克莫拉

Aksu 阿克苏

Al Blriini 阿尔·比鲁尼

Alan 阿兰

Alasandra 阿拉散达（亚历山大里亚？）

Albania 阿尔巴尼亚

Alen 阿伦

Aleppo 阿勒颇

Alexander III 亚历山大三世

Alexander Polyhistor 亚历山大·波里希斯托尔

Alexander Severus 亚历山大·赛维鲁

Alexander the Great 亚历山大大帝

Alexandria Eschate 最远的亚历山大里亚

Alexandria in Arachosia 阿拉科西亚的亚历山大里亚

Alexandria in Ariana 阿里亚的亚历山大里亚

Alexandria in Margiana 马尔基亚纳的亚历山大里亚

Alexandria Oxeiana 阿姆河畔的亚历山大里亚

Alexandria in Caucasus 高加索的亚历山大里亚城

Alexandria/Alexandria in Egypt 埃及的亚历山大里亚

Alexandria 亚历山大里亚

Aloes 沉香

Altai Mountain 阿尔泰山

Amida 阿米达

Ammianus Marcellinus 阿米亚努斯·马塞林努斯

Amu Darya 阿姆河

Amyntas 阿明塔斯

Anacreon 阿那克里翁

Anahita 阿娜希塔

Anaperres 阿纳皮勒斯

Anastasius I 阿纳斯塔修斯一世

Andaman Islands 安达曼群岛

Andhra 安得拉

Andhra Pradesh 安得拉邦

Andhras 安得拉人

Andragoras 安德拉戈拉斯

Angra Mainyu 安格拉·曼纽

Annovka 安诺夫卡

Antioch I 安条克一世

Antioch of Scythia 斯基泰的安条克

Antiochus I Soter 安条克一世

Antiochus II Theos 安条克二世

Antioch 安条克

Antipater 安提帕特

Antoninus Pius 安东尼·庇护

Aorsi 奥尔西人

Apam Napāt 阿帕姆·纳帕特

Apamea 阿帕米亚城（叙利亚）

Apameia 阿帕美亚（波斯湾）

Apasiacae 阿帕希亚卡人

Aphrodite 阿芙洛狄特

Apia 阿皮亚

Apollo 阿波罗

Apollodorus 阿波罗多罗斯

Apollodotus I 阿波罗多托斯一世

Apollodotus II 阿波罗多托斯二世

Apollonius of Tyana 阿波罗尼乌斯

Appian 阿庇安

Arachosia 阿拉科西亚

Aral Sea 咸海

Aramaic 阿拉米亚文

Araxes River 阿拉克斯河

Ardashir I 阿尔达希尔一世

Ardoxsho/Ardochsho/Ardoxso 阿多索（琐

罗亚斯德教命运与正义女神)

Ardoxso-Farro 阿多索—伐罗神

Ardvi 阿德维

Areia 阿里亚

Ares 阿瑞斯

Argippaei 阿尔吉帕人

Aria/Ariana 阿里亚/阿里亚那

Arikamedu 阿里卡门度

Arimaspi 阿里玛斯庇亚

Aristeas 阿里斯提亚斯

Aristobulus 阿里斯托布鲁斯

Aristotle 亚里士多德

Armenia 亚美尼亚

Arrian 阿里安

Arsaces I 阿尔萨息一世

Arsaces/Arsacid 阿尔萨息斯王朝

Arsacia 阿尔萨息亚

Artabanus IV 阿尔塔巴努斯四世

Artabazos 阿塔巴扎斯

Artaxata 阿尔塔夏塔

Artemis 阿尔特米斯

Artemita 阿尔特米塔

Arthasastra 《政事论》

Artimpasa (Argimpasa) 阿丁帕萨

Arzanene 阿扎涅内

Asaak 阿萨克

Ashoka pillar 阿育王石柱

Asia Minor 小亚

Asoka/Ashoka King 阿育王

Aspionus 阿斯皮奥努斯

Assar, G. F. 阿萨尔

Assyria 亚述

Astarte 阿施塔尔特

Astauene 阿斯塔纳奈

Athenaus 阿森纳乌斯

Athena 雅典娜

Athso 阿索（琐罗亚斯德教大地神）

Atrek 阿特拉克河

Atropatene 阿特洛帕特奈

Atropates 阿特洛帕特斯

Attalus III 阿塔罗斯三世

Aurelius 奥勒留

Avars 阿瓦尔人

Avesta 《阿维斯塔》

Avroman 阿弗罗曼

Axumite Kingdom 阿克苏姆王国

Ayrtam/Airtam 阿尔塔姆

Azanes 阿扎涅斯

Azerbaijan 阿塞拜疆

Azes I 阿泽斯一世

Azes II 阿泽斯二世

B

Bab El-Mandeb 曼德海峡

Babylon 巴比伦

Babylonia 巴比伦尼亚

Bactra 巴克特拉

Bactria 巴克特里亚

Badakhshan 巴达赫尚

Bagard 巴加尔

Bagastāna 巴加斯塔那

Bagchi, P. C. 师觉月

Baghlan 巴格兰

Bahrain 巴林

— 433 —

Bahram I 瓦赫兰一世

Baibelini 巴尔贝里尼

Baisun 拜松

Bala Hissar 巴拉·海撒

Balash 巴拉斯

Ball, Warwick 沃尔维克·保尔

Baluchistan 俾路支斯坦

Bambore 班布尔

Bamiyan 巴米扬

Barbaricon/Barbaricum 巴巴里库姆

Barca 巴尔卡

Barr 巴尔

Barson 圣枝束

Bartold 巴托尔德

Barygaza 巴里加扎/婆卢羯车

Basovka 巴索夫卡

Bāzīgrābān 巴奇格拉班

Begram 贝格拉姆

Behistun 贝希斯敦

Bellerophon 柏勒罗丰

Benjamin, Craig G. R. 克雷格·本杰明

Berenice 贝来尼凯

Berezovskii, M. M. 贝勒佐夫斯基

Bernard, Paul 保罗·伯尔纳

Bessus 贝苏斯

Bhallika 波利

Bharhut 巴尔胡特

Bhātikābhaya 跋帝迦阿巴耶

Bhela—Samhita 昆卢本集

Bhita 比塔

Bhojas 波阇人

Bihr Mound 皮尔丘

Bindusra 宾头沙罗

Biruni 比鲁尼

Bistām 比斯塔姆

Black Sea 黑海

Boardman, John 约翰·鲍德曼

Bodhgaya 菩提伽耶

Bodhiruci 菩提流支

Bodhisattva 菩萨

Bol'shaya Bliznitsa 波尔沙亚·伯利兹尼萨

Bolan Pass 伯朗关

Bopearachchi, Osmund 奥斯蒙德·波比拉赫奇

Boulnois, Lucette 布尔努瓦

Bouzek 鲍泽克

Bower Manuscript 鲍威尔写本

Boxtruwan Varahran 瓦赫拉姆的宗教救星

Brahma 梵天

Brahmanism 婆罗门教

Brahmi 婆罗米文

Branchidae 布朗开德人

Braudel, Fernand 费尔南·布罗代尔

Bucephala 布西发拉

Buchthal, H. 乌戈·布克塔尔

Budini 布蒂尼人

Bug River 布格河

Bughshur 布格舒尔

Bukhara 布哈拉

Bundahishn 班达希申

Būshahr 布沙尔

Butkara 布特卡拉

Byzantine 拜占庭

C

Callimachus 卡里马库斯

Callinicum 卡利尼库姆

Cambyses II 冈比西斯二世

Campania 坎帕尼亚

Cape Guardafui 瓜达富伊角

Cappadocia 卡帕多西亚

Capua 卡普亚

Carmania 卡尔马尼亚

Carrhae 卡雷

Caspian Gate 里海门

Caspian Sea 里海

Castana 卡斯塔纳

Catisa 卡蒂萨

Coedes, George 乔治·戈岱司

Celts 克尔特人

Celyon 斯里兰卡

Centanaria 肯特那里乌姆

Central Asia 中亚

Ceylon 锡兰

Chalcedon 卡尔西顿

Chandragupta 旃陀罗笈多

Chanhu-daro 旃符达罗

Characene 卡拉塞尼

Charax 卡拉克斯

Charsada 查尔萨达

Chaul 焦尔

Chētiyaghara 支提窟

Chilas 契拉斯

Chimaira 奇美拉

Chionites 匈尼特人

Chios 希俄斯

Chitral 吉德拉尔

Choarene 乔雷内

Chorasmia 花拉子模

Chust 楚斯特

Cicero 西塞罗

Cilicia 西里西亚

Cimmerians 辛梅里安人

Cīna 秦尼

Claudius Ptolemy 克劳狄乌斯·托勒密

Clearchos 克利尔克斯

Cleitus 克利图斯

Cleopatra VII 克列奥帕特拉七世

Colchis 科尔基斯

Comisene 科米塞内

Compareti 康马泰

Constantine the Great 君士坦丁大帝

Constantinople 君士坦丁堡

Coomaraswamy 库马拉斯瓦米

Coptos 科普托斯

Corduene 科尔多内

Cosmas Indicopleustes 科斯玛斯·因迪科普莱斯特

Cribb, Joe 乔伊·克里布

Ctecias 克泰西亚斯

Ctesiphon 泰西封

Cumae 库迈

Cunningham 坎宁汉

Cybele 库柏勒

Cyril 西里尔

Cyropolis 居鲁波利斯（居鲁士城）

Cyrus II 居鲁士二世

Cyrus River 居鲁士河（Kura River 库拉河）

Cyzicus 基齐库斯

D

Dbrowa E. 东布罗瓦

Dahae 达海人

Dalvezin Tepe 达尔弗津·特佩

Damascus 大马士革

Damgo 达玛沟

Dandan Oilik 丹丹乌里克遗址

Dara 达拉

Darabgird 达拉贝格德

Daras 达卢

Daric 大流克

Darius III 大流士三世

Darius the Great 大流士大帝

Dasht-I Nawur 达希迪纳沃

Dastgird 达斯特吉德

Decelea 迪西利亚

Deimachus 迪马库斯

Delos 提洛岛

Delphi 德尔菲

Demeter 得墨忒尔

Demetrius I 德米特里一世

Demodams 德莫达玛斯

Demosthenes 德摩斯梯尼

Denarius 第纳尔

Derbend 达尔班德

Devashtich 迪瓦什梯奇

Dharmarajika 达摩拉吉卡佛塔

Didyma 狄德马

Dilberjin 第伯尔金

Dio Chrysostom 狄奥·克里索斯托

Diocletian 戴克里先

Diodorus Siculus 西西里人狄奥多罗斯

Diodotus I 狄奥多托斯一世

Dionysius 狄奥尼修斯

Dionysus 狄奥尼苏斯

Djamasp 扎马斯普

Dniester 德涅斯特河

Dnieper 第聂伯河

Donets 顿涅茨河

Drachm 德拉克马

Drangiana 德兰吉亚那

Drapsaka 德拉普萨卡

Dura Europos 杜拉·欧罗普斯

Dutthagāmani 杜多伽摩尼

E

Ecbatana 埃克巴坦那

Edessa 埃德萨

Elamite 埃兰语，埃兰人

Alborz Mountains 厄尔布尔士山

Elephantine island 厄勒蕃丁岛，象岛

Elymais 埃兰

Emmerick, R. E. 埃默瑞克

Endere 安德悦

Ephesus 以弗所

Epidaurus 埃庇道鲁斯

Ērānšahr 伊朗国

Er-kurgan 厄尔—库尔干

Eros 厄洛斯

Euboea 优波亚岛

Eudaimon 尤岱蒙

Eudoxus 欧多克斯

Eukratides I 欧克拉提德一世

Eukratides II 欧克拉提德二世

Euthydemus I 欧泰德姆斯一世

Euxine 攸克星海（黑海）

Eylatan 埃伊拉坦

F

Falk, Harry 哈利·法尔克

Farah 法拉赫

Fars 法尔斯

Fayaz Tepe 法雅津·特佩

Frye, Richard 费耐生/理查德·费莱

Fedorov, Michael 迈克尔·费多罗夫

Ferghana 费尔干纳

Filippovka 菲力波夫卡

Flavian dynasty 弗拉维王朝

Florus 弗洛鲁斯

Forte 福特

Foucher, Alfred 福歇

Francfort, Henri-Paul 亨利—保尔·法兰克福特

Frantz Grenet 弗兰茨·葛乐耐

fretwork designs 回纹饰

Frye, R. N. 费耐生/理查德·N. 弗莱

Fussman, Gérard 杰拉德·福斯曼

G

Gabaza 加巴扎

Gaea 盖亚

Gallus 加鲁斯

Gālūl 加鲁尔

Gandhara 犍陀罗

Gāthās《伽萨》

Gaugamela 高加米拉

Gava-Sughdha 加乌—苏格达

Gaza 加沙

Gelonus 格洛尼

Ghaga-shahr 伽噶沙尔

Ghassanid Kingdom 加萨尼王国

Ghazni 加兹尼

Ghirshman, Roman 罗曼·吉尔什曼

Ghorband 果尔班德河

Ghurak 古雷克

Gibbon, Edward 爱德华·吉本

Göbl, R. 戈布尔

Godfrey 古德弗雷

Gondophares 贡多法勒斯

Gordian 戈尔迪安

Grand Farasan 大法拉桑岛

Granicus 格拉尼库斯河

Griffins 格里芬

Grüwedel, Albert 阿尔伯特·格伦威德尔

Gujarat 古吉拉特

Gundeshāpūr 君迪沙普尔

Gupta 笈多

Gu-ti 古提

Guzeran 古泽兰

Gyaur Kala 吉阿尔·卡拉

H

Habbān 哈班

Hackin, J. 哈金
Hadda 哈达
Hadrian 哈德良
Haidarī 海达里
Hamadan 哈马丹
Haneda Tooru 羽田亨
Hans Yonas 汉斯·约纳斯
Harev 哈雷夫
Hariti 诃梨帝母
Harmata, J. 雅诺什·哈尔马塔
Hatra 哈特拉
Hauran 豪兰
Hazara 哈扎拉
Hecateus 赫卡泰欧斯
Hecatompylos 赫卡通皮洛斯/百门城
Hedin, Sven 斯文·赫定
Hegemonius 赫格曼尼乌斯
Heliocles II 赫利奥克勒斯二世
Heliocles I 赫利奥克勒斯一世
Helios 赫利奥斯
Henning, W. B. 亨宁
Hephaestion 赫菲斯提昂
Hephthalites 嚈哒/白匈奴
Heracles 赫拉克勒斯
Heraclius 希拉克略
Herat 赫拉特
Hermaeus 赫尔迈欧斯
Hermes 赫尔墨斯
Hermitage Museum 艾尔米塔什博物馆
Herodotus 希罗多德
Hill, J. E. 希尔
Himerus 希密鲁斯

Himyarite Kingdom 希木叶尔王国
Hindu Kush 兴都库什山
Hira Kingdom 希拉王国
Hissar 希萨尔地区
Hoernle 霍恩勒（赫恩勒）
Homerites, Himyarites 希木叶尔人
Hormizd II 霍尔米兹德二世
Hormizd IV 霍尔米兹德四世
Hulwan 赫尔宛
Hunza 洪扎
Huskapur 护瑟伽普尔
Huvishka I 胡韦色伽一世
Hydaspes 希达斯皮斯
Hylaea 希莱亚
Hyrcania 赫卡尼亚
Hyspaosines 希斯帕欧希尼斯
Hystaspes 叙司塔司佩斯

I

Ikhshid 伊赫希德
Ilek River 伊列克河
Imaus/Imaos 伊毛斯山/伊麻奥斯山
Indo-Sakas/Indo-Scythian 印度—塞人/印度—斯基泰人
India 印度
Indra 帝释/因陀罗
Ingilene 因基莱内
Ingullitz River 因古列茨河
Inhul (Ingul), 因古尔河 (Ukrainian: Інгул)
Ionia 爱奥尼亚
Ishim River 伊希姆河

Ishkashim 伊什卡希姆

Isidora 伊西多拉

Isidore 伊西多尔

Issedones 伊塞顿人

Issus 伊苏斯

Issyk-Kul 伊塞克湖

Istakhr 伊斯塔克尔

J

Jalula 杰卢拉

Jaxartes 锡尔河/药杀水

Josephus, F. 约瑟夫斯

Jovian 约维安

Judaea 犹太

Julian 尤利安

Julio-Claudian Dynasty 朱里亚·克劳狄王朝

Jumna 朱木纳河（Yamuna, 亚穆纳河, 阎牟那河）

Juskapur 贾斯卡普尔

Justinianus 查士丁尼

Justinus 查士丁

K

Kaakhka I 卡哈卡一号城堡

Kabul 喀布尔

Kadisiya 卡迪西亚

Kafirnigan 卡菲尔尼干河

Kalawan 喀拉宛寺庙遗址

Kalliena 卡尔列那

Kalyana 卡利亚那

Kambōjas 甘谟惹人

Kampyr Tepe 坎培尔·特佩

Kampo 卡莫坡

Kanchipuram 卡契普腊姆

Kandahar 坎大哈

Kandud 昏驮多

Kangāvar 康伽瓦尔

Kanishka I 迦腻色伽一世

Kanispur 加尼斯普尔

Kantorovich, A. R. 康托洛维奇

Kapisa 迦毕试城

Kara Tepe 卡拉·特佩

Kara-Balty 卡拉－巴尔特

Kara-Bogaz-Gol Bay 卡拉—博阿兹海湾

Karachi 卡拉奇港

Karaganda 卡拉干达

Karaikadu 卡莱卡杜

Karasjok 卡拉索克

Karasuk 卡拉苏克

Karategin 卡拉腾吉

Karder 卡达尔

Kaskadaria 卡斯卡达利亚河

Katra 卡特拉

Kausambi 憍赏弥

Kavad I 卡瓦德一世

Kaveripumpattinam 卡维普鲁帕蒂纳姆

Kazakh Grassland 哈萨克草原

Kazen Daban 卡增达坂

Kazuo Enoki 榎一雄

Kerameikos 凯拉米克斯

Kerman 克尔曼

Khabur 哈布尔河

Khalaste Inscription 哈拉策铭文

Khalchayan 卡尔恰扬遗址

Khem 赫姆

Khiva 希瓦

Khojand/Khujand 苦盏/胡占德/俱战提

Khorasan 呼罗珊

Khosrow/Khosrau I 库思老一世

Khosrow/Khosrau II 库思老二世

Khotan 于阗/和田

Khulm 库尔姆

Khuzestan 胡泽斯坦

Khuzistan-wazar 胡泽斯坦－瓦萨尔

Khwarezm 花拉子模

Kineas 基涅阿斯

Kirmānshāh 克尔曼沙

Kizilsu River 克孜勒苏河

Klazomenai 克拉佐门奈

Kobadian 科巴迪安地区

Kokcha 科克查河

komedae 库迈德

Kopato 科帕托

Kophen 喀布尔河

Kosala 拘萨罗

Koshelenko, G. A. 科舍伦科

Kshaharatas 克沙哈拉塔

Kuban 库班

Kuh-i-Khwaja 库伊赫瓦贾

Kuhitang 库伊唐

Kujula Kadphises 丘就却

Kunduz 昆都士城

Kura River 库拉河

Kurara 柯罗罗

Kushan Empire 贵霜帝国

Kushano-Sasanians 贵霜—萨珊人

Kuwabara Jistuzo 桑原骘藏

L

Ladakh 拉达赫

Laing, E. J. 来恩

Lalitavistara Sūtra《普曜经》

Langar 兰干尔

Laodice 劳狄西

Laodicea 劳狄西亚

Latakia 拉塔基亚

Le Coq 勒柯克

Leriche, P. 皮埃尔·勒里什

Lerner, J. D. 杰弗瑞·勒纳

Leuke Kome 留克科美

Levant 黎凡特

Levi, Sylvain 西尔万·烈维

Litvinskiy, B. A. 李特文斯基

Lokaksema 支娄迦谶

Lucian 琉善

Lydia Kingdom 吕底亚王国

Lysias 吕西亚斯

M

Macdowall, D. W. 麦克道威尔

Macedonia 马其顿

Madikarib 马蒂卡里布

Madura 马杜拉

Maes/Maen 梅斯/马埃斯

Maenads 迈那得斯

Magadha 摩揭陀

magupat 祭司之主

译名表

Mahābhārata《摩诃婆罗多》
Mahanama 摩诃那摩
Maharastra 马哈拉斯特拉
Malabar 马拉巴尔
Marinus 马利努斯
Manaobago 马纳奥巴格（琐罗亚斯德教智慧神）
Mangyshlak 曼格什拉克
Manusmṛti《摩奴法典》
Mao 玛奥（琐罗亚斯德教月亮神）
Mar Aba I 马尔·阿巴一世
Mar Ammō 阿莫
Maracanda/Marakand 马拉坎达
Marcus Julianus Justinus 贾斯丁
Mardāwand 玛达旺德
Mardi 马尔迪人
Margiana 马尔基亚纳
Marinus 马利努斯
Marquart, J. 马尔夸特
Mary Boyce 玛丽·博伊斯
Massagetae 马萨革特人
Masson, M. E. 老马尚
Mastich-Unash 马斯其·乌那什王
Mawarannahr 马维兰纳赫尔
Mathurā 秣菟罗
Mat 马特神庙遗址
Maues 毛厄斯/毛伊斯
Maurya Dynasty 孔雀王朝
Mawarannahr 马维兰纳赫尔
Mazalleri, A. 玛扎海里
Mazdak Movement 马兹达克运动
Media 米底

Medimnoi 麦斗
Megasthenes 麦加斯梯尼
Melanchlaeni 美兰克拉伊尼人
Menander I 米南德一世
Merv 木鹿
Mesopotamia 美索不达米亚
Mewnai 缪奈
Miho Museum 美秀博物馆
Mihr-Ohrmazd 密乌没斯
Miletus 米利都
Milindapañha《米兰陀问经》
Milma 米里马
Minnagar 明纳加尔
Minor Asia 小亚
Minusinsk 米努辛斯科
Mioin 或 Mina 穆立
Mir Ziyarat 米尔·吉雅拉特
Mitchiner, M. 米奇奈尔
Mithra 密特拉
Mithridates/Mithradates 米特拉达特/米特里达特
Molla-Kurgan 莫拉—库尔干村
Morris, Rekha 雷卡·莫里斯
Moshchevaya Balka 莫什切瓦亚·巴尔卡
Mount Mugh 穆格山
Mozdooano 琐罗亚斯德教仁慈之神
Mugodzhar hills 穆戈贾尔山
Mukherjee, B. N. 慕克吉
Müller 缪勒
Musa 穆萨
Muziris 穆季里斯
Myos Hormos 密奥斯·荷耳摩斯

441

Mysia 米西亚

N

Nabataeans 纳巴泰人

Nabatae 纳巴泰王国

Nābhakas 那跋伽人

Nābhapamkits 那跋班地人

Nāgājuna 龙树

Nagapiya 那迦比衍

Nagasawa Kazutoshi 长泽和俊

Nagasena 那先

Namdgut 纳姆德城堡

Nanaidhat 那你塔

Nanashao 娜娜王

Nana 娜娜女神

Nanaia 纳奈亚

Nandi 南迪

Naples 那不勒斯

Naqsh-I Rustam 纳克希·鲁斯坦姆

Narain，A. K. 纳拉因

Narseh 纳塞赫

Naryn 纳伦

Nasik 纳西克

Nautaca 脑塔卡

Neapolis 尼波里斯

Necho II 法老尼科二世

Neelis，J. 乔纳森·尼利斯

Nelcynda 内尔凯达

Neo-Sogdians "新粟特人"

Nerva-Antonine dynasty 涅尔瓦－安敦尼王朝

Nestorianism 聂斯托利教

Nestorian 聂斯托利派

Nestorius 聂斯托利

Nevasa 尼瓦萨

Ngamacron 龙树（那伽阿周陀那）

Nicephorium 尼凯福里翁

Nihavand 尼哈温

Nike 尼科

Nikea 尼卡亚

Nile 尼罗河

Nisa 尼萨

Nishapur 尼沙普尔

Nisibis 尼西比斯

Niya 尼雅

Nubia 努比亚

O

Oado 风神

Ocelis 奥凯里斯

Ochus 奥库斯河

Odaenathus 奥登纳图斯

Oetosyrus 奥耶托叙鲁斯

Olbia 奥尔比亚

Olympias 奥林匹娅斯

Oman 阿曼

Onayko 奥纳伊克

Orenburg 奥伦堡

Orlagno 战争与胜利之神

Orobazos 奥罗巴佐斯

Orodes II 奥罗德二世

Orsk 奥尔斯克

Ortospana 奥尔托斯帕纳

Osroes I 奥斯洛一世

Osrhoene 奥斯洛恩

Oxus 奥克苏斯河（阿姆河）

Oxyartes 欧克西亚提斯

Ozena-Regia Tiastani 欧泽那—雷吉亚·提雅斯塔尼

P

Pacorus II 帕克鲁斯二世

Pahlavi 帕拉维语

Paithan 派坦

Paitryanikas 拜得梨雅尼伽人

Palestine 巴勒斯坦

Pali 巴利文

Pakhsa 帕赫萨砖

Indo-Parthians 印度—帕提亚人

Pallavabhogga 巴拉婆普伽

Palmyra 巴尔米拉

Pamirs 帕米尔

Panagyurishte 帕纳久里什泰

Punjab 旁遮普

Panjikent 片治肯特

Panjtar Inscription 潘季塔尔铭文

Pantaleon 潘塔莱昂

Pantikapaion 潘提卡佩昂

Papaeus 帕派乌斯

Papak 帕佩克

Parapamisadae 帕罗帕米萨代

Parmeshwari Lal Gupta 帕梅施瓦里·拉尔·笈多

Parni 帕尔尼人

Parthamaspates 帕尔萨马斯帕特

Parthenon 帕特农神庙

Patala 帕塔拉

Pātaliputra 波咤利子城/巴连弗邑/华氏城

Paulindas 包临陀人

Pausanias 保桑尼亚斯

Payonkurgan 佩昂库尔干

Pazyryk 巴泽雷克

Pegasos 珀伽索斯

Peithon 培松

Pelliot, P. 伯希和

Perigesis《大地环游记》

Peroz 卑路斯，耶兹底格德三世之子

Peroz I 卑路斯一世

Peroz II 卑路斯二世

Persepolis 波斯波利斯

Persis 波西斯

Pescanoe 佩斯卡诺伊

Peshawar 白沙瓦

Petra Roman Road 佩特拉罗马大道

Petra 佩特拉

Phanagoria 法纳戈里亚

Philhellenes 爱希腊者

Philip Aridaeus 腓力三世

Philip 菲利普

Philostratus 菲洛斯特拉图斯

Philo 菲洛

Phoenicia 腓尼基

Phraataces 弗拉塔克斯

Phraates II 弗拉特斯二世

Phrataphernes 弗拉塔费涅斯

Phriapatius 弗里阿帕提乌斯

Phryni 弗里尼

443

Pirastir 皮拉斯提尔

Pliny the Elder 老普林尼

Plutarch 普鲁塔克

Pokrovka 伯克罗夫卡

Polybius 波利比乌斯

Polytimetus 波利提米塔斯河

Pompeii 庞贝

Pompeius Trogus 庞培·特罗古斯

Pontus 本都

Porus 波拉斯

Prakrit/Gāndhārī 普拉克里语/犍陀罗语

Priscien 普里西安

Proconnesus 普罗孔涅苏斯岛

Procopius 普罗科比

Prokhorovka 普罗霍罗夫卡

Przevalski. N 普热瓦尔斯基

Ptolemaic Kingdom 托勒密王国

Ptolemy II Philadelphus 托勒密二世（"爱姐姐者"）

Ptolemy I 托勒密一世

Ptolemy VIII Euergetes Physcon 托勒密八世（欧尔杰提斯·费斯孔）

Ptolemy, Claudius 克劳狄乌斯·托勒密

Pugacenkova, G. A. 普加琴科娃

Pulleyblank, Edwin G. 普利本

Purusapura 布路沙布逻

Pushkalvati 布色羯逻伐底

Puteoli 普泰奥利

Pyatimary 皮亚提马利

Q

Qashqadaryo 卡什卡河

Qasr Ghellī 卡斯尔盖里

Qumis 库密斯

Qum 库姆

Qutaybah 屈底波

R

Rabatak Inscription《腊跛闼柯铭文》

Radloff, W. W. 拉德洛夫

Rajatarangini《罗阇塔兰吉尼—克什米尔诸王编年史》

Rama 罗摩

Ramayaṇa《罗摩衍那》

Raven, Ellen 艾伦·拉文

Ray 雷伊

Red Sea 红海

Rhagae 拉盖

Rhodes 罗德岛

Rhoxane 罗克珊娜

Rhyton 莱通

Richthofen, F. 李希霍芬

Rjagrha 王舍城

Robert Bracey 罗伯特·布雷西

Roger Olson 罗杰·奥尔森

Rokh 罗赫

Ropson, E. J. 拉普森

Rosenfield, J. M. 罗森弗尔德

Rostov 罗斯托夫

Rostovzeff, M. I. 罗斯托夫采夫

Rowland, B. 本杰明·罗兰

Rustam ī Farruxzad 鲁斯塔姆·法鲁兹扎德

S

Sabaeans 赛伯邑人

Sabzevar 萨卜泽瓦尔

Sāgala 奢羯罗

Šāhānšāh 众王之王

Šāhbāzgaṛhī 夏巴兹格里

Šahrbānu 萨尔班努

Saina 塞纳

Saka/Sakas 塞人

Sakastan 萨卡斯坦

Sāketa 沙祇大

Samarkand 撒马尔罕

Sanchi 桑奇

Sanghol 桑格尔

Sanskrit 梵语

Sanzar 桑扎尔河

Sarapana 萨拉巴那

Sārngadeva 萨龙葛提瓦

Sarysu 萨里苏河

Sasanian Empire 萨珊波斯帝国

Satavahana 百乘王朝

Satna 萨特纳

Satrapy 行省总督

Sauromatae 撒乌罗玛泰伊人

Schafer, E. 谢弗

Schoeni 雪尼

Scylax of Caryanda 斯库拉克斯

Scylla 斯库拉

Scythia 斯基泰

Scythians 斯基泰人

Seidenstrassen 丝绸之路（德语）

Seistan 锡斯坦

Seleucia 塞琉西亚

Seleucid dynasty 塞琉古王朝

Seleucid Kingdom 塞琉古王国

Seleucus I Nicator 塞琉古一世·尼卡托

Seleucus II 塞琉古二世

Seleucus III 塞琉古三世

Semina 塞米纳

Semireche 七河地区

Semnan 塞姆南

Senior, C. 西尼尔

Seoses 索西斯

Seres iron 赛里斯铁

Seres/Serica 赛里斯/丝国

Severan dynasty 塞维鲁王朝

Shāhnāmé 《列王纪》

Shahr-i-Qumis 沙赫伊库密斯

Shaikhan Dheri 谢汉德里

Shapur I 沙普尔一世

Shapur II 沙普尔二世

Shapur III 沙普尔三世

Shatial 夏提阿尔

Shdburkdn 沙普拉甘

Shighnan 舒格南

Shirabad 希拉巴德河

Shiratori Kurakichi 白鸟库吉

Shishpir 西希庇尔王

Shiva 湿婆

Shiratori Kurakichi 白鸟库吉

Shrava, S. 斯特雅·斯拉瓦

Shurabashat 舒拉巴沙特

Shush 舒什

Sidky, H. 西德基

Sidon 西顿

Silenus 西勒诺斯

— 445 —

Simeon Seth 西蒙·塞特

Sims-Williams, N. 尼古拉·辛姆斯—威廉姆斯

Sinai 西奈

Sind 信德

Singara 辛加拉

Siraf 西拉夫

Sirkap 斯尔卡普

Sirynx 西林克斯

Sizabul 室点密

Smirnova, O. I. 斯米尔诺娃

Smith, V. G. 文森特·史密斯

Simylla 西密拉

Socotra 索科特拉

Sogdiana 索格底亚那

Sopara 索帕拉

Sopatma 索巴特马

Soper 索普

Sophanene 索菲内

Soteria 索特里亚

Soter Megas 索特·美加斯

Sphāhān 伊斯法罕

Spitamenes 斯皮塔米尼斯

Sravasti 舍卫城

Śrī-Campā 室利·瞻波

Sri Lanka 斯里兰卡

Srinagar 斯利那加

Stasanor 斯塔萨诺尔

Stater 斯塔特

Stavisky, B. Y. 斯塔维斯基

Stein, A. 斯坦因

Stewart, P. 皮特·斯图尔特

Strabo 斯特拉波

Stratonicea 斯特拉托尼卡

Subahu 苏巴胡

Sudipo 苏祗婆

Sug（u）da 苏格达

Sula River 苏拉河

Sunga Dynasty 巽加王朝

Suren 苏壬（家族）

Surena/Suren 苏雷纳/苏壬

Surkh Kotal 苏尔赫·科塔尔

Surkhan Darya 苏尔汉河

Susa 苏萨

Susen（波斯语）循鲜城

Swat 斯瓦特

Syprus 塞浦路斯

Syr Darya 锡尔河

Syria 叙利亚

T

Tabaristan 塔巴里斯坦

Tacitus 塔西陀

Tajikstan 塔吉克斯坦

Takht-i Bahi 塔赫特—伊·巴希

Takht-I Sangin 塔赫特—伊·桑金

Takht-ikuwad 塔赫特库瓦德

Talas River 塔拉斯河

Tali-Barzi 塔利—巴尔兹

Tambrax 塔姆布拉克斯

Tamil 泰米尔

Taprobane 塔普拉班

Tarn, W. W. 塔恩

Tashkent 塔什干

Taxila 塔克西拉

Taxiles 塔克西里斯（塔克西拉地方王公）

Tchingiz Tepe 成吉思·特佩

Tedzhen/Tejend 捷詹河

Tepe Maranjan 马兰詹·特佩

Ter 特尔

Termez 铁尔梅兹

Thamimasadas 萨米玛萨达斯

Theodore of Mopsuestia 莫普苏埃斯提亚的狄奥多尔

Thetis 西蒂斯

Thina 秦尼

Thiran 提兰岛

Thyssagetae 杜撒该塔伊人

Tiberius 提比略

Tigris 底格里斯河

Tilliya Tepe "黄金之丘"

Timarchus 提马尔库斯

Timothy III 提摩西三世

Tiridates 提里达特斯

Tobol River 托博尔河

Tokharians 吐火罗人

Toprak Kala 托普拉克·卡拉

Touraj Daryaee 达拉耶

Trajan 图拉真

Transoxiana 河中地区

Trapobane 特拉波巴内

Tryphon 特里丰

Tukara 吐火罗

Tukaspadak 图卡斯帕达克王

Turghar 吐格哈尔

Turiva 图里瓦省

Turkhun 吐尔昏王

Tus 图斯

Tyche 提刻

Tyre 推罗

Tzetzes 泽泽斯

Tzinitza 秦尼扎

U

Uchida Ginpu 内田吟风

Udegram 乌戈德拉姆

Ujjain 乌贾因

Ulan Daban 乌兰达坂

Umktarf 乌姆克塔夫

Ural River 乌拉尔河

Urasaka 乌拉沙卡

Urk Wartramuk 乌克·瓦尔呼缦王

Ustyurt Plateau 于斯蒂尔特高原

V

Vahram Chobin 瓦赫拉姆·楚宾

Vahram 瓦赫拉姆，耶兹底格德三世之子

Vahram II 瓦赫拉姆二世

Vahram V 瓦赫拉姆五世

Vaidūrya 璧琉璃

Vaillant 瓦扬

Vaishali 吠舍离城

Vakhan Corridor 瓦罕走廊

Vakhsh 瓦赫什河

Valash 瓦拉什

Valerian 瓦勒良

Vardanes 瓦尔达尼斯

447

Vasudeva I 波调/瓦苏提婆一世

Vaxsu 乌浒神

Victor H. Mair 梅维恒

Vihara 毗诃罗

Vima Kadphises 威玛·卡德菲塞斯

Vima Taktu（Takto）威玛·塔克图

Vinogradov 维诺格拉多夫

Vistaspa 维斯塔斯帕

Volga River 伏尔加河

Volodarka 沃罗达尔卡

Vologases IV 沃洛加西斯四世

Vologases I 沃洛加西斯一世

Vologesias 沃洛格西亚斯

Voronezh 沃罗涅日

Vorskla River 沃尔斯克拉河

Vyazmitina, M. I. 瓦兹米提娜

W

Wahrām-ī-Warǰāwand 瓦赫拉姆一世·华贾旺德

Warkhuman 瓦尔呼缦王

Warmington, E. H. 沃明顿

Wheeler, R. E. M. 惠勒

Wolski, J. 沃尔斯基

Wuzurg 乌佐格王

X

Xenophon 色诺芬

Xerxes 薛西斯

Xusrov Kavatan ut Retak《库思老二世及其侍从官》

Y

Yaghnobi 雅格诺比

Yamchun I 阳存一号城堡

Yamuna River 亚穆纳河

yasn《颂歌》

Yavanajataka《希腊人占星术》

Yavanas/Yōnas 雅瓦那人/尤那人

Yazata 雅扎塔

Yazdegerd III 耶兹底格德三世

Yazdegerd II 耶兹底格德二世

Yazd 雅兹德

Yonamahādhammarakkhita 尤那大法护长老

Yōtkan 约特干遗址

Yule 裕尔

Yupa/Skambha "宇宙之轴"

Z

Zabdicene 扎迪西内

Zadracarta 萨德拉卡塔

Zand-Î Vohûman Yasn《赞德·瓦胡曼·亚斯恩》（《瓦胡曼颂歌注》）

Zarathustra 查拉图斯特拉

Zariaspes 扎里亚斯佩斯河

Zarmanochegas 扎尔马诺黑伽斯

Zarmarus 扎尔马鲁斯

Zend-Avesta 赞德—阿维斯塔（琐罗亚斯德教颂歌集）

Zenobia 泽诺比娅

Zeno 芝诺

Zerafshan River 泽拉夫善河

Zeugma 宙格玛

Zeus 宙斯

Zeymal，E. V. 泽伊马尔

Zhurovka 茹洛夫卡

Zolotonosa 佐罗托诺萨

Zoroaster 琐罗亚斯德

Zoroastrianism 琐罗亚斯德教

Zurmala Mortar 祖尔马拉·莫塔尔遗址

Zurvanites 祖尔万教派

参考文献

一 史料

(一) 外文古代文献

Agathias, *The Histories*, translated by Joseph D. Frendo, Berlin & New York: Walter De Gruyter & Co. , 1975.

Al-Tabari, *The History of Al-Tabari*, translated by C. E. Bosworth, Albany: State University of New York Press, 1999.

Ammianus Marcellinus, *Res Gestae*, with an English translation by John C. Rolfe, Cambridge Mass: Harvard University Press, 1935.

Appian, *Roman History*, with an English translation by Horace White, Mass: Harvard University Press, 1999.

Arrian, *Anabasis of Alexander*, with an English Translation by E. I. Robson, Cambridge, Mass: Harvard University Press, 1967.

Arrian, *Anabasis of Alexander*, *India*, with an English translation by P. A. Brunt, Cambridge, Mass: Harvard University Press, 1996.

Aston, W. G. , transl. , *Nihongi. Chronicles of Japan from the Earliest Times to A. D. 697*, Tokyo: Charles E, 1972.

Athenaeus, *Deipnosophistae*, with an English translation by Charles Burton Gulick, Cambridge, Mass: Harvard University Press, 1942.

Boyer, A. M. , E. J. Rapson, and E. Senartl, *Kharosthi Inscriptions Discovered by Sir Aurel Stein in Chinese Turkestan*, Parts I, Oxford Clarendon Press, 1920.

参考文献

Casson, L., *Periplus Maris Erythraei: Text with Introduction, Translation, and Commentary*, New Jersy: Princeton University Press, 1989.

Chronicon Paschale 284 – 628AD, translated with introduction and notes by Michael Whitby and Mary Whitby, Liverpool: Liverpool University Press, 1989.

Claudius Ptolemy, *The Geography*, translated and edited by Edward Luther Stevenson, with an introduction by Prof, Joseph Fischer, New York: Dover Publication, Inc., 1991.

Coedès G., *Textes D'auteurs Grecs et Latins relatifs a l'Extrême-Orient*, Paris: E. Leroux, 1910.

Curtius Quintus, Rufus, *The History of Alexander*, translated by John Yardley, with an introduction and notes by Waldemar Heckel, Penguin Books, 1999.

Cosmas, Indicopleustes, *Christian Topography of Cosmas Indicopleustes, An Egyptian Monk*, translated by J. W. McCrindle, London: the Hakluyt Society, 1897.

Dhammika, Ven. S., *The Edicts of King Ashoka*, Kandy, Sri Lanka: Budhist Publication Society, 1993.

Dio Cassius, *Roman Histiry*, With an English translation by Earnest Cary, Cambridge, Mass: Harvard University Press, 1993.

Diodorus Siculus, *Library of History*, with an English translation by C. H. Oldfather, Cambridge, Mass: Harvard University Press, reprinted, 1998.

Evagrius, *The Ecclesiastical History of Evagrius Scholasticus*, translated by Michael Whitby, Liverpool: Liverpool University Press, 2000.

Florus, Lucius Annaeus, *Epitome of Roman History*, translated by Edward Seymour Forster, London: William Heinemann, 1929.

Geiger, W. and Mabel Haynes Bode, trans., *The Mahāva? sa or The Great Chronicle of Ceylon*, London: Pali Text Society, 1912.

Herodotus, *The Histories*, with an English translation by A. D. Godley, Cambridge, Mass: Harvard University Press, 1921 – 1922.

Horner, I. B., trans, *Milinda's Questions*, London: Luzac & Company, Ltd., 1964.

Isidore of Charax, *Parthian Stations* (An Account of the Overland Trade Route Between the Levant and India in the First Century B. C.). The Greek text with a Translation and Commentary by Wilfred H. Schoff, London edition, 1914.

Josephus, *Jewish Antiquities*, with an English translation by H. St. J. Thackeray, Cambridge, Mass: Harvard University Press, 1996.

Justin, *Cornelius Nepos and Eutropius*, translated by Rev, John Selby Watson, London: Henry G. Bohn, 1853.

Justinus, *Epitome of the Philippic History of Pompeius Trogus*, translated by J. C. Yardley, with introduction and explanatory notes by R. Develin, Atlanta: Scholars Press, 1994.

Justinus, Marcus Julianus, *Epitome of the Philippic History of Pompeius Trogus*, translated by Rev, Johan Selby Watson, London: Henry G. Bohn, 1853.

Mas'ūdi, *Les praires d'or*, ed. and trans, C. Barbier de Meynard and Pavet de Courteille, Paris, 1861 – 1877.

Menander, *The History of Menander The Guardsman: Introductory Essay, Text, Translation, and Historiographical Notes*, ed. and trans. by R. C. Blockley, Liverpool: F. Cairns, 1985.

Mendis, N. K. G. , *The Questions of King Milinda: An Abridgement of the Milindapanha*, Kandy, Sri Lanka: Buddhist Publication Society, 1993.

Nestorius, *The Bazaar of Heracleides*, translated by G. R. Driver, Oxford: Clarendon Press, 1925.

Nikam N. A. and Mckeon R. , *The Edicts of Asoka*, The University of Chicago Press, 1959.

Pausanias, *Description of Greece*, with an English translation by W. H. S. Jones, Cambridge, Mass: Harvard University Press, 1988.

Philostratus, *The Life of Apollonius*, with an English translation by F. C. Conybeare, Cambridge, Mass: Harvard University Press, 1989.

Photius, *The library of Photius*, translated by J. H. Freese, London: Society for Promoting Christian Knowledge, 1920.

Pinches, T. G., & Strassmaier, J. N., *Late Babylonian Astronomical and Related Texts*, Brown University Press, 1955.

Pliny, *Natural History*, with an English translation by H. Rackham, Cambridge, Mass: Harvard University Press, 1999.

Plutarch, *Lives*, with an English translation by Bernadotte Perrin, Cambridge, Mass: Harvard University Press, reprinted, 1996.

Plutarch, *Moralia*, with an English translation by Frank Cole Babbitt, Cambridge, Mass: Harvard University Press, 1994.

Polybius, *The histories*, with an English translation by W. R. Paton, Cambridge, Mass: Harvard University Press, 1993.

Procopius, *History of the Wars*, with an English translation by H. B. Dewing, Cambridge, Mass: Harvard University Press, 1996.

Rhodes, P. J. & Robin Osborne, eds., *Greek Historical Inscriptions* (404 – 323BC), Oxford University Press, 2003.

Sachs, A., Hunger, H., *Astronomical Diaries and Related Texts from Babylonia*, Vol. I. Vienna: Verlag der Osterreichischen Akademie der Wissenschaften, 1988.

Schoff, W. H. (tr. & ed.), *The Periplus of the Erythraean Sea: Travel and Trade in the Indian Ocean by a Merchant of the First Century*, London: Bombay & Calcutta, 1912.

Strabo, *Geography*, with an English translation by Horace Leonard Jones, Cambridge, Mass: Harvard University Press, 1988.

Tabari, Muhammad ibn Jarir al –. *Tarikh al-rusul wa-al-muluk* (*Annales*), 15 vols., ed. Michael Jan de Goeje, Lugduni Batavorum, 1879 – 1901.

Tacitus, *The Annals*, with an English translation by John Jackson, Cambridge, Mass: Harvard University Press, 1998.

The Scriptores Historiae Augustae, *with an English translation by David Magie*, Cambridge, Mass: Harvard University Press, 1932.

Trombley, Frank R. and John W. Watt, trans, *The Chronicle of Pseudo-Joshua the Stylite*, with notes and introduction, Liverpool: Liverpool University

Press, 2000.

Virgil, *Georgics*, with an English translation by H. Rushton Fairclough, Mass: Harvard University Press, 2006.

Xenophon, *Cyropaedia*, with an English translation by Walter Miller, Cambridge, Mass: Harvard University Press, 1989.

（二）汉文史料

《大正新修大藏经》，CBETA 电子佛典光盘版，2002 年。

《大正新修大藏经》，台北佛陀教育基金会，1990 年。

《乾隆大藏经》，台北传正有限公司编辑部及宝印佛经流通处，1999 年。

《中华大藏经》，中华书局 2004 年版。

（东汉）班固：《汉书》，中华书局 1962 年版。

（西晋）陈寿：《三国志》，中华书局 1959 年版。

（唐）杜环：《经行记笺注》，张一纯笺注，中华书局 1963 年版。

（东晋）法显：《法显传校注》，章巽校注，中华书局 2008 年版。

（宋）范晔：《后汉书》，中华书局 1965 年版。

（唐）房玄龄：《晋书》，中华书局 1974 年版。

（东晋）郭璞撰，（清）郝德行笺疏：《山海经笺疏》，中国致公出版社 2016 年版。

（唐）惠立、彦棕：《大慈恩寺三藏法师传》，孙毓棠、谢方点校，《中外交通史籍丛刊》，中华书局 2000 年版。

（梁）慧皎：《高僧传》，汤一玄整理，汤用彤校注，中华书局 1992 年版。

（唐）李百药：《北齐书》，中华书局 1972 年版。

（元）李好文：《长安志图》，《清文渊阁四库全书》。

（唐）李延寿：《北史》，中华书局 1974 年版。

（唐）令狐德棻等：《周书》，中华书局 1971 年版。

（后晋）刘昫等：《旧唐书》，中华书局 1975 年版。

（唐）南卓：《羯鼓录》，上海古籍出版社 1988 年版。

（北宋）欧阳修、宋祁：《新唐书》，中华书局 1975 年版。

（西汉）司马迁：《史记》，中华书局 1959 年版。

（西汉）司马迁：《史记》，中华书局1981年版。
（北宋）王溥：《唐会要》，中华书局1955年版。
（北宋）王钦若等：《册府元龟》（全十二册），中华书局1960年版。
（唐）韦述撰：《两京新记辑校》，辛德勇辑校，三秦出版社2006年版。
（北齐）魏收：《魏书》，中华书局1974年版。
（唐）魏征等：《晋书》，中华书局1974年版。
（唐）魏征等：《隋书》，中华书局1973年版。
（梁）萧子显：《南齐书》，中华书局1972年版。
（东汉）许慎：《说文解字》，中华书局1963年版。
（唐）玄奘、辩机：《大唐西域记校注》，季羡林等校注，中华书局1985年版。
（清）严可均：《全后汉文》，徐振生审订，商务印书馆1999年版。
（唐）杨炫之：《洛阳伽蓝记校释》，周祖谟校释，中华书局2010年版。
（北魏）杨衒之：《洛阳伽蓝记校注》，范祥雍校注，上海古籍出版社1982年版。
（唐）姚思廉：《梁书》，中华书局1973年版。
张星烺编注：《中西交通史料汇编》（六册），朱杰勤校订，中华书局1977—1979年版。
张星烺编注：《中西交通史料汇编》（全四册），朱杰勤校订，中华书局2003年版。

（三）汉译古代文献

［阿拉伯］《古兰经》，马坚译，中国社会科学出版社1996年版。
［古罗马］阿庇安：《罗马史》，谢德风译，商务印书馆1995年版。
［古罗马］阿里安：《亚历山大远征记》，李活译，商务印书馆2010年版。
崔连仲等选译：《古印度帝国时代史料选辑》，商务印书馆1989年版。
［古波斯］菲尔多西：《列王纪全集》，张鸿年、宋丕方译，湖南文艺出版社2001年版。
［古罗马］戈岱司编：《希腊拉丁作家远东古文献辑录》，耿昇译，中华书局1987年版。
［伊朗］贾利尔·杜斯特哈赫选编：《阿维斯塔——琐罗亚斯德圣书》，元

文琪译，商务印书馆 2005 年版。

［阿拉伯］马苏第：《黄金草原》（上），耿昇译，人民出版社 2013 年版。

［斯里兰卡］摩诃那摩等：《大史——斯里兰卡佛教史》，韩廷杰译，佛光文化事业有限公司 1996 年版。

［古罗马］普鲁塔克：《希腊罗马名人传》，黄宏煦等译，商务印书馆 1990 年版。

［古罗马］斯特拉博：《地理学》，李铁匠译，上海三联出版社 2014 年版。

［古罗马］塔西陀：《编年史》，王以铸、崔妙因译，商务印书馆 1981 年版。

［古希腊］希罗多德：《历史》，王以铸译，商务印书馆 2005 年版。

［阿拉伯］伊本·胡尔达兹比赫：《道里邦国志》，宋岘译注，中华书局 1991 年版。

［英］裕尔撰：《东域纪程录丛》，H. 考迪埃修订，张绪山译，云南人民出版社 2002 年版；中华书局 2008 年版。

二　著作

（一）外文著作

Ahmad, I. , *Kashmir Coins: Ancient Coins of Jammu, Kashmir, Ladakh and Its Frontier Districts*, New Delhi: Dilpreet Publishing house, 2013.

Akiyama, T. & S. Matsubara, *Arts of China: Buddhist Cave Temples*, tr. A. Soper, Tokyo: Kodansha, 1969.

Alram, M. , and Deborah E Klimburg-Salter, *Coins, Art, and Chronology: Essays on the Pre-Islamic History of the Indo-Iranian Borderlands*, Wien: Verlag der Österreichischen Akademie der Wissenschaften, 1999.

Alram, M. , and Shōshin Kuwayama, *Coins, Art, and Chronology II: the First Millennium C. E. in the Indo-Iranian Borderlands*, Wien: Verlag der Österreichischen Akademie der Wissenschaften, 2010.

Anklesaria, B. T. , *Zand-Î Vohûman Yasn and Two Pahlavi Fragments*, Bombay: B. T. Anklesaria, 1957.

Aruz, J. , *The Golden Deer of Eurasia: Perspectives on the Steppe Nomads of the Ancient World*, The Metropolitan Museum of Art, New York: Yale University Press, 2006.

Astin, A. E., F. W. Walbank, M. W. Frederiksen, & R. M. Ogilvie, eds., *The Cambridge Ancient History*, Vol. VII. 1: *The Hellenistic World*, 2nd end., Cambridge University Press, 1984.

Bacchi, P. C., *India and China: A Thousand Years of Culture Relations*, Bombay: Philosophical Library, 1950.

Bagnall, R. S. and C. Helms, and A. M. F. W. Verhoogt, *Documents from Berenike* 1: *Greek Ostraka from the 1996 – 1998 Seasons*, Bruxelles: Fondation Égyptologique Reine Élisabeth, 2000.

Ball, W., *Rome in the East: The Transformation of An Empire*, London and New York: Routledge, 2000,

Ball, W., *The Monuments of Afghanistan: History, Archaeology and Architecture*, Lndon: I. B. Tauris, 2008.

Banerjee, G. N., *Hellenism in Ancient India*, Delhi: Munshiram Manoharlal Publishers Pvt. Ltd., 1919.

Basham, A. L. (eds.), *Papers on the Date of Kaniska*, Leiden: Brill, 1968.

Basham, A. L., *A Culture History of India*, Oxford University Press, 1984.

Beal, S., *Si-Yu-Ki: Buddhist Records of the Western World, by Hiuen Tsiang, translated from the Chinese of Hiuen Tsiang A. D. 629*, 2 vols, London: Trubner & Co., Ludgate, Hill, 1884.

Beckwith, C. I., *Empires of the Silk Road: A History of Central Eurasia from the Bronze Age to the Present*, Princeton University Press, 2009.

Benjamin C., *Empires of Ancient Eurasia: The First Silk Roads Era, 100 BCE – 250 CE*, Cambridge University Press, 2018.

Benjamin, C., *The Yuezhi: Origin, Mirgration and Conquest Northern Bactria*, Turnhout: Brepols Publishers, 2007.

Bilde, P. G., Højte, J. M., Stolba, V. F. and Shcheglov, A. N., *The Cauldron of Ariantas: Studies Presented to A. N. Ščeglov on the Occasion of His 70th Birthday*, Aarhus: Aarhus University Press, 2003.

Boardman, J., et al. (eds.), *The Cambridge Ancient History*, Vol. 3, Cambridge University Press, 1991.

Boardman, J., *Greeks in Asia*, London: Thames & Hudson, 2015.

Bogucki, P. and P. J. Grabtree, *Ancient Europe 8000 B. C. – A. D. 1000: Encyclopedia of the Barbarian World*, Vol. II, New York: Charles Scribner's Sons, 2004.

Bolton, J. D. P., *Aristeas of Proconnesus*, Oxford: Clarendon Press, 1962.

Bopearachchi O. and Wilfried Pieper, *Ruhuna, An Ancient Civilisation Revisited: Numismatic and Archaeological Evidence on Inland and Maritime Trade*, Nugegoda: R. M. Wickremesinhe, 1999.

Bopearachchi, O. & A. Rahman, *Pre-Kushana Coins in Pakistan*, Karachi: IRM Associates Ltd., 1995.

Bopearachchi, O., *From Bactria To Taprobane: Selected Works of Osmund Bopearachchi*, 2 vols., New Delhi: Manohar Publishers, 2015.

Bopearachchi, O., *Indo-Greek, Indo-Scythian and Indo-Parthian coins in the Smithsonian Institution*, Washington: National Numismatic Collection, Smithsonian Institution, 1993.

Bopearachchi, O., *Monnaies Gréco-Bactriennes et Indo-Grecques*, Catalogue Raisonné, Paris: Bibliothèque Nationale, 1991.

Bowman, A. K., Peter Garnsey and Averil Cameron, eds., *The Cambridge Ancient History, Volume XII: The Crisis of Empire, A. D. 193 – 337*, the University Press, 2005.

Bowman, A. K., Edward Champlin and Andrew Lintott, eds., *The Cambridge Ancient History, Volume X: The Augustan Empire, 43 B. C – A. D. 69*, the University Press, 1996.

Boyce, M., *A History of Zoroastrianism, Vol. One*, Leiden, New York and Koln: E. J. Brill, 1996.

Braund, D. & S. D. Kryzhitskiy, *Classical Olbia and the Scythia World: From the Sixth Century BC to the Second Century AD*, Oxford University Press, 2007.

Braund, D., *Cultural Interaction in Scythia, Athens and the Early Roman Empire: Six Century BC-First Century AD, Exeter: University of Exeter Press, 2007.

Buraselis, K., Mary Stefanou and Dorothy. J. Thompson, eds., *The Ptolemies, The Sea and The Nile: Studies in Waterborne Power*, Cambridge University Press, 2013.

Bury, J. B., *A History of Greece*, London: Macmillan Education, 1988.

Carradice, I. & M. Prince, *Coinage in the Greek World*, London: B. A. Seaby Ltd., 1988.

Cartledge, P., Peter Garnsey & E. Gruen, eds, *Hellenistic Constructs: Essays in Culture, History, and Historiography*, Berkeley: University of California Press, 1997.

Casson, L., *The Ancient Mariners: Seafarers and Sea Fighters of the Mediterranean In Ancient Times*, New Jersey: Princeton University Press, 1991.

Chandra, M., *Trade and Trade Route in Ancient India*, New Delhi: Abhinav Publication, 1977.

Charlesworth, M. P., *Trade-routes and Commerce of the Roman Empire*, Cambridge University Press, 1924.

Chatuvedi, S., *Foreign Influx and Interaction with Indian Culture*, Delhi: Agam Kala Prakashan, 1985.

Chavannes, É., *Documents sur les Tou-Kiue (Turcs) Occidentaux*, St.-Petersburg: Acodimie Imperiale des Sciences, 1903.

Ch'en, Kenneth, *Buddhism in China: A Historical Survey*, Princeton: Princeton University Press, 1964.

Cohen, G. M., *The Hellenistic Settlements in Syria, the Red Sea Basin, and North Africa*, Berkeley: University of Califonia Press, 2006.

Cohen, G. M., *The Hellenistic Settlements in the East from Armenia and Mesopotamia to Bactria and India*, Berkeley: University of California Press, 2013.

Colledge, M. A. R., *The Parthian Art*, Ithaca, NY: Cornell University Press, 1977.

Colledge, M. A. R., *The Parthian Period, Iconography of Religions*, Leiden

E. J. Brill, 1986.

Colledge, M. A. R. , *The Parthians*, London: Thames and Hudson, 1967.

Commissariat, M. S. , *A History of Gujarat: Including a survey of its chief architectural monuments and inscriptions*, Vol. I, London, New York and Toronto: Longmans, Green, Co. , Ltd. , 1938.

Cook, S. A. , etc. edited, *Cambridge Ancient History*, Vol. IX, *The Roman Republic: 133 - 44 B. C.* , Cambridge University Press, 1932.

Cribb, J. & G. Herrmann (eds.), *After Alexander: Central Asia before Islam*, Oxford University Press, 2007.

Cunningham, A. , *The Ancient Geography of India: the buddhist period, including the Campaigns of Alexander, and the Travels of Hwen-thsang*, Cambridge University Press, 2013.

Cunningham, A. , *The Stupa of Bharhut. A Buddhist Monument Ornamented with Numerous Sculptures Illustrative of Buddhist Legend and History in the Third century B. C.* , London: W H. Allen and Co. , etc. , 1879.

Curtin, Philip D. , *Cross-Cultural Trade in World History*, Cambridge University Press, 1984.

Curtis, J. (ed.), *Mesopotamia and Iran in the Parthian and Sasanian Periods, Rejection and Revival c. 238 BC - AD 642*, London: British Museum Press, 2000.

Cutis, V. S. and S. Stewar (eds.), *The Age of the Parthians (The Idea of Iran Volume II)*, New York: I. B. Tauris & Co. , Ltd. , 2007.

Dalton, O. M. , *The Treasure of the Oxus with Other Objects from Ancient Persia and India*, Oxford: Horace Hart, 1905.

Davis-Kimball, J. , et al. , *Kurgans, Ritual Sites, and Settlements Eurasian Bronze and Iron Age*, Oxford: Archaeopress, 2000.

Davis-Kimball, J. , V. A. Bashilov & Yablonsky, L. T. , *Nomads of the Eurasian Steppes in the Early Iron Age*, Berkeley, CA: Zinat Press, 1995.

Debevoise, N. C. , *A Political History of Parthia*, Chicago: The University of Chicago Press, 1937.

Dignas, B. and Engelbert Winter, *Rome and Persia in Late Antiquity: Neighbours and Rivals*, Cambridge University Press, 2007.

Eckhart, A., *A History of Korean Art*, London: Edward Goldston, 1929.

Edwell Peter M., *Between Rome and Persia: The Middle Euphrates, Mesopotamia and Palmyra under Roman control*, New York: Routledge, 2008.

Emmerick, R. E., *A Guide to the Literature of Khotan*, Tokyo: The Reiyukai Library, 1979.

Emmerick, R. E., *Tibetan Texts Concerning Khotan*, London: Oxford University Press, 1967.

Errington, E. & J. Cribb with M. Claringbull, eds., *The Crossroads of Asia: Transformation of Image and Symbol in the Art of Ancient Afghanistan and Pakistan*, Cambridge: The Ancient India and Iran Trust, 1992.

Errington, R. M., *A History of the Hellenistic world*, Blackwell Pub. Ltd., 2008.

Erskine, A., ed., *A Companion to the Hellenistic World*, Maldon, Oxford, Calton: Blackwell Publishing Ltd., 2005.

Facennna, D., *A Guide to the Excavation of Swat* 1956–1962. Roma: Sculo Grafica Salesiana, 1964.

Falk, H., *Kushan Histories: Literary Sources And Selected Papers From A Symposium At Berlin, December 5 to 7, 2013*, Bremen: Hempen Verlag, 2015.

Foltz, R., *Religions of Iran: From Prehistory to the Present*, London: Oneworld Publications, 2013.

Forte, A., *An Shigao and His Offspring: An Iranian Family in China*, Kyoto: Italian School of East Asian Studies, 1995.

Foucher A. & E. Bazin-Foucher, *La Vieille Route de L'Inde de Bactres à Taxila*, 2 vol., Paris: Éd. d'Art et d'Histoire, 1942–1947.

Foucher, A., *L'art Greco-Bouddhique du Gandhara*, Paris: Imprimerie Nationale, 1905–1951.

Foucher, A., *Beginnings of the Buddhist Art and other essays in Indian and Central Asia Archology*, Revised by the Author and Translated by Thomas,

L. A. and Thomas, F. W. with a preface by latter, London Humphrey Mliford, 1917.

Francis, P. , *Asia's Maritime Bead Trade*: 300 B. C. to The Present, Honolulu: University of Hawaii Press, 2002.

Franck, I. M. , and D. M. Brownstone, *The Silk Road: A History*, New York: Facts on File, 1986.

François A. & P. Hulsewé, *China in Central Asia: The Early Stage*, 125 B. C. - A. D. 23: *an Annotated Translation of Chapters* 61 *and* 96 *of The History of the Former Han Dynasty*, Brill Archive, 1979.

Fraser, P. M. , *Ptolemaic Alexandria*, Volume. II, Oxford University Press, 1972.

Frend, W. H. C. , *The Rise of the Monophysite Movement: Chapters in the History of the Church in the Fifth and Sixth Centuries*, Cambridge University Press, 1972.

Frye, R. N. , *The Heritage of Central Asia: From Antiquity to the Turkish Expansion*, Princeton: Markus Wiener Publishers, 1996.

Frye, R. N. , *The History of Ancient Iran*, München: C. H. Beck Verlag, 1984.

Gabrielsen, V. and J. Lund, eds. , *The Black Sea in Antiquity: Regional and Interregional Economic Exchanges*, Black sea Studies 6, Aarhus University Press, 2007.

Gafurov, B. G. and others, ed. , *Kushan studies in U. S. S. R: Papers Presented by the Soviet Scholars at the Unesco Conference on History, Archaeology, and Culture of Central Asia in the Kushan Period*, Dushanbe, 1968. Published by Indian Studies: Past & Present in Calcutta, 1970.

Gershevitch, I. , et al. , eds. , *The Cambridge History of Iran*, Vol. 2, Cambridge University Press, 1985.

Ghirshman, R. , *Persian art: Parthian and Sassanian dynasties*, 249 B. C. - A. D. 651, translated by Stuart Gilbert & James Emmons, Golden Press, 1962.

Ghrishman, R. , *Bégram: Recherches Archéologiques et Historiques sur les Kouchans*, Paris: Impr. de l'Institut français d'archéologie orientale, 1946.

Gibbon, Edward, *The History of the Decline and Fall of the Roman Empire*, Vol. I, Boston: Phillips Sampson, and Company, 1839.

Gordon, C. D., *The Age of Attila: Fifth-Century Byzantium and the Barbarians*, Am Arbor: The University of Michigan Press, 2004.

Grammenos, D. V. and E. K. Petropoulos (eds.), *Ancient Greek Colonies in the Black Sea 2*, Vol. 1, Oxford: Archaeopress, 2007.

Grant, M., *From Alexander to Cleopatra: The Hellenistic World*, London: Weidenfeld and Nicolson, 1982.

Grüwedel, A., *Buddhist Art of India*, Second Edition, Santiago de Compostela: Susil Gupta, 1965.

Gupta, P. L., & Sarojini Kulashershtha, *Kushan Coins and History*, D. K. Print world Ltd., 1994.

Göbl, R., *Sasanian Numismatics*, Braunshweig: Klinkhardt & Biermann, 1971.

Hackin, J., et al., *Nouvelles Recherché Archéologiques à Begram 1939 – 1940*, Paris: Edité par P., Imprimerie nationale, Presses universitaires 1954.

Hackin, J., *Recherches Archéologiques à Begram*, Paris: Editions d'Art et d'Histoire, 1939.

Hackl, U, Bruno Jacobs, Dieter Weber (Hrsg.), *Quellen zur Geschichte des Partherreiches. Textsammlung mit Übersetzungen und Kommentaren. Bd. 2: Griechische Und Lateinische Texte, Parthische Texte, Numismatische Evidenz*, Göttingen: Vandenhoeck & Ruprecht, 2010.

Haldon, J. F., *Byzantium in the Seventh century: The Transformation of a culture*, Cambridge University Press, 1990.

Hansen, V., *The Silk Road: A New History*, New York: Oxford University Press, 2012.

Harmata, J., *From Hecateus to Al-huwarizmi*, Hungary: Union Acacenque international, 1984.

Harmatta, J. ed., *The History of Civilizations of Central Asia II: The Development of Sedentary and Nomadic Civilizations*, Paris: UNESCO Publishing, 1994.

Harris W. V. , *Rome's Imperial Economy: Twelve Essays*, Oxford University Press, 2011.

Heckel, W. and J. C. Yardley, *Alexander the Great: Historical Sources in Translation*, Oxford: Blackwell, 2004.

Heichelheim, F. M. , *An Economic Survey of Ancient Rome: Volume 4, Roman Syria*, New York: The Johns Hopkins Press, 1975.

Hill, John E. , *Through the Jade Gate to Rome: A Study of the Silk Routes during the Later Han Dynasty 1 st to 2 nd Centuries CE*, KY: Lexington, 2009.

Hill, J. E. , *Through the Jade Gate to Rome: A Study of the Later Han Dynasty 1st to 2nd Centuries CE*, 2 nd Edition in Two Volumes, CA: San Bernardino, 2015.

Hinz, W. , *Alt-iranische Funde und Forschungen*, Berlin: de Gruyter, 1969.

Hirth, F. , *China and the Roman Orient: Researches into Their Ancient and Medieval Relations as Represented in Old Chinese Records*, Leipsic & Munich: Georg Hirth; Shanghai & Hongkond: Kelly & Walsh, 1885.

Hitti, P. K. , *History of Syria*, London: Macmillan Co. , Ltd. , 1951.

Hoemle, A. F. R. , *The Bower Manuscript: Facsimile Leaves, Nagari Transcript, Romanized Transliteration and English Translation with Note*, Calcutta: Superintendent Government Printing, 1912.

Hogland, R. G. , *Arabia and the Arabs: From the Bronze Age to the coming of Islam*, London and New York: Routledge, 2001.

Holt, F. L. , *Alexander the Great and Bactria*, Leiden: E. J. Brill, 1989.

Holt, F. L. , *Alexander the Great and the Mystery of the elephant Medallions*, Berkeley: University of California Press, 2003.

Holt, F. L. , *Into the Land of Bones: Alexander the Great in Afghanistan*, Berkeley: University of California Press, 2005.

Holt, F. L. , *Thundering Zeus: The Making of Hellenistic Bactria*, Berkley: University of California Press, 1999.

Hopkins, C. , *The Discovery of Dura-Europos*, New Haven and London: Yale

University Press, 1979.

Hudson, G. F., *Europe and China: A survey of their relations from the earliest times to 1800*, London: E. Arnold, 1931.

Itō, G., *Perushia Bunka Toraikō: Shiruku Rōdo Kara Asuka e*, Tokyo: Iwanami Shoten, 1980.

Jacobson, E., *The Art of the Scythians——the Interpenetration of Cultures at the Edge of the Hellenic World*, New York: Brill, 1995.

Jairazbhoy, R. A., *Foreign Influence in Ancient Indian*, Asia Publishing House, Bombay, Calcutta, New Delhi, Madras, Lugknow, London, New York, 1963.

Johnson, A. C., *An Economic Survey of Ancient Rome: Volume II, Roman Egypt*, New York: The Johns Hopkins Press, 1975.

Jones, A. H. M., *The Later Roman Empire 284 - 602: a Social, Economic, and Administrative Survey*, Baltimore: The Johns Hopkins University Press, 1986.

Jones, A. H. M., *The Roman Economy: Studies in Ancient Economic and Administrative History*, Oxford: Basil Blackwell, 1974.

Jongeward, D., and Joe Cribb with Peter Donovan, *Kushan, Kushano-Sasanian, and Kidarite coins: a Catalogue of Coins from the American Numismatic Society*, New York: The American Numismatic Society, 2015.

Juliano, A. L. & J. A. Lerner, *Nomads, Traders and Holy Men along China's Silk Road*, Turnhout, Brepols, 2002.

Kaegi, Walter E., *Heraclius Emperor of Byzantium*, Cambridge University Press, 2003.

Karttunen, K., *India in early Greek literature*, Helsinki: Finnish Oriental Society, 1989.

Kawami, T. S., *Monumental Art of the Parthian Period in Iran*, Leiden: E. J. Brill, 1987.

Keevak, M., *The Story of a Stele: China's Nestorian Monument and Its Reception in the West, 1625 - 1916*, Hong Kong University Press, 2008.

Kinzl, K. H. ed. , *A Companion to Classical Greek World*, Malden, MA: Blackwell Publishing Ltd. , 2006.

Knobloch, E. , *Beyond the Oxus: Archaeology, Art & Architecture of Central Asia*, London: Ernest Benn, 1973.

Konow, S. , *Corpus Inscriptionum Indicarum*, II, Varanasi: Indological Book House, 1969.

Koryakova, L. and A. Vladimirovich, *The Urals and Western Siberia in the Bronze and Iron Ages*, Cambridge University Press, 2007.

Kosmin, P. J. , *The Land of the Elephant Kings: Space, Territory, and Ideology in the Seleucid Empire*, Harvard University Press, 2014.

Kuhrt A. & S. Sherwin-White, *Hellenism in the East: The Interaction of Greek and Non-Greek Civilizations from Syria to Central Asia after Alexander*, University of California Press, 1988.

Kuhrt, A. , *The Persian Empire: A Corpus of Sources from the Achaemenid Period*, Volume 1, New York: Routledge, 2010,

Kuz'mina E. E. , *The Origin of the Indo-Iranians* (ed. J. P. Mallory), Leiden/Boston: Brill, 2007.

Laufer, B. , *Sino-Iranica: Chinese Contributions to the History of Civilization in Ancient Iran, with Special Reference to the History of Cultivated Plants and Products*, Chicago: Field Museum of Natural History, 1919.

Lerner, J. D. , *The Impact of Seleucid Decline on the Eastern Iranian Plateau*, Stuttgart: Steiner, 1999.

Lieu Samuel N. C. , *Manichaeism in Central Asia and China*, Leiden; Boston: Brill, 1998.

Lieu, S. N. C. , *Manichaeism in the Later Roman Empire and Medieval China: a Historical Survey*, Manchester University Press, 1985.

Liu Xinru, *The Silk Road in World History*, Oxford; New York: Oxford University Press, 2010.

Liu Xinru, *The Silk Road: Overland Trade and Cultural Interactions in Eurasia, Essays on Global and Comparative History*, American Historical Association, 1998.

Livshits, V. A., *Sogdian Epigraphy of Central Asia and Semirech'e*, translated from the Russian by Tom Stableford, London: School of Oriental and African Studies, 2015.

Louis, P., *Ancient Rome At Work: An Economic History of Rome from the Origins to the Empire*, London: Routledge and Kegan Parl Ltd., 1965.

Luders, H. etc., *Mathura Inscriptions*, Göttingen: Vandenhoeck und Ruprecht, 1961.

Lukonin, V. G., *Persia II*, Geneva: Nagel publishers, 1967.

Mahler, J. G., *The Westerners among the Figurines of the T'ang Dynasty of China*, Roma: Instituto italiano per il Medio ed Estremo Oriente, 1959.

Mair, V. H. and Jane Hickman, *Reconfiguring the Silk Road: New Research on East-West Exchange in Antiquity*, Philadelphia, PA: University of Pennsylvania Museum of Archaeology and Anthropology, 2014.

Mairs, R., *Ethnic Identity in the Hellenistic Far East*, Faculty of Classics, University of Cambridge, 2006.

Mairs, R., *The Hellenistic Far East: Archaeology, Language and Identity in Greek Central Asia*, Berkeley: University of California Press, 2014.

Mallory, J. P. and V. H. Mair, *The Tarim Mummies: Ancient China and the Mystery of the Earliest Peoples from the West*, London: Thames & Hudson, 2000.

Mani, B. R., *The Kushan Civilization: Studies in Urban Development and Material Culture*, Delhi, New Delhi: B. R. Pub. Corp., 1987.

Maria, B., *The Persians: An Introduction*, London & New York: Routledge, 2006.

Marquart, J., *Eransahr nach der Geographie des Ps Moses Xorenaci*（《伪摩西·可兰纳西所著〈地理学〉中的伊朗》）, Berlin: Weidmannsche Buchhandlung, 1901.

Marshall, J., *Taxila*, 3vols, Cambridge University Press, 1951.

Marshall, J., *The Buddhist Art of Gandhdra: The Story of the Early School*, its

Birth, Growth and Decline, Cambridge: Cambridge University Press, 1960.

Maurice S., *The middle east under Rome*, London: Harvard University, 2005.

McGing, B. C., *The Foreign Policy of Mithridates VI Eupator, King of Pontus*, Leiden: Brill, 1986.

McGovern, W. M., *The Early Empires of Central Asia: a Study of the Scythians and the Huns and the Part They Played in World History*, Chapel Hill: The University of North Carolina press, 1939.

Mclaughlin, R., *Rome and the Distant East*, Typeset by Pindar NZ, Auckland, New Zealand Printed and bound by MPG Books Group Ltd., First published, 2010.

Meijer, F. and Onno Van Nijf, Trade, *Transport and Society in the Ancient World: A Source book*, London: Routledge, 1992.

Millar F., *Rome, the Greek World and the East*, volume 3: *The Greek World, the Jews and the East*, Chapel Hill: The University of North Carolina Press, 2008.

Miller, J. I., *The Spice Trade of the Roman Empire: 29 B. C. to A. D. 641*, Oxford: The Clarenden Press, 1969.

Miller, R. A., *Accounts of Western Nations in the History of the Northern Chou Dynasty*, Chinese Dynastic His-tories Translations 6, Berkeley and Los Angeles: University of California Press, 1959.

Minns, E. H., *Scytians and Greeks—a Survey of Ancient History and Archaeology on the North Coast of the Euxine from the Danube to the Caucasus*, Cambridge University Press, 1913.

Mitchiner, M., *Oriental Coins the Ancient and Classical World*, 600 B. C. – A. D. 650, London: Hawkins Publications, 1978.

Mitchiner, M., *The Early Coinage of Central Asia*, London: Hawkins Publications, 1973.

Mitchiner, M., *The Yuga Purana*, Calcutta, India: Asiatic Society, 1986.

Mokhtar, G., ed., *General History of Africa II Ancient Civilizations of Africa*, Paris: United Nations Educational, Scientific and Cultural Organization,

1981.

Momigliano, A., *Alien Wisdom: The Limits of Hellenization*, Cambridge University Press, 1971.

Mukherjee, B. N., *Kushāna Studies*, Published by Firma KLM in Kolkata, 2004.

Narain, A. K., *The Coin Types of Indo-Greek Kings*, Chicago: Are Publisher Inc., 1976.

Narain, A. K., *The Indo-Greeks*, Oxford: Clarendon press, 1957.

Narain, A. K., *The Indo-Greeks: Revisited and Supplemented*, New Delhi: B. R. Publishing Corporation, 2003.

Naveh, J., *Aramaic Documents from Ancient Bactria*, Khalili Family Trust, 2012.

Nazif Shahrani, M., *The Kirghiz and Wakhi of Afghanistan: Adaptation to Closed Frontiers and War*, Seattle and London: University of Washington Press, 2002.

Neelis, J., *Early Buddhist Transmission and Trade Networks: Mobility and Exchange within and beyond the Northwestern Borderlands of South Asia*, Leiden: Brill, 2011.

Newell, E. T., *Mithradates of Parthia and Hyspaosines of Characene: A Numismatic Palimpsest*, New York: The American Numismatic Society, 1925.

Nikic, M., *Real Scythians*, Seattle: Createspace Independent Publishing Platform, 2013.

Nikonorov, V. P., *The Armies of Bactria 700 B. C. -450 A. D.*, 2 vols, Stockport: Montvert publications, 1997.

Norris, M., *Greek Art: from Prehistoric to Classical: a Resource for Educators*, New York: The Metropolitan Museum of Art, 2000.

Pierre B., *From Cyrus to Alexander: A History of the Persian Empire*, Translated by Peter T. Daniels, Winona Lake, Indiana Eisenbrauns, 2002.

Pourshariati, P., *Decline and Fall of the Sasanian Empire*, London & New York: I. B. Tauris, 2008.

Prasad, K., *Cities Crafts and Commerce under The Kushānas*, Delhi: Agam

Kala Prakashan, 1984.

Pugachenkova, G. A. , *Khalchayana*, Tashent, 1966.

Pugachenkova, G. A. , *Skulptura Khalchayana*, Moscow: Izd. Iskusstvo, 1971.

Puri, B. N. , *Buddhism in Central Aisa*, Delhi: Motilal Banarsidass Pulishers Private Limited, 1996.

Puri, B. N. , *India under the Kushanas*, Bombay: Bharatiya Vidya Bhavan, 1965.

Ram, C. K. , with a foreword by Liuet-Colonel Sir Francis Younghusband and an introduction by professor A. Foucher, *Ancient Monuments of Kashmir*, The India Society, London, 1933.

Rapson, E. J. , *The Cambridge History of India*, Vol. I, Ancient India, Cambridge University Press, 1922.

Rawlinson, G. , *The Sixth Great Oriental Monarchy*, or, *The Geography, History & Antiquities of Parthia*, London: Longmans, Green, and Co. , 1873.

Rawlinson, H. G. , *Bactria: From the Earliest Times to The Extinction of Bactro-Greek Rule in the Punjab*. Bomby: The "Times of India" office, 1908.

Rawlinson, H. G. , *Bactria: The History of a Forgotten Empire*, London: Probsthain & Co. , 1912.

Rawlinson, H. G. , *Intercourse between India and the Western World from the Earliest Times to the Fall of Rome*, Cambridge University Press, 1916.

Rawlinson, H. G. , *Parthia*, New York: G. P. Putnam's Sons, 1903.

Rawson, J. , *Chinese Ornament: The Lotus and the Dragon*. New York: Holmes and Meier Publishers, Inc. , 1984.

Rhie, M. M. , *Early Buddhist Art of China and Centra Asia*, Brill, Leiden Boston, 2007.

Richthofen, F. V. , *China: Ergebnisse Eigener Reisen*, Bd. 1, Berlin: Reimer, 1877.

Rockhill, W. W. & F. Hirth, *Chau Ju-kua*, St Peterburg: Printing office of the Imperial Academy of Sciences, 1911.

Rolle, R. , *The World of the Scythians*, Berkeley, Los Angeles: University of

California Press, 1989.

Rollin, C., *The Ancient History of the Egyptians, Carthaginians, Assyrians, Babylonians, Medes and Persians, Grecians, and Macedonians*, W. Tegg and Company, 1851.

Rosenfield, J. M., *The Dynastic Arts of the Kushans*, Berkeley: University of California Press, 1967.

Ross, S. K., *Roman Edessa: Politics and Culture on the Eastern Fringes of the Roman Empire, 114 - 242 C.E*, London and New York: Routledge, 2001.

Rostovtzeff, M., *Iranians and Greeks in South Russia*, Oxford: Clarendon Press, 1922.

Rostovtzeff, M., *The Animal Style in South Russia and China*, Princeton: Princeton University Press; London: H. Milford, Oxford University Press, 1929.

Rostovtzeff, M. I., *Caravan Cities: Petra, Jerash, Palmyra, Dura*, translated by D. and T. Talbot Rice, Oxford: Clarendon Press; New York: Oxford University Press. 1932.

Rostovtzeff, M. I., *Rome*, Oxford University Press, 1960.

Rostovtzeff, M. I., *The Social and Economic History of the Hellenistic World*, 3 vols. Oxford: Clarendon Press, 1941.

Rudenko, S. I., *Frozen Tombs of Siberia: The Pazyryk Burials of Iron Age Horsemen*, trans. M. W. Thompson, Berkeley and Los Angeles: University of California Press, 1970.

Saeki, P. Y., *The Nestorian Monument in China*, London & New York: Society for Promoting Christian Knowledge, 1916.

Sarianidi, V., *The Golden Hoard of Bactria: from the Tillya-tepe excavations in northern Afghanistan*, New York: Abrams; Leningrad: Aurora Art Publishers, 1985.

Sartre, M., *The Middle East under Rome*, London: Harvard University, 2005.

Schafer, E. H., *The Golden Peaches of Samarkand: A Study of Tang Exotics*,

Berkeley, Los Angeles, and London: University of California Press, 1963.

Scheidel W. eds., *Rome and China: Comparative Perspectives on Ancient World Empires*, Oxford University Press, 2009.

Scheidel, W., Ian Morris and Richard Salle, eds., *The Cambridge Economic History of the Greco-Roman World*, Cambridge University Press, 2007.

Scheidel, W. ed., *Rome and China: Comparative Perspectives on Ancient World Empires*, Oxford University Press, 2009.

Sellwood, D., *An Introudction to the Coinage of Parthia*, London, Spink & Son Ltd., 1971.

Senior, R. C., *A Catalogue of Indo-Scythian Coins*, Vol. 1, Lancaster, PA: Classical Numismatic Group, 2001.

Shahmardān, R., *The History of Zoroastrians after the Sasanian Dynasty*, Tehran, 1960.

Sharma, G. R., *The Excavations at Kausambi*, Allahabad: University of Allahabad, 1960.

Shepard, J., ed., *The Cambridge History of The Byzantine Empire*, Cambridge University Press, 2008.

Sherwin-White, S. & A. Kuhrt, *From Samarkhand to Sardis: A New Approach to the Seleucid Empire*, Berkeley and Los Angees: University of California Press, 1993.

Shrava, S., *Dated Kushana Inscriptions*, New Delhi: Pranava Prakashan, 1993.

Sidebotham, S. E., *Roman Economic Policy in the Erythra Th alassa 30 BC – AD 217*, Leiden: E. J. Brill, 1986.

Sidebotham, S. E., *The Red Land: The Illustrated Archaeology of Egypt's Eastern Desert*, New York: American University in Cairo Press, 2008.

Sidky, H., *The Greek Kingdom of Bactria: from Alexander to Eucratides the Great*, New York, Oxford: University Press of America, 2000

Sims-Williams, N., *Sogdian and Other Iranian Inscriptions of the Upper Indus*, Vol. III, Corpus Inscriptionum Iranicarum, Pt. 2, London: Lund Humphries, 1989 – 1992.

Sinm-Willianms, N., *Bactrian Documents from Northern Afghanistan I: Legal and Economic Documents*, Published by The Nour Foundation in association with Azimuth Editions and Oxford University Press, 2000.

Sinor, D., *The Cambridge History of Early Inner Asia*, Cambridge University Press, 1990.

Sirén, O., *Chinese Sculpture from the Fifth to the Fourteenth Century; over 900 Specimens in Stone, Bronze, Lacquer and Wood, Principally from Northern China*, Vol. II, New York: Hacker Art Books, 1925.

Srinivasan, D. M. ed., *On the Cusp of an Era: Arts in the Pre-Kushana World*, Leiden: Brill, 2007.

Starr, S. F., *Lost Enlightenment, Central Asia's Golden Age from the Arab Conquest to Tamerlane*, Princeton University Press, 2013.

Stavisky, B. Y., *La Bactriane sous les Kushans: Problèmes d'Histoire et de Culture*, revised edition of Stavisky 1977, translated by P. Bernard, M. Burda, F. Grenet and P. Leriche, Paris, 1986.

Stein, M. A., *Ancient Khotan: Detailed Report of Archaeological Explorations in Chinese Turkestan*, Oxford: Clarendon Press, 1907.

Stoneman, R., *Palmyra and its Empire*, The University of Michigan Press, 1992.

Strong, J. S., *Relics of the Buddha*, Princeton University Press, 2004.

Sulimirski, T., *The Sarmatians*, London: Thames and Hudson, 1970.

Sykes, P. M., *A History of Persia*, Vol. I, London: Macmillan and Co., Limited, 1915.

Tada, R., *Apollodorus of Artemita and the Rise of the Parthian Empire*, University of Washington, 2008.

Tajadod, N., *À l'est du Christ: vie et mort des Chrétiens dans la Chine des Tang*, VIIe-IXe siècle, Paris: Librairie Plon, 2000.

Tajir, Sīrāfi Sulayman-I, *Akhbare al-sin va al-Hend* (An Account of China and India), Tehran: Asatir, 2001.

Tarn, W. W., *Hellenistic Civilization*, London: Edward Arnold, Ltd., 1959.

Tarn, W. W., *The Greeks in the Bactria and India*, Cambridge: The Cambridge

University Press, 1951; The Third Edition, edited By Flank Lee Holt, Chicago: Ares Publishers Inc., 1984.

Thakur, M. K., *India in the Age of Kanishka*, Published by Oriental Book Centre in Delhi, India, 1998

Thapar, R., *Early India: From the Origins to AD* 1300, Berkeley: University of California Press, 2002.

Timothy, E. Gregory, *A History of the Byzantine*, Malden: Blackwell Publishing, 2005.

Tolman, H. C., *Ancient Persian Lexion and Texts of the Achaemenidan inscription*, Kessinger Pub Co., 2009.

Tomber, R., *Indo-Roman Trade: From Pots to Pepper*, London: Duckworth, 2008.

Toynbee, A. J., *Hellenism: The History of a Civilization*, Oxford University Press, 1959.

Treadgold, W., *A History of the Byzantine State and Society*, Stanford University Press, 1997.

Tsetskhladze, G. R., *Ancient Greeks West and East*, Leiden, Boston, Koln: Brill, 1999.

Tsetskhladze, G. R., and De Angelis, F., *The Archaeology of Greek Colonization*, Oxford: Oxford University School of Archaeology, 2004.

Tsetskhladze, G. R., *North Pontic Archaeoogy Recent Discoveries and Studies*, Leiden; Boston; Koln: Brill, 2001.

Tsetskhladze, G. R., *The Black Sea, Greece, Anatolia and Europe in the First Millennium BC*, Leuven, Paris, Walpole, MA: Peeters, 2011.

Tsetskhladze, G. R., *The Greek Colonization of the Black Sea Area*, Stuttgart: Steiner, 1998.

Tucker, J., *The Silk Road: Art and History*, London: Philip Wilson Publishers, 2003.

Turner, P. J., *Roma Coins from India*, London: Royal Numismatic Society, 1989.

Vaissière, É. D. L., *Sogdian Trader: a History*, translated by James Ward, Leiden: Brill, 2005.

Varadpande, M. L., *History of Indian Theatre*, New Delhi: Abhinav, 1987.

Vogelsang, W. J., *The Rise and Organisation of the Achaemenid Empire: The Eastern Iranian Evidence*, Leiden; New York: Brill Academic Pub, 1992.

Vogol, J. Ph. ed., *Archaeological Survey of India Annual Reports* 1910 – 11, Culcutta: Superintendent Government Printing, Inida, 1914.

Walbank, F. W., Astin A. E., Frederiksen M. W. & Ogilvie R. M., eds., *The Cambridge Ancient History*, Volume VII, Part I: *The Hellenistic World*, Cambridge University Press, 1984.

Walbank, F. W., *The Hellenistic World*, Glasgow: William Collins Sons & Co., Ltd., 1981.

Wang Helen, *Money on the Silk Road*, London: British Museum Press, 2004.

Warmington, E. H., *The Commerce between the Roman Empire and India*, Cambridge University Press, 1928.

Warmington, E. H., *The Commerce between the Roman Empire and India*, 1974.

Watt, J. C., et al., *China: Dawn of a Golden Age, 200 – 750 AD*, The Metropolitan Museum of Art, New Haven and London: New York Yale University Press, 2004.

Weibel, A. C., *Two Thousand Years of Textiles*, New York: Pantheon Books, 1952.

West, M. L., *The Hymns of Zoroaster: A New Translation of the Most Ancient Sacred Texts of Iran*, London and New York: I. B. Tauris, 2010.

Wheeler, M., *Rome Beyond the Imperial Frontiers*, London: G. Bell and Sons, Ltd., 1954.

Wheeler, R. E. M., *Charsada, A Metropolis of Northwest Frontier: Being a Report on the Excavations of 1958*, London: British Academy, 1963.

Wiesehöfer, Josef, *Ancient Persia: from 550 BC to 650 AD*, translated by Azizeh Azodi, London: I. B. Tauris & Co., Ltd., 1996, 2001.

Wilkinson, T. C., Sherratt, S. & Bennet, J., *Interweaving worlds: Systemic*

Interactions in Eurasia, 7th – 1st millennia BC, Oxford: Oxbow Books, 2011.

Will, E., Histoire Politique du Monde Hellénistiquee: 323 – 30 av. J. – C., 2 vols. 2nd end. Nancy: Presses universitaires de Nancy, 1979 – 1982.

Woodcock, G., The Greeks in India, London, Faber and Faber Limited, 1966.

Yarshater, E., edited, The Cambridge History of Iran, Volumes 3: The Seleucid, Parthian and Sasanian Periods, Cambridge University Press, 1983, 2000.

Yarshater, E., The Cambridge History of Iran, Cambridge University Press, 2006.

Yu Ying-shih, Trade and Expansion in Han China: A Study in the Structure of Sino-Barbarian Relations, Berkeley: University of California Press, 1967.

Yule, H., Cathay and the Way Thither: Being a Collection of Medieval notices of China, New ed., rev. throughout in the light of recent discoveries by Henri Cordier, London: the Hakluyt Society, Vol. I, 1915.

Zeuner, F. E., A History of Domesticated Animals, London: Hutchinson, 1963.

Zhang Xinglang, Tārīkh-i Ravābit-i Chīn va Īrān (The materials for a history of Sino-Foreign relations) (in Persian), translated by Zhang Hongnien, Tehran: Department of Language and Dialects of Iran's Cultural Heritage, 2006.

Zürcher, E., The Buddhist Conquest of China: the Spread and Adaptation of Buddhism in Early Medieval China, with a foreword by Stephen F. Teiser, 3d ed., Leiden: Brill, 2007.

Г. А. Пугаченкова, ДАЛЬВЕРЗИНТЕПЕ кушанский город на юге узбекистана, Ташкент: издательство фан узбекской сср, 1978. (普加琴科娃:《达尔弗津·特佩：乌兹别克斯坦南部的贵霜帝国城市》，塔什干：苏联科学院乌兹别克分院出版社1978年版)

Смирнова О. И., Сводный каталог согдийских монет: Бронза, М. Наука, 1981 (斯米尔诺娃:《粟特铜制钱币一览表》，莫斯科：科学出版社1981年版).

（二）中文著作

蔡鸿生：《读史求识录》，广东人民出版社2010年版。

参考文献

岑仲勉：《汉书西域传地里校释》，中华书局1981年版。

陈春声主编：《海陆交通与世界文明》，商务印书馆2013年版。

陈寅恪：《以杜诗证唐史所谓杂种胡之义》，《金明馆丛稿二编》，生活·读书·新知三联书店2001年版。

陈垣：《火祆教入中国考》，《陈垣学术论文集》（第1集），中华书局1980年版。

陈志强：《拜占庭帝国史》，商务印书馆2003年版。

陈竺同：《两汉和西域等地的经济文化交流》，上海人民出版社1957年版。

崔艳红：《古战争——拜占庭历史学家普罗柯比〈战记〉研究》，时事出版社2006年版。

丁笃本：《丝绸之路古道研究》，新疆人民出版社2010年版。

杜维善：《贵霜帝国之钱币》，上海古籍出版社2012年版。

敦煌吐鲁番考古研究所：《敦煌吐鲁番研究》，北京大学出版社1999年版。

敦煌文物研究所：《中国石窟·敦煌莫高窟》，文物出版社1987年版。

方豪：《中西交通史》上册，岳麓书社1987年版。

龚方震、晏可佳：《祆教史》，上海社会科学院出版社1998年版。

古正美：《贵霜佛教政治与大乘佛教》，允晨文化实业股份有限公司1994年版。

广州市文物管理委员会：《西汉南越王墓》，文物出版社1991年版。

郭物：《马背上的信仰：欧亚草原动物风格艺术》，人民美术出版社2005年版。

湖北省荆州地区博物馆：《江陵马山一号楚墓》，文物出版社1985年版。

黄怀信、张懋镕、田旭东：《逸周书汇校集注》，上海古籍出版社1995年版。

吉林大学考古系：《青果集——吉林大学考古系建系十周年纪念文集》，知识出版社1998年版。

贾应逸：《新疆佛教壁画的历史学研究》，中国人民大学出版社2010年版。

姜伯勤：《敦煌吐鲁番文书与丝绸之路》，文物出版社1994年版。

李进新：《丝绸之路宗教研究》，新疆人民出版社2010年版。

李铁生编著：《古波斯币：阿黑美尼德、帕提亚和萨珊》，北京出版社2006年版。

李铁生编著：《古中亚币：前伊斯兰王朝》，北京出版社2008年版。
李肇：《唐国史补》卷下，上海古籍出版社1979年版。
林梅村：《丝绸之路考古十五讲》，北京大学出版社2006年版。
林悟殊：《摩尼教华化补说》，兰州大学出版社2014年版。
林悟殊：《摩尼教及其东渐》，淑馨出版社1997年版。
林悟殊：《唐代景教再研究》，中国社会科学出版社2003年版。
林悟殊：《中古夷教华化丛考》，兰州大学出版社2011年版。
刘文锁：《丝绸之路——内陆欧亚考古与历史》，兰州大学出版社2010年版。
吕澂：《印度佛学源流略讲》，上海人民出版社2005年版。
罗世平、齐东方：《波斯和伊斯兰美术》，中国人民大学出版社2010年版。
穆舜英：《中国新疆古代艺术》，新疆美术摄影出版社1994年版。
纳忠：《阿拉伯通史—上卷》，商务印书馆1997年版。
彭浩：《楚人的纺织与服饰》，湖北教育出版社1996年版。
祁小山、王博主编：《丝绸之路·新疆古代文化》，新疆人民出版社2008年版。
青海省文物考古研究所：《上孙家寨汉晋墓》，文物出版社1993年版。
荣新江：《丝绸之路与东西文化交流》，北京大学出版社2015年版。
荣新江、华澜、张志清合编：《粟特人在中国——历史、考古、语言的新探索》，中华书局2005年版。
荣新江、李孝聪：《中外关系史：新史料与新问题》，北京科学出版社2004年版。
荣新江、张志清：《从撒马尔罕到长安—粟特人在中国的文化遗迹》，北京图书馆出版社2004年版。
芮传明：《中国与中亚文化交流志》《中国文化通志·卷十》，上海人民出版社1998年版。
山西省考古研究所、太原市文物考古研究所、太原晋源区文物旅游局：《太原隋虞弘墓》，文物出版社2005年版。
沈福伟：《丝绸之路——中国与非洲文化交流研究》，新疆人民出版社2010年版。
沈福伟：《中国与西亚文化交流研究》，新疆人民出版社2010年版。

沈福伟：《中西文化交流史》，上海人民出版社 1985 年版。

石云涛：《3 至 6 世纪丝绸之路的变迁》，文化艺术出版社 2007 年版。

宿白：《考古发现与中西文化交流》，文物出版社 2012 年版。

孙机：《中国圣火：中国古文物与东西文化交流中的若干问题》，辽宁教育出版社 1996 年版。

汤用彤：《汉魏两晋南北朝佛教史》，昆仑出版社 2006 年版。

田自秉等：《中国纹样史》，高等教育出版社 2003 年版。

吐鲁番学研究院、吐鲁番博物馆编：《古代钱币与丝绸高峰论坛暨第四届吐鲁番学国际学术研讨会论文集》，上海古籍出版社 2015 年版。

王国维：《王国维文学美学论著集》，北岳文艺出版社 1987 年版。

王治来：《中亚史》（第一卷），中国社会科学出版社 1980 年版。

王治来：《中亚史纲》，湖南教育出版社 1986 年版。

王治来：《中亚通史》（古代卷），新疆人民出版社 2007 年版。

向达：《唐代长安与西域文明》，生活·读书·新知三联书店 1957 年版。

新疆维吾尔自治区文物事业管理局等主编：《新疆文物古迹大观》，新疆美术摄影出版社 1999 年版。

徐文堪：《欧亚大陆语言及其研究说略》，兰州大学出版社 2013 年版。

徐文堪：《外来语古今谈》，语文出版社 2005 年版。

杨建华、邵会秋、潘玲：《欧亚草原东部的金属之路》，上海古籍出版社 2016 年版。

杨巨平：《碰撞与交融——希腊化时期的历史与文化》，中国社会科学出版社 2018 年版。

姚崇新等：《敦煌三夷教与中古社会》，甘肃教育出版社 2013 年版。

姚迁、古兵编著：《南朝陵墓石刻》，文物出版社 1981 年版。

叶舒宪、古方主编：《玉成中国——玉石之路与玉兵文化探源》，中华书局 2015 年版。

余太山：《两汉魏晋南北朝与西域关系史研究》，中国社会科学出版社 1995 年版。

余太山：《两汉魏晋南北朝正史西域传研究》，中华书局 2003 年版。

余太山：《两汉魏晋南北朝正史西域传要注》，中华书局 2005 年版。

余太山：《塞种史研究》，商务印书馆2012年版。

余太山：《西域文化史》，中国友谊出版公司1996年版。

余太山：《嚈哒史研究》，齐鲁书社1986年版。

余太山：《早期丝绸之路文献研究》，商务印书馆2013年版。

[美] 余英时：《汉代贸易与扩张》，邬文玲等译，上海古籍出版社2005年版。

张广达：《文本、图像与文化流传》，广西师范大学出版社2008年版。

张文玲：《黄金草原——古代欧亚草原文化探微》，上海古籍出版社2012年版。

张小贵：《祆教史考论与述评》，兰州大学出版社2013年版。

张晓霞：《天赐荣华中国古代植物装饰纹样发展史》，上海文化出版社2010年版。

张绪山：《中国与拜占庭帝国关系研究》，中华书局2012年版。

张志芳编：《译以载道：佛典的传译与佛教的中国化》，厦门大学出版社2012年版。

张志尧：《草原丝绸之路与中亚文明》，新疆美术摄影出版社1994年版。

赵汝清主编：《丝绸之路西段历史研究——兼论沿途民族迁徙及国家关系》，甘肃文化出版社1999年版。

朱杰勤：《中国和伊朗关系史稿》，新疆人民出版社1988年版。

朱杰勤：《中外关系史论文集》，河南人民出版社1984年版。

朱雷：《敦煌吐鲁番文书论丛》，甘肃人民出版社2000年版。

朱谦之：《中国景教》，东方出版社1993年版。

（三）中文译作

[苏联] C. B. 贝因斯坦·科干：《伏尔加河—顿河运河：历史地理概况》，翟松年译，科学出版社1957年版。

[英] G. F. 赫德逊：《欧洲与中国》，王遵仲、李申、张毅译译，何兆武校，中华书局1995年第一版，2004年第二版。

[德] J. 赫尔曼、许理和主编：《人类文明史3：公元前7世纪—公元7世纪》，中文版编译委员会译，译林出版社2015年版。

[美] W. M. 麦高文：《中亚古国史》，章巽译，中华书局2004年版。

[伊朗] 阿卜杜·侯赛因·扎林库伯:《波斯帝国史》,张鸿年译,复旦大学出版社2011年版。

[法] 阿里·马扎海里:《丝绸之路——中国—波斯文化交流史》,耿昇译,新疆人民出版社2006年版;中华书局1993年版。

[奥] 阿洛伊斯·李格尔:《风格问题:装饰艺术史的基础》,刘景联、李薇曼译,湖南科学技术出版社2000年版。

[美] 奥姆斯特德:《波斯帝国史》,李铁匠等译,上海三联书店2010年版。

[日] 白鸟库吉:《康居粟特考》,傅勤家译,商务印书馆藏1936年版。

[日] 白鸟库吉:《塞外史地论文译丛》,王古鲁译,山西人民出版社2015年版。

[法] 布尔努瓦:《丝绸之路》,耿昇译,山东画报出版社2001年版。

[英] 查尔斯·辛格等主编:《技术史》(第二卷《地中海文明与中世纪》),潜伟主译,上海科技教育出版社2004年版。

[日] 长泽和俊:《丝绸之路史研究》,钟美珠译,天津古籍出版社1990年版。

[美] 菲力浦·希提:《阿拉伯通史》,马坚译,商务印书馆1979年版。

[法] 费尔南·布罗代尔:《菲利普二世时代的地中海和地中海世界》(第一卷),唐家龙等译,商务印书馆2009年版。

[苏联] 弗鲁姆金:《苏联中亚考古》,黄振华译,新疆维吾尔自治区博物馆1981年版。

[法] 戈岱司编:《希腊拉丁作家远东古文献辑录》,耿升译,中华书局1987年版。

[美] 葛乐伟·韩森:《丝绸之路新史》,张湛译,北京联合出版公司2015年版。

[德] 汉斯·约纳斯:《诺斯替宗教异乡神的信息与基督教的开端》,张新樟译,上海三联书店2006年版。

[德] 赫尔曼-库克:《印度史》,王立新译,中国青年出版社2007年版。

[苏] 加富罗夫:《中亚塔吉克史》,肖之兴译,中国社会科学出版社1955年版。

[德] 克林凯特:《丝绸之路古道上的文化》,赵崇民译,贾应逸校,新疆美术摄影出版社1994年版。

[美] 劳费尔:《中国伊朗编》,林筠因译,商务印书馆2001年版。

[法]雷奈·格鲁塞:《草原帝国》(上册),蓝琪译,商务印书馆2009年版。

[法]雷奈·格鲁塞:《近东与中东的文明》,常任侠、袁音译,上海人民美术出版社1981年版。

[俄罗斯]李特文斯基主编:《中亚文明史》(第三卷),马小鹤译,中国对外翻译出版公司2003年版。

[法]鲁保罗:《西域的历史与文明》,耿昇译,新疆人民出版社2006年版。

[美]罗杰·奥尔森:《基督教神学思想史》,吴瑞诚等译,上海人民出版社2014年版。

[意大利]马里奥·布萨格里、[印度]查娅·帕塔卡娅、B.N.普里等:《中亚佛教艺术》,许建英、何汉民译,贵州大学出版社2015年版。

[乌克兰]普加琴科娃、列穆佩:《中亚的古代艺术》,陈继周、李琪译,新疆美术摄影出版社1994年版。

[法]让·诺埃尔·罗伯特:《从罗马到中国:凯撒大帝时代的丝绸之路》,马军、宋敏生译,广西师范大学出版社2005年版。

[法]沙畹:《大月氏都城考》,冯承均译,上海古籍出版社2014年版。

[法]沙畹:《西突厥史料》,冯承均译,中华书局1958年版。

[法]沙畹、伯希和:《西域南海史地考证译丛》第8编,冯承钧译,商务印书馆1995年版。

[英]斯坦因:《斯坦因西域考古记》,向达译,中华书局1987年版。

[英]斯坦因:《西域考古记》,向达译,商务印书馆2013年版。

[日]松田寿男:《古代天山历史地理学研究》,陈谋俊译,中央民族学院出版社1987年版。

[德]威特基等主编:《古代世界历史地图集》,葛会鹏等译,华东师范大学出版社2016年版。

[法]魏义天:《粟特商人史》,王睿译,广西师范大学出版社2011年版。

[德]夏德:《大秦国全录》,朱杰勤译,商务印书馆1964年版。

[美]谢弗:《唐代的外来文明》,吴玉贵译,中国社会科学出版社1995年版。

[匈牙利]雅诺什·哈尔马塔主编:《中亚文明史》(第二卷),徐文堪、

芮传明译，中国对外翻译出版公司、联合国教科文组织 2002 年版。

［美］余英时：《汉代贸易与扩张》，邬文玲等译，上海古籍出版社 2005 年版。

［日］羽田亨：《西域文化史》，耿世民译，新疆人民出版社 1981 年版。

［日］羽田亨：《西域文明史概论（外一种）》，耿世民译，中华书局 2005 年版。

［英］约翰·马歇尔：《塔克西拉》（三卷本），秦立彦译，云南人民出版社 2002 年版。

冯承钧编译：《西域南海史地考证译丛》，商务印书馆 1995 年版。

王治来译注：《世界境域志》，上海古籍出版社 2010 年版。

刘俊文主编：《日本学者研究中国史论著选译》第九卷，辛德勇译，中华书局 1993 年版。

三 论文

（一）外文论文

Abdullaev, K., "A Hoard of Kushan Copper Coins from the Khalchayan Area (Sekharakat village, Surkhandarya Region, Uzbekistan) —a Preliminary Report", *The Numismatic Chronicle*, Vol. 164, 2004.

Abdullaev, K., "New Finds of Pre-kushan and Early Kushan Plastic Art in Northern Bactria and the Khalchayan Reliefs", In Fabrizio Serra Ed., *Parthica: Incontri di Culture nel Mondo Antico*, 2004.

Adams, D. Q., "The Position of Tocharian among the Other Indo-European Languages", *Journal of the American Oriental Society*, Vol. 104, No. 3, Jul. –Sep., 1984.

Aruz, J., "Rhyton with Female Head", *The Metropolitan Museum of Art Bulletin*, 59, 2, 2001.

Assar, G. R. F., "Genealogy and Coinage of the Early Parthian Rulers I", Parthica, 6., 2004.

Assar, G. R. F., "Parthian Calendars at Babylon and Seleucia on the Tigris", *Iran*, Vol. 41, 2003.

Azarpay, G., "ART IN IRAN vi. PRE-ISLAMIC EASTERN IRAN AND CENTRAL ASIA", *Encyclopaedia Iranica*, Plate XIII. http://www.iranicaonline.org/articles/art-in-iran-vi-pre-islamic-eastern-iran-and-central-asia.

Azarpay, G., "Some Classical and Near Eastern Motifs in the Art of Pazyryk", *Artibus Asiae*, Vol. 22, No. 4, 1959.

Balakhvantsev, A. S. and L. T. Yablonskii, "A Silver Bowl from the New Excavations of the Early Sarmatian Burial-Ground Near the Village of Prokhorovka", *Ancient Civilizations from Scythia to Siberia*, Vol. 15, 2009.

Bernard, P., "Ai Khanoum on the Oxus: A Hellenistic City in Central Asia", *Proceedings of the British Academy*, Vol. 53, 1967.

Bernard, P., "An Ancient Greek city in Central Asia", *Scientific American*, Vol. 246, 1982.

Bernard, P., "Campagnes 1965, 1966, 1967, 1968", *In Fouilles d' Ai Khanoum*, Pairs.

Bi Bo & Nicholas Sims-Williams, "Sogdian Documents from Khotan I: Four Economic Documents", *Journal of the American Oriental Society*, 130, 2010.

Biel, J., "Treasure from a Celtic Tomb", *National Geographic*, Vol. 157, No. 3, 1980.

Bivar, A. D. H., "The Political History of Iran under the Arsacids", in Yarshater, Ehsan, *Cambridge History of Iran* Vol. 3 (1), Cambridge University Press, 1983.

Bopearachchi, O., "Some Observations on the Chronology of the Early Kushans", *Res Orientales.*, Vol. XVII, 2007.

Bopearachchi, O., "The Euthydemus' Imitation and the Date of Sogdian Independence", *Silk Road Art and Archaeology* 2, 1991/1992.

Bracey, R., "The Mint Cities of the Kushan Empire", in Fernando López Sánchezedt., *The City and the Coin in the Ancient and Early Medieval Worlds*, BAR International Series 2402, 2012.

Bunker, E. C., "The Chinese Artifacts among the Pazyryk Finds", *Source:*

Notes in the History of Art, Vol. 10, No. 4, 1991.

Böhmer, H. and J. Thompson, "The Pazyryk Carpet: A Technical Discussion", Source: *Notes in the History of Art*, Vol. 10, No. 4, 1991.

Canepa, M. P., "Distant Displays of Power: Understanding Cross-Cultural Interaction Among the Elites of Rome, Sasanian Iran, and Sui-Tang China", in Matthew P. Canepa (ed.), *Theorizing Cross-cultural Interaction among the Ancient and Early Medieval Mediterranean, Near East and Asia*, Ars Orientalis, Volume. 38, Washington D. C: Smithsonian Institution, Freer Gallery of Art, 2010.

Cereti, C., "Again on Wahram i Warzawand", in: *La Persia e l'Asia Centrale da Alessandro al X secolo*, Rome, 1996.

Chaumont, M. L., "Études d'histoire parthe. II. Capitales et Résidences des Premiers Arsacides (IIIe-Ier S. AV. J. – C.)", *Syria*, T. 50, Fasc, 1/2, 1973.

Ching Chao-jung and Ogihara Hirotoshi, "A Tocharian B Sale Contract on a Wooden Tablet", *Journal of Inner Asian Art and Archaeology*, 5, 2010.

Christian, D., "Silk Roads or Steppe Roads? The Silk Roads in World History", *Journal of World History*, Vol. 11, No. 1, 2000.

Clark, L. V., "The Conversion of Bügü Khan", in *Studia Manichaica: IV Internationaler KongreЯ zum Manichäismus*, Berlin 14. – 18. Juli 1997, ed. R. E. Emmerick, W. Sundermann, and P. Zieme, Berlin, 2001.

Clarysse, Willy and Dorothy J. Thompson, "Two Greek Texts on Skin from Hellenistic Bactria", *Zeitschrift für Papyrologie und Epigraphik*, Bd., 159, 2007.

Colledge, M., "Greek and non-Greek Interaction in the Art and Architecture of the Hellenistic East", in A. Kuhrt and S. Sherwin-White (eds.), *Hellenism in the East: The Interaction of Greek and Non-Greek Civilizations from Syria to Central Asia after Alexander*, London: Buckworth, 1987.

Compareti, M., "Classical Elements in Sogdian Art: Aesop's fables represented in the Mural Paintings at Penjikent", *Iranica Antiqua*, 47, 2012.

Compareti, M., "The Last Sasanians in China", *Eurasian Studies* II/2, 2003.

Compareti, M. , "The Spread Wings Motif on Armenian Steles: Its Meaning and Parallels in Sasanian Art", *Iran and The Caucasus*, 14, 2010.

Coomaraswamy, A. K. , "The Origin of the Buddha Image", *Art Bulletin*, Vol. IX, No. 4, 1927.

Cooper, John P. , "Egypt's Nile-Red Sea Canals: Chronology, Location, Seasonality and Function", in Lucy Blue, et al. (eds.), *Connected Hinterlands*, Oxford: Archaeopress, 2009.

Cribb, J. & D. Potts, "Chinese Coin Finds from Arabia and the Persian Gulf", *Arabian Archaeology and Epigraphy*, 1996.

Cribb, J. , "The Early Kushan Kings: New Evidence for Chronology", in *Coins, Art, and Chronology, Essay on the Pre-Islamic History of the Indo-Iranian Borderlands*, eds. by Michael Alram and D. E. Klimburg-Salter, Wien, 1999.

Cribb, J. , "The Sino-Kharosthi Coins of Khotan, Their Attribution and Relevance to Kushan Chronology", *Numismatic Chronicle*, Vol. 144, 1984.

Cribb, J. , "The Sino-Kharosthi Coins of Khotan. Their Attribution and Relevance to Kushan Chronology", *Numismatic Chronicle*, Vol. 145, 1985.

Cribb, J. , "The Soter Megas Coins of the First and Second Kushan kings, Kujula Kadphises and Wima Takto", *Gandhara Study*, Vol. 8, 2014.

Cribb, J. , "The 'Heraus' Coins: Their Attribution to the Kushan King Kujula Kadphises", *Essays in Honour of Robert Carson and Kenneth Jenkins*, eds. by Martin Price, Andrew Burnett and Roger Bland, London: Spink & Son Ltd. , 1993.

Curtis, J. , "The Oxus Treasure in the British Museum", *Ancient Civilizations-from Scythia to Siberia*, Vol. 10, No. 3 - 4, 2004.

Daffinà, P. , "La Persia Sasaniane Secondo le Fonti Cinesi", *Rivista degli Studi Orientali*, Vol. 57, 1983.

Dani, H. , "Origin of the Buddha Image: The Chilas Evidence", *Journal of Central Asia*, Vol. 26, 1987.

Daryaee, T. , "The Persian Gulf Trade in Late Antiquity", *Journal of World*

History, Vol. 14, No. 1, 2003.

Daryaee, T., "The Sons and Grandsons' of Yazdgird III in China", *Iranshenasi* (*A Journal of Iranian Studies*, Vol. xv, No. 3, 2003.

Daryaee, T., "Yazdegerd's Last Year: Coinage and History of Sīstān at the End of Late Antiquity", in T. Daryaee & O. Tabibzadeh (eds.), *Iranistik: Deutschsprachige Zeitschrift fur Iranistische Studien*, Festschrift fur Erich Kettenhofen, 5. Jahrgang, Heft 1&2, 2006 – 2007.

Dickinson, L., "Observations on the Ancient Intercourse with India", *Journal of the Royal Geographical Society of London*, Vol. 6, 1836.

Drake, F. S., "Mohammedanism in the Tang Dynasty", *Monumenta Serica*, Vol. 8, 1943.

Dulby, M. T., "Court Politics in Late Tang Times", in D. Twitchett (ed.) *The Cambridge History of China, III. Sui and Tang China, 589 – 906*, Part 1, Cambridge University Press, 1979.

Dąbrowa, E., "Greek: a Language of the Parthian Empire", in Edward Dąbrowa, *Studia Graeco-Parthica: Political and Cultural Relations between Greeks and Parthians*, Wiesbaden: Harrassowitz Verlag, 2011.

Ecsedy, I., "Early Persian Envoys in Chinese Courts", in J. Harmatta ed., *Studies in the Sources on the History of Pre-Islamic Central Asia*, Budapest: Akadémiai Kiadó, 1979.

Emmerick, R. E., "BUDDHISM i. In Pre-Islamic Times", *Encyclopaedia Iranica*, http://www.iranicaonline.org/articles/buddhism-i.

Falk, H., "The Kaniska Era in Gupta Records", *Silk Road Art and Archaeology*, Vol. 10, 2004.

Falk, H., "The Yuga of Sphujiddhvaja and the Era of the Kusānas", *Silk Road Art and Archaeology*, Vol. 7, 2001.

Fedorov, M., Money Circulation in Early-Medieval Sogd (6th-first half of 8th Century AD), *ONS Newsletter*, 2003.

Fedorov, M. and Andrew Kuznetsov, "A Rare Anonymous Coin of Samarqandian Sogdia from the Vicinity of Afrasiab", *Iran*, 2012.

Fedorov, M. and Andrew Kuznetsov, "On the Portraits of the Samarqandian Kings on Sogdian Bronze Coins", *Iran*, 2014.

Feltham, H., "Lions, Silks and Silver: The Influence of Sasanian Persia", *Sino-Platonic Papers*, No. 206, 2010.

Feltham, H. B., "Justinian and the International Silk Trade", *Sino-platonic Papers*, No. 194, 2009.

Field, H., and Eugene Prostov, "Excavations in Uzbekistan, 1937 – 1939", *Freer Gallery of Art*, The Smithsonian Institution and Department of the History of Art, University of Michigan, 1942.

Fitzpatrick, M. P., "Provincializing Rome: The Indian Ocean Trade Network and Roman Imperialism", *Journal of World History*, Vol. 22, No. 1, March, 2011.

Forte, A., "Iranians in China: Buddhism, Zoroastrianism, and Bureaus of Commerce", *Cahiers d'Extrême-Asie*, Vol. 11, 1999 – 2000.

Forte, A., "Kuwabara's Misleading Thesis on Bukhara and the Family Name An", *Journal of the American Oriental Society*, Vol. 116, No. 4, 1996.

Forte, A., "On the So-Called Abraham from Persia. A Case of Mistaken Identity", in P. Pelliot, *L'Inscription Nesotrienne de Si-Ngan-Fou*, edited with Supplements by A. Forte, Scuola di Studi sull'Asia Orientale, Kyoto and Collège de France, Institut des Hautes Éudes Chionises, Paris, 1996.

Forte, A., "The Edict of 638 Allowing the Diffusion of Christianity in China", in P. Pelliot, *L'Inscription Nesotrienne de Si-Ngan-Fou*, edited with Supplements by A. Forte, Scuola di Studi sull'Asia Orientale, Kyoto and Collège de France, Institut des Hautes Éudes Chionises, Paris, 1996.

Forte, A., "The Hostage An Shigao and his Offspring: An Iranian Family in China", *Italian School of East Asian Studies Occasional Papers* 6. Kyoto: Istituto Italiano di Cultura, Scuola di Studi sull' Asia Orientale, 1995.

Francfort, P., "Les Palettes du Gandhra", *Mémoires de la Délégation Archéologique Franaise en Afghanistan*, Vol. 23, Paris: Presses Universitaires de France, 1979.

Frye, R. N. , "Sasanian-Central Asian Trade Relations", *Bulletin of the Asia Institute*, *New Series*, Vol. 7, *Iranians Studies in Honor of A. D. H. Bivar*, 1993.

Fussman, G. , "Documents Épigraphiques Kouchans", *Bulletin de l' Ecolefrançaised'Extrême-Orient*, 1974.

Fussman, G. , "L' Inscription de Rabatak et L' Origine de L' Ere Saka", *Journal Asiatique*, Vol. 286, No. 2, 1998.

Fussman, G. , "L'inscription de Rabatak, la Bactriane et les Kouchans", in P. Leriche, et al. (editors), *La Bactriane au Carrefour des routes et des civilisations de l'asie centrale*, Paris, 2001.

Gawlikowski, M. , "Palmyra as a Trading Centre", *Iraq*, Vol. 56, 1994.

George F. H. , "Did Roman Commercial Competition Ruin South Arabia?", *Journal of Near Eastern Studies*, Vol. 11, No. 4, Oct. , 1952.

Georges, L. R. , Raoul Curiel et Gérard Fussman, "Le trésor monétaire de Qunduz", in: *Revue numismatique*, 6e série-Tome 8, année, 1966.

Ghosh, A. , "Archaeological survey of India 1954 – 55: A Review", *Archaeological survey of India*, Government of India, New Delhi, 1955.

Gowers, W. , "The African Elephant in Warfare", *African Affairs*, Vol. 46, No. 182, 1947.

Grabar, O. , "An Introduction to the Art of Sasanian Silver", in *Sasanian Silver: Late Antique and Medieval Arts of Luxury from Iran*, exhibition catalogue, Ann Arbor: University of Michigan Museum of Art, 1967.

Grenet, F. , and N. Sims-Willams and de la Vaissière, "The Sogdian Ancient Letter V", *Bulletin of the Asia Institute*, 12, 1998.

Grenet, F. , Riboud, P. and Yang, J. , "Zoroastrian Scenes on a Newly Discovered Sogdian Tomb in Xi'an, Northern China", *Studia Iranica*, 33, 2004.

Grenet, F. , "Iranian Gods in Hindu Garb: The Zoroastrian Pantheon of the Bactrians and Sogdians, Second-Eighth Centuries", *Bulletin of the Asia Institute*, New Series, 20, 2006.

Grenet, F., "Nouvelles données sur la localization des cinq Yabghus des Yuezhi. L'arrière plan politique de l'itinéRaire des marchands des Maès Titianos", *Journal Asiatique*, 294/2, 2006.

Hansman J. and David Stronach, "Excavations at Shahr-I Qūmis, 1971", *Journal of the Royal Asiatic Society of Great Britain and Ireland*, No. 1, 1974.

Hansman, J., David Stronach and Harold Bailey, "Excavations at Shahr-I Qūmis, 1967", *Journal of the Royal Asiatic Society of Great Britain and Ireland*, No. 1, 1970.

Hansman, J., "The Measure of Hecatompylos", *Journal of the Royal Asiatic Society of Great Britain and Ireland*, No. 1, 1981.

Hansman, J., "The Problems of Qūmis", *Journal of the Royal Asiatic Society of Great Britain and Ireland*, No. 3/4, Oct., 1968.

Harmata, J., "The oldest Kharosthi inscription in Inner Asia", *Acta Orientalia*, Vol. xix, No. I Budapest, 1966.

Harmatta, J., "Archaeological Evidence for the date of the Sogdian Ancient Letters", *Acta Antiqua Academiae Scientiarum Hungaricae*, 24, 1976.

Harmatta, J., "Sino-Iranica", *Acta Antiqua Academiae Scientiarum Hungaricae*, Vol. 19, 1971.

Harmatta, J., "Sogdian Sources for the History of Pre-Islamic Central Asia", in J. Harmatta, ed., *Prolegomena to the Sources on the History of Pre-Islamic Central Asia*, Budapest: Akadémiai Kiadó, 1979.

Henning, W. B., "Sogdian Tales", *Bulletin of the School of Oriental and African Studies*, 3, 1945.

Henning, W. B., "The Date of the Sogdian Ancient Letters", *Bulletin of the School of Oriental and African Studies*, 3–4, 1948.

Hirth, F., "*The Story of Chang K'ién*, China's Pioneer in Western Asia: Text and Translation of Chapter 123 of Ssï-Ma Ts'ién's Shï-Ki", *Journal of the American Oriental Society*, Vol. 37, 1917.

Hourani, G., "Direct Sailing between the Persian Gulf and China in Pre-Islamic Times", *Journal of the Royal Asiatic Society of Great Britain and Ireland*,

No. 2, 1947.

Houston, R. C., "A Note on Two Coin Hoards Reported in Kao Ku", *The American Numismatic Society*, Museum Notes, 20, 1975.

Imoto, E., "Asuka no Perushiajin' (Persians in Asuka)", *Higashi Ajia no kodai bunka*, 113, 2002.

Invernizzi, A., "Corinthian Terracotta Assembled Capitals in Hellenized Asia", in Invernizzi, Antonio ed., *In the Land of the Gryphons: Papers on Central Asian Archaeology in Antiquity*, Florence: Casa Editrice Le Lettere, 1995.

Isakov, A. I., "Sarazm: An Agricultural Center of Ancient Sogdiana", *Bulletin of the Asia Institute*, New Series, 8, 1994.

Johnston, E. H., "Demetrius in Sind?", *Journal of Royal Asiatic Society of Great Britain and Ireland*, No. 2. Apr., 1939.

Kantorovich, A. R., "A Gold Plate in the Collection of the Museum of the Historical Treasures of the Ukraine and the Motif of the Recumbent Wild Boar in the Scythian Animal Style", *Ancient Civilizations from Scythia to Siberia*, Vol. 20, 2014.

Keaveney, A., "Roman Treaties with Parthia circa 95 – circa 64 B. C.", *The American Journal of Philology*, Vol. 102, No. 2, Summer, 1981.

Klimkeit, Hans-J, "Christians, Buddhists and Manichaeans in Medieval Central Asia", *Buddhist-Christian Studies*, 1, 1981.

Kljastornyj, S. G. & V. A Livshits, "The Sogdian Inscription of Bugut Revised", *Acta Orientalia Academiae Scientiarum Hungaricae*, 26, 1972.

Koshelenko, G. A. & V. N. Pilipko, "*Parthia*", in J. Harmatta ed., *History of Civilizations of Central Asia, Vol. 2: The Development ofSedentary and Nomadic Civilizations: 700 B. C. to A. D. 250*, Paris: UNESCO Publishing, 1994.

Koshelenko, G. A., "The Beginning of Buddhism in Margiana", *Acta Antiqua Academiae Scientiarum Hungaricae*, 14, 1966.

Kruglikova, I., "Les Fouilles de la Mission Archéologique Soviéto-Afghane sur le site Gréco-Kushan de Dilberdjin en Bactriane", In *Comptes Rendus des*

Séances de l'Académie des Inscriptions et Belles-Lettres, 121e année, N. 2, 1977.

Laing, E. J. , "A Report on West Asian Glassware in the Far East", *Bulletin of the Asia Institute*, Vol. 5, 1991.

Laing, E. J. , "Recent Finds of Western-Related Glassware, Textiles, and Metalwork in Central Asia and China", *Bulletin of the Asia Institute*, V. 9, 1995.

Lal, B. , "Archaeological survey of India 1969 – 70: A Review", *Archaeological Survey of India*, Government of India, New Delhi, 1973.

Leriche, P. , "Bactria, Land of Thousand Cities", in Joe Cribb and Georgina Herrmann, eds. , *After Alexander Central Asia before Islam*, published for The British Academy by Oxord University Press, 2007.

Leriche, P. , "Les Remparts et Les Monument Associés", *Fouilles d' Ai Khanoum*, Vol. V, Pairs, 1973.

Leriche, P. , "Termez in antiquity", in Joe Cribb and Georgina Herrmann, eds. , *After Alexander Central Asia before Islam*, published for The British Academy by Oxord University Press, 2007.

Lerner, J. , "Some So-Called Achaemenid Objects from Pazyryk", *Source: Notes in the History of Art*, Vol. 10, No. 4, 1991.

Lerner, J. D. , "A Graeco-Sogdian Mint of Euthydemus", *Revue Numismatique*, 6e série-Tome, 151, 1996.

Lerner, J. D. , "Eastern Bactria under Da Yuezhi Hegemony", in Vidula Jayaswal ed. , *Glroy of the Kushans: Recent Discoveries and Interpretations*, New Delhi: Aryan books international, 2012.

Lerner, J. D. , "On the Inland Waterways from Europe to Central Asia", *Ancient West & East*, Vol. 13, 2014.

Lerner, J. D. , "Ptolemy and the Silk Road: from Baktra Basileion to Sera Metropolis", *East and West*, Vol. 48, No. 12, 1998.

Leslie, D. D. & Gardiner, K. H. J. , "Chinese Knowledge of Western Asia during the Han", *T'oung Pao*, Second Series, Vol. 68, Livr. 4/5, 1982.

Leslie, D. D., "Persian Temples in Tang China", *Monumenta Serica*, Vol. 35, 1981–1983.

Lin Ying, "Daqin: the Image of Roman Empire in Chinese Society from the First Century to the Fourth Century", in *LATOUMUS: REVUE D'ETUDES LATINES*, (Belgium: Society d'Etudes Latines de Bruxelles), June, 2004.

Lin Ying, "The Roman Empire on the Silk Road from the First to the Fifth Century: Centered on Chinese Sources", in *EURASIAN STUIDES*, Vol. IV (2016).

Litvinskiy, B. M., and I. R. Pichikiyan, "The Temple of the Oxus", *The Journal of the Royal Asiatic Society of Great Britain and Ireland*, No. 2, 1981.

Litvinsky, B. A., "Buddhist Sites in Afghanistan and Central Asia", *Encyclopaedia Iranica*.

Liu Xinru, "A Silk Road Legacy: The Spread of Buddhism and Islam", *Journal of World History*, 22, 2011.

Livshits, A. V., "The Sogdian Ancient Letters (I, III)", *Iran and the Caucasus*, 12, 2008.

Loewe, Michael, "Spices and Silk: Aspects of World Trade in the First Seven Centuries of the Christian Era", *The Journal of the Royal Asiatic Society of Great Britain and Ireland*, No. 2, 1971.

Loubo-Lesnitchenko, E., "Imported Mirrors in the Minusinsk Basin", *Artibus Asiae*, Vol. 35, No. 1/2, 1973.

Luce, S. B., etc., "Archaeological News and Discussions", *American Journal of Archaeology*, Vol. 46, No. 2, 1942.

Lyonnet, B., "Questions on the Date of the Hellenistic Pottery from Central Asia (Ai Khanoum, Marakanda and Koktepe)", *Ancient Civilizations from Scythia to Siberia*, 18, 2012.

Lévi, S., "Le bouddhisme et les Grecs", in Eli Franco edited, *Mémorial Sylvain Lévi*, Landmarks in Indology, Motilal Banarsidass Publishers Private Limited, 1996.

Lévi, S., "Note sur les Indo-scythes", *Journal Asiatique*, IX serie, 9, 1897.

Macdowall, D. W. , "Hoard of Later Kushan Copper Coins from Bambore", in *Indologica Taurinensia*, Vol. XXIII – XXIV, Turino, 1998.

Macdowall, D. W. , "Numisamtic Evidence for the Date of Kaniska", in A. L. Basham (ed.), *Papers on the Date of Kaniska*, Leiden: Brill, 1968.

Macdowall, D. W. , "Soter Megas, the King of Kings, the Kushana", *Journal of the Numismatic Society of India*, Vol. 30, Varanasi, 1968.

Mairs, R. , "Greek Settler Communities in Central and South Asia, 323 BC – AD 10", in Girish Daswani and Ato Quayson (eds.), *A Companion to Diaspora and Transnationalism*, Oxford: Blackwell, 2013.

Malashev, V. Y. and L. T. Yablonsky, "Early Nomads in the Southern Foothills of the Urals Based on Materials from the Pokrovka Burial-ground", *Ancient Civilizations*, Vol. 10, No. 3/4, 2004.

Malleret, L. , *L'Archéologie du Delta du Mékong*, Tome 2, *La Civilization Matérielled'Oc—èo*, Paris: École franc? aise d'Extre? me-Orient, 1960.

Margabandhu, C. & P. K. Pandey, "Excavations at Sanghol (1985 – 86 to 1989 – 90)", *Archaeological Survey of India*, New Delhi Dec, 31, 2014.

Marshak, B. I. & M. G. Kramarovsky, "A Silver Bowl in the Walters Art Gallery", *Iran*, 31, 1993.

Marshak, B. I. , "A Sogdian Silver Bowl in the Freer Gallery of Art", *Ars Orientalis*, 29, 1999.

Marshak, B. I. , "The Historico-Cultural Significance of the Sogdian Calendar", *Iran*, 30, 1992.

Masson, V. M. , "Short Notice: Merv, The 'Soul of Kings' In World Histor", *Iran*, Vol. 29, 1991.

Matthews, J. F. , "The Tax Law of Palmyra: Evidence for Economic History in a City of the Roman East", *The Journal of Roman Studies*, Vol. 74, 1984.

McDowell, Robert H. , "The Indo-Parthian Frontier", *The American Historical Review*, Vol. 44, No. 4, Jul. , 1939.

Mehendale, S. , "Begram at the Heart of the Silk Road", in Fredrik T. Hiebert, et al. , ed. , *Afghanistan: the Crossroad of Ancient World*, London: British

Museum Press, 2011.

Metropolitan Museum of Art, "From the Lands of the Scythians: Ancient Treasures from the Museums of the U. S. S. R. , 3000 B. C. - 100 B. C. ", *The Metropolitan Museum of Art Bulletin*, New Series, 32, No. 5, 1973 - 1974.

Meyer, C. , "Roman Coins as a Soure for Roman Trading Activities in the Indian Ocean", in E. H. Seland, *The Indian ocean in ancient Period: Definite Places, Translocal Exchange*, Oxford: Archaeopressm, 2007.

Millar, F. & J. Weisehofer, ed. , "Dura-Europos under Parthian rule", *Das Partherreich und sein Zeugnisse/The Arsacid Empire: Sources and Documentation*, Stuttgart, 1998.

Minns, E. H. , "Parchments of the Parthian Period from Avroman in Kurdistan", *Journal of Hellenic Studies* 35, 1915.

Morris, R. , "Some Observations on Recent Soviet Excavations in Soviet Central Asia and the Problem of Gandhāra Art", *Journal of the American Oriental Society*, Vol. 103, No. 3, Jul. - Sep. , 1983.

Mukherjee, B. N. , "The Great Kushana Testament", *Indian Museum Bulletin* 30, Calcutta, 1995.

Muscarella, O. W. , "Museum Constructions of the Oxus Treasures: Forgeries of Provenience and Ancient Culture", *Ancient Civilizations*, Vol. 9, No. 3 - 4, 2003.

Nadooshan, F. K. , Seyed Sadrudin Moosavi, Frouzandeh Jafarzadeh Pour, "The Politics of Parthian Coinage in Media", *Near Eastern Archaeology*, Vol. 68, No. 3, *Archaeology in Iran*, Sep. , 2005.

Narain, A. K. , "First Images of the Buddha and Bodhisattvas: Ideology and Chronology", *Studies in Buddhist Art of South Asia*, New Delhi, 1985.

Nikitin, A. B. , "Early Parthian Coins from Margiana", in V. Sarkosh-Curtis, R. Hillebrand, J. M. Rogers eds. , *The Art. And Archaeology of Ancient Persia*, London & New York, 1998.

Nikonorov, V. P. , "Apollodorus of Artemita and the Date of his Parthica Revisited", in E. Dabrowa ed., *Ancient Iran and the Mediterranean World*, (Electrum, Vol. 2) Krakau, 1998.

Olbrycht, M. J., "Mithradates I of Parthia and His Conquests up to 141 B. C.", in *Hortus Historiae. Studies in Honour of Professor Józef Wolski on the 100th Anniversary of His Birthday*, edited by E. Dąbrowa, M. Dzielska, M. Salamona, S. Sprawskiego, Kraków, 2010.

Olbrycht, M. J., "Parthia and Sarmatian peoples", in *The Phenomenon of Bosporan Kingdom: Art at the Periphery of Classical World, Proceedings of the International Conference*, Saint-Petersburg, 2009.

Olbrycht, M. J., "Persia Beyond the Imperial Frontiers: the Nomads of the South Ural Region versus the Near East", *Anabasis: Studia Classica et Orientalia*, No. 6, 2015.

Pandley, M. S., "Foreign Trade Routes and Ports in Ancient India", *Journal of the Bihar Research Society*, 1973.

Papakhristou S. and T. Rehren, "Iron and Steel Production in Old Termz", in P. Leriche, et al. (editors) *La Bactriane au Carrefour des Routes et des Civilisations de l'asie Centrale*, Paris, 2001.

Pashazanous, H., & Ehsan Afkandeh, "The Last Sasanians in Eastern Iran", *Anabasis: Studia Classica et Orientalia*, No. 5, 2014.

Pashazanous, H. R., M. Montazer Zohouri, T. Ahmadi, "Sea Trade between Iran and China in the Persian Gulf based on the Excavations of Sīrāf City", *Indian Journal of Economics and Development*, Vol. 2 (2), 2014.

Pavchinskaia, L. V., "Sogdian Ossuaries", *Bulletin of the Asia Institute*, New Series, Vol. 8, 1994.

Paykova, A. V., "the Syrian Ostracon from Panjikant", *le Museon*, 1979, 92.

Pelliot, P., "Les Influences Iraniennes en Asie Centrale et en Extrême-Orient", *Revue d'Histoire et de Littérature Religieuses*, N. S. 3, 1912.

Pilipko V. N., "Excavations of Staraia Nisa (Parthian Nisa)", (CAIS) . http://www.cais-soas.com/CAIS/Archaeology/Ashkanian/excavation _ staraia _ nisa. htm.

Polosmak, N. V., "The Burial of a Noble Pazyryk Woman", *Ancient Civilizations*, Vol. 5, No. 2, 1999.

Prakken, D. W., "A Ptolemaic Graffito in New York", *TAPA* 76, 1945.

Pugachenkova G. A., and Z. Usmanova, "Buddhist Monuments in Merv", in A. Invernizzi ed., *In the Land of the Gryphons. Papers on Central Asian Archaeology in Antiquity*, Florence, 1995.

Pulleyblank, E. G., "A Sogdian Colony in Inner Mongolia", *T'oung Pao*, 41, 1952.

P. K., "The Recent Exploration of the Pamir", *Nature*, May, 1885, 21.

Rapin, C., "Greece viii. Greek Art in Central Asia, Afghanistan, and Northwest India", *Encyclopaedia Iranica*, PLATE II. http://www.iranicaonline.org/articles/greece-viii.

Rapin, C., "La Tresorerie du Palais Hellenistique d' Ai Khanoum, L'apogee et la Chute du Royaumegrec de Bactriane", *Fouilles d' Ai Khanoum*, Vol. VIII, Paris, 1992.

Raven, E., "Design Diversity in Kanishka's Buddha Coins", In *Gandhara Buddhism: Archaeology, Art, and Texts*, edited by Kurt Behrendt and Pia Brancaccio, Vancouver: UBC press, 2006.

Richter, G. M. A., "A Greek Sword Sheath of a Scythian King", *The Metropolitan Museum of Art Bulletin*, Vol. 26, No. 2, 1931.

Richter, G. M. A., "Silk in Greece", *American Journal of Archaeology*, Vol. 33, No. 1, 1929.

Romanis D., "Julio-Claudian Denarii and Aureii in Campania and india", *Annali dell istituo Italiano di Nimismatia*, 58, 2012.

Rose, A., "Achaemenid Influence upon Egyptian and Nomad Art", *Artibus Asiae*, Vol. 15, No. 1-2, 1952.

Rose, J., "The Sogdians: Prime Movers between Boundaries", *Comparative Studies of South Asia, Africa and the Middle East*, 30, 2010.

Rowland, B., "Graeco-Bactrian Art and Gandhāra: Khalchayan and the Gandhāra Bodhisattvas", *Archives of Asian Art*, Vol. 25 (1971/1972).

Rtveladze, E. V. , "Pathian and Bactria", in Antonio Invernizzi (ed.), *In the Land of the Gryphons*: *Papers on Central Asian Archaeology in Antiquity*, Florence: Casa Editrice Le Lettere, 1995.

Rtveladze, E. V. , "Pathians in the Oxus Valley: Struggle for the Great Indian Road", *ANABASIS*, 2, 2011.

Rudenko, S. J. , "The Mythological Eagle, the Gryphon, the Winged Lion, and the Wolf in the Art of Northern Nomads", *Artibus Asiae*, Vol. 21, No. 2, 1958.

Sahni, D. R. , "Three Mathura Inscriptions and their bearing on the Kushana Dynasty", *Journal of the Royal Asiatic Society*, Volume 56, Issue 03, July, 1924.

Scaglia, G. , "Central Asians on a Northern Ch'i Gate Shrine", *Artibus Asiae*, 21/1, 1958.

Scarcia, G. , "La «sposa bizantina» di Khosrow Parviz", *La Persia e Bisanzio*, 2004.

Schafer, E. H. , "Iranian Merchants in T'ang Dynasty Tales", in *Semitic and Oriental Studies* Presented to William Popper, University of California Publications in Semitic Philology 11, 1951.

Schlumberger, D. , "The Excavations at Surkh Kotal and the Problem of Hellenism in Bactria and India", *Albert Reckitt Archaeological Lecture*, Oxford university press, 1961.

Schoff, W. H. , "The Eastern Iron Trade of the Roman Empire", *Journal of the American Oriental Society*, Vol. 35, 1915.

Scott, D. A. , "The Iranian Face of Buddhism", *East and West*, Vol. 40, No. 1/4, December, 1990.

Seland, E. H. , "Archaeology of Trade in the West Indian Ocean 300 BC – 700 AD", *Journal of Archaeological Research*, Vol. 22, No. 4, 2014.

Seyrig, H. , "Palmyla and East", *The Journal of Roman Stadies*, Vol. 40, Part 1 and 2, 1950.

Sharma, S. , "Recent Discovery of Copper Coins Hoard of Kushan Period from

BasaniVaranasi", in Vidula Jayaswal ed. , *Glroy of the Kushans*: *Recent Discoveries and Interpretations*, New Delhi: Aryan books international, 2012.

Shishkina, G. V. , "Ancient Samarkand: Capital of Soghd", *Bulletin of the Asia Institute*, New Series, 8, 1994.

Shkoda, V. G. , "The Sogdian Temple: Structure and Rituals", *Bulletin of the Asia Institute*, New Series, 1996.

Sidebotham, S. E. , 'Late Roman Berenike', *Journal of the American Research Centre in Egypt*, 39, 2002.

Simon, R. , "Aelius Gallus Campaign And The Arab Trade In The Augustan Age", *Acta Orientalia Academiae Scientiarum Hungaricae*, Vol. 55, No. 4, 2002.

Simpson J. , Janet ambers, Giovanni verri, Tthibaut deviese, Jo Kirby, "Painted Parthian Stuccoes from Southern Iraq", in Roger Matthews and John Curtis (eds.), *Proceedings of the 7th International Congress on the Archaeology of the Ancient Near East*, 12 April – 16 April 2010, Wiesbaden.

Simpson, St John, "Sasanian Glassware from Mesopotamia, Gilan, and the Caucasus", *Journal of Glass Studies*, Vol. 57, 2015.

Sims Williams, N. & J. Cribb, "A New Bactrian Inscription of Canishka the Great", *S. R. R. A.* IV, 1996.

Skaff, J. K. , "The Sogdian Trade Diaspora in East Turkestan during the Seventh and Eighth Centuries", *Journal of the Economic and Social History of the Orient*, 46, 2003.

Skaff. J. K. , "Sasanian and Arabo-Sasasnian Coins from Turfan: Their Relationship to International Trade and Local Economy", *Asia Major*, 2, 1998.

Smith, V. A. , "The Graeco-Roman Influence on the Civilization of Ancient India", *Journal of Asiatic Society of Bengal*, 1889, Vol. 8, No. 3.

Soper, A. C. , "Asepect of Light Symbolism in Gandharan Sculpture", *Artbus Asiae*, Vol. 12, 1949.

Soper, A. C. , "The Roman Style in Gandhāra", *American Journal of Archaeology*, Vol. 55, No. 4, 1951.

Spek, R. J. van der, "New Evidence from the Babylonian Astronomical Diaries Concerning Seleucid and Arsacid history", *Archiv für Orientforschung*, Vol. 44/45, 1997 – 1998.

Sprengling, M., "From Persian to Arabic", *The American Journal of Semitic Languages and Literatures*, Vol. 56, No. 2, 1939.

Starr, S. F., "The Persian Royal Road in Turkey", *Yearbook of the American Philosophical Society*, New York, 1962 (Philadelphia 1963).

Stavisky, B. J., " 'Buddha-Mazda' from Kara-tepe in Old Termez (Uzbekistan): A Preliminary Communication", *Journal of the International Association of Buddhist Studies*, Vol. 3, No. 2, 1980.

Tarn, W. W., "Notes on Hellenism in Bactria and India", *The Journal of Hellenic Studies*, Vol. 22, 1902.

Tarn, W. W., "Parthia", in S. A. Cook, etc. edited, *Cambridge Ancient History, Vol. IX (1 st Edition), The Roman Republic: 133 – 44 B. C.*, Cambridge University Press, 1932.

Tezcan, M., "The Iranian-Georgian Branch of the Silk Road in I-IVth Centuries", published in 1st International Silk Road Symposium 25 – 27 June 2003, Tbilisi/Georgia, 2004 – Izmir.

Thierry, F., "Sur les Monnaies Sassanides Trouvées en Chine", *in Circulation des Monnaies, des Marchandises et des biens, Res Orientales*, Vol. 5, ed. R. Gyselen, Bures-sur-Yvette, 1993.

Thorley, J., "The Development of Trade between the Roman Empire and the East under Augustus", *Greece & Rome, Second Series*, Vol. 16, No. 2, Oct., 1969.

Thorley, J., "The Roman Empire and the Kushans", *Greece & Rome*, Second Series, Vol. 26, No. 2, 1979.

Thorley, J., "The Silk Trade between China and the Roman Empire atits Height, 'Circa' A. D. 90 – 130", *Greece & Rome, Second Series*, Vol. 18, No. 1, Apr., 1971.

Treister, M. Y., "Sarmatian Treasures of South Russia", *Archaeology*, Vol. 50,

No. 1, 1997.

Treister, M. Y., "Silver Phalerae with a Depiction of Bellerophon and the Chimaira from a Sarmatian Burial in Volodarka (Western Kazakhkstan): A Reappraisal of the Question of the So-Called Graeco-Bactrian Style in Hellenistic Toreutics", *Ancient Civilizations from Scythia to Siberia*, Vol. 18, 2012.

Treister, M. Y., "Silver-gilt Bowl from Burial-mound B at Prokhorovka", *Ancient Civilizations from Scythia to Siberia*, Vol. 14, 2009.

Tremblay, X., "The Spread of Buddhism in Serindia: Buddhism among Iranians, Tocharians and Turks before the 13th century", in Ann Heirman and Stephan Peter Bumbacher (eds.), *The Spread of Buddhism*, Brill, 2007.

Turner, J., "Scythian Animal Style", in *The Dictionary of Art*, Vol. VIII, New York: Grove, 1996.

Tyagi, M., "Commercial Relations Between North India and Sri Lanka in Ancient Period: A Study", *Proceedings of India History Congress*, Vol. 67, 2006 – 2007.

Vaissière, Étienne de la, "Sogdians in China: A Short History and Some New Discoveries", *Silk road Journal*, Vol. 1, No. 2, 2003.

Van N. F., and N. Polosmak, "The Frozen Tombs of the Scythians", *Endeavour*, Vol. 19, Issue, 2, 1995.

Wang H., "The Stein Collection of Coins from Chinese Central Asia", *Papers in Honour of Professor Ikuo Hirayama on his 65th Birthday (Silk Road Art and Archaeology: Special Volume)*, eds. by Katsumi Tanabe, Joe Cribb and Helen Wang, 1997.

Wellsted, R., "Notice on the Ruins of Berenice", *Journal of the Royal Geographical Society of London*, Vol. 6, 1836.

Wheeler, R. E. M., "Romano—Buddhist Art: An Old Problem Restated", *Antiquity*, 89, 1949.

Wheeler, R. E. M., "The Roma Ronnect with India, Pakistan and Afghanistan, in W. F. Grimes edit, *Aspects of Archaeolgy in Britain and Beyond*:

Essays Presented to O. G. S. Crawford, London: H. W. Edwards, 1951.

Whitehouse, D., "Chinese Stoneware from Sirāf: The Earliest Finds", *South Asian Archaeology*, Londres: Duckworth, 1973.

Whitehouse, D., "Some Chinese and Islamic pottery from Siraf", in W. Watson (ed.), *Pottery and Metalworking in Tang China. Their chronology and external relations*, London: Colloquies on Art & Archaeology in Asia 1, Percival David Foundation of Chinese Art, 1970.

Whitehouse, D., "The Periplus Maris Erythraei", *Journal of Roman Archaeology* 3, 1990.

Whitewright, J., "How Fast is Fast? Technology, Trade and Speed under sail in the Roman Red Sea", in Starkey, J., P. Starkey and T. Wilkinson, eds., *Natural Resources and Cultural Connections of the Red Sea*, Oxford: Archaeopress, 2007.

Wylie, A., "Notes on the Western Regions", *The Journal of the Anthropological Institute of Great Britain and Ireland*, Vol. 10 (1881) 20 – 73; [Part 2] 11, 1882.

Yablonsky, L. T., "New Excavations of the Early Nomadic Burial Ground at Filippovka (Southern Ural Region, Russia)", *American Journal of Archaeology*, Vol. 114, No. 1, 2010.

Yang Juping, "Alexander and the Emergence of the Silk Road", *The Silk Road*, Vol. 6, No. 2 Winter/Spring, 2009.

Yang Juping, "Hellenistic Information in China", *CHS Research Bulletin*, 2, 2014.

Yang Juping, "Hellenistic World and the Silk Road", *Anabasis Studia Classica et Orientalia*, 4, 2013.

Yang Juping, "Hellenization or Indianization: A Research on Yavanas", (Revised version) *Ancient West and East*, 16, 2017.

Yang Juping, "Some Clues of the Hellenistic World and the Roman East Hidden in China's Early Four Historical Books", *Talanta Proceedings of the Dutch Archaeological and Historical Society*, 46/47 (2014/2015).

Yang Juping,"Some Notes on Dayuezhi, Daxia, Guishuang, and Dumi in Chinese Sources", *The Silk Road*, 14, 2016.

Yang Juping,"The Relations between China and India and the Opening of the Southern Silk Road during the Han Dynasty (Revised English version)", *The Silk Road*, Vol. 11, 2013.

Zanous, Hamidreza Pasha & Esmaeil Sangari,"The Last Sasanians in Chinese Literary Sources: Recently Identified Statue Head of a Sasanian Prince at the Qianling Mausoleum", *Iranian Studies*, 2018.

Zanous, Hamidreza Pasha & Juping Yang,"Arsacid Cities in the Hanshu and Houhanshu", *Iran and the Caucasus*, No. 22, 2018.

Zhang Xushan,"The Silk Trade in Byzantine-Turk Relations in the 6th – 7th Centuries", *Eurasian Studies*, IV (2016), Romania: Asia Publishing Nexus.

Zhou Xiuqin,"The Mausoleum of Emperor Tang Taizong", in *Sino-Platonic Papers*, Number 187, Dept. of Asian and Middle Eastern Studies, Philadelphia, University of Pennsylvania, 2009.

Смирнова О. И.,"Материалы к сводному каталогу согдийских монет", *Эпиграфика Востока* 6 (1952)（斯米尔诺娃：《粟特钱币资料汇编》，《东方金石学》1952 年第 6 期）.

Смирнова О. И.,"Первый клад согдийских монет", *Эпиграфика Востока* 10 (1955)（斯米尔诺娃：《粟特钱币第一批宝藏》，《东方金石学》1955 年第 10 期）.

Смирнова О. И.,"Согдийские монеты собрания Нумизматиче ского отдела Государственного Эрмитажа", *Эпиграфика Востока* 4 (1951)（斯米尔诺娃：《国立埃尔米塔什博物馆古钱币部粟特钱币汇编》，《东方金石学》1951 年第 4 期）.

Смирнова О. И., Каталог монет с городища Пенджикент, *Краткие сообщения* 66 (1956)（斯米尔诺娃：《片治肯特钱币一览表》，《简讯》1956 年第 66 期）.

（二）中文论文

安家瑶：《北周李贤墓出土的玻璃碗——萨珊玻璃器的发现与研究》，《考古》1986 年第 2 期。

陈国灿：《唐乾陵石人像及其衔名的研究》，文物编辑委员会编：《文物集刊》（2），文物出版社 1980 年版。

陈国科：《甘肃肃北县马鬃山玉矿遗址》，《考古》2015 年第 7 期。

陈国科等：《甘肃肃北马鬃山古玉矿遗址调查简报》，《文物》2010 年第 10 期。

陈晓露：《"倚榻饮酒"图像的嬗变》，《西域研究》2013 年第 2 期。

陈晓露：《西域回字形佛寺源流考》，《考古》2010 年第 11 期。

冯佳琪：《蜿蜒卷草，俯仰生姿——卷草纹在中国的样式演变研究》，《艺术品》2017 年第 10 期。

高克冰：《罗马帝国时期丝绸之路西段贸易的发展》，《科学·经济·社会》2017 年第 3 期。

高克冰：《塞琉古王国与帕提亚王国及丝绸之路》，《内蒙古大学学报》2017 年第 6 期。

高永久：《西域祆教考述》，《西域研究》1995 年第 4 期。

管玉春：《试论南京六朝陵墓石刻艺术》，《文物》1981 年第 8 期。

广西文物考古研究所、合浦县博物馆、广西师范大学文旅学院：《广西合浦寮尾东汉三国墓发掘报告》，《考古学报》2012 年第 4 期。

郭云艳：《萨珊波斯帝国在拜占庭金币传入过程中的影响》，《安徽史学》2008 年第 4 期。

霍巍：《胡人俑、有翼神兽、西王母的考察与汉晋时期中国西南的中外文化交流》，《九州学林》2003 年第 1 卷第 2 期，复旦大学出版社 2004 年版。

李鸿宾：《唐代墓志中的昭武九姓粟特人》，《文献》1997 年第 1 期。

李瑞、耿鹏、王俊、王仲璋：《山西汾阳唐曹怡墓发掘简报》，《文物》2014 年第 11 期。

李铁匠：《安世高身世辨析》，《江西大学学报》1989 年第 1 期。

李铁匠：《贝希斯敦铭文介绍》，《江西大学学报》1987 年第 3 期。

李晓卿：《北齐徐显秀墓室壁画中的联珠纹艺术探析》，《山西档案》2018年第1期。

林梅村：《公元100年罗马商团的中国之行》，《中国社会科学》1991年第4期。

林梅村：《洛阳出土唐代波斯侨民阿罗憾墓志跋》，《学术集林》卷四，上海远东出版社1995年版。

林梅村、马丽亚·艾海提：《嚈哒的兴起与铁马镫初传中亚》，《历史研究》2018年第2期。

林悟殊：《摩尼教入华年代质疑》，《文史》1983年第18辑。

林英：《大秦宝二则：苏合香与琉璃》，荣新江、罗丰主编：《粟特人在中国：考古发现与出土文献的新印证》，科学出版社2016年版。

林英：《甘英出使大秦考》，特力更、李锦绣主编：《内陆欧亚历史文化国际学术讨论会论文集》，内蒙古人民出版社2015年版。

林英：《公元1到5世纪中国文献中关于罗马帝国的传闻——以〈后汉书·大秦传〉为中心的考察》，《古代文明》2009年第4期。

林英：《域外探索——班超的梦想》，《文史知识》2013年第9期。

林友堂：《聂斯托里派在萨珊波斯的发展及其原因》，《西部学刊》2017年第5期。

刘欣如：《贵霜时期东渐佛教的特色》，《南亚研究》1993年第3期。

刘迎胜：《唐苏谅妻马氏汉、巴列维文墓志再研究》，《考古学报》1990年第3期。

罗丰：《北周李贤墓出土的中亚风格鎏金银瓶——以巴克特里亚金属制品为中心》，《考古学报》2000年第3期。

罗帅：《阿富汗贝格拉姆宝藏的年代与性质》，《考古》2011年第2期。

罗帅：《罗巴塔克碑铭译注与研究》，《西域文史·第6辑》科学出版社2011年版。

罗帅：《印度半岛出土罗马钱币所见印度洋贸易的变迁》，《古代钱币与丝绸高峰论坛暨第四届吐鲁番国际学术研讨会论文集》，上海古籍出版社2015年版。

马瑞琼：《8—10世纪丝绸之路中段呼罗珊大道考述》，《中国历史地理论丛》

2016 年第 3 辑。

马雍、王炳华：《公元前七至二世纪的中国新疆地区》，《中亚学刊》（第三辑），中华书局 1990 年版。

宁夏回族自治区博物馆、宁夏固原博物馆：《宁夏固原北周李贤夫妇墓发掘简报》，《文物》1985 年第 11 期。

庞霄骁：《多元文化与犍陀罗艺术：再论贵霜时代佛教和佛教艺术的发展》，《四川大学学报》2017 年第 6 期。

庞霄骁：《贵霜城市与丝路在南亚次大陆的拓展》，《西域研究》2017 年第 1 期。

齐小艳：《古代撒马尔罕钱币的演变与多元文化的融合》，《中国钱币》2017 年第 2 期。

齐小艳：《丝绸之路上粟特商业的发展及其原因探析》，《内蒙古大学学报》2017 年第 3 期。

齐小艳：《早期索格底亚那与丝绸之路的开通》，《广西社会科学》2017 年第 4 期。

钱伯泉：《关于嚈哒族源问题的新探索》，《西北民族研究》2003 年第 1 期。

乔洪等：《从陵阳公样看中外织锦技艺的交融与创新》，《丝绸》2017 年第 11 期。

青海省文物管理考古队：《青海大通上孙家寨的匈奴墓》，《文物》1979 年第 4 期。

任萌：《塔吉克斯坦、乌兹别克斯坦考古调查：前贵霜时代至后贵霜时代》，《文物》2015 年第 6 期。

芮传明：《葡萄与葡萄酒传入中国考》，《史林》1991 年第 3 期。

陕西省文物管理委员会：《西安发现晚唐祆教徒的汉、婆罗钵文合璧墓志——唐苏谅妻马氏墓志》，《考古》1964 年第 9 期。

商春芳：《萨珊波斯与印度佛教风格的融合洛阳伊川唐墓出土四曲双鱼纹长杯》，《大众考古》2016 年第 9 期。

邵大路：《塞琉西亚建城考——早期希腊化城市与帝国统治》，《历史研究》2017 年第 4 期。

邵明杰：《论入华粟特人流向的完整线索及最终归宿——基于粟特人"回

鹘化"所作的考察》,《青海民族研究》2010 年第 1 期。

沈爱凤:《3 世纪至 7 世纪的波斯建筑艺术》,《艺苑》2014 年第 1 期。

石云涛:《3—6 世纪的草原丝绸之路》,《社会科学战线》2011 年第 9 期。

石云涛:《3—6 世纪中西间海上航线的变化》,《海交史研究》2004 年第 2 期。

孙莉:《萨珊银币在中国的分布及其功能》,《考古学报》2004 年第 1 期。

孙培良:《略谈大同市南郊出土的几件银器和铜器》,《文物》1977 年第 9 期。

孙培良:《丝绸之路概述》,《陕西师大学报》1978 年第 3 期。

孙毓棠:《安息与乌弋山离》,《文史》第五辑,1978 年。

孙振民:《汉唐之际丝绸之路上西域医学的发展》,《中医药文化》2019 年第 3 期。

谭少惠:《葡萄考》,《遗族校刊》1947 年第 4 卷第 2 期。

王坤霞、杨巨平:《流动的世界:〈厄立特里亚航海记〉中的海上贸易》,《西域研究》2017 年第 1 期。

王三三:《帕提亚帝国并未阻断丝绸之路》,《中国社会科学报》2016 年 1 月 25 日。

王三三:《帕提亚人的斯基泰渊源》,《世界历史》2014 年第 2 期。

王义康:《中国发现东罗马金币萨珊波斯朝银币相关问题研究》,《丝绸之路民族古文字与文化学术讨论会会议论文集》,2005 年。

王志高:《南京麒麟铺南朝陵墓神道石刻墓主新考》,《南京晓庄学院学报》2006 年第 2 期。

吴焯:《克孜尔石窟壁画裸体问题初探》,载《中亚学刊》第一辑,1982 年。

夏鼐:《北魏封和突墓出土萨珊银盘考》,《文物》1983 年第 8 期。

夏鼐:《新疆新发现的古代丝织品——绮、锦和刺绣》,《考古学报》1963 年第 1 期。

邢义田:《赫拉克利斯在东方——其形象在古代中亚、印度与中国造型艺术中的传播与演变》,载于荣新江、李孝聪主编《中外关系史:新史料与新问题》,北京科学出版社 2004 年版。

徐朗:《"丝绸之路"概念的提出与拓展》,《西域研究》2020 年第 1 期。

徐晓旭：《文化选择与希腊化时代的族群认同》，《中国社会科学》2015 年第 3 期。

徐永庆：《新疆哈密五堡古代人类颅骨测量的种族研究》，《人类学学报》2002 年第 2 期。

杨伯达：《中国古代玉器面面观》，《故宫博物院院刊》1989 年第 1 期。

杨共乐：《谁是第一批来华经商的西方人》，《世界历史》1993 年第 4 期。

杨泓：《骑兵和甲骑具装中国古代军事装备札记之二》，《文物》1977 年第 10 期。

杨巨平：《"Soter Magas"考辨》，《历史研究》2009 年第 4 期。

杨巨平：《阿伊·哈努姆遗址与希腊化时期东西方诸文明的互动》，《西域研究》2007 年第 1 期。

杨巨平：《传闻还是史实——汉史记载中有关西域希腊化国家与城市的信息》，《西域研究》2019 年第 3 期。

杨巨平：《就山西北朝、隋唐文物看异域文化的传入》，张庆捷等编：《4—6 世纪的北中国与亚欧大陆》，科学出版社 2006 年版。

杨巨平：《两汉中印关系考——兼论丝路南道的开通》，《西域研究》2013 年第 4 期。

杨巨平：《弥兰王还是米南德？——〈那先比丘经〉中的希腊化历史信息考》，《世界历史》2016 年第 4 期。

杨巨平：《娜娜女神的起源与演变》，《世界历史》2010 年第 5 期。

杨巨平：《帕提亚王朝的"爱希腊"情结》，《中国社会科学》2013 年第 11 期。

杨巨平：《文明的流动——从希腊到中国》，《光明日报》2013 年 7 月 4 日。

杨巨平：《希腊化还是印度化——"Yavanas"考》，《历史研究》2011 年第 6 期。

杨巨平：《希腊化文明与丝绸之路关系研究的回顾与展望》，《北京师范大学学报》2016 年第 6 期。

杨巨平：《希腊式钱币的变迁与古代东西方文化交融》，《北京师范大学学报》2007 年第 6 期。

杨巨平：《亚历山大东征与丝绸之路开通》，《历史研究》2007 年第 4 期。

杨巨平：《虞弘墓祆教文化内涵试探》，《世界宗教研究》2006年第3期。

杨巨平：《远东希腊化文明的文化遗产及其历史定位》，《历史研究》2016年第5期。

杨鲁安：《内蒙古新出西域钱探微》，《内蒙古金融研究》（钱币文集第四辑），2003年。

姚宝猷：《中国丝绢西传考》，《史学专刊》1937年第1期。

叶绿洲：《浅析唐代"联珠纹"饰的传承与创新》，《艺术与设计》2017年第7期。

余太山：《安息与乌弋山离考》，《敦煌学辑刊》1991年第2期。

余太山：《两汉魏晋南北朝正史西域传所见西域诸国物产》，载《揖芬集——张政烺先生九十周年华辰纪念文集》，社会科学文献出版社2002年版。

余太山：《裴矩〈西域图记〉所见敦煌至西海的"三道"》，《西域研究》2005年第4期。

余太山：《托勒密〈地理志〉所见丝绸之路的记载》，《早期丝绸之路文献研究》，上海人民出版社2009年版。

余太山：《伊西多尔〈帕提亚驿程志〉译介》，《西域研究》2007年第4期。

俞伟超：《古代"西戎"和"羌"、"胡"文化归属问题的探讨》，《青海考古学会会刊》1980年第1期。

臧振：《玉石之路初探》，《人文杂志》1994年第2期。

张柏如：《中国古代玉石之路初探》，《中国宝玉石》1995年第3期。

张广达：《论隋唐时期中原与西域文化交流的几个特点》，《北京大学学报》1985年第4期。

张广达：《唐代六胡州等地的昭武九姓》，《北京大学学报》1986年第2期。

张龙海：《试论鬼方、斯基泰人、塞人与草原丝绸之路的贯通》，《内蒙古社会科学》2020年第5期。

张龙海：《马萨革泰人、萨卡人及二者关系探论》，《科学·经济·社会》2017年第2期。

张龙海：《斯基泰文化初探——以考古学证据为中心》，《内蒙古大学学报》2017年第3期。

张龙海：《希罗多德笔下的 Araxes 河略考》，《内蒙古大学学报》2016 年第 5 期。

张龙海：《早期欧亚草原翼兽造型探源——以格里芬为主要线索》，《新疆大学学报》2020 年第 1 期。

张小贵：《霞浦抄本所见"蘇鲁支"史事考释》，《文史》2016 年第 1 期。

张绪山：《6—7 世纪拜占庭帝国与西突厥汗国的交往》，《世界历史》2002 年第 1 期。

张绪山：《"宝石谷传说"在欧亚大陆的流传》，《世界历史》2016 年第 3 期。

张绪山：《〈后汉书·西域传〉记载的一段希腊神话》，《光明日报》2006 年 3 月 21 日。

张绪山：《百余年来黎轩、大秦研究综述》，《中国史研究动态》2005 年第 3 期。

张绪山：《甘英西使大秦获闻希腊神话传说考》，《史学月刊》2003 年第 12 期。

张绪山：《古代中国与希腊—罗马世界》，《丝瓷之路》第 1 辑，商务印书馆 2011 年版。

张绪山：《关于"公元 100 年罗马商团到达中国"问题的一点思考》，《世界历史》2004 年第 2 期。

张绪山：《汉籍所载希腊渊源的"女人国"传说》，《光明日报》2011 年 4 月 7 日。

张绪山：《罗马帝国沿海路向东方的探索》，《史学月刊》2001 年第 1 期。

张绪山：《萨珊波斯帝国与中国——拜占庭文化交流》，《全球史评论》2010 年第 3 辑。

张绪山：《三世纪以前希腊—罗马世界与中国在欧亚草原之路上的交流》，《清华大学学报》2000 年第 5 期。

张玉忠：《葡萄、葡萄酒传入我国的考证》，载中国食品出版社编《中国酒文化和中国名酒》，中国食品出版社 1989 年版。

赵建龙：《甘肃肃北马鬃山玉矿遗址 2011 年发掘简报》，《文物》2012 年第 8 期。

朱杰勤：《华丝传入欧洲考略》，载《中外关系史论文集》，河南人民出版社 1984 年版。

朱英荣：《论龟兹石窟中的伊朗文化》，《新疆大学学报》1987 年第 2 期。

（三）汉译论文

［英］查尔斯沃斯：《古代罗马与中国印度陆路通商考》，载《中外关系史译丛》第一辑，朱杰勤译，海洋出版社 1984 年版。

［法］弗兰茨·葛乐耐：《关于月氏五翕侯地点的新材料——商人马埃斯·提提安努斯游历的政治背景》，王楠译，《西域文史·第 7 辑》，科学出版社 2012 年版。

宫治昭：《印度早期佛教美术》，王云译，《艺术设计研究》2011 年第 4 期。

［美］杰弗瑞·勒纳：《希腊—巴克特里亚时期的瓦罕城堡与丝绸之路》，庞霄骁译，杨巨平审校，《西域研究》2017 年第 4 期。

［日］桑山正进：《迦毕试国编年史料稿》，张亚平节译，《南亚研究》1985 年第 4 期。

［日］田边胜见：《犍陀罗佛和菩萨像起源于伊朗》，台建群选译，《敦煌研究》1989 年第 3 期。

后　　记

　　本项目2011年立项，2017年结项，2020年付梓出版，先后历时10个年头，时间之长，任务之艰巨，是我和课题组的成员事先都没有想到的。尽管我们碰到了语言、资料、实地考察等方面的困难，但最后有赖于全体成员的共同努力，这个任务最终完成了。其中艰辛，唯有自知。尤其是最后能否得到读者的认可，难免忐忑不安，但也只能如此了。

　　项目的具体实施和本书的撰写由我统一负责，主要包括制定研究计划、确定写作思路和大纲，修改初稿和最后统稿、定稿、校对。清华大学的张绪山教授、中山大学的林英教授是本项目的子课题负责人，参与了课题的申报与研究计划的讨论。张绪山教授主持、参与了我的几位博士生与课题密切相关的学位论文答辩，提出了许多中肯的修改意见。林英教授围绕本项目发表了数篇关于中国与大秦（罗马）关系的中英文论文。他们二位在古代中外关系史研究方面造诣颇深，他们的指导意见和研究成果都被执笔者吸收，融入了正文之中。中国人民大学的徐晓旭教授多年来积极支持本项目的工作，不仅参与了申报，而且多次参加了这些同学的论文审阅和答辩，给予了认真、具体的指导。本项目的顺利完成，与这几位同仁的大力支持是分不开的，谨此致谢。

　　本书的执笔者都是我带过的博士生或和与我合作研究的博士后，他们的博士论文和出站报告均围绕本课题展开，现在的各章实际上就是他们在南开求学这一阶段研究成果的集中展示。由于项目周期长，学生是陆续入校，有的同学一开始就参与了申报，如2011级的邵大路，有的是后来加入，如2014年的高级访问学者孙振民。2018级的李毅铭临时受命，是参与本项目的最后一位学生。虽然闻道有先后，术业有专攻，分工有变化，但各位同学都从不同的侧面为本课题的最后完成做出了自己的贡献。

本书是集体合作的结晶，各章虽为独立完成，但也凝结着其他成员的心血。不论是制定提纲的集思广益，还是资料信息的获取共享，和修改阶段的互相审阅，大家都尽己所能，奉献良多。固然，各章作者文责自负，但作为项目主持人和总撰稿人，对所有的书稿有调整、修改和最后审定之责。因此，现在的定稿与作者的初稿相比，可能变化较大，这不仅表现在内容的补充，分析的深化，史实的核对，引证的考订，也表现在有些章节的重新布局或取舍。这一切都是从全书的整体结构和水平考虑的。事实上，现在的定稿就是大家同心协力、反复修改的结果。本书将各位作者称为执笔人，也有集体分担责任之意。书稿的后期编排、整理、校对尤其繁重、复杂。庞霄骁同学热心相助，做了大量默默无闻的工作，其中包括参考书目的汇集、译名的统一和书稿的初校。庞霄骁、李毅铭、张龙海、高克冰等同学参与了地图的最后修订。李毅铭同学还参与了部分章节的修订整理。这些都是需要特别提及和感谢的。

本书的撰写也是一次师生相互学习、相互提高的过程。对于学生而言，这无疑是一次研究能力的历练。作为导师，也在和他们的合作中，焕发了青春，仿佛回到了当年意气风发、如饥似渴的求学岁月。教学相长，"吾爱吾师，但吾更爱真理"，每次审阅和修改，都是一次师生间的耳提面命，切磋交流，甚至思想火花的碰撞。尽管有的稿件反复修改多次，但我们都坚持学术至上，不厌其烦，乐在其中。本课题的最后成果不仅是本书的完成和20多篇专题论文的发表（其中大部分刊于国内外权威或重要刊物，均已收入本书《参考文献》之中），还在于一批专门人才的培养。学生们由此确定了自己独立的研究领域或方向，并在或即将在各地的高校任职，继续从事世界古代史、丝绸之路的教学和研究工作。薪火相传，后继有人，作为老师，还是有颇感欣慰的。

读万卷书，行万里路，丝路研究实地考察极为重要。这些年，我曾多次在国内外的丝路主干道进行考察，获取了大量的第一手资料。2014年9月，我应法国国家科学研究中心的皮埃尔·勒里什（Pierre Leriche）教授邀请，参加了纪念法国—乌兹别克斯坦铁尔梅兹遗址合作发掘25周年的学术会议，顺便考察了乌兹别克斯坦境内著名的丝路古城塔什干、铁尔梅兹、撒马尔罕、布哈拉。2017年5月，我利用到伊朗讲学之便，在哈米德礼萨·帕沙·扎努斯博士的陪同下，考察了伊朗境内丝路沿线的古城与文化。我们风尘仆仆，穿行于波斯波利斯王宫、帕萨加德居鲁士墓、波斯王陵、赫尔曼沙的贝希斯敦铭文、埃克巴坦纳的帕提亚王国都城等遗址之间，重新行走于丝路古道，体验绿洲、雪山、关隘、戈壁的不同景观，确实感到古代丝路交通的艰难和古波斯文明的伟大。多年的国内外考察，不仅对丝绸之路这一现代名称的古代内涵有了直观的、立体的感受，而且对丝绸之路在传递希腊化文明遗产，尤其是作为欧亚大陆古代诸文明之间交流与融合之桥梁的作用有了全新的认识。这些切身感受和所获取的资料都潜移默化地融入了本书的编撰之中。所以，在本书出版之际，我要向所有沿途给我们提供过慷慨帮助的诸多国内外学者、朋友和学生表示深深的感谢。这里虽然没有一一列出，但我对他们常存感恩之心。借此机会，我要特别感谢敦煌研究院的樊锦诗院长。樊院长在敦煌给了我高规格的接待，专门特批了几个平时很少对外开放的洞窟让我观摩，使我这个外行大开眼界，倍感荣幸。樊院长还把刚刚出版的大型研究丛书《莫高窟266—275窟考古报告》1部2册赠送于我，其中就有我孜孜以求的反映敦煌石窟中希腊化因素的实物图片，真是如获至宝！敦煌研究院资料中心主任张元林研究员不仅为我精心安排了这次敦煌之行，还给我提供了许多珍贵的图片，使我受益无穷，也向他谨致谢忱。

东北师大"世界文明史研究中心"是本项目的主管单位，从立项、结项，到最后出版，基地主任王晋新教授都给予了大力支持，基地秘书朱君杙副教授、闫锃博士，社科处的宋强老师也都为本项目的实施提供了诸多帮助；几位应邀参与匿名评审的专家审读了部分稿件，提出了宝贵的修改意见；仅此一并致谢。最后还要特别感谢责编张浠女士，这次出书是我们的第三次合作，她认真、热情、敬业，给人留下了深刻的印象。

丝路研究，博大精深，我们自知学识浅陋，难当此任。不过已经付梓，即为天下公器，敬请诸位方家不吝赐教。

杨巨平

2021年5月改定于南开